장재 기학과 관학파의 지형도

※ 이 저서는 2022년 대한민국 교육부와 한국연구재단의 지원을 받아 수행된 연구임
(NRF-2022S1A6A4044767)

성리총서 18

장재 기학과 관학파의 지형도

Qi-Philosophy of Zhang Zai and Map of Guan-Schools

지은이 장윤수
펴낸이 오정혜
펴낸곳 예문서원

편집 유미희
인쇄 및 제책 주) 상지사 P&B

초판 1쇄 2025년 12월 31일

출판등록 1993년 1월 7일(제2023-000015호)
주소 서울시 동대문구 왕산로 239, 101동 935호(청량리동)
전화 925-5914 | 팩스 929-2285
전자우편 yemoonsw@empas.com

ISBN 978-89-7646-501-6 93150

YEMOONSEOWON 101-935, 239 Wangsan-ro, Dongdaemun-Gu, Seoul, KOREA 02489
Tel) 02-925-5914 | Fax) 02-929-2285

값 50,000원

성리총서 18

장재 기학과 관학파의 지형도

장윤수 지음

예문서원

서문 _林樂昌

올해 10월 15일, 한국의 오랜 친구인 장윤수 교수가 학술 활동으로 중국을 방문한 기회를 이용해 만남을 청해 왔다. 오랜만에 만나 대화를 나누던 중, 그가 저술한 『장재 기학과 관학파의 지형도』가 연말 한국에서 출판될 예정이며, 중국어판은 내년 중국 서북대학출판사에서 출간될 계획이라고 알려주었다. 이 책의 한국어판 서문을 써 달라는 요청과 함께 중국어 번역본 출력물을 선물해 주었는데, 나는 이러한 부탁을 받게 된 것을 매우 기쁘고 영광스럽게 생각하였다.

1999년, 장 교수는 중국 섬서성 미현에서 열린 '장재 사상 국제학술회의'에 참석하였다. 이 회의를 통해 우리 두 사람은 처음 인연을 맺었고, 이후 20여 년 동안 중국과 한국에서 열린 여러 학술회의에서 지속적으로 만나 교류하였다. 서로의 저작을 주고받으며, 오랫동안 서신과 위챗을 통해 학문적 대화를 이어 왔다. 동아시아 전통철학과 중국철학을 연구하는 장윤수 교수는 한국뿐 아니라 중국 학계에서도 널리 알려진 학자이며, 지금까지 30여 종의 전문 연구서와 번역서를 출간한 바 있다.

한국 학계에서 송명리학 연구의 중심은 주자학이며, 다음이 양명학이다. 반면 북송리학의 공동 창시자인 장재 철학에 대한 연구는 상대적으로 드물다.

장 교수는 조선 성리학과 중국 정주철학 분야에서 많은 연구 성과를 남겼으며, 특히 장재철학에 대해 남다른 애정을 꾸준히 보여 왔다. 그는 1994년 「장재 기철학의 이론구조」라는 논문으로 박사학위를 받았는데, 이는 한국 학계 최초의 장재철학 관련 박사학위논문이다. 또한 장재의 대표 저작인 『정몽正蒙』과 『횡거역설橫渠易說 · 계사전繫辭傳』을 완역하고 해설함으로써 한국에서 장재철학의 저변 확대에 크게 기여했다. 나 또한 장재의 저작을 정리하고 장재철학을 연구한 지 어언 30여 년이 지났는데, 아마도 장 교수가 신간의 서문을 나에게 요청한 이유가 오랫동안 학문적 공감대와 연구 경험을 공유해 왔기 때문일 것이다.

장윤수 교수의 『장재 기학과 관학파의 지형도』는 '이끄는 글'을 제외하고 총 4부, 15장으로 구성되어 있다. 제1부 '장재 기학의 형성 배경', 제2부 '장재 기학의 이론 구조와 특징', 제3부 '장재 기학의 비교사상적 이해', 제4부 '장재 문인과 관학파의 특징'이다.

이 가운데 제4부는 관중 지역의 관학파 연원과 계보를 다루며, 한국 학계에서 거의 연구되지 않은 관학파의 지형도를 정리했다는 점에서 그 학술적 의의가 크다. 그러나 이 부분은 책의 핵심이라기보다, 앞의 1 · 2 · 3부에서 전개되는 장재 기학 논의의 연장선에서 이해될 필요가 있다. 중심 내용은 장재의 기학을 집중적으로 탐구하는 앞 세 부분에 담겨 있다.

'기氣'는 중국 고대철학의 핵심 개념으로 선진시대 음양오행사상에 기원을 두며, 이후 유가 · 도가의 사상 전통 속에서 다양한 방식으로 흡수 · 변용되었다. 송 · 명 시대에서 중화민국 시기를 거치는 동안 학계는 오랫동안 송명리학을 리학理學과 심학心學 두 학파로 나누었으며, 일반적으로 이를 정주리학과 육왕심학으로 불렀다. 그러나 20세기 후반 이후 중국 대륙 학계는 송명리학을 리학 · 심학 · 기학의 세 학파로 구분하면서, 장재를 기학의 대표자로 규정하고 그 사상을 유물론적 성격으로 해석하려는 경향을 보였다. 하지만 21세기를 전후하여 중국 대륙의 주류 연구는 장재 기학을 더 이상 유물론으로 한정하지 않고, 그 이론적 성격을 '기본론氣本論'으로 이해하고 있다. 대만 학계에서도 최근 장재철학 연구의 특징은 기학적 관점에 있다. 예컨대 왕설경王雪卿은 『당대장재학當代張載學』(대북: 연경출판회사, 2021)에서 장재의 기학을 유물론으로 해석하지 않으며, 당군의唐君毅 등 현대신유가 학자들의 영향을 받아 '기'의 존재론적 위상을 보다 높게 평가해야 한다고 주장한다. 한편, 장윤수 교수 역시 기학을 중시하지만, 기학을 곧바로 유물론으로 환원하는 관점에는 동의하지 않는다. 그는 중국 대륙과 대만 양쪽과도 다른 독창적 해석을 제시하며, 학술적 독립성과 탁월한 문제의식을 보여 준다.

장 교수의 저서를 숙독하면서 나는 세 가지 점에서 깊은 인상을 받았다.

첫째, '기' 개념에 대한 새로운 해석이다. 장 교수는 중국 고대 기학의 전개와 동아시아적 수용 과정을 고찰한 뒤, 장재의 '기' 개념을 전면적으로 재해석한다. '기'의 실체성 · 정신성 · 본체성 · 현상성 등 오랫동안 논쟁되어 온 문제들을 비판적으로 검토하며, '기' 개념이 단일 정의로 환원될 수 없음을 역사적 · 철학적으로 설득력 있게 제시한다.

둘째, 장재 기학의 이론 구조를 새롭게 구축한 점이다. 장 교수는 장재 기학의 전체 구조가 역학易學의 우주론과 예학에 기초한 인성론 · 공부론이 관통되는 통합적 체계임을 밝힌다. 이는 지금까지 장재 연구에서 난제로 여겨졌던 부분에 대한 하나의 설득력 있는 해결책을 제시한 것으로, 장재 기학을 단순한 분절적 구조가 아니라 '기'라는 일관된 철학적 원리에 의해 통합된 체계로 재해석한 성과라 할 수 있다.

셋째, 장재 기학의 현대적 의미에 대한 진지한 고찰이다. 장 교수는 장재 기학이 현대사회의 분열된 세계관을 극복하고 인간과 자연의 내적 연관을 회복하는 데 중요한 철학적 관점을 제공한다고 보며, 이를 관점주의적 이중구조론, 횡단적 소통론, 가족주의적 생태학 등 세 가지로 정리하였다. 이는 기존 연구에서 거의 다루지 않았던 독창적 연구 성과이다.

지금까지 말한 내용은 『장재 기학과 관학파의 지형도』를 일독한 뒤 느낀 소감의 일부에 불과하다. 그러나 확신하건대, 이 저서는 한국에서의 장재철학 연구를 새로운 단계로 이끌고, 동아시아 사상사 연구의 지평을 더욱 넓히는 중요한 성과가 될 것이다. 알려진 바에 따르면 장 교수의 박사논문 이후 지난 30여 년간 한국에서는 10여 편의 장재 관련 박사논문이 발표되었다고 한다. 이번 신간을 계기로 한국 학계의 장재 연구 열기가 더욱 확산되고, 이에 상응하는 우수한 후속 연구들이 잇따라 나올 것이라 기대한다.

장윤수 교수는 나의 오랜 친구이자 깊이 존경하는 학자이다. 이 책이 간행되는 뜻깊은 시기에 서문을 쓰게 된 것을 매우 기쁘고 영광스럽게 생각한다.

2025년 11월 12일

중국 서안에서 임낙창林樂昌

林樂昌: 현, 난주대학 철학사회학원 교수. 전, 섬서사범대학 철학학원 교수. 『張子全書』의 편교자. 『正蒙合校集釋』의 저자.

저자 서문

2020년은 '장재張載 선생 탄신 천 주년'이 되는 해였다. 중국에서는 이를 기념하는 다양한 학술 행사가 개최되었으나, 코로나19가 정점에 이르던 시기였기에 외국 학자인 필자는 직접 참석할 수 없었다. 다만 몇 차례 화상회의를 통해 주로 한국 내 횡거학橫渠學의 연구사와 최근 동향을 소개하는 발표를 맡았다. 국내의 연구 동향을 소개할 때마다 장재 관련 박사학위 소지자의 수를 언급하게 되는데, 현재까지 필자가 파악하고 있는 국내 박사는 약 10여 명이다.

필자는 1994년 2월, '장재 기철학氣哲學의 이론적 구조'라는 제목으로 박사학위를 받았다. 이는 국내에서 장재 연구로 박사학위를 받은 첫 사례였다. 비록 '첫 번째'라는 것은 시간적 의미에 불과하지만, 이 사실은 필자에게 보이지 않는 일종의 사명감을 부여한 듯하다. 이러한 사명감에 이끌려 꾸준히 노력해 왔으나, 박사학위 취득 이후 횡거학 관련 전문 저서를 집필하겠다는 꿈은 오랜 시간 실현되지 못했다. 이는 필자가 대구교육대학교에서 30년 가까이 재직하면서, 연구의 중심을 출신 지역과 가문의 영향으로 퇴계학과 영남지역 성리학에 두었기 때문이다. 그럼에도 불구하고 필자는 박사논문 주제였던 장재의 기학에 대한 관심을 놓지 않았고, 장재 관련 국제학술회의에도 꾸준히 참여해 왔다. 특히 중국 서북대학 관학연구소의 객좌교수로 활동하면서 장재 기학에 관한 연구 성과와 동향을 면밀하게 살펴보고 있었다.

이 책은 한국연구재단의 저술지원사업이 아니었다면 완성되기 어려웠을 것이다. 지난 수년간 몇몇 학회의 학회장을 맡아 봉사하고, 또한 주로 한국 성리학 분야의 청탁 연구에 응해 오느라 독립적인 저술을 위한 시간적 여유를 확보하기가 어려웠다. 그러던 중 저술지원 공모에 선정되면서, 박사학위 취득 30년이 지난 시점에 마침내 이 작업을 마무리할 수 있게 되었다. 책에 담긴 글들은 지난 30여 년에 걸친 사유의 궤적들이다. 시기마다 문체가 다르고, 내용의 결도 다소 달라졌지만, 중심 문제만큼은 일관되게 유지하였다. 주제를 확장하고 논지를 정교화하기는 했어도, 박사논문을 집필하던 당시의 문제의식은 지금도 여전히 사유의 중심에 자리하고 있다.

책의 구성은 전체 분량의 약 80%가 장재의 기학에 대한 연구이고, 나머지 20%는 관학(파)에 대한 논의로 이루어져 있다. 필자는 이 책을 통해 장재 기학과 관학파의 사상적 정체성을 총체적으로 조명하고자 했다. 특히 관학파에 대한 연구 대부분은 국내에서 거의 연구되지 않은 주제들이기에, 이 분야 연구의 마중물 역할을 하기를 기대한다.

집필 중에 중국 서북대학 관학연구원에서 출간한 『관학문고』의 전체 규모를 알게 되었고, 그중 몇 권을 입수하여 연구에 참고하였으며, 대략적인 내용을 국내 학술지에 소개하기도 하였다. 그러던 중 2024년 여름, 관학연구원 명예원장이신 유학지劉學智 교수의 주선으로 『관학문고』 47권 전체를 기증받게 되었고, 이후 3년 차 후반기의 연구 기간 대부분을 기증받은 서책의 연구에 집중하였다. 이 과정에서 얻어진 주요 내용은 제13장 「관학파의 학문 특징과 학파의 형세」, 제14장 「장재의 문인과 학풍의 특징」, 제15장 「관학종전關學宗傳 해제 및 등재 인물」에 반영되었다.

장재로부터 직접 학업을 연마한 제자들에 대해서는 원전자료를 바탕으로 그 구체적인 면모를 자세하게 조명하였으나, 이후 관학파의 학맥을 잇는 주요 인물들은 시대적 특징을 개관하는 데에 목적을 두었다. 검토할 자료는 방대하나 시간과 지면이 턱없이 부족했기 때문에 중요한 자료라도 우선 소개하고자 하는 마음이 앞섰기 때문이다. 이 점은 후속 연구에서 보완해야 할 과제로 남겨둔다.

이러한 아쉬움에도 불구하고, 이 책은 그간 신유학사 연구에서 상대적으로 소외되어 있었던 장재의 기학과 관학파의 사상적 위상을 조명하는 데 적극적인 기여를 할 수 있을 것으로 기대된다. 제7장 「장재 기학의 예학사상」, 제8장 「장재 기학의 인문경제론」, 제9장 「장재의 〈서명〉과 한국 성리학」, 제11장 「장재 기학과 왕수인의 심학」, 제12장 「기학과 현상학의 횡단적 이해」 등은 그동안 기학 연구에서 주목받지 못했던 주제를 본격적으로 조명하고 있다. 특히 제8장, 제9장, 제12장에서 다루어진 내용은 중국 학계에서조차 아직 체계적으로 논의된 바 없는 주제들이다. 그러한 측면에서 보자면, 이 책은 우선 관학파의 사상적 지형도를 구성하는 과정에서 중국 학계의 최근 주요 연구 성과를 수용하고 이를 국내에 처음으로 소개하는 가교 역할을 하였고, 다른 한편으로 장재 기학에 관한 본문의 심화된 논의를 통해 중국 기학 연구의 학술적 지평을 확장하는 계기가 될 수 있다. 다행스럽게도 이러한 측면을 인정받아 중국 서북대학출판사에서 '관학 총서'의 하나로 이 책의 번역서 출간 작업이 이루어지고 있다.

논의를 전개하는 과정에서 일부 논지가 여러 장에 걸쳐 반복적으로 등장하는 경우가 있다. 예컨대 기학의 이론 구조와 관련된 태허즉기론太虛卽氣論, 신화론神化論, 일물양체론一物兩體論, 이중구조론, 관점주의 등은 주제의 특성상 맥락에 따라 재차 언급될 수밖에 없었다. 다양한 주제를 기학의 관점에서 일관되게 설명하려면, 기학의 기본 이론을 반복하여 상기시키는 것이 불가피했기 때문이다. 이 점은 독자들의 양해를 구한다.

기의 문화는 이분법적 결정주의에 기반한 명료함을 지향하지 않는다. 사물을 있는 그대로 수용하며, 그 속에서 드러나는 모호성과 점착성을 기꺼이 품는다. 리理가 순종문화의 경향을 띤다면, 기氣는 잡종문화의 성격과 지향성을 공유한다. 김주완 시인의 고백처럼, "살아 있는 것은 모두가 잡종"이다. 기의 문화는 경계 너머의 혼성성과 융합 가능성을 내포하고 있으며, 다양한 사유와 삶의 양식이 공존할 수 있는 토대를 제공한다. 이러한 면에서 기를 사유의 중심에 둔 장재의 기학은 미래 사회가 요구하는 유연한 학문 정신에 부합할 가능성이 많다. 바로 이 지점에서 이 연구 또한 학술사적 의미를 더할 수 있으리라 생각한다.

이 책의 집필에 도움을 주신 분들께 감사드린다. 귀중한 자료를 아낌없이 제공해 주고 수시로 격려해 주신 유학지 교수님께 먼저 감사드린다. 아울러 관학 연구의 최고 전문가로서 이 책의 서문을 직접 써 주신 임낙창林樂昌 교수님께 감사를 드린다. 그리고 관학 연구의 차세대 주자인 위동魏冬 교수님과 장파張波 교수님, 필자와 형제애를 나누고 있는 장재 선생 후손 장세민張世敏 관장님께도 깊은 감사를 표한다. 또한 현상학 전문가이신 김영필 교수님께도 이 자리를 빌려 감사의 뜻을 전한다. 필자는 김 교수님과 망년지교忘年之交를 나누며 책과 논문보다는 삶과 대화를 통해 현상학적 세계관과 방법론을 익힐 수 있었다. 이 책에 등장하는 다소 미흡한 현상학적 논의들 또한 김 교수님으로부터 얻은 통찰 덕분에 가능했음을 고백한다.

마지막으로 원고를 세심하게 정독하며 귀중한 조언을 해 준 김상현 교수님(경북대학교), 최정연 교수님(대구교육대학교), 권재은 교수님(대구교육대학교), 그리고 추정원 선생님(경북대학교 박사 수료)께 감사의 뜻을 전한다. 특히 최정연 교수님의 조언은 이 책의 완성도를 높이는 데 많은 도움을 주었다. 진심으로 감사를 드린다.

2025년 12월 1일

상록재에서 장윤수

차례

일러두기

- 이 책에서 인용하는 張載의 저작은 林樂昌이 編校한 『張子全書』(西安: 西北大學出版社, 2015)에 의거한다. 그러나 『正蒙』, 『橫渠易說』, 『經學理窟』의 경우처럼 인용 빈도수가 높은 저작은 출처를 밝히는 경우에 『張子全書』를 거론하지 않고 곧바로 해당 서책을 언급하였다.
- 이 책은 한글 전용을 원칙으로 하며, 한자가 필요한 부분에서는 한글과 함께 병기하였다. 그렇지만 한자 글자 자체의 구성이나 어원을 언급할 경우에는 한자를 그대로 노출하였다. 그리고 「제15장 關學宗傳 해제 및 등재 인물」과 '부록' 성격의 「張載 年譜」의 경우에도 한글 倂記 없이 한자로만 표기하였다.
- 이 책에서 직접 인용한 원전의 경우 출전과 한문 원문을 각주에서 충실하게 밝혔다. 그렇지만 장재와 直傳 문인들의 기본 행적을 소개하는 「제14장 張載의 門人과 學風의 특징」 중에서 『關學宗傳』을 직접 인용하는 경우에는 자료의 중요성과 원문 대조 가독성을 고려하여 본문에서 번역문과 한문 원문을 함께 수록하였다.
  각주 처리한 한문 원문은 기본적으로 띄어쓰기, 쉼표(,)와 마침표(.)로 표점 작업을 하였다. 그렇지만 본문에 기재한 한문 원문[『關學宗傳』]의 경우에는 직접 인용문을 큰따옴표(" ")로 구분하여 표기하였다.
- 이 책에 등장하는 인명의 표기는 원칙적으로 이름을 사용하였다.
- 일반적으로 한글 표기의 두음법칙을 따랐지만, 理·氣 개념으로서의 '理'가 첫 글자로 사용되는 경우에는 '리'로 표기하였다.
- 『 』는 서명에, 「 」는 편명에 사용하였다. 그렇지만 장재의 작품인 〈서명西銘〉의 경우처럼 독립 서책은 아니지만 독립된 작품으로 인용할 시에는 〈 〉로 표기하였다.
- 〈 〉는 인용문에서 보충의 의미가 필요할 때 사용하였고, [ ]는 번역문의 한문 원문을 표시하거나 풀어 쓴 경우에 사용하였다.
- 따옴표와 괄호가 겹쳐 나오는 경우에 괄호는 따옴표 속에 처리하였다.[예: '상제의 명령[帝命]']
- [ ] 안에 사용된 콜론(:)과 세미콜론(;)의 경우, 콜론은 앞 단어를 보조 설명할 때에 사용하였고, 세미콜론은 앞 단어와 동격의 단어를 병렬할 경우에 사용하였다.
- 장과 절의 표시는 'Ⅰ → 1 → 1) → (1)'의 순서로 하였다.
- 천지, 음양, 동정의 경우처럼 대비되는 글자로 이루어지는 단어에 있어서 대비적인 의미를 강조할 때는 '가운뎃점'을 사용하였다.[예: 천·지, 음·양, 동·정]

이끄는 글: 장재 기학의 특징과 현대적 의의

장재는 북송시대의 걸출한 사상가로, 주돈이, 소옹, 정호, 정이와 함께 '북송의 다섯 선생北宋五子' 중 한 사람으로 존숭받고 있다. 그의 학문은 성리학 형성의 중요한 축을 이룬다.

장재의 기학은 특히 중국 근세 유학의 가교架橋 역할을 한다는 점에서 주목할 필요가 있다. 기학자氣學者들은 모두 그들의 사상적 뿌리를 장재에게서 찾고 있다. 정주리학程朱理學 또한 장재의 기학을 중요한 구성 요소로 수용하였으며, 나아가 장재의 기학은 육왕심학陸王心學의 이론 형성에도 큰 영향을 주었다. 따라서 동아시아 근세 유학의 3대 유파인 기학, 리학, 심학이 모두 일정 부분 장재 사상의 영향을 받았다고 할 수 있다. 이 세 학파는 장재가 제시한 기氣, 성性(理), 심心의 개념을 바탕으로 각자의 철학적 체계를 구축했다. 이로 인해 장재의 철학을 언급하지 않고는 중국 근세철학을 논의하는 것이 불가능하다고까지 여겨진다. 바로 이러한 점에서 장재의 사상사적 위상은 칸트에 비견될 만하다. 서양 근세철학의 거의 모든 사조가 칸트에게로 흘러들어 가고, 또한 그로부터 흘러나왔다고 보는 견해가 큰 이견 없이 받아들여지는 것처럼 말이다.

기氣의 개념은 오늘날에도 여전히 우리의 삶 속에서 활발히 논의되고 있다. 예를 들어, 한의학에서 말하는 오장육부의 기, 단전호흡과 기공체조에서 중시되는 수련법, 성리학적 세계관에서 강조되는 기 개념 등이 그 대표적인 사례이다. 이러한 점에서 기학은 여전히 '현재적' 의미를 지닌다고 할 수 있다.

그렇다면 '기'란 과연 무엇인가?

장재는 기를 모든 창조물에 흐르는 역동적이며 물리적인 힘으로 이해하였다. 그러나 이 개념은 물질과 영혼을 이원적으로 분리하는 서구의 데카르트적 사고와는 다르기 때문에, 서양철학의 틀로 기 개념을 규정하는 데에는 어려움이 따른다. 1949년 중화인민공화국 건국 이후, 중국에서는 유물론적 사상가들의 계보를 세우려는 시도가 있었지만, 이러한 시도는 결국 실패로 귀결되었다고 볼 수 있다. 장재를 유물론 사상가로 분류하는 관점 자체가 문제가 된다. 이것은 기를 단순히 물질로 환원하는 잘못된 전제에서 비롯된 것이다. 대부분의 기학자들이 말하는 기는 단순한 물질이 아니다. 기는 자기 생성적 변화를 지속적으로 일으키는 역동적 과정이며, 그 변화의 근거는 음과 양의 끊임없는 상호작용에 있다.

기의 본질을 분석적으로 밝히는 것은 매우 어렵고, 명확한 결론을 내리기도 쉽지 않다. 그러나 이러한 한계는 오히려 풍부한 상상력으로 보완될 수 있다. 기 개념의 애매함과 모호성은 데카르트식 이분법으로는 포착할 수 없는 존재의 영역까지 사유하게 만드는 동력이 된다. 물론 기는 경험과학의 철학적 배경으로 활용되기에는 적절하지 않다. 그러나 기의 이론은 인식의 은유적 방식과 실재의 다차원적 본질을 다루는 철학적 시도를 가능하게 한다.[1] 이러한 맥락에서 볼 때, 동아시아 전통사회와 함께 발전해 온 기학은 인간과 우주를 체계적으로 해석하기 위한 하나의 세계관적 학문으로서 앞으로도 끊임없는 변화와 발전을 이어 갈 것이다. 따라서 기학의 '완성'이나 '종말'이라는 표현은 기학이 본질적으로 지닌 역사성과 진보성을 부정하는 자기 모순적인 말이라 할 수 있다.

---

1) 메리 에블린 터커 외, 『유학사상과 생태학』, 오정선 역(예문서원, 2010), 185쪽 참조.

Ⅰ. 장재 기학의 현대적 의의

장재의 기학은 현대 철학적 담론 속에서 세 가지 주요한 측면에서 의의를 지닌다. 첫째, 관점주의적 이중구조론을 통해 탈근대적 사유를 구성할 수 있다는 점, 둘째, 횡단적 사유를 바탕으로 한 근원적 소통론을 기획할 수 있다는 점, 셋째, 가족주의적인 생태학적 상상력이 풍부하다는 점이 그것이다.

1. 관점주의적 이중구조론과 탈근대성

서양철학의 전통은 대체로 세계를 이원적으로 구분하는 사고방식을 견지해 왔다. 예컨대, 플라톤은 이데아와 현상을 분리함으로써 감각적 세계와 본질적 세계 간의 간극을 설정하였으며, 아리스토텔레스는 이 간극을 메우려는 노력을 전개하였다. 이러한 이원론적 경향은 칸트와 헤겔에 이르기까지 근대철학 전반에 걸쳐 지속되었다. 이들 철학자들은 본질과 현상의 간극을 극복하려 시도했으나, 그 틈은 완전히 해소되지 못하였다.

반면, 현대철학은 본질과 현상 사이의 간극 자체가 발생하지 않도록 하는 방향으로 전개된다. 특히 후기 현대철학에 이르러서는 본질과 현상이 서로 구분될 수 없는 방식으로 얽혀 있다고 보며, 들뢰즈의 '주름' 개념은 이러한 간극의 가능성 자체를 차단하는 철학적 구조를 제시한다. 메를로-퐁티(M. Merleau-Ponty, 1908~1961) 역시 본질과 현상이 분리 불가능한 애매한 관계 속에 있다고 주장한다.[2] 이와 같은 흐름은 세계를 구성하는 근본 구조에 대한 사고방식이 변하고 있음을 보여 준다.

이와 달리 동아시아 전통사상에서는 이분법적 사고가 상대적으로 약하게

2) 김영필, 『신천에 철학 카페를 짓다』(한국학술정보, 2023), 314~315쪽 참조.

나타난다. 세계의 본질을 의식과 물질의 통합적 존재로 인식하는 경향이 뚜렷하며, 이는 마치 빛이 입자이자 파장인 것처럼 이질적 요소를 동시에 수용하는 사고방식으로 이어진다. 특히 장재의 기학에서는 이러한 통합적 · 횡단적 사유가 뚜렷이 드러난다.

장재의 기학은 표면적으로 일원론적 성격을 띠지만, 그 내면에는 복합적인 구조가 내재한다. '태허-기-만물'로 연결되는 가-일원론적 구조는 고전적 형이상학의 이분법적 구도를 지양하며, 오히려 양자물리학의 불확정성과 유사한 융합적 구조에 가깝다. 그러나 장재는 심성론에 이르러 '태허'에 초월적 특성을 부여함으로써, 결과적으로 이원론적 사유를 드러낸다. 이로 인해 장재의 기학은 일원론이면서 또한 이원론의 형태를 취하기도 하는데, 이는 중국 현대철학자들 사이에서 그의 사상이 지닌 이론적 모순으로 비판받는 근거가 되기도 한다.

많은 학자들은 장재 기학의 이러한 이중성을 사상적 미숙함 또는 이론적 일관성의 결여로 간주해 왔다. 그러나 이러한 이중성은 단순한 오류라기보다 세계를 다양한 관점에서 파악하려는 역동적 시도로 해석될 수 있다. 인간과 세계에 대한 문제를 일원론적 동일성으로 환원하는 사고방식은 오히려 세계의 복합성과 역동성을 간과하는 결과를 초래할 수 있다. 이러한 맥락에서 장재 기학의 이중성은 인간과 세계의 다양한 층위와 국면을 동시에 고려하는 관점주의적 태도의 산물로 재해석될 수 있다.

자연계에서의 필연성과 인간계에서의 도덕적 자율성을 동일한 구조로 포섭하려는 것은 오히려 부자연스럽다. 인간은 본래 심心과 신身이라는 이중구조를 지닌 존재이며, 이러한 이질적 차원의 상호작용은 철학적 사유의 핵심 주제가 되어 왔다. 장재는 이러한 현실을 도외시하지 않고, 오히려 기학의 구조 속에 포함시킴으로써 세계의 복합성을 보다 정직하게 반영하고자 했다.

이는 중국 전통사상에서 강조되는 '자연과 인간의 조화'라는 관념과도 밀접하게 연관된다. 중국 고대 사유는 천지자연의 필연성과 인간 심성의 자율성이 변증법적으로 상호작용하는 구조를 전제하였으며, 장재는 이러한 전통을 기학이라는 체계 속에서 재구성하였다. 따라서 장재 기학이 지니는 이중성은 그 자체로 사상적 한계라기보다는 동아시아 사유 전통 속에서 형성된 관점주의적 합리성의 발현으로 이해될 수 있다.

2. 횡단 사유를 통한 근원적 소통론 기획

도道, 태극太極, 리理와 같은 궁극적 원리를 나타내는 개념들은 일반적으로 폐쇄적이고 자체 완결성의 구조를 전제로 한다. 이러한 구조는 세계에 대한 총체적 이해나 보편적 가치를 지향하려는 담론 속에서 특정 원리의 일면성이 갖는 억압성과 폭력성을 내포할 가능성이 크다. 이에 반해 '기氣' 개념은 존재론적·관계론적 사유의 핵심 개념으로, 세계와 인간, 존재와 의식, 관계와 흐름을 설명하는 데 유연하고 개방적인 구조를 제공한다. 기는 흐름이며 연결로 이해되며, 끊임없이 순환하고 상호작용하는 특성을 지닌다. 이러한 성질로 인해 기는 존재가 본질적으로 고립되지 않고 상호 연관되어 있다는 세계관을 형성하는 데 기여할 수 있다.

인간 간의 소통 역시 이러한 기의 흐름 속에서 이해될 수 있다. 언어, 감정, 몸짓 등은 모두 기의 외현外現으로 간주되며, 상호작용은 곧 기의 교류로 여겨진다. 전통 한의학에서는 기의 흐름이 막히면 질병이 생긴다고 보는데, 이는 육체적 질병뿐만 아니라 심리적·정신적 불균형까지 포함한다. 예컨대 분노나 불안과 같은 감정은 기의 역류나 정체停滯를 유발하며, 이것은 의사소통의 왜곡이나 단절로 이어질 수 있다. 이처럼 기학은 소통을 단지 언어적 행위로 환원하지 않고, 언어 이전의 비언어적 교감 및 정서적 교류를 본질적인 소통으로 간주한다.

'소통疏通'이라는 개념은 문자적으로 '트임[疏]'과 '연결[通]'을 의미한다. 이 개념이 사회문화적으로 사용될 때, 소통은 자신만의 삶의 양식을 절대화하지 않고 타자와의 교류를 통해 새로운 삶의 방식과 가치를 구성하려는 실천적 의지로 확장된다. 『논어』「자한」편에서는 공자에 대해 평하기를 "자의대로 하는 일이 없고[毋意], 기필코 하는 일이 없고[毋必], 고집하는 일이 없고[毋固], 자기를 내세우는 일이 없다[毋我]"[3]라고 한다. 이는 고정된 자아를 해체하고 타자와의 근원적 소통을 지향하는 유가적 사유의 일면을 보여 준다. 이러한 관점에서 볼 때, 참된 소통은 철저한 자기 수양을 전제로 하며, 이는 곧 기를 맑고 안정되게 유지하는 일과도 연결된다. 다시 말해, 기의 상태는 타자와의 소통 능력과 밀접한 관련이 있으며, 기는 소통 역량 그 자체로 이해될 수 있다.

장재의 기학에서는 말과 언어 이전의 근원적인 소통 역량이 강조된다. 이는 타자에 대한 신뢰와 개방성, 도가道家에서 말하는 비어 있음의 정신과도 통한다. 장재의 이러한 사유는 장자莊子의 철학과도 맞닿아 있다. 『장자』「인간세」편에서는 "기氣로 들으라[聽之以氣]"[4]고 하며, 기를 통해 타자와의 교류가 이루어진다고 본다. 또한 "기란 텅 비어서 타자[物]를 기다리는 것이다"[5]라고 하며, 비어 있음이라는 기의 본질적 속성이 타자와의 진정한 소통을 가능하게 한다고 보았다.

서양 현대철학에서 '타자성'은 오랫동안 중요한 철학적 과제로 다루어져

3) 『論語』, 「子罕」, "子絶四, 毋意, 毋必, 毋固, 毋我."
4) 『莊子』, 「人間世」, "聽之以氣."
5) 『莊子』, 「人間世」, "氣也者, 虛而待物者也."

왔다. 대표적으로 비트겐슈타인은 인간이 서로를 타자로 인식하는 한, 참된 소통은 불가능하다고 주장하였다. 그는 타자와의 진정한 교류를 절망에 가까운 과제로 인식하였으며, 타자 앞에서의 침묵은 그 한계를 드러낸다고 보았다.[6] 그러나 장재의 사유에서는 타자성 자체가 극복 불가능한 장애로 간주되지 않는다. 오히려 기의 사유는 존재 간의 차이를 가로지르려는 상상력과 실천을 지향한다. 장재는 기를 통해 존재 간의 차이를 횡단하며, 나아가 유有와 무無마저 관통할 수 있는 가능성을 제시한다. 장재에 따르면 눈에 보이지 않는 것이 '기'이며, 눈에 보이는 모든 존재는 '객형客形', 즉 잠시 나타났다가 사라지는 일시적 형상에 불과하다. 이는 구름이 모였다가 흩어지고, 얼음이 얼었다가 녹으며, 파도가 생겼다가 사라지는 자연현상과 유사한 것으로 설명된다. 이처럼 장재의 기학은 존재의 일시성과 회귀성을 전제로 하며, 모든 존재는 결국 '태허太虛'로 귀환하게 되는 순환 구조 속에 놓여 있다.

이러한 사유는 존재 간의 본질적 차이를 부정하며, '차이'는 임시적인 현상에 불과하다는 인식을 낳는다. 결과적으로 기는 비인칭적인 마음으로서 존재 간의 소통 역량으로 작용하며, 언어적 소통을 넘어선 근원적 교감의 기반으로 이해될 수 있다. 장재의 기학에서 소통은 단지 말의 전달을 넘어, 존재 간 기의 흐름과 상호작용 그 자체를 의미하며, 이로써 근원적인 소통론의 철학적 기초를 마련할 수 있다.

3. 가족주의적인 생태학적 상상력

독일 근세철학자인 프리드리히 셸링(Friedrich Schelling, 1775~1854)의 사유는 생태학적 사유의 패러다임으로 해석될 수 있다. 셸링은 인간의 주체성을 절대

6) 강신주, 『장자, 차이를 횡단하는 즐거운 모험』(그린비, 2007), 65~67쪽 참조.

화하는 인간 중심주의적 자연관을 비판하며, 자연 생태계 전체를 고려하는 전체론적(holistisch) 자연관으로의 인식 전환을 촉구한다.[7] 그는 인간과 자연을 상호 분리된 존재가 아닌, 하나의 유기적 통합체로 파악하는 생태학적 통찰을 제시하였다. 이러한 유기체적 · 전체론적 자연관은 시대와 장소를 초월하여 동 · 서양 여러 사상에서 비슷한 모습으로 확인되는데, 특히 모든 생명체의 통일성을 강조하는 동양의 유기체적 자연관에서 잘 드러난다. 그 대표적인 사례로 장재의 기학을 들 수 있다. 장재는 인간, 세계, 자연을 '기氣'를 중심으로 총체적으로 이해하고자 하였다.

중국사상 전통에서 자연은 단순히 물리적 배경이 아니라 역동적이고 총체적인 힘의 흐름으로 이해된다. 자연의 지속적인 흐름은 다양한 역동적 힘의 집중과 조화로 구성되며, 이러한 유기적 과정은 조화로운 질서로 받아들여진다. 장재에 따르면 자연은 실체화된 형태를 취하는 역동적인 힘들의 융합 산물이며, 이 조화는 자발적인 성질을 띤다. 모트(F. W. Mote, 1922~2005)는 이를 '비인격적 우주 기능(impersonal cosmic function)'이라 지칭하며, 중국 고대 문명의 핵심적 특징의 하나로 '유기적인 성격'을 강조하였다.

> 중국의 진정한 우주기원론은 일종의 유기적인 성격을 지니고 있다. 즉 우주 전체의 모든 구성 요소들은 하나의 유기체 안에 속해 있으며, 그들 모두는 참여자로서 자연 발생적인 생명의 순환 속에서 상호작용한다.[8]

장재의 생태학적 상상력은 인간과 우주를 긴밀하게 연결하는 친밀성을 바탕으로 한다. 그의 대표 저작인 『정몽』의 〈서명〉에서는 이러한 사유가 '가

7) 조영준, 『자연과 공생하는 유토피아』(역락, 2022), 47~48쪽 참조.

8) F. W. Mote, *Intellectual Foundations of China*(New York: A. A. Knopf, 1971), 19쪽.

족'의 비유로 구체화되어 표현된다. 이는 생태학적 상상력과도 깊은 관련이 있다. 생태학(ecology)이라는 용어는 본래 '가정'이라는 뜻의 그리스어 '오이코스(oikos)'와 '담론'을 뜻하는 '로기아(logia)'의 합성어로, 1866년 헤켈(Ernst Haeckel, 1834~1919)에 의해 처음 사용되었다. 즉 생태학의 어원은 '가정을 관리하는 학문'을 의미하며, 이는 환경윤리와의 연결 지점을 제공한다. 그리고 '오이코노모스(oikonomos)'는 가정을 돌보는 사람, 즉 '청지기(steward)'를 뜻하며, 이 개념은 생태윤리의 기초로 작용한다. 따라서 가족과 자연세계의 관계를 하나의 연속된 질서로 파악한 장재의 생태학적 상상력은 환경윤리의 핵심적인 관점과 밀접한 연관을 갖는다.

건은 〈하늘로서〉 아버지라고 불리고,
곤은 〈땅으로서〉 어머니라고 불린다.
나는 여기서 조그만 모습으로,
그 가운데에 뒤섞여 있다.
하늘과 땅에 가득 찬 것을 내 몸으로 삼고,
하늘과 땅을 이끌고 가는 것을 내 본성으로 삼는다.
사람들은 모두 한 뱃속의 형제와 같고,
만물은 나와 함께 더불어 살아가는 친구가 된다.[9]

여기서 기氣는 인간의 친족적 관계와 자연세계를 연결하는 철학적 근거가 된다. 두유명杜維明은 이러한 유기체적 세계관을 해석하며, "우주와 한 몸을 이룬다는 것은 말 그대로이다. 왜냐하면 존재의 모든 양태가 기로 이루어졌기 때문에 인간의 삶은 우주를 구성하는 피와 생기의 영속적 흐름의 일부분이다.

---

9) 〈西銘〉(『正蒙』「乾稱」에 수록됨), "乾稱父, 坤稱母. 子玆藐焉, 乃混然中處. 故天地之塞, 吾其體. 天地之帥, 吾其性. 民吾同胞, 物吾與也."
* 의미를 잘 살리기 위해 시적 형식을 취하였다.

그러므로 인간은 바위, 나무, 동물 등과 유기적으로 연결되어 있다"[10]고 설명하였다. 이는 곧 존재의 모든 양상이 기로 이루어진다는 점에서, 인간의 삶이 우주 과정에 참여하는 하나의 생명 흐름임을 의미한다.

따라서 장재가 자주 사용하는 개념들인 기氣, 태허太虛, 태화太和, 신神, 화化, 감感 등은 생동하는 우주 자연을 묘사하는 철학적 도구로 기능한다. 장재는 자연현상의 배후에 있는 추상적이고 형이상학적인 원리를 탐구하기보다는, 우주만물이 펼쳐 내는 역동적인 감응과 조화의 현장을 있는 그대로 드러내고자 하였다. 장재에게 있어서 인간은 역동적인 우주 자연 속에서 감응하며 조화를 이루는 생명 공동체의 일원이다.

이와는 대조적으로 주희는 우주 자연의 이면에 내재된 형이상학적 원리를 탐구하는 데 주력하였다. 그는 리理, 리일理一, 태극太極, 천리天理, 도道 등의 개념을 통해 자연의 법칙성을 규명하고자 하였다. 이러한 차이는 장재와 주희 사이의 자연관, 더 나아가 우주에 대한 철학적 접근 방식의 차이를 분명히 보여 준다.

Ⅱ. 이 책의 구성과 주요 내용 개괄

필자는 이 책에서 장재 기학과 관학파의 정체성을 드러내기 위한 총체적인 논의를 시도하였다. 우선 서론적 성격의 작업으로서 '기학 이론의 역사[제1장]'와 '장재 기학의 사회사상사적 배경[제2장]'을 살펴보았다. 그리고 본론에

10) J. Baird Callicott and Roger T. Ames(eds.), *Nature in Asian Traditions of Thought: Essays in Environmental Philosophy*(Albany: State University of New York Press, 1989), 74쪽.

해당하는 내용으로 '장재 기학의 자연론[제3장]', '인성론[제4장]', '공부론[제5장]', '역학사상[제6장]', '예학사상[제7장]', '인문경제론[제8장]'을 다루었는데, 이 부분에서 장재 기학의 다양한 면모를 입체적으로 고찰하였다.

'장재의 〈서명〉과 한국 성리학[제9장]'에서는 특히 한국 성리학의 주요 주제였던 〈서명〉에 관한 조선시대 학자들의 담론을 살펴보았다. '장재 기학과 정씨 형제의 리학[제10장]'과 '장재 기학과 왕수인의 심학[제11장]'에서는 '기학과 리학', '기학과 심학' 간의 길항拮抗 관계를 통해 기학의 특징을 도출하고자 하였다. '기학과 현상학의 횡단적 이해[제12장]'에서는 서양 현대철학인 현상학적 시각을 통해 기학을 해석하고자 하였으며, 특히 기 개념과 현상학적 신체론 사이의 이념적·방법론적 유사성을 부각시키고자 하였다. '관학파의 학문 특징과 학파의 형세[제13장]' 및 '장재의 문인과 학풍의 특징[제14장]'에서는 관학파의 정체 해명을 시도하였다. 그동안 이름으로만 전해졌던 관학의 학문 특징과 관학파의 사상적 경향에 대해 구체적인 지형도를 제시하고자 하였다. 끝으로 '관학종전關學宗傳 해제 및 등재 인물[제15장]'과 '장재 연보'에서는 연구 과정에서 확보한 귀중한 자료를 소개하였다. 그렇지만 단순한 소개에 그치지 않고 수정 및 보완 작업을 거쳐 재구성한 내용을 해제와 함께 기본 연구 자료로 제시하였다.

이제 이 책에 수록된 글들을 장별로 요약하여, 전체 내용을 먼저 일별해 보고자 하는 독자들의 요구에 부응하고자 한다.

[제1장 기학 이론의 역사: 형성 과정과 시대적 전개]

기氣라는 개념은 동아시아 문명의 역사만큼이나 오래되었다. 동아시아 철학의 거의 모든 주요 개념들이 '주체적 체험'의 표현이기 때문에, 그 의미는 다의적일 수밖에 없다. 기 개념의 기원에 대해서는 여러 이론이 있으나, 대체로 일반적인 견해는 구름을 만들어 내는 기운, 봄에 대지에서 피어나는 아지랑이, 사람이 들이쉬고 내쉬는 '숨'과 같은 원초적 생명현상으로 이해된다. 물론 이러한 이해에는 정령적精靈的 · 주술적인 요소도 곁들여졌지만, 대자연의 기는 인간의 호흡 활동을 통해 인체에 흡입되어, 사람을 포함한 모든 생명체의 생명현상과 관련되므로, 자연스럽게 '인기人氣는 천기天氣 및 지기地氣와 동일하다'는 사고가 후대에 정립되었다.

기 개념의 역사적 전통을 가장 잘 계승하고 이를 자신의 철학으로 발전시킨 학자가 바로 북송대의 장재이다. 그는 기의 개념을 모범적이고 체계적으로 논증했으며, 기를 통해 인간, 자연, 세계를 총체적으로 이해하고자 했다. 그에게 기는 인간과 세계를 역동적이고 상관적으로 이해할 수 있는 가장 보편적이고 기본적인 개념이었다. 기는 동아시아 전통사회의 발전과 함께해 온 역사적 개념이다. 따라서 기학의 미래는 시대적 · 사회적 배경과 밀접하게 연관되어 형성될 것이며, 어떤 시대의 기학이든 전통 기학과의 만남 속에서 새로운 지평이 열릴 것이다. 기학의 완성 혹은 종말이라는 표현은 자기모순에 가깝다. 기는 인간과 우주를 체계적으로 해석하고자 하는 일종의 세계관적 성격을 띠고 있으며, 결국 인간의 역사와 함께 지속적인 변화와 발전을 거듭해 나갈 것이다.

[제2장 장재 기학의 사회사상사적 배경: 생애와 사상 체계]

어떠한 사상을 이해할 때, 그 사상이 형성된 구체적인 역사적 상황을 살펴보면 생동감 넘치는 많은 정보를 얻을 수 있다. 시간과 공간이라는 형식을 갖는 역사적 배경은 사상 체계를 이해하는 데 매우 중요한 요소로 작용한다. 장재의 기학 역시 마찬가지다. 역사적 실존 인물인 장재의 생애, 11세기 중국

사회의 다양한 모습, 그리고 장재가 당대 사회 속에서 직접 체험하고 고민했던 문제의식이 바로 장재 기학을 이해하는 데 결정적인 단서가 된다.

이 장에서는 장재의 생애를 학업 시기와 관료 생활 시기로 나누어 고찰하였다. 학업 시기에는 장재 기학과 문제의식이 태동한 사회사상사적 배경을 강조하였고, 관료 시기에는 장재가 유가적 이상 정치를 현실 속에서 어떻게 실현하려 했는지를 검토하였다. 또한 시대적 배경으로 외침外侵의 위기를 조명하며, 장재의 실천적 이상주의가 형성된 원인을 추적하였다. 그리고 이 장의 마지막에서는 장재의 핵심 저작인 『정몽』을 중심으로 장재 기학의 기본 사상을 해명하고자 하였다. 이 과정에서, 장재가 인간 본연의 모습을 '하나의 그릇에 담긴 두 얼굴'로 인식하였으며, 이러한 인식을 바탕으로 기학 이론을 전개해 나갔음을 설명하였다. 나아가 장재 기학의 자연관과 인간관이 관점주의적 입장에서 이중구조론으로 발전하였음을 강조하였다.

[제3장 장재 기학의 자연론]

세계라는 총체적 대상을 하나의 통일된 이론으로 이해하고자 하는 시도는 많은 지식인들의 근본적인 관심사였다. 장재 역시 이러한 관심을 강하게 지녔으며, 그 결과로 기학이 탄생하였다. 장재의 기학은 우선 중국 고전들에서 찾아낸 형이상학적 내용을 기반으로 하지만, 동시에 당대 최고 수준의 자연과학, 특히 천문학적 연구 성과와도 밀접하게 연결되어 있다. 그는 '잊힌 자연학자'라고 불릴 만큼 수준 높은 우주론적 자연학 지식을 갖추고 있었다. 그의 저서에는 이러한 우주론적 사색의 흔적이 많이 담겨 있으며, 이를 제대로 이해하기 위해서는 장재 당시의 자연과학 지식에 대한 이해가 필수적이다.

장재는 우주의 생성과 구조를 기학으로 설명한 거의 최초의 학자라 할 수 있다. 이 장에서는 구조론과 생성론의 양 측면에서 장재의 우주론을 고찰하였다. 천문학의 발달에 결정적으로 의존하는 우주 구조론은 전통적인 과학이론과 크게 다르지 않지만, 우주 생성론은 어느 정도 과학적 관찰이 가능하더라도 근본적인 문제에 도달하면 여전히 사변적 수준에 머무르게 되어 전통 형이상학과 유사한 면모를 보인다. 생성론과 구조론의 이러한 이질성 속에서 우주론의 이중성이 두드러지게 나타난다. 그러나 이 두 이론이 각각 독자적 영역에 갇힌다면 그것은 철학적 우주론이라 할 수 없다. 우주론의 전체적 조망은 생성론과 구조론의 조화를 통해서만 가능하다. 이 장의 핵심은 장재 기학이 생성론과 구조론이라는 두 이론을 어떻게 통합하고 있는지를 살펴보는 데에 있다.

[제4장 장재 기학의 인성론]

장재의 인성론은 중국 전통철학의 핵심 주제 가운데 하나인 천인합일론天人合一論의 이론적 토대를 마련하였으며, 나아가 신유학 심성론의 기초를 확립한 것으로 평가받는다. 이 장은 장재 인성론의 이론 구조와 그 특징을 고찰하는 데 목적이 있다. 여기서는 먼저 심성론의 일반적 의미를 살펴본 후에 본격적으로 장재 인성론을 검토하였다. 장재 인성론의 주요 특징은 다음 세 가지로 요약할 수 있다. 첫째, 장재는 인성론에 있어 철저히 전통 유학의 입장을 계승하였으며, 송·명 신유학의 관념론적 심성론을 체계화하는 데 중대한 기여를 하였다. 둘째, 그는 효孝의 관념을 확장하여 인간을 넘어 만물에까지 적용시켰으며, 그 근거로 리일분수理一分殊에 기반한 만물 공동성을 강조하였다. 셋째, 장재는 성性을 천지지성天地之性과 기질지성氣質之性의 두 차원으로 구분하였다. 이러한 이분법적 구분을 통해 그는 성선설性善說의 정당성과 현실에서 악이 발생하는 원인을 이론적 충돌 없이 설명할 수 있게 되었다.

장재는 인간의 성품 중 악의 원인이 되는 기질지성을 변화시켜 천지지성으로 회복함으로써, 태허일기太虛一氣의 본성을 구현하고자 하였다. 이를 통해 그는 '모든 사람을 형제처럼 여기고, 만물과 더불어 벗이 되는[民胞物與]' 경지에 도달할 것을 강조하였다. 다만 아쉬운 점은, 장재의 인성론이 기학의 강한 현실적 경향에도 불구하고 천天과 인人의 합일성을 모색하는 데 과도하게 치중함으로써, 분수기分殊氣가 지니는 구체성과 차별성에 대해서는 상대적으로 소홀하게 다루었다는 점이다.

[제5장 장재 기학의 공부론]

장재에게 있어서 마음[心]은 객관적 존재와 주관적 활동, 그리고 체體와 용用의 이중구조를 포함하는 심心-성性의 변증법적 구조를 지닌다. 다시 말해, 장재에게 심과 성은 모두 넓은 의미의 마음으로 이해될 수 있으며, 따라서 이 둘은 마음의 자기 관계를 떠나서는 성립될 수 없다. 마음은 자기 자신이 마음답지 못함을 인식하며, 보다 나은 상태로의 가능성을 내재적으로 지닌 존재이다. 장재는 이러한 '마음의 마음다움', 즉 본래심本來心을 회복하는 공부로서 이른바 '큰 마음', 즉 대심大心을 제시하였다. 장재 기학에서 공부의 핵심은 바로 대심에 있다. 그는 참된 공부를 통해 대심을 실현하고, 이를 통해 도道를 체득할 수 있다고 보았다. 이때 도를 체득한다는 것은 곧 자신의 몸과 만물을 하나로 인식하는 것과 다름 아니다.

장재는, 세계의 본질에 대한 참된 인식은 우리의 오감五感에 의한 견문지見聞知로써는 도달할 수 없다고 보았다. 그는 이와 차별되는 인식 방식으로서 덕성지德性知를 제시하였고, 이 덕성지를 얻는 방법으로 대심을 강조하였다.

그렇다면 대심이란 무엇인가? 그것은 곧 우리 마음속에 내재해 있는 도덕적 본성을 회복하는 것이며[心性合一], 본래 하나인 세계의 분열적·대립적 양상을 총체적으로 통찰하는 것이다. 장재는 이러한 대심의 공부를 통해 도달하는 이상적인 경지를 '민오동포民吾同胞', '물오여야物吾與也'로 표현하였다. 이와 같은 장재의 공부론은 천인합일로 대표되는 유가적 통일체 세계관의 핵심이라 할 수 있다.

[제6장 장재 기학의 역학사상]

이 장에서는 장재 역학의 기학적 구조와 그 특징을 고찰하였다. 우선 장재 역학을 온전히 이해하기 위해서 그것의 역학사적易學史的 지위를 규명하였다. 이 장에서는 장재의 역학이 왕필王弼(226~249)의 의리역학義理易學과 공영달孔穎達(574~648)의 『주역소周易疏』의 해석 태도를 계승하고 있으며, 나아가 한역漢易의 전통 및 정이의 이론까지도 일정 부분 수용함으로써, 동시대에 있어 가장 정교하고 종합적인 역학 체계 중 하나였음을 강조하였다. 즉 장재의 기학적 역학 체계는 한·당 이래 전개된 전통적인 기론氣論을 비판적으로 계승하면서, 『주역』에 대한 새로운 해석의 가능성을 모색한 시도로 평가할 수 있다.

장재 역학의 기학적 구조와 사유의 특징을 해명하기 위해, 태허즉기론太虛卽氣論, 신화론神化論, 일물양체론一物兩體論의 역학적 의미를 탐색하였다. 첫째, 태허즉기론은 세계의 모든 존재가 기氣로 구성되어 있으며, 일반적으로 '무無'라 일컫는 것은 절대적인 부재不在가 아니라 기가 태허太虛의 상태로 흩어져 있는 것을 의미한다. 따라서 '태허-기-만물'은 실질적으로 동일한 존재론적 계열에 속한다. 둘째, 신화론은 현상 이전과 이후의 세계가 본질적으로 동일한 기의 세계라는 사실을 강조한다. 이러한 동일성은 기의 고유한 운동 원리인

신神과 화化에 의해 성립된다. '신'은 태허-기-만물 간의 통일성의 원리이며, '화'는 이러한 기의 운동이 다양성을 창출하는 과정을 지칭한다. 즉, 신은 태허 즉기의 운동 원리이며, 화는 그 운동의 구체적 발현이다. 셋째, 일물양체론은 태허-기-만물 간의 유기적 통일성을 철학적으로 보증하는 이론이다. 이는 본래 하나였던 태허와 만물 간에 대립적이면서도 통일적인 관계가 성립하며, 만물 상호 간에도 유사한 대립과 상호작용이 존재한다는 사유에 기반한다. 이러한 대립적 요소 간에는 상호 흡수 혹은 배척의 작용이 발생하며, 이는 '감感(感應)'이라는 개념으로 설명된다.

[제7장 장재 기학의 예학사상]

이 장에서는 장재의 예禮에 대한 관념과 사상을 원리적·이론적 측면에서 고찰하였다. 구체적으로는 장재가 이해한 예의 본질이 무엇인지, 그리고 그의 사상 체계에서 예학禮學이 차지하는 위상과 역할이 어떠한지를 중심으로 분석하였다.

장재 사상의 출발점은 기氣에 입각한 일원론적 세계관이다. 그의 사상에서 기는 최고 개념으로, 논리적 출발점이자 궁극적 귀결점이다. 이러한 기를 기반으로 한 사유는 당대 국가 정치의 지배 구조, 즉 전제군주專制君主 체제와도 밀접한 연관을 갖는다. 장재는 이러한 권력이 현실 사회에 구체적으로 작동하기 위한 핵심 기제로서, 종법제도에 기반한 예교禮教 이념의 강조와 예제적禮制的 지배의 필요성을 역설하였다.

장재 사상에 있어서 교육이념의 핵심 또한 '예'에 있다. 그는 본질적으로 '예'의 선재론자先在論者로서, 인간의 존재와 무관하게 천지에는 이미 예가 실재한다고 보았다. 그는 천지 생성의 이치에 인간이 자발적으로 순응하는 행위를 예의 실천이라 정의하였다. 따라서 예가 인간의 자의적 발상에서 비롯되었다고 주장하는 입장을 비판하였으며, 천지의 생성과 존재의 근본 원리가 곧 리理이며, 리에 따르는 행위가 예라고 이해하였다.

이와 같은 이유로 장재의 사상을 총체적으로 이해하기 위해서는 예학 사상에 대한 고찰이 필수적이다. 그의 사상은 역학에 근거한 우주론과 예학에 기반한 인성론으로 구성되어 있다고 보아도 무방하다. 장재의 우주론은 기학을 핵심으로 하고 있으며, 인성론은 변화기질론變化氣質論을 중심으로 전개된다. 장재는 예를 통해 인간의 덕성을 함양할 수 있다고 보았으며, 동시에 예가 인간의 기질을 변화시키는 원리라고 인식하였다. 이에 따라 당시 사람들은 장재가 예를 알고 본성을 회복하며, 기질을 변화시키는 도리를 바탕으로 제자들을 교육하였다고 평가하였다.

[제8장 장재 기학의 인문경제론]

장재는 실제적이고 구체적인 현실 문제에 깊은 관심을 기울였으며, 민중의 삶을 직접 체험하고 그 문제를 해결하기 위한 다양한 사유를 전개하였다. 그는 백성들의 생활이 궁핍해진 주요 원인으로 불합리한 토지 제도를 지목하였고, 빈부 격차가 심화된 사회에서는 왕도정치王道政治의 실현이 불가능하다고 보았다. 이러한 문제의식 속에서 장재는 이론에만 머물지 않고 실제적인 쓰임(致用)의 학문에 주목하였다.

그는 토지의 균등한 분배가 이상사회를 구현하기 위한 근본 조건이라고 보았으며, 토지 균평均平을 실현하기 위한 구체적인 방안으로 정전제井田制를 주장하였다. 장재의 정전제 이상은 단순한 제도적 개혁을 넘어, 그의 기학적 세계관과 밀접하게 연관되어 있다. 기학에 기반한 정치론의 핵심은 바로 민생

民生의 보장이며, 이는 유학의 민본주의 이념과 깊은 연속성을 지닌다. 생활세계는 인간의 삶이 실질적으로 이루어지는 공간이며, 이 터전을 보호하고 관리하는 것이 정치의 본질이라고 할 수 있다. 이념과 이상은 구체적 현실로부터 유리되어서는 안 되며, 정치는 오히려 현실의 생생함을 더욱 풍요롭게 만들어야 한다. 장재는 이러한 관점에서 민생의 필수요건인 물질적 기반, 즉 항산恒産의 충족을 위해 정전제의 도입을 역설하였고, 이후 공동체 구성원 간의 사랑과 신뢰를 회복할 것을 요청하였다.

장재의 인문경제론에서 정전제와 더불어 주목할 제도가 향약鄉約이다. 정전제가 토지의 균등한 분배를 통해 경제적 자립과 항산을 확보하고자 한 방안이라면, 향약은 농민들의 도덕적 교화와 상호부조를 목적으로 하는 농촌 자치규약으로 이해될 수 있다. 장재가 지향한 윤리적 공동체의 이상은 철학적으로는 '천하일가天下一家'라는 기학적 세계관에 기반하며, 제도적으로는 향약을 통해 혈연 중심의 관계를 넘어 지역사회, 나아가 국가 및 세계 공동체로까지 확장될 수 있는 기반을 마련하고자 하였다. 특히 향약의 이념과 그 제도적 구현은 조선시대 한국 사회에 지대한 영향을 미쳤다는 점에서, 장재 사상의 역사적 파급력을 이해하는 데 중요한 논제로 평가될 수 있다.

[제9장 장재의 〈서명〉과 한국 성리학]

장재는 일찍이 〈서명西銘〉에서 도덕적 실체로서의 인仁을 통하여 만물 공동성의 윤리적 토대를 정립하고자 하였다. 이 장에서는 〈서명〉에 관한 조선시대 성리학자들의 주요 담론을 고찰하였다. 먼저 예비적 논의로서 송대 성리학의 주요 인물인 정이와 주희를 중심으로 〈서명〉 해석의 전개 양상을 살펴보았으며, 이후 조선시대 〈서명〉 담론의 핵심적 위치를 차지하는 퇴계

이황의 주요 논점을 『성학십도聖學十圖』의 제2도인 〈서명도西銘圖〉와 〈서명고증강의西銘考證講義〉를 중심 자료로 삼아 분석하였다.

이황은 〈서명〉을 논의함에 있어 송대 유학자들의 해석에 전반적으로 동의하면서도, 특히 개인의 실천적 의지를 강조하는 점에서 자신의 독자적 입장을 부각시켰다. 그는 〈서명〉을 단순한 철학적 문헌이 아닌 심성 수양을 위한 실천서로 이해하였으며, 이러한 해석을 통해 기존의 해석을 계승하면서도 더욱 실천 지향적인 성리학적 주체성을 정립하고자 하였다. 이 장에서는 이황이 정이와 주희의 입장을 충실히 계승하는 동시에, 실천적 의지의 강조를 통해 자신의 해석을 심화시켰다는 점에 주목하였다.

아울러 조선시대 일반 성리학자들뿐만 아니라 군왕君王들 또한 〈서명〉을 중시하였던 다양한 사례들을 검토하였다. 조선의 성리학자들은 〈서명〉의 내용을 단순히 학문적 논의에만 그치지 않고, 실제 정치와 행정의 영역에까지 적용하고자 하였다. 실제로 〈서명〉에 관한 언급은 조선왕조의 공식 역사기록인 『조선왕조실록』에도 빈번히 등장한다. 조선의 역대 군왕들이 지방 관료들에게 행정에 최선을 다할 것을 권면하거나, 혹은 신하들이 임금에게 군정君政의 도리를 제언할 때 〈서명〉을 인용하는 경우가 자주 확인된다.

조선시대 지식인 사회에서 전개된 〈서명〉 담론의 특징은, 이론적인 측면에서는 정이와 주희의 해석을 수용하면서도, 이에 머물지 않고 이를 삶의 구체적 현실에 적용하려는 실천적 지향성을 함께 추구하였다는 점이다. 이러한 경향의 심층에는 도덕 주체로서의 '나'를 중심에 두고, 구인求仁과 지경持敬의 삶을 강조한 이황의 〈서명〉 해석이 중요한 사상적 기반으로 자리 잡고 있다.

[제10장 장재 기학과 정씨 형제의 리학]

장재의 기학과 정씨 형제[程顥·程頤]의 리학은 성리학 형성 과정에서 중대한 역할을 수행하였다. 이 장에서는 장재의 기학과 정씨 형제의 리학이 구체적으로 어떠한 방식으로 협력과 갈등의 양상을 드러내는지를 고찰하였다. 우선 리理와 기氣의 개념사적 의미를 검토한 후, 장재의 학문적 토대가 정씨 형제의 사상적 영향 아래에서 형성되었다는 주장의 타당성을 비판적으로 분석하였다. 이어서 기학과 리학의 이론 구조를 대비하고, 그 각각의 발생 배경을 고찰하였다.

구체적으로는 북송대 성리학의 발전 단계를 두 가지로 구분하여 설명하였다. 첫 번째 단계에서는 도가道家 및 불가佛家의 형이상학에 대한 비판을 통해 장재의 기학이 정초되었으며, 두 번째 단계에서는 장재 기학이 지닌 이론적 한계를 극복하고자 하는 시도 속에서 정씨 형제의 리학이 태동하였음을 해명하였다.

본격적인 논의에서는 기학과 리학의 이론 구조를 본체론과 심성론의 측면에서 비교 분석하였다. 본체론에 있어 장재는 기를 우주의 근본 원리로 간주하며, 기가 만물을 형성하고 변화시키는 실체임을 주장한다. 그에 따르면 현상과 본체는 모두 기의 운동과 변화 속에서 나타나는 일원론적 세계의 양면적 국면이라 할 수 있다. 이에 반해 정씨 형제는 본체를 상징하는 리가 만물의 근원을 이루며, 기는 단지 리의 작용에 따르는 현상적 요소에 불과하다고 보았다. 심성론에 있어서도 양자 간의 입장은 뚜렷이 구분된다. 장재는 인간의 도덕적 수양이 기의 순화를 통해 이루어지며, 기의 운동과 변화를 통해 인간의 도덕적 상태가 형성된다고 보았다. 반면 정씨 형제는 수양의 핵심이 기의 순화가 아닌 성性의 보존과 확장을 통해 이루어진다고 보았으며, 인간의 성을 리의 발현으로 해석하였다.

표면적으로는 장재의 사상이 우주론과 심성론 모두에서 기-일원론을 지향하는 듯 보이지만, 실제로는 심성론의 영역에서 일정한 이원론적 구조를 드러낸다. 이 장의 마지막에서는 바로 이러한 장재 기학의 이론적 모순성이 어디에서 생겨나게 되었는지를 해명하였다.

[제11장 장재 기학과 왕수인의 심학]

이 장은 종래 '병렬적' 또는 '대립적'으로만 이해되어 온 장재의 기학과 왕수인의 심학을 상호 소통의 관점에서 재조명하고자 한 시도이다. 이를 위해 먼저 장재의 태허太虛 개념과 왕수인의 양지良知 개념을 비교함으로써 두 사상의 존재론적 구조가 상통함을 규명하였고, 이어서 장재의 대심大心과 왕수인의 치양지致良知 개념을 대비함으로써 기학과 심학 공부론의 교섭 가능성을 논증하였다.

장재의 태허론은 불교의 적멸론寂滅論에 대응하기 위한 의도가 반영된 측면이 있다. 따라서 심학을 기학적 틀에서 이해하고 양지의 본체를 태허로 해석할 경우, 그동안 양명심학陽明心學이 정주리학程朱理學으로부터 지속적으로 받아 온 '불교적 이단사상'이라는 비판으로부터 일정 부분 자유로워질 수 있다. 장재는 형이상학적 윤리설의 성격을 강하게 지니는 동시에 직각론적直覺論的 윤리설의 요소를 함께 내포하고 있으며, 왕수인 역시 직각론적 윤리설의 성격이 두드러지지만 동시에 형이상학적 윤리설의 성격을 함께 갖고 있다. 이처럼 양자의 사상은 출발점과 강조점에 있어서는 차이를 보이지만, 결과적으로는 상보적相補的인 구조를 형성한다. 즉 장재는 기학적 존재론에서 출발하여 심학적 인식론 및 윤리론으로 나아가며, 반대로 왕수인은 심학적 도덕 가치론에서 출발하여 태허즉기론太虛卽氣論이라는 존재론적 사유로 확장된다.

서양철학에서는 아리스토텔레스 이래로 진리 인식을 목표로 하는 학문과 당위적 실천을 모색하는 학문, 곧 존재에 관한 탐구와 가치에 관한 탐구를 서로 분리된 영역으로 간주해 왔다. 그러나 동양철학은 이 두 가지를 본질적으로 분리하지 않고 통합적으로 사유해 왔으며, 이러한 특징은 장재와 왕수인의 사유에서도 명확히 확인된다.

이 장의 논의는 장재의 기학 전통을 단순히 정주리학적 시각에서만 해석하는 데서 벗어나, 오히려 육구연과 왕수인으로 이어지는 심학의 사상 전통과의 연관성 속에서 재조명할 수 있음을 강조하였다. 곧 심학을 성리학의 발전적 계승으로 이해하고, 장재의 기학을 심학의 이론적 선구로 해석해 보는 것이 논의의 핵심이다.

[제12장 기학과 현상학의 횡단적 이해]

철학에 있어서 '비교'는 일반적으로 동·서 철학 간의 대조對照와 유비類比의 형태로 수행된다. 동·서 철학 간의 비교 연구는 서로 다른 문명권의 철학을 유비적으로 이해함으로써, 양자의 유사성과 차이성을 종합적으로 파악할 수 있는 가능성을 제공한다. 철학적 비교의 핵심은 개념의 비교에 있으며, 개념의 의미는 해당 개념에 내포된 의미론적 층차層差와 역사적 변천을 충분히 고려할 때 비로소 명료화된다. 아울러 그 개념을 이질적인 사유 전통의 개념들과 비교함으로써 더욱 구체적이고 풍부한 의미로 확장된다.

이 장에서는 동아시아의 기학적 전통과 서양의 현상학적 전통을 비교함으로써, 근대와 탈근대의 이분법적 대립을 극복하고 화해할 수 있는 철학적 가능성을 모색하고자 하였다. 비교의 핵심 개념으로는 '기氣'와 '몸[살, Leib]'이 설정되었다. 장재의 기 개념이 지닌 '이중성'과 서양 현상학 특히 메를로-퐁티의 논의에서 드러나는 '몸' 혹은 '살'의 개념이 내포한 '애매성' 사이의 철학적 연계성을 주목함으로써, 주체와 객체 간의 대립 구도를 넘어서는 사유의 역동적 고리를 도출하고자 하였다. 특히 이 장에서는 조선 후기 실학자 최한기崔漢綺(1803~1879)의 기학을 서양 현상학, 그중에서도 메를로-퐁티의 신체 현상학적 관점에서 재해석하고자 하였다. 즉 최한기의 기학과 현상학적 신체론 사이의 이념적·방법론적 유사성을 밝힘으로써 양 사유 체계 간의 내적 소통 가능성을 제시하고자 한 것이다.

동아시아 전통철학에서 기는 세계의 보편적 원리를 구성하는 동시에, 리理에 대비되는 보다 점착적이고 비-가시적인 실체로서 불투명성과 모호성을 띤다. 이러한 성격으로 인해 기 개념은 사상사 속에서 종종 철학적 불명료성의 원인으로 간주되어 부정적인 평가를 받아 온 바 있다. 그러나 이러한 모호성은 오히려 존재의 다의성과 유동성을 드러내는 철학적 가능성의 표현으로 재해석될 수 있다. 이러한 관점에서 장재의 기학을 후설(E. Husserl, 1859~1938)의 초월적 현상학과 비교하고, 최한기의 기학을 메를로-퐁티의 체화體化된 신체론적 현상학과 대비시켰다. 장재와 최한기의 기학이 모두 근대 이원론의 독단적 구조와 탈근대적 사유의 혼란을 동시에 넘어설 수 있는 철학적 가능성을 내포하고 있지만, 여기서는 장재보다는 최한기의 기학이 본 논의의 목적에 더욱 밀접하게 부합함을 강조하였다.

[제13장 관학파의 학문 특징과 학파의 형세]

장재 사후, 관중關中 지역의 선비들은 그의 덕을 기리어 그를 '횡거선생橫渠先生'이라 칭하고, 그의 학문을 추종하였다. 후대의 학자들은 이와 같은 일군의 학자들을 '관학파關學派'라는 독자적 학파로 구분하였다. 관학은 염학濂學, 낙학洛學, 민학閩學과 더불어 송대 성리학의 4대 학파 중 하나로 손꼽힐 만큼 상당한 학문적 영향력을 지니고 있었으나, 그 학문적 특징이나 학파로서의 성격은 상대적으로 소홀히 취급받아 왔다. 이러한 인식 아래, 이 장은 관학파의 학문적 특성과 학파적 특징을 체계적으로 정리하고자 하는 데에 목적을 두었다.

관학의 전승은 규모 면에서 미약하였으나 각 시대 주류 사조의 영향을 수용하면서도 일정한 학통과 학풍의 맥락을 형성하였다. 북송대에는 장재에 의해 관학이 창시되어 정씨 형제의 낙학洛學에 비견될 만한 학문적 성취를 이룩하였다. 그러나 남송대에 이르러 관학은 급격히 쇠퇴하였고, 학자들 역시 사공事功에 치중하여 심화된 이론 전개에 이르지 못하였다. 금·원대에도 관학의 침체가 이어졌고, 이러한 흐름 속에서 정주학程朱學의 시대적 영향력이 한층 부각되었다.

명대에 들어서면서 관학은 다원화되고 변형된 양상을 보인다. 이 시기의 관학파는 주자학을 학문의 중심에 두는 동시에, 육왕학陸王學을 비판하고 체인體認을 중시하며 장재 사상에로의 회귀를 시도하였다. 명말청초明末清初의 시기에는 관학의 전통에 관심을 가진 학자들이 다수 등장하였으며, 이들은 자신의 사유를 전개하는 데 있어 관학의 이론과 정신을 적극적으로 수용하였다. 청대 초기에는 여전히 주자학이 학문 세계의 중심을 이루었지만, 관학파 내에서는 심학적 경향이 강하게 표출되었다. 그러나 청대 중엽에 이르러 관중 지역의 학풍은 점차 정주학 중심의 보편적 학풍으로 정착하였고, 이러한 경향은 청대 말기까지 지속되었다. 청 말에 이르게 되면 일부 학자들이 다시 심학에 주목하면서, 중국 전통 사유를 통해 서학西學을 이해하려는 시도를 전개하였다.

1959년, 후외려侯外廬(1903~1987)의 『중국사상통사中國思想通史』[11]가 간행된 이후, 현대 중국철학자들은 관학의 개념, 범위, 학문적 특징에 대해 다양한 논의를 전개하였다. 관학에 대한 해석을 종합하면 대체로 다음 세 가지 특징으로 요약할 수 있다. 첫째, 관학은 학문의 목적에 있어 치용致用의 정신을 중시한다. 둘째, 자연과학적 탐구에 대한 관심이 높았으며, 제도 및 실용적 지식의 함양을 강조하였다. 셋째, 예교禮教를 중시하고 불가와 도가 사상을 비판하며, 유학의 부흥을 자신들의 사명으로 삼았다. 관학파의 학자들은 시대에 따라 사유의 차이를 보이기는 하나, 이러한 기본적인 문제의식을 함께 공유하고 있었다. 이러한 특징은 장재와 그의 직전直傳 제자들의 학풍에서도 명확하게 드러난다.

[제14장 장재의 문인과 학풍의 특징]

관학파는 '지리'와 '인물'이라는 두 가지 측면에서 고찰할 수 있다. 첫째, 지리적 측면에서 '관학關學'의 '관關'은 관중關中 지역을 지칭하므로, 관학은 본질적으로 관중 지역 출신 학자들의 학문 전통으로 이해될 수 있다. 실제로 장재의 문인들은 대부분 관중 및 그 인근 지역 출신이었다. 둘째, 인물적 측면에서 관학은 당연히 장재를 중심으로 한다. 즉 관학이란 장재를 중심으로 형성된 사상 및 그의 직전 제자들의 학문을 포함하며, 나아가 이들의 학문적 연속성을 인식하고 그 특색을 계승한 후대 학자들의 사상까지 포괄하는 개념이다. 장재의 제자들은 스승에 대해 각별한 존경심을 가지고 있었으며, 문인 상호 간에도 강한 결속력을 형성하였다. 이들은 장재의 가족들과 인척 관계를 맺기도 하였고, 서로에게 행장行狀과 묘갈명墓碣銘을 지어 주며 스승과 동문에 대한 추념의 정을 표현하였다. 또한 관직에 진출한 이후에는 스승과 동문을 적극적으로 추천하는 등 실질적인 인적 네트워크를 구축하였다.

---

11) 侯外廬, 『中國思想通史』(北京: 人民出版社, 1959).

현재까지 확인된 장재의 직접 문인은 총 14인으로 다음과 같다. 여대충呂大忠(1025~1100), 여대균呂大鈞(1031~1082), 유사웅游師雄(1038~1097), 여대림呂大臨(1040~1092), 소병蘇昞(1053~1104), 범육范育(?~1093년 전후), 반증潘拯(생몰년 미상), 유공언劉公彦(1050~1079), 종사도種師道(1051~1126), 이복李復(1052~1128), 장순민張舜民(?~1111년 전후), 설창조薛昌朝(생몰년 미상), 전유田腴(생몰년 미상), 소청邵淸(생몰년 미상)이다.

장재와 그 문인들은 여러 면에서 유사한 사상적 성향과 실천적 경향을 공유하고 있으며, 이러한 공통성은 관학파의 중요한 학풍으로 주목할 만하다. 첫째, 이들은 고대 사회의 예교를 현실 정치와 사회 속에서 실현하고자 노력하였다. 둘째, 유가의 입장에서 불가 및 도가사상을 비판적으로 수용하거나 배격하였으며, 정치적으로는 왕안석의 신법新法에 대해 비판적인 입장을 취하였다. 셋째, 이들은 군사적 문제에 높은 관심을 보였으며, 실행력과 결단력을 갖춘 실천적 태도를 지니고 있었다. 또한 박학博學의 학문적 경향을 지녔고, 실용實用과 실사實事의 학문적 지향성을 분명히 드러냈다.

일반적으로 송대 신유학은 기학氣學, 리학理學, 심학心學이라는 세 계통으로 분류되는데, 이 가운데 실용성과 실사성의 강조는 기학의 가장 두드러진 학풍 중 하나로 이해된다. 장재와 그의 문인들이 공유한 이러한 실천적이고 실증적인 학문 태도는 곧 관학파의 사상적 정체성과도 긴밀히 연결되어 있다.

[제15장 관학종전關學宗傳 해제 및 등재 인물]

『관학종전關學宗傳』은 관학파의 주요 학자들을 소개하기 위해 장기가 1921년에 간행한 책이다. 이 장에서는 『관학종전』에 대한 해제를 부기附記하고, 등재된 인물들의 간단한 정보 내역을 기록하였다. 이 책은 『관학편』과 『관학속편』 등으로 이어지는 관학사 정리 작업의 전통을 계승하면서도, 부족한 자료를 광범위하게 보완하였다. 이는 관학사 연구를 심화하는 데 중요한 가치를 지닌다. 종래에 잊힌 학파의 성격이 강했던 관학파의 존재를 현재의 역사 시점에서 강력하게 소환하였으며, 향후 후속적인 연구 작업을 위한 중요한 기초 자료를 제공하였다. 필자는 각종 문헌을 참고하여 인물들의 생몰년, 자호字號 등의 정보를 수정 보완함으로써 자료의 학술적 정확성을 높였다.

[장재 연보]

이 책의 말미에 장재의 생애를 추적할 수 있는 기본 자료로서 「장재 연보」를 첨부하였다. 최근 학계에 보고된 금석문 내용까지 포함한 다양한 사료를 참고하여 장재의 생애사를 재구성하였으며, 이를 통해 장재를 둘러싼 사회사상사적 배경을 보다 입체적으로 이해할 수 있는 기회를 제공하고자 하였다.

Ⅲ. 이 책의 특징과 학술사적 의의

이 책은 다음 몇 측면에서 학술사적으로 긍정적인 의의를 지닌다고 자평한다.

첫째, 그간 국내 학계에서 거의 다루어지지 않았던 분야에 대해 선구적인 연구 성과를 제시하고 있다. 본론에 해당하는 장재의 공부론, 역학사상, 예학사상, 인문경제론 등은 선행연구가 미비하며, 국내 학계에서는 거의 연구된 바가 없는 주제가 상당수 포함되어 있다. 이 중에서도 특히 장재의 예학사상은 그의 사상 체계에서 중요한 비중을 차지함에도 불구하고 선행연구의 축적이 대단히 미진하다. 일본 학자 야마네 미쓰요시(山根三芳)의 독보적인 연구[12]를 제외하면 국외에서도 이 분야에 대한 전문연구는 드문 편이다. 최근 중국 학자 임낙창林樂昌과 몇 명의 연구자들이 예학 논문을 발표하기도 하였으나,[13] 역시 시론적試論的 수준에 머물고 있다. 이러한 연구 환경 속에서 본서 제7장[장재 기학의 예학사상]의 논의는 주목할 만한 가치를 지닌다.

둘째, 이 책에서는 기학의 학문적 정체성을 명확히 규명하고자 다양한 비교 연구를 수행하였다. 우선 '기학과 리학[제10장]', '기학과 심학[제11장]'의 길항적 관계를 고찰하였으며, 한국 성리학 내에서 '기의 이론'이 어떻게 전개되었는지를 분석하였고[제1장], 또한 한국 성리학자들이 〈서명〉을 어떻게 이해했는지를 탐구하였다[제9장]. 특히 '기학과 서양철학인 현상학 간의 비교 이해[제12장]'를 통해 동·서양 사유의 보편성을 확인하고, 기학이 갖는 탈근대적 함의를 도출하였다. 이는 기학이 지향하는 횡단적 관점이 현상학과의 대화를 통해 새로운 의미를 지닐 수 있음을 시사한다. 이러한 동·서양 철학사상 비교는 필자의 기존 연구 성과[14]와 더불어 학계에서 선구적인 지위를 갖는 독창성을 지니고 있다.

셋째, 다양한 문헌 자료와 고고학적 유물을 통해 장재의 생애를 재구성하였고, 그의 사상을 사회사상사적 맥락에서 재조명하였다[제2장]. 우선 문집, 족보, 지방지, 비갈碑碣 등을 분석하여 장재의 가족 관계, 문인 관계, 생애 주요 사건 등을 새롭게 밝히고, 이를 연구 결과에 반영하였다. 예를 들어, 여대림이

---

12) 山根三芳, 『宋代禮說硏究』(廣島: 溪水社, 1996); 山根三芳, 「張橫渠の禮思想硏究」, 『廣島大學文學部紀要』 24卷 1號(廣島大學文學部, 1965).

13) 林樂昌, 「張載禮學論綱」, 『哲學硏究』 12期(中國社會科學院 哲學硏究所, 2007); 林樂昌, 「張載禮學三論」, 『唐都學刊』 25卷 3期(西安文理學院, 2009).

14) 장윤수 외, 「근대와 탈근대의 대립을 넘어: 氣哲學과 現象學의 대화」, 『철학논총』 41집(새한철학회, 2005); 장윤수, 「최한기 철학과 현상학의 횡단적 의사소통: '기'와 '신체' 개념의 해체적 독해」, 『사회사상과 문화』 16호(동양사회사상학회, 2007); 張閏洙, 「張載氣哲學的現象學解讀」, 『延邊大學學報』 40卷 3期(2007, 延邊大學, 2005).

지은 〈횡거선생행장橫渠先生行狀〉에서는 장재의 증조를 '모某'라고 표기하고 있으나, 『회계장씨지보滙溪張氏支譜』[15]의 계보도에 따르면 그 이름은 '원元'으로 확인된다. 그리고 장재의 자녀와 관련된 기록도 새로 발굴한 자료를 참고하여 기존 사료를 보완하였다.[16] 최근 발굴된 〈송고청하현군장씨부인묘지명宋故淸河縣君張氏夫人墓誌銘〉[17]에 따르면, 장재에게는 10세 연상의 누나가 있었으며, 그녀는 송수창宋壽昌의 재취 부인으로 출가하여 두 아들 송익宋翊, 송경宋京을 두었다. 이 중 송경은 장재 형제와 밀접한 관계를 유지하며 장재의 임종을 지켰고 장례를 주관하였다. 이러한 사실은 기존 학계에서 확인되지 않았던 내용이다. 이러한 사실들을 바탕으로 마지막 부분에서 장재와 그의 시대를 총체적으로 조망하는 '연보'를 구성하였다.

넷째, 장재 기학의 이론 체계에 대한 새로운 해석을 시도하였다. 특히 기학의 자연관(우주론)과 인간관(심성론) 사이의 이중적 구조를 단순한 이론적 모순으로 보지 않고, 현실 세계의 다양한 국면을 고찰하기 위한 '합리적 관점주의'로 해석하였다. 이는 동일성과 일원론적 해석을 절대화하는 시각에 대한 반성에서 비롯된 것으로, 세계와 인간에 대한 복합적 이해 가능성을 제시한다. 필연이 지배하는 자연계와 도덕적 자율성이 강조되는 인간계라는 서로 이질적인 두 세계를 각기 고유한 방식으로 이해하려는 관점주의적 태도는 오히려 장재 기학의 철학적 깊이를 보여 주는 요소로 재평가될 수 있다.

다섯째, 본서는 전체 분량의 20% 이상을 할애하여 '관학關學'에 대한 정의와

15) 康熙 29년(1690)에 간행되었는데, 현재 남아 있는 족보 중에서 신뢰성이 높은 자료로 평가되고 있다.

16) 〈橫渠先生行狀〉에는 張載와 정실부인인 郭氏 사이에 아들 張因만 기록되어 있으나, 『眉縣』「灤州譜」에는 張因, 張貴가 기록되어 있다. 그리고 『蘇州老譜』에는 貴妾 소생의 張銘이 추가되어 있으며, 『南陽譜』에는 이 외에도 3명의 아들이 추가되었는데 모두 小夫人의 소생이다.

17) 王素, 『新中國出土墓誌-陝西』 第3卷(北京: 文物出版社, 2009)에 수록되었다.

'관학파'의 구체적인 외연을 다각도로 탐색하였다. 먼저 관학파의 사상적 특성과 학문 지형을 검토하였고[제13장], 장재의 문하에서 직접 수학한 제자들의 학풍과 활동을 추적하여 공통된 학문 경향을 규명하고자 하였다[제14장]. 특히 『관학종전』이라는 중요한 자료를 국내 학계에 최초로 소개하면서, 이에 대한 해제 작업을 병기하였다. 필자는 해당 문헌의 잘못된 인물 정보를 정정하고, 생몰년, 자호字號 등의 세부사항을 보완함으로써 기존 연구의 오류를 수정하고 자료의 신뢰성을 제고하였다[제15장]. 이러한 연구 성과는 향후 '관학' 및 '관학파' 연구의 기초 자료로 활용될 수 있을 것으로 기대하는 바이다.

제1부

장재 기학의 형성 배경

제1장 기학 이론의 역사: 형성 과정과 시대적 전개

'기氣'는 현대인의 삶 속에서 주목받고 있는 문화적 코드 중 하나일 뿐만 아니라, 일상생활과 밀접한 수많은 어휘 속에서 여전히 생명력을 지닌 핵심 개념으로 기능하고 있다. 그렇다면 기란 정신적인 것인가, 아니면 물질적인 것인가? 구체적인 실체를 지칭하는 것인가, 혹은 어떠한 운행 상태를 가리키는 말인가? 본체인가, 아니면 현상인가? 자연 그 자체의 질서를 표현하는 개념인가, 아니면 인간이 자연을 해석하는 하나의 인식 틀에 불과한가? 이러한 물음들은 여전히 명확한 해답을 얻기 어려운 채로 남아 있다. 결국 '기'에 관한 모든 논의는 필연적으로 '기란 무엇인가' 하는 근본적인 질문에서 출발할 수밖에 없다.

이 장에서는 기 개념을 역사적 맥락 속에서 고찰하고, 기존의 연구 성과를 비판적으로 검토함으로써 기학氣學의 이론 구조를 규명하고자 한다. 중국철학에서 주요 개념들은 대부분 사유 주체의 체험을 바탕으로 형성된 것이므로, 본질적으로 다의성을 띠고 있음은 자연스러운 현상이라 할 수 있다. 기 개념 역시 예외는 아니며, 다양한 맥락과 사상적 전통에 따라 그 의미가 상이하게 전개되어 왔다. 기 개념의 이러한 다의성을 보다 명확하게 확인할 수 있는 사례로는 구로다 겐지(黑田源次)의 고증학적 연구를 들 수 있다. 그의 분석에 따르면, 기의 용례는 『논어』에서 4가지, 『맹자』에서 19가지로 나타나며, 『순자』

에 이르러서는 그 숫자의 증가뿐만 아니라 철학 체계 내에서 기 개념이 차지하는 비중 또한 확대된다.[1] 더 나아가, 『노자』, 『장자』, 『열자』 등 도가 계열의 문헌에 이르게 되면, 기는 인간의 생리적 · 심리적 현상에서부터 우주 생성의 궁극 원리에 이르기까지 그 적용 범위가 비약적으로 확장되고, 그 의미 역시 더욱 정교하게 발전한다.

이처럼 기 개념의 다양한 용례는 이미 기 이론의 발전 초기 단계라 할 수 있는 춘추전국시대부터 논자들 사이에서 혼란을 야기해 왔다. 예컨대 오늘날에도 '지기가 드세다', '열기가 달아오른다'라고 하는 표현에서 보이듯, 기는 만물 생성의 근원으로서의 의미와 자연현상을 설명하는 개념으로 동시에 사용된다. 또한 '혈기를 죽여라', '정기가 빼어나다', '용기가 대단하다', '서기瑞氣가 감돈다', '흉기凶氣로 가득하다'와 같은 표현에서는 생리적 또는 정신적 기능과 관련된 의미로 기가 사용되고 있음을 알 수 있다. 이러한 다양한 용례는 기 개념이 단일한 정의로 환원되기 어렵다는 점을 여실히 보여 준다. 따라서 기에 관하여 논할 때에는 언제, 누가, 어떤 맥락에서 사용한 것인지에 대한 역사적 고찰이 필수적이며, 이로 인해 많은 기 이론 연구자들은 역사적 추적 없이는 기의 실질적 의미를 파악할 수 없다고 주장한다.

이러한 인식에 기반하여 이 장에서는 기 이론의 역사적 전개 과정을 중심으로 논의를 전개하고자 한다. 먼저 중국 전통철학에서 기 이론의 형성과 발전 과정을 살펴본 후, 조선시대 성리학의 기 이론을 별도로 고찰함으로써 양자 간의 사상적 연계성과 차이점을 비교해 볼 것이다. 그리고 이를 통해 한국 성리학이 중국 성리학의 사상적 한계를 어떻게 극복하고 독자적인 사유 지평을 확보하였는가에 대한 간접적인 해답을 모색해 보고자 한다.

---

1) 黑田源次, 『氣의 연구』, 전경진 역(원광대학교출판국, 1987), 12쪽 참조.

Ⅰ. 중국 전통 기 이론의 형성과 전개

1. 기 개념의 형성 초기: 은殷·주周에서 후한後漢까지

은·주 시대로부터 한나라에 이르는 시기는 중국인들의 원초적 생명관을 바탕으로 한 기氣 이론의 성립 단계이다.[2] 여기서 우리들의 관심은 다음 두 가지 점에 있다. 첫째, 고대 중국에 있어서 기 이론은 언제부터 등장했으며, 그 처음 의미는 무엇인가? 둘째, 기 이론은 어떻게 전개되어 왔으며, 또한 인간과 자연의 관계를 설명하는 데에 구체적으로 어떻게 이용되어 왔는가? 이 두 가지 물음에 대한 답변을 중심으로 논의를 전개하고자 한다.

고대 중국에 있어서 기 이론의 등장은 언제부터 시작되었는가? 이 물음에 대해 답하기 위해서는 현존하는 가장 오래된 기록을 살펴보아야 한다. 중국 문명에 있어서 현존하는 가장 오래된 기록은 단연 은대殷代의 갑골문甲骨文이다. 그러므로 우리가 기의 의미를 역사적으로 추적함에 있어서 갑골문에 나타난 기의 용법과 의미를 정리해 보는 것은 반드시 필요한 일이다. 갑골문에서 기의 의미를 추적하는 방법에는 두 가지가 있다. 우선 '氣'라는 글자 그 자체의 사용 사례를 검토할 수 있을 것이고, 두 번째는 후대 기 이론의 대강을 파악하여 이것과 관련 있는 글자를 갑골문에서 확인해 내는 방법이다.[3] 그러나 두 가지 경우가 모두 문제점을 가지고 있다. 우선 전자의 경우는 갑골문에 '氣'자의 용례가 있기는 하나, 그것은 오늘날 사용하는 氣의 뜻과는 다른 '걸乞[빌다, 구하다]'의 의미를 지닌다. 즉 갑골문에서 보이는 '氣'는 단순히 氣라는 글자를 가차假借하여 사용한 것으로서, 여기서 후대 기론의 원형을 찾아내는 것은

---

2) 小野澤精一 外, 『氣의 思想』, 전경진 역, 12쪽 참조.
3) 小野澤精一 外, 『氣의 思想』, 전경진 역, 31~48쪽 참조.

무리다. 그리고 후자의 연구 방법 또한 후대의 다양한 기론의 대강을 파악하는 일 자체가 쉽지 않기 때문에 좋은 방법으로 추천하기 어렵다. 우리는 이러한 문제점들을 충분히 인정하면서도 작업 가설적인 방안의 하나로 이러한 두 방법에 의거한 기존의 연구 성과를 일별해 보고자 한다.

갑골문에 보면 '三'이라는 글자가 나온다. 이 글자의 해석으로 여러 가지가 있지만 '气(氣)'로 풀이하는 것이 가장 일반적이다. 갑골문에 나오는 '三(气)'자에는 세 가지 의미가 있다. 첫째는 "庚申卜今日气雨[경신일에 점을 친다. 오늘 비를 구할 수 있을 것인가]"라는 복사卜辭 중의 '气(구하다)'이다. 둘째는 "王占曰, 有希, 其有來艱. 气至五日丁酉, 允有來艱.[왕이 점을 쳐서 말하기를 希(신의 뜻을 거역하여 받는 벌)이 있을 것이며 닥쳐올 어려움이 있도다. 5일 정유일丁酉日에 이르게 되면 진실로 닥쳐올 어려움이 있다]"라고 하는 복사 중의 '气(이르다)'이다. 셋째는 "之日气有來艱[이날 마침내 다가오는 어려움이 있다]"라는 복사 중의 '气(마침내)'이다.[4)]

위 견해를 분석하면 다음과 같은 네 가지의 추가적인 정보를 얻을 수 있다. 첫째, 갑골문에서는 그 재질 때문인지 직선으로 '三[상·하 2획에 비하여 중간의 1획이 짧다]'이라고 새겨져 있지만 여기서의 '三'은 당연히 '气'자로 풀이해야 한다. 둘째, 갑골문에 보이는 '三'은 지금의 '3'의 의미인 '☰[상·중·하 3획의 길이가 같다]'이라는 글자와는 다르게 기록되었다. 셋째, 갑골문의 '氣'자는 명사가 아니라 동사[또는 부사]로 쓰이고 있다. 넷째, 갑골문의 '氣'자는 기운(運氣) 등 지금 사용하고 있는 의미가 아니라 '구하다' '이르다' '마침내'의 뜻을 의미요소로 하고, '기氣'의 음을 가차假借한 문자다.[5)] 은나라 사람들이 생각한 '氣'자의 자형字形은 후대로 가면서 '상제명上帝命의 강하降下'를 의미하는 것으로 확장된다.[6)]

---

4) 小野澤精一 外, 『氣의 思想』, 전경진 역, 32~33쪽 참조.
5) 小野澤精一 外, 『氣의 思想』, 전경진 역, 33쪽 참조.

그런데 후대의 기 이론과 관련 있는 글자를 갑골문에서 확인해 보면, 바람과 흙의 정령精靈이 오늘날 '기' 개념의 원형으로 발견된다. 즉 대기大氣가 천하 만물에 대해서 갖는 생명력은 농작물을 생육시키는 풍우風雨나 토양의 생명력과 자연스럽게 결부되어서 고대 중국인의 신앙의 대상이었던 풍신風神이나 흙의 정령이 기의 작용으로 여겨졌다. 이보다 훨씬 후대에 이르러 대자연의 기가 인간의 호흡 활동에 의하여 인체에 흡입되며 사람을 포함하여 살아 있는 모든 것의 생명현상과 관계를 가지고 있으므로 '인기人氣는 천기天氣 및 지기地氣와 동일하다'는 사고가 형성된다. 은대 갑골문의 기론氣論은 후대에 와서 사람 또한 만물의 일부로 간주하고, 사람도 만물과 같이 기를 구성 요소로 한다는 사고를 형성하게 된다. 그러나 이러한 사상의 원형은 이미 갑골문 속에도 존재하였다.

은나라와 주나라의 기론을 그 종교사상과 사회제도의 측면에서 구분하려고 시도하는 학자들도 존재한다. 이러한 시각에 의하면, 은나라 사람들은 일신一神(上帝) 숭배의 종교를 갖고 있었으며, 이러한 일신 숭배의 사상은 통일된 왕권의 출현과 맞물려 있다. 즉 은나라는 제후국을 연합한 중앙왕권을 건립하였는데, 이러한 중앙왕권은 상제의 의지표현이라 할 수 있다. 상제가 왕권을 은나라에 주었고, 은의 통치자는 상제를 대신하여 천하를 다스리게 된다는 의식을 가지고 있었다.[7] 그래서 앞서 언급한 바처럼 이 시기의 갑골문에는 '三(气)'의 뜻이 주로 '상제에게 무엇을 구한다'라고 하는 '걸乞'의 의미를 가졌던 것이다. 이러한 관점에서 보자면 '기'라는 글자는 일신 숭배의 전통과 관련이 있고, 그것은 일정한 규범과 방식을 갖춘 규칙적 문화에 합치하는 것이라 할 수 있다.

---

6) 張立文 外, 『氣의 철학』 상, 김교빈 외 역(예문지, 1992), 39쪽 참조.
7) 張立文 外, 『氣의 철학』 상, 김교빈 외 역, 41쪽 참조.

그런데 주나라에 와서는 은나라의 일신 숭배의 전통이 하늘[天]에 대한 숭배로 바뀌었으며, 사회가 발전함에 따라 은 왕조의 왕권은 쇠락하고 제후의 세력은 점차 강대해졌으며, 규칙적인 문화는 비규칙적 문화로 바뀌었다. 이러한 사회상황을 반영하여 기가 내포하는 뜻도 다원적이며 비규칙적인 경향을 드러낸다. 바로 이러한 점에서 전국시대戰國時代 제자백가의 활동을 은대의 일신 숭배를 부정하는 사상해방 운동으로 해석하는 관점도 있다. 이러한 시각에서는 은대 문화 전체를 '규칙적 통일성'으로 이해하고, 주대 문화 전체를 '불규칙적 다양성'으로 이해한다.[8)] 그리고 이것을 당시 사회의 정치적 상황 즉 은대의 강력한 중앙 왕권 확립과 주대의 봉건 제후 정치와 관련지어 설명할 수 있다. 이러한 주장은 기 개념의 발전사를 연구하는 데 있어서 매우 중요한 관점이며, 또한 동시에 중국 전통 기의 이론에 있어서 '자연 영역'과 '인간[사회] 영역'이라는 이중구조의 발생 배경을 사회사적 측면에서 확인할 수 있는 매우 유용한 견해이다. 그러나 이러한 이분법적 시각이 지나치게 강조되면 고대사회의 다양성을 획일화할 우려가 있다.

주대周代 기론의 전체적 특징은 자연현상으로서의 기와 인간의 생명현상으로서의 기를 구분하는 의식이 점차 생겨나며, 두 종류의 기 사이에 어떤 긴밀한 관계를 지적해 내고자 하는 일이 많아졌다는 점이다. 우선 맹자는 호연지기浩然之氣를 말하였는데, 이것은 곧 기의 이론이 자연적 외부 대상으로부터 인간 자신의 주체에 대한 탐색으로 관심의 방향을 바꾼 것으로 볼 수 있다. 맹자는 기가 인간의 몸 내부에 간직되어 있다고 보며, 그것은 지극히 크고 강하며 의義와 도道에 짝하는 도덕 정신이라고 주장한다.[9)] 그리고 사람들

---

8) 張立文 外, 『氣의 철학』 상, 김교빈 외 역, 39~42쪽 참조.

9) 『孟子』, 「公孫丑上」, "敢問何謂浩然之氣. 曰, 難言也. 其爲氣也, 至大至剛, 以直養而無害, 則塞於天地之間. 其爲氣也, 配義與道, 無是, 餒也. 是集義所生者, 非義襲而取之也. 行有不慊於心, 則餒矣."

이 주체적 도덕 수양을 통해 이것을 잘 길러 확충해 나간다면 천지간에 가득 채울 수 있으나, 의義라는 원칙에 따라 자신의 욕망과 행동을 잘 조절하지 않으면 이러한 호연지기는 소실되어 버린다고 한다. 맹자는 심心과 기氣가 서로 보완하고 서로 완성하게 해 준다는 점을 강조하고, '심'과 '기'를 서로 분리시키려는 태도에 대해 비판한다. 이러한 점이 바로 맹자를 유가 심성론의 조종祖宗으로 삼는 이유다.

도가 계열의 학자인 장자는 노자의 입장을 계승하였는데, 그는 음양陰陽의 기가 가장 근원적이며 천지만물과 인류를 구성하는 공통 본질이라고 생각하였다. 그래서 그는 "사람이 태어나는 것은 기가 모이는 것 때문이다. 모이면 생겨나고 흩어지면 죽는다. 만일 죽음과 삶이 같은 종류라고 하면 내가 무엇을 근심하겠는가? 그러므로 만물은 하나이다"[10]라고 하였다. 장자는 기가 음과 양이라는 두 측면을 포함하고 있기 때문에, 어떤 경우는 모여서 생명체를 이루고 어떤 경우에는 흩어져 '본원의 기[太虛氣]'로 되돌아가는 운동 변화를 끊임없이 한다고 주장하였다. 이러한 장자의 기론은 후대 학자들의 중요한 이론적 모범이 되며, 특히 장재 기학의 단초를 제공한다.

관자管子는 정기론精氣論을 제창하였는데, "하나의 기가 능히 변화하는 것이 정精이며"[11] "정이란 기의 정이다"[12]라고 하였다. 즉 관자에 있어서 정기는 천지, 만물, 인간을 형성하는 기초 존재이다.[13] 순자荀子 또한 기가 세계 만물의 근원이라고 보았다. 순자는 천지만물과 인간이 모두 기를 가지고 있는데, 그중에서 사람이 가장 귀한 까닭은 옳음[義]을 알기 때문이라고 하였다.

---

10) 『莊子』, 「知北遊」, "人之生氣之聚也. 聚則爲生, 散則爲死. 若死生爲徒, 吾又何患. 故萬物一也."
11) 『管子』, 「心術下」, "一氣能變曰精."
12) 『管子』, 「內業」, "精也者, 氣之精者也."
13) 『管子』, 「內業」, "凡物之精, 此則爲生. 下生五穀, 上爲列星. 流於天地之間, 謂之鬼神, 藏於胸中, 謂之聖人. 是故民氣, 杲乎如登於天, 杳乎如入於淵, 淖乎如在於海, 卒乎如在於己." 참조.

물과 불은 기는 있으나 생명[生]이 없고, 풀과 나무는 생명은 있으나 지각[知]이 없으며, 날짐승과 길짐승은 지각은 있으나 올바름[義]이 없다. 사람은 기도 있고 생명도 있으며 지각도 있고 또한 올바름도 있다. 그래서 천하에서 가장 귀한 존재가 된다.[14]

현대의 중국철학자들은 전국시대의 기론을 한마디로 '정기근원론精氣根源論'으로 규정한다.[15] 전국시대 사람들은 천지 사이에 있는 여러 가지 복잡한 사물의 통일된 근원을 탐구하였다. 그들은 직각直覺 또는 경험을 통하여 복잡한 사물들의 관계 속에서 온갖 개성과 특수성을 제거한 후에 기 개념을 추출해 냈다. 이로써 기는 온갖 사물들의 공통 본질이 될 수 있었고 여러 현상을 해석하는 기본 출발점이 되었다. 이때부터 중국인들은 자연, 사회, 인간의 각종 현상을 기로 해석하였으며, 이들 사이의 상관적相關的(correlative)[16] 관계를 지적해 내고자 애썼다.

진·한 시기 기의 이론은 다양성이라는 측면에서는 앞 시대인 전국시대보다 주목을 받지 못한다. 한나라 무제가 정치적인 안정을 위해 '백가百家를 내치고 유가만을 높이자[罷黜百家, 獨尊儒術]'는 동중서董仲舒(B.C.179?~B.C.104?)의 건의를 받아들인 이후 사상의 규칙성이 대대적으로 강조되었다. 그리고 이러한 사회

---

14) 『荀子』, 「王制」, "水火有氣而無生, 草木有生而無知, 禽獸有知而無義. 人有氣有生有知亦且有義. 故最爲天下貴也."

15) 張立文 外, 『氣의 철학』 상, 김교빈 외 역, 42쪽 참조.

16) 조셉 니담(J. Needham)은 陰陽五行說의 기본적 사고 경향을 '相關的 사고방식(correlative way of thinking)'으로 정의하였다. 그리고 이러한 상관적 사고가 중국사상의 하나의 전형이라고 생각하며, 또한 이것을 有機體的 사고로도 부를 수 있다고 본다. 여기에 반해 벤자민 슈워츠(B. Schwartz)는 상관적 사고방식이 儒家的 사고방식임에 반해 '有機體主義(organicism)'는 道家思想의 기본 특징에 속한다고 보았다.[방인, 「고대 중국의 우주론의 한 형태로서의 음양오행설」, 『종교연구』 4집(한국종교학회, 1988), 73~78쪽 참조] 필자가 보기에 슈워츠의 주장이 훨씬 더 설득력이 있다고 생각하나, 여기서는 굳이 두 용어를 구분할 필요를 느끼지 못하므로 혼용해서 쓰도록 하겠다.

적 배경에 따라 유가 경전의 주석 작업이 흥행하게 되며, 이에 따라 유가사상은 점차 정치화·교조화·경직화되어 사상의 자유로운 발전을 속박하게 된다. 이러한 사상적 경향성은 기 이론의 다양한 발전까지도 제한하게 된다. 이 시기 기의 이론을 대표하는 학자가 왕충王充(27~97)인데, 그의 기의 이론을 총괄하면 '원기자연론元氣自然論'이라 할 수 있다. 왕충은 "하늘의 도는 자연이며 무위다. 하늘이 만약 인간을 꾸짖고 알려 준다면 이것은 유위有爲이지 자연이 아니다"[17]라고 하였다. 그는 하늘[天]이 자연무위自然無爲하다고 보았는데, 이것은 곧 원기가 자연무위하기 때문이라고 생각하였기 때문이다. 그래서 그는 "음·양의 기가 조화롭지 못하면 천재지변이 일어나는데, 어떤 때는 앞 시대의 남아 있는 허물 때문일 수도 있고 어떤 때는 기가 스스로 그러한 자연적 현상 때문일 수도 있다"[18]라고 하였다. 즉 그는 하늘의 유위성有爲性과 의지성意志性을 부정하였다.

2. 유儒·도道·불佛 삼교 교섭사에 있어서 기의 이론: 위魏·진晉에서 5대까지

위·진에서 수·당을 거쳐 오대五代에 이르는 시기는, 앞선 시대에 이미 일정 부분 체계화된 기氣 이론의 다양한 측면들이 계승되는 동시에, 송대에 이르러 리기론理氣論으로의 체계화가 이루어지는 데 중요한 전환기를 이룬다. 그러나 이 시기에는 기 이론 자체에 대한 집중적인 관심이나 본격적인 탐구는 상대적으로 미미하였다.

선진先秦에서 양한兩漢 시기에 이르기까지의 기론氣論은, '기氣'를 우주만물을 구성하는 근본 요소이자 만물의 생명 근원으로 이해했다는 점에서 특징지

17) 『論衡』, 「寒溫」, "夫天道, 自然也, 無爲. 如譴告人, 是有爲, 非自然也."
18) 『論衡』, 「感類」, "陰陽不和, 災變發起, 或時先世遺咎, 或時氣自然."

어진다. 전국시대에 이르러서는 '기'가 호연지기浩然之氣와 같이 고양된 정신 상태를 지시하는 개념으로, 혹은 기운氣運과 같은 표현에서 보이듯 특정한 분위기나 정세를 나타내는 용어로도 사용되기 시작하였다. 이러한 두 가지 사유의 방향은 위·진과 남북조 시기에도 지속되어, 기론은 우주론적·형이상학적 논의와 정신적·심리적 개념이라는 두 축을 따라 병행적으로 전개된다.

한대漢代 초기 유가와 도가의 기론은 『노자』 제42장 "도는 하나를 낳는다"[19]와 『주역』 「계사전」의 "역에는 태극이 있으니, 이것이 양의兩儀를 낳는다"[20]는 구절에 나타나는 우주 생성론을 절충적으로 수용하였다. 이러한 융합적 사유는 『여씨춘추呂氏春秋』와 『회남자淮南子』 등 한대 초기 문헌의 '기' 관련 용례에서도 뚜렷하게 드러나며, 이러한 사유의 흐름은 위·진 시대 이후에도 지속된다.

위·진과 남북조 시기에 있어서 기는 주목받던 철학 용어가 아니었다. 예컨대 위나라의 대표적 철학자인 왕필은 『노자주老子注』에서 '기'를 몇 차례 언급하고 있으나, 그 의미는 대체로 체내에 자연적으로 존재하며 인간의 활동을 가능하게 하는 원리로서의 기에 국한된다. 그는 인위적인 개입을 통해 이러한 '기'를 조작할 경우 자연의 조화를 해칠 수 있다고 보았으며,[21] 이로 미루어 보아 그의 사유에서 '기'는 중요한 철학적 주제로 부각되지 않는다. 진대晉代의 곽상郭象(252 전후~312) 역시 『장자주莊子注』에서 '기'를 언급하고 있으나, 이는 대부분 『장자』 본문에 등장하는 용례를 반복·부연하는 수준에 머무르며, '기'를 만물제동萬物齊同의 근거로 간단히 언급하는 데 그친다.[22]

6세기 도교 신학의 집대성자인 도홍경陶弘景(456~536)은 『진고眞誥』 「견명수

19) 『老子』 42장, "道生一."
20) 『周易』, 「繫辭傳」, "易有太極, 是生兩儀."
21) 小野澤精一 外, 『氣의 思想』, 전경진 역, 283~284쪽 참조.
22) 小野澤精一 外, 『氣의 思想』, 전경진 역, 293~296쪽 참조.

甄命授」에서 "도는 혼연하여 원기를 낳고, 원기가 성립된 후에야 태극이 있으며, 태극은 천지의 부모이자 도의 심오한 본체이다"[23)]라고 서술함으로써 도道, 원기元氣, 태극太極 사이의 우주론적 생성 구조를 천명하였다. 이러한 사유는 7세기 전반 당대唐代의 대표적 경학자인 공영달의 『주역정의周易正義』에서도 확인된다. 그는 "태극은 천지가 나뉘기 이전, 원기가 혼연하여 하나였던 상태를 가리키는데, 이는 곧 태초太初이자 태일太一이다. 『노자』에서 말하는 '도는 하나를 낳는다'는 것은 바로 이 태극을 의미한다"[24)]라고 하여, 『주역』의 '태극' 개념과 『노자』의 '도' 개념을 상호 연결하고자 하였다.

이와 같이 『주역』의 태극론에 기반한 유가의 생성론과 『노자』의 도 개념을 중심으로 한 도가 및 도교의 우주론은 당나라 시기에 이르면 기 이론에 있어 학파 간의 차별성이 점차 희미해지고, 궁극적으로는 원기의 생성론을 동일한 형이상학적 틀 속에서 융합하기에 이른다.

불교에서는 기氣의 집산集散, 즉 모임과 흩어짐에 따라 생사生死가 이루어진다고 보았다. 이러한 입장은 도道를 최고의 주재자로 삼는 도가와 도교의 기론에 대한 비판적 시각을 수반하였다. 불교에서는 명名과 상相이 있는 존재를 기로 해석하였으나, 이러한 해석만으로는 불교의 궁극적 진리를 온전히 설명할 수 없다고 판단하였다. 주목할 점은 이 시기부터 선禪을 통해 기를 해석하려는 새로운 전통이 형성되었다는 것이다. 이는 곧 기에 대한 이론이 불교의 수행 체계 속으로 통합되기 시작했음을 의미한다. 당시 불교 사상가들은 기식氣息을 조절하고 잡념을 제거함으로써 신기神氣를 맑게 하여 정신을 정화해야 한다고 보았으며, 이러한 실천이 곧 선정禪定의 기본적인 수행법이라고 인식하

---

23) 陶弘景, 『眞誥』, 「甄命授」, "道者混然, 是生元炁, 元炁成然後有太極, 太極則天地之父母, 道之奧也."

24) 孔穎達, 『周易正義』, 「繫辭傳上」, "太極謂天地未分之前, 元氣混而爲一, 卽是太初太一也. 故老子云, 道生一, 卽此太極是也."

였다. 이와 같은 맥락에서 기氣, 기식氣息, 신기神氣는 불교의 참선 수행에 적극적으로 수용되었다.

이러한 불교의 수련법은 도교의 '단공丹功 수련법'[25]과 더불어 오늘날까지도 적지 않은 영향을 미치고 있다. 갈홍葛洪(283~343), 『열자列子』, 동진東晉의 학자인 장담張湛(생몰년 미상) 및 불교와 도교의 다양한 기론을 살펴보면, 위진魏晉과 남북조南北朝 시기에는 한대漢代에 비해 기 이론이 여러 측면에서 변모하고 발전하였음을 확인할 수 있다. 특히 『열자』는 기의 동태적 기능에 대한 인식을 심화시킴으로써[26] 기를 변화와 발전이 지속되는 무한한 과정으로 이해하려는 경향을 보여 준다. 수·당 시기에 이르러서는 불교와 도교의 세력이 확장되면서 유가사상은 주도적 지위를 상실하게 된다. 이 시기의 유·도·불 삼교三敎는 기론을 중심으로 활발히 교류하였으며, 각 사상 체계는 고유한 방식으로 기의 이론을 전개하며 변화를 모색해 나갔다.

불교 학파의 기론氣論은 대부분의 승려들의 저작에서 공통적으로 나타나지만, 특히 지의智顗(538~597), 언종彦琮(557~610), 법림法琳(572~640), 법장法藏(643~712), 종밀宗密(780~841)의 사상에서 두드러지게 강조된다. 이 가운데 종밀은 기를 '식識이 변화하여 드러난 경계[境]'로 해석하거나, '선禪'의 차원에서 이해함으로써 주목할 만한 해석을 제시하였다.[27] 도교에서의 기론은 당대唐代 학자인 성현영成玄英(생몰년 미상)의 『장자소해莊子疏解』와 북송北宋 시기의 장군방張君房이 편찬한 『운급칠첨雲笈七籤』에 비교적 상세히 서술되어 있다. 이 중에서도 성현영의 '도인신기導引神氣'에 관한 논술은 도교의 기론을 대표하는 논의로 평가된다.[28]

---

25) 氣를 끌어들인 후에 氣息을 조절하여 유기체의 각 부분의 기능을 제대로 발휘하게 하고 혈액순환을 촉진시켜 생명력과 면역력을 증강시키는 방법이다.
26) 김용옥, 『도올논문집』(통나무, 1991), 18쪽 참조.
27) 張立文 外, 『氣의 철학』 상, 김교빈 외 역, 230~235쪽 참조.

한편 유학자들 또한 이러한 기론을 유가적 사유 체계 안으로 흡수하려는 시도를 전개하였다. 왕통王通(584~617), 한유韓愈(768~824), 유우석劉禹錫(772~842), 유종원柳宗元(773~819) 등은 불교와 도교의 영향력에 대응하고자 기론을 유가의 철학적 틀 안에 통합하였다. 이들의 기론은 위·진과 남북조 시기에 형성된 사상을 계승하여, 기를 우주적 변화의 원리, 생명의 근원, 도덕적 수양의 핵심 요소로 인식하였다. 더 나아가 불교의 참선參禪, 도교의 도인신기導引神氣를 비롯한 수련법, 그리고 인간 형성과 작용에 영향을 주는 음양의 근본 요소로까지 기의 개념을 확장시켰다.

수·당 시기의 대표적 유학자인 왕통에서부터 한유, 유우석, 유종원에 이르기까지 전개된 유학적 기론은 대략 두 가지 특징으로 요약될 수 있다. 첫째, 도가의 원기元氣 사상을 일정 부분 계승하였다는 점이며, 둘째, 이러한 자연적 원기를 인간 사회의 윤리와 도덕의 영역으로 확장시켰다는 점이다.[29] 이들이 이해한 기는 천지만물의 본체이자 인간이 타고난 정수精髓이며, 인간 존재를 생성하는 동시에 사회적 영향 속에서 변화하는 요소로 간주되었다. 이것은 기에 대한 사유가 유가 철학 내에서 구체화되었음을 보여 주는 사례로, 이 시기의 기론이 보다 복합적이고 유기적인 개념으로 진전되었음을 보여 주는 중요한 단서가 된다.

3. 리기론理氣論 시대에 있어서 기의 이론: 송宋에서 청대淸代까지

중국사상사에서 북송부터 청대에 이르는 시기는 일반적으로 '리기론의 시대'로 규정된다. 이 시기의 사상가들은 '리理'와 '기氣'라는 두 개념을 중심으

28) 張立文 外, 『氣의 철학』 상, 김교빈 외 역, 240~249쪽 참조.
29) 張立文 外, 『氣의 철학』 상, 김교빈 외 역, 259~268쪽 참조.

로 사유의 체계를 구성하였으며, 이를 통해 인간과 사회, 자연 세계를 총체적으로 이해하고자 하였다. 특히 북송의 주요 사상가들은 '기'를 만물의 근원적 요소로 인식하는 데에 공통된 입장을 보인다. 그들은 기가 음양의 상호 대립적 속성을 지니며, 수렴收斂과 산발散發, 왕래往來, 동정動靜 등의 운동과 변화를 통해 만물을 생성한다고 보았다. 또한 기의 맑음과 탁함, 정미함[精細]과 조잡함[粗濁] 등의 차이로 인해 다양한 개성과 성질을 지닌 인간과 사물의 분화가 가능하다고 이해하였다.

북송 시기의 철학자들 가운데 '기氣'를 우주의 본원 또는 본체로 간주한 사상가로는 이구李覯(1009~1059), 소옹邵雍(1012~1077), 장재張載(1020~1077), 왕안석王安石(1021~1086) 등을 들 수 있다. 이구는 기를 우주의 근원으로 보았으며, 음·양 두 기의 상호작용에 의해 만물이 생성된다고 주장하였다. 소옹 또한 기를 우주의 근원으로 인식하였다. 그는 천지만물의 전개 과정을 '동정動靜 – 천지天地 – 음양陰陽·강유剛柔 – 사시四時·사유四維 – 만물萬物'로 파악하였는데, 이구에 따르면 우주만물의 발생은 동動과 정靜의 상호작용으로부터 비롯되며, 이 동정의 상호작용이 천지만물의 생성 원리를 이룬다고 보았다. 소옹은 이러한 동정 외에도 우주의 최초 근원으로서 '일기一氣'를 언급하면서도 '태극太極' 개념은 사용하지 않았다. 이는 일기의 본성을 동·정이라는 운동성으로 파악한 것이며, 이러한 관점은 장재의 기학 구조와도 본질적으로 유사한 면모를 지닌다. 한편, 왕안석은 기를 원기元氣와 충기沖氣로 구분하였는데, 그중에서도 원기를 도道의 체體로 간주하였다. 그는 원기가 자체적으로는 정지해 있으나, 그 작용으로부터 음·양의 역동적인 충기가 발생하며, 이 충기가 운동과 변화를 거쳐 오행과 만물을 산출한다고 설명하였다.

장재는 소옹과 마찬가지로 태극이라는 중국 전통 우주론의 근원 개념을 사용하지 않는다. 그는 태극 대신에 태허太虛 개념을 사용하며, 태허란 결국

'기'일 뿐이라고 주장한다. '태허즉기太虛卽氣'라는 장재의 사상은 중국 전통 기론의 중요한 이정표가 된다. 장재는 '기'가 곧 우주 본체라고 여겼으며, '리'는 다만 기가 모이고 흩어지며 변화하는 법칙일 뿐이라고 생각하였다. 이러한 생각에서 장재는 태극이라는 말 대신에 태허와 태화太和로써 우주의 본체를 그려 내고자 했던 것이다. 장재는 기의 두 측면인 음과 양이 만물을 생성 변화시킨다고 생각하였고, 이러한 작용은 영원히 멈출 수 없다는 점을 강조하였다. 그는 기가 우주의 기원이자 근원이라는 사실을 분명히 표명하였다. 장재 기론의 특징은 '기의 변화[氣化論]'와 '기의 본체[氣本體論]'를 함께 결합하여 우주론을 전개한다는 점이다. 이러한 장재의 기론은 후대의 기론 특히 명·청 교체기 이론의 기본 모델이 된다는 점에서 중요성을 띤다. 정호程顥(1032~1085)와 정이程頤(1033~1107) 형제 또한 음과 양이라는 두 기의 운동 변화로 인해 만물이 생겨난다는 점은 인정하지만, 장재의 '기-본체론'에 대해서는 반대한다. 이들은 기의 변화를 '리본체론理本體論'의 철학 체계 속에 끌어들임으로써 이후 주희朱熹(1130~1200)의 리본기말론理本氣末論과 리체기용론理體氣用論의 물길을 텄다.

남송南宋 시기의 지식인들 또한 기본적으로 모두 기화론氣化論의 입장을 수용하였다. 이들은 기氣를 만물 구성의 기본 재료로 인식하였으며, 이를 통해 세계의 생성과 변화를 설명하고자 하였다. 그러나 우주론에 대한 이해의 차이, 그리고 리理·기氣·심心·성性 등 주요 개념들 간의 관계에 대한 해석의 차이로 인해 남송 시기에는 다양한 유학적 학파들이 형성되었다. 이와 관련하여 현대의 일부 연구자들은 남송 유학을 '기-본체론', '리-본체론', '성-본체론', '심-본체론' 등의 범주로 구분하기도 한다.[30)]

---

30) 張立文 外, 『氣의 철학』 하, 김교빈 외 역, 43~44쪽 참조.

한편, 1949년 중화인민공화국 수립 이후 중국의 철학자들은 전통철학사를 대체로 유물론과 관념론[유심론]의 투쟁사로 해석해 왔다. 이들은 이러한 이분법적 시각을 토대로 전통철학의 사상적 위상을 설정하고, 그 철학적 성과와 한계를 평가하였다. 그러나 1970년대 중반부터 시작되어 1980년대 후반에 이르러 절정을 이루게 되는 중국적 민족주의의 부활과 실용주의적 개방정책의 확산은 전통철학에 대한 인식의 지형을 변화시키는 계기가 되었다. 오랜 기간 5·4운동과 문화대혁명이라는 두 차례의 급진적 사상운동을 거치며 위축되었던 전통철학은 점차 그 긍정적 가치와 의의를 재조명하려는 학자들에 의해 새로운 평가를 받기 시작하였다. 이러한 인식 전환은 철학적 용어의 선택에서부터 뚜렷이 드러난다. 과거에는 '주관적 관념론'과 '객관적 관념론' 등의 용어가 전통철학을 유물론 대 관념론의 대립 구도로 해석하는 관점을 반영하였다면, 이후에는 '주기적主氣的 객관리파客觀理派', '주기적主氣的 절대리파絶對理派', '주심적主心的 주체리파主體理派' 등의 용어가 사용되기 시작하였다. 이는 전통철학을 보다 실용주의적이고 다원적인 문제의 틀 속에서 접근하려는 시도로서, 이전의 사회주의 사상의 분류 체계에 비해 전통사상의 본말本末과 내적 관계를 보다 효과적으로 규명할 수 있는 관점으로 평가된다.

남송 시기의 학자들 가운데에는 정씨程氏 형제의 사상적 영향을 받아 기화론氣化論을 수용하면서도, 기氣를 본체로 보지 않고 이를 리理, 성性, 심心 등 정신적 실체에 종속시키는 경향을 보인 인물들이 있었다. 이들 가운데 대표적인 인물로는 주희 외에도 호굉胡宏(1105~1161), 장식張栻(1133~1180) 등이 있다. 주희는 리본체론의 입장을 확고히 하면서도, 기화론적 세계관을 적극적으로 통합하였다. 그는 리와 기가 서로 분리될 수 없는 관계에 있다고 보았으나, 리가 우주의 근본이며 기는 리에 의존하여 존재하는 종속적이고 말단적인 것으로 파악하였다. 이러한 주희의 사유는 '리본기말理本氣末'이라는 개념으로 집약되며, 이는 정씨 형제의 '리본기화론理本氣化論'을 계승 · 심화한 것이다. 호굉은 기의 유행流行과 전개 과정에서 성性을 그 중심 원리로 간주하였으며, 장식 역시 성체기용론性體氣用論을 제시하여 성을 본체[體], 기를 작용[用]으로 규정함으로써 기에 대한 정신적 실체의 우위를 강조하였다. 이와 같은 견해들은 남송 유학에서 기를 우주 생성의 원리로 인정하면서도, 그것을 독립적 본체로 보기를 거부하고 리 · 성 · 심 등의 정신적 원리에 종속시키는 이론적인 흐름의 일환으로 이해될 수 있다.

원元 · 명明 시대의 기론氣論은 단순히 송대 기론의 계승에 그치지 않고, 그에 대한 비판적 성찰을 수반하는 사유의 전개로 이해될 수 있다. 이 시기의 지식인들은 기를 음양오행陰陽五行의 기로 파악하고, 천天 · 지地 · 인人을 비롯한 만물을 구성하는 근본 요소로 간주하였다. 그러나 이들 사이에서도 기에 대한 해석과 사유의 방식에는 일정한 차이가 존재하였다. 원 · 명대의 기론은 대체로 다음의 세 유형으로 분류할 수 있다.31)

첫째, 허형許衡(1279~1368)은 기의 음 · 양과 청 · 탁이 교대로 나타난다는 사상을 명확하게 제시하였고, 또한 사람들이 품부받은 기가 고르지 않기 때문에 지혜로움과 어리석음, 선함과 악함도 바뀌어 나타날 수 있다고 논증하였다. 허형은 종전의 학자들이 기가 음 · 양과 청 · 탁으로 나뉜다는 점만 강조하고 그것이 서로 교대로 나타난다는 것을 말하지 않았다고 보았으며, 자신은 이러한 종전 기론의 일면성을 바로잡았다고 자부하였다.

둘째, 오징吳澄(1249~1333) 등의 학자들은 여전히 리理가 기를 주재한다는 전통적인 입장을 견지하면서도, 리와 기는 분리될 수 없으며, 기가 존재하면 반드시 리가 있고, 리 밖에 기가 없고 기 밖에 리도 없다는 리기일원론理氣一元論

---

31) 張立文 外, 『氣의 철학』 하, 김교빈 외 역, 140~141쪽 참조.

을 주장하였다. 이러한 견해는 송대 정주학파程朱學派의 리기론이 지닌 이원론적 한계를 극복하려는 시도로 이해될 수 있다.

셋째, 왕정상王廷相(1474~1544), 위교魏校(1483~1543), 오정한吳廷翰(1491~1559), 송응성宋應星(1590~1650) 등은 장재張載의 '기-본체론'을 계승하고 이를 심화시켰다. 이들은 기를 우주의 최고 개념으로 격상시켰으며, 기-본체론을 명대의 주류 사상으로 발전시켰다. 특히 송응성은 기의 개념을 후대의 물질 개념에 근접한 존재로 이해하였으며, 이는 송대의 기론을 넘어서는 사유의 지평을 보여 주는 것이다.

요컨대, 원·명 시대의 기론은 전반적으로 기-본체론이 주류를 이루었으며, 이는 송대의 이론보다 한층 정교하고 심화된 형태로 전개되었다. 또한 이 시기의 기론은 이후 청대 및 근대 중국철학에서의 기 이론 전개에 지대한 영향을 미쳤다는 점에서 그 역사적·철학적 의의가 크다.

명·청 교체기의 기氣 이론은 전통 기론의 전개 과정에서 중대한 전환점이 되는 시기로 평가된다. 이 시기의 기론은 송·원·명의 사유를 계승하면서도 새로운 시대적 조건 속에서 독자적인 철학적 전개를 보여 주었다. 특히 청대의 기론적 사상가들이 중국사상사에 기여한 바는 다음 세 가지 측면으로 요약할 수 있다.[32]

첫째, 청대 사상가들은 종래의 중국 전통 기 이론의 성과를 종합하고 체계화하였다. 송대 리학파 내에서 기에 대한 이론은 본체本體에 대한 인식 차이에 따라 여러 학파로 분화되었으며, 이들 학파는 상호 비판적 태도를 취하면서도 각각의 입장에서 기론을 독자적으로 발전시켜왔다. 명·청 교체기의 주요 사상가들은 이러한 기론의 흐름을 종합적으로 수용하고 재구성하는 모습을

32) 張立文 外, 『氣의 철학』 하, 김교빈 외 역, 251~254쪽 참조.

보인다. 예컨대 유종주劉宗周(1578~1645)와 그의 제자인 황종희黃宗羲(1610~1695)는 각각의 학파로부터 이론 요소를 선별적으로 흡수하여 고유하면서도 복합적인 철학 체계를 구성하였다. 이들은 특정 학파의 정통 계승자라기보다는 여러 학파의 이론을 융합한 독자적 사상가로 평가되는데, 그들의 사상이 '기-본체론'인가, 혹은 '심-본체론'인가 하는 것을 둘러싼 논쟁이 오늘날까지 지속되고 있는 것도 이러한 다면적인 성격에서 기인한다. 왕부지王夫之(1619~1692)는 전통적인 기-본체론의 집대성자로 평가된다. 그는 송·명 이래의 기론을 비판적으로 수용하고, 이를 기반으로 기에 관한 포괄적이고도 심층적인 이론을 전개하였다. 또한 안원顔元(1635~1704)과 이공李塨(1659~1733) 역시 '리와 기가 융합하여 하나의 실체를 이룬다'는 입장을 바탕으로, 기-본체론과 리-본체론을 통합하고 이를 이론적으로 정립하고자 하였다.

둘째, 이 시기의 사상가들은 전통 기론의 문제점을 비판적으로 성찰하고, 기-본체론의 철학적 위상을 확립하였다. 명·청 교체기에는 전통사상 전반에 대한 비판과 재정리의 사조가 전개되었으며, 이러한 사상적 흐름은 기본적으로 기-본체론을 중심축으로 하여 이루어졌다. 심학心學과 밀접한 관련을 맺고 있는 유종주와 황종희 역시 기-본체론의 관점에 입각한 사유를 전개하였다. 이들은 '리가 기에 선행하며', '리가 기를 생성한다'는 주장에 동의하지 않았고, 리는 기에 대한 주재 원리이지만 그 존재 방식은 기에 의해 제약을 받는다고 보았다. 왕부지는 기 개념의 철학적 중요성을 적극적으로 강조하였으며, 기에 대한 기존 해석들을 종합·비판한 후 자신의 이론적 입장을 정립하였다. 그는 기-본체론의 권위를 확립하는 데 있어 결정적인 기여를 한 인물로 평가된다. 또한 안원顔元과 이공李塨은 리와 기를 구분하는 이원론적 해석에 대해 명확히 반대 의사를 표명하였으며, 대진戴震(1724~1777) 역시 형이상학적인 리-본체론에 대해 강도 높은 비판을 가하였다. 이 시기 창조적이고 영향력 있는 사상가들 다수는 기본체론의 시각을 견지하였으며, 이를 통해 송대 이래의 이론적인 갈등과 모순을 재조정하고, 보다 통합적인 철학 체계를 수립하고자 하였다.

셋째, 명·청 교체기의 사상가들은 기氣의 개념에 대해 보다 고차원적이고 추상적인 개괄을 시도함으로써, 전통 기론의 철학 지평을 확장하고자 하였다. 전통적인 기 이론에서 기는 일반적으로 '본체本體', '시원始原', '질료質料'라는 세 가지 의미로 사용되었다. 일부 학자들은 이 세 가지 의미를 통합하여 해석하며, 특히 주기적 객관리파는 기를 본체론적 차원에서 주로 이해하고, 그 개념적 정당화를 시도하였다. 그러나 기본체론이 철학적으로 온전히 정립되기 위해서는 기 개념이 지닌 '추상성'과 '실재성' 사이의 긴장을 해소할 필요가 있었다. 이러한 문제의식 속에서 방이지方以智(1611~1671)와 같은 사상가는 기 대신 '불火'의 개념을 제시하였다. 그는 불이 지닌 끊임없는 변화와 운동성, 그리고 일정한 형태를 갖지 않는 성질을 통해 기의 실재성을 극복하고자 하였다. 그러나 불은 기에 비해 적용 범위와 개념적 포괄성이 제한되어 있어서 이러한 시도는 궁극적으로 기론의 근본 문제를 해결하지는 못하였다. 한편, 왕부지는 기의 개념과 기능을 전면적으로 고찰하고, 기가 산출해 내는 모든 사물의 실재성에 대해 한층 발전된 철학적 설명을 제시하였다. 그는 우주의 본체와 현상세계의 공통 본질을 '실유實有'라는 개념을 통해 설명하고자 하였으며, 이를 통해 전통 기론이 안고 있던 개념적 한계를 극복하고자 하였다. 그러나 그의 사상 역시 여전히 전통 기론의 사유 틀에서 완전히 벗어나지는 못하였다.

요컨대, 명·청 교체기는 중국 전통 기론의 종결을 의미하는 시기였으며, 동시에 새로운 기론을 창출하기에는 사유적 한계를 드러낸 시기이기도 하다. 이 시기의 기 개념은 여전히 전통적인 철학 체계 내에서 다양한 방식으로 심화되었으나, 전통적 사유의 틀 자체를 넘어서지는 못하였다. 기론의 새로운 전환은 외부로부터의 자극, 즉 서양 근대과학의 도입을 통해 가능해졌으며, 서양 과학 특히 근대 자연과학의 전래는 중국 기론의 전개에 있어 결정적인 전환점을 제공하게 된다.

4. 근대 변혁기에 있어서 기의 이론: 청 말에서 현대까지

기론의 역사적 전개 과정에서 청 말에서 중화민국 초기에 이르는 시기는 중국 전통 기론에 서양 문화, 특히 서양의 근대과학이 본격적으로 접목되기 시작한 전환기로서 중요한 의의를 지닌다. 청대 후기에 이르러 실증주의적 경향이 강화되면서 기론 역시 보다 경험적이고 구체적인 방향으로 전개되었으나, 그 사유의 틀은 여전히 송·명 리학의 영향권을 완전히 벗어나지 못하였다. 그러나 아편전쟁의 참패는 중국 전통문화 전체에 대한 반성과 비판을 불러일으켰으며, 이는 리학을 비롯한 기존의 철학 체계가 시대적 과제를 해결하지 못한다는 점을 명확히 드러내는 사건으로 작용하였다. 서양의 압도적인 군사력과 근대 공업 문명은 당시 중국의 지식인들에게 커다란 충격을 주었고, 국가와 민족의 위기를 타개하기 위해 서양 문화를 적극적으로 수용하려는 사조가 형성되었다. 이러한 사회적·사상적 배경 속에서 기론 역시 새로운 변화를 겪게 되었다. 즉 이 시기의 기론은 더 이상 전통적인 생성론적 관점에 머물지 않고, 서양 근대과학의 개념들과 결합하는 방향으로 나아갔다. 전통적 기 개념은 빛, 전기, 질점質點 등과의 유비(analogy)를 통해 그 운동과 변화의 성질을 설명하는 데 활용되었으며,[33] 이는 전통 기론이 새로운 과학적 인식 틀 속에서 재해석되는 양상을 보여 준다.

---

33) 張立文 外, 『氣의 철학』 하, 김교빈 외 역, 297~299쪽 참조.

그러나 1916년 이후 본격화된 신문화운동은 '민주'와 '과학'을 표방하며, 전통문화 전반을 전제주의와 미신의 원천으로 간주하고 강도 높은 비판을 가하였다.[34] 이러한 비판의 흐름 속에서 기론 또한 과학적 근거가 없는 미신적 관념으로 치부되어 혹독한 비판의 대상이 되었다. 진독수陳獨秀(1879~1942)는 『신청년新青年』 창간 선언문인 「삼가 청년에게 고함」에서 이러한 태도를 강하게 표명하며, 전통사상 전반에 대한 단절을 주장하였다.

> 중국의 지식인들은 과학을 알지 못하기 때문에 음양가陰陽家의 부서설符瑞說과 오행설五行說을 배워 사람들을 미혹시키고 지기地氣와 풍수설에 의하여 죽은 사람의 영혼의 위력을 빌리려 한다.…… 의사는 과학을 모르고……오로지 오행의 상생상극설相生相克說, 한열음양설寒熱陰陽說에다 억지로 끼워 맞출 줄만 안다.…… 이러한 공상 중에서 가장 진기한 것은 기론으로서, 이것은 힘이 센 장사力士나 신선 사상과도 같다. 시험 삼아 우주를 두루 살펴보아도 '기'가 과연 무엇인지 전연 알 수 없다.[35]

이러한 인식은 당시 혁명적 이데올로기에 심취했던 지식인들이 중국 전통 기론에 대해 가졌던 대표적인 관점을 보여 준다. 특히 5·4운동 시기의 신문화운동은 중국 사회에 깊은 영향을 미치며, 전통사상 전반에 대한 근본적 비판과 거부의 태도를 사회 전반에 확산시켰다. 이후 동·서 문화논쟁이나 인생관人生觀 논쟁 등의 맥락에서 전통 형이상학의 부활을 주장하는 시도들도 일부 나타났으나, 이는 대륙 전체의 사상적 흐름을 주도하기에는 역부족이었다. 나아가

34) 小野澤精一 外, 『氣의 思想』, 전경진 역, 579쪽 참조.

35) 陳獨秀, 「敬告青年」(創刊宣言文), 『青年雜誌』 1卷 1號(1915), "士不知科學, 故襲陰陽家符瑞五行之說, 惑世誣民, 地氣風水之談, 乞靈枯骨.……醫不知科學……惟知附會五行生剋寒熱陰陽之說.……其想像之最神奇者, 莫如氣之一說, 其說且通於力士羽流之術, 試遍索宇宙間, 誠不知此氣之果爲何物也."
*『青年雜誌』는 후에 『新青年』으로 개명되었다.

이후 대륙의 공산화는 '기氣' 개념을 전통적인 형이상학적 의미에서 분리하여 '물질'의 개념으로 고착화시키는 데 결정적인 전환점이 되었다.

근대 시기의 기론은 아편전쟁(1840년), 무술변법戊戌變法(1898년), 신해혁명辛亥革命(1911년) 등의 역사적 사건을 거치며, 각 시기마다 독특한 사상적 특징을 드러낸다.[36] 물론 시대 구분의 관점이 지나치게 강조될 경우, 시대 간 사상적 연속성과 내적 맥락을 단절시키는 오류를 초래할 수 있다는 점에서 주의가 필요하다. 그러나 시대별 특징을 분석하고 기론의 역사적 전개 과정을 조망하는 데 있어, 이러한 구분은 유의미한 해석 틀을 제공할 수 있다. 이하에서는 근대 시기 각 시기의 기론이 지닌 특징을 개략적으로 고찰하고자 한다.

아편전쟁 이후, 중국의 지식인들은 열강의 군사적·경제적 침략으로부터 벗어나기 위한 다양한 대응 방안을 모색하였다. 이들은 전통사상의 공허하고 추상적인 이론을 강도 높게 비판하며, 사회의 현실적 문제에 보다 직접적인 관심을 기울이게 되었다. 이러한 사상적 흐름 속에서 위원魏源(1794~1857), 공자진龔自珍(1792~1841), 그리고 태평천국太平天國운동의 지도자 홍수전洪秀全(1814~1864) 등은 이 시기를 대표하는 인물로 평가된다. 이들은 전통 유학 내에서도 비교적 실천성과 현실지향적 성격을 지닌 기론氣論에 주목하였으며, 기론의 선양宣揚에 적극적이었다. 그러나 이들의 사유는 여전히 장재張載를 중심으로 한 전통 기론의 이론적 기반 위에 서 있었다. 위원은 장재의 기-본체론을 계승하여 기를 만물의 근원으로 간주하였으며, "태허의 정기精氣는 유동流動하고 하늘과 땅 사이에 충만하며…… 태허는 만물의 참된 거처가 된다"[37]라고 하였다. 홍수전의 경우, 그의 사상은 서양 기독교 이론을 중심 이념으로 삼고 있었지만, 여전히 전통적 기론의 개념을 교의敎義의 해석 도구로 활용하였다.

---

36) 張立文 外, 『氣의 철학』 하, 김교빈 외 역, 257~261쪽 참조.

37) 魏源, 『默觚上』, 「學篇」, "太虛之精氣流動, 充盈于天地間……太虛者萬物之眞宅也."

그는 영혼불사靈魂不死를 논하면서, 인간의 영혼은 "황상제皇上帝로부터 받은 일원一元의 기로부터 생기기도 하고 자라기도 한다. 근본은 같으면서도 만 가지로 다르게 흩어지며, 만 가지로 다르나 모두 하나의 근본에 귀결한다"[38] 라고 하였다.

아편전쟁 시기의 중국과 서양 간 충돌이 주로 군사력과 물질문명 등 표면적 차원에서 이루어진 것이었다면, 무술변법 시기의 문명 충돌은 중국 전통사상과 문화의 내적 구조를 본격적으로 성찰하는 계기로 작용하였다.[39] 수십 년에 걸친 검토와 성찰 과정을 통해, 중국 지식인들은 서양의 강대함이 단순한 물질적 조건이나 기술력에 기인하는 것이 아니라, 오히려 그 기초에는 사회제도와 사상 문화의 선진성이 자리하고 있다는 점을 인식하게 되었다. 이에 따라 이 시기 중국 지식인들이 직면한 핵심 과제는 대량으로 유입된 서양의 근대과학 지식을 어떻게 효과적으로 수용하고 자기화할 것인가 하는 문제였다. 그 해결 방안의 하나로 제기된 것이 중국 전통문화 내부에서 서양 사상과의 동질적 요소를 찾아내려는 시도였다. 이러한 방법론은 특히 '기氣' 개념에 우선적으로 적용되었고, 이는 전통 기론의 사유 구조에 상당한 변화를 야기하였다.[40] 이 시기의 대표적 사상가로는 엄복嚴復(1854~1921), 강유위康有爲(1858~1927), 담사동譚嗣同(1865~1898) 등을 들 수 있다. 이들은 전통 기론의 현대적 재해석을 시도하며 서양 근대과학과의 사상적 접점을 모색하고자 하였고, 이를 통해 기 개념은 점차 근대적 자연관과 결합될 수 있는 사유로 변모하게 된다.

엄복은 전통철학의 개념 및 범주가 지닌 모호성과 추상성에 비판적 시각

38) 洪秀全, 『原道覺世訓』, "皆稟皇上帝一元之氣, 以生以出. 所謂一本散爲萬殊, 萬殊總歸一本."
39) 張立文 外, 『氣의 철학』 하, 김교빈 외 역, 259쪽 참조.
40) 小野澤精一 外, 『氣의 思想』, 전경진 역, 596~614쪽 참조.

을 견지하였으며, 중국 근대철학사에서 하나의 전형적 사례로 평가될 수 있는 방식으로 '기氣' 개념에 대해 명확한 정의를 제시하였다. 그는 『명학천설名學淺說』에서 "기란 질점質點과 인력引力, 척력斥力을 지닌 사물이며, 그 무게는 측정할 수 있고 그 운동은 감지할 수 있는 것이다"[41]라고 하였다. 이와 같은 정의는 근대 자연과학의 개념, 특히 물리학적 인식에 기반하여 '기' 개념을 전통의 직관적이고 사변적인 사유 틀에서 벗어나 보다 구체적이고 실증적인 '물질' 개념으로 전환한 결정적 계기로 볼 수 있다. 엄복은 이와 같은 인식을 바탕으로 기론을 근대적 철학 체계 속에 다시 편입시키고, 과학적 근거를 통해 기의 물질성을 규정하였다. 그러나 그 결과 기 개념은 철학적 사유의 핵심 범주로서의 위상을 점차 상실하게 되었으며, 이는 전통적 기론이 이후 철학적 의미를 상실해 가는 과정의 서막을 예시하는 것이기도 하다.

강유위는 기본적으로 전통 유학사상에 입각하여 자신의 기론氣論을 전개하였으나, 동시에 서양의 과학 지식을 수용함으로써 전통 기론에 대한 재해석을 시도하였다. 그는 우주의 기원과 만물의 생성 과정을 설명함에 있어, 기氣의 변화를 성운설星雲說의 관점에서 이해하려 하였으며, 근대 물리학 및 화학의 성과를 참조하여 기존의 기론에 새로운 과학적 요소를 결합하였다. 특히 그는 전기電氣의 개념을 철학적 사유의 영역으로 끌어들여, 기의 속성과 유사한 것으로 간주하며 이를 기 개념의 현대적 대체물로 제시하기도 하였다. 강유위는 『대동서大同書』「갑부甲部」에서 "전기는 기를 따라 운행하며 통하지 않음이 없다"[42]라고 언급하며, 전기의 작용을 기의 운동성과 관통성의 실증적 근거로 해석하였다. 또한 그는 『맹자미孟子微』에서 "오늘날 전선電線이 천만 리 떨어진 곳에서도 말을 통하게 하고 소리를 전달하는 것을 보면, 기의 연속성과 관통성

41) 嚴復, 『名學淺說』, "今夫氣者, 有質點有愛拒力之物也. 其重可以稱, 其動可而覺."
42) 『大同書』, 「甲部」, "電之行于氣, 而無不通也."

은 매우 쉽게 드러난다"[43]라고 하여, 전기의 통신 기능을 통해 기의 본질적 특성을 재조명하려 하였다. 이러한 시도는 기 개념을 단순한 형이상학적 원리에서 벗어나 자연과학적 설명틀과 접목시키려는 근대 중국사상가의 사유방식을 단적으로 보여 주는 사례라 할 수 있다.

담사동의 기론 역시 이러한 흐름과 상통한다. 그는 기를 과학적으로 정의하고자 시도하면서, 기를 지구를 둘러싼 약 200리의 대기층에 해당하는 공기空氣와 몽기朦氣로 해석하였다. 그는 기를 물리적 존재로 간주하며, 그 성질과 작용을 과학적으로 분석하고자 하였다. 그러나 동시에 그는 기를 하늘과 땅 사이를 운행하는 추상적 존재로 보았고, 천지만물의 상호작용과 생성의 원리로서 기능하는 근원적인 실체로 파악하였다.[44] 그는 『인학仁學』에서 "존재의 세계는 이것[에테르]에서 생겨났고, 허공은 이것에 의해 성립되며, 중생은 이것으로부터 나왔다"[45]라고 하며, '에테르'를 우주만물의 본질로 제시함으로써 전통의 기본체론을 대신하고자 하였다. 담사동의 사상은 전통적 기론과 근대 과학적 개념 간의 접목을 시도하면서도, 기 개념의 형이상학적 성격을 완전히 배제하지는 않았다는 점에서 근대 전환기의 사상적 혼융과 실험성을 잘 보여 주는 사례라 할 수 있다.

신해혁명 시기에는 기론氣論 역시 새로운 국면을 맞이하게 된다. 이 시기의 대표적 사상가인 장병린章炳麟(1869~1936)[46]의 사유 체계에도 전통 기론의 흔적이 일정 부분 남아 있으나, 그것은 이미 과학적 지식과 혼융된 형태로 나타난다. 장병린은 자연과학의 개념들을 참조하여 전통 기론의 이론적 정당성을 강화하고, 그 의미를 확장하려 하였다. 그는 담사동과 유사하게 우주를 가득

---

43) 康有爲, 『孟子微』, "今電線能通言傳聲, 于千萬里, 氣之連接貴通至易見也."
44) 유명종, 『淸代哲學史』(이문출판사, 1989), 491~498쪽 참조.
45) 譚嗣同, 『仁學』, "名之曰以太, 法界由是生, 虛空由是立, 衆生由是出."
46) 太炎이라는 號를 사용하여 '張太炎'으로 많이 불린다.

채운 공기空氣 또는 몽기朦氣로 기를 이해하였으며, 고대 그리스 자연철학의 원자론을 차용하여 기를 원자原子로 대체함으로써 우주만물의 근원적 실체이자 구성 요소로 해석하였다.[47] 그러나 손문孫文(1866~1925)에 이르러, 기는 철학적 개념으로서의 기능을 사실상 상실하게 된다. 손문은 전통문화와 서양 근대 과학이 융합되는 사상적 환경 속에서, 만물의 본체와 시원에 대한 고도로 추상적인 이론을 제시하였다. 그는 종래의 기론을 폐기하고, 이를 대신하여 명확한 과학적 물질 개념을 제시함으로써, 기론은 더 이상 철학적 본체론의 틀 안에서 존속할 수 없게 되었다.

이러한 일련의 전개는 근대 중국에서 기 개념이 점차 과학적 '물질' 개념으로 전환되며, 동시에 그 본래적 사유 기능인 철학적 본체론으로서의 위상을 점차 상실해 가는 과정을 잘 보여 준다. 신해혁명 시기를 전후한 기론의 변화는 단순한 개념의 이동에 그치지 않고, 전통 형이상학 체계의 해체와 근대적 인식론의 정착이라는 사상사적 전환을 동반한 것이었다.

명·청 교체기의 지식인들은 전통사상의 이론적 틀 속에서 기론氣論을 최고 수준으로 발전시켰으나, 그것이 근대 철학 속에서 지속적으로 전개되기 위해서는 필연적으로 새로운 내용과 의미의 수용이 요구되었다. 서양 문화의 유입은 전통 기론의 오랜 역사에 새로운 활력을 불어넣는 계기가 되었지만, 동시에 기론이 철학적 본체론의 범주를 벗어나 물질적 체계로 전환되는 과정을 더욱 가속화하였다. 근대에 들어서 기론은 과학적 설명력과 실증성을 점점 더 강하게 획득해 나갔으나, 그와 동시에 철학적 깊이와 형이상학적 사유는 점차 희석되었다. 다시 말해, 기론의 근대적 전개는 과학성이 끊임없이 강화되는 한편, 철학성은 지속적으로 약화되는 과정을 반영하고 있다.[48] 강유위의

47) 유명종, 『淸代哲學史』, 541~545쪽 참조.
48) 張立文 外, 『氣의 철학』 하, 김교빈 외 역, 297쪽 참조.

전기電氣 개념, 엄복의 질점質點 · 인력引力 · 척력斥力, 장병린의 원자原子, 그리고 손문의 물질 개념 등은 모두 기 개념의 철학적 기능이 점차 약화되어 결국에는 본체론적 의미를 상실해 가는 과정을 구체적으로 보여 주는 사례들이다. 이들은 전통 기론이 과학적 사유와 결합하면서, 그 본래의 철학적 지반 위에서 점차 이탈해 가는 방향을 상징적으로 드러낸다.

현대 중국, 보다 정확히는 1980년대 이후의 중국철학계에서 나타나는 전통철학에 대한 연구 태도는 주목할 만한 변화를 보여 준다. 문화대혁명 이전과 비교할 때, 중국 학자들이 표방해 온 '전통에 대한 비판적 계승'이라는 연구 기조는 근래 들어 점차 '비판'보다는 '계승'에 더 큰 비중을 두는 경향을 보이고 있다. 이러한 흐름 속에서, 과거에는 그 모호성과 비체계성으로 인해 비판받았던 전통사상조차도 이제는 '중국적 특색'이라는 이름 아래 재조명되고, 옹호되는 분위기가 형성되고 있다.

기론 연구에 있어서도 기존의 도식적인 유물변증법적 해석에서 벗어나, 서양의 물질 개념과 대비되는 기 개념의 고유한 특징을 부각시키려는 시도가 이루어지고 있다. 예컨대 장입문張立文은 서양 전통철학에서 말하는 물질 개념의 핵심 속성으로 연장성延長性, 불가입성不可入性, 타성惰性(慣性)을 제시한다. 이 중 '연장성'이란 물질이 공간을 점유하며 일정한 형상과 질량, 즉 규정성을 갖는다는 의미이고, '불가입성'은 물질이 일정한 강도를 지녀 외부 요소가 그 내부로 침투하거나 혼합될 수 없다는 의미이다. '타성'은 물질이 외부의 힘이 가해지지 않는 한, 원래의 운동 상태를 지속하는 성질을 의미한다. 장입문은 이들 속성 가운데 '연장성'만을 기 개념과 유사한 것으로 인정하고, 그 외에 '가입성可入性', '포용성包容性', '삼투성滲透性' 등을 기 개념의 고유한 속성으로 새롭게 규정한다. '가입성'은 기가 어디든지 스며들 수 있으며, 존재하지 않는 곳이 없다는 점에서 일체 만물을 관통한다는 특성을 지닌다. '포용성'은 기가 기체이든 고체이든 모든 존재를 자기 내부에 포함하고, 자연·사회·인간을 구별 없이 아우른다는 성질이며, '삼투성'은 기가 다른 사물 속으로 스며들거나 그 성분을 흡수하는 능력을 의미한다.[49] 이러한 논의는 전통 기론의 사유 방식과 상당한 유사성을 지니며, 일면에서는 전통 기론으로의 복귀를 지향하고 있는 것으로도 해석될 수 있다. 이는 현대 중국철학계에서 기론이 단순한 고대의 사상적 유산이 아니라, 중국적 사유의 독자성과 현대적 해석 가능성을 동시에 모색하는 장으로 재구성되고 있음을 보여 준다.

Ⅱ. 한국 성리학에 있어서 '기' 이론의 전개

한국 고대 사상에서도 기氣의 이론과 유사한 사상적 편린들을 일정 부분 확인할 수 있다. 그러나 사상사의 연속성과 체계성이라는 측면에서 고찰할 때, 한국 고대 사상에 기초한 체계적인 기의 이론이 존재하였다고 보기는 어렵다. 이는 한국 고대 사상에 나타나는 기론과 유사한 사상들이 대부분 자각적이지 못한 채, 복합적이고 단편적인 형태로 존재하고 있기 때문이다. 이러한 사상적 편린들은 전통적 존재론으로서의 기론이라 명명하기에는 이론적 근거가 미약하다. 더불어 한국 고대 사상을 본격적으로 연구하기 위한 기초 자료의 부족함 역시 한국 전통 기론의 연구를 더욱 어렵게 만드는 요인이다.

한국 사상사에서 기의 이론이 본격적이고 체계적으로 논의되기 시작한 것은 조선시대 성리학에 이르러서이다. 한국 전통사상은 성리학적 세계관의 틀 안에서 비로소 기에 대한 철학적 논의가 가능해졌으며, 이를 통해 존재론적

49) 張立文 外, 『氣의 철학』 상, 김교빈 외 역, 52~57쪽 참조.

체계로서의 기론이 정립될 수 있었다.

1. 서경덕의 기氣 이론

서경덕徐敬德(1489~1546)은 한국 사상사에서 거의 최초로 기氣 이론을 체계적으로 논증한 인물로 평가된다. 그는 철학적 사유의 출발점을 자연현상의 관찰에서 찾았다. 일반적으로 유학은 인간관계에 있어서의 인륜人倫 문제를 사유의 기점으로 삼는 반면, 서경덕은 '격물치지格物致知'에서 말하는 '격물格物'을 문자 그대로 외부 사물의 이치를 탐구하는 것으로 해석하였다. 이러한 해석은 그의 독특한 기氣 이론의 전개에 결정적인 영향을 미쳤다.[50)]

서경덕은 우주를 구성하는 근원적 실재를 율동하는 힘으로서의 '기氣'로 보았으며, 이 기는 태허太虛에 근원을 둔다고 생각하였다. 그러나 그에 따르면 태허는 기와 분리된 실체가 아니며, 감각적 물질과는 다르되 경험적으로 인식될 수 없는 존재이다. 다시 말해, 서경덕은 생성과 소멸을 거듭하는 모든 현상을 무한히 변화하는 기의 율동으로 이해하였다. 구름과 물방울처럼 잠시 있다가 사라지는 '멸滅'의 현상은 부침浮沈하고 율동하는 태허기太虛氣 즉 우주기宇宙氣의 작용이라고 보았다. 서경덕이 말하는 기는 우주 전체를 포괄하고도 남는 무한량無限量의 존재로, 공간적으로는 빈틈없이 충만하며, 시간적으로는 시작도 끝도 없는 영원한 존재이다. 나아가 이 기는 스스로의 힘으로 만물을 생성할 수 있으며, 태허는 곧 기의 본체이므로 외부의 어떤 원인이나 조건도 갖지 않는다. 이러한 서경덕의 기론은 그 기본 사상에 있어 장재張載의 이론과 밀접한 유사성을 보인다. 이로 인해 일각에서는 서경덕의 철학을 장재의 철학

---

50) 玄相允, 『朝鮮儒學史』(현음사, 1982), 66~74쪽 '徐敬德 부분' 참조.

에 대한 단순한 아류로 평가하기도 한다. 그러나 양자 간에는 주목할 만한 차이점이 존재한다.

장재의 기론은 '우주론'과 '심성론'이 병존하는 이중구조를 이루며, 두 영역이 모두 철학적 논의의 중심에 놓인다. 이는 대부분의 송·명대 성리학자들이 그러하듯, 장재 역시 우주를 도덕적 창조물로 이해했기 때문이다. 그는 우주의 창조와 각 개인에게서 드러나는 창조를 근본적으로 동일한 원리에 입각한 것으로 보았다.[51] 즉 장재의 우주론은 단지 객관적 우주의 구조를 설명하는 데 그 목적이 있는 것이 아니라, 궁극적으로는 인간이 도덕적 존재임을 규명하려는 데에 본질적인 의도가 있다. 이와 같은 점에서 장재의 우주론은 그 철학적 의도와 특징을 동시에 드러낸다. 그러나 서경덕의 경우, 그 사정은 장재와는 사뭇 다르다. 서경덕의 기론에 있어서 본체론과 우주론에 관한 논의는 상당히 풍부하게 전개되어 있으나, 심성론에 대한 명시적인 언급은 거의 찾아보기 어렵다. 이는 서경덕이 자연현상에 대한 관찰과 경험을 기초로 하여 리理와 기氣의 개념을 정립하고, 이를 다시 인간과 사회의 영역으로 확장하려는 의도를 지녔음을 시사한다.

일반적으로 기론은 그 성격에 따라 두 가지 유형으로 분류될 수 있다. 한국 학자 유명종劉明鍾은 기론을 구분하여 인욕人欲을 부정하는 '초월관적超越觀的 기론'과 인욕을 긍정하는 '내재론적 기론'으로 나눈 바 있다.[52] 한편, 대만 학자 양유빈楊儒賓은 이를 각각 '선천형 기론'과 '후천형 기론'으로 명명하면서 유사한 문제의식을 제기하였다. 양유빈은 장재, 나흠순羅欽順(1465~1547), 유종주劉宗周(1578~1645) 등을 선천형 기학자로 분류하였다. 양유빈은 이들이 주장하는 기 개념은 형이상학적 함의를 내포하고 있으며, 천도天道와 인간 본성이

51) 牟宗三, 『心體與性體』 一冊(臺北: 正中書局, 1968), 427~428쪽 참조.
52) 유명종, 「氣哲學的二種類型」, 『韓國學報』 5期(1985), 25쪽 참조.

근원적으로 동일하다는 전제 하에 본래의 본성을 회복함으로써 도덕적 가치를 실현하고자 한다는 공통점을 지닌다고 보았다. 이에 따라 그는 이들의 사상을 기학氣學이라기보다는 리학理學의 범주로 보아야 한다고 주장하였다.[53] 이와 같이 초월관적 기론 또는 선천형 기론은 우주론과 심성론 사이에 일정한 긴장을 내포한다. 곧 우주론에 있어서는 기학적 특징이 두드러지지만, 심성론에 있어서는 도리어 리학의 성격이 강하게 드러난다는 점에서이다. 반면, 내재론적 기론 또는 후천형 기론은 우주론과 심성론 모두에서 일관되게 기학적 사유 구조를 유지한다는 특징을 지닌다.

사상사의 측면에서 기의 이론이 갖는 특징을 고찰해 보면 다음 네 가지로 요약할 수 있다.[54] 첫째, 리가 기를 초월하여 존재한다거나 기에 앞서서 존재한다는 '리재기선理在氣先'의 논리를 거부한다. 둘째, 리를 기의 통제자 혹은 주재자로 보지 않고, 기에 내재하는 조리條理 혹은 기가 움직이는 법칙성으로 본다. 셋째, 리와 기를 별개의 것으로 보지 않고 하나로 본다. 넷째, 기질지성氣質之性이 곧 본연지성本然之性(天地之性)이라는 성일원론性一元論의 입장을 취한다. 기론은 이러한 경향으로 인해 감정과 욕구를 긍정하는 적극적인 인생론을 개진하며, 역사적인 발전 과정을 거치면서 군자소인론君子小人論과 반상론班常論, 그리고 사농공상士農工商의 신분 질서를 타파하는 사민四民 평등론을 제기하게 된다. 또한 물리物理와 도리道理를 구분하고 자연을 대상화·법칙화하여 경험적인 방법으로 이해하려 한다. 여기서 한 걸음 더 나아가 도덕적인 규범을 강조하기보다 실용적인 경세론經世論을 제창하며, 명분론적 민본주의를 극복하고 구체적인 양민책養民策을 강구하는 등 근대지향적인 실학實學을 창출하게 된

53) 楊儒賓, 「兩種氣學, 兩種儒學」, 『臺灣東亞文明硏究學刊』 3卷 2期(2006); 楊儒賓, 「檢證氣學: 理學史脈絡下的觀點」, 『漢學硏究』 25卷 1期(2007) 참조.

54) 송휘칠, 「明代儒學의 主氣論的 展開」 I, 『韓國의 哲學』 18호(경북대학교 퇴계연구소, 1990), 63~64쪽 참조.

다.[55]

그런데 여기서 첫째, 둘째, 셋째의 경향에 대해서는 거의 모든 기학자들이 동의하지만, 네 번째의 특징 즉 '기질지성이 곧 본연지성이다'라고 하는 '성일원론'의 경향은 송·명 시대의 기론과 한국 성리학의 기론에서는 쉽게 찾기 어렵다. 이것은 인간을 있는 그대로 보려는 인욕 긍정의 현실적인 인간관을 전제로 하고 있다.[56] 이러한 인욕 긍정의 내재론적 기론은 명대明代를 휩쓸었던 '양명학 좌파'의 주관적 관념론에 대한 하나의 반동反動으로 일어난 왕부지, 안원, 대진 등 일련의 새로운 학풍에 이르러서야 비로소 확인된다. 조선조의 유학이 주자학 중심의 성리학 일변도였다는 점을 감안하면, 조선시대 대부분의 기학자들은 인욕 부정의 초월관적 기철학자로 분류될 수 있다.[57] 물론 18세기 이후 실학적 학풍을 지녔던 일련의 학자들에게서 인욕 긍정의 심성론을 확인하게 되지만, 그것은 어디까지나 국가의 공인 학문으로 위세를 떨쳤던 주자학적 사유에 대한 비판이라는 관점에 한정된다.

그런데 장재를 비롯한 중국 전통 기학자들이 관념적 사유를 중심으로 기론을 전개한 데 비해, 서경덕은 세계에 대한 구체적이고 현실적인 경험을 기반으로 자신의 기론을 확립하였다는 점에서 뚜렷한 차이를 보인다. 이러한 점을 감안할 때, 서경덕은 자연관과 심성론 사이에 이중적인 태도를 취하면서 인욕을 부정하는 초월관적 기론에 쉽게 동의할 수 없었을 것으로 보인다. 서경덕이 심성론에 대해서 거의 언급을 하지 않은 사실은 바로 이러한 철학적 입장 차이의 결과로 이해될 수도 있다. 다만 여기서 주목할 점은 서경덕의 이러한 대응 방식이 소극적이며, 보다 적극적인 철학적 전개로 이어지지 못했

55) 송휘칠, 「韓國儒學에 있어서 近代意識의 問題」, 『인문과학』 5집(경북대학교 인문과학연구소, 1989), 146~149쪽 참조.

56) 송휘칠, 「明代儒學의 主氣論的 展開」 I, 148쪽 참조.

57) 유명종, 「氣哲學的二種類型」, 25쪽 참조.

다는 점이다. 물론 이와 같은 한계는 당시 조선과 중국 양국의 사상적 분위기와 성리학 중심의 학문 풍토에서 비롯된 것으로 일정 부분 이해될 수 있다. 그럼에도 불구하고 서경덕의 문제의식을 보다 심화·확장하여 내재론적 기론으로 발전시킨 후속 학자가 연이어 배출되지 못하였다는 점은 사상사적 관점에서 아쉬움으로 남는다.

2. 서경덕 이후의 기氣 이론

서경덕 이후 주목할 만한 기의 이론가로는 이이李珥(1536~1584)를 언급할 수 있다. 이이의 기론은 서경덕의 기론을 비판하는 데서 출발한다. 이이는 '리가 기 바깥에 있지 않다'고 하는 서경덕의 입장에 대해서는 지지한다. 그러나 '담일청허湛一淸虛의 기가 있지 않은 사물이 없다'고 하는 서경덕의 주장에 대해서는 '있지 않은 사물도 있다'고 반박한다. 그 이유에 대해서 이이는 리통기국理通器局의 논리로 설명하면서, 기는 일물一物에 국한되기 때문이라고 하였다. 이이는 서경덕의 사상에서 '리와 기가 서로 떨어질 수 없다'는 주장에 대해서는 동의하지만, '태허의 담일청허湛一淸虛한 기'라는 개념에 대해서는 거부의 뜻을 분명히 밝혔다. 이이의 학풍은 김장생金長生(1548~1631), 송시열宋時烈(1607~1689), 권상하權尙夏(1641~1721) 등을 거쳐 한원진韓元震(1682~1750)에게로 이어진다. 한원진은 '심이 기이다心是氣'라고 주장한 이이의 이론을 계승하여 이 논리를 더욱 발전시켰다. 그래서 그는 "심心을 오로지 말하면 물론 리와 기의 합이지만, 성性과 대립시켜서 말하면 심은 다만 기일 뿐이고 성은 다만 리일 뿐이다"[58]라고 하였다.

58) 『南塘集』, 卷36, 雜識, 「內篇 下」, "專言心, 則固理氣之合, 而與性對言, 則心只是氣, 性只是理."

생각건대 심心을 오로지 말하면 리와 기의 합이다. 왜냐하면 심心 안에 성性이 포함되어 그 가운데 있기 때문이다. 그러나 만약 성性과 대립시켜 말한다면, '성은 곧 리요, 심은 기이니' 다시 리와 기를 합해서 심을 말해서는 안 될 것이다. 왜냐하면 이미 리를 성에 귀속시켜 놓고 또 심을 리와 기의 합이라고 말한다는 것은 '두 가지 리理'에 간섭되게 하는 것과 같기 때문이다.[59)]

'심이 기이다[心是氣]'라고 한 이이의 주장은 송시열과 권상하를 거쳐 한원진에 이르러서 마침내 '심이 곧 기이다[心卽氣]'라는 말로 귀결되어 '심이 곧 리이다[心卽理]'라는 주장과 대립하게 된다. 임성주任聖周(1711~1788)는 한원진의 이론을 계승하여 자신의 이론을 유기설唯氣說로 발전시켰다. 임성주는 '심心과 성性은 하나다'라는 전제 아래, 심을 제거해 버리면 성이 있을 수 없고, 성을 제거해 버리면 심이 있을 수 없다고 보았다. 그는 심과 성의 근원을 모두 기로 보았다.

누가 그렇게 시킴이 없어도 그러하고…… 그 본체를 천天이라 하고 원기元氣라 하고 호연浩然이라 하고 태허太虛라 하며…… 그 측량할 수 없음을 일컬어 신神이라 하고 누가 그렇게 시킴이 없이 그러함을 명命이라, 제帝라, 태극太極이라 하니 요컨대 모두 저 허원성대虛圓盛大한 것에 관해 분별하여 이름 지은 것이지만 사실은 모두 하나이다.['누가 그렇게 시킴이 없이 그러함'이라는 말은 곧 '자연'을 가리켜 말한 것이다.][60)]

임성주는 장재, 서경덕, 『주역』, 노자, 장자, 맹자 등 일련의 전통적인 기의

---

59) 『南塘集拾遺』, 卷四, 「退溪集劄疑」, "特心專言之, 則合理氣. 蓋包性在其中故也. 若與性對言之, 則性卽理, 心卽氣, 而不可復以合理氣言心也. 蓋旣以理屬性, 而又以心爲合理氣, 則似涉二理故也."

60) 『鹿門集』, 卷19, 雜著, 「鹿廬雜識」, "莫之然而然……其體, 則曰天曰元氣曰浩然曰太虛……其不測, 則曰神, 其莫之然而然, 則曰命曰帝曰太極, 要之, 皆就這虛圓盛大物事上分別立名, 其實一也.[莫之然而然, 卽所謂自然也.]"

이론을 종합하였으며, 기의 본체를 의지, 운동, 유행, 생산활동, 자연의 의미를 담고 있는 기의 자율운동으로 여겼다. 그는 장재와 마찬가지로 리일분수理一分殊라는 개념을 기일분수氣一分殊의 개념으로 바꾸어 이해하였다. '리'의 관점에서 보면 태허 · 동정 · 오상 · 만물이 일리一理 · 이리二理 · 오리五理 · 만리萬理가 되겠지만, '기'의 관점에서 보면, 원기元氣 · 양의兩儀 · 오행五行 · 만물萬物이 일기一氣 · 이기二氣 · 오기五氣 · 만기萬氣가 된다.[61] 리학理學의 입장은 '보편과 특수'라는 관계에서 리와 기의 관계를 해석하기 때문에 리상기하理上氣下, 리존기비理尊氣卑라는 논리가 형성된다. 그러나 기학氣學의 입장은 리 · 기 관계를 '운동자와 운동형식', '체體와 용用'의 관계로 보기 때문에 '리'는 운동 속에 내재하는 기 자신의 형식으로 이해되어진다. 이러한 기학의 기본 입장은 장재를 비롯한 거의 모든 기학자들의 우주론에서 공통적으로 확인된다. 그러나 역시 문제는 심성론에서 발견된다.

서경덕은 심성론에 대해서는 거의 침묵함으로써 종래 초월관적 기철학에 대해 소극적인 부정의 태도를 취했다. 그렇지만 이이 이후 임성주에 이르기까지의 일련의 기학자들은 '기'라는 개념을 줄기차게 심과 성의 개념으로 설명하고자 한다. 그러나 문제는 이들의 이러한 심성론이 결코 인욕 부정의 윤리의식을 벗어날 수 없었다는 점이다. 물론 당시의 봉건적 시대 상황에서 윤리의식이 '존천리尊天理, 멸인욕滅人欲'이라는 주자학적 윤리관을 벗어나기에 무리였다는 사실을 충분히 인정하지만, 임성주에 비해 무려 1세기나 앞선 시대에 중국에서는 이미 인욕 긍정의 내재론적 기학이 성행하고 있었음을 염두에 둔다면 아쉬운 점이 있다.

한국 성리학의 기론은 논리 구조에 있어서 중국 성리학의 기학보다는

61) 하기락, 『朝鮮哲學史』(형설출판사, 1992), 637쪽 참조.

오히려 리학과 유사한 측면이 많다. 그러므로 중국의 기론이 명말청초에 이르러 인욕을 긍정하는 현실적이고 실천적인 내재론적 기론으로 발전함으로써 중세 봉건 윤리의식을 넘어설 수 있는 근대 의식을 보여 주었지만, 조선시대 성리학계의 주류적 위치에 있던 학자들은 시종일관 초월관적 기론의 세계관을 벗어나지 못하였다. 조선조 성리학에 있어서 그토록 많은 학문적 논쟁이 있었음에도 불구하고 그 논쟁들이 결국은 일정한 한계를 가질 수밖에 없으며, 현실적 삶과는 연결되지 않은 공허한 논쟁에 불과하다는 비판을 받게 되는 이유 중 하나가 바로 이 부분에 있다. 물론 18세기 이후 등장하는 실학자들에 있어서 내재론적 기론의 가능성을 엿볼 수 있지만, 당시 사상계의 주류로 인정받기에는 그 세력이 대단히 미약했다.

3. 최한기의 기氣 이론

최한기는 전통시대 한국을 대표하는 기학자 중 한 사람으로 평가된다. 그러나 그의 저작에서 사상적 영향을 미친 선행 학자들의 구체적 흔적을 찾는 일은 쉽지 않다. 그의 대표 저작인 『기측체의氣測體義』와 『기학氣學』이 주로 1836년(34세)부터 1857년(55세) 사이에 저술되었으며, 특히 1850년대를 전후하여 북경을 통해 활발하게 새로운 서적을 입수하고 이를 연구하였다는 점을 고려할 때, 최한기가 청대淸代의 학문적 성과로부터 적지 않은 영향을 받았을 가능성이 충분히 제기된다.[62] 그러나 최한기의 기학이 조선 전통의 기론이나 청대

62) 이 분야와 관련한 몇 가지 연구 사례를 소개하면 다음과 같다. 김용헌, 「최한기의 서양우주설 수용과 기학적 변용」, 『실학의 철학』(예문서원, 1996); 이면우, 「『地球典要』를 통해 본 최한기의 세계인식」, 『과학사상』 30호(범양사, 1999); 이현구, 「최한기의 기학과 근대과학」, 『과학사상』 30호(범양사, 1999); 허남진, 「혜강 과학사상의 철학적 기초」, 『과학과 철학』 2집(통나무, 1991).

기론으로부터 어떠한 사상적 연속성과 변용의 계기를 갖는지에 대한 연구는 상대적으로 부족한 실정이다.[63] 최한기의 기학은 조선시대의 서경덕이나 임성주와 같은 전통 기론보다는 오히려 청대 학자들의 사상에서 더 깊은 영향을 받은 것으로 보인다. 그러므로 최한기의 기학을 보다 정확하게 이해하기 위해서는 우선 청대 기론의 주요 특징을 개관하는 작업이 선행되어야 할 것이다. 이는 최한기 사상의 형성 과정을 규명하는 데에 중요한 이론적 배경을 제공할 수 있다.

송대 이래 전개된 리기론理氣論에서 주자학은 '리理'의 우위성과 주재성을 강조하였다. 이에 반해 기학氣學은 리와 기의 실재성 가운데 '기氣'에 실질적이고 주체적인 지위를 부여하며, 인성人性에 있어서도 기질氣質을 성性의 본질로 간주하는 경향을 보인다. 특히 기질 속에 내재한 정욕情欲에 대해서도 억제의 대상이 아닌 긍정적 가치로 이해하는 태도를 취한다. 이와 같은 기 중심의 사유는 명대 말기에 일정 부분 발전하였으며, 청대에 이르러 황종희, 왕부지, 안원 등 주요 사상가들에 의해 더욱 적극적으로 수용되고 체계화되었다. 이 계보는 안원 계열의 학자인 정정조程廷祚(1691~1767)에 이르러 상당히 정밀한 이론 체계를 갖추게 되었고, 이후 대진에 의해 완결적인 형식을 띠게 된다.

대진은 전통적 유학에서 부정적으로 인식되어 온 '인욕人欲'에 대해 새로운 해석을 제시하였다. 그는 정욕을 억제하거나 제거해야 할 대상으로 보지 않고, 오히려 실현되어야 할 인간 본연의 욕구로 간주하였다. 나아가 모든 인간의 정욕을 평등하게, 그리고 올바르게 실현하는 것이 곧 '리'에 합당한 것이며, 그것이 바로 도덕적 선善이라는 점을 강조하였다.[64] 요컨대 대진은 '인욕 긍정'

63) 이 분야의 연구와 관련하여 다음 논문을 눈여겨볼 만하다. 금장태, 「기철학의 전통과 최한기의 철학적 특성」, 『동양학』 19집(단국대학교 동양학연구소, 1989).

64) 東京大 中國哲學硏究室, 『中國思想史』, 조경란 역(동녘, 1992), 213~215쪽 참조.

이라는 관점을 명확히 드러낸 기학자로 평가되며, 이러한 그의 철학은 후대 사상가들에게 적지 않은 영향을 미쳤다. 특히 기 중심의 우주론과 인성론을 전개한 최한기 사상에도 일정한 영향을 끼쳤을 가능성이 크다고 할 수 있다.

서경덕과 임성주와 같은 조선의 전통적 기론자들은 기-일원론적 사유에 근거하면서도 여전히 리기론적 형식을 전제로 하여 기氣의 본체적 지위를 확립하고자 하였다. 이들은 기의 근원적인 일자성一者性을 본체론적으로 파악하면서, 그것을 형체를 지닌 구체적인 존재와는 구분되는 차원에 위치시키고자 하였으며, 이러한 점에서 여전히 일종의 이원론적 구조를 내포하고 있다. 이러한 사유 방식은 기를 초월적인 존재로 간주한 장재의 입장과는 일정 부분 맥을 같이하며, 이들 역시 초월적 기학의 범주에 포함될 수 있다.

이에 반해, 명말청초의 사상가 방이지는 기에 대한 이해를 전통적인 음양오행론의 틀에 얽매이지 않고 완전히 새로운 방식으로 전개하였다. 그는 기를 물체와의 구체적인 작용 속에서 드러나는 관찰 가능한 물질적인 실체로 간주하였으며, 자연철학적인 형이상학보다는 경험적이고 구체적인 설명을 지향하였다. 또한 대진은 '기화氣化'의 역동적 과정을 통해 기氣와 도道를 설명하고, 기의 실체성을 경험적으로 확인하려는 시도를 보였다. 그는 음양오행이라는 전통적인 형질形質 구조를 여전히 수용하면서도, 기의 형체화 이전과 이후를 구분하는 '탈-형이상학'의 입장을 제시함으로써 기론에 대한 새로운 인식론적 전환을 도모하였다.[65] 이와 같은 논의를 통해 볼 때, 청대 학자들의 기론이 최한기 사상에 중요한 철학적인 배경을 제공하였으며, 최한기의 기론 형성에 실제 영향을 미쳤다는 점은 분명하다.

청대는 중국 전통 기론의 일단락을 짓는 시기로 평가되지만, 동시에 새로

65) 금장태, 「기철학의 전통과 최한기의 철학적 특성」, 368~369쪽 참조.

운 차원의 '기氣' 이론을 제시하기에는 한계가 있었던 시기이기도 하다. 기에 대한 사유는 전통적 사유 체계 속에서 다채롭게 전개되었으나, 그러한 사유의 틀 자체가 이미 일정한 한계에 도달해 있었으며, 전통의 인식 구조만으로는 그 한계를 극복하기 어려웠다.[66] 기론은 이러한 상황 속에서 외부로부터의 새로운 자극, 곧 충격을 요구하게 되며, 이는 청말淸末 이후 서양 근대과학의 수용을 통해 가능해졌다. 서양 근대과학과의 접촉은 전통 기론에 새로운 변화를 촉발하였으며, 나아가 그것의 철학적 지평을 재구성할 수 있는 전기를 마련해 주었다. 특히 근대 서양 문화, 그중에서도 과학적 세계관의 유입은 중국 기론의 지속적인 발전을 위한 하나의 필연적 조건으로 작용하였다. 서양 과학의 전래는 전통 기론의 오랜 사유 구조에 새로운 활력을 불어넣었고, 동시에 기 개념이 철학적 본체론의 영역에서 점차 이탈하게 되는 흐름을 가속화하였다. 이로 인해 기론은 실증성과 경험성을 강화하게 되었지만, 그와 동시에 철학적 상상력이나 형이상학적 심층 사유는 일정 부분 위축되는 결과를 초래하였다. 이러한 양상은 조선 후기에 활동한 최한기의 사상 속에서도 유사하게 나타난다. 최한기는 전통 기론의 인식 틀을 유지하면서도 서양 근대과학의 요소를 적극적으로 수용하여 기에 대한 이해를 재구성하고자 하였으며, 이 과정에서 기론의 실증적·경험적 전환이라는 시대 흐름을 반영하였다.

최한기의 기론은 장재의 기론과 구분되는 한 가지 특징이 있다. 즉 성性과 정情도 불가분의 혼일체로 보는 일원론의 입장을 취하고 있으며, 따라서 본연지성本然之性(天地之性)과 기질지성氣質之性도 별개로 보지 않고, 기질지성이 곧 본연지성이라는 성일원론性一元論의 입장을 취한다는 점이다. 그리고 이러한 특징 때문에 감정과 욕구를 긍정하는 적극적인 인성론을 개진하며, 물리物理와

66) 張立文 外, 『氣의 철학』 하, 김교빈 외 역, 253~254쪽 참조.

도리道理를 구분하고 자연을 대상화·법칙화하여 경험적인 방법으로 이해하려 한다.[67] 장재와 같은 초월관적 기학자들은 겉으로 볼 때 기-일원론의 틀을 내세우고 있기는 하지만 여전히 전통적 도덕주의 세계관을 벗어나지 못한다. 반면 기본적으로 인욕을 긍정하고 이에 바탕하여 수미일관한 일원론적 체계를 갖춘 명말청초 이래의 일련의 내재론적 기학자들은 초월적 기론자들에 비해 전통 성리학의 도덕적 세계관으로부터 훨씬 자유로운 위치에 있었다.

최한기 또한 내재론적 기학의 특징을 지니고 있다. 그는 종래 금욕주의적 윤리관에서 탈피하여 정당한 욕구의 충족을 긍정하였는데, 정당한 애욕愛欲은 천인운화天人運化의 획득에서 생겨난다고 보기 때문이다.[68] 이욕利慾 추구를 긍정함으로써 개국통상開國通商의 필요성이 제기되며, 종전의 사농공상士農工商이라는 서열적 직업의식도 평등한 직업의식으로 바뀌게 된다.[69] 특이한 점은, 최한기는 개인에게 적용되는 수신修身의 원리와 사회에 적용되는 치국治國의 원리가 천지자연의 원리에 종속되어야 한다고 본다. 그는 물리物理와 도리道理(倫理)가 상호 긴밀한 연관성을 갖되, 물리가 도리나 사리事理보다 우위에 있는 것으로 이해한다. 이러한 점은 물리와 도리를 하나로 보면서도 도리를 절대시하던 전통 성리학의 사고와, 그리고 물리와 도리를 별개의 문제로 보는 뉴턴(Newton)식 이분법적 사고를 나름대로 절충한 것으로 보인다. 즉 최한기는 물리와 도리의 유기적 관계성을 인정하여 전통 성리학의 입장을 일정 부분 수용하면서도, 도리의 근거를 오히려 물리에 종속시킴으로써 서구 근대과학의 성취 또한 수용하고자 하였다.[70] 그는 이러한 자신의 학문을 '기학氣學'이라 명명하였고, 이것이야말로 새로운 사고에로의 전환이라고 자부하였다.

---

67) 송휘칠, 「明代儒學의 主氣論的 展開」 Ⅰ, 63~64쪽 참조.
68) 『氣學』, 卷2, "人之神氣, 因明悟, 而有記繹……要使天下人民愛欲, 各當其氣, 無相侵害." 참조.
69) 崔漢綺, 『氣學』, 손병욱 역(여강출판사, 1992), 32쪽 '氣學 해제' 참조.
70) 崔漢綺, 『氣學』, 손병욱 역, 31~32쪽 '氣學 해제' 참조.

물론 최한기는 동아시아 전통 기론을 기본적으로 계승하고 있다. 그는 천天이 다름 아닌 기라고 생각하였으며,[71] 인간은 자연 본래의 기가 응집하여 태어나게 되고, 죽은 후에는 다시 본래 자연의 기로 되돌아간다고 보았다. 그는 자연의 기를 천지지기天地之氣[72]라 하고, 인간을 이루고 있는 기를 형체지기形體之氣라 하였다.[73] 최한기는 장재와 마찬가지로 근원적 일원성과 현실적 다양성을 모두 기로써 설명하였다.[74] 다만 그는 장재에 비해 보다 더 구체적으로 설명하고 있다. 그는 사물의 보편성은 신기神氣가 동일하기 때문이라고 보았으며, 다양성은 보편적인 기가 자신에게서 파생된 질質에 의해 생겨난다고 보았다.[75] 이처럼 최한기는 기를 존재론적 최고 범주로 여겼으며, 만물을 생성하고 구성하는 시원적 재료라고 생각하였다. 그는 천天을 이루고 있는 기가 인격적인 신神의 소산도 아니고, 또한 그것을 산출하는 더 고차원적인 원리나 법칙이 있다고 보지도 않았다.[76] 그러나 그는 종래의 기학자들이 지나치게 관념적·추상적이고 고정된 기론으로부터 탈피하지 못했다고 보고서, 기를 철저히 실재적인 것으로 개념화했다.[77] 그리고 최한기는 전통 기의 이론에다 서양의 자연과학적 성과를 수용하였다. 그는 기가 자신의 운동 방식에서 규칙성을 드러낸다고 보았기 때문에, 기의 세계가 수학적 방법으로 파악할 수 있는 객체로서의 인식대상이 된다고 주장하였다.[78] 즉 그는 본체의 기 또한 허虛하거나 무형無形하여 감각할 수 없는 것이 아니라, 유형有形하고 유적

---

71) 『推測錄』, 卷2, "一氣異稱" 참조.

72) 『氣學』 卷1에서는 天地之氣를 運化之氣 또는 運化氣라 하였고, 그리고 形體之氣는 形質之氣라 명명하였다. "氣有形質之氣, 有運化之氣." 참조.

73) 『神氣通』, 卷1, "天人之氣" 참조.

74) 『推測錄』, 卷2, "氣一理一" 참조.

75) 『神氣通』, 卷1, "氣質各異" 참조.

76) 『推測錄』, 卷2, "流行理推測理" 참조.

77) 최영성, 『韓國儒學思想史』 IV(아세아문화사, 1995), 197쪽 참조.

78) 『神氣通』, 卷1, "數學生於氣" 참조.

有迹하다고 생각하였다. 그리고 본체의 기는 현상계를 이루는 기와 구분되는 별개의 것이 아니며, 경험적 인식을 가능하게 해 주는 그러한 것이라고 보았다.[79] 바로 이러한 점이 최한기의 기론이 갖는 특징이다.

최한기는 만물의 생성과 소멸을 기氣의 취산聚散 작용으로 설명하였다. 그는 겉보기에 텅 빈 것으로 보이는 우주 공간 역시 기로 충만해 있으며, 이 기는 자율적으로 운동하는 활물活物로서 작용한다고 보았다. 이에 따라 그는 기에 의해 우주의 일원성이 확보되는 동시에, 기의 운동을 통해 현상계의 다양성이 발생한다고 이해하였다. 이러한 사유는 전통 기학의 핵심 요소를 계승하는 것으로, 이 점에서 최한기는 철저히 전통적 기학자의 면모를 보인다고 평가할 수 있다.

그렇지만 그는 리학뿐만 아니라, 전통적인 기학에 대해서도 그 한계를 지적하여 자신이 주장하는 기학과 차별화시키고 있다. 그는 전통적인 기학을 중고지학中古之學이라 비판하여 말하기를, "중고지학은 흔히 무형지리無形之理와 무형지신無形之神을 근본으로 삼아 이것을 심원하고 고매한 것으로 여기고, 반대로 유형지물有形之物과 유형지사有形之事를 천박하고 보잘것없는 것으로 여겼다"[80]라고 하였다. 최한기는 '중고지학'이란 있어도 그만 없어도 그만이거나, 아니면 해롭기만 하고 아무 보탬이 없는 학문이라 규정하였으며, 반면 자신의 기학은 모든 사람들을 감복하게 하는 학문이라 자부하였다.[81]

최한기가 주장한 기학은 유학적 사유를 기반으로 하면서, 그가 수용한 서구 과학기술 문명에 대한 지식을 융합하여 정립된 사상 체계라 할 수 있다.[82] 그는 서구 과학기술 문명이 본격적으로 유입되던 시기에 활동하면서,

---

79) 『氣學』, '序' 참조.

80) 『氣學』, '序', "中古之學, 多宗無形之理, 無形之神, 以爲上乘高致, 若宗有形之物, 有形之事, 以爲下乘庸品."

81) 『氣學』, '序' 참조.

그 우월성과 실증적 체계에 강한 충격을 받았고, 이에 따라 과학기술이 주도하는 새로운 시대의 도래를 예감하였다. 최한기는 이러한 변화의 흐름을 철학적으로 뒷받침함과 동시에, 그 문명의 전개가 나아갈 바를 사유적 차원에서 제시하고자 하는 지향을 지녔던 것으로 보인다. 그의 기학은 바로 이러한 시대적 요청과 사유의 열망이 구체적으로 구현된 결과물이라 할 수 있다.[83) 즉 최한기는 전통 기학에 내재된 불투명성의 요인들, 예컨대 음양오행론陰陽五行論과 같은 관념적 요소들을 비판적으로 제거하고, 그 자리에 서양 과학이 지향하는 실증성과 경험적 합리성을 도입함으로써 기론의 현대적 재구성을 시도하였다. 이러한 시도는 당시로서는 일정 부분 선구적인 의미를 지니지만, 동시에 전통 기론이 지녔던 철학적 깊이나 형이상학적 상상력은 일정 부분 약화되는 결과를 초래하였다. 최한기의 저작 중 비교적 초기의 『기측체의』와 후기의 『기학』을 비교해 보면 『기학』은 서양 과학 지식의 적극적 수용을 통해 과학적 요소가 더욱 강화된 반면, 『기측체의』는 보다 철학적이고 형이상학적인 상상력이 풍부하게 드러난다는 점에서 대조를 이룬다. 이는 그의 사상 전개 과정 속에서 경험적이고 실증적인 접근이 점차 강조되는 경향을 보여주는 단적인 사례라 할 수 있다.

최한기는 서구의 과학적 성취를 적극적으로 수용하여 전통 기론에 융합하고자 하였으나, 동시에 전통 기학자로서의 사유 특색 또한 강하게 유지하고 있다. 이러한 점은 특히 그의 천天에 대한 관념에서 두드러지게 나타난다. 서양 과학의 영향을 받은 그의 천관天觀은 물리적이고 구체적인 특성을 지니며, 전통적인 형이상학적 천天 개념과는 일정한 차이를 보인다. 서양 과학에서 대기大氣 혹은 천天은 단지 자연현상의 일부일 뿐, 만물의 근원으로 간주되지

82) 崔漢綺, 『氣學』, 손병욱 역, 30쪽 '氣學 해제' 참조.
83) 崔漢綺, 『氣學』, 손병욱 역, 30쪽 '氣學 해제' 참조.

않으며, 인간과 어떠한 윤리적 또는 규범적 관계도 맺지 않는다. 그러나 최한기의 사유에서 천天은 비록 윤리적이거나 리법적理法的인 존재로 설정되지는 않지만, 인간이 마땅히 준거하고 따를 대상으로 간주된다는 점에서 서양 과학의 천天 개념과는 분명히 구별되는 측면이 있다.[84] 즉 최한기의 기학은 여러 측면에서 경험과 실증을 중시하는 서양 과학적 방법론을 적극적으로 차용하고 있음에도 불구하고, 여전히 과학적 사유라기보다는 전통 기론의 연장선상에서 이해될 수 있는 요소들을 상당 부분 내포하고 있다. 이는 최한기의 사상이 과학과 철학, 경험과 형이상학 사이에서 복합적인 성격을 띠고 있음을 시사한다.

Ⅲ. 기학 연구의 현재와 미래

동아시아 사상에서 '기氣'라는 개념은 문명의 역사만큼이나 오래된 기원을 지니고 있다. 이 개념은 오늘날까지도 우리의 일상생활 속 다양한 어휘에 생생하게 살아 있으며, 여전히 현실적인 영향력을 행사하고 있다. 그럼에도 불구하고, 기 개념은 일상에서 자주 사용되는 만큼 명확한 의미를 규정하기는 쉽지 않다. 우리가 사용하는 언어 속에서 기와 관련된 표현들은 매우 다양하게 나타난다. 예컨대, 기는 만물 생성의 근원 혹은 자연현상을 지칭하는 것으로 사용되기도 하고, 반면, 생물학적 요소나 인간의 정신적 기능과 관련된 의미로 나타나기도 한다. 더 나아가서는 '서기瑞氣가 감돈다', '악기惡氣로 가득 차다'는 식의 표현에서 보듯이 그 의미가 자연현상인지, 인간사의 정황인지조차 명확

84) 이종란, 「최한기 윤리사상 연구」(성균관대학교 박사학위논문, 1996), 25쪽 참조.

히 구분되지 않는 경우도 있다. 이처럼 기는 현대인의 삶 속에서 가장 자주 언급되는 개념 중 하나임에도 불구하고, 학문적 맥락에서는 여전히 그 개념적 정의가 충분히 규명되지 않고 있다.

현대 한국에서의 기 이론은 전통철학의 리기론적 담론보다는 기 개념의 지향성과 활용 가능성에 주목하여, 그 현대적 의의를 탐색하는 방향으로 전개되는 경향이 있다. 특히 기 개념을 중심에 두고 다양한 사유를 수렴하는 사상적 대화의 장을 마련하려는 시도가 두드러진다. 이러한 시도들은 서로 다른 관점을 교차시킴으로써 보다 역동적이고 입체적인 사고방식을 도모하며, 나아가 21세기의 시대정신에 부응하는 새로운 형태의 기학을 창출하고자 한다.[85] 또한 한국의 일부 기독교 이론가들은 기독교 세계관의 틀 안에서 기의 본질을 해석하고, 전통 기학을 넘어 창조론적 신학을 수립하려는 시도를 보이고 있다.[86] 이러한 흐름은 전통적 리기론의 체계보다는 기 개념이 함축하고 있는 소통성과 유기적 관계성에 초점을 맞추고 있다는 점에서 기학의 현대화로 규정할 수 있다.

한편 현대 중국철학사에서 '기' 개념이 본격적으로 주목받기 시작한 것은 1949년 중화인민공화국 수립 이후의 일이다. 당시 중국 정부는 철학사를 유물론과 관념론의 투쟁사로 이해하는 마르크시즘적 관점을 철학 연구의 기본 틀로 삼았고, 이 틀은 유가철학, 특히 성리학에까지 적용되었다. 이에 따라 '리'를 강조하는 사상가는 관념론자로, '기'를 중심으로 사유한 인물은 유물론자로 분류되었다. 그 이유는 기 개념이 물질을 지시하는 용어로 간주되었기 때문이다.

---

85) 김교빈 외, 『기학의 모험』 1(들녘, 2004), '기획의 말' 참조.

86) 안점식, 『氣, 무엇이 문제인가』(죠이선교회출판부, 1999); 박삼영, 『기철학을 넘어서』(라브리, 1991) 참조.

이러한 맥락에서 1949년부터 1966년까지의 시기는 현대 중국철학사에서 특별한 의미를 지닌다. 1949년부터 1956년까지는 전통적 학술 관점을 청산하는 시기로, 1957년부터 1966년까지는 중국철학사 연구가 본격화되는 시기로 구분된다. 이 시기의 학술 담론은 기 개념과 그에 주목한 사상가들에 집중되었으며, 이러한 경향은 당시 출간된 주요 철학사 저작들에 잘 나타난다. 대표적으로는 장대년張岱年의 「중국 고전철학 중의 몇 가지 기본 개념의 기원과 변천」[87], 후외려의 『중국사상통사』[88] 등이 있다. 특히 후외려의 저작은 당·송·원·명 시기의 사상사를 다루며, 마르크시즘의 세계관과 방법론을 적용해 중국철학 사상의 발전을 체계적으로 해석하고자 하였다.

표면적으로는 이러한 사상적 구도가 대륙 내에서 기론의 종결을 의미하는 것처럼 보일 수 있다. 사회주의 국가 건립 이후 채택된 이념인 유물론과 변증법의 틀 속에서 철학사가 재편되면서, 기 또한 '만물의 구성 재료이자 존재의 근원'이라는 물질적 개념으로 도그마화되었고, 이론적 다양성이 억제되었다. 그러나 이러한 현상은 외형적일 뿐, 내부적으로는 더 복잡한 양상을 보인다. 현재도 다수의 중국 학자들이 기를 물질 개념으로 해석하고 있으나, 이에 반대하는 목소리 역시 적지 않다. 이들은 리와 기의 구조를 이분법적 도식으로 환원하는 시각에 대해 비판적이며, 기 개념이 동아시아 전통사회와 함께 발전해 온 역사적 개념이라는 점을 강조한다.

향후 중국 학계에서 기 이론이 마르크시즘의 유물 변증법적 틀 내에서 새로운 해석의 가능성을 모색할 것인지, 혹은 전통사상으로의 회귀를 선택할 것인지, 아니면 또 다른 제3의 방법론을 통해 새로운 철학적 지평을 개척할 것인지는 주목할 문제다. 분명한 사실은 기 이론의 향방이 시대적·사회적

87) 張岱年, 「中國古典哲學中若干基本概念的起源與演變」, 『哲學研究』 2期(1957).
88) 侯外廬, 『中國思想通史』 卷四上(北京: 人民出版社, 1959).

조건과 밀접하게 연동되어 전개될 것이며, 어느 시대의 기론이든 전통적인 기-사유와의 대화를 통해 새로운 의미를 생성하게 될 것이라는 점이다. 기는 실천적이거나 사실적인 개념일 수도 있고, 이론적이거나 사변적인 개념일 수도 있다. 하지만 이 모든 경우에서 기는 사회적 환경과 개인적 경험 등 다양한 조건에 의해 형성된 다의적 개념임이 분명하다. 따라서 기 이론의 '완성'이나 '종결'이라는 표현은 자기모순적일 수밖에 없다. 기는 인간과 우주를 체계적으로 이해하려는 세계관적 성격을 내포하며, 궁극적으로는 인간의 역사와 함께 끊임없이 변화하고 발전해 나갈 것이다.

제2장 장재 기학의 사회사상사적 배경: 생애와 사상 체계

어떤 사상에 접근할 때는 반드시 그 사상이 태동하게 된 구체적인 역사적 상황과의 연관성 속에서 살펴보아야 한다. 그래서 호르크하이머(M. Horkheimer, 1895~1973)는 "이론은 역사적 과정의 한 요소이고, 그 의미는 항상 일정한 역사적 상황과의 연관성 속에서만 규정된다"[1]라고 하였다. 시·공간의 형식을 갖고 있는 역사적 상황이 어떠한 사상 체계를 이해하는 데 얼마나 중요한 요소인지 우리는 쉽게 짐작할 수 있다. 그리고 역사적·사회적 배경이 없는 사상이란 존재하지 않으며, 존재할 수도 없음을 잘 알고 있다. 장재의 기학 역시 마찬가지다. 역사적 실존 인물인 장재의 생애와 11세기 중국 사회 속의 구체적이고 총체적인 모습, 그리고 장재가 당시 사회 속에서 직접 체험하고 고민했던 문제의식, 바로 이러한 것들이 장재의 기학을 정확하게 이해하는 데 길잡이가 될 것이다.

Ⅰ. 장재의 전기적傳記的 생애

장재의 생애를 전하는 기록들은 비슷한 비중을 지닌 여타 학자들에 비해

---

1) M. Horkheimer, *Kritische Theorie*(Frankfurt am Main: Suhrkamp Verlag, 1977), 136쪽.

대단히 미미한 편이다. 더욱이 각 자료의 내용이 일치하지 않는 부분이 많고, 또한 이 자료들을 인용하는 학자들이 자의적으로 필요한 부분만 발췌 인용하기 때문에 불필요한 오해도 많이 생겨난다. 그렇기 때문에 우선 중요한 생애사적 자료를 총체적으로 검토하여 장재의 생애를 재구성해 보는 것이 의미 있는 작업이 될 것이다.

장재의 전기적 사실들은 여대림이 지은 〈횡거선생행장〉과 『송사宋史』 권427 「열전列傳」 '장재' 부분, 그리고 『송원학안宋元學案』, 『이락연원록伊洛淵源錄』 등에 기술되어 있다.[2] 이 중 〈행장〉과 『송사』의 「장재열전張載列傳」은 가장 신빙성 높은 장재의 전기 자료로 인정받고 있다. 『송사』는 여대림이 지은 〈행장〉에 바탕을 둔 것인데, 내용이 세밀하지 못하고 생략이 심하다.[3] 그러므로 장재의 가장 기본적인 전기 자료로 여겨지는 것은 여대림의 〈행장〉이다. 이제 〈행장〉을 기본 줄기로 하고 다른 자료들을 참고해서 장재의 생애를 재구성해 보도록 하자.

1. 학업 시기

장재는 1020년[天禧 4]에 태어나 1077년[熙寧 10]에 작고하였다. 자字는 자후子厚인데, 이름인 재載와 함께 『주역』에서 뜻을 취해 왔다.[4] 그의 고향에 대해서는

2) 이 밖에 張載의 생애에 대해 참고할 만한 책으로는 武澄의 『張子年譜』(1892년 刻, '西京淸麓叢書'本), 司馬光의 〈論謚書〉, 「哀橫渠詩」, 程氏 형제의 『程氏遺書』(卷2上, 10, 11, 15, 18, 19, 23), 程頤의 『伊川文集』(卷5, 「再答」, 「答楊時論西銘書」), 呂大臨의 『入關語錄』, 楊時의 『龜山語錄』, 范育의 「正蒙序」 등이 있다.

3) 勞思光은 『宋史』의 기록이 세밀하지 못한 점으로 다음 두 가지 사실을 언급하였다. 첫째, 張載가 병으로 세상을 떠났다고 했으나, 그 年·月을 적지 않았다. 둘째, 張載의 저서로 단지 『正蒙』과 〈西銘〉만 언급했을 뿐 『理窟』, 『易說』, 『文集』 등에 대해서는 단 한 글자도 적지 않았다.[勞思光, 『중국철학사-송명편』, 탐구당, 1989, 203쪽 참조]

4) 張載의 이름 '載'와, 字 '子厚'는 『周易』 「坤卦」 '大象'의 "君子以厚德載物"이라는 구절에

여러 설이 전해진다. 『송사』에서는 장안長安(지금의 섬서성 서안 부근) 사람이라 하고, 〈행장〉에서는 대량大梁(지금의 하남성 개봉) 사람이라 했다. 이와 같은 혼란에 대해서 일찍이 장대년이 소상하게 해명한 바 있다.

> 장재는 원적原籍이 대량이고 출생지는 장안이며, 봉상미현鳳翔郿縣 횡거진橫渠鎭에서 오랫동안 살았다.[5]

즉 장재의 조상들은 대대로 대량에서 살았으나, 장재 자신은 장안에서 태어나 횡거진에서 오랫동안 살며 학문을 가르쳤다. 그래서 당시 사람들은 그를 '횡거선생'이라 불렀던 것이다.

장재의 조상 가운데 증조부까지는 별다른 관직생활을 하지 못한 것으로 보인다. 그의 증조부는 당나라 말기부터 오대에까지 걸쳐 살았으나 아무런 관직에 나아가지 못했다. 비록 미관말직이기는 하지만 장재의 선조가 처음으로 관직에 오른 것은 조부 복復에 이르러서다.[6] 그의 가계는 당나라 초기, 지식이 대중적으로 보급되고 사회가 격변하면서 새로이 등장하게 된 신흥 사대부 계층에 속했다. 주목할 만한 사실 한 가지는, 조부 대에 와서 그의 가문이 당시 명문 세도가였던 하남河南의 정씨程氏 가문과 혼인 관계를 맺게 된다는 점이다. 장재는 정씨 형제[程顥와 程頤]의 표숙表叔이다.[7] 지방 신흥 사대

서 따온 것이다.

5) 張岱年, "張載", 張立文 外 지음, 『中國古代著名哲學家評傳』 3(齊南: 齊魯書社, 1981), 70쪽.

6) 呂大臨, 〈橫渠先生行狀〉[『張子全書』, 西安: 西北大學出版社, 2015, 附錄 1(張子傳記資料) 所收].

7) 張載의 고모가 二程 형제의 할머니였다. 『關學宗傳』 卷1, '橫渠張子'[王美鳳 編校, 『關學史文獻輯校』, 西安: 西北大學出版社, 2015, 149쪽 所收] 조목에서 "二程子는 張子(張載)의 고종사촌 아들이기 때문에, 항렬이 낮다[二程子於子爲外兄弟之子, 卑行也.]"라고 하였다. 「明道先生行狀」에 따르면, 程氏 형제의 조부인 程遹은 두 부인을 두었는데, '孝感縣太君張氏'와 '長安縣太君張氏'이다. 그런데 『宋史』 「張載傳」에서 張載를 '長安人'이라 기

부 가문 출신인 장재는 상당히 진보적인 정치관을 갖고 나름대로 서민의 권익 옹호를 위해 애썼다. 그렇지만 그는 다른 한편으로 명문 세도가와 끊임없이 교유하며 그들의 삶을 동경하기도 했는데,[8] 이러한 면모는 그의 사상과 처세에도 큰 영향을 미친다.

후일 왕안석의 신법당新法黨과 사마광司馬光(1019~1086)을 중심으로 한 구법당舊法黨 간에 알력이 생겼을 때 장재는 기본적으로 체제 고수를 주장하는 구법당의 입장을 따랐지만, 당시 정씨 형제를 비롯한 대부분의 유학자들이 결사적으로 신법당을 반대한 것과는 달리 어느 쪽에도 적극적인 지지나 반대의 뜻을 표시하지 않았다.[9] 이러한 태도는 장재를 비롯한 대부분의 관중關中 지역 유학자들(통상 '관학파'로 일컬어진다)에게서 공통적으로 나타난다. 한편 사상에서 장재는 병법과 자연과학적 연구를 소중히 여기는 객관적 · 진보적 성향을 보여 주기도 했지만, 하 · 은 · 주 3대의 이상 정치 회복과 주대 봉건제 회복을 주장하는 보수 회귀론의 대표자이기도 했다.[10]

장재의 아버지인 장적張迪은 북송 인종仁宗 시기에 전중승殿中丞, 지부주사知涪州事를 역임했고, 나중에 상서도관낭중上書都官郎中에 추증된다. 그가 부주涪州의 관사에서 순직했을 때 장재의 나이는 불과 15세 무렵이었고, 동생인 장전張戩(1030~1076) 또한 어렸다.[11] 당시 장재의 가족은 시신을 운구해서 고향으로 돌아가고자 하였으나, 전쟁과 여러 가지 여건으로 인해 귀향하는 여정에 있던 마을인 미현 횡거진에 묘소를 마련한 뒤 그 부근에서 자리 잡고 살게 되었

록한 것으로 보아, 이 중에서 長安縣太君張氏가 張載의 고모일 가능성이 높다. 그렇지만 程氏 형제의 아버지인 程珦의 生母가 누구인지는 알 수 없다.

8) 侯外廬 主編, 『中國思想通史』 卷四上(北京: 人民大學出版社, 1980, 1959년 初版), 547쪽 참조.

9) 유명종, 『宋明哲學』(형설출판사, 1976), 69쪽 참조.

10) 侯外廬 主編, 『中國思想通史』 卷四上, 545~550쪽 참조.

11) 張波, 『張載年譜』(西安: 西北大學出版社, 2015), 16쪽 참조.

다.[12] 이러한 환경에서 장재는 어려서부터 자립할 수밖에 없었으며, 자립심은 그의 사상 형성에도 중요한 역할을 하게 된다. 당시 대부분의 학자들이 정통 유가 경전에만 천착하여 전 시대 사람들의 학설을 맹종했지만, 장재는 비교적 자유롭고 폭넓은 독서를 했으며, 몇십 년간의 고심 어린 탐구를 통해 스스로 체득한 바가 많았다. 그러므로 장재 사상을 연구하는 학자들은 그의 사상을 '고심苦心', '역색力索', '정사精思' 등의 말로 설명한다.[13] 이러한 이유로 장재의 기학에서는 다른 학자들과 비교할 때 두드러진 독창성을 엿볼 수 있다.

장재는 조숙하여 어려서부터 많은 책을 탐독했는데, 특히 자연관에서는 당시로서는 놀랄 만한 수준인 자연과학적 연구 성과를 엿볼 수 있다. 그리고 장재는 병법에 관한 책을 특히 좋아했다. 한때 그는 빈현邠縣(지금의 섬서성 빈현) 출신 초인焦寅(생몰년 미상)과 교류하며 병법을 의논하기도 했고, 사람들을 모아 서하西夏에게 빼앗긴 조서洮西 지역[14]을 회복하고자 애쓰기도 했다.[15] 장재의 이러한 노력은 11세기 당시 중국이 처했던 외환外患과 굴욕적인 외교 조약들을 생각해 보면 쉽게 이해할 수 있다. 장재가 오랫동안 거주한 횡거진은 서하와의 국경 지역이었다. 이러한 지리적 여건과 당시의 역사적 상황이 혈기왕성한 장재로 하여금 병법에 관심을 갖게 했던 것이다. 병법은 바로 자연과학과

---

12) 呂大臨, 〈橫渠先生行狀〉 참조.

13) 張載와 그의 사상을 가장 간단명료하게 평한 글이 바로 『宋元學案』이다. 『宋元學案』 중 「橫渠學案」의 '附錄'에는 張載와 그의 사상을 평하는 여러 학자들의 글이 짤막하게 소개되어 있는데, 여기서 대다수 학자들이 '苦心', '力索', '精思' 등의 표현으로 張載의 학문을 설명한다. 이것은 장재의 사상이 몇십 년에 걸친 고심 어린 탐구를 통해 체득된 것임을 역설해 준다.[黃宗羲 原著, 全組望 補修, 陳叔諒 外 重編, 『重編宋元學案』 一, 卷十二, 「橫渠學案」, 臺灣: 正中書局, 1954, 169~184쪽 참조]

14) 현재의 寧夏回族自治區, 甘肅省, 靑海省 일대를 가리킨다. 당시 西夏가 이 지역을 지배하고 있었다.

15) 呂大臨, 〈橫渠先生行狀〉 참조. 焦寅의 행적에 대해서는 자세하게 고증하기 어려운데, 武澄의 『張子年譜』에서는 18세 이전에 焦寅과의 교류가 이루어졌던 것으로 추정하고 있다.

직결되는 것으로서 특히 천문학과 밀접한 연관이 있다. 그러므로 장재가 어릴 적 병법에 큰 관심을 기울였다는 것은 그가 당시의 자연과학적 성과들에도 익숙해 있었음을 말해 준다. 장재는 자연관에서 당시 최고 수준의 자연과학적 성과들 특히 천문학 분야를 자유롭게 인용하였는데, 이러한 사상은 그의 주저主著인 『정몽正蒙』에 잘 드러나 있다.

당시 송나라 정부는 서북 변방에 있던 서하의 세력이 점점 강성해져서 국경 지역을 자주 침범해 오자 중앙정부 차원의 대비책에 골몰했다. 이러한 배경에 따라 1040년, 당시 대학자이며 명재상이던 범중엄范仲淹(989~1052)이 민심 수습과 군대 정비를 위해 서북방 연주延州(지금의 섬서성 연안)에 부임하게 된다. 이때 21세였던 장재는 서하에 점령당한 조서 지역을 수복하여 공을 세우고자 범중엄에게 글을 써서 올렸다.[16] 그러나 그의 그릇이 큰 것을 알아본 범중엄은 "선비란 명교名敎(인륜의 명분을 밝혀 주는 교훈)를 즐거움으로 삼는 법인데 어찌하여 병법을 일삼으려 하는가"라고 질책하며, 『중용』을 읽을 것을 권유했다. 이에 장재는 『중용』을 여러 번 읽었으나 만족하지 못하고 다시 불가와 도가의 학설을 수년간 탐구했으며, 이로써도 깨달음을 얻지 못하자 다시 유가의 전통 경전인 육경六經[17]을 연구했다. 훗날 장재 사상의 주요 부분을 구성하는 불가와 도가 사상에 대한 비판의식은 바로 이러한 사상 편력에서 비롯되었다.

---

16) 〈行狀〉에서는 18세 때라고 하나, 『宋史』에서는 21세라고 한다. 여러 가지 정황상 21세가 맞는 것으로 추정된다.

17) 五經 즉 『詩經』, 『書經』, 『易經』, 『禮記』, 『春秋』에 『樂經』을 넣어 六經이라 한다. 다만 오늘날 『樂經』은 구체적인 형태로 전해지고 있지 않다.

2. 관료 생활 시기: 현실에 발 디딘 유가적 이상 정치의 꿈

1057년[嘉祐 2] 38세 때에 장재는 정호, 소식蘇軾(1036~1101), 주광정朱光庭(1037~1094) 등과 함께 진사에 급제하여[18] 관직에 나아가게 된다. 처음에 그는 기주사법참군祁州司法參軍에 임명되었고, 그 후에 단주운암현령丹州雲巖縣令으로 옮겨 갔다. 운암현령으로 근무할 때, 장재는 '근본에 힘쓰고 풍속을 선하게 하는 일[敦本善俗]'을 정사政事의 우선으로 삼았다. 그는 매월 초하루에 술과 음식을 마련하여 마을 노인들을 관청 마당에 모셔 놓고 친히 술을 권했는데, 사람들로 하여금 연장자와 노인을 봉양하는 뜻을 알게 하려는 의도에서였다. 또한 주민들에게 괴로움이 있으면 마치 자제를 훈계하듯이 그들을 가르쳤으며, 알리고자 하는 바가 있으면 항상 글을 써서 여러 사람이 차례로 돌려보도록 했다. 그리고 자신의 명령이 주민들에게 전달되지 않을까 염려하여, 마을의 연장자들을 관청에 불러 자세히 깨우쳐 줌으로써 명령이 마을에 두루 전달되도록 했다. 그러고 나서 후일에 용무가 있어 관청을 찾아오는 주민들이나 길에서 만난 사람들에게 그 명령을 들었는지 물어보았다. 만약 듣지 못했다고 하면 처음 명을 받은 사람에게 잘못을 따졌다. 그래서 한번 내려진 명령은 남녀노소를 불문하고 누구에게나 반드시 전달되도록 하였다.

48세 때에 장재는 위주渭州에서 군사판관軍事判官으로 근무하였다. 위수渭帥 채자정蔡子正(1014~1079)은 예禮를 존숭하는 사람으로 큰일이나 작은 일이나 모두 장재에게 자문을 구했고, 장재는 전심을 다해 정사政事를 도왔다. 당시 변방의 주민들은 항상 식량 부족을 호소했는데, 그는 관청의 창고에서 식량을

---

18) 동시에 합격한 세 사람 중에서 張載가 가장 나이가 많다. 당시에 동생인 張戩도 이미 합격해 있었다. 이러한 사실을 보더라도 張載가 苦心·力索·精思하는 노력형 학자였음을 알 수 있다.

대여해 주기도 했고, 그래도 부족하면 비축된 군량미로 구휼하였다.[19] 이러한 사실들은 유가적 이상 정치를 꿈꾸면서도 현실적 발판을 떠나지 않았던 장재의 경세經世 의식을 잘 보여 주는 사례이다.

50세가 되던 1069년[희녕 2]에는 어사중승御史中丞 여공저呂公著(1018~1089)가 "장재에게 학문의 본원本源이 있으며 사방의 학자들이 그를 종주宗主로 삼는다"고 하며 그를 신종神宗에게 추천하였다. 때마침 신종은 국가의 온갖 제도를 혁신하기 위해 재주 있고 사리에 밝은 선비들을 등용하려는 의도를 지니고 있었다. 신종이 불러 통치의 도리를 묻자, 장재는 "정치를 함에 있어서 마땅히 하·은·주 3대를 본받아야 합니다"라고 대답했다. 이에 황제는 기뻐하며 그를 중용하려 했으나, 장재는 외직外職에서 조정에 들어온 지 얼마 되지 않아 황제가 추진하는 신정新政을 잘 알지 못하므로 얼마간 시간이 필요하다면서 이를 사양했다. 신종도 이에 동의해 그에게 숭문원교서崇文院校書를 제수除授했다. 당시 조정에서 실권자로 근무하던 왕안석 역시 장재에게 신정에 참여할 것을 요청했다. 그러나 장재는 "당신께서 다른 사람들과 더불어 선善을 행하고자 하여 윤리·도덕의 일에 힘을 쏟는다면 사람들이 당신과 함께하기를 원할 것입니다. 그러나 옥玉을 다듬는 공인工人에게 옥 다듬는 방법을 이렇게 저렇게 가르치고자 한다면 아무도 당신의 말을 듣고자 하지 않을 것입니다"라고 하며 정중하게 사양했다. 이후 왕안석과 의견 대립을 벌이는 일이 잦아짐에 따라 그는 점차 왕안석의 반감을 사게 되었고, 명주明州 묘진苗振에서 범죄가 발생하자 왕안석은 장재를 이곳에 파견하여 사건을 무마하게 하였다. 1070년에 사건이 모두 무마된 뒤에야 장재는 겨우 조정으로 돌아오게 된다. 그러나 형보다 일찍 과거에 급제하여 감찰어사監察御史로 재직하고 있던 아우 장전張戩이 왕안

19) 呂大臨, 〈橫渠先生行狀〉 참조.

석의 신법에 반대하며 그의 잘못을 비판하다가 사죽감司竹監으로 좌천되자, 장재 자신도 불편한 마음을 이기지 못하여 사직하고 고향 횡거진으로 돌아가게 된다.

평소 북송北宋의 사회 모순과 민족 위기에 많은 관심을 기울이고, 또한 쓸모 있는 학문을 주장하며 현실 사회의 문제를 해결하는 데 진력했던 장재가 왜 왕안석의 신정 참여 제의를 거절했을까? 그것은 바로 왕안석의 공리적功利的 입장에 반대했기 때문이다. 공자 이후 유가사상에는 정치·윤리의 측면에서 거의 불변의 법칙이 존재해 왔다. 이른바 '이익을 보면 의로움을 생각한다[見利思義]'[20]는 의식이다. 장재가 보기에 왕안석의 공리적 입장은 유가의 정통사상을 벗어난 잘못된 주장으로 여겨졌다. 장재 또한 사회의 실제 문제에서 출발해 모순을 타개할 적절한 대처 방안을 강구하지 못하고, 유가의 옛 경전들 속에서만 관습적으로 해답을 구했다. 이것은 장재 정치사상의 근본적 한계이자 또한 왕안석을 비판했던 대부분의 학자들이 보여 준 문제이기도 하다. 장재의 〈행장〉을 지은 여대림은 장재의 정치적 입장을 한마디로 '복고復古'라고 표현하였다. 실제로 장재가 이상적으로 생각한 정치 방식은 형식적인 면에서조차 주대周代의 모범을 따르는 것이었다. 즉 그의 정치관은 대부분 『주례周禮』에 바탕을 두고 있다. 그러므로 구법당을 이끈 사마광은 "장재의 평소 마음 씀씀이를 곰곰이 생각해 보니, 그는 요즈음 사람들을 하·은·주 3대의 예禮로 회복시키려 했으며 한漢·위魏 시대 이후의 예법은 조금도 본받지 않았다"[21]라고 평했다. 장재는 진秦나라 이후 생겨난 중앙 집권 체제에 큰 불만을 품고 서주西周시대의 봉건 제도를 회복해야 한다고 주장했으며, 이에 상응하여 종자宗子를 중심으로 한 고대의 종법宗法 제도를 강조했다. 그리고 경제에 있어서는 토지

20) 『論語』, 「憲問」.
21) 『張載集』(北京: 中華書局, 1978), 附錄, 〈司馬光論謚書〉.

겸병 문제의 해결책으로 균평均平을 주장했으며, 균평제의 구체적인 방안으로 『주례』에 따라 정전제井田制를 실행할 것을 강조했다. 또한 사형 제도를 폐지하는 대신 육형제肉刑制의 부활을 제안했다. 이러한 일련의 정책을 통해 볼 때, 장재의 경세經世 의식은 기본적으로 원칙주의와 이상주의에 입각한 복고적復古的 성격을 띠고 있는데, 다른 한편으로는 현실 사회의 모순을 해결하기 위한 실천적 태도를 지니기도 하였음을 알 수 있다.

1077년(희녕 10) 봄, 장재 58세 때에 그는 여대방呂大防(1027~1097)[22]의 추천으로 다시 조정에 나아가게 된다. 당시 그는 이미 병세가 깊었으나, 성군聖君을 기다리는 마음으로 지태상예원知太常禮院을 제수받는다. 그가 예원禮院에 재직하고 있을 때 어떤 이가 관혼상제冠婚喪祭의 예의禮儀 실행을 건의하자 조정은 예관들에게 이를 시행하라는 조서를 내렸다. 그런데 예관들은 고금古今의 풍속이 다르다는 이유로 실행을 거부하였다. 이에 장재는 실행할 수 있다는 확신을 갖고서 반대하는 이들이 유생儒生과 박사博士답지 못하다고 질책하였다. 또한 장재는 교묘郊廟에서 사람들의 예의범절이 엄숙하지 못한 것을 보고 이를 시정하려 했지만 동조하는 이가 아무도 없었다.[23] 장재는 그해 겨울 다시 관직을 사직하고 고향으로 돌아가던 중 임동臨潼의 객사客舍에서 생을 마감하게 된다.

Ⅱ. 시대적 배경: 외침外侵의 위기와 실천적 이상주의

역사학계에서 송대 이후의 사회가 근세인가, 아니면 여전히 중세인가 하

---

22) 呂大防은 張載와 同鄕人으로 呂大忠, 呂大鈞, 呂大臨과 형제간이다. 다른 형제들은 모두 張載의 직접 門人으로 볼 수 있으나, 그는 제자로 보기 어렵다. 그렇지만 넓게 보아 關學派에 속한다고 할 수 있다.

23) 呂大臨, 〈橫渠先生行狀〉 참조.

는 시대 구분을 둘러싼 논쟁이 치열하다. 그렇지만 송대 이전의 사회와 이후의 사회가 정치·사회·경제·문화 등 전반에 걸쳐 뚜렷이 구분되는 특징을 지녔다는 점은 중국사 연구자들의 일반적인 견해다.[24] 장재가 활동하던 11세기 중국은 대내적으로 엄청난 번영을 누리고 있었다. 당唐과 달리 송宋은 제국의 모든 조세 수익을 직접 그리고 엄밀하게 통제했다. 여기에다 일반적인 경제 성장이 더해져 11세기 초 정부 수입은 당나라 최고 전성기 시절보다 무려 세 배나 증가했으며, 이로 인해 막대한 잉여 재정이 축적되었다.[25] 그 결과로 11세기에 중국의 인구는 최고 1억에까지 이르게 된다.[26] 9세기와 10세기에 당의 질서가 와해됨에 따라 나타난 전반적인 사회 변화는 더욱 가속화되었고, 새로운 생활양식의 틀이 갖추어지기 시작했다. 특히 수대隋代에 대운하가 개통된 뒤 중국 경제는 대운하를 중심으로 움직이게 되었다. 인구와 물건들이 대운하 근처로 몰려들면서 자연히 이곳에 거대한 도시들이 발달하게 되었다. 북송의 수도인 개봉開封이 황하와 운하의 교차점 부근에 자리 잡은 데도 이처럼 지리적인 이유가 크게 작용하였다.[27] 그리고 이 시기에는 활판, 인쇄 등의 사용이 상류층에서 일반화되면서 서적 보급이 크게 늘어났고,[28] 결과적으로 이것은 지식을 대중화하는 데 크게 기여하게 된다. 이러한 지식의 확산은 지식인 관료 신흥 사대부가 등장하는 중요한 요인으로 작용하였다.

그런데 송대 사회가 안고 있던 최대의 고민은 바로 외환外患이었다. 송은 건국 초기부터 북방의 요遼와 대립하는 불안정한 상태에 있었고, 이후 계속해

---

24) 이범학, 「宋代 朱子學의 성립과 발전」, 서울대학교 동양사연구실, 『講座中國史』 III(지식산업사, 1989), 193쪽 참조.
25) 존 K. 페어뱅크 외, 『동양문화사』 상, 김한규 외 역(을유문화사, 1991), 159쪽 참조.
26) 찰즈 허커, 『중국문화사』, 박지훈 외 역(한길사, 1987), 269쪽; 325쪽 참조.
27) 宮崎市定, 『중국사』, 조병한 역(역민사, 1983), 234~236쪽 참조.
28) 존 K. 페어뱅크 외, 『동양문화사』 상, 김한규 외 역, 170~171쪽 참조.

서 외환에 시달리다 결국은 수도를 비롯한 북쪽 지역을 금金에게 넘겨주고 새로운 남송南宋시대를 열게 된다. 이처럼 끊임없는 외환에 직면한 당시 중국의 지식인들은 한漢민족 중심의 민족주의적 경향을 띠게 된다. 당시 대부분의 유가 사상가들이 그토록 도가와 불가의 사상을 배척하고 유가사상의 부흥을 꾀했던 이유를 바로 이러한 민족주의적 경향에서 찾을 수도 있다. 1004년, 송나라는 요遼와 매우 굴욕적인 조약을 체결한다. 그리고 1044년에는 서하西夏에 매년 일정량의 은과 비단을 세폐歲幣로 바치기로 하고 평화를 약속받았다. 이러한 조약들이 오히려 송나라의 측면에서는 이익이 되었다고 보는 역사학자들도 있지만,[29] 어쨌든 중화中華 의식에 젖어 있던 당시 지식인들에게는 커다란 충격이자 굴욕이었다. 이러한 시대 배경에서 장재의 문제의식을 읽어낼 수 있다. 장재가 병법을 연구하고 잃어버린 땅을 수복하고자 애썼던 점, 병법에 실제로 활용될 수 있는 자연과학적 연구를 중시한 점 등이 모두 이러한 시대 상황과 밀접한 연관이 있다. 그리고 이러한 사회적 배경은 장재가 관념적인 리학理學보다는 실제적이고 실용적 경향이 두드러진 기학氣學에 종사하도록 하는 계기가 되었을 것이다. 장재의 이러한 학문적 경향은 이후 '관중關中 지역의 유학자들[關學派]'에게서 보편적으로 확인된다.

장재를 비롯한 송대 사대부들의 사상을 제대로 이해하기 위해서는 우선 경력經歷 연간(1041~1048)의 사회상을 살펴볼 필요가 있다. 이 시기에 범중엄을 위시하여 손복孫復(992~1057), 호원胡瑗(993~1059), 석개石介(1005~1045), 구양수歐陽修(1007~1072), 한기韓琦(1008~1075), 이구李覯(1009~1059) 등 일군의 유학자들이 정학正學 운동을 일으켰다. 이들은 불가와 도가 사상이 현실 사회의 문제를 해결할 수 있는 구체적인 방안을 제시하지 못한다고 공박하였을 뿐만 아니라,

29) 宮崎市定, 『중국사』, 조병한 역, 231~232쪽 참조.

유가에 대해서도 비판적 입장을 취했다. 즉 한·당 시기 유학의 주소학적注疏學的 방법을 비판하였으며,[30] 심지어 당시 유학의 학풍에 대해서조차 불만의 뜻을 강하게 내비쳤다. 이들이 유학을 비판한 이유는 첫째, 그것이 내면적·사상적으로 경전 해석의 통일을 이루지 않은 채 단순히 과거 시험의 교본이나 사상적 통제 수단으로만 이용되어 왔다는 점이고, 둘째, 새롭게 지배층으로 등장한 사대부층이 송대 사회의 시대적 요청에 적절하게 부응하지 못했다는 점 때문이다.

정학 운동을 펼친 학자들이 추구한 새로운 이상은 송대 문신 관료 지배 체제의 확립, 비약적으로 발전한 경제 규모에 대한 효율적 운영, 그리고 서민적인 신문화의 보급 등 이른바 '근세적' 사회에 적합하고 도움이 될 수 있는 차원에서 유학의 방향을 설정하는 것이었다. 당시 사대부층이 요청한 유학은 바로 송대의 현실 사회에 대응할 수 있는 지도 원리를 이끌어 내는 창조적 해석학이어야 했다. "〈참된 사대부는〉 천하 사람들이 걱정하기 전에 먼저 걱정하고, 천하 사람들이 즐거워한 후에 즐거워해야 한다"[31]라는 범중엄의 말은 새 시대의 유학 이념으로서 실천적 이상주의의 기풍을 잘 드러내 준다. 이러한 사상적 분위기는 "천지를 위하여 뜻을 세우고, 백성을 위하여 도를 세우고, 옛 성인을 위하여 끊어진 학문을 이어받고, 만세를 위하여 태평성세를 연다"[32]라고 한 장재의 말 속에도 완연하게 느낄 수 있다. 정학 운동은 송대

---

30) 이들은 유학 연구가 창의적·계발적이지 못하고 앞 시대 유학자들의 주장을 훈고하고 고증하는 데에 머문 것을 비판한다.

31) 『范文正公集』, 卷7, 「岳陽樓記」, "先天下之憂而憂, 後天下之樂而樂歟."

32) 『張子全書』(林樂昌 編校, 西安: 西北大學出版社, 2015), 卷13, 拾遺, 「近思錄拾遺」, "爲天地立心, 爲生民立道, 爲去聖繼絶學, 爲萬世開太平."
* 馮友蘭은 이 네 문장을 '橫渠四句'라 칭하였다. 이 사상은 현대 중국에서 광범위하게 전파되어, 국가 지도자들이 각종 연설에서 인용하였을 뿐만 아니라 일반 대중들 사이에서도 널리 회자되고 있다. '橫渠四句'의 문구는 20여 종류 이상의 다양한 판본이 존재한다. 그중 가장 이른 시기에 등장한 판본은 "爲天地立心, 爲生民立道, 爲去聖繼絶

신유학의 사상적 선구로서 이후 많은 영향을 끼친다. 일찍이 범중엄이 장재에게 권면했던 말도 결국은 정학 운동의 슬로건과 같은 것이며, 바로 그러한 취지에서 범중엄은 장재에게 『중용』을 정학의 좋은 텍스트로 추천했던 것이다.

『송원학안』에서 "범중엄은 평생토록 순수했던 사람으로서 장재를 인도하여 성인의 경지에 들어가게 하는 데 큰 공로가 있었다"[33]라고 하며, 장재를 범중엄의 문인門人으로 분류하였다. 그러나 범중엄이 장재에게 『중용』을 읽으라고 권유했다 하여 장재의 학문이 범중엄의 문하에서 나왔다고 하는 것은 지나친 주장이다. 범중엄은 장재를 정식으로 제자로 받아들인 적이 없으며, 장재 또한 범중엄에게서 체계적으로 학문을 배운 바가 없다.

장재의 기학은 정통 유가 경전인 육경六經을 중심으로 한 고전에 대한 폭넓은 이해와 장재 자신의 고심 어린 사색의 흔적이다. 그리고 이러한 사색의 결과로 이루어진 저작이 바로 『정몽正蒙』이다. 이 책은 장재의 사상을 대표하는 저작으로서, 기학 연구의 필독서라 할 수 있다. 그러므로 우선 『정몽』의 내용을 통해 장재 기학의 사상 구조를 검토하는 작업의 필요성이 요청된다.

學, 爲萬世開太平"이다. 이 판본은 南宋의 吳堅(1213~1276)이 간행한 『張子語錄』에 처음 등장한다. 또한 南宋 淳熙 2년(1175)에 朱熹와 呂祖謙이 함께 편찬한 『近思錄』에도 이 판본이 수록되었다. 그런데 현대판 『張子全書』 「張子語錄」에는 "爲天地立志, 爲生民立道, 爲去聖繼絶學, 爲萬世開太平"이라는 구절이 수록되어 있다. 그리고 현재 가장 널리 유통되고 있는 판본은 "爲天地立心, 爲生民立命, 爲往聖繼絶學, 爲萬世開太平"이다. 이것은 文天祥(1236~1283)이 과거 시험에서 지은 「對防」이라는 제목의 策文에 처음 등장한다. 그 후 명대의 邱浚, 馮從吾 등의 저작에 이 판본이 소개됨으로써 세상에 널리 알려지게 되었다.

33) 『宋元學案』, 卷3, 「高平學案」, "高平一生, 粹然無疵, 而導橫渠以入聖人之室, 尤爲有功."

Ⅲ. 『정몽』과 장재 기학의 기본 사상

1. 『정몽』의 체제

1070년(희녕 3) 숭문원교서崇文院校書를 사임하고 고향 횡거진으로 돌아온 장재는 육경을 열심히 탐독하며 강학과 저술 활동에만 전념한다. 장재는 상당한 양의 저술을 남겼으나 현재까지 전해지는 것은 일부뿐이다. 주희 등이 편집한 『근사록近思錄』, 조공무晁公武(1105~1180)의 『군재독서지郡齋讀書志』, 조희변趙希弁(?~?)의 『군재독서지부지郡齋讀書志附志』 등의 기록에 따르면, 장재의 저술로는 『정몽』 이외에도 『역설易說』, 『이굴理窟』, 『예악설禮樂說』, 『논어설論語說』, 『맹자설孟子說』, 『신문기信聞記』, 『횡거맹자해橫渠孟子解』, 『숭문집崇文集』, 『어록語錄』, 『제례祭禮』, 『문집文集』 등이 있었다. 그러나 송대 이후 많은 부분이 유실되었고, 명明 만력 45년(1617)에 심자창沈自彰(?~?)이 남은 저술을 수습하여 『장자전서張子全書』를 간행했으나, 여기에는 「서명西銘」, 「동명東銘」, 「정몽」, 「이굴」, 「역설」과, 명대의 여남呂柟이 1526년에 편집한 『장자초석張子抄釋』 가운데 「어록초語錄抄」, 「문집초文集抄」만이 수록되어 있을 뿐이다.

현대의 판본으로는 1978년에 북경 중화서국中華書局에서 출간된 『장재집張載集』이 가장 완비된 텍스트로 평가받아 왔다. 이 책은 지금까지 보존된 장재의 거의 대부분의 저술을 수록하였고, 아울러 각종 판본에 의거하여 교정校訂과 보유補遺를 덧붙였다. 내용은 「정몽」, 「횡거역설」, 「경학리굴」, 「장자어록」, 「후록後錄」, 「문집일존文集佚存」, 「습유拾遺」 등이 수록되어 있다. 그런데 2015년에 서안西安 서북대학출판사西北大學出版社에서 임낙창林樂昌의 편교編校에 의해 보다 완비된 『장자전서張子全書』가 간행되었다. 이 책은 선본善本을 선정하고 『장재집』의 교감 오류를 바로잡는 것에 중점을 두었을 뿐만 아니라, 장재의 유실된 저작인 『논어설』, 『맹자설』, 『예기설禮記說』까지 추가로 포함하고 있다.[34] 그러므로 『장자전서』는 현재 가장 완전한 형태의 장재 문집이라 할 수 있다.

장재는 고향에 돌아온 후 7년 동안 오직 독서와 사색, 저술에만 몰두했다. 여대림이 지은 〈행장〉은 당시 장재의 생활을 이렇게 전한다. “온종일 방 한곳에 꼿꼿하게 앉아 있었고, 좌우에는 책이 놓여 있었다. 고개를 숙여 책을 읽고, 고개를 들어 생각하였으며, 깨달은 것이 있으면 그것을 기록하였다. 간혹 한밤중에 일어나 앉아 촛불을 밝혀 글을 쓰기도 했는데, 도에 뜻을 두고 정밀하게 생각하는 일을 잠시라도 쉰 적이 없었고, 잠시라도 잊은 적이 없었다.”[35] 이러한 고심과 정미로운 사색의 결실로 맺어진 저작이 바로 『정몽』이다. 57세 되던 1076년 가을, 『정몽』을 완성한 장재는 제자 소병에게 이렇게 말했다.

> 이 글은 내가 여러 해 동안 고심하여 얻은 것이다. 그러므로 이 말은 앞 시대 성인의 말에 거의 부합될 것이다. 이것은 대요大要의 단서만을 뽑아 사람들에게 보여 줄 뿐이다. 그러므로 학자들이 이를 따라 유추하기를 바라는 바이다. 이는 마치 고목과 같아서 나뭇가지는 많지만 윤택한 꽃과 잎사귀가 적은 것과 같다.[36]

소병은 장재의 말을 듣고 느낀 바가 있어서 수만 자에 이르는 『정몽』을 읽기 편하도록 편篇으로 나눌 것을 스승에게 권유하였다. 이후 소병은 장재의

---

34) 분량 면에서 보자면 『張子全書』는 총 50만 자로서, 28만 자 분량의 『張載集』에 비해 대폭 확대되었다. 그렇지만 『張子全書』에서는 『張載集』에 수록된 司馬光의 〈論謚書〉, 王夫之의 『張子正蒙注』「序論」 등은 張載의 저작이 아니라 하여 삭제하였다.

35) 『張子全書』, 附錄1, 張子傳記資料, 〈橫渠先生行狀〉, “終日危坐一室, 左右簡編, 俯而讀, 仰而思, 有得則識之, 或中夜起坐, 取燭以書, 其志道精思, 未始須臾息, 亦未嘗須臾忘也.”
* 이후 〈橫渠先生行狀〉 또는 〈行狀〉 으로만 표기한다.

36) 〈橫渠先生行狀〉, “此書予歷年致思之所得, 其言殆於前聖合與. 大要發端示人而已, 其觸類廣之, 則吾將有待於學者. 正如老木之株, 枝別固多, 所少者潤澤華葉爾.”

허락을 받고 『논어』, 『맹자』의 편차와 장구를 본받아 비슷한 글끼리 한데 모았는데, 이것이 바로 오늘날 전해지는 『정몽』 17편이다.[37] 장재는 소병이 작업한 편차에 대해 대체로 수긍하고 직접 개정 작업을 하려 했지만, 그러던 중 다시 조정의 부름을 받고 나아갔다가 결국 고향에 돌아오지 못하고 작고하게 된다. 결국 장재 자신의 개정 작업은 영원히 이루어질 수 없게 되었다.

그런데 범육 등 다른 몇몇 제자들은 소병의 이러한 편차 작업에 찬성하지 않았다. 범육은 편차 작업이 오히려 원래의 내용을 해친다고 보았다. 즉 소병이 비슷한 내용끼리 글을 모았다고 하지만 사실은 그렇지 않다는 것이다. 현대에 와서도 풍우란馮友蘭(1895~1990)을 비롯한 몇몇 철학자들이 범육의 견해에 동의하고 있다. 그러나 또 다른 학자들은 소병이 편집한 『정몽』의 외적 형식이 나름대로 체계를 갖추고 있다고 보며, 심지어 그 외적 형식이 사상의 내용과 대체로 일치하는 데다 내적 논리와도 일맥상통한다고 주장한다.[38]

『정몽』은 대부분의 중국 고전이 그러하듯 존재론[본체론, 우주론, 생성론], 인성론[심성론], 지식론[인식론], 윤리학 등의 내용이 뒤섞여 있는 잡문들이어서 체계적으로 정리하고 일관성 있게 이해하기가 매우 어렵다. 17편의 편명들은 대부분 해당 편의 첫머리에 나오는 단어에서 따온 것으로, 그 편의 전체적인 주제나 글의 성격을 말해 준다.

2. 『정몽』의 우주론: 태허즉기론太虛卽氣論

1) 태화太和와 태허太虛

장재는 '기일원氣一元'의 세계관에 따라 천지만물의 실상을 설명하고자 하

37) 『正蒙』, 「蘇昞序」 참조.
38) 陳俊民, 『張載哲學與關學學派』(臺灣: 學生書局, 1990), 125~174쪽 참조.

며, 또 이것을 기초로 인륜까지도 설명하려 한다. 장재는 우주의 모든 현상이 기가 모이고 흩어지는 것에 의해 생겨나고 없어진다고 보았다. 그렇지만 기 자체가 무궁한 실재이며 이러한 기의 본체가 곧 태허라고 보아 '태허즉기'를 주장한다.

그렇다면 이러한 장재 사상의 근거는 무엇일까? 과연 장재는 무엇에 기반을 두고 '기일원'의 사상을 전개한 것인가? 주돈이周敦頤(1017~1073)나 소옹과 마찬가지로 장재 역시 『주역』「계사전」의 문구, 즉 "역易에 태극이 있으며, 태극이 양의兩儀(陰·陽)를 생성한다"는 말을 자신의 우주론의 기반으로 삼는다. 장재는 여기에서 말하는 태극이란 곧 기로서 그 밖의 아무것도 아니라고 생각했는데, 이는 아마도 '일음일양지위도一陰一陽之謂道'라는 『주역』의 문구에 기인하는 것으로 보인다. 이 문구에 대한 해석은 두 가지로 나뉜다. 우선 정이와 주희 등은 "한 번은 음하고 한 번은 양하여 가는 이유所以를 도라고 한다"라고 해석한다. 그래서 일음일양 자체는 현상적인 변화와 생성 자체로서 형이하形而下의 기氣(器)이지만, 일음일양하게 하는 이유·원리는 형이상形而上의 도道(太極; 理)라고 본다. 장재와 육구연陸九淵(1139~1193)처럼, '일음일양지위도'를 문자 그대로 해석하여 일음과 일양 즉 기 자체를 도라고 해석하는 것이다. 이것을 도표화하면 다음과 같다.

일음일양지위도一陰一陽之謂道

① 정이·주희 등

一陰一陽(之) 道, 理, 太極

구별함

② 장재·육구연 등

一陰一陽(之) 道, 理, 太極

동일하게 봄

장재는 『정몽』 제일 첫머리를 '태화太和'라는 말로 시작하였다. 태화란 세상 모든 만물이 생성하고 변화하는 총체를 말한다. 즉 기가 온화하게 모인 상태에 있는 것을 특별히 '화和'라 부른 것이다. 이렇게 보면 태화는 기의 본래 상태를 형용하는 태허보다 본체 개념으로서 보다 더 적극적인 의미를 띠게 된다. 그래서 장재는 "태화는 도道라고 한다"라고 하였다. 그런데 여기서 '화'는 명사가 아니라 동사이다. 태화를 '크게 온화한 존재'로 해석한다면 종래 주돈이의 이른바 '무극이태극無極而太極'의 연장선상에서 태허와 태화를 동체이면同體異面의 존재로 볼 수 있겠지만, '화'의 동사적 의미를 강조해서 해석하면 태화를 태허와 같은 '본체 그 자체'로 보기는 어렵다. 즉 태화의 원래 의미는 '크게 온화하게 하다', '크게 조화롭게 하다'라는 것으로서, 본체의 작용 혹은 기능을 묘사하는 말이 된다. 이렇게 보면 태화와 별도로 '본체 그 자체'를 의미하는 말[명사]이 필요하게 되며, 이러한 맥락에서 장재는 『정몽』 제1 「태화」편의 서두를 '태화'로 시작하고 나서 곧바로 '태허'를 말했다고 볼 수도 있다.

2) 태허, 기, 만물의 관계

장재는 우주의 모든 현상이 기가 모이고 흩어지는 것에 따라 생멸한다고 보았다. 그는 태허와 기와 만물의 관계를 이렇게 묘사하였다.

> 태허에는 기가 없을 수 없고 기는 모여서 만물이 되지 않을 수 없으며, 만물은 흩어져 다시 태허가 되지 않을 수 없다. 이러한 과정을 따라 나가고 들어오고 하는 것은 모두 필연적[不得已]인 것이다.[39]

---

39) 『正蒙』, 「太和」, "太虛不能無氣, 氣不能不聚而爲萬物, 萬物不能不散而爲太虛. 循是出入, 是皆不得已而然也."

장재는 이러한 순환이 '필연적[不得已]'이라고 보았다. 관련 구절을 좀 더 살펴보자.

> 태화太和는 도道라고 한다. 이것은 가운데에 떴다 가라앉았다, 올라갔다 내려갔다, 움직였다 고요히 있다가 하며 서로 감응하는 성질이 있는데, 이것이 음·양이 서로 화합하고 작용하여 이기고 지고, 늦추고 줄이고 하는 힘의 시초가 된다.…… 태허는 형체가 없으니 기氣의 본래 모습이며, 기가 모이고 흩어지는 것은 변화의 일시적 모습일 뿐이다.[40]

장재의 이러한 생각을 도표로 정리하면 다음과 같다.

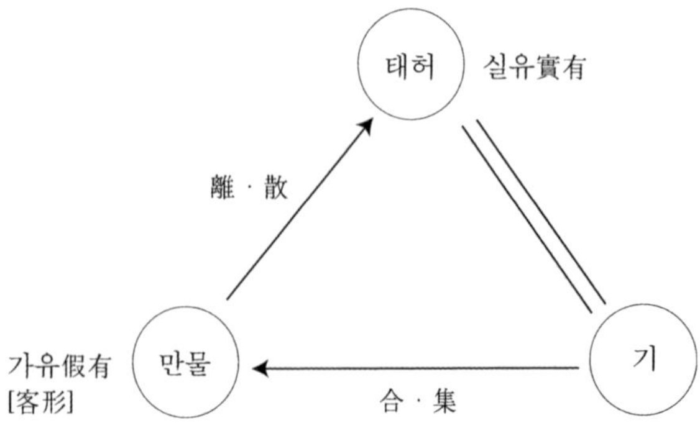

장재는 태허란 고정된 형태가 없으며, 기의 본래 모습이며, 또 기가 흩어진 상태라고 보았다. 그는 『주역』에서 언급하는 태극과 양의[음·양]를 합쳐 일기一氣로 보는데, 이것은 독창적인 해석이다. 장재에 따르면 구체적 사물이란 곧 기가 잠시 동안 모여 있는 상태[형태]이므로 '일시적 모습[客形; 假有]'이다. 여기서

40) 『正蒙』, 「太和」, "太和所謂道, 中涵浮沈升降動靜相感之性, 是生絪縕相蕩勝負屈伸之始.…… 太虛無形, 氣之本體, 其聚其散, 變化之客形爾."

주목할 것은 장재가 기의 본체인 태허를 '실유實有' 혹은 '진유眞有'[41]로 보고, 모이고 흩어지고 변화하는 기의 집합체인 구체적 사물들을 '가유假有'로 본다는 점이다.

'신神'과 '화化'는 『정몽』의 기본 개념이자 장재의 기학에 있어서도 중요한 개념이다. 이 두 용어는 원래 『주역』의 "신神을 궁구하고 화化를 아는 것이 덕의 성대함이다"[42]라고 하는 구절에서 유래한다.

> 하나의 사물에 두 면이 있는 것이 기氣다. 하나이므로 신비스럽고 둘이므로 변화한다.[43]

장재는 이 구절을 활용하여 '태허즉기'가 만물이 되고, 만물이 다시 '태허즉기'가 되는 과정을 잘 설명하고 있다. 여기서 '하나의 사물이 몸을 둘로 하는 것', 즉 '일물양체一物兩體'라 함은 태극[태허]과 양의[음·양]를 말하는 것이다. 앞에서 인용한 '일음일양지위도'라는 『주역』 「계사전」의 문구에서 일음一陰과 일양一陽은 양체兩體를 말하며, 도[태극; 태허]와 음양이 일물一物 즉 기氣임을 단정하고 있다. 장재는 '하나이므로 신비하다[一故神]', '둘이므로 변화한다[兩故化]'는 구절을 풀이하면서 '하나이므로 신비하지만' '양면성이 있으므로 측량하기 어렵다[兩在故不測]'라고 했고, '둘이므로 변화하지만' '하나를 향해 밀고 나간다[推行于一]'라고 하였다. 즉 하나의 원리와 본체도 실제로 현상세계에 나타날

---

41) 眞有[實有]는 假有에 대응되는 말로서, 氣로 세계를 설명하면서 생겨난 말이다. 氣가 모여서 만물을 이루게 되는데, 이것은 氣의 진짜 모습이 아닌 '잠시 빌린 모습[客形]'이라는 점에서 '假有'라고 한다. 반면에 太虛는 모여서 이루어졌던 만물의 氣가 흩어지면서 다시 원래의 모습으로 되돌아간 상태를 말한다. 그러므로 太虛의 상태를 實有 또는 眞有라고 한다.

42) 『周易』, 「繫辭傳」, "窮神知化, 德之盛也."

43) 『正蒙』, 「參兩」, "一物兩體, 氣也. 一故神, 兩故化."

때는 음과 양이라는 두 방향으로 전개되므로 그 이치가 신묘하여 측량하기 어렵다고 보는 것이다. 그리고 음과 양으로 인해 나타나는 여러 변화들은 대체로 상반된 두 방향이 있다고는 하지만 여전히 하나의 원리와 본체를 지향한다고 보았다. 장재는 『정몽』「신화편神化篇」에서 '신'과 '화'에 대해 좀 더 자세하게 설명하였다.

> 신神은 하늘의 덕이요, 화化는 하늘의 도이다. 덕은 그 본체(體)이고, 도는 그 작용(用)이다. 그렇지만 기의 입장에서 보면 하나일 뿐이다.[44]

여기서 장재는 '신'과 '화'가 하늘의 '본체'와 '작용'임을 분명히 밝히고 있으며, 신(본체)이든 화(작용)든 간에 기氣의 측면에서 보면 '하나'라고 말하고 있다. 이러한 견해는 주자학의 리기理氣 개념과 두드러지게 구분되는 특징이다.

3. 『정몽』의 심성론

『정몽』의 우주론은 기본적으로 유물론적인 조건들을 갖추고 있다. 여기서 장재는 기가 우주를 구성하는 원질이라 여기며, 따라서 만물의 생·멸을 기가 모이고 흩어지는 과정으로 설명한다. 그는 우주의 생성과 구조에 관한 문제, 즉 우주생성론과 구조론을 기로써 통일하고자 한다. 장재에 따르면, 기는 물질의 기본 구성 요소일 뿐만 아니라, 우주의 생성과 변화 과정을 설명할 수 있는 운동적 기제機制이기도 하다. 그는 또한 신神과 화化라는 두 상반된 운동 개념을 통해 기의 본질을 파악하고자 하였다. 바로 이 점에서 장재의 기 개념을 '물질'로 이해할 수 있으며, 결국 기의 본체라고 말하는 태허 또한 물질적인

---

44) 『正蒙』, 「神化」, "神天德, 化天道, 德其體, 道其用, 一於氣而已."

개념으로 받아들일 수 있다. 이러한 점은 오늘날 유물론자들이 요구하는 유물론으로서의 기본 조건을 무리 없이 충족시켜 준다.

그런데 문제는 심성론에 있다. 장재의 심성론은 우주론에 비해 상대적으로 비중이 크지 않고 논리적 일관성도 부족한 것으로 보인다. 이러한 이유로 일부 학자들의 경우에는 장재를 주돈이, 소옹과 함께 '우주론자'로 분류하고, 정씨 형제와 주희를 묶어 '심성론자'로 구분하기도 한다. 즉 신유학에 있어서 심성론에 대한 체계적이고 본격적인 연구는 정씨 형제 이후에야 비로소 가능해졌다는 시각이 일반적이다. 주돈이, 소옹, 장재의 학문에서 밖으로 향해 있던 철학적 관심이 정씨 형제와 주희 이후 자기 마음 안으로 돌려지게 되었다는 것이다.

그렇지만 장재를 단순히 '우주론자'로 분류하는 것은 문제가 있다. 장재는 신유학의 우주론이 심성론으로 넘어가는 과도기에 있어서 사상적 가교역할을 수행한 철학자로 볼 수 있다. 비록 완전하고 세련된 형태의 심성론을 구축하지는 못했다 할지라도, 장재의 심성론은 후대 학자들에게 많은 영향을 주었다. 특히 성性의 의미를 '공통 의미[天地之性]'와 '특수 의미[氣質之性]'로 나눈 것은 장재가 처음이다. 그리고 두 가지 성의 관계에 대해 설명하면서 공통 의미의 성만이 참된 성이며, 이것을 회복하는 것이 도덕 수양의 핵심이라 여기는 사상 또한 장재의 심성론에서 비롯되었다고 할 수 있다.

장재의 기학에서 우주론이 심성론으로 전회하게 되는 결정적인 계기는 바로 "태허와 기가 합해져서 성性이란 이름을 갖게 된다[合虛與氣, 有性之名]"라는 구절과 "성과 지각이 합해져서 심心이라는 이름이 있게 된다[合性與知覺, 有心之名]"라는 두 구절에 있다. 장재는 우주 본원으로서의 '태허일기太虛一氣'가 자신의 고유한 변화의 원리[운동성: 神 · 化]에 따라 구체적 형상[客形]들을 만들어 낼 때에 비로소 '성'이 의미를 지닌다고 본다. 그는 자연관에서는 우주만물의 기본

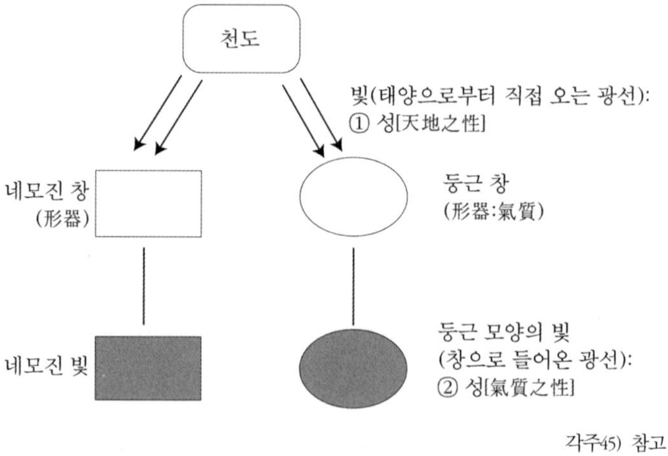

요소인 기 외에 별도의 '초월적 존재理'를 말하지 않았다. 그가 말하는 리란 기 자체의 고유한 운동 원리와 변화 법칙을 의미하는 조리條理일 뿐이다.

그런데 장재는 심성론을 전개하면서 돌연 이원론적 관념을 제기한다. 그는 '태허일기'의 고유한 본성으로서, 그리고 모든 인간이 추구해야 하는 도덕적 본성으로서 '천지지성天地之性'[46]을 언급한다. 한편 구체적 형상을 갖춘 뒤에 우리에게 확인되는 비도덕적 행위의 근거가 되는 '성'으로서 '기질지성氣質之性'을 언급한다. 그러므로 장재는 악惡의 근원이 되는 기질지성을 변화시켜 순수한 태허일기의 본성인 천지지성으로 돌아갈 것을 요구한다. 이러한 시각은 분명 맹자 이래 일관되게 이어져 온 성선론의 전통을 계승하는 것이며, 또한

45) 창을 통해서 들어오기 전의 햇빛 자체는 동일하나, 창을 통해 들어오고 난 이후의 햇빛은 다양한 창의 모양에 따라 차이가 난다. 마찬가지로 形器[氣質]에 의해 영향받기 전의 性은 모두 동일하나, 刑器의 영향을 받고 난 이후의 性은 形器의 다양함에 따라 차이를 가지게 된다. 그러므로 性에 대해서 언급할 때는 어떤 의미의 性인지를 먼저 확인할 필요가 있다.

46) 모든 인간이 추구해야 할 도덕적 본성을 張載는 天地之性이라 했고, 程頤는 義理之性이라 했으며, 朱熹는 本然之性이라 했다.

이후 송·명 심성론의 전통을 확립하는 중요한 계기가 된다.

Ⅳ. 하나의 그릇에 담긴 두 얼굴

현대 중국의 철학자들이 철학사를 바라보는 기본적인 관점은, 철학사를 유물론과 관념론 간의 투쟁사로 인식하는 데에 기초하고 있다. 이들은 이러한 관점을 신유학의 체계에도 그대로 적용하며, 유물론과 관념론을 구분하는 기준을 전적으로 '리理'와 '기氣' 개념의 강조 여부에서 찾는다. 즉, 리 개념을 중심으로 철학 체계를 전개한 학자는 관념론자로, 반면 기를 강조하는 철학자는 유물론자로 분류된다. 이러한 이분법적 구분은 기 개념을 물질적 실재를 지시하는 용어로 간주한 데서 비롯된 것이다. 이러한 해석 틀 속에서 장재는 기학의 선구자로서 전형적인 유물론자로 규정된다. 이러한 시각은 신중국 건립 이후, 특히 문화대혁명 시기까지 간행된 대부분의 철학사 저술에 공통적으로 나타나는 특징이다.

그러나 장재의 기학을 면밀히 고찰하면, 유물론의 기본 전제와 일치하지 않는 측면들이 적지 않게 발견하게 된다. 장재의 우주론은 그의 사상을 유물론으로 해석하는 입장과 대체로 부합하지만, 그의 심성론은 송·명 시대 리학의 심성론 체계를 성립시킨 것으로 평가될 만큼 관념론적 성격이 두드러진다. 이러한 이유로 인해, 현대 중국철학계에서는 장재의 사상이 유물론인지, 혹은 관념론인지에 대해 지속적인 논쟁이 제기되었다. 이와 같은 논쟁에도 불구하고, 다수의 중국철학자들은 여전히 장재를 북송시대의 대표적인 유물론자로 평가하며, 그가 불교적 관념론과 대결하면서 유물론적 철학체계를 확립했다는 주장을 견지하고 있다. 장재 철학에 내재된 관념론적 요소인 심성론에 대해서는, 장재 기학의 유물론적 자연관을 흐리는 미숙한 요소로 간주하는 태도가 일반적이다.

이에 반해, 중국 대륙 외부의 현대 신유가 계열 철학자들은 장재를 유물론자로 고정하려는 이러한 시각에 비판적인 입장을 취하고 있다. 그 대표적인 인물이 장군매張君勱(1887~1969)이다. 그는 장재 철학에 내재된 유물론적 자연관과 관념론적 심성론 사이의 이중적인 구조에 주목하며, 장재를 유물론자로 규정하는 관점이 지나치게 단선적이라고 생각하였다. 그래서 장군매는, "장재가 이원론적 관념을 중시했다고 하더라도, 그를 이원론자 또는 일원론자, 유물론자 또는 관념론자로 단정하기는 어려울 것이다. 그의 사상은 변동적이며, 전후의 논지가 항상 일치하지 않는다. 그러므로 나는 장재를 어떤 고정된 틀 속에 가두지 않겠다"라고 하였다.[47] 또한 장군매는 구체적인 설명을 덧붙이면서, "장재 철학의 최초 전제는 '기'였다. 그는 우주의 조화를 논할 때 '기'를 우선시하였다. 그러나 그는 결코 유물론자가 아니다. 그의 철학은 비록 '기' 혹은 물질로부터 출발하지만, 그것으로부터 마음이나 정신의 작용까지를 일관되게 해석하려 한 것은 아니다. 그는 정신의 독립성이나 도덕률의 자율성을 부정하려 하지 않았다"[48]라고 주장하였다.

이러한 논의를 바탕으로, 우리는 장재 기학에 나타나는 이중구조를 보다 긍정적으로 해석할 수 있는 여지를 얻게 된다. 장재 기학의 비-일관성을 비판하는 학자들은 자연과 인간이라는 이질적 영역들을 하나의 통일된 시각에서 해석할 것을 전제하고 있는 것으로 보인다. 중국 전통철학의 용어를 빌리면, 천天과 인人의 관계에서 '합合'의 입장을 강조하는 시각이라 할 수 있다. 그러나 장재의 기학은 외형상으로는 일원론적 체계를 갖추고 있는 듯 보이지만, 그

47) 張君勱, 『한유에서 주희까지』, 김용섭 · 장윤수 옮김(형설출판사, 1991), 192쪽 참조.
48) 張君勱, 『한유에서 주희까지』, 김용섭 · 장윤수 옮김, 192쪽.

실제 내용은 이원론적 요소들로 구성되어 있다. 이러한 맥락에서 우리는 장재 기학의 구조를 '일원이이원론一元而二元論'이라 명명할 수 있다.

장재 기학의 이러한 이중적 성격은 세계에 대한 장재의 관점주의적 시각에서 비롯된 것이다. 인간 존재 자체가 본래 정신과 신체라는 이중구조로 이루어져 있으며, 이질적인 두 세계 사이의 관계는 철학의 지속적인 문제의식이 되어 왔다. 이러한 점을 감안할 때, 장재는 자연과 인간에 대한 관점을 서로 구별된 축으로 인식하고 있었으며, 이러한 인식을 바탕으로 기학의 이중구조를 정립하였다. 결과적으로 보아, 장재의 기학은 자연과 인간, 물질과 정신의 관계를 단일한 사유 틀에 종속시키기보다는, 상이한 두 차원의 통합적 사유를 시도한 복합적 입장을 견지하고 있다고 평가할 수 있다.

제2부

장재 기학의 이론 구조와 특징

제3장 장재 기학의 자연론

현대인들은 흔히 물질적 대상 세계에 관한 문제는 과학의 영역으로, 인간 정신의 내면이나 가치 세계에 관한 문제는 철학의 영역으로 이원화하여 사고하는 경향이 있다. 이러한 이분법적 도식에 따라, 과학적 도움 없이도 세계 전체를 순수한 사유만으로 파악하고 해명할 수 있으며, 바로 여기에 철학의 특수성과 위대함이 있다는 신념이 형성되어 왔다.

그러나 근대 이후 과학의 비약적인 발전은 이러한 신념을 근본적으로 흔들어 놓았다. 과학적 지식은 단지 기술적 유용성에 그치지 않고, 세계와 인간을 총체적으로 이해하고자 하는 인문학적 탐구에 있어서도 필수적인 요소로 인식되기에 이르렀다. 특히 동아시아 지식인들에게 있어 근대과학의 충격은 더욱 강렬하였다. 19세기 말 이후 동아시아 사회는 서구 과학문명의 강력한 영향력 앞에서 자국의 역사와 사상을 과학적 관점에서 조망하는 것을 회피하게 되었고, 과학이라는 기준에 자신들의 사유를 대입했을 때 느끼는 열세감은 일종의 심리적 저항으로 작용하였다. 이러한 심리는 결국 과학과는 이질적인 다른 영역에서의 성취를 강조하려는 전략적 태도로 나타났으며, 이는 '중체서용中體西用', '동도서기東道西器'와 같은 모호한 표현을 통해 구체화되었다. 그 결과 동양 전통의 해석은 주로 과학을 배제한 인문학적·사회학적 탐구의 틀에서만 이루어져 왔다.

그러나 동아시아 전통사상은 과학적 성취와 무관하게 이해될 수 없다. 세계라는 총체적 대상을 하나의 통일된 이론으로 파악하고자 하는 시도는 시대와 지역을 불문하고 지성의 핵심적인 관심사였으며, 장재의 사상에서도 이러한 통합적 시도는 핵심적인 요소로 작용한다. 장재의 이러한 사유는 기학氣學의 탄생으로 구체화되었다. 장재의 기학은 일차적으로는 중국 고전에서 추출된 형이상학적 내용을 기반으로 하지만, 동시에 동시대의 천문학을 중심으로 한 자연과학적 성취와도 긴밀한 연관을 맺고 있다. 사실 모든 문명과 사상은 그 자체로 하나의 과학적 체계이며, 그 빛나는 성취 이면에는 반드시 과학적 사유와 기술적 축적이 전제되어 있다.[1] 따라서 기초적인 과학 지식 없이 전통사상을 온전히 해석하거나, 현실 세계를 비판적으로 이해하고 개선하는 것은 불가능하다.

특히 장재는 '잊힌 자연학자'라는 평가를 받을 만큼, 당대 최고 수준의 우주론적 자연학 지식을 갖춘 사상가였다. 이 표현은 본래 야마다 게이지(山田慶兒)가 『주자의 자연학』[2]의 서장序章에서 주희를 지칭하며 사용한 표현이지만, 장재에게도 동일하게 적용될 수 있다.[3] 해당 저작은 주희의 자연과학적 사유에 대한 야마다 게이지의 주요 논문을 수록한 저술로, 서론에 해당하는 '우주론宇宙論 전사前史'는 장재의 우주론 연구에도 매우 귀중한 자료를 제공한다.

장재의 저술 가운데 『정몽』에는 우주론적 사유의 흔적이 풍부하게 나타나며, 이를 제대로 이해하기 위해서는 동시대 자연과학 지식에 대한 기본적인 이해가 선행되어야 한다. 장재는 우주의 생성과 구조를 기학이라는 독자적인 이론틀 속에서 설명한 거의 최초의 사상가로 평가될 수 있다. 그의 사유는

1) 山田慶兒, 『朱子의 自然學』, 김석근 역(통나무, 1991), 17~19쪽 '金容沃의 解題' 참조.
2) 『朱子の自然學』(東京: 岩波書店, 1978).
3) 이 부분은 김영식이 편집한 『중국 전통문화와 과학』(창작과비평사, 1986)에도 「중국 우주론의 형성과 전개」(137~165쪽)라는 제목으로 번역되어 소개된 바 있다.

단지 형이상학적 세계관의 전개에 그치지 않고, 동시대 자연과학과의 깊은 연관 속에서 형성된 점에서 주목할 필요가 있다.

Ⅰ. 중국의 전통적 우주론

장재의 우주론은 크게 생성론과 구조론 두 부분으로 구분할 수 있다. 특히 천문학의 발달에 결정적으로 의존하게 되는 우주 구조론은 전통적 과학이론과 크게 다르지 않다. 반면 우주 생성론은 어느 정도 과학적인 관찰 소재가 존재하는 경우조차 그 근본적인 문제에 부딪혀서는 여전히 순수한 사변에 머물게 되는 한계로 인해 전통적인 형이상학과 닮은 부분이 많다. 생성론과 구조론의 이러한 이질성에서 우주론의 이중성은 극명하게 드러난다. 그러나 생성론과 구조론이 독자적으로 별개의 영역을 구축하여 자기 세계에만 갇히게 된다면 철학적 우주론이 될 수 없다. 즉 구조론 없는 생성론은 단순한 신화일 뿐이며, 생성론 없는 구조론은 순수한 과학이론에 지나지 않는다.[4] 우주론의 전체적 조감은 생성론과 구조론의 적절한 통일에 의해서만 가능하다. 근대화 이전 시기 대부분의 철학자들에게 있어서 구조론과 생성론은 우주론의 별개 영역이 아니었다. 전통시대의 철학자들은 한편으로는 철학자이자, 다른 한편으로는 자연학자이기도 했다. 그러므로 그들은 우주론적 사색에 있어서 생성론과 구조론의 자연스런 종합을 이루어 냈다. 이러한 점은 동양만이 아니라 서양도 마찬가지였다.

---

4) 山田慶兒, 『朱子의 自然學』, 김석근 역, 33쪽 참조.

1. 중국의 전통적 우주론(1): 생성론

중국의 전통적 우주 생성론은 은·주 시대로부터 시작하여 한·육조·당을 거쳐 송대 신유학에 이르러 일단락을 맺게 된다. 물론 이러한 과정에서 천문 역법曆法과 자연과학 영역의 많은 지식을 흡수하기도 하였고, 또한 반대로 영향을 주기도 하였다.[5] 고대 중국인들이 자연을 질서 짓던 최초의 원리는 역曆으로 표현된다. '역'은 자연의 질서인 동시에 인간이 구성한 세계의 질서이기도 하며, 또한 인간의 질서이며 사회의 질서이기도 하다.[6] 이러한 의미에서 장재의 기학 또한 '역'과 밀접한 관계를 가질 수밖에 없다.

중국은 우주 생성론에 있어서 하나의 일관된 보편적 이론을 받아들이고 있다. 야마다 게이지는 그 내용을 다음과 같이 간략하게 정리하였다.

> 세계가 형성되기 이전에 원초적인 요소인 기氣가 혼돈의 상태 속에 존재한다. 그것은 맑고[淸] 가벼운[輕] 기와 탁하고[濁] 무거운[重] 기로 갈라져, 맑고 가벼운 기는 떠올라 하늘이 되고 탁하고 무거운 기는 가라앉아 땅이 된다. 하늘과 땅은 기를 품으며, 그리고 하늘과 땅 두 기氣의 작용에 의해 만물이 생성된다.[7]

야마다 게이지의 시각은 매우 정확하다. 물론 그 세부 영역에서나 구체적인 전개 과정에 있어서 다소 차이가 있을 수 있겠지만, 중국 우주론 전반의 기본 골격은 대부분 그의 주장과 일치한다. 특히 "맑고 가벼운 기는 떠올라 하늘이 되고, 탁하고 무거운 기는 가라앉아 땅이 된다[淸輕者上爲天, 濁重者下爲地]"라고 하는 두 구절은 변함없이 중국 우주론의 중요한 근간이 되어 왔다. 중국

---

5) 김영식 편, 『중국 전통문화와 과학』, 137쪽 참조.
6) 김용옥, 『도올논문집』(통나무, 1991), 22~23쪽 참조.
7) 山田慶兒, 『朱子의 自然學』, 김석근 역, 34쪽.

우주론의 이러한 기본 이론은 『여씨춘추』, 『회남자』, 『열자』 등의 고전에서 확인된다. 이 중에서도 『회남자』의 「천문훈天文訓」은 중국 우주론에 대한 가장 풍부하고 명료한 내용을 담고 있다. 여기서 언급하는 우주론의 중심 내용 역시 기의 이론이다.

> 천지가 나타나지 않았을 때는 무형하고 투명했다. 그래서 태소太昭라 했다. 도道는 텅 빈 것에서 시작되었다. 텅 빈 것이 우주를 만들어 내고 우주는 기를 만들어 냈다. 기는 그 특징이 있다. 청양淸陽한 것은 가벼이 쏠리어 하늘이 되고 중탁重濁한 것은 엉기어 땅이 되었다. 청묘淸妙한 것은 모이기 쉽지만 중탁重濁한 것이 응결되기는 어렵다. 그러므로 하늘이 먼저 생기고 땅이 나중에 생겼다. 천지의 습정襲精(모인 기氣)은 음양이 되고, 음양의 전정專精(모여든 정기精氣)은 사시가 되고, 사시의 산정散精(흩어진 정기精氣)은 만물이 되었다. 양陽을 쌓은 뜨거운 기는 불을 만들어 내고, 화기火氣의 정精은 해가 되었으며, 음陰을 쌓은 차가운 기는 물을 만들어 내고, 수기水氣의 정精은 달이 되었으며, 일월日月이 넘쳐 정精이 된 것은 성신星辰이 되었다. 하늘은 일·월·성·신을 받았고, 땅은 물·빗물·먼지·티끌을 받았다.8)

이것은 얼핏 보면 마치 도가의 '유생어무有生於無'의 생성론을 연상케 한다. 유가와 도가의 생성론의 핵심적인 차이만 언급해 본다면, 유가는 '유적유有的有' 즉 '유有(氣)에서 유有(천지만물)가 생겨난다'고 생각한 반면, 도가는 '무적유無的有' 즉 '무無에서 유有가 생겨난다'고 주장한다. '유생어무'라는 도가적 우주론에 대해 송·명 시대 유학자들은 일관성 있게 반대의 뜻을 피력하였다. 이러한

---

8) 『淮南子』, 「天文訓」, "天墜未形, 馮馮, 翼翼, 洞洞灟灟, 故曰太昭. 道始于虛霩, 虛霩生宇宙, 宇宙生氣. 氣有漢垠. 淸陽者薄靡而爲天, 重濁者凝滯而爲地. 淸妙之合專易, 重濁之凝竭難. 故天先成而地後定. 天地之襲精爲陰陽, 陰陽之專精爲四時, 四時之散精爲萬物. 積陽之熱氣生火, 火氣之精者爲日, 積陰之寒氣爲水, 水氣之精者爲月, 日月之淫爲精者爲星辰. 天受日月星辰, 地受水潦塵埃."

비판적 시각은 육구연의 경우에 특히 그러하다. 주돈이의 〈태극도설太極圖說〉 첫 구절인 '무극이태극無極而太極'에 대한 해석을 둘러싸고 빚어진 주희와 육구연 간의 논쟁은 바로 '유생어무'라는 도가적 우주론에 대한 경계의식에서 생겨난 것이다.[9] 이러한 면에서 위 인용문은 마치 도가의 생성론을 따르는 것처럼 보인다. 『회남자』라는 책은 다양한 학파의 학자들로 구성된 회남왕淮南王 유안劉安(B.C.179~B.C.122)의 빈객賓客들이 저술한 공동 저작이다. 위에서 인용한 「천문훈」의 구절은 음양오행가 또는 도가 계열 학자들의 저술로 추정한다.[10] 이러한 가설은 위 인용문이 드러내는 도가적 색채를 설명하는 데에도 유용하다.

그런데 「천문훈」의 생성론은 '유생어무'라는 도가적 색채만 제외하면 유가의 생성론과도 일치하는 부분이 많다. 특히 '〈기氣〉가 청양한 것은 가벼이 쏠리어 하늘이 되고, 중탁한 것은 엉기어 땅이 된다'라고 하는 구절은 야마다 게이지가 지적한 것처럼 후대 중국 학자들의 우주 생성론 이론의 기준이 되었다. 장재의 우주론 또한 직접적이든 간접적이든 이러한 사상적 영향을 받았음이 분명하다. 그러나 중국의 전통적인 우주 생성론은 천문학자들의 우주 구조론과 비교해 볼 때 몇 가지 문제점이 드러난다. 우선 천天·지地를 상上·하下의 좌표축에 고정시켜 '천·지=상·하'라는 도식을 설정하는데, 이러한 위치 고정은 하늘이 회전운동을 한다는 상식과 과연 어떻게 조화를 이룰 수 있는가 하는 문제가 발생한다. 그리고 이러한 이론을 따른다면 천지가 형성된 이후 만물이 생성되었다고 할 수 있다. 만약 그렇다면 고대 중국에서는 상식이었던 지식 즉 고체 개념의 하늘과 이러한 하늘이 있고 난 이후에 생겨났다고 하는 해와 달과 별들이 과연 어떻게 양립할 수 있는가 하는 어려움이 생겨난다.[11]

---

9) 장윤수, 「『太極圖說』에 관한 朱·陸 論辨」, 『한국의 철학』 19호(경북대학교 퇴계연구소, 1991), 131~133쪽 참조.

10) 김용섭, 「『淮南子』의 구성과 문제의식」, 『한국의 철학』 19호(경북대학교 퇴계연구소, 1991), 114~119쪽 참조.

이러한 문제점들은 생성론만으로써 우주론을 논의하는 것이 충분하지 못하다는 사실을 역설적으로 증명해 준다. 그러므로 우주론은 구조론에로 관심을 확장할 수밖에 없다.

2. 중국의 전통적 우주론(2): 구조론

『진서晉書』「천문지天文志」에 의거해 볼 때 중국의 전통적인 우주 구조론은 대략 6가지 유형으로 구분된다. 즉 개천설蓋天說, 혼천설渾天說, 선야설宣夜說, 안천설安天說, 궁천설穹天說, 흔천설昕天說이다.[12] 이 6가지 이론 중에서 가장 대표적인 것은 개천설과 혼천설인데, 이 두 이론은 후한後漢에서 시작하여 위·진 시대에 이르기까지 끊임없는 논쟁을 벌였다.[13] 이 논쟁은 결국 혼천설이 최종 승리를 얻게 됨으로써 끝을 맺게 되는데, 그 이유는 혼천설이 천天·지地·인人과 만물 간의 유기적 상관성을 중시하는 중국인의 사유방식에 더 적합했기 때문이다.[14] 그러므로 북송대를 시대 배경으로 하는 장재의 우주 구조론 또한 혼천설을 기본으로 하고 있다.

전한前漢시대 초기까지 개천설은 중국에 있어서 단 하나의 과학적인 우주론이었다. 이것은 해시계(周髀)의 측정법과 더불어 발전한 것인데, '구개천설舊蓋天說'과 혼천설의 영향을 받아 구개천설을 다소 보완한 형태인 '신개천설新蓋天說'로 구분된다.[15] 구개천설은 『주비산경周髀算經』 상권에 나타나고, 신개천설

11) 山田慶兒, 『朱子의 自然學』, 김석근 역, 35쪽 참조.
12) 이규성, 「王船山 氣 哲學體系 硏究」(서울대학교 박사학위논문, 1989), 45쪽 참조.
13) 蓋天說과 渾天說 간의 논쟁에 대해서는 山田慶兒, 「梁武の蓋天說」, 『東方學報』 48冊(東方文化學院京都硏究所, 1975)을 참고할 만하다.
14) 山田慶兒, 『朱子의 自然學』, 김석근 역, 35~36쪽 참조.
15) 山田慶兒, 『朱子의 自然學』, 김석근 역, 37쪽 참조.

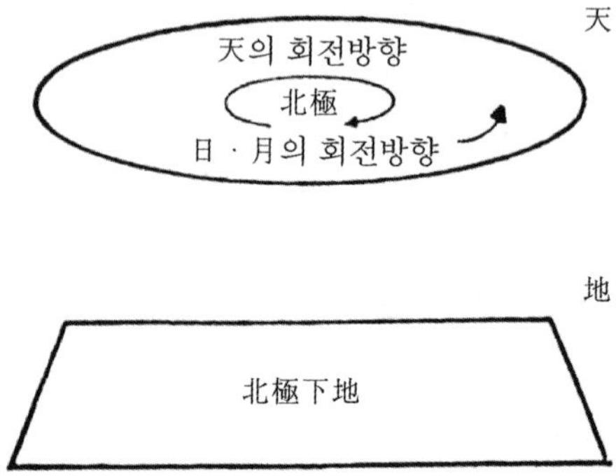

蓋天說

은 『주비산경』 하권에 등장한다. 신 · 구 개천설을 대비하여 공통 특징을 찾아보면 다음 두 가지로 요약된다. 첫째, 하늘은 둥글고 땅은 네모나다. 둘째, 하늘은 위에 있고 땅은 아래에 있으며, 북극北極에 중심을 둔다.[16] 개천설은 하늘이 땅의 위에서 회전한다고 보기 때문에 천 · 지를 상 · 하의 좌표축에 고정시켜 '천 · 지=상 · 하'로 이해하는 『회남자』의 우주 구조론과 일치한다.

그런데 개천설은 피할 수 없는 몇 가지 난점을 지니고 있다. 이러한 난점은 세 가지로 정리할 수 있다. 첫째, 일 · 월 · 오성이 땅과 평행한다고 주장하기 때문에 여러 가지 다양한 자연현상을 설명하지 못한다. 이 구조는 대자연과 인간의 합일을 추구하는 중국인들의 합목적적 세계관과도 어울리지 않는다. 둘째, 개천설에서는 하늘이 그 무언가에 의해 지탱되어야 하는데, 그렇다면 하늘을 지탱하는 것은 무엇인가 하는 문제가 발생한다. 셋째, 둥근 하늘[天圓]과 네모난 땅[地方]이 과연 어떻게 조화를 이룰 수 있는가 하는 난점이 생겨난다.[17]

---

16) 蓋天說의 구조론적 특징의 근거가 되는 원문은 다음과 같다. "天圓如張蓋, 地方如碁局. 天旁轉, 如推磨而左行, 日月右行, 隨天右轉. 故日月實東行, 而天牽之以西沒. 譬之於蟻行磨之上, 磨左旋而蟻右去, 磨疾而蟻遲, 故不得隨磨左迴焉."[『晉書』, 「天文志上」]

결국 이러한 문제로 인해 개천설은 도태되고 일종의 발전된 형태의 구조론이라 할 수 있는 혼천설渾天說이 득세하게 된다.

혼천설은 개천설에 비할 때 훨씬 더 설득력 있는 이론이다. 이 설은 혼천의渾天儀가 모델이 되는데, 비근한 예로 달걀이 자주 인용된다. 중국 고대의 저명한 과학자인 장형張衡(78~139)은 『혼천의』에서 혼천설에 대해 개략적인 설명을 하였다. 그 주요 부분을 요약해 보면 다음과 같다.

> 혼천渾天은 달걀[鷄子]과 같다. 하늘의 형체는 둥글어 탄환과 같고, 땅은 달걀의 노른자와 같이 그 속에 외따로 자리한다. 하늘은 크고 땅은 작으며, 하늘의 안팎에는 물이 있다. 하늘이 땅을 감싸고 있는 것은 껍질이 노른자를 싸고 있는 것과 같다. 하늘과 땅은 각각 기氣를 타고 서 있으며, 물 위에 실려 떠 있다.…… 그 두 끝을 남극南極과 북극北極이라 이른다.…… 하늘이 도는 것은 수레바퀴의 축이 움직이는 것과 같아서, 돌고 도는 데 끝이 없다. 그 모양이 혼연渾然하여 이를 '혼천渾天'이라 부른다.[18]

혼천설은 땅을 달걀의 노른자로 비유함으로써 얼핏 '지구설地球說'을 연상케 하나, 사실은 여기에서도 땅이 둥글다는 '지구地球'의 관념은 나타나지 않고 여전히 '천원지방天圓地方'이라는 전통 관념을 따르고 있다. 즉 혼천설을 주장하는 사상가 역시 땅은 평평하다고 생각했던 것이다. 이것은 혼천설이 개천설의 한계를 극복하려 했지만 근본적으로는 뛰어넘지 못했음을 말해 준다. 후대에 와서 개천설과 혼천설을 동일하게 여기는 주장들이 나타나는 것도 전혀 이상

---

17) 山田慶兒, 『朱子의 自然學』, 김석근 역, 37~38쪽 참조.

18) 渾天說의 구조론적 특징의 근거가 되는 원문은 다음과 같다. "渾天如鷄子, 天體圓如彈丸, 地如鷄子中黃, 孤居於內. 天大而地小, 天表裏有水. 天之包地, 猶殼之裹黃. 天地各乘氣而立, 載水而浮.……其兩端謂之南北極.……天轉, 如車轂之運也. 周旋無端, 其形渾渾然, 故曰渾天也."[『渾天儀』]

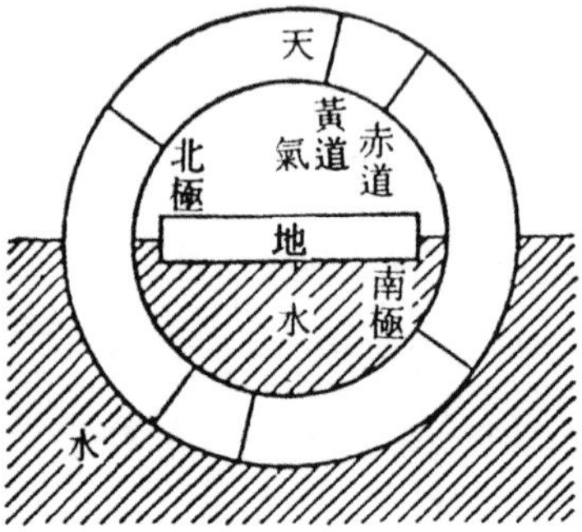

渾天說

하지 않다.

그러나 혼천설이 하늘을 회전하는 고체의 '구球'로 간주하여 황도黃道와 적도赤道를 설정하고 천문현상의 '구면球面 천문학'의 이론을 전개한다는 점에서는 분명 개천설보다 발전된 측면이 있다. 그리고 하늘의 내부에 기를 채워 천·지의 상대적 위치를 정립한 것도 일상 경험적인 관찰을 보다 잘 적용시킨 것으로 볼 수 있다.[19] 그러나 혼천설은 고체로서의 하늘과 땅을 지탱하기 위해 어떻게든 '물[水]'이라는 거북한 존재를 필요로 한다. 즉 지하에서 물이 나오는 그러한 현상은 바로 자신의 주장을 설득력 있게 하기 위한 하나의 근거로 제시된 것으로 보인다. 이러한 주장은 상당히 합리적인 것으로 평가받을 수 있다. 그런데 보다 더 큰 문제는 땅이 아니라 하늘에 있다. 즉 혼천설에 따르면 하늘은 밤중에 물속에서 운행한다고 하는데, 이것은 당시 사람들에게도 무언가 불만을 가지는 요소가 되었다. 그래서 개천설의 이론가인 왕충의 논박 또한 이 점에 집중된다.[20] '물에 의지하지 않고서도 하늘은 어떻게 유지

19) 山田慶兒, 『朱子의 自然學』, 김석근 역, 40쪽 참조.
20) 『晉書』, 「天文志上」; 『論衡』, 「說日」 참조.

될 수 있는가?' 하는 점이 혼천설의 최대 난점이다. 이러한 난점에 대해 혼천설을 주장하는 이론가들은 제대로 답변하지 못하였다. 진晉나라의 대표적 혼천설 이론가인 갈홍조차도 이 문제에 대해 합리적인 답변을 하지 못하고 다만 용龍의 비유와 같은 신비적 설명을 하고 있다.[21] 이러한 답변에 실망한 후대 학자들이 새롭게 관심을 가지게 되는 우주 구성론이 바로 선야설宣夜說이다.

선야설의 이론 중에서 무엇보다 중요한 것은 당시의 상식이었던 '하늘의 고체성'에 대한 부정이다. 선야설의 이론가들은 하늘이 고체가 아니라 거의 무한한 공간이라고 생각했다. 그리고 이러한 공간은 진공眞空 상태와 같은 완전히 텅 빈 상태가 아니라, 기로 가득 찬 그 무엇으로 생각했다.[22] 선야설 이론가들의 기본 주장은 장재의 우주 구조론에서도 그대로 확인된다. 하늘의 고체 개념을 부정하는 선야설은 동시대의 상식적인 지식에 어긋난다 하여 격렬한 비판을 받았다. 당시의 일반적 관념으로는 하늘의 고체성을 부인한다는 것은 곧 하늘 자체에 대한 부정을 의미하는 것과 같았다. 그러나 선야설이 고체로서의 하늘을 부인함으로써 더 이상 하늘을 물에 의해 지탱시킬 필요가 없어졌으며, 이에 따라 혼천설이 안고 있는 이론적 난점을 일거에 해결할 수 있게 되었다. 그렇지만 당시의 과학 수준으로는 선야설 또한 어쩔 수 없는 난관을 갖게 된다. 선야설이 보다 설득력을 가지기 위해서는 다음 몇 가지 문제를 해결해야만 했다.[23] 첫째, 별은 어떻게 해서 기氣 가운데 떠돌아다닐 수 있는가? 둘째, 항성恒星은 어떻게 해서 상대적 위치를 바꾸지 않는가? 셋째,

---

21) 『晉書』, 「天文志上」 참조.

22) 宣夜說의 구조론적 특징의 근거가 되는 원문은 다음과 같다. "天了無質, 仰而瞻之, 高遠無極, 眼瞀精絶, 故蒼蒼然也.……日月衆星, 自然浮生虛空之中, 其行其止皆須氣焉. 是以七曜或逝或住, 或順或逆, 伏見無常, 進退不同, 由乎無所根系, 故各異也. 故辰極常居其所, 而北斗不與衆星西沒也. 攝提填星皆東行, 日行一度, 月行十三度, 遲疾任情, 其無所繫著可知矣, 若綴附天體, 不得爾也."[『晉書』, 「天文志上」]

23) 山田慶兒, 『朱子의 自然學』, 김석근 역, 41쪽 참조.

일 · 월 · 오성이 복잡한 운동을 한다고 하지만 일정한 규칙성을 갖는 것은 어째서인가?

『진서』의 「천문지」가 혼천설을 공식적인 우주 구조론으로 인정한 이래, 중국 전통사상계에 있어서 구조론의 논쟁은 거의 종식된 것처럼 보인다. 일시적으로 양梁나라의 무제武帝가 개천설을 채택하기도 했고, 또한 근세에 와서 서양 천문학의 영향 아래 개천설이 다시 주목받기도 했지만, 대세를 바꾸기에는 역부족이었다.[24] 장재가 살던 시대적 배경인 북송 시기 또한 혼천설의 영향 아래에 있었다. 다만 북송 시기에 이르게 되면 우주 구조론은 더 이상 자연과학자들만의 전유물이 아니라 우주의 생성론과 구조론의 통일을 꾀하는 철학자들에게도 중시되었다. 우주 구조론적 지식은 특히 자연계에 대해 비교적 객관적인 연구 태도를 지녔던 장재와 관학파의 학자들에게는 더욱 중시되었다.

장재의 우주 구조론은 혼천설을 근간으로 하고 선야설의 '허공즉기론虛空卽氣論'을 보완한 형태이다.[25] 장재의 우주론은 중국 전통 우주론의 발전적 종합인 동시에 후일 왕부지로부터 '남김없이 역가曆家의 학설을 타파한' 뛰어난 이론으로 평가받았을 만큼[26] 당시로서는 획기적인 이론이었다. 이제 장재의 우주론을 생성론과 구조론으로 나누어 구체적으로 살펴보도록 하자. 여기서 특별히 유의할 것은 장재에게 있어서 우주 생성론과 구조론이 어떻게 '기'에 의해 통합적으로 설명될 수 있는가 하는 점이다. 이것은 곧 장재의 우주론에 있어서 기학이 어떠한 역할과 기능을 수행하였는가 하는 물음이기도 하다.

---

24) 山田慶兒, 『朱子의 自然學』, 김석근 역, 35~36쪽 참조.
25) 侯外廬 外, 『송명이학사』 1, 박완식 역(이론과 실천, 1993), 117쪽 참조.
26) 王夫之, 『張子正蒙注』, 卷1, 「參兩」 참조.

Ⅱ. 장재의 우주론

1. 장재의 우주론(1): 생성론

1) 태허, 기, 만물

『정몽』의 「태화」편은 우주 생성론의 핵심을 보여 주는데, '태허-기-만물'의 관계에 대해 설명하고 있다. 우선 「태화」편의 주요 내용을 살펴보도록 하자.

> 태허는 형체가 없으니 기의 본래 모습이며, 기가 모이고 흩어지는 것은 변화의 '일시적인 모습[客形]'일 뿐이다.…… 천지의 기는 모이고 흩어지고 배척하고 흡수하는 작용이 여러 갈래로 나타나지만, 그 이치는 순리적이고 망령되지 않다. 기는 흩어져서 형체가 없는 상태에 들어가게 되면 본래 모습을 얻게 되고, 모여서 형상을 갖게 되더라도 본성을 잃지 않는다. 태허에는 기가 없을 수 없고 기는 모여서 만물이 되지 않을 수 없으며, 만물은 흩어져 다시 태허가 되지 않을 수 없다. 이러한 과정을 따라 나가고 들어오고 하는 것이 모두 부득이한 것이다.…… 넓고 아득하여 끝이 없는 '태허의 기'는 오르고 내리며 날아 퍼지는 것을 잠시도 그쳐 본 적이 없고, 잠시도 어느 한 단계에 머물러 본 적이 없다. 이것은 이른바 『주역』에서 말하는 인온絪縕(원기왕성한 모양)이요, 『장자』에서 말하는 '생물이 숨기운을 서로 불어 대는 것' 즉 아지랑이[野馬]다. 이러한 기는 텅 비어 있으면서도 꽉 차 있고 움직이면서도 고요한 것의 기틀이며, 음과 양, 굳셈과 부드러움의 시초다. 떠서 올라가는 것은 양의 맑음이요, 가라앉아 내려가는 것은 음의 흐림이다. 이것이 서로 감응하고 만나며 모여들고 흩어짐으로써 비와 바람이 되고 눈과 서리가 되는데, 온갖 종류가 흘러 형성되는 것이든지 산과 내[川]가 녹거나 응결되는 것이든지 곡식 찌꺼기나 타고 남은 불이나 잿더미든지 모두가 일정한 이치가 아닌 것이 없다.……

> 기가 태허에 모이고 태허에서 흩어지는 것은 마치 얼음이 물에서 얼었다 녹았다 하는 것과 같으니, 태허가 곧 기임을 알면 무無라고 하는 것이 있을 수 없음을 이해하게 된다.[27]

여기에서 장재는 무형의 우주 공간을 태허라 부르며, 이 태허에는 기가 충만하여 있고 태허는 기 이외의 어떤 것도 아니며, 무無 즉 기가 존재하지 않는 공간은 있을 수 없다고 주장한다. 그리고 이 태허에 충만한 기는 격렬히 움직이며 상승 또는 하강하고 잠시도 정지하지 않으며, 그중 상승하는 것은 맑은 양기陽氣, 하강하는 것은 탁한 음기陰氣라 생각한다. 그렇다면 여기서 말하는 기의 맑음과 탁함이란 과연 무엇을 의미하는가? 순수함과 불순함의 뜻인가, 아니면 희박함과 농밀함의 의미인가? 만약 순수함과 불순함의 뜻이라면 일기一氣는 처음부터 불순한 요소를 지니고 있는 셈이다. 『회남자』의 「천문훈」 같은 전통적 우주 생성론에 있어서 운동은 일기의 본질이 아니라 이후에 주어지는 것임에도 불구하고, 그것에 선행하여 청·탁 두 가지 기의 자연스런 분리가 일어난다. 이 경우에 일기는 곧 분리될 청·탁 두 가지 기의 등질적等質的 혼합체에 가깝다. 그러나 장재에게 있어서 운동은 기의 본질이다. 즉 청·탁 두 가지 기도 다른 만물과 마찬가지로 일기의 집集·산散에 의해 이루어지는 기의 '일시적인 존재 상태[客形]'로 파악하는 것이다. 그러므로 청·탁 두 가지 기는 희박하고 가벼운 기와 농밀하고 무거운 기로 해석해야 한다. 청·탁 두 가지 기에 대해서 "밝게 유동流動하는 것을 '청淸'이라 하고 단단하게 응고한

---

27) 『正蒙』, 「太和」, "太虛無形, 氣之本體. 其聚其散, 變化之客形爾.……天地之氣, 雖聚散攻取百塗, 然其爲理也順而不妄. 氣之爲物, 散入無形, 適得吾體. 聚爲有象, 不失吾常. 太虛不能無氣, 氣不能不聚而爲萬物, 萬物不能不散而爲太虛. 循是出入, 是皆不得已而然也.……氣坱然太虛, 升降飛揚, 未嘗止息, 易所謂絪縕, 莊生所謂生物以息相吹, 野馬者與. 此虛實動靜之幾, 陰陽剛柔之始. 浮而上者陽之淸, 降而下者陰之濁. 其感遇聚散, 爲風雨, 爲雪霜, 萬品之流形, 山川之融結, 糟粕煨燼, 無非敎也.……氣之聚散於太虛, 猶氷凝釋於水, 知太和卽氣則無無."

것을 '탁濁'이라 한다"[28]라고 말한 왕부지의 풀이는 장재의 의도를 잘 파악한 것이라 할 수 있다. 장재는 이러한 기의 운동[集·散]이 바로 기의 본질이라고 생각한다. 그러므로 운동하지 않는 기란 있을 수 없으며, "회전운동을 하는 모든 것은 그 움직임에 있어 기틀[機]을 갖고 있다. 기틀이라는 말 자체가 이미 그 움직임이 외부에서 가해지는 것이 아니라는 뜻을 내포하고 있다"[29]고 생각하였다. 장재는 이러한 운동에 의해 기는 만물도 되고, 또한 만물이 다시 태허로 바뀌기도 한다는 것이다. 위 인용문에서 보는 바처럼, 장재는 이러한 기의 운동이 물속에서 얼음이 얼었다 녹았다 하는 상태와 비슷하다고 주장한다.[30] 장재의 생각을 도표화한다면 다음과 같다.

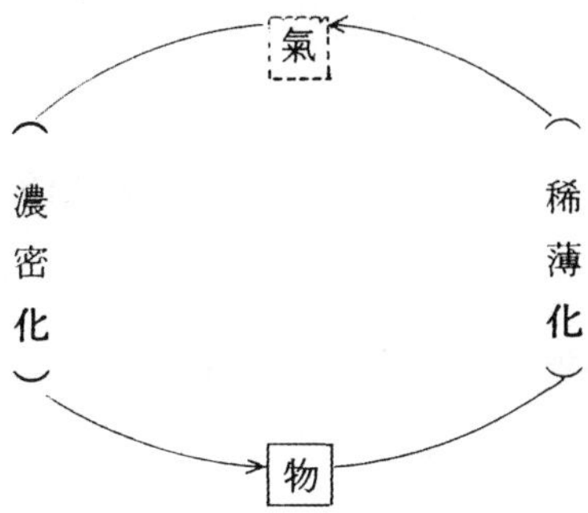

'氣'와 '物'

결국 장재는 존재하는 모든 사물들의 기초와 근원을 기라고 생각하며, 이것이 아직 현상으로 드러나기 전에는 경험적 감각으로 알 수 없지만, 일체의 만물이 모두 근본적으로 기임에는 틀림이 없다고 본다. 그리고 기는 만물이

---

28) 王夫之, 『張子正蒙注』, 「太和」.
29) 『正蒙』, 「參兩」, "凡圜轉之物, 動必有機, 旣謂之機, 則動非自外也."
30) 『正蒙』, 「太和」, "氣之聚散於太虛, 猶氷凝釋於水."

현상으로 드러나기 이전이나 이후나 항상 동일한 성질을 유지한다고 보았다. 그러므로 "천지의 기는 모이고 흩어지고 배척하고 흡수하는 작용이 여러 갈래로 나타나지만, 그 이치는 순리적이고 망령되지 않다. 기는 흩어져서 형체가 없는 상태에 들어가게 되면 본래 모습을 얻게 되고, 모여서 형상을 갖게 되더라도 본성을 잃지 않는다"[31]라고 하였던 것이다. 장재는 기가 운동하지 않을 수 없다고 본다. 그리고 '모이고 흩어지고 배척하고 흡수하는' 다양한 기의 운동은 그 상태가 어떠하든지 간에 항상 기 자체의 동일성을 유지하게 된다고 본다. 즉 존재 양태는 다양할지라도, 존재를 있게 하는 기본 원질原質은 항상 변함이 없기 때문에 '본성을 잃지 않는다'는 것이다.

장재는 '태허는 형체가 없으니 기의 본래 모습'[32]이라고 하며, 태허가 마치 기보다 상위 개념인 듯한 말을 하기도 한다. 그렇지만 '태허가 기의 본래 모습'이라고 하는 말은 결국 '태허의 무형한 상태가 바로 기의 본래 상태'라는 말로 설명될 수 있다. 이것은 장재가 우주론에 있어서 태허와 기를 근본적으로 별개의 것으로 보지 않는 입장이다. 장재의 기학에 대한 전통적인 해석은 송 · 명 리학理學의 입장에서 풀이하는 것이다. 즉 장재의 기학 또한 주자학적 전통으로 해석하여, 태허를 마치 주희의 태극 또는 리와 같은 개념으로 이해하고자 하였다. 주희는 제자가 장재의 태허의 의미에 대해 묻자, '그것 역시 리를 가리키고 있지만, 말하는 바가 분명치 못하다'고 하였다.[33] 즉 주희는 태허의 의미를 태극 또는 리의 의미로 받아들였던 것이다. 이러한 주희의 이해 방식은 후대에 와서 장재 기학에 대한 많은 편견과 오류를 낳게 하는

31) 『正蒙』, 「太和」, "天地之氣, 雖聚散攻取百塗, 然其爲理也順而不妄. 氣之爲物, 散入無形, 適得吾體. 聚爲有象, 不失吾常."

32) 『正蒙』, 「太和」, "太虛無形, 氣之本體."

33) 『朱子語類』, 卷99, 「張子書二」, "問, 橫渠云, 太虛卽氣, 太虛何所指. 曰, 他亦指理, 但說得不分曉." 참조.

원인이 되었다. 그렇지만 장재 기학의 우주론에 있어서 '태허-기-만물' 이 세 가지는 서로 소통하며 전화轉化하는 개념이다. 여기서 말하는 태허란 기의 본래 상태를 표현한 것일 뿐이니, 이른바 '태허즉기'라고 할 수 있다.

'태허는 기의 본래 상태'라고 하는 말은 장재의 유적有的 존재론을 강조하는 것이기도 하다. 이 말에서 가장 핵심이 되는 개념은 태허라고 할 때의 '허虛'이다. 즉 기의 본래 모습이 '허'하다는 뜻이다. 그렇지만 여기서 말하는 '허'란 글자의 의미는 단순히 진공과 같은 텅 빈 '무無'의 상태를 말하는 것이 아니라, 다만 구체적 형상이 없다는 것을 의미한다. 비록 구체적 형상은 없지만, 만물의 기본적 원질原質인 기로 가득 차 있기 때문에 텅 비었다고는 할 수 없는 것이다. 이것은 결국 우주 공간이 '크게 텅 빈 것[太虛]'처럼 보이지만 사실은 기로 가득 차 있는 실유實有의 세계라는 말의 역설적 표현이기도 하다.

장재는 사람들이 유有와 무無를 구분하는 것은 다만 현상적으로 경험이 되는가 그렇지 않은가, 구체적 형상을 가지고 있는가 그렇지 않은가에 달려 있다고 주장한다.[34] 그는 우리들의 감각에 포착되지 않는다고 하여 '무'라 할 수 없으며, 기로 가득 채워졌기 때문에 '유'라 해야 한다고 생각한다. 즉 우리들의 경험대상에 들어오는 것은 다만 기가 모여 형태를 지녔기 때문이며, 우리들의 경험대상에 포착되지 않는 것은 기가 흩어져 다시 태허의 상태로 돌아간 것일 뿐, 그 본래의 상태는 전혀 변함이 없다고 보았다.[35] 장재는 기가 끊임없이 '모이고 흩어지고 배척하고 흡수하는' 운동을 계속한다고 생각하기 때문에 오직 참된 모습은 기 자체일 뿐이라고 주장한다.

'보이고 나타나는 것[用]'과 '보이지 않고 아직 드러나지 않는 것[體]'에 대한 장재의 이러한 관점은 중국철학 전반에 나타나는 공통 특징이다. 이러한 사상

34) 『正蒙』, 「太和」; 『橫渠易說』, 「繫辭上」 참조.
35) 『正蒙』, 「太和」; 『橫渠易說』, 「繫辭上」 참조.

의 기원은 『주역』 「계사전」의 유명론幽明論에서 찾을 수 있다. 「계사전」에서는 "우러러 '하늘의 법도[天文]'를 바라보고 고개 숙여 '땅의 이치[地理]'를 살펴봄으로써 유·명의 까닭을 알 수 있고, 시초에 근원하여 끝을 돌이켜 봄으로써 생·사를 알 수 있다"[36]라고 하였다. 그렇지만 여기서는 다만 유·명과 생·사의 문제만 말할 뿐 기에 대해서는 아무런 언급도 없다. 장재는 『횡거역설橫渠易說』에서 위 「계사전」의 구절에 대해 다음과 같이 해석을 하였다.

> 하늘의 법도[天文]와 땅의 이치[地理]는 모두 밝음[明]으로 인해 알 수 있다. 밝음이 아닌 그 나머지는 모두가 그윽함[幽]이다. 이것이 바로 그윽함[幽]과 밝음[明]의 까닭을 알 수 있는 이유가 된다. 만물이란 서로가 밝음[離]에서 볼 수 있으므로 밝음[離]이 아니면 서로 볼 수 없다. 볼 수 있는 것은 밝음[明]으로 말미암아서이며, 볼 수 없는 것이라 하더라도 '없다'고는 말할 수 없다. 이것이 바로 하늘의 지극한 이치다.[37]

유幽·명明은 후대로 오면서 은隱·현顯, 굴屈·신伸, 귀鬼·신神, 취聚·산散 등의 말과 함께 현상화 이전과 이후를 표현하는 용어로 자주 쓰이게 된다.[38] 결국 이것은 보이지 않는 것[幽]과 죽은 것[死]은 단순한 '무'가 아니고 다만 드러나지 않은 상태일 뿐이라는 장재의 유적有的 우주론의 단서가 된다. 장재는 『정몽』에서 이러한 유적 우주론을 기의 우주론으로 한 단계 더 발전시키게 된다.

> 기가 모이면 곧 밝음[離明]의 이치가 베풀어지게 되어서 형체를 가지게 되고,

---

36) 『周易』, 「繫辭傳」, "仰以觀於天文, 俯以察於地理, 是故知幽明之故. 原始反終, 故知死生之說."
37) 『橫渠易說』, 「繫辭上」, "天文地理, 皆因明而知之, 非明則皆幽也. 此所以知幽明之故, 萬物相見乎離, 非離不相見也. 見者由明而不見非無物也, 乃是天之至處."
38) 정해왕, 「張載의 氣哲學」, 『인문논총』 38집(부산대학교 인문대학, 1991), 161쪽 참조.

> 기가 모이지 않으면 밝음의 이치가 베풀어지지 않아서 형체가 없다. 바야흐로 그 모임에 있어서 〈형체를 가진 것들을〉 어찌 '객客'이라고 하지 않겠는가? 그 흩어짐에 어찌 없다고 성급하게 말하리오? 그러므로 성인은 위로 〈천문을〉 보고 아래로 〈지리를〉 살피되, 다만 '유幽 · 명明의 연고를 안다'라고 했을 뿐 '유有 · 무無의 연고를 안다'고는 하지 않았다.…… 바야흐로 그 형체화 됨에 '유幽'의 이유를 알고, 형체화 되지 않음에 '명明'의 이유를 알게 된다.[39)]

장재는 현상화 이전과 이후를 단절시키는 모든 견해는 잘못되었다고 생각하며, 근본적으로 두 가지를 동일시하는 이론만이 올바른 세계관이라고 주장한다. 즉 이러한 장재의 이론을 '기-불이론氣不二論'이라 할 수 있다. 원래 '불이론不二論(Non-dual theory)'이란 말은 불교적 용어이나, 현대 중국철학의 선구자인 웅십력熊十力(1885~1968)이 『원유原儒』에서 중국철학의 특성을 설명하면서 차용하였다. 웅십력은 『원유』의 '서문'에서 중국철학의 일반적 특징으로 본체와 현상, 도道와 기器, 천天과 인人, 심心과 물物, 리理와 욕欲, 동動과 정靜, 지知와 행行, 덕혜德慧와 지식知識, 성기成己와 성물成物 사이의 불이론적 사유를 언급하였다.[40)] 그는 중국철학의 일관된 특징이 바로 '불이론'에 있다고 보았던 것이다. 장재의 우주론 또한 기에 의한 불이론적 사유 형식을 띤다. 특히 모든 존재의 보이는 것明과 보이지 않는 것幽을 기에 의해 체계적으로 해명하려는 장재의 시도는 분명 불이론적 사유의 전형을 보여 준다. 장재는 기에 의한 불이론적 관점이야말로 올바른 세계관이라 생각하였으며, 유가사상은 이러한 불이론적 세계관을 지닌 합리적 사상이라고 확신하였다.

그렇다면 불이론적 유가의 세계관이 장재에 이르러 더욱 강조되는 이유는

---

39) 『正蒙』, 「太和」, "氣聚, 則離明得施而有形, 不聚, 則離明不得施而無形. 方其聚也, 安得不謂之客. 方其散也, 安得遽謂之無. 故聖人仰觀俯察, 但云知幽明之故, 不云知有無之故.……方其形也, 有以知幽之因, 方其不形也, 有以知明之故."

40) 熊十力, 『原儒』(臺北: 明倫出版社, 1972), 1~2쪽 '原儒序' 참조.

무엇인가? 일체 존재가 실유實有이며, 현상화 이전이나 이후가 근본적으로 동일한 존재근거를 갖는다는 장재의 확신은 도대체 어디에서 연유하는 것인가? 장재는 왜 그토록 기에 의한 유적有的 세계관 확립에 열정적이었는가? 이러한 물음에 대한 대답은 당시의 시대적 배경과 이에 대한 장재 자신의 문제의식에서 찾아낼 수 있다.

2) 도가와 불가 사상에 대한 비판

장재 당시의 시대사조는 도가와 불가 사상이다. 물론 관학官學으로서의 유학은 여전히 그 세력을 잃지 않고 있었지만, 그 세력의 영향력은 주로 입신양명을 위한 과거科擧 준비에 그칠 뿐이었다. 일반 서민들은 말할 것도 없고 대부분의 유학자들 또한 도가와 불가 사상에 대해 깊은 관심을 갖고서 직·간접적으로 그 영향을 받게 된다. 이것은 종래의 유가사상이 성性과 천도天道 같은 형이상학적 문제에 대해 별다른 관심을 보이지 않고,[41] 다만 윤리·도덕 같은 사회적 규범에만 주목하였기 때문이다. 그러므로 성性, 명命, 도道와 같은 형이상학적 문제들은 거의 대부분 도가와 불가 사상의 전유물인 양 여겨졌으며, 당시 많은 지식인들은 이러한 방면의 형이상학적 담론에 대해 깊은 관심을 갖고 있었다. 이 점은 장재도 예외가 아니었다. 그런데 이러한 사상적 분위기에서 주목할 만한 흐름이 나타났다. 당나라 말기의 유학자인 한유韓愈와 이고李翺 등으로부터 시작하여 북송대 일련의 유학자들에 이르러 본격적인 활동이 시작되는 유학의 부흥 운동이다. 이 운동은 도가와 불가 사상에 대한 비판, 특히 불가의 형이상학을 극복하고자 하는 노력에서 비롯되었으며, 국가의

41) 이러한 점은 孔子의 제자인 子貢의 말을 통해 분명히 알 수 있다. 『論語』, 「公治長」, "子貢曰, 夫子之文章, 可得而聞也, 夫子之言性與天道, 不可得而聞也."

통치 이념 및 개인의 수신 이념으로서의 유가적 덕목을 형이상학적으로 기초 짓고자 하는 염원에서 시작되었다.

이러한 시대적 배경에서 북송대 유학자들은 도가와 불가 사상으로부터 많은 영향과 도움을 받았으면서도, 동시에 이들 사상의 영향력에 대해 본능적인 거부감을 표출하였다. 특히 불가사상에 대해서는 과도할 정도의 경계심을 드러냈다.[42] 이는 당시 많은 지식인들이 불가의 정교한 형이상학적 이론에 깊이 매료되었던 현실과 무관하지 않다. 실제로 당나라 시기의 한유의 『원도原道』와 이고의 『복성서復性書』, 그리고 북송대 손복孫復의 『유욕儒辱』, 석개石介의 『괴설怪說』, 구양수歐陽脩의 『본론本論』 등에서 도가와 불가에 대한 강한 비판적 입장을 확인할 수 있다. 그러나 이 시기 비판은 논리적 반박보다는 감정적 대응이 두드러지는 경향이 있다. 이에 반해 장재와 정씨 형제 등 이들보다 조금 후대의 사상가들에 이르면, 도가와 불가에 대한 비판이 보다 이론적으로 정교하게 전개된다. 이제 먼저 정씨 형제의 글을 통해 이러한 사상적 분위기를 구체적으로 살펴보도록 하자.

> 배우는 사람들은 석가의 설을 마치 음란한 소리나 여색女色을 멀리하는 것처럼 해야 한다.[43]

> 만물이 일체라고 말하는 이유는 만물이 모두 리理를 갖추고 있고 그 안에서 나오기 때문이다.…… 석가는 이러한 사실을 알지 못하고서 자기 몸에서 일어난 생각을 없애려고 하지만, 그 몸을 어떻게 할 수 없기 때문에 오히려 싫어하고 미워하는 것이다. 육근六根과 육진六塵을 모두 버리려고 해도 마음의 근원이

---

42) 張君勱(Carsun Chang), 『한유에서 주희까지』, 김용섭 · 장윤수 역(형설출판사, 1991), 123~138쪽 참조.

43) 『程氏遺書』, 卷2上, 「二先生語2上」, "學者於釋氏之說, 直須如淫聲美色以遠之."

안정되지 않기 때문에 마른 나무나 타 버린 재처럼 되려고 하는 것이다.[44)]

저 석가의 말에는 '공경함으로써 마음을 올바르게 하는 것敬以直內'은 있지만, '의롭게 함으로써 세상을 널리 교화하는 것義以方外'은 없다.…… 이것이 바로 불가의 가르침이 협애狹隘하다고 하는 이유다. 그러나 우리 유가의 도는 그렇지 않으니 다만 본성을 따를 뿐이다. 그 도리는 성인이 『주역』에서 이미 다 말하여 두었다.[45)]

양자楊子와 묵자墨子의 폐해는 신불해申不害와 한비자韓非子의 경우보다 더욱 심각했다. 그런데 석가와 노자의 폐해는 양자와 묵자의 경우보다 더하다. 양자의 '위아爲我'는 의義와 비슷하여 미혹되기 쉬우며, 묵자의 '겸애兼愛'는 인仁과 비슷하여 현혹되기 쉽다. 그러나 신불해와 한비자의 설은 천박하고 누추하여 알기 쉽다. 그러므로 맹자는 다만 양자와 묵자의 설만 배척하였으니, 이것은 세상을 미혹되게 함이 더욱 심하기 때문이다. 석가와 노자의 설은 이치에 가까운 듯 여겨져 세상을 미혹되게 함이 양자와 묵자에 비교할 바가 아니다. 이것이 바로 석가와 노자의 폐해가 가장 큰 이유다. 반면 양자와 묵자의 폐해는 맹자가 이미 자세하게 밝히고 물리쳤기 때문에 그 미혹됨이 분명해지게 되었다.[46)]

만약 석가의 설을 궁구하여 그 설을 취할 것인가 버릴 것인가를 결정하려고 하면, 그 설을 아직 제대로 궁구해 보기도 전에 불교 신자가 되어 버릴 것이다.…… 석가의 설과 유가 성인의 설이 이미 같은 것이 있다고 한다면, 그것은

44) 『程氏遺書』, 卷2上, 「二先生語2上」, "所以謂萬物一體者, 皆有此理, 只爲從那裏來.……釋氏以不知此, 去佗身上起意思, 奈何那身不得, 故卻厭惡. 要得去盡根塵, 爲心源不定, 故要得如枯木死灰."

45) 『程氏遺書』, 卷4, 「二先生語4」, "彼釋氏之學, 於敬以直內, 則有之矣, 義以方外, 則未之有也.……此佛之教所以爲隘也. 吾道則不然, 率性而已. 斯理也, 聖人於易備言之."

46) 『程氏遺書』, 卷13, 「明道先生語3」, "楊墨之害, 甚於申韓, 佛老之害, 甚於楊墨. 楊氏爲我, 疑於仁, 墨氏兼愛, 疑於義. 申韓則淺陋易見. 故孟子只闢楊墨, 爲其惑世之甚也. 佛老其言近理, 又非楊墨之比, 此所以害尤甚. 楊墨之害, 亦經孟子闢之, 所以廓如也."

> 곧 우리 유가가 원래부터 갖고 있던 것이다. 석가의 설이 유가 성인의 설과 합치되지 않는 것은 본디부터 취할 바가 아니다. 이와 같이 입장을 정리하면 손쉽고 힘도 덜 들 것이다.[47)]

도가와 불가사상에 대한 장재의 기본 입장은 정씨 형제의 견해와 크게 다르지 않다. 장재가 젊은 시절부터 도가와 불가의 다양한 서적을 탐독하며 이들 사상에 대한 깊이 있는 연구를 수행하였다는 사실은 그의 〈행장〉에도 기록되어 있다. 장재는 대부분의 송·명 유학자들과 마찬가지로 도가와 불가 사상의 이론적 자산을 일정 부분 수용하면서, 전통 유가사상의 형이상학적 정립을 시도하였다. 그러나 그는 도가와 불가의 사상을 깊이 연구하면 할수록 유가사상이 이들과 어떻게 근본적으로 구별되는지를 분명히 밝힐 필요성을 절감하게 되었다.[48)] 즉, 그 시대의 사조를 주도하던 도·불 사상에 대응하여 유가사상을 새롭게 재정립하는 일은 장재가 인식한 핵심적 문제의식이자, 그가 짊어진 시대적 과제였다. 이러한 배경에서 장재는 유가의 '유적有的 우주론'을 체계화하기 위한 핵심 개념으로 '기氣'에 주목하게 된다. 그는 세계의 존재가 기에 의해 실재성을 지니며, 또한 상호 연관되어 있다는 점을 철학적으로 입증하고자 하였다.

이러한 문제의식에 기반하여 장재는 도가와 불가의 우주론에 대해 비판적인 입장을 취하게 된다. 그는 먼저 유가 우주론의 근거가 되는 『주역』에서 유有와 무無에 대해 명시적으로 언급하지 않는다는 점을 지적하였다. 유와 무를 논하는 것은 이단의 잘못된 견해일 뿐이라고 보았으며,[49)] 따라서 유·무

---

47) 『程氏遺書』, 卷15, 「伊川先生語1」, "釋氏之說, 若欲窮其說而去取之, 則其說未能窮, 固已化而爲佛矣.……其言有合處, 則吾道固已有. 有不合者, 固所不取. 如是立定, 卻省易."

48) 장윤수, 『정주철학원론』(이론과 실천, 1992), 20쪽 참조.

49) 『正蒙』, 「大易」, "大易不言有無. 言有無, 諸子之陋也." 참조.

를 분별의 기준으로 삼는 우주론에 대해 강하게 비판하였다. 이러한 장재의 입장은 앞서 언급한 유幽와 명明의 해석과도 밀접한 연관을 가진다. 그는 또한 '유는 무에서 생겨난다(有生於無)'는 도가의 생성론에 대해서도 단호하게 반론을 제기하였다.

> 만약 허虛(無)가 기氣(有)를 낳을 수 있다고 한다면, 허는 무궁하고 기는 유한하여 체體와 용用이 확연히 달라지게 된다. 이렇게 되면 노자의 '유생어무有生於無'라는 자연론에 빠지게 되며, '유·무는 하나의 혼융된 상태'라는 영원한 이치를 알지 못하게 된다.[50]

이러한 주장은 결국 '본체와 현상이 둘일 수 없다'라고 하는 장재 우주론의 기본 논리를 다시 한번 확인시켜 준다. 장재의 불이론적不二論的 세계관은 『정몽』의 다음 구절에서 좀 더 분명하게 드러난다.

> 허공이 곧 기임을 알게 되면 있음(有)과 없음(無), 은미함(隱)과 현저함(顯), 신비스러움(神)과 조화로움(化), 성性과 명命이 모두 하나이고 둘이 아님을 깨닫게 된다. 모임과 흩어짐, 나감과 들어옴, 형상이 있는 것과 형상이 없는 것들의 근본이 어디서 나왔는가를 추론해 보면 곧 『주역』에 밝은 자가 된다.[51]

장재는 위 인용문에서 유有·무無, 은隱·현顯, 신神·화化 등의 불이적不二的 관계를 강조하며, 이와 함께 취聚·산散, 출出·입入, 형形·불형不形의 근본이 무엇인가를 반문한다. 이러한 물음의 의도는 물론 기에 의한 유적有的 세계의

---

50) 『正蒙』, 「太和」, "若謂虛能生氣, 則虛無窮, 氣有限, 體用殊絶, 入老氏有生於無自然之論, 不識所謂有無混一之常."

51) 『正蒙』, 「太和」, "知虛空卽氣, 則有無隱顯, 神化性命, 通一無二, 顧聚散出入形無形, 能推本所從來, 則深於易者也."

불이적 관계를 각성시키는 데에 있다. 장재는 이러한 유적有的 세계관이 유가 우주론의 근원인 『주역』의 핵심 논리라고 보았다. 그는 변화의 이치를 논한 『주역』에 밝은 사람이야말로 이러한 논리에 익숙한 자라고 하였으며, 이를 통해 자신의 우주론이 『주역』의 사상에 기초하고 있음을 분명히 하고 있다. 『정몽』에서 강조하는 기氣, 태허太虛, 태화太和, 일一과 양兩, 신神과 화化 등의 용어들은 대부분 『주역』에서 차용한 것들이다. 그러므로 왕부지는 "장재의 언설에서 『주역』 아닌 것이 없다"[52]라고 하였다.

그렇다면 여기서 새로운 문제가 제기된다. 장재의 주장대로, 현(형)상화 이전과 이후가 본질적으로 동일하며, 다만 실재하는 '기氣'의 모이고 흩어지는 차이에 불과하다면, 첫째, 현(형)상화의 구체적 과정은 어떻게 설명할 수 있는가? 둘째, 이미 구체적 형상을 갖춘 현상이 다시금 형상이 없는 본래의 상태인 태허로 되돌아가는 과정은 어떻게 설명할 수 있는가? 이 두 가지 질문은 곧 '기의 운동氣化'의 원리인 음·양과 신·화의 작용을 통해 해명될 수 있다.

3) 기의 운동성: 음·양과 신·화

장재는 사물이 현상화되기 이전의 상태인 태허와 이후의 상태인 만물萬物 모두가 존재론적으로 '유有'라고 주장한다. 이는 현상화 이전과 이후의 차이를 다만 기氣의 취산聚散, 즉 모임과 흩어짐의 차이로 보기 때문이다. 이러한 장재의 기화론氣化論을 가장 간결하게 표현한 구절이 바로 다음과 같다.

> 태허에는 기가 없을 수 없고, 기는 모여서 만물이 되지 않을 수 없으며, 만물은 흩어져 다시 태허가 되지 않을 수 없다.[53]

---

52) 『張子正蒙注』, 序論, "張子言無非易."
53) 『正蒙』, 「太和」, "太虛不能無氣, 氣不能不聚而爲萬物, 萬物不能不散而爲太虛."

장재에게 있어 태허와 만물은 기에 의해 상호 매개된다. 그러나 기는 단순한 매개자에 그치지 않고, 오히려 태허와 만물 모두에 대해 주체적 지위를 갖는다. 장재는 기가 만물로 전개되는 것을 기 자체의 본질적 성질, 즉 운동성에서 기인한다고 보았으며, 이러한 운동성을 다양한 방식으로 설명하고자 하였다.

> 천지의 기는 모이고 흩어지고 배척하고 흡수하는 작용이 여러 갈래로 나타나지만, 그 이치는 순리적이고 망령되지 않다.[54]

> 넓고 아득하여 끝이 없는 '태허의 기'는 오르고 내리며 날아 펴지는 것을 잠시도 그쳐 본 적이 없고, 잠시도 어느 한 단계에 머물러 본 적이 없다. 이것은 이른바 『주역』에서 말하는 인온絪縕(원기왕성한 모양)이요, 『장자』에서 말하는 '생물이 숨기운을 서로 불어 대는 것' 즉 아지랑이[野馬]다. 이러한 기는 텅 비어 있으면서도 꽉 차 있고 움직이면서도 고요한 것의 기틀이며, 음과 양, 굳셈과 부드러움의 시초다. 떠서 올라가는 것은 양의 맑음이요, 가라앉아 내려가는 것은 음의 흐림이다. 이것이 서로 감응하고 만나며 모여들고 흩어짐으로써 비와 바람이 되고 눈과 서리가 되는데, 온갖 종류가 흘러 형성되는 것이든지 산과 내[川]가 녹거나 응결되는 것이든지 곡식 찌꺼기나 타고 남은 불이나 잿더미든지 모두가 일정한 이치가 아닌 것이 없다.[55]

장재가 『정몽』에서 말하는 부浮·침沈, 승乘·강降, 동動·정靜, 승勝·부負, 굴屈·신伸, 취聚·산散, 공攻·취取, 허虛·실實, 음陰·양陽, 강剛·유柔 등은 모두 기 운동의 구체적 양상을 표현하는 말이다. 이것들은 모두 대대待對 관계를

---

54) 『正蒙』, 「太和」, "天地之氣, 雖聚散攻取百塗, 然其爲理也順而不妄."

55) 『正蒙』, 「太和」, "氣坱然太虛, 升降飛揚, 未嘗止息, 易所謂絪縕, 莊生所謂生物以息相吹, 野馬者與. 此虛實動靜之幾, 陰陽剛柔之始. 浮而上者陽之淸, 降而下者陰之濁. 其感遇聚散, 爲風雨, 爲雪霜, 萬品之流形, 山川之融結, 糟粕煨燼, 無非敎也."

취하고 있는데, 기 운동의 형태와 원리를 간접적으로 시사한다. 이 중에서 후대에 가장 많은 영향을 끼친 개념이 바로 음·양이다. 음·양의 개념은 『주역』「계사전」에 처음 등장한다. 세계에 대한 포괄적 해석 체계로서의 기의 이론은 음·양 개념이 성립된 이후에 이루어진 것으로 추정된다. 음·양의 관념은 이미 갑골문 시대부터 존속했다. 다만 그 기본 관념이 '천天·지地 → 혼魂·백魄 → 귀鬼·신神 → 강剛·유柔 → 음陰·양陽'의 순서로 발전된 것으로 여겨진다. 이러한 기본 관념은 구체적이고 종교적인 차원에서 시작하여 추상적이고 객관적이며 우주론적인 차원으로 발전되었다. 귀·신의 관념보다는 현상적 성질을 기술하는 강·유의 개념이 보다 많은 것을 설명할 수 있었으며, 강·유의 개념보다는 기호적記號的 약속인 음·양의 개념이 훨씬 더 다양한 경우를 설명할 수 있다. 전국시대에 이르러 음·양의 개념이 성립되었다는 것은 당시 지식인 사회에 있어서 음·양이라는 상징성으로써 보다 포괄적으로 우주와 세계를 설명하려는 발전적 시도가 있었음을 보여 준다.[56] 이것은 곧 기론의 전개 과정에 있어서도 음·양의 이론이 절대적 역할을 하고 있음을 보여 주는 사례이다.

『주역』 경문에서는 강·유 개념을 언급하였는데, 이것은 후대로 내려오면서 자연스럽게 음·양이라는 좀 더 상징적인 개념으로 바뀌게 된다. 음·양은 『주역』의 '괘卦'를 형성하는 가장 기본적인 효爻로서, 『주역』의 모든 사상을 체계적으로 설명하는 가장 중요한 요소이다. 원래 음과 양이라는 단어는 각각 산기슭의 그늘진 언덕과 햇빛 비치는 언덕을 상징하였으나, 의미 확장에 의해 강의 북쪽 언덕과 남쪽 언덕, 어두운 계절과 밝은 계절 등에 대해서도 사용되었다. 고대 중국 농경사회에 있어서 자연현상과 사회현상 사이의 지속적인

56) 김용옥, 『도올논문집』(통나무, 1991), 38쪽 참조.

상호 간의 영향 때문에 음과 양은 일찍부터 남·녀의 상호 보완 관계를 포함한 사회계층 간의 상호보완적 측면을 상징하는 의미로 좀 더 일반적으로 사용되었다. 즉 음·양은 자연계와 인간사 전체에 걸친 이 세계의 모든 양극성을 의미하는 개념으로 고착화되었다.[57] 이러한 특징은 기의 이론에 있어서도 마찬가지다.

그런데 문제는 이러한 음·양의 특징이 사물 자체의 고유한 본성이라기보다는 사물과 사물 간의 상호 관계에 의해 결정되는 성질이라는 점이다. 즉 일반적인 입장에서 보면 남자는 양이고 여자는 음이다. 그렇지만 이것은 남자와 여자라는 관계로 상대할 때에 한정해서다. 비록 남자라 할지라도 어머니에 대해서는 음이 되고, 또한 여자라 할지라도 아들에 대해서는 양의 입장을 취하게 된다. 즉 음·양은 그 어떤 것이 다른 어떤 것에 대해서만 의미를 가질 수 있다. 이것을 논리학적인 용어로 표현한다면 단항술어短項述語가 아닌 이항술어二項述語이다.

$$(\exists y)\text{음}(a,\ y) \cdot (\exists z)\text{양}(a,\ z)$$

어떤 개체 a는 다른 개체 b에 대해서는 양이지만, 제3의 다른 개체 c에 대해서는 음도 될 수 있는 것이다. 즉 음·양은 상대적 이항관계[상대적 이항술어]에 있다.[58] 이것이 바로 『주역』에 나타나는 음양론의 특징이며 장재 기학에 있어서도 동일하게 계승된다. 즉 음과 양이 상대적 이항술어의 관계에 있기 때문에, 결국 음이든 양이든 자기 실체의 속성으로 고집할 수 없는 것이다. 그러므로 기의 이론에 있어서도 음과 양은 다만 기의 가변적인 운동 양상을

---

57) 김영식 편, 『중국 전통문화와 과학』(창작과 비평사, 1986), 184~185쪽 참조.
58) 末木剛博, 『동양의 합리사상』, 최승호 역(이문출판사, 1987), 158~159쪽 참조.

지시하는 개념일 뿐이다. 그런데 포커트(M. Porkert)와 같은 학자들은 음·양의 이러한 가변성과 상대성에도 불구하고 두 개념의 여러 가지 속성들이 그 자체만으로도 비교될 수 있다는 점을 강조한다.[59] 즉 일관성 있는 해석을 위해서는 어느 정도의 왜곡을 무릅쓰고서라도 음·양 두 개념의 정확한 구분과 분석이 필요하다고 주장하는 것이다. 그렇지만 음·양 개념의 핵심은 역시 가변성과 상대성에 있으며, 특히 장재의 기화론을 제대로 이해하기 위해서는 이러한 상대적 원리에 익숙해야 한다.

장재는 기의 운동 원리를 '신神(통일성의 원리, 만물 → 태허즉기)'과 '화化(다양성의 원리, 태허즉기 → 만물)' 두 글자로 설명한다. 신神과 화化 또한 대대待對 관계를 취하고 있으며 구체적인 작용이 음·양과 비슷하다. 그렇지만 면밀하게 『정몽』을 검토해 보면 신·화와 음·양 양자 간에 무시할 수 없는 차이점을 발견하게 된다. 우선 신과 화는 체·용 관계로 볼 수 있다는 점에서 음·양과는 다르다. 장재는 『정몽』 「신화」편에서, "신은 하늘의 덕이고 화는 하늘의 도이다. 덕은 그 본체體이고 도는 그 작용用이다"[60]라고 하였다. 이것은 곧 장재가 신·화를 체·용의 관계로 이해하고 있음을 입증해 준다. 장재 자신은 신과 화가 기에서 볼 때는 하나라고 말하지만, 신이 화보다는 상위 개념으로 해석될 여지가 있다. 그렇지만 음·양의 개념은 근본적으로 보아 체·용의 관계로 간주하기 어렵다. 신·화와 음·양 간에는 또 하나의 중요한 차이점이 있다. 신과 화에는 다분히 도덕적인 의미가 내포되어 있어서 장재의 기학을 인사人事의 방면에까지 확장시켜 나간다. 그러나 음·양 개념은 그 의미가 우주 생성론의 한계를 훨씬 넘어서서 인간의 기질, 감정, 체질 등과 관련한 의미에까지 확장되기는 하나, 인간의 도덕성을 의미하는 경우는 거의 없다.

59) 김영식 편, 『중국 전통문화와 과학』, 193~199쪽 '포커트, "陰陽 개념의 분석"' 참조.
60) 『正蒙』, 「神化」, "神, 天德, 化, 天道. 德其體, 道其用."

'태허-기-만물' 간의 유기적 관계를 보장하는 기 운동의 근거가 바로 신神이며, 신을 속성으로 하는 기의 부단한 자기 운동의 발로가 화化이다. 화는 현상계의 운동과 변화의 원리라고 할 수 있으며, 그 운동과 변화의 직접적인 계기가 음·양이라는 상대적인 양극성이다. 장재는 통일성의 원리인 '신'과 다양성의 원리인 '화'에 대해서 "하나의 사물에 두 면이 있는 것이 기氣다. 하나이므로 신비[神]스럽고 둘이므로 변화[化]한다"[61]라고 하였다. 여기서 '하나의 사물에 두 면이 있다[一物兩體]'라고 할 때의 '하나'와 '둘'에 대해서는 후대의 학자들 대부분이 '태극太極(道; 理)'과 '음양陰陽(氣)'으로 구분한다. 이러한 해석은 『주역』「계사전」의 "변화의 원리[易]에는 태극이 있는데, 이것이 양의[음·양]를 낳고"[62]라는 문구에서 생겨났다. 그런데 문제는 하나[太極]와 둘[兩儀]의 관계를 따지는 데서 생겨난다. 논쟁의 불씨는 역시 동일한 문헌(『주역』「계사전」)이 제공하였다. 바로 '일음일양지위도一陰一陽之謂道'라는 문구의 해석이다. 여기서 도道는 물론 위에서 말하는 '하나'이고, 음·양은 '둘'을 의미한다. 그런데 이 '하나'와 '둘' 간의 관계를 따질 때 어느 것이 좀 더 근본적이며, 또한 가치적으로 상위 개념인가 하는 문제에 있어서는 다양한 입장이 존재한다.

'일음일양지위도'에 대한 해석은 전통적으로 크게 보아 두 가지 입장으로 갈라진다.[63] 우선 정이와 주희의 입장처럼 '한번은 음하고 한번은 양하는 그 까닭[所以]을 도라 한다'라고 해석하여, 일음일양 자체는 현상적인 변화·운동·생성 그 자체로서 형이하의 기器(氣)이지만, 일음일양하는 까닭·이유·원리는 형이상의 도道(太極)라고 보는 경우이다. 다른 하나의 입장은 장재와 육구연처럼 '일음일양지위도'를 문자 그대로 해석하여 일음과 일양 자체를 도라고 해석

---

61) 『正蒙』, 「參兩」, "一物兩體, 氣也. 一故神, 兩故化."
62) 『周易』, 「繫辭傳」, "易有太極, 是生兩儀."
63) 장윤수, 『정주철학원론』, 165쪽 참조.

하는 경우로서, '하나'와 '둘' 사이 즉 형이상과 형이하, 도道와 기器, 리理와 기氣 사이에 어떠한 근본적인 구분도 허용치 않는다. 즉 장재는 '일음일양지위도'에 있어서 일음과 일양은 일물양체一物兩體이며, 여기서 도는 일물에 해당된다고 본다. 그리고 일물과 양체, 즉 도[태허]와 음·양이 기에서 볼 때는 '하나'라고 주장한다.

장재는 '일고신一故神'과 '양고화兩故化'의 구절을 스스로 주해하여 '일고신'은 '양면성이 있으므로 측량하기 어렵다'라고 하였고, '양고화'는 '하나를 향해 밀고 나간다'라고 하였다.[64] 즉 하나의 원리와 본체도 실제로 현상세계에 드러날 때는 음과 양 두 방향으로 전개되니 그 이치가 신묘하여 측량하기 어렵다고 보며, 양의[음·양]로 인해 나타나는 여러 현상과 변화들은 대체로 상반된 두 방향이 있지만 여전히 하나의 원리와 본체를 지향한다고 보았다. 이러한 설명은 장재의 불이론적 세계관을 멋지게 표현한 것이다. 이처럼 기화론에서도 장재의 일관된 논리인 불이론을 확인하게 된다. 장재가 하늘의 체·용 관계로 파악한 신과 화도 기의 측면에서 볼 때에는 하나일 따름이며, 또한 화의 양 측면이라 할 수 있는 음과 양도 결국 상호보완적 의미를 지닌 양극성의 논리이다. 장재는 바로 이러한 논리에 따라서 '태허－기－만물' 간의 전체적 조화를 이루어 낼 수 있었다.

우리들에게 있어서 우주론이란 단념할 수 없는 영원한 매력임과 동시에, 다른 한편으로는 그 체계의 내부 모순이 드러나기 쉬운 위험한 모험이기도 하다.[65] 문제는 우주 생성론[철학]과 우주 구조론[과학]이 독자적으로 별개의 영역을 구축하여 자기 세계에만 갇히게 된다면 진정한 우주론이 될 수 없다는 데에 있다. 장재 또한 그 누구보다도 자연과학 특히 천문학에 깊은 관심을

64) 『正蒙』, 「參兩」, "一故神, 兩在故不測(張子自注), 兩故化, 推行於一(張子自注)."
65) 山田慶兒, 『朱子의 自然學』, 김석근 역, 33쪽 참조.

가지고 있었으며, 자신의 우주론의 많은 부분을 구조론에 할애하였다. 이제 장재 우주론의 구조론적 특징을 살펴보도록 하자.

2. 장재의 우주론(2): 구조론

앞에서 언급한 바처럼, 장재 사상에 있어서 우주 구조론의 가장 기본이 되는 모델은 혼천설이다. 장재의 우주 구조론은 주로 『정몽』 「삼량」편에 나타난다. 그중에서 대표적인 부분을 먼저 살펴보도록 하자.

> 땅은 순수한 음이 가운데에서 엉기어 모인 것이요, 하늘은 떠오른 양이 바깥에서 운행하며 도는 것이니, 이것이 바로 천지의 일정한 형태이다. 항성恒星은 서로의 위치를 바꾸지 않고 하늘에 매여서, 떠오른 양기와 함께 끊임없이 운행하며 돈다. 일·월·오성은 하늘에 역행하고 땅을 다 같이 둘러싼다. 땅은 기 속에 있어서 하늘을 따라 왼쪽으로 돈다. 땅에 매여 있는 신상辰象, 즉 일·월·오성은 땅을 따라 왼쪽으로 돌지만 약간 느리기 때문에 오히려 오른쪽으로 도는 것처럼 느껴진다. 일·월·오성의 속도에 느리고 빠름이 있는 것은 각기 그 성질이 다르기 때문이다. 달은 음의 정기로서 양의 반대가 되니, 오른쪽으로 도는 것이 가장 빠르다. 해는 양의 정기이나 그 실질은 본래 음인 까닭으로 오른쪽으로 도는 것이 비록 늦기는 하지만, 순전히 하늘에만 매달려 있는 항성처럼 전혀 자리를 옮기지 못하는 것은 아니다. 금성과 수성이 태양의 앞·뒤로 붙어 나아가고 물러가며 운행하는 것은 그 이치가 정밀하고 심오한 것이니, 바로 물체가 서로 감응되는 데 관계하는 것임을 알 수 있다. 토성鎭星은 땅의 종류이나 오행에 근본하고 있다. 비록 운행하는 속도가 가장 느리긴 하지만 순전히 땅에만 매여 있는 것은 아니다. 화성의 실질은 음이나 양이 모여 된 것으로서 그 기가 태양에 비해 미약하므로 태양보다 배나 느리다. 목성은 곧 일 년에 한 번씩 성하고 쇠하므로 한 해에 한 자리辰씩 옮겨 간다. '자리'라고 하는 것은 해와 달이 서로 만나는 곳이니 바로 한 해를 상징한다.[66]

여기서 순수한 음기가 중심에 응집하여 있는 것을 '땅'으로 보고, 떠오른 양기가 땅의 바깥쪽을 운행하여 선회하는 것을 '하늘'로 보는 것은 혼천설의 구조와 그대로 일치한다. 그러나 장재는 중국 전통 우주론의 단점을 예리하게 직시하고, 이러한 결함을 극복하는 방향으로 철두철미하게 추구해 나갔다. 그의 우주론은 분명 역학적曆學的 전통 우주론의 범위를 훨씬 뛰어넘는 것이었다.[67] 바로 이러한 점에서 장재의 우주론을 중국 우주론의 혁명이라고까지 평하는 학자들이 있다. 육조六朝시대 이후 천문학의 발전은 주로 역법曆法에 관한 것이었으며, 우주론에 직접 관계된 부분은 찾아보기 힘들다. 그러나 송대에 이르러 심괄沈括(1031~1095) 등의 과학자들에 의해 획기적인 수준의 과학적 성취를 이룩하게 된다.[68] 그리고 이러한 진보된 과학적 토대를 발판으로 하여 생성론과 구조론을 종합한 장재의 세련된 우주론이 출현할 수 있게 되었다.

앞에서 언급한 바처럼, 우주 구조론으로서 혼천설은 많은 장점을 갖는다. 예를 들면 천문현상의 구면球面 천문학적인 설명에 성공한 점, 그리고 하늘의 내부에 기를 채워 천·지의 상대적 위치를 정립한 것 등은 우리들의 일상적인 경험과 관찰을 종래의 주장들보다 훨씬 더 폭넓게 수용한 것이라 할 수 있다. 그렇지만 혼천설이 갖는 결정적인 약점은 하늘을 고체 상태의 구球로 여긴다는 사실이다. 바로 이러한 점에서 장재는 선야설의 주장을 발전시켜 '하늘의

---

66) 『正蒙』, 「參兩」, "地純陰, 凝聚於中, 天浮陽, 運旋於外, 此天地之常體也. 恒星不動, 純繫乎天, 與浮陽運旋而不窮者也. 日月五星, 逆天而行, 幷包乎地者也, 地在氣中, 雖順天左旋, 其所繫辰象隨之, 稍遲則反移徒而右爾. 間有緩速不齊者,七政之性殊也. 月陰精, 反乎陽者也, 故其右行最速. 日爲陽精. 然其質本陰, 故 其右行雖緩, 亦不純繫乎天, 如恒星不動, 金水附日前後進退而行者, 其理精深, 存乎物感可知矣. 鎭星地類, 然根本五行. 雖其行最緩, 亦不純繫乎地也. 火者亦陰質爲陽萃焉. 然其氣比日而微, 故其遲倍日. 惟木乃歲一盛衰, 故歲歷一辰. 辰者, 日月一交之次, 有歲之象也."

67) 王夫之, 『張子正蒙注』, 「參兩」 참조.

68) 조셉 니담, 『中國의 科學과 文明』 III, 이석호 외 역(을유문화사, 1987), 202·203·231쪽 참조.

고체성'을 부인하였다. 위에서 인용한 장재의 말처럼, 하늘이 기의 부단한 회전운동에 불과하다고 하면 하늘의 고체성은 당연히 부정되는 것이다.

그런데 장재는 이러한 탁견을 제시하면서도 동시에 하늘의 고체성을 인정하는 듯한 모순된 발언을 하고 있다. 즉 위에서 인용한 '항성은 자리를 옮기지 않고 순전히 하늘에 매달려[繫]'라는 구절이 문제가 된다. 전통적 우주 구조론에 있어서 '계繫'는 계착係着 혹은 근계根繫라는 의미로서 고체의 하늘에 대한 부착附着을 나타내는 용어로 사용되었다.[69] 만약 장재가 진심으로 하늘의 고체성을 부인하고자 했다면 '부유浮游' 정도의 표현을 했어야 할 것이다. 즉 장재가 하늘의 고체성을 부인하면서도 여전히 '계繫'라는 표현을 사용하고 있다는 점이 문제가 된다. 그렇다면 장재가 사용하고 있는 '계'라는 용어의 모순적 상황을 어떻게 이해해야 할까? 장재가 하늘의 고체성을 자신도 모르는 사이에 다시 인정하게 되는 것인가, 그렇지 않으면 하늘의 고체성 부정이라는 자신의 주장을 번복하지 않아도 되는 다른 어떤 은유적 표현인가?

결론적으로 말하여 장재가 말하는 '계'의 의미는 단순히 어떤 물체에 부착되어 있다는 것을 의미하지는 않는다.[70] 그 결정적인 단서가 바로 위 인용문 중에 "토성은…… 순전히 땅에만 매여 있는 것은 아니다"라고 하는 구절이다. 장재가 말하는 '계繫'의 의미가 계착 혹은 근계의 뜻이라고 한다면, '순전히 땅에만 매여 있는 것은 아니다[不純繫乎地]'라는 구절은 어떻게 해석할 것인가? 이 경우에는 분명히 계의 의미를 고체의 땅에 별들이 매달려 있다는 의미만으로 해석할 수는 없다. '순전히 땅에만 매여 있는 것은 아니다[不純繫乎地]'에서 계繫의 의미는 기의 회전운동에서 발생하는 물리적 힘에 의해 별들이 공중에 떠 있는 상황을 묘사한 말로 볼 수 있다.[71] 이렇게 보면 장재는 기의 회전운동

69) 山田慶兒, 『朱子의 自然學』, 김석근 역, 59~60쪽 참조.
70) 山田慶兒, 『朱子의 自然學』, 김석근 역, 61~63쪽 참조.

으로 인해 생겨나는 물리적인 힘에 의해 별들이 허공에 존재할 수 있는 근거를 마련한 셈이다.[72] 그리고 장재는 하늘에 속한 별과 땅에 속한 별로 구분하였는데, 이것은 곧 별들 간의 역학적力學的 견인력牽引力을 '계'로 표현하였을 가능성을 암시해 준다. 여기에서 장재의 기는 운동성과 힘을 지니는 것으로 볼 수 있다. 이처럼 장재의 우주 구조론은 기의 끊임없는 회전운동을 전제로 하고 있다. 그리고 이러한 기의 운동은 각 부분에서 다양하게 나타나는 단순한 집集·산散과는 달리, 일기一氣 전체의 한결같은 운동으로서 기의 존재 형태 그 자체로 가정할 수 있다.[73] 이렇게 되면 장재는 기 운동의 원인을 바깥에서 별도로 설정할 필요가 없게 된다. 그러므로 장재는 "회전운동을 하는 모든 것은 그 움직임에 있어 기틀[機]을 갖고 있다. 기틀이라는 말 자체가 이미 그 움직임이 외부에서 가해지는 것이 아니라는 뜻을 내포하고 있다"[74]라고 하였다.

이러한 전제에 입각하여 장재는 "항성은 서로의 위치를 바꾸지 않고 하늘에 매여서 떠오른 양기와 함께 끊임없이 운행하며 돈다.…… 일·월·오성의 속도에 느리고 빠름이 있는 것은 각각 그 성질이 다르기 때문이다"[75]라고 하는 우주 구조론을 전개하였다. 일기一氣의 한결같은 회전운동이 전제되어 있기에, 기가 응집한 항성도 당연히 일기와 같은 속도의 회전운동을 하게 될 것이다. 이 경우에 항성의 상대적 위치는 변하지 않는다. 그러므로 장재가 '항성이 하늘에 매여 있다'고 한 것은 항성이 기에 의해 움직여진다는 의미가 아니라, 기와 동일한 속도로 회전한다는 의미로 해석해야 한다. 즉 '계繫의

---

71) 이규성, 「王船山 氣 哲學體系 硏究」(서울대학교 박사학위논문, 1989), 46쪽 참조.
72) 이규성, 「王船山 氣 哲學體系 硏究」, 46쪽 참조.
73) 山田慶兒, 『朱子의 自然學』, 김석근 역, 61쪽 참조.
74) 『正蒙』, 「參兩」, "凡圜轉之物, 動必有機. 旣謂之機, 則動非自外也."
75) 『正蒙』, 「參兩」, "恒星不動, 純繫乎天, 與浮陽運旋而不窮者也.……間有緩速不齊者, 七政之性殊也."

작용'이 여기서는 기의 존재 형태로서의 회전운동을 가리키는 것이다. 그리고 '땅이 하늘을 따라 왼쪽으로 돈다'고 하는 구절도 땅이 기와 함께 회전한다는 것, 즉 자전自轉한다는 의미로 해석할 수 있다. 바로 여기에서 장재 우주 구조론의 특징 중 하나인 땅(지구)의 자전설을 엿보게 된다. 장재는 일기의 회전운동을 전제로 하여 일·월·오성이 왼쪽으로 돈다는 것에서부터 땅의 자전 개념까지 이끌어 낸다.[76] 그러므로 왕부지는 자전설이 바로 '장재가 창시한 학설'이라고 평하였다.[77] 장재의 이러한 견해는 당시 천문학자들의 정설定說과 정면으로 대립하였으며, 시대적 한계를 뛰어넘는 탁견이라 할 수 있다.

이제 장재 우주 구조론의 근간을 짐작하게 하는 또 하나의 구절을 인용해 보도록 하자.

> 무릇 회전운동을 하는 모든 것은 그 움직임에 있어 기틀(機)을 갖고 있다. 기틀이라는 말 자체가 이미 그 움직임이 외부에서 가해지는 것이 아니라는 뜻을 내포하고 있다. 옛날이나 지금이나 하늘이 왼쪽으로 돈다고 하는데, 이것은 조잡하기 짝이 없는 말이며, 해와 달이 뜨고 지는 것과 항성이 저녁과 새벽으로 변하는 것을 살피지 못한 때문이다. 나는 이렇게 생각한다. 하늘에서 운행하는 것은 단지 일·월·오성뿐이다. 항성이 낮과 밤이 되는 것은 바로 땅의 기가 '기틀'에 의해 가운데에서 왼쪽으로 돌기 때문에 항성이나 은하수는 북에서 남으로 회전하고, 해와 달은 하늘에 뜨고 지는 것이다. 태허는 형체가 없으니, 곧 바깥에서 움직이는 것을 증명할 수 없다.[78]

여기서 말하는 태허는 곧 하늘을 의미한다. 장재가 우주 구조론에서 말하

76) 山田慶兒, 『朱子의 自然學』, 김석근 역, 61쪽 참조.

77) 王夫之, 『張子正蒙注』, 「參兩」 참조.

78) 『正蒙』, 「參兩」, "凡圜轉之物, 動必有機. 旣謂之機, 則動非自外也. 古今謂天左旋, 此直至粗之論爾, 不考日月出沒恒星昏曉之變. 愚謂在天而運者, 唯七曜而已. 恒星所以爲晝夜者, 直以地氣乘機左旋於中, 故使恒星河漢因北爲南, 日月因天隱見. 太虛無體, 則無以驗其遷動於外也."

는 태허는 공간적 전체성이며, 시간성을 그 가능체로 하는 무한정한 전체이다.[79] 그러므로 장재는 태허가 구체적인 물체가 아니기 때문에 '태허즉기'의 회전운동은 증거가 없다 하여 제외하게 된다. 즉 여기서 기 자체의 취·산 운동에 대한 부정은 없으나, 태허즉기의 회전운동은 증거불충분이라 하여 부정되는 것이다. 장재는 위 인용문에서 회전운동의 원동력은 땅에 내재하고, 그리고 땅의 자전自轉에 의해 별들의 일주一週 운동과 밤·낮의 변화가 일어난다고 주장한다. 또한 이러한 회전운동의 원동력은 일·월·오성에도 내재하여 이러한 별들이 공전公轉 운동을 하게 된다고 생각하였다.[80] 장재는 여기에서 기의 한결같은 전체 운동을 일단 유보함으로써 일·월·오성의 운동이 서로 간에 밀접한 연관을 가질 수 있게 된다고 보았다. 일·월·오성 간의 '작용적 연관성'은 장재의 우주 구조론에 있어서 커다란 의미를 갖는다. 이러한 작용적 연관성을 장재의 용법으로 표현하면 '계繫'가 되고, 이것을 현대적인 시각에서 본다면 회전운동에 수반되는 견인력으로 말할 수 있다.

장재는 밀물[潮]과 썰물[汐]의 크고 작음을 달의 그믐과 보름에다 결부시킨다. 그리고 이러한 결부 또한 '계'라는 말로 표현하였다.

> 땅에서 오르내리는 작용이 있고, 해에는 길고 짧음이 있다. 땅이 비록 기가 엉겨 모여서 흩어지지 않는 물체라 할지라도 음·양 두 기가 그 사이를 오르내리며 끝까지 서로 따라 다닌다. 양이 날마다 올라가면 땅은 날마다 내려가니, 아래에 있는 것이 허虛해진다. 양이 날마다 내려가면 땅은 날마다 올라가니 위에 있는 것이 꽉 차게 된다. 이것이 바로 한 해 동안의 차고 더운 날씨의 원인이 된다. 하루의 낮과 밤 사이에 차고[盈] 비고[虛], 오르고 내리는 것은

79) 山根三芳, 『張橫渠の天人合一思想』(『日本中國學會報』 19集, 日本中國學會, 1967), 146쪽 참조.
80) 山田慶兒, 『朱子의 自然學』, 김석근 역, 63~64쪽 참조.

> 바다의 밀물과 썰물로 증명하면 꼭 들어맞는다. 그중에서도 밀물과 썰물의 크고 작은 차이가 나는 것은 바로 해와 달이 초하루와 보름에 그 정기가 서로 감응하는 데 달려 있다.[81]

장재에게 있어서 '계'는 기의 감응과 결부된 개념이다. 장재는 계라는 개념을 통해 자연현상 간의 밀접한 연관성을 풀이한다. 그런데 장재가 여기서 사용하고 있는 계의 개념은 자연세계에 대한 객관적인 시각보다는 오히려 도덕적 세계관의 홍취를 짙게 풍기고 있다. 즉 장재가 계의 의미로 사용하고 있는 '상감相感'이라는 용어는 자연현상을 설명하기 위한 과학적 개념이라기보다는 오히려 주관적 도덕 세계를 설명하기 위한 '관념적 언어'의 냄새가 짙다. 여기에서 결국 장재 기학의 자연관은 도덕적 주관세계로 향하게 된다. 장재 기학의 궁극적인 목적은 '대자연과 인간의 조화[天人合一]'라는 유가사상의 최고 이념을 기의 감응[繫]을 통해 설명하려는 것이다. 장재의 우주론은 이 지점에 이르러 '도덕적 창조론'의 성격을 드러내게 된다.

Ⅲ. 장재 우주론의 근본 의도

장재의 기학은 인간 삶의 터전이 되는 세계가 객관적으로 실재한다는 유적有的 존재론을 기반으로 출발한다. 장재는 이러한 세계의 실재성을 논증함으로써, 불가사상에 비해 논리적 정교성이 부족하다는 평가를 받아 온 유가사

81) 『正蒙』, 「參兩」, "地有昇降, 日有修短. 地雖凝聚不散之物, 然二氣昇降其間, 相從而不已也. 陽日上, 地日降而下者, 虛也. 陰日降, 地日進而上者, 盈也. 此一歲寒暑之候也. 至於一晝夜之盈虛昇降, 則以海水潮汐驗之爲信. 然間有小大之差, 則系日月朔望, 其精相感."

상의 한계를 극복하고자 하였다. 이는 동시에 불교의 '환망설幻妄說'에 대한 철학적 대안을 제시하려는 시도로 이해될 수 있다. 장재의 불가사상 비판에서 언급되는 '환망幻妄', '환화幻化', '견병見病' 등의 개념은 주로 당대唐代의 위경僞經으로 분류되는 『수능엄경首楞嚴經』에 등장하는 불교 용어들을 비판 대상으로 삼고 있다.[82] 이 경전은 인간의 삶과 천지자연 전체를 '환망'으로 간주하는데, 이는 불교 세계관의 전형적인 인식론적 특징을 드러내는 대표적 사례로 볼 수 있다.

장재는 이러한 불교적 인식론을 극복하고자, 당시 시대적 요청에 부응하는 새로운 우주론 및 도덕 이론의 정립을 지향하였다. 그는 그 철학적 준거로서 『주역』을 주목하였다. 『주역』은 인간을 우주의 일부분으로 이해하며, 우주 만물에 내재된 이치를 따라 천지의 덕을 실현함으로써 '천지와 덕을 합일하는 존재'가 곧 성인임을 역설한다.[83] 이에 반해, 장재는 불교의 환망설이 이러한 천지의 생성과 조화의 원리를 부정하는 것으로 간주하였으며, 주역적 사유와의 근본적인 모순으로 인식하였다. 그는 『횡거역설橫渠易說』에서 "성인의 의도는 조화造化의 이치를 인식하는 데에 가장 큰 목적이 있었으며, 이 조화를 인식한 이후에야 비로소 이치[理]를 궁구할 수 있다"고 밝히면서, 조화의 이치를 알지 못한 채 세계를 환망으로 간주하는 불교의 입장을 비판하였다.

> 성인의 의도는 조화造化의 이치를 인식하는 데에 가장 큰 목적이 있었으며, 이 조화를 인식한 이후에야 비로소 이치[理]를 궁구할 수 있다. 그런데도 저 불교도들은 조화의 이치를 제대로 알지 못하고서 세계의 참모습을 '환망幻妄'으로만 여긴다. 『주역』의 이치를 제대로 알지 못하고서 어찌 천도를 알겠으며,

---

82) 小野澤精一 외, 『氣의 사상』, 전경진 역(원광대학교출판국, 1987), 461~462쪽 참조.
83) 『周易』, 乾卦 「文言」, "夫大人者, 與天地合其德." 참조.

천도를 알지 못하고서 어찌 성性을 말할 수 있겠는가?[84)]

장재는 자연[天]과 인간[人]의 관계에 있어서 초기에는 '분별적 관점[分]'을 견지했으나, 궁극적으로는 우주를 하나의 도덕적 창조로 파악하는 '통합적 관점[合]'으로 수렴하였다. 그는 창조의 원리가 자연과 인간 모두에 동일하게 작용한다고 보았으며, 이 점에서 우주의 생성 원리와 인간 도덕성의 근원을 동일한 철학적 층위에서 설명하고자 하였다.[85)] 이러한 점에서 장재의 기학을 인간 중심의 우주론으로 해석한 테일러(R. Taylor)의 관점은 재고의 여지가 있다.[86)] 그의 견해는 장재 우주론의 형이상학적 구조만을 강조한 결과이며, 장재가 궁극적으로 추구했던 바가 인간의 도덕적 존재근거를 밝히는 데 있었음을 간과한 해석이라 할 수 있다.

장재는 세계를 태허인 기의 취聚와 산散이 반복되는 운동의 과정으로 파악하였다. 그는 이와 같은 기의 구조를 바탕으로 사물 변화의 법칙을 일정한 체계로 설명하고자 하였으나, 이를 근대적 의미의 자연과학적 이론으로 전개하는 데까지는 나아가지 못하였다. 장재는 객관적 자연 탐구보다는 인간의 도덕적 본성을 이론적으로 정초하고 절대화하는 데 주력하였으며, 이러한 철학적 방향성은 그의 기학이 형이상학적·도덕적 우주관으로 귀결되게 하였다. 이 점에서 장재의 우주론은 그 철학적 의도와 한계를 동시에 내포하고 있다.

장재의 우주론은 그 출발 단계에서부터 일정한 방향성과 목적이 규정되어 있었으며, 이로 인해 관찰과 실험을 통한 자연 탐구가 부족하다는 중국 전통철

84) 『橫渠易說』, 「繫辭上」, "聖人之意莫先乎要識造化, 既識造化, 然後有理可窮. 彼惟不識造化, 以爲幻妄也. 不見易則何以知天道. 不知道則何以語性."
85) 牟宗三, 『心體與性體』 一(臺北: 正中書局, 1968), 427~428쪽 참조.
86) 메리 에블린 터커 외, 『유학사상과 생태학』, 오정선 역(예문서원, 2010), 51쪽 참조.

학 일반에 대한 비판에서 완전히 자유롭지 않다. 그럼에도 불구하고 장재 기학의 철학적 가치는 불가사상의 허무주의적 세계관과 도가사상의 비현실적 관념주의를 극복하고, 현실을 긍정하는 유가적 세계관을 구축하려는 데 있다. 그는 자연과 인간을 상호 연관된 유기적 생명체로 파악하였으며, 이러한 통합적 사유는 오늘날 자연을 인간으로부터 분리된 객체로 여기는 기계론적 자연관에 대한 유의미한 대안을 제시한다. 현대사회가 직면한 생태계 위기와 인간 소외의 문제 앞에서, 장재의 도덕 중심적 우주론은 생태적 윤리의 정초 가능성을 모색할 수 있는 사상적 자산이 될 수 있다. 장재 기학은 단절적·분할적 세계관을 극복하고 인간과 자연의 내재적 연관성을 사유하는 데 있어, 오늘날에도 여전히 철학적으로 주목할 가치가 충분한 이론 체계이다.

제4장 장재 기학의 인성론

'심성론心性論'은 신유학 사상의 세 축인 리기론理氣論, 심성론, 수양론修養論 가운데 하나로, 그 핵심적 위상을 점하고 있다. 그러나 심성론은 그 기본 개념을 명확히 규정하는 일부터 결코 용이하지 않으며, 특히 서양철학의 개념 체계와 비교해 볼 때, 개념적 범주와 철학적 전제에 있어 많은 차이를 보인다. 중국사상을 서구에 본격적으로 소개하던 초기 예수회 선교사들은 송·명대 신유학 및 심성론을 서양에 전달하는 과정에서, 이를 서양의 합리주의 혹은 자연주의적 전통과 유사한 것으로 묘사하였다.[1]

그러나 이러한 단순 비교는 지나치게 도식적이며, 신유학 사상의 핵심 특징을 왜곡할 우려가 있다. 현대 동양철학 연구자들 역시 심성론을 서구에 소개하면서 이를 이성적 영혼론 혹은 심리학적 범주로 오해하거나, 일부 신학자들은 무신론적 자연주의의 한 형태로 이해하려는 경향을 보이기도 한다.[2] 그렇지만 이러한 해석은 심성론이 지닌 이론적 깊이와 사상적 함의를 포괄하기에는 지나치게 제한적이다.

특히 '심心'과 '성性' 개념 중에서 서구어로 번역하기에 더욱 곤혹스러운

1) Carsun Chang, *The Development of Neo-Confucian Thought*(vol. II)(New York: Bookman Associates, 1962), 457~458쪽 참조.
2) Carsun Chang, *The Development of Neo-Confucian Thought*(vol. II), 462쪽 참조.

개념은 '성'이다. 일반적으로 '성性'은 'nature' 혹은 'human nature'로 번역되지만, 이는 개념의 깊이와 맥락을 충분히 반영하지 못한다. 'nature'는 고대 스토아철학, 근대 낭만주의, 그리고 스피노자와 같은 자연주의 철학자들에게 있어서 핵심적 개념이었으나, 기독교 신학이 'super-nature'와 'nature'를 엄격히 구분한 이후, 서구에서 'nature'는 본래의 형이상학적 깊이를 상실하고, 점차 유물론적 해석이나 생물학적 본성, 심리적 충동, 본능적 욕구 등을 지칭하는 개념으로 축소되었다. 이로 인해 많은 서구 학자들이 '심성心性' 개념을 이해함에 있어, 유가의 도덕적 존재론이 내포하는 깊이를 간과한 채, 단지 인간의 본능이나 심리적 경향성 정도로 오해하는 사례가 빈번하다.

그러나 심성론의 이해에 있어서 핵심은 바로 '도덕 실천'과의 긴밀한 연관성에 있다. 도덕 실천을 배제한 심성론 이해는 그 이론의 본질에 도달할 수 없으며, 심성론은 무엇보다도 주체의 도덕적 삶의 깊이와 실천적인 성취에 따라 그 이론 구조와 의미가 결정된다. 더 나아가 심성론은 유학 사상 전통에서 '천인합일天人合一'의 도덕 기초를 형성하는 핵심 원리로 기능해 왔다. 이와 관련하여 서양철학에 대한 체계적인 훈련을 받은 현대 중국의 유학자들 또한, "심성론은 도덕 실천에 대한 열정이 결여된 자에게는 본질적으로 이해될 수 없는 주제"[3]라고 단언하고 있다.

Ⅰ. 심성론에 대한 일반적 이해

장재는 일반적으로 '기氣 철학자'로 불려 왔으며, 그의 사상은 대체로 리理

3) Carsun Chang, *The Development of Neo-Confucian Thought*(vol. Ⅱ), 463~464쪽 참조.

와 대비되는 기氣 개념의 강조로 인해 자연관과 우주론에 초점이 맞추어져 왔다. 그러나 리기론理氣論이 주희에 이르러서야 비로소 철학적으로 체계화되었고, 리학理學과 기학氣學을 구분하는 문제 역시 주희 이후에야 본격적인 논의 대상으로 부상하였다는 점을 고려할 때,[4] 장재의 사상을 단일한 범주로 고정하여 해석하는 것은 다소 무리한 측면이 있다.

후대에 송·명 유학이 일반적으로 송·명 리학, 성리학, 또는 심성학心性學으로 명명된 것은, 이 시기의 유학이 우주론적 탐구보다는 도덕 실천의 가능성을 확보하기 위한 선천적인 근거로서 심성론의 정초에 중점을 두었기 때문이다. 이러한 경향은 장재의 철학에서도 동일하게 나타난다. 비록 장재가 객관적 실재에 대한 탐구와 더불어 '신神'이나 '화化'와 같은 변화의 원리를 설명하며 강한 우주론적 관심을 드러내기는 하지만, 이는 철저히 도덕적 창조성이라는 핵심 축을 기준으로 이해되어야 하며, 그 해석의 방향과 범위 역시 이러한 도덕 중심의 지향 속에서 규정된다.

장재는 송·명대의 여타 유학자들과 마찬가지로 우주 전체를 하나의 도덕적인 창조 과정으로 이해하였다. 그는 자연세계에서의 창조적 운동과 인간 존재 내면에서의 도덕적 창조가 동일한 구조와 원리에 따라 작동한다는 점을 깊이 자각하였다.[5] 장재가 우주론을 논한 것은 단순히 자연현상에 대한 객관적 설명을 제공하기 위함이 아니라, 인간이 본질적으로 윤리적이고 도덕적인 존재라는 사실을 해명하기 위한 방편이었다.

따라서 장재의 기학에서 본체론과 우주론은 자율적인 목적을 가진 독립된 이론 체계라기보다는, 인간의 도덕적 실존을 정당화하고 이를 우주 질서와 연결시키기 위한 사유의 장치로 이해되어야 한다. 바로 이러한 점에서 장재의

---

4) 小野澤精一 外, 『氣의 思想』, 전경진 역(원광대학교출판국, 1987), 447쪽 참조.
5) 牟宗三, 『心體與性體』 一冊(臺北: 正中書局, 1968), 1·4쪽 참조.

사상은 자연과 인간, 우주와 윤리를 통합적으로 사고하려는 송·명 유학의 기본 경향을 충실히 계승하고 있다.

장재의 성론性論을 검토하기 전에 우선 '심성론' 일반에 대한 논의가 필요하다. 심성론에 대한 많은 정의 중에서 가장 일반적인 '사전적辭典的 정의'는 '심과 성의 관계에 대한 이론'이다.[6] '심과 성의 관계'에 대한 기본 도식은 다음 네 가지의 경우로 정형화할 수 있다.[7]

(1) 심성합일론心性合一論
(2) 심속내재心屬內在, 성속초월론性屬超越論
(3) 성무형性無形, 심유형론心有形論
(4) 심성부동心性不同, 심성불상리론心性不相離論

먼저 중국철학사에서 주목할 만한 학자들의 심성론을 살펴본 후에, 각각의 이론을 위에서 제시한 네 가지 도식으로 분류해 보도록 하자.

맹자는 "그 심心을 다하는 사람은 성性을 알 수 있고 성性을 아는 사람은 천天을 알 수 있다. 심心을 보존하고 성性을 잘 길러 내는 것이 바로 천天을 섬기는 바이다"[8]라고 하였다. 장재는 "성인은 성性을 다하며, 보고 듣고 하는 감각으로 그 심心을 구속하지 않으므로 그가 천하를 살피는 데에는 하나의 사물이라도 자신이 아닌 것이 없다. 맹자가 '심을 극진히 하면 성도 알고 천도 안다'라고 말했던 것은 바로 이 때문이다. 천天은 너무 커서 바깥 경계가

6) 方克立 主編, 『中國哲學大辭典』(北京: 中國社會科學出版社, 1994), 160쪽 참조.
7) 韋政通, 『中國哲學辭典』(臺北: 大林出版社, 1978), 154쪽 참조.
8) 『孟子』, 「盡心上」, "盡其心者, 知其性也, 知其性, 則知天矣. 存其心, 養其性, 所以事天也."
* 이 글에서는 心性論의 原義를 보다 선명히 드러내기 위해 원문 번역은 가능한 한 直譯하였다. 그리고 '心'과 '性' 두 개념은 특별한 경우가 아니면 풀지 않고 그대로 사용하였다.

없다. 그러므로 바깥 경계가 있는 심은 천심과 합하기에 부족하다"[9]라고 하였다. 그리고 "허虛와 기가 합하여 성이 있게 되고, 성과 지각이 합하여 심이 있게 된다"[10]라고 말하였는데, 우리가 기를 품수하여 타고난 것을 성이라 하고 그것이 활동하여 나타난 것을 정情이라고 하며, 지각할 수 있는 것을 심이라고 하였다. 그래서 장재는 심을 규정하여, "심은 성과 정을 통괄하는 것이다"[11]라고 하였다. 이 말은 후대 학자들의 심성론, 특히 주희 심성론의 근간이 되었다. 그리고 정이는 "성의 근본을 일러 명命이라 하고, 성의 스스로 그러함을 일러 천天이라 하며, 성의 형체 있음을 일러 심이라 하고, 성의 움직임을 일러 정이라 한다. 무릇 이것들은 모두 한 가지일 뿐이다"[12]라고 하였고, 주희는 "성, 정, 심에 관한 이론으로는 맹자와 장재의 설이 좋다. 인仁은 성이요 측은惻隱은 정이니 모름지기 심으로부터 생겨나는 것이다. 심은 성과 정을 통솔한다. 성은 다만 처음부터 이와 같았으며 다만 리理이지 어떤 사물이 아니다. 만약 어떤 사물이라면 선이 있으면 또한 반드시 악이 있게 된다. 오로지 이 사물이 없고 다만 리이기 때문에 선하지 않음이 없다"[13]라고 하였다. 담약수湛若水(1466~1560)는 "성이란 심이 '타고난 이치[生理]'이니 심과 성은 두 가지가 아니다"[14]라고 하였으며, 왕수인王守仁(1472~1528)은 "심의 본체는 성이며, 성은

9) 『正蒙』, 「大心」, "聖人盡性, 不以見聞梏其心, 其視天下, 無一物非我. 孟子謂盡心則知性知天以此. 天大無外, 故有外之心, 不足以合天心."

10) 『正蒙』, 「太和」, "合虛與氣, 有性之名, 合性與知覺, 有心之名."

11) 『張子全書』(林樂昌 編校, 西安: 西北大學出版社, 2015), 卷13, 拾遺, 「性理拾遺」, "心統性情者也."

12) 『程氏遺書』, 卷25, 「伊川先生語11」, "性之本謂之命, 性之自然者謂之天, 自性之有形者謂之心, 自性之有動者謂之情. 凡此數者皆一也."

13) 『朱子語類』, 卷5, 「性理2」, "性情心, 惟孟子橫渠說得好. 仁是性, 惻隱是情, 須從心上發出來. 心統性情者也. 性只是合如此底, 只是理, 非有箇物事. 若是有底物事, 則旣有善, 亦必有惡. 惟其無此物, 只是理, 故無不善."

14) 『心性圖說』, "性也者, 心之生理也, 心性非二也."

곧 리理다"[15], "심의 본체는 성이며, 성은 천天을 근원으로 한다. 능히 그 심을 다하게 되면 성을 다할 수 있다"[16]라고 하였다. 한편 나흠순은 "심은 인간이 가진 신명함이며, 성은 인간이 타고난 이치다. 리가 있는 곳을 일러 심이라 하며, 심이 가진 바를 일러 성이라 하니, 두 가지를 섞어 하나로 할 수는 없다"[17]라고 하였고, 유종주는 "인심은 위태하고 도심은 은미하니, 도심이 인심 가운데에 있는 것임을 보게 되면, 비로소 심과 성이 하나이면서 둘이고 둘이면서 하나인 이치를 깨닫게 된다"[18]라고 하였다.

위에서 언급한 학자들의 심성론을 앞서 제시한 네 가지 도식에 맞추어 본다면, 맹자[1, 2, 4], 장재[1], 정이[1, 2, 3], 주희[2, 3, 4], 왕수인[1, 2], 나흠순[2, 4], 유종주[1]에 해당하는 것으로 볼 수 있다. 그러나 이러한 단순 도식과는 달리, 중국철학사에서 장재 심성론이 갖는 의의는 막대하다. 장재의 심성론이 신유학 심성론의 이론적 토대를 마련하는 계기가 되었다는 점이다. 즉 천지지성과 기질지성의 구분, 리일분수론[혹은 기일분수론], 심통성정론心統性情論 등의 독창적인 이론이 모두 장재 심성론의 공로로 평가받을 수 있다. 그렇지만 무엇보다 중요한 것은 '모든 사람들이 한 뱃속의 형제와 같고, 모든 만물이 나와 함께 더불어 살아가는 친구가 된다[民吾同胞, 物吾與也]'라고 하는 천인합일의 이상이 장재의 심성론에 체계적으로 내재되어 있으며, 이를 통해 송·명 심성론의 중요한 토대를 마련해 주었다는 사실이다.

---

15) 『傳習錄』, 第117條目, "心之體, 性也. 性卽理也."

16) 『傳習錄』, 第134條目, "夫心之體, 性也. 性之原, 天也. 能盡其心, 是能盡其性矣."

17) 『困知記』, 卷上, 81章-1, "夫心者, 人之神明, 性者, 人之生理. 理之所在, 謂之心, 心之所有, 謂之性, 不可混而爲一也."

18) 『明儒學案』, 卷62, 「蕺山學案·語錄」, "人心惟危, 道心惟微, 道心卽在人心中看出, 始見得心性一而二, 二而一."

Ⅱ. 장재 기학에 있어서 성론의 이론 구조

1. 장재 성론의 출발점

장재 기학에 있어서 기론氣論, 성론性論, 심론心論은 체계적으로 전개된다. 즉 장재는 기에서 성의 개념을 끌어내며, 성에서 심의 개념을 도출한다. 장재가 말하는 '성'을 이해하기 위한 관건은 '허와 기가 합하여 성의 이름이 있게 된다'[19]라고 하는 말에 있다. 즉 장재가 말하는 성은 허와 기의 의미 및 그 관계를 규명함으로써 어느 정도 정체 해명이 가능할 것이다. 그러므로 장재의 성론을 위한 본격적인 논의는 '합허여기合虛與氣'라는 말의 해석에서 시작하는 것이 마땅하다.

『장자전서張子全書』에 나타나는 '허虛'의 일반적인 용법은 개체 속에 내재된 '태허'를 의미한다. 이러한 일반적인 용법에 따라 '합허여기'의 '허' 역시 개체 속에 내재된 '태허'로 볼 수 있다.[20] 그런데 장재에게 있어서 '태허'는 일기一氣(총체로서의 기氣)를 의미하므로, '합허여기'는 태허일기太虛一氣와 기氣의 합이 된다. 그렇다면 '태허일기'와 구분되는 '합허여기'의 '기'는 과연 무엇을 말하는가?

『장자전서』에 나타나는 '기'의 용례를 살펴보면, 태허와 음양을 의미하기도 하지만, 기질氣質과 기화氣化의 의미를 갖는 용례도 무수히 발견된다.[21] '합

19) 『正蒙』, 「太和」, "合虛與氣, 有性之名."

20) 張載는 太虛와 동일한 의미로 '虛' 또는 '虛空'이라는 용어를 즐겨 사용하였다. 특히, 심성론에서는 대부분 虛를 太虛의 의미로 사용하고 있다. 다음 경우들이 그러하다. 『經學理窟』, 「學大原上」, "心旣虛則公平."; 『正蒙』, 「作者」, "皆虛其心以爲天下也."; 『經學理窟』, 「義理」, "變化氣質與虛心相表裏." 참조.

21) '氣'를 '氣質'의 의미로 쓰고 있는 用例는 다음과 같다. 『正蒙』, 「太和」, "散殊而可象爲氣."; 『正蒙』, 「誠明」, "德不勝氣, 性命於氣, 德勝其氣, 性命於德."; 『張子全書』, 卷11, 張子語錄, 「語錄中」, "有志於學者, 都更不論氣之美惡."; 『經學理窟』, 「氣質」, "人之氣質美惡與貴賤夭壽之理, 皆是所受定分. 如氣質惡者學卽能移, 今人所以多爲氣所使而不得爲賢者, 蓋爲

허여기'에서의 '기' 또한 '기질' 혹은 '기화'를 의미한다고 볼 수 있다. 즉 '합허여기合虛與氣, 유성지명有性之名'은 '태허일기와 기질이 합하여 성의 이름이 있게 된다'로 풀이하거나 혹은 태허일기가 '구체적인 작용(氣化)을 하게 될 때 비로소 성의 이름이 있게 된다'로 풀이할 수 있다. 장재가 '허와 기의 합'이라고 말하는 것은 바로 기질 속에 내재하는 태허를 강조하려는 데에 그 목적이 있다.

'합허여기'에 대한 대표적인 해석의 하나가 주희의 해석이다. 주희는 허虛를 리理로 보아, '허와 기가 합한다'는 것을 "기가 있으면 도리 또한 따라서 그 속에 있게 되며, 기가 없으면 도리 또한 편안히 머무를 곳이 없다"[22]라고 해석함으로써, 성性을 기 속에 내재된 리로 파악한다. 이러한 해석은 '성즉리性則理'라는 주희의 기본 입장을 잘 드러낸 것으로서, 장재에 있어서 '허虛·기氣'와 주희가 말하는 '리理·기氣' 간의 의미 연관을 주목해 보아야 한다. 주희의 해석은 허를 일기一氣가 아닌 리로 대체한 점에서 차이를 갖기는 하나, 그 사유 구조에 있어서는 장재의 생각과 유사하다. 즉 주희는 기질 속에 내재한 리를 성으로 보는 반면에, 장재는 기질 속에 내재한 태허일기를 성으로 보고 있다. 주희에게 있어서 성이 리와 동일한 내용을 지니듯이, 장재에 있어서 성 역시 우주 본체인 태허일기와 동일한 내용을 지닌다. 즉 태허일기의 양능良能인 청통지신淸通之神이 곧 성의 양능이 되는 것이다. 그러므로 장재는 "천능天能(神)을 성이라고 말한다"[23]라고 하였다. 결국 장재가 말하는 성이란 태허일기의 양능인 신神과 같은 것임을 알 수가 있다.

한편 장재는 성이 천도로 말미암아 각 개체에 내재되어 있기에, 성을 알기 위해서는 반드시 천도天道와 변역變易을 먼저 알아야 한다고 주장한다.[24] 그리

不知學……但學至於成性, 則氣無由勝." 참조.

22) 『朱子語類』, 卷60, 「孟子10」, "有這氣, 道理便隨在裏面, 無此氣, 則道理無安頓處." 참조.

23) 『正蒙』, 「誠明」, "天能爲性."

24) 『橫渠易說』, 「繫辭上」, "不見易則何以知天道, 不知道則何以語性." 참조.

고 불교에서 허공이 곧 성인 줄만 알지, 그것이 천도에 근본하여 각 개체에 내재되는 것임을 알지 못하여 대·소와 본·말이 전도된 견해를 지닌다고 비판하였다.

> 이 도가 밝혀지지 않는 것은 바로 무식한 자들이 허공을 본체로 한 것이 성性이란 것만 대충 알고, 이것이 또한 천도에 근본을 둔 용用이 되는 줄은 모르고서, 도리어 사람의 눈에 보이는 작은 것으로써 천지의 원인으로 삼기 때문이다. 〈그러므로 불교도들은〉 분명하게 알지 못하고서 곧 세계와 건곤乾坤(天地)이 모두 다 헛된 것이라고 속인다. '드러나지 않은 것幽'과 '드러난 것明'의 요점을 터득하지 못하고 마침내 망령된 생각으로 높은 경지에만 뛰어 오르려 한다.[25)]

이러한 비판의 핵심은 태허太虛(性)가 천도에 근본하여 각 개체에 내재하는 것임을 알지 못한다는 데에 있다. 그래서 장재는 성을 알기 위해서는 변역變易의 이치를 보고 천도를 먼저 알아야만 한다고 주장한다.

> 역易의 이치를 보지 못하면 무엇으로써 천도를 알겠는가? 천도를 알지 못하면 무엇으로써 성性을 말하겠는가?[26)]

> 역易의 이치를 보지 못하면 조화를 알지 못하며, 조화를 알지 못하면 성명性命을 알지 못한다. 이미 조화를 알지 못한다면 장차 무엇을 성명이라 이르겠는가?[27)]

---

25) 『正蒙』, 「太和」, "此道不明, 正由懞者略知體虛空爲性, 不知本天道爲用, 反以人見之小因緣天地. 明有不盡, 則誣世界乾坤爲幻化. 幽明不能奉其要, 遂躐等妄意而然."
26) 『橫渠易說』, 「繫辭上」, "不見易則何以知天道, 不知道則何以語性."
27) 『橫渠易說』, 「繫辭上」, "不見易則不識造化, 不識造化則不知性命, 旣不識造化, 則將何謂之性命也."

장재 기학에 있어서 신神과 화化는 각각 천덕天德과 천도天道를 의미하며, 이것은 체體와 용用의 관계에 있다. 천덕인 '신'은 변화의 기능을 함축하고 있을 뿐만 아니라 그것을 일으키는 주체이고, 또한 천도인 '화' 중에 이미 내재되어 있다. 즉 일음일양一陰一陽하는 천도에 근본 하여 만물이 생겨나고 그 만물 중에는 신神이 두루 내재한다는 것이다. 개체 속에 내재된 태허일기太虛一氣(神)가 성性이라고 하면, 그 성은 천도로 말미암지 않고서는 주어질 수 없게 된다. 그러므로 장재는 '역을 보고 천도를 안 이후에야 성을 알 수 있다'라고 하였다. 즉 장재가 말하는 성은 천도와 그 실제 내용이 일치한다. 이것은 역易, 도道, 신神이 비록 일[事]에 따라서 그 이름을 달리하고 있지만 실제로는 동일한 것으로 이해될 수 있기 때문이다. 이로 인해 장재는 '천도가 곧 성이다'[28], '역은 바로 성과 천도이다'[29]라고 말함으로써 역易, 천도天道, 성性의 실제 내용이 동일함을 지적했다. 그리고 성性을 '일찍이 없었던 적이 없는 본체'[30], '만물의 한 가지 근원'[31], '〈구체적인 사물은〉 죽을지라도 없어지지 않는 것'[32]으로 파악하였다. 이러한 만물 공통의 성을 장재는 천지지성天地之性이라고 한다.

장재는, 우주만물이란 기氣의 취합聚合에 의해 형성된 갖가지 다른 형상이므로 사람 또한 기로 이루어진 만물 가운데 하나일 뿐이라고 생각하였다. 즉 만물은 모두 천성天性을 받아 온 것이며 사람 또한 예외가 아니라는 것이다. 그래서 장재는 "성이란 만물의 한 근원이며, 내가 사사롭게 얻을 수 있는 것이 아니다"[33]라고 하였다. 여기서 말하는 성은 '만물이 똑같이 천도에서

---

28) 『橫渠易說』, 「說卦」, "天道則性也."
29) 『橫渠易說』, 「說卦」, "易乃是性與天道."
30) 『正蒙』, 「誠明」, "未嘗無之謂體, 體之謂性." 참조.
31) 『正蒙』, 「誠明」, "性者, 萬物之一源." 참조.
32) 『正蒙』, 「太和」, "知死之不亡者, 可與言性矣." 참조.

얻은 것[天地之性]'을 말하는 것이지, '자신만이 특수하게 받은 본성[氣質之性]'을 말하는 것은 아니다. 주희는 장재의 이 말을 좀 더 분명하게 풀이하여 "이른바 성이란 것은 사람과 만물이 공동으로 얻은 것이지, 자기만이 이것을 가진 것이 아니라 다른 사람 역시 이것을 가지고 있다. 그리고 사람만이 이것을 가진 것이 아니라 만물 역시 이것을 가지고 있다"[34]라고 하였다. 그렇지만 장재는 인간과 기타 만물 사이에 전혀 아무런 차이도 존재하지 않는다고 보았던 것은 아니다.

> 대체로 천하에서 말하는 성性이란, 예를 들면 '금성은 강하고 화성은 뜨겁다'고 하거나, 또는 우성牛性이니 마성馬性이니 하는 따위를 말한 것으로서 이는 고유한 것이다. 일체 만물은 모두가 이러한 성질[性]을 가지고 있지만 통通 · 폐蔽, 개開 · 색塞 때문에 인간과 만물의 구별이 생기게 된다. 가려짐[蔽]의 후厚 · 박薄에 의해 지智 · 우愚의 구별이 있다. '막힌 것[塞]'은 굳어져서 열리지 않으며, 두텁게 가려진 것은 열어젖힐 수는 있지만 열기에는 어려움이 있다. 엷게 가려진 것은 열기가 쉽다. 막힌 것이 열리면 천도에 이를 수 있으며 이는 성인과 같다.[35]

위에서 말하는 성性이란 곧 '성질'을 말한다. 각기 다른 사물은 갖가지 다른 성질을 지니고 있다. 이 때문에 만물에는 모두 구별이 있으며, 인간과 만물 또한 구별이 있기 마련이다. 그러나 장재는 이러한 성질이 하나의 존재 그 자체에 의해 결정되는 것이 아니라 천지간에 존재하는 유일한 천성에 의해

---

33) 『正蒙』, 「誠明」. "性者, 萬物之一源, 非有我之得私也."

34) 『朱子語類』, 卷98, 「張子之書1」, "所謂性者, 人物之所同得, 非惟己有是, 而人亦有是. 非惟人有是, 而物亦有是."

35) 『張子全書』, 卷13, 拾遺, 「性理拾遺」, "天下凡謂之性者, 如言金性剛, 火性熱, 牛之性, 馬之性也, 莫非固有. 凡物莫不有是性, 由通蔽開塞, 所以有人物之別, 由蔽有厚薄, 故有智愚之別. 塞者牢不可開, 厚者可以開而開之也難, 薄者開之也易, 開則達於天道, 與聖人一."

만물과 인간의 성품이 각각 다르게 결정된다고 보았다. 즉 세계에는 특수하고 구체적인 성이 존재하는 것이 아니라, 다만 하나의 보편적이며 영구한 성이 존재할 뿐이며, 인간의 성 또한 인간이라는 구체적 개별자에 천성이 내재한 것이라고 본다. 그래서 장재는 "사람의 몸에 존재하는 천성은 마치 얼음에 내재하는 물[水] 자체의 성과 같이 얼음이 얼고 녹는 것은 다르지만 물이라는 것은 모두 하나이다"[36]라고 하였다. 그러므로 장재는 우주만물의 차이, 인간과 만물의 차이, 그리고 인간 사이에 존재하는 지智·우愚의 차이 등을 만물과 인간이 태어날 때부터 내재한 천성이 드러나는 정도의 차이라고 생각한다. 즉 장재는 천성이 가려 있고 막힌 것이 물物이며, 통하고 열려 있는 것은 사람이라고 생각하였다. 그리고 인성 또한 후厚·박薄의 개인차가 있어서 두텁게 가려진 것은 어리석은 자이며, 얇게 가린 것은 지혜로운 자이며, 가림과 막힘이 전혀 없는 것은 성인이라고 보았다.[37]

장재는 『주역』에 의거하여 세계를 천天·지地·인人 삼재三才로 구분하였다. 『주역』의 「설괘전」에서는 "옛 성인이 『역경易經』을 지을 때 성명性命의 이치를 따랐다. 그러므로 하늘의 도를 세우니 음과 양이며, 땅의 도를 세우니 유와 강이며, 사람의 도를 세우니 인과 의이다"[38]라고 한다. 이에 대해 장재는 음·양, 강·유, 인·의 등은 천·지·인 삼재에 천성이 각기 다른 내용으로 반영된 것들이라고 이해하였다.

> 하나의 사물 속에 변화를 일으키면 삼재三才가 갖추어진다. 음양의 기氣를 하늘이라 하고, 강유剛柔의 성질을 땅이라 하며, 인의仁義의 덕을 사람이라

---

36) 『正蒙』, 「誠明」, "天性在人, 正猶水性之在氷, 凝釋雖異, 爲物一也."
37) 侯外廬 外, 『송명이학사』 1, 박완식 역(이론과 실천, 1993), 128쪽 참조.
38) 『周易』, 「說卦」, "昔者聖人之作易也, 將以順性命之理. 是以立天之道曰陰與陽, 立地之道曰柔與剛, 立人之道曰仁與義."

이른다.[39]

건乾이란 하늘의 양陽, 땅의 강剛, 사람의 인仁이 되고, 곤坤이란 하늘의 음陰, 땅의 유柔, 사람의 의義가 된다.[40]

음·양은 천도天道이니 상象의 형성이며, 강·유는 지도地道이니 법法의 효과이며, 인·의는 인도人道이니 성性의 이루어짐이다.[41]

음·양이란 기의 양단兩端이 서로 감응하여 만물이 화생할 때 나타나는 특징이며, 강·유란 대지와 만물이 갖추고 있는 강함과 유연함의 성질이며, 인·의는 인간의 도덕적 본성이다. 장재는 음·양, 강·유, 인·의가 바로 성명性命의 이치라고 보았다. 즉 이것들이 모두 하나의 천성이라고 보았던 것이다. 특히 장재는 인·의가 곧 천성임을 설명함으로써 유가의 도덕규범의 합리성과 절대성을 논증하려 했다. 장재는 이러한 천성의 도덕적 특성이 바로 성誠에 있다고 보았다.

의義와 명命이 하나로 합하는 것은 리理에 있으며, 인仁과 지智가 하나로 합하는 것은 성聖에 있고, 동動과 정靜이 하나로 합하는 것은 신神에 있다. 음陰과 양陽이 하나로 합하는 것은 도道에 있으며 성性과 도道(天道)가 하나로 합하는 것은 성誠에 있다.[42]

---

39) 『橫渠易說』, 「說卦」, "易一物而三才備. 陰陽氣也, 而謂之天, 剛柔質也, 而謂之地, 仁義德也, 而謂之人."

40) 『橫渠易說』, 「繫辭下」, "乾於天爲陽, 於地爲剛, 於人爲仁, 坤於天則陰, 於地則柔, 於人則義."

41) 『橫渠易說』, 「說卦」, "陰陽天道, 象之成也, 剛柔地道, 法之效也, 仁義人道, 性之立也."

42) 『正蒙』, 「誠明」, "義命合一存乎理, 仁智合一存乎聖, 動靜合一存乎神, 陰陽合一存乎道, 性與天道合一存乎誠."

성誠은 원시 유학의 중요한 개념 중 하나로서, 『맹자』와 『중용』에서 자주 언급되는데 숭고한 도덕 정신을 가리킨다. 장재는 성誠을 천성의 본질로 생각하였다. 그는 "하늘과 사람의 작용用이 다르다면 성誠이라 할 수 없다"[43]라고 했다. 즉 하늘과 사람을 분리시킨다면 그것은 성誠의 본래 의의를 상실하게 된다고 보았다. 『중용』과 『맹자』의 성론誠論은 유가의 사상을 가장 포괄적으로, 그리고 가장 체계적으로 담고 있다. 특히 『중용』은 수신의 본질인 성誠을 궁극적으로 우주 본성에까지 확장하려 한다. 『중용』에서는 '성실함 그 자체는 하늘의 길'[44]이라고 말하는데, 여기에서 '하늘의 길'을 곧이곧대로 해석한다면 '하늘의 운행'으로도 해석할 수 있다. 고대 중국인들은 자연의 관찰에 있어서 자연의 성실한 운행 그 자체에 대해 일종의 경탄을 느꼈을 것이다. 해와 달과 별, 그리고 주야晝夜, 사계절의 움직임이 몇 백만 년을 통해 그렇게도 어김없이, 일순간의 오류도 없이 성실하게 움직이는 그 모습은 바로 인간 삶의 모범이자 최후 보루로 여겨졌다. 이처럼 성실한 자연의 경지는 도에 합치하며, 우주와 합일된 성인의 경지로 여겨지기도 했다.

그러나 인간의 현실은 성인의 가능성을 지니고 있기는 하나 곧 성인 그 자체는 아니다. 우리의 현실은 '발현하여 모두 상황에 척척 들어맞는'[45] 것도 아니고, '힘쓰지 않아도 적중하고 생각지 않아도 깨달아지는'[46] 그러한 현실도 아니다. 그러므로 인간이란 성실함 그 자체에 가까워지려고 끊임없는 노력을 수행할 뿐이다. 이렇게 노력하는 태도를 『중용』에서는 '성실하려고 노력하는 것誠之者'으로 표현하고 있으며, 이것이 곧 '사람의 길'이라고 하였다.[47] 『중용』

43) 『正蒙』, 「誠明」, "天人異用, 不足以言誠."
44) 『中庸』, 20章, "誠者, 天之道也."
45) 『中庸』, 首章, "發而皆中節."
46) 『中庸』, 20章, "不勉而中, 不思而得."
47) 『中庸』, 20章, "誠之者, 人之道也."

은 바로 이러한 점에서 성誠과 성지誠之, 천天과 인人, 성인과 범인의 합일을 추구하며, 장재 또한 이러한 『중용』의 입장을 대부분 수용하고 있다. 장재는 인간 본성론에 있어서 전통 유가의 입장을 더욱 발전시켜 송·명 유학의 관념론적 심성론을 체계화하는 데 중요한 공로자가 되었다.

2. 만물 공동성의 논리: 리일분수론理一分殊論

'리일분수理一分殊'라는 용어는 장재 자신이 직접 사용했던 적은 없으나, 정씨 형제가 장재의 사상을 개괄한 말로 사용한 이래 장재 기학에 있어서 가장 중요한 부분으로 평가받는다. 장재의 리일분수론은 그의 학문의 최종 목표인 유가 도덕관념의 완전한 정립과도 긴밀한 연관을 갖는다. 왜냐하면 장재가 리일분수론에 의해 충忠·효孝·예禮와 같은 유가의 전통 도덕관념과 우주 본체인 기氣를 연계시켜 볼 수 있었기 때문이다. 장재는 천·지·인 삼재의 합일적 근거로 리일분수론을 주장하였다.

장재 사상의 귀결이 우주 질서를 '사회 공동체의 질서[禮儀]'로 구현하고, 이러한 질서를 '도덕 이념[仁]'으로 확보하는 데에 있다. 이러한 장재 사상의 천인합일적 구조를 가장 함축성 있게 잘 드러내 주는 저작이 바로 〈서명西銘〉이다. 장재의 기학에 대해 못마땅한 표정을 짓던 정씨 형제와 주희 계열의 학자들조차 이 〈서명〉에 대해서는 이구동성으로 극찬을 하였다. 정씨 형제는 〈서명〉에 대해 "도의 근원을 밝히는 종조宗祖이며…… 장재의 글 중에서 이만큼 순수한 것이 없으니, 맹자 이래로 이 글과 같은 것을 본 적이 없다"48)라고 찬양하였으며, 주희는 〈서명〉을 『정몽』에서 분리해서 독립된 편으로 만들고

48) 『程氏遺書』, 卷2上, 「二先生語2上」, "若西銘, 則是原道之宗祖也……據子厚之文, 醇然無出此文也, 自孟子後, 蓋未見此書."

이것을 다시 다섯 단락으로 구분하여 주석을 하기도 하였다. 정씨 형제와 주희 계열의 학자들이 〈서명〉을 이토록 칭찬하는 데는 몇 가지 이유가 있다.

첫째, 〈서명〉이 유가 학파의 도덕 이상 경지로 표현되는 '천인합일'의 구조를 가장 잘 나타내 준다는 점이다. 둘째, 유가의 최고 덕목으로 지칭되는 '인仁'을 잘 설명하고 있다는 점이다. 장재는 이제까지 주로 가족 관계에 한정되었던 인仁의 덕목에 보편적인 의미를 부여하였다. 그는 인류와 세계에 대한 보편적인 사랑을 촉구하였다.[49] 바로 이러한 점 때문에 정씨 형제를 비롯한 많은 학자들이 〈서명〉에 감탄하게 된 것이다. 정호의 〈식인편識仁篇〉에 드러난 핵심 사상 또한 인仁이다. 정호는 인의 주요 특징으로 만물 동일성과 일체감을 언급하였다. 셋째, '삶'에 대한 유가의 태도를 〈서명〉에서 가장 잘 묘사하고 있다는 점이다. 이것은 "살아 있을 동안 나는 〈하늘과 땅을 부모처럼〉 거역함이 없이 섬기고, 죽게 되면 편안히 쉬게 되리라"[50]라고 하는 〈서명〉의 마지막 구절에서 극명하게 드러난다. 즉 삶이나 죽음이나 인위적으로 조장하지 않으며, 천지자연의 순리대로 따라갈 뿐이라는 순명順命과 안심安心의 태도이다. 이것은 삶과 죽음을 기氣의 취聚·산散으로 설명하는 장재 기학의 자연관과 연관하여 생각해 보면 좀 더 분명하게 이해된다.

〈서명〉의 첫 구절에서 말하는 '건·곤'이란 곧 '천·지'를 의미한다. 장재는 여기에서 천지는 만물과 사람의 부모이며, 사람은 천지 가운데 있는 조그마한 하나의 존재로서 천·지·인 삼재가 더불어 우주 가운데 뒤섞여 있다고 주장한다. 그리고 천·지·인 세 가지는 모두 기가 모여서 이루어진 것들이며, 천지의 성性이 곧 인간의 성이므로 모든 인류는 나의 동포이며, 만물은 나의 친구라고 한다. 그러나 장재는 이러한 가운데에도 질서는 있다고 보며, 또한

49) 張君勱(Carsun Chang), 『한유에서 주희까지』, 김용섭·장윤수 공역, 200쪽 참조.
50) 〈西銘〉, "存吾順事, 沒吾寧也."

있어야 한다고 생각한다. 이러한 생각은 〈서명〉에 나오는 "천자는 우리 부모의 맏이요, 그 신하는 맏이의 가상家相과 같다"[51]라고 하는 구절에서 분명하게 드러난다. 장재는 천지만물과 인류 사회에는 모두 엄격한 질서가 있으며, 그리고 이러한 질서는 이미 우리들에게 주어진 것이지, 후천적으로 결정되는 것이 아니라고 주장한다.

> 태어남에도 앞·뒤가 있으니 이것이 '하늘의 순서[天序]'이고, 작고 크고, 높고 낮은 것이 서로 어울리고 서로 형체를 이루어 내니 이것을 '하늘의 차례[天秩]'라고 한다. 하늘이 만물을 낳을 때 또한 순서[序]가 있고 만물이 형체를 이루게 되어서도 차례[秩]가 있다. 순서를 알아야 경도經道가 바르게 되고 차례를 알아야 예禮를 행할 수 있다.[52]

즉, 천지만물과 인간 사회에는 모두 자연적인 질서가 존재하므로, 모든 사람은 이러한 계층과 질서의 합리성을 당연히 인정해야 하며, 따라서 지위가 낮은 사람은 높은 사람을, 나이가 어린 사람은 나이 많은 사람을 공경하고 모셔야 할 의무가 있다고 보았다. 이는 도덕의식이 자연 질서를 반영한 결과라 할 수 있다. 그리고 이러한 의식 속에서 유가 도덕의 근본이 되는 '효孝'의 개념이 형성된다.

장재의 도덕사상에서 가장 핵심적인 역할을 하는 것도 바로 이 '효'이다. 그는 〈서명〉에서 '효'에 대한 자신의 입장을 명확히 밝히고 있다. 장재가 말하는 효는 단지 부모에 대한 효도에 국한되지 않는다. 그의 효 개념은 '모든 사람은 한 뱃속의 형제와 같다[民吾同胞]'고 하는 사해동포주의四海同胞主義 사상에

---

51) 〈西銘〉, "大君者, 吾父母宗子, 其大臣, 宗子之家相也."

52) 『正蒙』, 「動物」, "生有先後, 所以爲天序, 小大高下相幷相形焉, 是謂天秩. 天之生物也有序, 物之旣形也有秩. 知序然後經正, 知秩然後禮行."

바탕을 둔, 인류와 만물 전체에 대한 보편적 사랑을 의미한다.

장재는 사람과 만물이 모두 동일한 성性을 지녔다는 점을 근거로 효의 관념을 확장한다. 따라서 노인을 공경하고 어린이를 사랑하며, 병들고 장애 있는 이들과 외로운 사람들을 돌보고, 나아가 만물을 아끼고 사랑하는 일은 장재에게 있어 너무도 당연한 도덕적 실천이다.

이러한 점은 겉으로 보기엔 묵자墨子의 '겸애설兼愛說'과 유사하게 보이기도 한다. 실제로 장재는 『정몽』에서 '겸애'라는 용어를 직접 사용하기도 한다.

> 성性이란 만물의 한 가지 근원으로 나만이 사사로이 얻어서 가지는 것이 아니다. 오직 '덕 있는 사람[大人]'만이 그러한 도리를 끝까지 터득하여 지킬 수 있다. 그러므로 대인은 자기가 서면 남과 같이 서고, 알면 반드시 두루 알며, 사랑하면 '고루 다 같이 사랑하며[兼愛]', 이루는 것은 홀로 하지 않는다. 저들처럼 스스로 가리고 막아서 자신의 근본 이치에 따라야 할 줄 알지 못하는 사람은 어쩔 도리가 없다.[53)]

그렇지만 묵자와 장재의 겸애설 배경은 다르다. 묵자의 겸애설이 당시 혼란한 사회적 배경에서 끊임없이 고통 받고 착취당하던 소외 세력들에 대한 관심과 사랑에서 나온 일종의 의무론적·당위론적 성격이 짙다고 한다면, 장재의 겸애설은 천인합일의 철학적 배경 위에서 그 형이상학적 토대를 마련한 뒤에 그 자연스런 결과로 강조된 민오동포民吾同胞의 인류애라 할 수 있다.

봉건사회에서 유학자들의 궁극적 목표는 부모에게 효도하고 임금에게 충성하며, 어른을 공경하고 사회적 책무를 다하는 일상의 실천에서 시작하여 그곳에서 완성된다. 송·명 시대에 이르기까지 유학의 중요한 특징은 인간을

---

53) 『正蒙』, 「誠明」, "性者, 萬物之一源, 非有我之得私也. 惟大人爲能盡其道, 是故立必俱立, 知必周知, 愛必兼愛, 成不獨成. 彼自蔽塞而不知順吾理者, 則亦末如之何矣."

도덕적 본성을 지닌 존재로 이해한다는 점이다.[54] 그리고 이러한 도덕적 본성의 중심에는 '효'의 관념이 자리하고 있다. 앞서 살펴본 바와 같이, 이 점은 장재에게도 동일하게 적용된다. 그가 〈서명〉에서 제시한 기본 사상은 고대 중국 사회의 윤리 규범과 깊이 상응하며, 그 핵심은 바로 '효'의 사상에 있다.

장재는 이러한 '효'의 관념을 모든 사람과 만물에까지 확장하여 적용하였고, 그 이론적 근거로 '리일분수理一分殊'에 기반한 만물의 공동성을 주장하였다.

3. 성性의 양태: 천지지성과 기질지성

'기질지성氣質之性'에 대한 논의는 결국 구체적인 현상들의 특수성을 설명하려는 데서 비롯된다. 만일 천 · 지 · 인 삼재三才를 모두 동일한 성性만으로 본다면, 구체적 현상에서 나타나는 다양성과 특수성은 어떻게 발생하며, 나아가 도덕적 악惡은 어떻게 설명할 수 있을까?

이러한 질문은 이미 중국 고대부터 끊임없이 제기되어 왔지만, 보다 체계적인 해명이 가능해진 것은 송대에 이르러서이다. 장재는 이러한 물음에 대해 '기질지성' 개념을 통해 답변을 모색하고자 하며, 그의 설명은 바로 이 논의에서 출발한다.

장재는 성性을 '천지지성天地之性'과 '기질지성氣質之性'의 두 가지로 구분하였다. 이러한 이중적 구분을 통해 그는 전통적인 맹자와 순자의 인성론을 종합할 수 있는 이론적 토대를 마련하였다. 즉, 순수하게 선한 본성을 의미하는 '천지지성'을 통해 맹자의 성선설을 계승하는 한편, 악의 가능성을 지닌 '기질지성'의 존재를 인정함으로써 순자의 성악설 역시 일정 부분 수용할 수 있게 된

54) 牟宗三, 『心體與性體』 一冊, 191~224쪽 참조.

것이다. 장재는 이러한 기질지성을 '잘 돌이켜 선으로 회복할 것[善反, 또는 復性]'을 강조하였으며, 인간에게 있어 '그 본성을 잘 회복하는 것[復其性]'을 가장 중요한 과제로 보았다. 그의 이러한 성론은 이후 정이의 '의리지성義理之性'과 '기질지성'의 구분, 주희의 '본연지성本然之性'과 '기질지성'의 구분으로 계승되며, 송·명 유학의 성性의 이론에 결정적인 영향을 미친다.

장재는 "성性이란 사람에게 있어서 선하지 않은 것이 없다. 다만 자신이 그 성을 잘 돌이키고 잘못 돌이키는 데에 달려 있을 뿐이니, 천지의 조화보다 지나치면 잘못 돌이킨 자이다"[55]라고 하였다. 여기서 장재가 말하는 성은 곧 천지지성을 의미하는데, 천지지성은 근본적으로 지극히 선하다. 그렇지만 이러한 본성을 회복하느냐 못하느냐 하는 문제는 개인의 도덕적 수양과 실천을 통한 최초의 본성으로의 환원에 달렸다고 본다. 이러한 점은 기본적으로 맹자의 성선론과 일치한다.

그러나 장재는 지선至善한 천지지성 외에도 잠재된 악의 요소를 지니고 있는 기질지성을 언급한다는 점에서는 일정 부분 순자의 성악설을 수용하였다고 할 수 있다. 장재는 "성[천지지성]이 이루어지지 않으면 선과 악이 뒤섞이게 된다.…… 아무리 조그마한 악이라도 반드시 없앤 후에야 선함이 본성[性]을 이루게 된다. 만약 악을 모두 살피지 못하면 비록 선하다 할지라도 반드시 거칠어질 것이다"[56]라고 하였다. 그는 천지지성과 기질지성을 구분하면서 "형체가 생긴 뒤에야 기질지성이 있게 되니 '잘 돌이키면[善反]' 천지지성이 그대로 보존된다. 그러므로 기질지성은 군자가 본성으로 여기지 않는다"[57]라고 하였다.

---

55) 『正蒙』, 「誠明」, "性於人無不善, 系其善反不善反而已, 過天地之化, 不善反者也."
56) 『正蒙』, 「誠明」, "性未成則善惡混.……纖惡必除, 善斯成性矣. 察惡未盡, 雖善必粗矣."
57) 『正蒙』, 「誠明」, "形而後有氣質之性, 善反之則天地之性存焉. 故氣質之性, 君子有弗性者焉."

장재가 말하는 천지지성이란 천성이 현실적으로 구체적 개별물에 내재한 것을 말한다. 그렇다면 천성은 무엇을 말하는가? 장재는 '천성은 건·곤과 음·양이며'[58] '성性은 총괄하는 것으로서 음·양 두 가지를 합한 것'[59]이라고 하였다. 이것은 다름 아닌 우주 본체인 태허일기의 덕 혹은 양능이 천성이라는 것을 말해 준다. 천지지성이란 구체적 개별물속에 내재하는 '태허일기의 성[天性]'을 말하며, 스스로는 지극히 정靜하여 무감無感하지만 모든 감통感通이 바로 여기에서 생겨나게 되는 '감통의 본체[感之體]' 또는 '감통의 원리'를 의미한다.

장재는 성性에 대해서 다양하게 표현하였다.

지극히 정靜하여 무감無感한 것이 성의 연원이다.[60]

감感이 없을 수 없는 것을 성이라 한다.[61]

감은 성의 신神이요, 성은 감의 체體이다.[자주自注: 인간에게 있어서나 하늘에 있어서나 그것은 궁극적으로 하나이다.][62]

감은 성에서 나오는 것이니 성의 흐름이다.[63]

여기서 말하는 '지극히 정靜하여 무감無感하다[至靜無感]'는 것은 『주역』의 '적연부동寂然不動'이란 말과 같은 의미를 지니며, '성의 연원이다[性之淵源]'라는 것은 성 밖에 달리 '지정무감'한 실체가 있는 것이 아니라, 성 그 자체가 바로

58) 『正蒙』, 「乾稱」, "天性, 乾坤陰陽也."
59) 『正蒙』, 「誠明」, "性, 其總合兩也."
60) 『正蒙』, 「太和」, "至靜無感, 性之淵源."
61) 『正蒙』, 「誠明」. "不能無感者謂性."
62) 『正蒙』, 「乾稱」, "感者性之神, 性者感之體.[自注: 在人在天, 其窮一也.]"
63) 『橫渠易說』, 「繫辭上」, "感皆出於性, 性之流也."

'지정무감'한 상태임을 말한다. 그런데 문제는 성을 '무감無感'이라고 말하면서도 동시에 '감感이 없을 수 없다'고 표현하는 점이다. 이것은 분명 모순되는 말이다.

이 문제를 해결하기 위해서는 우선 장재의 역설적 표현들에 익숙해질 필요가 있다. 장재는 우주론에 있어서 '지극히 텅 빈 것[至虛; 太虛; 無形]'이야말로 '참으로 있는 것[實有]'이라는 논리를 펼쳤다. 이것은 곧 지극히 텅 비어 있기에 참으로 있을 수 있다는 역설적 논리로서, 극음極陰이 있기에 양陽이 있을 수 있으며 극양極陽이 있기에 음陰이 있을 수 있다는 『주역』의 '음양동정론陰陽動靜論'과 같은 형태의 논리이다.

이러한 역설적 논리는 중국철학사에서 흔히 도가 계열의 학자들에게서 자주 사용된다. 그렇지만 유가 계열의 학자들 또한 역설적 논리를 즐겨 사용하며, '중국적 사유 방식'의 하나로 우리들에게 익숙하다. 이러한 논리는 '지정무감한 성'의 '감통[感]'을 설명하는 데에 있어서도 그대로 적용된다. 즉 위의 인용문에서 모순된 두 부분을 연결하여 보면 '지정무감한 성이기에 감통[感]이 없을 수 없다'고 하는 '태허즉실유太虛則實有' 방식의 역설적 논리가 가능하다. 이로써 보면, 성은 '지정무감'을 그 본성으로 가지며, '감통[感]'을 속성으로 가지는 것임을 알 수 있다. 그렇다면 감통을 속성으로 하는 천지지성의 공효功效는 무엇인가?

> 하늘의 본성이 되는 바[天地之性]는 도에 극진히 통하여 기[氣質]의 어둡고 밝은 것이 이것을 가리지 못한다.…… 성性은 기의 바깥에서 통하고, 명命은 기의 안에서 운행한다. 기에는 안과 밖이 없으나, 다만 형체를 빌려서 말했을 따름이다. 그러므로 사람을 알려고 생각한다면 먼저 하늘을 알지 않으면 안 된다. 성을 극진히 한 후에라야 명에도 이를 수 있게 된다.[64)]

즉, 천지지성은 기질의 한계를 벗어나 '형체가 있기 전'의 본래 상태를 회복하는 데 그 구체적인 의의가 있다. 장재는 이러한 천지지성을 다 발현하여 본성을 회복하게 되면 "모든 사람들이 한 뱃속의 형제와 같고, 모든 만물이 나와 함께 더불어 살아가는 친구가 된다"65)라고 보았다.

또한 장재는 "사람에게 있어서 성性은 선하지 아니함이 없다"66)고 하면서 천지지성의 순선함을 주장하였다. 물론 이 말 또한 '선이란 과연 무엇을 말하는가', '본성이 순선하다고 주장할 수 있는 근거는 무엇인가' 하는 다양한 물음을 가질 수 있다. 그러나 여기서는 문제의 일관성을 위해 송·명 유학자들이 당연한 것으로 여기던 본성[천지지성; 의리지성; 본연지성]의 순선설純善說을 일단 그대로 수용하고 논의를 전개하기로 한다.

장재는 인간이 비록 선한 본성 즉 천지지성을 지니고 있기는 하나, 그 행위가 모두 선의 실현으로 연결된다고는 보지는 않는다. 장재가 말하는 선성善性의 내재는 어디까지나 가능성으로 갖추고 있음을 의미하는 것이지, 그 현세태現世態로 드러남을 의미하지는 않는다. 그 까닭은 천지지성이 탁애濁碍한 기질에 내재되어 있고, 그 탁애한 기질이 천지지성의 발현을 가로막고 있기 때문이라는 것이다. 이러한 관념은 정씨 형제와 주희를 비롯한 송대 유학자들 대부분이 지니고 있던 심성론의 특징이기도 하다.

장재는 천지지성의 발현을 제한하는 곳에서 기질지성을 말하며, 또한 변화기질과 진성盡性의 수양 공부를 도출해 낸다. 그렇다면 기질지성이란 구체적으로 무엇을 의미하는가? 장재는 "형체形가 있은 이후에 기질지성이 있다"67)

64) 『正蒙』, 「誠明」, "天所性者通極於道, 氣之昏明不足以蔽之.……性通乎氣之外, 命行乎氣之內. 氣無內外, 假有形而言爾. 故思知人不可不知天, 盡其性然後能至於命."

65) 〈西銘〉, "民吾同胞, 物吾與也."

66) 『正蒙』, 「誠明」, "性於人無不善."

67) 『正蒙』, 「誠明」, "形而後有氣質之性."

라고 말한다. 형체란 기가 응취하여 이루어진 것으로서, 우리들의 감각 기관을 통해 지각될 수 있는 구체적인 존재물(客形)을 가리킨다. 그리고 기가 응취하였다는 것은 기의 질화質化 즉 기질을 의미한다. 기질에 대해서 장재는 다음과 같이 구체적으로 말하였다.

> 기질이란 사람들이 말하는 성기性氣(성질, 성격, 성향) 같은 것이다. 기에는 강剛·유柔, 완緩·속速, 청淸·탁濁의 차이가 있으며, 질質은 재才이다. 기질은 일물一物로서 풀과 나무의 생성에 있어서도 역시 기질을 말할 수 있다.[68]

> 사람의 강·유, 완·급, 재才·부재不才의 차이는 모두 기의 치우침에서 생겨난다.[69]

> 사람의 기질이 갖는 미美·오惡, 귀·천, 요夭·수壽의 이치는 모두 받은 바 정해진 분수(分)이다.[70]

위 인용문을 자세히 살펴보면, 장재가 생각하는 기질은 만물이 생겨날 때 각자 얻은 바의 분별적이고 편잡偏雜한 분수기分殊氣임을 알 수 있다. 기질은 사람과 사물이 서로 다르고, 또한 사람의 경우도 개인마다 각자 다르다. 그래서 장재는 기질의 차이를 '받은 바 정해진 분수(分)'라고 말한다. 이러한 분수는 제한과 규정의 의미를 지닌다. 즉, 각각의 개체가 그것이 되도록 제한하고 규정하는 것이 바로 기질이라는 것이다. 그런데 어떤 개체를 그것이 되도록 규정하고 제한한다는 것은 곧 다른 존재들에 대해서는 상반相反과 폐색閉塞을

---

68) 『經學理窟』, 「學大原上」, "氣質猶人言性氣, 氣有剛柔緩速清濁之氣也, 質, 才也. 氣質是一物, 若草木之生亦可言氣質."
69) 『正蒙』, 「誠明」, "人之剛柔緩急, 有才與不才, 氣之偏也."
70) 『經學理窟』, 「氣質」, "人之氣質美惡與貴賤夭壽之理, 皆是所受定分."

가져오는 것이 된다. 그래서 장재는 "태허는 맑으니[淸], 맑으면 막힘[礙]이 없고, 막힘이 없으면 신비롭다[神]. 맑음에 거스르게 되면 흐리게[濁] 되는데, 흐리면 막히고, 막히면 형태[形]를 갖추게 된다"[71]라고 하였다. 여기서 장재는 구체화와 개별화를 의미하는 형체[形]의 속성을 탁애濁礙한 것으로 파악하고 있다. 그리고 탁애한 형체가 있은 이후에 생겨나는 기질지성은 각각의 개체를 그것이 되도록 규정하는 분수기의 기질지성이라고 보며, 이러한 성은 다른 존재들에 대한 상반과 폐색을 불러오는 원천이 된다고 생각하였다. 그리고 장재는 기질지성이 갖는 상반과 폐색의 경향은 곧 자신의 밖에 있는 것을 '쳐서 빼앗는[攻取]' 이기적인 욕구로 이어진다고 보았다.

> 담일湛一은 기의 근본이요, 공취攻取는 기의 욕구[欲]이다. 입과 배가 마시고 먹는 것, 코와 혀가 냄새를 맡고 맛을 보는 것이 모두 공취의 성性이다.[72]

> 음식과 남녀가 모두 성[기질지성]이다. 이것을 어떻게 없앨 수 있겠는가?[73]

장재는 인간 자신의 밖에 있는 것을 쳐서 빼앗는 대상인 음식과 남녀와 '이목감관耳目感官의 욕구[攻取之性]'는 인간이 기질을 지니는 한 없앨 수 없다고 본다. 문제는 바로 여기에서 생겨난다. 즉 "인간의 욕구는 무한한 데 비하여 공취의 대상이 되는 외물은 유한하다"[74]는 사실이다. 만일 인간 각자가 자신의 무한한 이기심을 충족시키려 든다면, 필연적으로 투쟁과 갈등이 일어날 것이다. 이러한 투쟁과 갈등은 욕구 충족의 대상이 되는 외물의 양을 늘림으로

---

71) 『正蒙』, 「太和」, "太虛爲淸, 淸則無礙, 無礙故神. 反淸爲濁, 濁則礙, 礙則形."
72) 『正蒙』, 「誠明」, "湛一, 氣之本, 功取, 氣之欲. 口腹於飮食, 鼻舌於臭味, 皆功取之性也."
73) 『正蒙』, 「乾稱」, "飮食男女皆性也. 是烏可滅."
74) 『經學理窟』, 「學大原上」, "蓋人欲無饜而外物有限."

써 해소될 수 있지만, 장재는 철저히 유가적 전통을 따라 '욕구를 줄이는[寡欲]' 방식을 택한다.

그런데 오늘날 마르크스주의적인 시각에서 중국철학을 연구하는 학자들은 이러한 과욕寡欲의 가르침들이 결국 의·식·주에 대한 피압박 민중들의 기본 욕구를 말살시키는 자기 최면과 같은 것이라고 해석한다. 즉 송·명 유가의 최종 목표가 봉건사회 속에서 자신의 몸이 편안하고, 주어진 삶을 누리면서 도덕 수양을 강화하고 현실에 만족하며 봉건적 도덕의 의무를 지켜 나가며, 이를 빌려 사회 계급의 질서를 안정시키고 통치 제도를 강화하는 데 있다고 본다.[75] 그리고 이러한 봉건 계급 질서와 도덕규범의 타당성을 논증하기 위해 과욕의 논리를 펼친다고 주장한다. 물론 결과만을 가지고 따진다면 이러한 해석도 가능할 것이나, 분명한 사실은 당시 사람들에게 있어서 과욕의 가르침이 피치자에게만 일방적으로 요구되는 불평등한 계약 조건과 자기 최면이 아니라, 오히려 통치자 자신에게 더 큰 인내와 노력을 요구하는 수기치인修己治人과 내성외왕內聖外王의 윤리적 덕목이라는 사실이다.

장재는 왜 과욕해야 하는지를 논리적으로 설명하려고 노력한다. 그것이 바로 리욕지설理欲之說[76]이다. 즉 '리理'는 천하가 함께 기뻐하는 것인 반면에,

---

75) 侯外廬 外, 『송명이학사』 1, 박완식 역, 127쪽 참조.

76) 張載는 '寡欲' 이외에 '無欲'을 언급하기도 했다. 그는 『禮記』 「表記」의 "無欲而好仁者, 無畏而惡不仁者, 天下一人而已矣"라는 구절을 인용하면서 無欲을 언급하였다. '存天理, 滅(去)人欲'이라는 말은 程氏 형제가 자주 쓰는 말이기는 하지만, 宋·明 理學者들 대부분이 이러한 '理欲之說'을 채택하고 있다. 특히 '性'을 두 가지로 구분하는 학자들에게 있어서 거의 공통적으로 나타난다. 그런데 宋·明 理學者들의 사상에서 굳이 '滅欲'과 '寡欲'을 구분하려는 학자들이 있으나, 맥락상 이 두 가지를 비슷한 의미로 받아들이는 것이 훨씬 문제의 핵심에 가까울 것이다. 비록 滅欲, 去欲, 無欲을 언급한다 하더라도, 이것이 곧 인간의 기본적 삶의 욕구들을 완전히 부정하는 것으로 보기는 힘들다. 욕구에 대한 '지나친' 경계 의식의 부작용으로 인해 滅欲, 去欲, 無欲을 대신하는 寡欲의 설이 충분히 더 설득력 있게 들릴 수는 있으나, 본질적인 측면에서는 비슷한 의미로 받아들여야 한다. 그러나 宋·明 理學者들의 理欲說은 明末淸初 이래의 '적극적 人

'욕欲'은 사적인 것일 수밖에 없다고 본다. 그러므로 인간이 본연의 모습을 회복하기 위해서는 반드시 천하의 리理를 얻은 인의仁義의 덕을 자신의 본성으로 삼아야만 한다는 것이다.[77] 그러므로 장재는 "형체가 생긴 뒤에야 기질지성이 있으니 잘 돌이키면 천지지성이 그대로 보존된다. 그러므로 기질지성은 군자가 본성[性]으로 여기지 않는다"[78]라고 하며, 욕구의 원천이 되는 기질지성에 대해서는 부정적인 가치를 부여하게 된다. 인간의 모든 악이 상반相反과 폐색閉塞에 기인하는 자기주장의 결과라고 본다면, 이러한 상반과 폐색의 원천이 되는 기질지성이야말로 악의 연원이 된다. 그리고 이러한 기질지성은 형체가 있고 나서 생긴 것이라고 보기에, 악의 연원을 천지지성에까지 소급할 수는 없는 것이다.

Ⅲ. 장재 성론의 특징

장재 철학에서 도덕적 실천을 가능케 하는 주체로서의 심성론心性論의 등장은 필수불가결한 요소이다. 일부 학자들은 장재의 심성론이 그의 우주론에 비해 체계성이 부족하며, 그의 철학적 관심이 인간 내면보다는 외부 세계로 향해 있다고 평가한다. 그러나 이러한 견해는 유학 사상의 본질을 간과한 해석으로 볼 수도 있다. 유학자들의 궁극적인 관심은 단순한 우주론적 설명에 있는 것이 아니라, 도덕적 실천의 가능 조건을 확립하는 데 있었다. 송·명

欲肯定論'과는 충분히 구분되어야 한다.

77) 관련 원문은 다음과 같다. 『正蒙』, 「誠明」, "所謂天理也者, 能悅諸心, 能通天下之志之理也."; 『正蒙』, 「大心」, "窮人欲如專顧影間, 區區於一物之中爾."; 『正蒙』, 「至當」, "得天下之理之謂德."; 『正蒙』, 「大易」, "仁義, 德也而謂之人."

78) 『正蒙』, 「誠明」, "形而後有氣質之性, 善反之則天地之性存焉. 故氣質之性, 君子有弗性者焉."

신유학자들 역시 도덕 실천을 가능하게 하는 선천적 기반으로서 심성론의 정립에 깊은 관심을 보였으며, 이러한 경향은 장재에게서도 일관되게 확인된다. 장재 또한 우주를 하나의 도덕적 창조 과정으로 인식하였기 때문이다.

장재는 개별 존재의 기질氣質 속에 내재하는 태허太虛를 곧 성性으로 이해하였다. 다시 말해, 장재가 말하는 성은 개체적 기질 속에서 드러나는 태허일기太虛一氣의 존재 방식으로 해석할 수 있다. 이러한 내재적 태허로서의 성은 만물에 공통적으로 깃들어 있는 본성이며, 장재는 이를 천지지성天地之性이라 명명하였다. 그러나 장재는 이와는 별도로 기질지성氣質之性의 개념을 제시하였다. 그는 기질지성을 통해 맹자 이래로 지속적으로 문제시되어 온 도덕적 악의 발생 원인을 설명하고자 하였다. 장재가 제기한 기질지성의 개념은 이후 송·명 유학 전반에 걸쳐 핵심 개념으로 자리 잡았으며, 청대 유학에서도 더욱 중대한 철학적 논의의 대상으로 확장된다. 특히 기질지성을 어떻게 이해하고 해석할 것인가의 문제는 송대 유학과 청대 유학을 구분하는 기준 중 하나로 기능하기도 한다.

앞서 우리는 장재의 성론이 천지지성과 기질지성으로 이원화될 수 있음을 살펴보았으며, 장재가 인간의 도덕적 본성으로 설정한 천지지성이 곧 태허일기의 도덕적 양태임을 확인하였다. 한 걸음 더 나아가 장재는 악의 근원이 외물外物에 대한 무한한 욕구에서 비롯된다고 보았으며, 이러한 욕구는 형체의 형성 이후 개별 존재가 갖게 되는 기질지성에 의해 유발된다고 여겼다는 점을 고찰하였다. 이러한 논의에서 도출되는 장재 성론의 핵심 결론은 다음과 같다. 곧, 악의 원천이 되는 기질지성을 변화시켜 천지지성으로 '잘 돌이키는[善反]' 길만이 인간이 본래 지닌 태허일기의 순수한 본성을 회복하고, "모든 사람은 한 어머니의 자식과 같고, 모든 만물은 나와 함께 더불어 존재한다[民吾同胞, 物吾與也]"는 경지에 도달하게 된다는 것이다.

그러나 장재의 성론은 기학이 지니는 강한 현실적 경향성에도 불구하고, 천天과 인人의 합일성에 지나치게 치중한 나머지, 현실 속에서 구체적으로 작용하는 분수기分殊氣의 차별성과 개별성에 대해서는 상대적으로 주목하지 못했다는 문제점을 드러내기도 한다. 이러한 점은 장재의 성론이 지닌 이론적 성취와 더불어 그 철학적 한계를 동시에 보여 주는 지점이라 할 수 있다.

제5장 장재 기학의 공부론

성리학적 맥락에서 '공부工夫'란 완전한 인격에 도달하기 위한 실천적 수행과 지속적인 자기 수양의 노력을 의미한다. 장재의 기학에 있어서 공부의 핵심은 '대심大心'의 구현에 있다. 장재가 말하는 '심心'은 단순한 심리적 주체가 아니라, 체體와 용用의 변증법적 구조를 내포하는 개념으로, 심과 성性이라는 이중구조의 의미로 해석될 수 있다. 장재 철학에서 공부의 목적은 '심'을 통한 '성'의 회복에 있으며, 이 회복의 매개가 되는 핵심 개념이 바로 '대심'이다.

장재는 세계의 본질에 대한 참된 인식은 인간의 오감五感에 의존하는 견문지見聞知를 통해서는 불가능하며, 덕성과 본성을 통한 내적인 통찰, 즉 덕성지德性知를 통해 가능하다고 본다. 그는 도道, 즉 세계의 본질은 외적인 관찰이나 감각적 경험으로 파악될 수 없으며, 내면의 도덕적 직관을 통해 인식되어야 한다고 주장한다. 이러한 덕성지를 획득하기 위한 구체적인 방법으로 장재는 대심의 실천을 제시한다.

그렇다면 장재가 말하는 대심이란 무엇인가? 그것은 곧 인간의 마음속에 내재된 도덕적 본성을 회복함으로써 '심과 성의 합일[心性合一]'을 이루고, 더 나아가 본래 '하나'인 세계의 다양한 대립적 양상을 전체적으로 통찰하는 능력을 의미한다. 장재는 이러한 대심의 공부를 통해 도달하게 되는 이상적 경지를 "모든 사람은 한 어머니의 자식과 같고, 모든 만물은 나와 함께 더불어 존재한다民吾同胞, 物吾與也]”라고 표현하였다. 이처럼 장재의 공부론은 도덕적 자기 성숙을 통해 우주 전체와의 일체감을 실현하고자 하는 신유학적 이상을 구현하며, 동시에 천인합일天人合一과 체용무간體用無間을 강조하는 유가적 세계관의 핵심 정신을 가장 잘 보여 주는 사유라 할 수 있다.

Ⅰ. 심心과 성性의 관계

‘공부’라고 하는 말은 다의적이지만, 여기서는 주로 완전한 인격에 이르기 위하여 덕행을 쌓고 행실을 닦는다는 성리학적 의미로 사용하기로 한다.[1] 이러한 의미에서 장재 공부론의 요체는 대심론이다.

장재 철학에 있어서 심心은 성性에로, 그리고 성性은 기氣에로 연결된다. 즉 장재 기학에 있어서 기의 개념은 특히 인간에게 적용되면서 성의 개념으로 그 의미가 확장되며, 성의 개념은 개별 인간의 도덕적 수양인 공부론과 관련해서 심의 개념으로 확장된다. 결국 장재에게 있어서 ‘대심’이란 ‘복기성復其性’과 ‘복기초復其初’, 즉 심이 성과 기에로 회복되어 가는 방법이며, 모든 공부의 핵심이라고 할 수 있다. 먼저 심의 다의성을 논하는 데서부터 논의를 시작해 보자.

동서고금을 막론하고 ‘심’은 다의적으로 쓰여 왔다. 중국의 경우에 사유하는 감각기관의 하나인 지각작용으로 심을 이해하는 예가 있고, 그리고 여러

1) 漢語大辭典編輯委員會, 『漢語大辭典』 2卷(上海: 漢語大辭典出版社, 1988), 952쪽 참조. ‘工夫’는 ‘功夫’라는 글자와 혼용하여 쓰기도 한다. 성리학적 의미의 공부론은 누구보다도 주희에 의해 강조되었다. 주희는 일찍이 “謹信存誠은 내면의 공부로서, 이것은 자취가 없다”(『朱子語類』, 卷69)라고 하였으며, 또한 臨終에 즈음하여 제자들에게 “堅苦의 공부를 하라”라고 권유하기도 하였다.

감각기관을 통괄하는 주체로 이해하는 예도 있다. "귀나 눈 같은 기관[耳目之官]은 생각하지 못하므로 외부 사물에 의해 가려진다.…… 심이라는 기관은 생각할 수 있다"[2]라고 하는 것이 전자의 예라면, "심은 몸에 있어서 임금과 같고, 아홉 구멍[눈·코 등의 감각기관]이 각각 기능이 있는 것은 국가에 관직이 나누어져 있는 것과 같다. 심이 바른 도에 처하면 아홉 구멍이 이치를 따르게 되고, 심에 욕망이 가득 차면 눈은 보아도 보이지 않고 귀는 들어도 들리지 않는다"[3], "귀·눈·코·입·몸이 바깥 사물에 접촉하면 제각각 맡은 작용이 있어서 서로 동요하지 않는다. 이것을 '선천적으로 타고난 기관[天官]'이라 한다. 심은 몸 가운데 텅 빈 곳에 거처하며 다섯 기관을 다스린다. 이것을 '선천적으로 타고난 주인[天君]'이라 한다"[4]라고 하는 것은 후자의 사례다. 그리고 주관적 관념론자들의 경우에는 심을 개인의 의식으로, 세계의 근원으로, 행위의 주체로 또한 모든 현상을 만들어 내는 본질로 이해한다. "우주가 곧 내 '마음'[5]이요, 내 '마음'이 곧 우주이다"[6]라고 하는 육구연의 말과 "천하에는 '마음' 밖의 사물이 없다"[7]라고 하는 왕수인의 말이 그 대표적인 예가 된다.

전자가 심의 '작용적 측면'을 의미하는 것이라면, 후자는 심의 '본체적 의미'를 뜻한다. 심의 의미와 관련하여 가장 주목되는 특징과 난점은 바로

---

2) 『孟子』, 「告子上」, "耳目之官, 不思而蔽於物.……心之官則思."

3) 『管子』, 「心術上」, "心之在體, 君之位也, 九竅之有職, 官之分也. 心處其道, 九竅循理, 嗜欲充盈, 目不見色, 耳不聞聲."

4) 『荀子』, 「天論」, "耳目鼻口形能, 各有接而不相能也, 夫是之謂天官. 心居中虛, 以治五官, 夫是之謂天君."

5) '心'은 '마음'이라는 순수 한글로 풀이하는 경우가 훨씬 자연스럽고 事態에 적합할 때가 많다. 그러나 이 글에서는 '大心'이라는 우리의 주제를 좀 더 선명하게 부각시키고, 또한 표현의 일관성을 유지하기 위해 '心'으로 통일시켜 표기하기로 한다. 단 '心'으로 표기할 경우 지나치게 어색한 때에만 한해서 '마음'으로 쓰도록 한다.

6) 『象山全集』, 「雜說」, "宇宙便是吾心, 吾心則是宇宙."

7) 『傳習錄』, 卷下, "天下無心外之物."

심의 의미가 '본체[體]'와 '작용[用]'이라는 이중적 의미로 쓰이고 있다는 점이다. 즉, 심에 있어서 그 심을 쓰는 주체도 심이요, 심이 쓰는 작용도 심이라는 사실이다. 바로 이러한 현실 때문에, 우리에게 익숙한 '심'에 관한 사전적辭典的 정의는 체體와 용用의 의미가 복합적으로 사용되고 있다.

장재의 기학은 크게 기론氣論, 성론性論, 심론心論 세 부분으로 구분할 수 있다. 세 부분은 각각 별도의 영역을 이루고 있지만, 논리적으로는 하나의 고리를 이루고 있다. 장재는 기로써 세계와 인간을 설명하고자 했다. 장재 기학의 특징은 '기란 무엇이냐'를 물은 데 있지 않고, '기로써 무엇을 설명하려 했는가' 하는 점에 있다.[8] 장재는 불가사상의 심성론에 대항하기 위해 유가의 전통적 존재론과 심성론의 통일을 꾀하였으며, 통일의 매개자 역할을 기에다 부여하였던 것이다. 장재는 『주역』의 '궁리진성窮理盡性'[9] 사상을 예로 들며 궁리窮理와 진성盡性 간에 논리적 필연성을 확보하고자 애쓴다. 그는 이러한 시각에서 불가의 심성론을 비판하였다.

> 유학자는 궁리窮理한다. 그러므로 솔성率性을 도라고 말할 수 있다. 불교도는 궁리할 줄도 모르면서 스스로 진성盡性한다고 하니 그러한 학설은 미루어 행할 것이 되지 못한다.[10]

장재는 '기의 존재 해명[窮理; 窮氣]'에 의해 '본성을 살필 것[盡性]'을 요구한다. 이 두 가지는 밀접한 연관을 가지며, 결국 궁리는 진성을 목표로 할 수밖에 없다는 것이다. 장재는 이러한 점에서 불가와 유가의 공부론이 궁극적으로 다르다고 보았으며, 그래서 자신의 공부론에 있어서는 '심성론[진성]의 근거를

---

8) 小野澤精一 外, 『氣의 사상』, 전경진 역(원광대학교출판국, 1987), 447~448쪽 참조.
9) 『周易』, 「說卦傳」.
10) 『正蒙』, 「中正」, "儒者窮理, 故率性可以謂之道. 浮圖不知窮理而自謂之性, 故其說不可推而行."

'기론[궁리]'에 두었던 것이다. 그렇지만 장재 역시 궁리보다는 진성을 강조한다. 그에게 있어서 궁리는 수단이고 진성은 목적이다.[11] 그렇다면 장재에게 있어서 궁리와 진성은 어떻게 연결되는가? 즉 장재의 기론[본체론]은 구체적으로 어떻게 심성론으로 그 의미가 확장되는가?

우선 장재는 '허와 기가 합하여 성의 이름이 있게 된다[合虛與氣, 有性之名]'[12]라고 하였다. 이 말을 중심으로 장재가 말하는 성性의 의미를 개괄해 보면 대략 다음 몇 가지 특징을 갖는다.

첫째, 장재는 구체적 개체인 생명체의 기질 속에 내재하는 만물 공동성, 즉 태허를 성으로 이해하였다. 결국 장재가 말하는 성이란 태허일기와 기질의 합, 또는 기질 속에서 발견되는 태허일기로 해석할 수 있다. 둘째, 개체 속에 내재한 태허로서의 성은 만물공동의 성이며, 도덕적 본성이기도 하다. 장재는 이것을 천지지성天地之性[13]이라 명명하였다. 그리고 그는 천지지성 이외에 또 하나의 성인 기질지성氣質之性을 언급하였다. 기질지성은 구체적 형상을 가진 뒤에 우리들에게 확인되는 것으로서, 비도덕적 행위의 근거가 된다고 보았다. 장재는 기질지성을 통해 맹자 이래로 끊임없이 문제가 되어 왔던 악惡의 발생 원인을 해명하고자 하였다. 물론 여기서 장재가 말하고자 하는 진정한 성은 천지지성일 뿐이다. 셋째, 장재는 악의 근원이 되는 기질지성을 바꾸어 천지지성에로 '잘 돌이키는[善反]' 것이 최초의 태허일기의 본성을 회복할 수 있는 방법이며, 이것이야말로 진정한 공부라고 보았다.

그런데 장재 성론의 검토 이후에 반드시 따라오는 과제가 있다. 즉 도덕적 본성인 천지지성을 회복하는 주체인 심心에 대한 검토이다. 왜냐하면, 장재는

---

11) 陳來, 『송명성리학』, 안재호 역(예문서원, 1997), 114쪽 참조.
12) 『正蒙』, 「太和」.
13) 天地之性을 程頤는 義理之性, 朱熹는 本然之性이라 말하였다.

인의仁義의 덕을 이루고 또한 성性을 아낌없이 발현할 수 있는 근거를 심心에서 찾고 있기 때문이다. 장재는 심과 성의 관계에 대해 심성합일론心性合一論을 지지한다. 장재는 체용론에 의한 심성합일론을 전개함으로써 중국 전통철학의 최대 주제인 천인합일론의 이론적 토대를 마련할 수 있었던 것이다. 심과 성 및 양자의 관계에 대한 장재의 언급은 주로 『정몽』의 「성명誠明」과 「대심大心」편에서 확인할 수 있다. 성性을 설명하는 대표적인 구절을 살펴보도록 하자.

> 성은 만물의 한 가지 근원으로, 나만 사사로이 얻어 지니고 있는 것이 아니다.…… 없어지지 않는 것을 체體라 하고, 체를 일러 성이라 한다.…… 성을 알고 천天을 알면 음양과 귀신이 모두 내 분수 안에 있을 따름이다.…… 심이 성의 극치에 이를 수 있는 것은 사람이 도를 넓힐 수 있기 때문이고, 성이 심을 단속하지 못하는 것은 도가 사람을 넓히지 못하기 때문이다. 〈자신의〉 성을 극진히 하면 다른 사람과 사물의 성도 극진히 할 수 있다.…… 성은 사람에게 선하지 않음이 없다. 다만 그 본성을 〈원래 모습대로〉 잘 되돌리고[反] 잘못 되돌리는 데 문제가 있을 뿐이다.[14]

장재에 의하면, 성은 결국 '만물의 한 가지 근원[萬物共同性]'이요, 또한 심의 본체[體]가 되는 것이다. 그러므로 사람에게 있어서 성은 선하지 않음이 없다. 다만 문제는 그 성을 잘 회복하는가, 못하는가에 달려 있을 뿐이다. 그렇다면 성을 잘 회복하는 방법은 무엇인가? 그 관건이 바로 심에 달려 있다고 본다. 이에 관하여 장재 자신의 설명을 들어 보도록 하자.

> 성인은 성에 극진하여 보고 듣는 것에 심을 잡아두지 않아, 그가 천하를 볼

14) 『正蒙』, 「誠明」, "性者, 萬物之一源, 非有我之得私也.……未嘗無之謂體, 體之謂性.……知性知天, 則陰陽鬼神皆吾分內爾.……心能盡性, 人能弘道也, 性不知檢其心, 非道弘人也. 盡其性, 能盡人物之性.……性於人無不善, 系其善反不善反而已."

때는 어느 물건 하나도 자신과 같지 않은 것이 없다. 『맹자』에서 '심을 극진히 하면 성도 알고 천도 안다'라고 하는 것이 바로 이것이다.[15]

장재는 『맹자』의 말을 인용하여, "심을 극진히 하면 성도 알고 천도 안다"[16]라고 하였다. 결국 이 말은 '심성합일'과 '천인합일'을 달리 표현한 것에 지나지 않는다. 장재에게 있어서 심과 성은 그 양상이 구분될 뿐이지, 근원적으로는 동일한 것이다. 그러므로 장재에게 있어서 최대의 공부는 바로 심心 본연의 심心인 성을 회복하는 것이다. 심과 성 양자의 관계에 대해서 장재는 다양하게 언급하고 있으나, 그 요지는 대략 '체와 용의 관계', 그리고 '객관존재와 주관활동의 관계'[17]로 요약할 수 있다. 그리고 이러한 면에서 심·성을 모두 광의廣義의 심이라고 할 수 있으며, 체·용의 변증법적 이중구조를 띠고 있는 것으로 이해할 수 있다. 즉 심과 성의 구분은 심을 협의狹義의 의미로서 논의할 때만 유효하다. 장재 철학에 있어서 '성'은 곧 본연성과 가능성으로서의 '심'이며, '심'은 현실성으로서의 '심'이다. 이제 성을 회복하는 주체인 심에 대해 본격적으로 논할 순서에 이르렀다.

Ⅱ. 장재 심론의 특징

장재에게 있어서 심이란 '천지지성을 회복하는[心能盡性]' 인간의 '능동적 주체성[誠之; 思誠]'이다. 그러므로 왕부지는 장재의 『정몽』을 주해하면서 "성性

15) 『正蒙』, 「大心」, "聖人盡性, 不以見聞梏其心, 其視天下, 無一物非我. 孟子謂盡心則知性知天以此."
16) 『孟子』, 「盡心上」, "盡心則知性知天."
17) 朱建民, 『張載思想硏究』(臺灣: 文津出版社, 1989), 116~117쪽 참조.

은 천도이고 심心은 인도이다. 천도는 은미하고 인도는 드러난다"[18]라고 하였다. 즉 장재는 인도로써 천도를 깨닫게 되고 인도를 극진히 함으로써 천도를 다하게 된다고 생각하였다. 이것은 곧 "성誠 자체는 천도요, 성誠하려고 노력하는 것은 인도이다"[19]라고 하는 『중용』의 성론誠論과 비슷한 구조를 띠고 있다.

『중용』은 수신의 본질인 '성誠'을 궁극적으로 대자연에까지 귀속시키려 한다. '천도'를 곧이곧대로 해석하면, '하늘의 길'인 '자연의 운행법칙'이 될 것이다. 고대 중국인들은 자연의 규칙적 운행법칙을 '성실誠'이라는 가치 개념으로 해석하였으며, 또한 이를 인간의 도덕적 삶의 표준과 근거로 삼았다. 그처럼 성실한 대자연의 세계는 '힘쓰지 않아도 들어맞고 생각지 않아도 깨달아지며 자연스럽게 도에 들어맞는'[20] 경지이니, 그것은 대자연과 합일된 성인의 경지인 것이다. 그러나 인간의 현실은 성인의 가능성을 항상 지니고 있으나 성인 그 자체는 아니다. 우리의 현실은 '발현하여 모두 상황에 척척 맞는'[21] 것도 아니고, '힘쓰지 않아도 들어맞고 생각지 않아도 깨달아지는' 그러한 현실도 아니다. 다만 인간은 성誠 그 자체에 가까워지려는 노력을 꾸준히 경주할 수밖에 없다. 바로 이러한 노력을 『중용』에서는 성지자誠之者 즉 인도人道라 하였다. 여기에서 우리는 천도의 실체를 성性으로, 그리고 인도의 주체를 심心으로 대비할 수 있을 것이다. 그리고 천도와 인도, 성자와 성지자, 성과 심의 합일이 결국 '이상'과 '현실'의 화해 가능성이며, 이것이 바로 장재 공부론의 요체임을 짐작할 수 있다.

이제 심의 의미를 좀 더 정확히 이해하기 위해 심에 대한 장재 자신의 정의定義를 살펴보도록 하자. 장재는 '성과 지각을 합하여 심의 이름이 있게

18) 『張子正蒙注』, 「誠明」, "性者, 天道, 心者, 人道. 天道隱而人道顯."
19) 『中庸』 20章, "誠者, 天之道也, 誠之者, 人之道也."
20) 『中庸』 20章, "不勉而中, 不思而得, 從容中道."
21) 『中庸』 首章, "發而皆中節."

된다[合性與知覺, 有心之名]'[22]라는 말로 심을 정의하였다. 이 말을 제대로 이해하기 위해서는 먼저 성에 대한 장재의 정의 방식인 '허와 기가 합하여서 성의 이름이 있게 된다[合虛與氣, 有性之名]'라는 말을 우선적으로 살펴보아야 한다. 왜냐하면 '합허여기合虛與氣'가 바로 '합성여지각合性與知覺'과 비슷한 구조를 띠고 있기 때문이다. '합허여기'에서 장재는 '허'를 '태허일기'의 의미로 사용하였고, 그리고 '기'는 '기질'의 의미로 새겼다. 이렇게 보면 결국 장재가 말하는 '성'이란 태허일기와 기질의 결합, 또는 기질 속에서 발견되는 태허일기로 해석될 수 있다. 장재는 이것을 천지지성이라 하며 또한 만물의 공동성으로 이해하였다.

장재는 '기' 개념을 통해 '성' 개념을 도출하였고, 다시 이를 통해 '심' 개념을 도출한다. "성과 지각을 합하여서 심의 이름이 있게 된다"라고 하는 말은 '기'가 '성'을 거쳐 '심'에까지 확장되는 과정을 잘 보여 준다. 장재가 말하는 성이란 개념은 '형상을 가진 개체 속에 내재한 태허일기'를 의미하며, 그 속성은 감통성[神]이다. 그렇다면 여기서 '지각'은 무엇을 의미하는가? 장재는 『정몽』에서 "유와 무가 하나가 되고 안과 밖이 합하는 것, 이것이 인심人心이 유래하는 바이다"[23]라고 하였다. 이 구절이 바로 '성과 지각을 합하여서 심의 이름이 있게 된다'라는 구절을 설명하는 것으로 볼 수 있다. 즉 '유와 무가 하나가 된다'는 것은 '성'에 대한 설명으로, 그리고 '안과 밖이 합한다'는 것은 '지각'에 대한 설명으로 볼 수 있다. 장재는 동일한 곳에서 "유와 무, 허와 실이 통하여 하나의 사물이 되는 것이 바로 성이다"[24]라고 하며, 또한 "사람들이 자기에게 '지각[知]이 있다'라고 말하는 것은 귀와 눈으로 말미암아 받은 것이고, 사람들이 받은 것은 안과 밖의 합치로 말미암은 것이다"[25]라고 하였다. 이것은 곧

---

22) 『正蒙』, 「太和」.
23) 『正蒙』, 「乾稱」, "有無一, 內外合, 此人心之所自來也."
24) 『正蒙』, 「乾稱」, "有無虛實通爲一物者, 性也."
25) 『正蒙』, 「大心」, "人謂己有知, 由耳目有受也, 人之有受, 由內外之合也."

'유 · 무의 통일이 성'이고, '안과 밖의 합이 지각'임을 확인해 주는 구절이다.

'안과 밖을 합한다'는 말은 이미 안과 밖, 즉 주체와 객체의 구분을 전제로 한다. 이때 안과 밖을 구분 짓게 하는 것이 형체[形]이다. 그러므로 '안과 밖을 합하는' 지각은 구체적인 형체를 지닌 존재에 대해서만 말해질 수 있다. 이 점은 지각을 그 개념성립의 필요조건으로 하는 '심' 역시 마찬가지다. 구체적인 형체와 안과 밖의 구분이 의미가 없는 천天의 세계에서는 심에 대한 논의가 무의미하다. 그래서 장재는 "천은 심이 없다. 심은 모두 사람에게 있어서의 심이다"[26]라고 하였으며, 『주역』에서도 "천지는 무심하지만 만물을 생성하게 되고, 성인은 유심하지만 무위하게 된다"[27]라고 하였다. 즉 심은 자연[天]에서가 아니라 바로 인간의 인식과 윤리상에서의 능동적 주체인 것이다.

그런데 지각은 심이 이루어지기 위한 필요조건이지만 충분조건이 되지는 못한다. 심이 이루어지기 위해서는 지각 외에도 성 개념이 필요하다. 그러므로 장재는 "성과 지각을 합하여 심의 이름이 있게 된다"라고 하였던 것이다. 앞에서 말하였듯이, 성이란 '형상을 가진 개체 속에 내재한 태허일기'를 의미한다. 그러므로 "성과 지각을 합하여 심의 이름이 있게 된다"라고 하는 말은 "허[태허]와 지각을 합하여 심의 이름이 있게 된다"라는 말로 이해할 수 있으며, 이때의 허와 지각은 체와 용의 관계로서 결국 동일한 것으로 이해할 수 있다. 즉 안과 밖을 합하는 지각은 성의 '감통성[神]' 이외의 다른 것이 아니다. 그러므로 장재는 심이 인간에 내재하는 우주 본체 태허일기의 지신至神한 작용이라는 점을 여러 차례 강조하여 말하기를 "태허는 심의 내용이다"[28], "심은 본래 지신至神하다"[29], "심은 곧 신神이다"[30]라고 하였다.

---

26) 『經學理窟』, 「詩書」, "天無心, 心都在人之心."
27) 『周易』, 「繫辭上」, "天地無心而成化, 聖人有心而無爲."
28) 『張子全書』, 卷11, 「張子語錄」, '語錄中', "太虛者, 心之實也."
29) 『經學理窟』, 「義理」, "蓋心本至神."

태허를 그 본체로 하고 있으며 안과 밖을 합하는 지극히 신묘한 기능을 지닌 심은 항상 그 능동성이 강조된다. 여기서 능동성이라 함은 궁극적으로 태허일기의 본래성을 회복하려는 인간의 궁극적 공부이다. 태허의 지극히 신묘한 작용이 성의 신비로움[神]이므로 장재에게 있어서 심과 성은 결국 그 근본이 일치한다. 다만 성과 심의 적용 범위가 각각 천도와 인도에 편중될 따름이다. 결국 장재가 말하는 심은 성과 그 실제 내용이 동일하며, 성의 신비로움[神]을 밝혀낼 수 있는 근거가 된다. 그러므로 장재는 "심이 성의 극처에 이를 수 있는 것은 사람이 도를 넓힐 수 있기 때문이고, 성이 심을 단속하지 못하는 것은 도가 사람을 넓히지 못하기 때문이다"31)라고 하였다. 이것은 천성天性의 신비로움이 인간의 심을 통해서만 밝혀질 수 있음을 말한 것이다.

장재는 심心이 허虛하여 천성天性의 신비로움을 환하게 밝히게 되면 시비是非가 드러나게 되고 천하의 사물을 하나로 할 수 있다고 여긴다. 그래서 그는, "심이 이미 허하면 공평하고, 공평하면 옳고 그름이 비교되어 쉽게 드러난다. 그래서 마땅히 해야 함과 마땅히 해서는 안 될 일을 스스로 알게 된다"32)라고 하였다. 심이 이미 허하다는 것은 허심虛心이며, 이것은 장재가 생각하는 인간의 본심이다. 허심은 사심이 전혀 깃들지 않은 공평심이기에 시是와 비非, 당위當爲와 부당위不當爲를 스스로 자각할 수 있는 능력을 지니게 되는 것이다. 그래서 장재는 허심虛心에 대해 말하기를 "허虛는 인仁의 근원이다"33), "허하면 인을 낳는다"34), "지극히 선한 것은 허이다"35)라고 하였다. 즉 장재에게 있어

30) 『經學理窟』, 「詩書」, "心便神也."
31) 『正蒙』, 「誠明」, "心能盡性, 人能弘道也, 性不知檢其心, 非道弘人也."
32) 『經學理窟』, 「學大原上」, "心其虛則公平, 公平則是非較然易見. 當爲不當爲之事自知."
33) 『張子全書』, 卷11, 「張子語錄」, '語錄中', "虛者, 仁之原."
34) 『張子全書』, 卷11, 「張子語錄」, '語錄中', "虛則生仁."
35) 『張子全書』, 卷11, 「張子語錄」, '語錄中', "至善者, 虛也."

서 공평심으로서의 허심은 이타심이며, 박애로서의 인仁을 의미한다.

장재 심론心論의 요지를 정리하면 다음과 같다. 첫째, 천성의 신비로움神은 인간의 심을 통해서만 밝혀질 수 있고, 둘째, 천성의 신비로움은 인간의 심이 허虛해져야만 환하게 드러날 수 있으며, 셋째, 심이 허하다는 것은 만물과 나를 동등하게 여기는 공평심과 이타심을 말한다는 것이다. 장재는 공평심과 이타심이야말로 심이 성과 하나를 이룰 수 있는 방법이며, 또한 이러한 방법을 통해 이룩하게 되는 심과 성의 합일이 유가의 참된 이상이라고 보았다. 여기에서 장재는 심을 성으로 환원할 수 있는 구체적 공부 방법으로 '대심大心'을 주장하고 있다. 즉 '대심'을 통해 도를 깨달을 수 있으며, 또한 만물의 이치를 체득할 수 있다고 보았다.

III. 견문지와 덕성지

장재는 "대심하면 천하의 만물을 체득할 수 있다. 만물에 있어서 아직 체득하지 못한 것이 남아 있다면, 마음은 밖이 있게 된다.…… 밖이 있는 마음으로는 천심에 합하기 부족하다"[36]라고 하였다. 이것은 심이 뭇 존재들에 두루 관통할 수 있음을 말해 준다. 또한 이것은 심의 지극히 신묘한至神 지각이 결코 감각적 지각이 아니라 도덕적 지각이며, 그 도덕적 지각이 뭇 천하만물에 감통感할 수 있음을 말해 준다. 결국 장재가 말하는 대심의 '대大'는 '숭덕崇德'의 의미와 같은 것으로서, 본연의 심이 원래부터 갖추고 있는 지선한 덕을 확충하는 것을 의미한다.[37] 즉 '대'라고 하는 것은 사심을 버리고 천덕에 부합

36) 『正蒙』, 「大心」, "大其心則能體天下之物. 物有未體, 則心爲有外.……故有外之心, 不足以合天心."

하고자 하는 것이며, 또한 아我와 비아非我, 천天과 인人의 대립을 타파하여 하늘의 이치와 융화되는 삶을 도모하는 것이다. 이러한 생각은 성리학적 이상을 가장 잘 설명한 것이다. 조선의 유학자인 퇴계 이황 또한 "덕행이 인륜에서 벗어나지 않으면 천인합일의 신묘한 경지도 마침내 이룰 수 있다"[38]라고 말한 바 있다.

장재는 "사람들이 자기에게 '지식이 있다'라고 말하는 것은 귀와 눈으로 말미암아 받은 것이고, 사람들이 받은 것은 안과 밖의 합치로 말미암은 것이다. 귀와 눈 등의 감각기관의 한계 밖에서 안과 밖을 합할 줄 알면, 그 지식은 다른 사람보다 훨씬 뛰어나다"[39]라고 하였다. 이 말은 곧 심의 지각에도 두 종류가 있음을 말해 준다. 장재는 단순한 감각적 지각과 또한 이것과는 근본적으로 다른 도덕적 지각이 있다고 보았다. 이러한 도덕적 지각은 감각기관의 한계 밖에서 "모든 사람들이 한 뱃속의 형제와 같고, 모든 만물이 나와 함께 더불어 살아가는 친구가 된다"[40]라고 하는 경지인 천지지성天地之性의 구체 작용이다. '심의 지각이 두 종류로 구분될 수 있다' 함은 곧 이로 인해 생겨나는 지식도 두 종류로 나누어 볼 수 있음을 말해 준다. 장재는 심의 감각적 지각에 의한 지식을 '견문지見聞知'라 하고, 심의 도덕적 지각에 의해 얻어 낸 지식을 '덕성지德性知'라 한다.

그렇다면 장재는 왜 심의 구체 작용에 의해 얻어 낸 지식을 견문지와 덕성지로 구분했는가? 장재는 왜 견문지 이외에 별도로 덕성지를 말했는가? 그것은 결국 이목耳目의 감각기관을 통하여 사물과 접촉하는 것만으로는 천하

---

37) 侯外廬 外, 『송명이학사』 1, 박완식 역(이론과 실천, 1993), 139쪽 참조.

38) 『退溪全書』, 「進聖學十圖箚」, "德行不外乎彛倫, 而天人合一之妙斯得矣."

39) 『正蒙』, 「大心」, "人謂己有知, 由耳目有受也, 人之有受, 由內外之合也. 知合內外於耳目之外, 則其知也過人遠矣."

40) 〈西銘〉, "民吾同胞, 物吾與也."

사물을 모두 궁구할 수 없다고 생각했다는 점에서 그 답을 찾을 수 있다. 이와 관련한 장재의 생각을 들어 보자.

> 하늘의 밝음은 해보다 큰 것이 없다. 그러므로 눈으로 보아도 몇 만 리나 높은지 알지 못한다. 하늘의 소리는 우레보다 큰 것이 없다. 그러므로 귀로 들어도 몇 만 리나 멀리 있는지 알 수 없다.[41]

> 천하의 사물을 극진히 다한 것 또한 궁리窮理라고 말할 수 없다. 이는 다만 사람들이 보편적으로 들은 것에 근거하여 얽매이는 마음이 있는데, 이것을 심心이라 한다. 이와 같이 본다면 이목耳目으로 어떻게 천하의 사물을 다할 수 있겠는가?[42]

> 만일 견문만을 가지고 심이라 한다면 심이 왜소하게 될까 두렵다. 천지의 사이에 충만한 것은 모두 물物인데, 자신의 견문에만 근거하여 국한시킨다면 접촉하는 바가 얼마나 될까? 이와 같은 것으로 어떻게 천하의 사물을 다 알 수 있겠는가?[43]

우리 인간은 오감五感을 통해서 세계를 인식하고자 하지만, 그것에는 한계가 있어서 우리의 앎은 당연히 제한될 수밖에 없다. 눈으로 우리는 사물을 볼 수가 있지만, 멀리 있는 것을 볼 수가 없고 또한 너무 작은 것도 볼 수가 없다. 뿐만 아니라 어두운 곳에서도 역시 보지 못한다. 그리고 눈으로 보는 인식은 사물의 진정한 모습을 보지 못한다는 약점을 지닌다. 이와 같은 한계는

---

41) 『正蒙』, 「大心」, "天之明莫大於日, 故有目接之, 不知其幾萬里之高也. 天之聲莫大於雷霆, 故有耳屬之, 莫知其幾萬里之遠也."

42) 『張子全書』, 卷11, 「張子語錄」, '語錄上', "盡天下之物, 且未須道窮理, 只是人尋常據所聞, 有拘管局殺心, 便以此爲心, 如此則耳目安能盡天下之物."

43) 『張子全書』, 卷11, 「張子語錄」, '語錄下', "若只以聞見爲心, 但恐小却心. 今盈天地之間者皆物也, 如只據己之聞見, 所接幾何, 安能盡天下之物."

눈을 통한 대상의 지각에만 해당되는 것이 아니라 다른 감각 기관 모두가 공통적으로 가지고 있는 단점이다. 이처럼 한계를 갖고 제한될 수밖에 없는 앎을 장재는 '견문지'라고 하였다. 장재는 오감을 통해 외부 세계를 알고자 할 때 각종 한계에 부닥치게 된다고 생각하였으며, 결국 참된 공부는 이러한 견문지에 의거한 것일 수 없다고 보았다. 그는 심의 도덕적 지각인 덕성지야말로 유가 공부의 진정한 대상이 된다고 생각하였다. 이러한 공부론은 유가의 주요 경전인 『중용』에서도 확인할 수 있다.

『중용』에서는 유가적 '학문學問'의 의미를 잘 설명하고 있다. '학문'이라는 말은 『중용』에 나오는 박학博學의 '학'과 심문審問의 '문'에서 따온 말이다. 그런데 『중용』에서는 박학과 심문 이외에도 신사愼思, 명변明辨, 독행篤行의 조항이 추가되어 있다.44) 이때 박학에서 명변까지의 항목은 앎을 얻기까지의 과정이다. 그러나 독행은 이러한 앎을 실천하고 체득하는 과정을 말한다. 결국 유가 사상에서 말하는 참된 앎, 즉 학문이란 도덕적 색채를 띨 수밖에 없다. 그러므로 주희는 "배우며, 묻고 생각하여 분변하게 되는 것은 선善을 가려 택해 알게 되는 바이다"45)라고 하였다. 이처럼 참된 앎의 의미를 윤리와 도덕의 테두리 속에서 해석하게 될 때 당연히 강조되는 것이 '실천[篤行]'의 문제이다. 주희는 독행篤行의 필요성에 대해서 "〈선善을〉 굳게 잡아서 인仁을 행해야 한다"46)라는 말로 설명한다. 선을 안다는 것이 행한다는 측면을 떠나서는 아무런 의미를 가질 수 없듯이, 유가사상에 있어서 '학문'은 윤리와 도덕적 색채를 강하게 띤 가치 체계일 수밖에 없다. 그러므로 이러한 종류의 '학문'은 견문지로써는 온전한 파악이 불가능하며, 이것과는 차원이 다른 새로운 종류의 인식을 필요

---

44) 『中庸』 20章을 참고할 것.
45) 『中庸』 20章, 朱子註, "學問思辨, 所以擇善而爲知."
46) 『中庸』 20章, 朱子註, "所以固執而爲仁."

로 하게 된다.

장재 역시 세계의 본질을 가치 체계로 파악한다. 이것은 앞서 말했듯이 『중용』을 비롯한 유가사상 전반의 특징이기도 하다. 『중용』에서는 "성誠은 하늘의 도이다"[47]라고 하였다. 이 말은 세계의 본질을 성실함, 정성스러움, 진실됨 등의 가치 자체로 파악하였음을 말해 준다. 장재 또한 "하늘이 오래되어도 멈추지 않는 도를 일러 성誠이라 한다.…… 성誠하므로 사물이 존재하고 시작과 끝이 있다. 거짓스러우면 실제로 있는 것이 아니니 처음과 끝 또한 어찌 있으리요? 그러므로 〈『중용』에〉 '성誠하지 못하면 사물 또한 없다'고 하는 것이다"[48]라고 하였다.

이렇게 세계의 본질을 가치 자체로 본다면 세계에 대한 인식의 방법도 역시 견문지와는 다를 수밖에 없다. 새로운 인식 방법은 실험적·귀납적 인식 방법이 아니라, 인식하고자 하는 대상과 일체가 됨으로써 그것을 직접적·전체적으로 체인하는 방법이다. 이러한 새로운 인식론은 송·명 신유가에 와서 하나의 방대한 체계를 이루게 된다. 후대의 학자들은 이러한 인식을 통상 '직각적直覺的 인식'이라 한다. 송·명 신유가에서 어떤 학자들은 대상과 일체가 될 것을 강조하고[주로 정주학程朱學 계열의 학자], 또 어떤 학자들은 이미 일체가 되어 있는 것이기 때문에 그것을 깨닫기만 하면 된다고 주장하지만[주로 육왕학陸王學 계열의 학자], 공통점은 역시 대상과의 일치이다.[49] 그렇기 때문에 이들은 항상 천인합일天人合一, 만물일체萬物一體, 물아일여物我一與와 같은 최고의 인식 경지를 강조하였다.

---

47) 『中庸』 20章.

48) 『正蒙』, 「誠明」, "天所長久不已之道, 乃所謂誠.……誠有是物, 則有終有始. 僞實不有, 何終始之有. 故曰, 不誠無物."

49) 안종수, 「송명신유학의 직관적 인식론」, 『철학연구』 49집(대한철학회, 1992), 151쪽 참조.

장재는 이처럼 세계의 본질을 파악하는 진정한 인식이 덕성지라고 보았으며, 이러한 덕성지는 본연의 심心이기도 한 성性을 인식하는 것이라고 보았다. 그는 견문지에 의해서는 절대로 세계의 본질을 파악할 수 없다고 보았다. 그래서 장재는 "견문을 잘 하는 것을 '학學'이라고 할 수 있지만 '도道'라고 할 수는 없다"[50]라고 하며, 견문지와 덕성지의 근본적 차이에 대해서 "견문지는 사물에 접해서 아는 것이므로 덕성이 아는 바가 아니다. 덕성지는 견문에서 생겨나는 것이 아니다"[51]라고 하였다. 그리고 장재는 덕성지를 얻기 위한 방법으로 '대심大心'할 것을 권유하였다.

> '마음을 크게[大心]' 하면 천하의 만물을 체득할 수 있다. 만물에 있어서 아직 체득하지 못한 것이 남아 있다면, 마음은 밖이 있게 된다. 세상 사람들의 심心은 듣고 보는 편협한 데 머무르지만, 성인은 성性에 극진하여 보고 듣는 것에 심을 잡아 두지 않아, 그가 천하를 볼 때는 어느 물건 하나라도 자신과 같지 않은 것이 없다. 『맹자』에서 '심을 극진히 하면 성도 알고 천도 안다'라고 하는 것이 바로 이것이다.…… 만물을 내 몸과 같이 여기는 것, 이것이 곧 도의 근본이다. 내 몸을 통해 도를 체득한다면, 그 사람됨이 크다 할 수 있다. 도가 만물과 내 몸을 아우른다면, 그것이 곧 위대한 것이다. 만물을 내 몸과 같이 여기지 못해 만물이 내 몸에 누累가 된다면 이는 심히 못난 사람의 일이다. 하늘의 이치로 내 몸을 체득하게 되면 만물 또한 체득할 수 있음은 의심할 바 없는 사실이다.[52]

---

50) 『經學理窟』, 「義理」, "見聞之善者, 謂之學則可, 謂之道則不可."
51) 『正蒙』, 「大心」, "見聞之知, 乃物交而知, 非德性所知. 德性所知, 不萌於見聞."
52) 『正蒙』, 「大心」, "大其心, 則能體天下之物, 物有未體, 則心爲有外. 世人之心, 止於聞見之狹. 聖人盡性, 不以見聞梏其心, 其視天下, 無一物非我. 孟子謂盡心則知性知天以此.……體物體身, 道之本也. 身而體道, 其爲人也大矣. 道能物身, 故大, 不能物身而累於身, 則藐乎其卑矣. 能以天體身, 則能體物也不疑."

대심의 관점에서 볼 때 깨달음의 핵심적 의미는 나와 세계, 아我와 비아非我의 '하나됨'을 깨닫는 것이다. 그리고 대심의 관점은 부분과 전체를 인식하는 데 있어서도 적용된다. 즉 부분은 전체를 내포하고 전체는 부분으로 이루어져 있다는 유기적이고 상관적인 인식 원리를 가진다. 장재는 일반인들의 경우에 생각 없이 상식적 수준에서만 아와 비아를 구분하고 주관과 객관을 나누어 세계를 파악하고자 하는 경향이 있기 때문에, 도리어 그러한 분리와 구분에 얽매여 세계의 진정한 본질을 보지 못한다고 주장한다.[53] 그는 깨달음에 이르기 위한 수행의 요점으로 주관과 객관, 부분과 전체의 이분법을 떨쳐 내라고 요구하였다. 장재에게 있어서 민오동포民吾同胞와 물오여야物吾與也의 경지는 대심을 통해 이룩한 만물일체의 경지이다. 만물일체의 경지에서 볼 때 개인의 생生·사死, 빈貧·부富, 귀貴·천賤 등은 크게 의미를 둘 만한 것이 되지 못한다. 그렇다면 대심을 지향하는 이들이 힘써야 할 일은 무엇인가? 여기에 대해서 장재는 네 가지 임무를 제시하였다.

> 천지를 위하여 뜻을 세우고, 백성을 위하여 도를 세우며, 옛 성인을 위하여 끊어진 학문을 이어받고, 만세를 위하여 태평성세를 연다.[54]

Ⅳ. 장재의 대심론

유가사상에서는 모든 인간에게 본연의 '심心'이 내재되어 있으며, 이러한

---

53) 안종수, 「송명신유학의 직관적 인식론」, 158쪽 참조.

54) 『張子全書』(林樂昌 編校, 西安: 西北大學出版社, 2015), 卷13, 拾遺, 「近思錄拾遺」, "爲天地立心, 爲生民立道, 爲去聖繼絶學, 爲萬世開太平."

심은 지극히 선하고 거짓 없이 순수한 것이라고 본다. 이러한 개념은 『중용』에서 '성性'이라 명명되며, 장재 또한 이와 동일한 입장을 견지한다. 그는 성性을 모든 인간에게 내재한 도덕적 본성으로 간주하였으며, 그것은 천리天理와 본질적으로 상통하는 것이라고 이해하였다. 따라서 본연의 심으로서의 성은 하늘과 소통할 뿐만 아니라, 인간 상호 간에도 통한다. 이러한 관점에서 장재는 인간이 세계 및 타인과 분리된 고립된 존재가 아니라, 필연적으로 관계적 존재임을 강조하였다. 장재는 이러한 만물 공동성의 관념을 〈서명〉의 서두에서 선언적으로 제시하였다.

> 건乾은 〈하늘로서〉 아버지라 불리고, 곤坤은 〈땅으로서〉 어머니라 불린다. 나는 여기서 조그만 모습으로 그 가운데 뒤섞여 있다. 하늘과 땅에 가득 찬 것을 내 몸으로 삼고, 하늘과 땅을 이끌고 가는 것을 내 본성으로 삼는다. 사람들은 모두 한 뱃속의 형제와 같고, 만물은 나와 함께 더불어 살아가는 친구가 된다.[55)]

장재는 인간 존재 안에 하늘의 이치가 내재되어 있다고 보았으며, 각자가 자신의 본성을 자각하고 실현해 나가는 것이 진정한 공부라고 보았다. 그리고 이러한 공부의 핵심이 바로 '대심大心'에 있다. 장재에 의하면 '심'은 단순한 심리적 기능을 넘어서, 객관 존재와 주관 활동, 그리고 체體와 용用의 변증법적 구조를 지닌다. 다시 말해, 성과 심은 모두 넓은 의미로서 심心의 자기 구조 안에서 상호 규정되는 존재로, 마음[心]은 마음 자신이 마음답지 못함을 자각하고, 보다 나은 마음으로의 가능성을 스스로 내포하고 있다. 장재는 이러한 '마음의 마음다움', 즉 본래의 마음을 회복하는 수행으로서 대심의 공부를

55) 〈西銘〉, "乾稱父, 坤稱母. 予玆藐焉, 乃混然中處. 故天地之塞, 吾其體. 天地之帥, 吾其性. 民吾同胞, 物吾與也."

제시하였다.

장재에 따르면, 참된 공부인 대심을 통해 인간은 도道를 체득할 수 있으며, 이는 곧 자신의 몸과 만물을 하나로 여기는 인식에 도달하는 것이다. 그는 『정몽』「대심」편에서 다음과 같이 말한다.

> 만물을 내 몸과 같이 여기는 것, 이것이 곧 도의 근본이다. 내 몸을 통해 도를 체득한다면, 그 사람됨이 크다 할 수 있다. 도가 만물과 내 몸을 아우른다면, 그것이 곧 위대한 것이다.[56]

장재는 대심을 통해 덕성지德性知를 획득하고, 본래의 심인 성을 회복할 수 있다고 보았다. 이는 곧 도를 체득하는 것이며, 인간과 만물, 주체와 객체, 천天과 인人이 본래 하나임을 실현하는 천인합일天人合一의 총체적 세계관으로 나아가는 과정이다. 이러한 경지는 궁극적으로 깨달음[覺]으로도 이해될 수 있다. 장재에게 있어 깨달음이란 시공時空을 초월하여 자아와 우주만물이 본래 하나임을 자각하는 인식의 상태를 의미하며, 이러한 자각에 근거한 삶은 자기와 우주만물의 합일을 기쁨으로 여기고 살아가는 존재 양식을 뜻한다.[57]

그러나 장재는 이러한 깨달음의 경지를 불교적 깨달음과는 명확히 구분하였다. 그는 불교의 깨달음이 궁리窮理에 근거하지 않는다고 비판하며, 불교의 존재론적 세계관이 차이를 제거한 무차별적 동일시, 혹은 무無의 우주론으로 귀결된다고 보았다. 이에 반해 장재가 구상한 총체적 세계관은 차이의 철학이자 통일의 철학으로, 구분과 통합의 논리를 함께 포섭하는 구조로 이해되어야 한다. 다시 말해, 장재의 '대심'은 단일성과 다양성, 동일성과 차이의 긴장

---

56) 『正蒙』, 「大心」, "體物體身, 道之本也. 身而體道, 其爲人也大矣. 道能物身, 故大."
57) 홍승표, 『깨달음의 사회학』(예문서원, 2002), 72쪽 참조.

속에서 조화로운 인식론적 구조를 지향한다. 장재는 이러한 경지를 실현한 삶의 모습을 〈서명〉의 마지막 구절에서 평정平靜의 마음 상태로 묘사하고 있다.

> 부유하고 귀하며 복스럽고 윤택한 것은 장차 나의 삶을 두텁게 하고, 가난하고 천하며 근심스럽고 걱정스러운 것은 마치 옥을 다듬듯 너를 잘 이루게 할 것이다. 살아 있을 동안 나는 〈하늘과 땅을 부모처럼〉 거역함이 없이 섬기고, 죽게 되면 편안히 쉬게 되리라.[58]

이러한 인식은 장재가 말하는 도道의 체득, 즉 대심의 공부를 통해 실현되는 윤리적·우주적 합일의 경지를 삶 속에서 구체적으로 구현하는 모습이라 할 수 있다.

---

58) 〈西銘〉, "富貴福澤, 將厚吾之生也. 貧賤憂戚, 庸玉汝于成也. 存吾順事, 沒吾寧也."

제6장 장재 기학의 역학사상

이 장에서는 장재 기학의 역학사상을 고찰하기 위해 다음 두 가지 점을 집중적으로 거론할 것이다. 첫째, 장재의 역학을 제대로 고찰하기 위해 우선 장재 기학의 역학사적易學史的 지위를 이해하는 것이 필요하다. 이와 관련하여 장재의 역학이 왕필의 의리역학義理易學과 공영달의 『주역소』의 입장을 기본적으로 계승하였으며, 더 나아가 한역漢易 및 정이의 이론까지 일정 부분 소화한 당시로서는 가장 뛰어난 역학 이론 중 하나였다는 점을 밝혀 보고자 한다. 둘째, 장재 기학의 핵심 이론인 태허즉기론太虛卽氣論, 신화론神化論, 일물양체론一物兩體論 세 가지가 그의 역학사상을 구체적으로 어떻게 구성하고 있는지를 고찰하고자 한다. 이러한 작업은 결국 장재의 기학 체계가 역학적 세계관의 기초 위에 건립되었다는 점을 해명하는 것과도 동일하다. 한마디로 요약하여, 장재의 역학사상은 기의 이론으로써 『주역』을 해석해 오던 한·당 이래 전통 기학의 입장들을 비판적으로 종합한 것이라 할 수 있다.

Ⅰ. 장재의 역학적 세계관과 역학사적 지위

장재의 학문 경력은 크게 세 시기로 구분된다. 이와 관련하여 『송사』의 관련 기록을 살펴보자.

> 장재는…… 어려서부터 병법을 논하기를 좋아해 친구들과 사귀면서 조하洮河 서쪽 지역을 수복하고자 했다. 나이 21살에 범중엄에게 편지를 올리고 만나 보았다. 범중엄이 그를 한번 보고는 크게 될 인물임을 알아채고 경계警戒하여 말하기를 "유학자에게는 스스로 즐거워할 만한 '성인의 훌륭한 가르침[名教]'이 있거늘 무엇 때문에 병법을 일삼는가"라고 하였다. 그러고 나서 『중용』을 읽기를 권했다. 장재는 그 책을 읽어 보고서 비록 그것을 좋아하기는 했으나 충분하다고 여기지는 않았다. 이에 다시 불가와 도가의 서책을 살피며 여러 해에 걸쳐 그 학설을 깊이 연구했으나 얻는 것이 없음을 깨닫고 다시 돌아와 육경六經에서 진리를 찾게 되었다…… 장횡거의 학문은…… 『주역』을 근간[宗]으로 하고, 『중용』을 몸체[體]로 하며, 공孔·맹孟의 학문을 법도로 삼아 괴이하고 거짓된 것을 물리치고 귀신을 변별했다.[1)]

위 기록에 의거하면, 장재는 생애 초기에 군사학 방면에 관심을 가졌다가 범중엄의 충고를 받아들여 『중용』을 읽었으며, 이에 만족하지 못하고 불가와 도가의 사상 경력을 거친 후 최종적으로는 다시 『주역』을 비롯한 전통 유가의 경전으로 되돌아왔으며, 여기에서 비로소 학문적 성취감을 맛보게 되었다고 한다.[2)] 즉 장재는 『중용』으로부터 그 학문을 시작하여 '육경'으로 그 귀결처를 삼았다. 이때 '육경'의 중심은 당연히 『주역』이다. 그러므로 『송사』에서는 장

1) 『宋史』, 「張載傳」, "張載……少喜談兵, 至欲結客取洮西之地. 年二十一, 以書謁范仲淹, 一見知其遠器, 乃警之曰, 儒者自有名教可樂, 何事於兵, 因勸讀中庸. 載讀其書, 猶以爲未足, 又訪諸釋老, 累年究極其說, 知無所得, 反而求之六經.……故其學……以易爲宗, 以中庸爲體, 以孔孟爲法."

2) 우리는 이러한 張載의 학업과정을 변증법의 기본 도식에 적용시켜 볼 수 있다. 즉, 처음의 『중용』 공부를 正題로, 다음의 佛·道 공부를 反題로, 그리고 마지막의 '육경' 공부를 合題로 설정할 수 있다.[余敦康, 『內聖外王的貫通: 北宋易學的現代闡釋』, 上海: 學林出版社, 1997, 265~268쪽 참조]

재의 학문이 "『주역』을 으뜸으로 여기고, 『중용』을 근간으로 삼았다"라고 하였다.

장재는 유학이 한대 이후 '외왕外王' 부분에만 지나치게 치중해 왔다고 생각하였으며, 그래서 '내성內聖' 부분을 보완하기 위해 고심하였다.[3] 이를 현대적 어법으로 표현하면, 유가사상의 형이상학화에 골몰하였다고 할 수 있다. 그는 고민 끝에 불가와 도가사상을 섭렵하다가 최종적으로는 『주역』과 『중용』 사상에서 그 답을 얻게 된다. 즉 『주역』과 『중용』은 유가의 경전 중에서도 그 형이상학적 기초가 가장 튼튼한 저작들이기 때문이다. 이러한 사상 경력은 장재만의 특색이 아니라 그 시대 많은 학자들의 사상 역정과도 일치하며,[4] 송대 신유학 형성의 일반적 특징이기도 하다.

장재의 기학 체계가 특히 역학적 세계관의 기초 위에 건립되었다는 점은 장재 기학의 탁월한 해석자인 왕부지의 말에서도 분명하게 드러난다.

> 장재의 학문은 『역易』이 아님이 없다.…… 그리고 장재의 말 또한 『역』이 아님이 없다. 그는 천도天道와 지도地道와 인도人道를 세웠으며, '근본[經]'에로 되돌아갔으면서도 '구체적 계기[幾]'를 연구하였다.[5]

왕부지의 말은 장재의 모든 사상이 역학의 기초 위에 세워졌다는 뜻이다. 이것은 곧 장재의 기학을 제대로 이해하기 위해서는 그의 역학관易學觀을 먼저

---

3) 余敦康, 『內聖外王的貫通: 北宋易學的現代闡釋』, 269쪽 참조.

4) 張載의 학문 경력과 여타 北宋五子의 학문 경력이 갖는 유사성은 程頤에 의해 쓰인 〈明道先生行狀〉을 통해서 충분히 짐작할 수 있다. 관련 구절은 다음과 같다. "先生爲學, 自十五六時, 聞汝南周茂叔論道, 遂厭科擧之業, 慨然有求道之志. 未知其要, 泛濫於諸家, 出入於老釋者幾十年, 返求諸六經而後得之."(『二程集』, 「明道先生行狀」)

5) 『張載集』(北京: 中華書局, 1978), 附錄, 「王夫之張子正蒙注序論」, "張子之學, 無非易也.…… 而張子言無非易. 立天, 立地, 立人, 反經硏幾."
* 이 글은 張載의 직접 저작이 아니므로 『張子全書』에는 수록되지 않았다.

이해해야 한다는 것을 의미한다. 그러므로 여기서는 먼저 장재의 기학 체계가 역학과 밀접한 연관이 있다는 문제의식을 갖고서 장재가 과연 『주역』을 어떻게 이해하였으며, 장재 기학의 형성에 역학이 어떠한 방식으로 기여하였는가 하는 점을 논구해 보고자 한다. 이러한 연구를 통해 장재가 정씨 형제와 더불어 『주역』을 논한 뒤 자신의 부족함을 절감하고 강의를 중단하였다고 하는[6] 편견에서 어느 정도 벗어날 수 있다고 본다.

장재의 역학사상은 대부분 『역설易說』[7]과 『정몽正蒙』에 언급되어 있다. 『역설』은 장재의 초기 저서로서 본격적으로 『주역』을 설명한 책이며, 『정몽』은 장재의 후기 저서로 장재 사상의 정수精髓이다.[8] 『정몽』은 『주역』에 대해서만 전문적으로 논한 저술은 아니지만, 주로 『주역』의 원리를 해설하여 초기 저작인 『역설』의 사상을 재론하거나 발전시킨 것이다. 장재의 역학의 기본 사상은 이 두 책을 통해 천명되며, 장재 기학의 기본 개념 또한 이 책들에서 빌려온 것이 많다. 그러므로 여기서는 『역설』과 『정몽』 두 권의 책을 중심으로 하여 장재 역학사상의 기본 이론 구조와 그 특징을 고찰해 보고자 한다.

장재의 역학사상을 제대로 고찰하기 위해서는 '역학을 이해하는 장재의

---

6) 『宋史』「張載傳」 참조. 이러한 類의 평가는 주로 二程의 제자들을 통해 나왔다. 그들은 자신들의 스승의 지위를 높이고자 의식적으로 과장된 표현을 하였던 것으로 보인다. 이러한 편견이 얼마나 심했으면 程頤 본인이 직접, "그[장재]의 평생의 의견이 우리 형제와 공통된 점이 많이 있다고 말하면 합당하겠지만, 그가 우리 형제로부터 배웠다고 말하면 사실과 부합하지 않는다"(『程氏外書』, 卷11, '時氏本拾遺')라고 해명하기까지 하였다.

7) 『橫渠易說』이라고도 한다.

8) 『易說』의 저작연대는 분명하게 알려져 있지 않다. 다만 張載가 1056년(嘉祐 初年)에 宋의 수도인 開封에 있을 때 『周易』을 강의한 일이 있는데, 이미 당시부터 『易說』을 쓰기 시작한 것으로 추정된다.[『張載集』, 「關於張載的思想和著作」(張岱年); 〈橫渠先生行狀〉; 『宋史』「張載傳」 참조] 반면, 『正蒙』의 저작연대는 분명하게 기록되어 있다. 『正蒙』은 張載가 崇文院校書를 사임하고(1070년) 고향 橫渠鎭으로 돌아온 후 7년 동안 苦心·精思한 결과물로서 1076년(熙寧 9) 가을, 즉 張載 57세 때에 완성되었다.[〈橫渠先生行狀〉 참조]

관점', 즉 장재의 역학관과 역학사에 있어서 장재 역학의 지위를 먼저 이해하는 것이 필요하다. 우선 장재의 역학관이 잘 드러나는 한 구절을 살펴보도록 하자.

> 『역』에는 군자와 소인의 일이 섞여 있고 또한 그 도道에는 음과 양이 있으며 그 효爻에는 길흉을 경계하는 내용이 있으니, 사람들로 하여금 일에 앞서서 우선 의문을 결단하게 하고 흉凶을 피하며 길吉에로 나아가게 한다.[9]

위 구절을 살펴보면, 장재는 우선 『역』에 미래를 예측하는 기능이 있다고 보았다. 그러나 그는 이러한 기능이 점서占筮를 통해 신령神靈으로부터 얻어진 길흉화복에 관한 예언이 아니며, 괘효상卦爻象의 변역變易 법칙과 괘효사卦爻辭가 설명하는 변역變易의 이치에 달려 있다고 보았다. 즉 그는 『역』의 예언적 기능이 음양 변역의 도道인 사물의 변화와 발전의 법칙에 달려 있다고 생각했다. 그러므로 장재는 「설괘전說卦傳」의 "『역』은 역수逆數이다"[10]라는 구절을 해석하여, "만약 이미 지난 '고故'를 찾는다면 천세千歲의 일지日至(冬至)를 가만히 앉아서도 알 수 있다"[11]라는 의미로 해석했던 것이다.

그리고 장재는 방법론상에 있어서 도가와 불가사상의 관점으로 『주역』을 해석하는 입장에 대해서도 반대한다.

> 한번은 음이 되고 한번은 양이 되는 이치가 하늘과 땅을 포괄하고, 낮과 밤 그리고 천·지·인 삼재三才의 지극한 법도에 미친다는 것을 깨닫지 못하면,

---

9) 『橫渠易說』, 「繫辭上」, "易之爲書, 有君子小人之雜, 道有陰陽, 爻有吉凶之戒, 使人先事決疑, 避凶就吉."

10) 『周易』, 「說卦傳」, "是故易, 逆數也."

11) 『橫渠易說』, 「說卦」, "苟求其故, 則天歲之日至, 可坐而致也." 원래 이 구절은 『孟子』 「離婁下」에 나온다.

> 유교·불교·노자·장자를 뒤섞은 길로 가고 만다. 오늘날 천도天道와 성명性命을 말하는 자들은 불교의 황홀하고 꿈같은 소리에 속거나, 아니면 '유有는 무無에서 생겨난다'라고 하는 노자의 말을 한없이 높고 심오한 이론으로만 여긴다. 그러므로 그들은 덕으로 들어가는 길에서 올바른 방법을 가려서 구할 줄 모르며, 간사한 말에 가려 옳지 못한 말에 빠지는 경우가 많다.[12)]

즉 장재는 '유는 무에서 생겨난다'는 도가의 입장에 반대하며, 또한 도가학설로써 『주역』의 원리를 해석하는 것에 대해서도 반대하였다. 이것은 특히 공영달의 소疏의 현학적玄學的 관점으로써 천도天道와 성명性命을 해석하던 당시 역학자들의 유행사상을 비판하는 것이다.[13)] 장재가 도가 및 불가의 시각으로 『주역』을 해석하는 학자들의 입장에 반대하는 결정적 논리는 기학적氣學的 역학관 때문이다. 장재의 역학은 원기元氣 및 음양이기陰陽二氣를 가지고 역리易理를 풀이해 온 한·당 이래의 역학 이론을 비판적으로 계승한 기학적 역학이다. 장재로부터 송대 역학의 의리파義理派 역학 가운데서도 기학파氣學派 역학이 시작되었다고 할 수 있다.

장재 역학의 또 다른 특징의 한 가지를 그가 「계사전」을 특히 중시하고 있는 데서 찾아볼 수 있다. 그가 「계사전」을 중시하는 이유는 다음과 같은 말에서 분명하게 드러난다.

> 「계사전」은 역도易道를 논하였다. 역도를 알면 역상易象은 그 속에 있기에 『역』을 볼 때 반드시 「계사전」에서부터 말미암아야 한다.[14)]

---

12) 『正蒙』, 「太和」, "不悟一陰一陽範圍天地, 通乎晝夜, 三極大中之矩, 遂使儒佛老莊混然一塗. 語天道性命者, 不罔於恍惚夢幻, 則定以有生於無, 爲窮高極微之論. 入德之途, 不知擇術而求, 多見其蔽於詖而陷于淫矣."

13) 朱伯崑, 『易學哲學史』 中冊(北京: 北京大學出版社, 1998), 264쪽 참조.

14) 『橫渠易說』, 「繫辭上」, "繫辭所以論易之道, 既知易之道, 則易象在其中, 故觀易必由繫辭."

「계사전」은 역도를 천명하였으므로 상象에 대해서만이 아니라 『주역』의 전체 내용에 대해서도 중요한 역할을 한다는 것이다. 장재의 『역설』은 축구해경逐句解經의 형식, 즉 『주역』 경전 중의 중요 구절을 선택하여 해석하는 방식을 택한다. 『역설』은 정이의 『역전易傳』과 비교할 때 경문經文의 해석이 간단하지만, 「계사전」에 대한 해석만은 상세하다. 이것은 장재의 관심 사항이 역학 중에서도 철학적 문제에 있었음을 보여 주는 사례이다.

그렇다면 장재의 역학은 역학사에서 구체적으로 어떠한 지위를 차지하는가? 장재는 기본적으로 의리역학義理易學의 입장을 취하여 왕필과 공영달의 역학을 계승한다. 그러므로 유목劉牧(1011~1064)과 소옹 일파의 상수역학象數易學에 대해서는 배격하는 입장을 취한다. 왕필은 상수역학을 배격하고 의리역학의 입장을 취하였으며, 공영달은 기본적으로 왕필의 의리역학을 지지하지만 왕필에 있어서 배제되었던 '상象'의 개념을 강조한다. 장재 또한 왕필의 의리역학의 입장을 취하며 동시에 공영달이 강조한 상象을 중시한다. 그러나 장재 역학은 공영달 소疏의 입장과도 분명한 차이점을 갖는다. 장재는 상象의 존재 근거를 기氣에서 찾았던 것이다.

> 태허의 기는 음·양이 하나로 된 것이다. 그러나 〈그 안에는〉 두 개의 체體가 있으니 건健과 순順일 뿐이다.…… 〈변화가〉 있은즉 상象이 있게 되니, 건乾이 굳세고 곤坤이 순한 것처럼 이러한 기氣가 있으면 곧 이러한 상象이 있다고 말할 수 있다.…… 기가 있으면 상도 있게 되니, 비록 형체화되지는 않았지만 상이 그 가운데 있다고 하는 것이 해롭지 않다.[15]

장재 역학사상의 가장 큰 특징은 왕필과 공영달의 역학 입장을 계승하면

---

15) 『橫渠易說』, 「繫辭上」, "太虛之氣, 陰陽一物也, 然而有兩(體), 健順而已.……有(變)則有象, 如乾健坤順, 有此氣則有此象可得而言.……有氣方有象, 雖未形, 不害象在其中."

서 발전된 기학적 역학이라는 점에 있다. 그리고 장재는 역학 방면에 있어서 정이의 입장을 존중했던 것으로 사료되며, 또한 일정 부분 정이의 영향을 받은 것으로 짐작된다. 장재의 『역설』을 보면, 괘효사에 대한 해석에 있어서 정이의 『역전易傳』의 관점과 상당 부분 일치한다. 또한 장재는 『주역』의 체제에 대한 이해에 있어서도 정이와 유사한 입장을 취한다.[16] 예를 들면 괘변설卦變說을 취하는 점, 「서괘전序卦傳」을 긍정적으로 해석하는 점, '천리天理'라는 말을 사용하여 '천하지리天下之理'를 해석하는 점 등은 상당 부분 정이의 역학사상과 유사한 부분이다.

그렇지만 장재의 역학사상은 정이의 사상과 많은 차이를 드러낸다. 정이는 건곤괘변乾坤卦變만을 강론하였으나, 장재는 공영달 소의 영향을 받아서 한역漢易의 괘변설卦變說도 흡수하였다. 이를테면 귀매괘歸妹卦(䷵)가 태괘泰卦(䷊)에서 오고, 점괘漸卦(䷴)가 비괘否卦(䷋)로 변할 수 있다는 등과 같은 식이다. 그리고 취의取義와 취상取象에 있어서 장재는 때로는 취의하기도 하고 때로는 취상하기도 하였다. 64괘를 해석하면서는 「서괘전」의 설을 취하여 주로 괘명卦名의 글자 뜻을 취하였다. 예를 들면 둔괘屯卦(䷂)를 '모임[聚]', 몽괘蒙卦(䷃)를 '어둠[昏]', 수괘需卦(䷄)를 음식, 송괘訟卦(䷅)를 쟁송爭訟, 진괘震卦(䷲)를 '움직임[動]', 간괘艮卦(䷳)를 '그침[止]'으로 풀이하는 식이다. 그러나 장재는 상象이 한 괘의 '질質'이라고 보아 팔괘가 그 상에 의지하여 의義를 드러낸다고 보았다.[17] 즉, 장재는 괘의卦義의 이해를 목표로 삼았는데, 괘의는 괘상卦象 속에 있기에 의義를 밝히려면 상象을 떠날 수가 없으며, 상을 명백히 하자면 또한 상을 말한 괘효사卦爻辭를 떠날 수가 없었던 것이다. 그러므로 그는 괘효사를 해석하면서 때로는 취의하기도 하고 때로는 취상하기도 하였다.

---

16) 朱伯崑, 『易學哲學史』 中冊, 265~266쪽 참조.
17) 廖名春 外, 『周易硏究史』(湖南省: 湖南出版社, 1991), 280쪽 참조.

이러한 점에서 볼 때 장재의 역학관은 전통적 역학관을 계승하면서도 신비주의적인 태도를 벗어났으며, 또한 당시 유행하던 노장 현학의 역학관에 대해서도 반대한 당시로서는 진보적이고 합리적인 역학관이라 하겠다. 장재의 역학은 주돈이와 소옹의 역학과 비교해 볼 때 문제의식이 한층 더 명확하고, 추구하는 목표가 견실하고, 불가와 도가사상을 비판하는 의식이 더욱 강렬하며, 이론 구조 또한 더 치밀하다.[18] 한마디로 말하자면, 장재의 역학사상은 왕필의 의리역학과 공영달 소의 입장을 기본적으로 계승하면서도, 더 나아가 한역漢易 및 정이의 역학 이론까지 일정 부분 소화한 당시로서는 가장 뛰어난 역학 이론 중 하나였다고 할 수 있다.

Ⅱ. 장재 역학사상의 기학적 구조

1. 태허즉기론太虛卽氣論

장재의 기학 체계는 『주역』을 연구하고 해석하는 기초 위에 건립되었다. 앞에서 말한 바처럼, 그의 역학은 공영달 소의 현학玄學 형식을 부정하고 음·양 이기二氣로 『주역』을 풀이하였다. 그리고 그는 『주역』의 「계사전」을 특히 중시하였으며, 그의 역학사상은 주로 「계사전」을 규명함으로써 구축되었다. 우선 장재의 역학을 제대로 이해하기 위해서는 태허太虛와 기氣에 대해서 먼저 고찰할 필요가 있다.

장재의 기학에 있어서 '태허-기-만물' 세 가지는 서로 소통하며 전화轉化

---

18) 余敦康, 『內聖外王的貫通: 北宋易學的現代闡釋』, 279쪽 참조.

하는 개념이다. 여기서 말하는 태허란 다만 '기의 원래 상태'를 표현하는 말이다. 그러므로 '태허즉기'라고 할 수 있다. '태허즉기'에서 가장 핵심이 되는 개념은 '허虛'이다. 즉 기의 본래 모습이 허하다는 말이다. 그런데 여기서 말하는 허란 글자의 의미는 단순히 텅 빈 '무無'의 상태를 말하는 것이 아니라, 다만 구체적 형상이 없다는 의미이다. 구체적 형상은 없지만 만물의 기본적 원질原質인 기로 가득 차 있기 때문에 텅 비었다고는 말할 수 없다.[19] 이것은 결국 '크게 텅 빈 것[太虛]'처럼 보이는 우주 공간이 사실은 기로 가득 차 있는 실유實有의 세계라는 역설적 표현이기도 하다. 그러므로 장재는 "대역大易은 있고 없음을 말하지 않는다. 있고 없음을 말하는 것은 여러 학자들의 잘못이다"[20]라고 하였다.

장재는 사람들이 유와 무를 구분하는 것은 단지 현상적으로 경험되는가 그렇지 않은가, 구체적 형상을 가지고 있는가 그렇지 않은가 하는 사실에만 집착한다고 보았다.[21] 그는 우리들의 감각에 포착되지 않는다 하여 '없다[無]'고 할 수 없으며, 보이지 않아도 기氣가 가득 차 있기 때문에 '있다[有]'고 해야 한다고 생각하였다. 즉 우리들의 경험 대상에 들어오는 것은 다만 기가 모여 형태를 지녔기 때문이며, 우리들의 경험 대상에 포착되지 않는 것은 기가 흩어져 다시 태허의 상태로 돌아간 것일 뿐, 그 본래의 상태는 전혀 변함이 없다고 주장한다.[22] 장재는 기가 끊임없이 '모이고 흩어지며 물리치고 취하는' 운동을 계속한다고 생각하여 오직 참된 모습은 기 자체일 뿐이라고 주장한다.

---

19) 장윤수, 「張載 氣哲學의 理論的 構造」(慶北大學校 哲學博士學位論文, 1993), 78쪽 참조.
20) "大易不言有無. 言有無, 諸子之陋也."
* 이 구절은 『橫渠易說』 '總論'과 『正蒙』 「大易」에 나오는 구절로서, 張載 易學의 가장 중요한 이론이다.
21) 『正蒙』, 「太和」; 『橫渠易說』, 「繫辭上」 참조.
22) 『正蒙』, 「太和」; 『橫渠易說』, 「繫辭上」 참조.

태허는 무형하니 기의 본래 상태이다. 그것이 모이고 흩어지는 것은 변화의 '일시적 형태[客形]'일 뿐이다.[23)]

태허에는 기가 없을 수 없고, 기는 모여서 만물이 되지 않을 수 없고, 만물은 흩어져서 다시 태허가 되지 않을 수 없다. 이러한 과정을 따라 나가고 들어오고 하는 것은 모두 부득이하며 자연스러운 것이다.[24)]

기가 태허에서 모이고 흩어짐은 얼음이 물에서 얼고 녹음과 같으니, 태허가 곧 기임을 알면 무無란 없는 것이다. 그러므로 성인이 성性과 천(天道)의 궁극을 말하고 뒤섞임의 신묘함을 다하는 것은 변역變易일 따름이다.[25)]

장재의 이러한 말들은 사실 다음과 같은 중요한 생각을 내포하고 있다. 즉 세계 만물은 기로 구성되어 있으며, 구체적인 사물이 존재하지 않는 공허라고 하는 것은 사실 기가 태허에 흩어진 상태일 뿐이라는 것이다. 장재에 의하면, 기는 단지 모이고 흩어짐이 있을 뿐이고 생겨나고 소멸함이란 없다. 다시 말해 기는 영원히 존재한다는 것이다. '보이고 나타나는 것[用]'과 '보이지 않고 아직 드러나지 않는 것[體]'에 대한 장재의 이러한 생각의 기원은 당연히 『주역』 「계사전」의 '유명론幽明論'에서 찾을 수 있다.

우러러 '하늘의 법도[天文]'를 바라보고 구부려 '땅의 이치[地理]'를 살펴봄으로써 유幽와 명明의 까닭을 알 수 있고, 시초에 근원하여 끝을 돌이켜 봄으로 생사설生死說을 알 수 있다.[26)]

---

23) 『正蒙』, 「太和」, "太虛無形, 氣之本體, 其聚其散, 變化之客形爾."
24) 『正蒙』, 「太和」, "太虛不能無氣, 氣不能不聚而爲萬物, 萬物不能不散而爲太虛. 循是出入, 是皆不得已而然也."
25) 『正蒙』, 「太和」, "氣之聚散於太虛, 猶冰凝釋於水, 知太虛卽氣, 則無無. 故聖人語性與天道之極, 盡於參伍之神變易而已."
26) 『周易』, 「繫辭傳上」, "仰以觀於天文, 俯以察於地理, 是故知幽明之故, 原始反終, 故知死生之說."

이 말은 곧 유·명과 생·사 문제에 대한 언급이다. 장재는 이 구절에 대해 다음처럼 해석하고 있다.

> '하늘의 법도[天文]'와 '땅의 이치[地理]'는 모두 '명明'으로 인해 알 수 있다. 밝음이 아닌 그 나머지는 모두 '유幽'이다. 이것이 바로 유幽·명明의 까닭을 알 수 있는 이유가 된다. 만물이란 서로가 이[離明]에서 볼 수 있으므로 이離가 아니면 서로 볼 수 없다. 볼 수 있는 것은 밝음으로 말미암아서이며, 볼 수 없는 것이라 하더라도 '없다'고는 말할 수 없다. 이것이 바로 하늘의 지극한 이치다.[27]

유·명은 후대로 오면서 은隱·현顯, 굴屈·신伸, 귀鬼·신神, 취聚·산散 등의 말과 함께 현상화 이전과 이후를 표현하는 용어로 자주 쓰이게 된다.[28] 결국 이 사상은 보이지 않는 것과 죽은 것을 '무無'라 간주해서는 안 되며, 다만 이러한 것들은 드러나지 않은 상태일 뿐이라는 주장으로 장재의 기학과 역학 사상의 중요한 단서가 된다. 장재는 계속하여 이렇게 말하고 있다.

> 기氣가 모이면 우리 눈에 뚜렷이 보여 사물의 형상이 있다고 일컬어지고, 기가 흩어지면 뚜렷이 보이지 않아 형상이 없다고 일컬어진다. 그러나 기가 모였다 하더라도 그것은 '일시적인 모습[客]'일 뿐이며, 기가 흩어졌다 하더라도 성급하게 '무'라고 말할 수는 없다. 그러므로 성인은 하늘을 우러러 보고 땅을 굽어살펴서 단지 '드러남과 드러나지 않음의 까닭을 안다[知幽明之故]'라고 말할 뿐이지, '있음과 없음의 까닭을 안다[知有無之故]'라고 말하지는 않았다.[29]

---

27) 『橫渠易說』, 「繫辭上」, "天文地理, 皆因明而知之, 非明則皆幽也, 此所以知幽明之故. 萬物相見乎離, 非離不相見也. 見者由明, 而不見(者)非無物也, 乃是天之至處."

28) 장윤수, 「張載 氣哲學의 理論的 構造」, 79쪽 참조.

29) 『橫渠易說』, 「繫辭上」, "氣聚則離明得施而有形, 氣不聚則離明不得施而無形. 方(其)聚也, 安得不謂之(客), 方其散也, 安得遽謂之無. 故聖人仰觀俯察, 但云知幽明之故, 不云知有無之故."

즉, 유형有形의 존재는 기의 응취 상태로 일시적인 상태이며, 따라서 그것을 '객客'이라 일컫는다고 한다. 그리고 공허는 기가 흩어진 상태이나, 이 상태는 결코 무가 아니며 단지 사람들에게 보이지 않을 뿐이라고 한다.

장재는 기의 이론을 기초로 하여 역학에서 기氣와 상象의 관계를 설명하였다. 우선 그는 형形과 상象을 구별하였다. 왕필 일파는 현학玄學으로 『역』을 풀이하여 "천지만물은 무無가 근본이다"라고 하였고, 그래서 "상象을 잊음으로써 의義를 구한다"라고 주장하여 상象을 배척하였다. 장재는 형形이란 볼 수 있는 것이고, 상象은 강·유와 동·정 등의 성능을 가리킨다고 하였다. 그래서 그는 상象이 있는 것이라 하여 반드시 형形이 있는 것은 아니지만, 다만 형形이 있는 것에는 반드시 상象이 있다고 보아 형形이 없어도 상象이 있다는 설을 제기하였다. 그는 형形이 없어도 상象이 있다는 사실로 '손巽'과 '진辰'의 예를 든다. 손巽은 바람이고 진辰은 우뢰인데, 바람과 우뢰는 형形이 없으면서도 강·유와 동·정의 성질을 지니고 있다는 것이다. 장재는 왕필 일파가 형形과 상象을 혼동하여 '무형'의 사물을 공허로 본 것이라고 비판하였는데, 이 점은 확실히 탁견이라 할 수 있다.

그렇다면 장재의 주장대로 현(형)상화 이전이나 이후가 모두 질적으로 동일한 것이며 다만 실유인 기의 모임과 흩어짐의 차이일 뿐이라고 한다면, 현(형)상화 이전의 과정은 어떻게 설명할 수 있는가? 또한 역으로 구체적 형상을 가진 현상이 다시금 형상이 없는 본래의 상태인 태허로 되돌아가는 복귀의 과정은 어떠한가? 이러한 물음은 결국 앞에서 단순히 모임과 흩어짐이라고만 표현했던 '기의 운동'인 음·양과 신神·화化에 대해 설명함으로써 해결될 수 있다.

---

* 이 구절은 『正蒙』「太和」에도 등장한다. 『橫渠易說』의 상당수 구절이 『正蒙』 속에 그대로 재현되는 것을 보더라도, 『橫渠易說』과 『正蒙』이 『周易』을 근거로 한 동일한 성격의 저작임을 알 수 있다.

2. 음양론陰陽論과 신화론神化論

'형形'과 '상象'에 관한 장재의 인식은 현학파의 관점과 다를 뿐만 아니라, 정이의 관점과도 차이가 있다. 정이는 유幽를 리理, 명明을 상象이라고 보았는데, 장재는 현顯이란 기氣가 모인 것을 말하고, 은隱이란 기가 흩어진 것이라고 보았다. 즉 드러남[顯]과 감추어짐[隱]은 상象에 보존되어 있는 유幽와 명明 때문에 차이가 나며, 모이고 흩어짐은 기의 신묘한 작용 때문이라고 하였다.30) 그리고 '신神'이란 태허에 갖추어져 있는 것으로서, 운동하여 만물을 낳고 변화시키는 본성이자 작용이라고 보았다. 장재의 이러한 생각은, 기의 고유한 본성 및 작용에 따라 기의 모임과 흩어짐, 드러남과 감추어짐이 서로 뒤바뀔 수 있으므로 유幽와 명明이 모두 상象에서 떨어질 수 없음을 의미한다. 즉 유幽도 기의 한 존재 형식으로 볼 수 있을 뿐이지, 기와 차별적인 그 어떤 것 예를 들면 리理로 보지 않는다는 점이 정이의 생각과 다른 점이다.

장재에게 있어서 태허와 만물은 기에 의해 매개된다. 그런데 기는 단순한 매개자만이 아니라, 태허와 만물에 대해서 오히려 주체적인 입장에 위치해 있다. 장재는 기가 만물이 되는 것은 기 자체의 본질적 성질, 즉 운동성 때문이라고 생각한다. 장재는 이러한 운동성을 다양하게 표현한다. 장재가 말하는 부·침, 승·강, 동·정, 승勝·부負, 굴·신, 취·산, 공攻·취取, 허·실, 음·양, 강·유 등의 용어는 모두가 기 운동의 구체적 양상을 표현하는 것들이다. 이러한 말은 모두 대대待對 관계를 취하고 있는데, 기 운동의 형태와 원리를 간접적으로 시사한다. 이 중에서도 후대에 가장 크게 영향을 끼친 개념이 바로 음·양이다. 음·양은 『주역』 「계사전」에 처음으로 나타난다. 우주에

---

30) 『正蒙』 「大易」에 의거한 구절이다. 관련 원문은 다음과 같다. "顯, 其聚也. 隱, 其散也. 顯且隱, 幽明所以存乎象. 聚且散, 推蕩所以妙乎神."

대한 포괄적 해석 체계로서의 기학의 형성은 적어도 음·양 개념 성립 이후에 가능하다. 이것은 기학의 전개 과정에 있어서 음·양이 절대적 역할을 하고 있다는 것을 의미한다.

『주역』은 우선 강剛·유柔 개념을 구분하며, 이것은 후대로 내려오면서 자연스럽게 음과 양이라는 좀 더 상징적인 의미로 바뀌게 된다. 『주역』에 있어서 음·양은 자연계와 인간사 전체에 걸친 이 세계의 모든 양극성을 의미한다. 이러한 점은 기학에 있어서도 마찬가지다. 그런데 문제는 이러한 음·양이 사물 자체의 고유한 본성이라기보다는 사물과 사물 간의 상호 관계에 의해 결정되는 성질이라는 점이다. 즉 음과 양은 상대적 이항술어二項述語의 관계를 지니기 때문에 결국은 음이든 양이든 다만 기의 가변적인 운동 양상을 지적한 것일 뿐이다.

한편 장재는 기의 운동 원리를 설명하기 위해 '신神'과 '화化'라는 개념을 별도로 제시한다. 신과 화는 서로를 조건 짓는 대대待對적 관계에 있으면서, 작용 면에서는 음·양의 구도와 유사한 점이 없지 않다. 그러나 장재의 주요 저작을 면밀히 검토해 보면, 신·화와 음·양 사이에는 분명한 구조적 차이가 존재한다. 무엇보다도 신과 화는 체體와 용用의 위상을 구분하여 파악할 수 있다. 장재는 『정몽』「신화」편에서 "신은 하늘의 덕이고 화는 하늘의 도이다. 덕은 그 본체[體]이고 화는 그 현상[用]이다"라고 하였다. 이 말은 장재가 신·화를 체·용 관계로 이해했음을 명확히 시사한다. 장재는 신과 화가 기의 관점에서는 궁극적으로 하나라고 보았으나, 그럼에도 신을 화보다 상위의 근거적 개념으로 해석할 수 있는 여지를 남기고 있다.[31] 반면 음·양의 개념은 상호

31) 陳來 또한 神과 化를 體와 用의 관계로 설명하였다. "神은 氣의 내재적 본성을 가리키는 것이므로 본체가 되고, 化는 氣化의 운동과정을 가리키는 것이므로 작용이 된다." [陳來, 『송명성리학』, 안재호 역, 서울: 예문서원, 1997, 105쪽]

대립·상생의 구도를 취하지만, 그 자체가 기의 두 국면을 동등하게 가리키는 개념이므로 체·용의 위계적 구조로 파악하기는 어렵다.

그렇다면 장재 역학사상에서 신과 화는 어떠한 의미를 갖는가? 요약하면, '태허-기-만물'의 유기적 연속성을 보장하는 기 운동의 궁극적 원리이자 근거가 '신'이며, 신을 속성으로 하여 기가 끊임없이 스스로를 전개·변화시키는 구체적 운동 양상이 '화'이다. 다시 말해, 신은 통일성의 원리로서 만물이 '태허즉기太虛卽氣'로 변해 가는 근본적 과정을 가리키고, 화는 다양성의 원리로서 태허즉기가 만물 생성의 국면으로 전화轉化되는 구체적 과정을 의미한다. 우선 신과 화에 대한 장재의 설명을 들어 보도록 하자.

> 하나의 사물에 두 면이 있는 것이 기氣다. 하나이므로 신神하고, 둘이므로 화化한다.[32]

> 신은 하늘의 덕이요, 화는 하늘의 도이다. 덕은 그 본체體이고 도는 그 작용用이다. 그렇지만 기의 입장에서 보면 하나일 뿐이다.[33]

> 신神이란 태허가 신묘하게 응하는 것을 가리키는 말이다. 무릇 천지의 모습은 모두 신神과 화化의 자취일 뿐이다.[34]

> 기에는 음·양이 있는데, 음·양의 운동에 있어서 나타나는 점진적인 과정이 화化이다. 그리고 음·양의 기를 하나로 합한 상태로서 헤아릴 수 없는 것이 신神이다.[35]

---

32) 『正蒙』, 「參兩」, "一物兩體, 氣也. 一故神, 兩故化."
33) 『正蒙』, 「神化」, "神, 天德, 化, 天道. 德其體, 道其用, 一於氣而已."
34) 『正蒙』, 「太和」, "神者, 太虛妙應之目. 凡天地法象, 皆神化之槽粕爾."
35) 『正蒙』, 「神化」, "氣有陰陽, 推行有漸爲化, 合一不測爲神."

결국 장재는 기를 중심으로 태허와 만물을 매개하며, 이때 기의 매개 원리를 신과 화로 설명하는 것이다. 그가 비록 신과 화를 체·용의 관계로 이해하고 있지만, '기에서 볼 때에는 하나일 따름이며', 상象과 형形 또한 기를 중심으로 볼 때에 하나이다. 다음 인용문은 이러한 장재의 생각을 압축적으로 표현하고 있다.

> 허공이 곧 기임을 알면 있음[有]과 없음[無], 은미함[隱]과 드러남[顯], 신비스러움[神]과 조화로움[化], 성性과 명命이 하나이며 둘이 아님을 깨닫게 된다. 모임[聚]과 흩어짐[散], 나감[出]과 들어옴[入], 형체 있는 것[形]과 형체 없는 것[不形]의 공통적인 근원을 추론해 보면 『역경』의 이치에 밝은 자가 된다.[36]

장재는 여기서 유·무, 은·현, 신·화의 불이론적不二論的 사유[37]를 전개하며, 이와 함께 취·산, 출·입, 형·불형의 근본이 무엇인가를 반문한다. 이러한 물음의 의도는 바로 기-일원론적 사고에 있다. 장재는 이러한 기-일원론적 논리를 『주역』의 가장 핵심적인 논리로 보았으며, 또한 이러한 논리를 잘 설명하기 위해 일물양체一物兩體의 이론을 즐겨 사용하였다. 그렇다면 일물양체론이란 구체적으로 무엇을 의미하는가?

3. 일물양체론一物兩體論

일물양체에 관하여 장재는 『정몽』과 『역설』 여러 곳에서 자신의 견해를

36) 『正蒙』, 「太和」, "知虛空卽氣, 則有無隱顯, 神化性命, 通一無二, 顧聚散出入形無形, 能推本所從來, 則深於易者也."

37) 원래 '不二論(Non-Dual Theory)'이란 말은 불교적 용어이나, 현대 중국철학의 선구자인 熊十力이 중국철학의 일반적인 특성을 드러내는 말로 사용하였다.

피력한다. 대표적인 구절을 인용해 보도록 하자.

> 두 가지가 있지 않으면 그중 하나를 볼 수 없으며, 그 하나를 볼 수 없으면 이들 두 가지의 작용이 그치게 된다. 두 가지란 곧 허와 실, 움직임과 고요함, 모임과 흩어짐, 맑음과 흐림을 말하는 것이나, 궁극적으로 이 두 가지는 하나다.[38]

여기서 장재는 '만물의 근본은 하나'라는 말을 대전제로 삼고 있다. 그는 원래 하나였던 태허와 만물 사이에 대립과 통일의 관계가 이루어지며, 만물 사이에도 서로 간에 대립하는 관계가 형성된다고 보았다. 장재는 여기에서 바로 '감感'의 이론을 제기한다. '감'이란 감응을 말한다. 즉 쌍방 간의 대립이 운동 변화에 의하여 서로 흡수하거나 또는 배척하는 작용을 말한다. 그러므로 감응이 있어야만 만물이 발생되고 서로 다른 형태의 상호작용이 생겨난다는 것이다.[39] 태허와 만물은 대립과 통일이라는 양면을 지녔다는 장재의 생각이 일물양체의 이론적 근거가 된다. 감응에 관한 장재의 생각을 들어 보도록 하자.

> 감응하지 않는 바가 없는 것은 바로 허虛이다. 감응이 되면 곧 합해지고 함께 동화된다. 만물의 근본은 하나이다. 그러므로 하나가 능히 '다른 것異'과 합하게 된다. 다른 것과 합하기 때문에 감感이라 한다. 만약 다른 것이 없으면 합해야 할 것도 없게 된다. 천성은 건·곤과 음·양 두 가지이므로 감感이 있고, 근본이 하나이므로 합하여지는 것이다.[40]

---

38) 『正蒙』, 「太和」, "兩不立則一不可見, 一不可見則兩之用息. 兩體者, 虛實也, 動靜也, 聚散也, 淸濁也, 其窮一而已."

39) 侯外廬 外, 『宋明理學史』 上(北京: 人民出版社, 1984), 99~100쪽 참조.

40) 『正蒙』, 「乾稱」, "無所不感者虛也, 感卽合也, 感也. 以萬物本一, 故一能合異. 以其能合異,

그런데 장재는, 이러한 감感은 천天의 의지가 아니라, 순전히 '천'의 합법적인 자기 운동[41]일 뿐이라고 하였다.

> 두 가지가 있으면 반드시 감感이 있기 마련이다. 그러나 천天의 감感에 어찌 의지가 있겠는가? 자연 아닌 것이 없다.[42]

> 하늘은 만물을 〈자기〉 안에 싣는데, 〈서로〉 감응하며 본성을 이루는 것은 건·곤과 음·양 두 가지뿐이다. 〈하늘에는〉 안팎이 합하는 것도 없고 귀와 눈에 이끌리는 것도 없으니, 이것은 사람〈의 감각기관의 유한한 작용〉과는 다르다.[43]

하늘 즉 자연 그 자체의 운동인 '감感'은 결국 음양의 대립에 의한 것이므로 이것 또한 기氣일 수밖에 없다. 그러므로 장재는 "하늘은 오로지 운동하는 하나의 기일 뿐이니, 만물을 고무하여 생성시키며 무심함으로 만물을 사랑한다"[44]라고 하였다. 즉 장재의 일물양체론에 있어서도 핵심은 '기'인 것이다. 장재는 우선 "하나의 사물에 두 면이 있는 것이 기다. 하나이므로 신神하고, 둘이므로 화化한다"[45]라고 하였다. 여기서 '하나의 사물에 두 면이 있다[一物兩體]'라고 할 때의 '하나'와 '둘'에 대해서 후대의 학자들 대부분이 '태극·도·리·형이상자'와 '음양·기器·기氣·형이하자'의 두 부류로 구분한다. 그런데 문제는 『주역』「계사전」의 "역[변화의 원리]에는 태극이 있으며, 이것이 양의[음·

故謂之感. 若非有異則無合. 天性, 乾坤, 陰陽也, 二端故有感, 本一故能合."

41) 유명종, 『중국근세철학사』(이문출판사, 1994), 47쪽 참조.

42) 『橫渠易說』, 「觀卦」, "有兩則須有感, 然天之感有何思慮. 莫非自然."

43) 『正蒙』, 「乾稱」, "天包載萬物於內, 所感所性, 乾坤陰陽二端而已. 無內外之合, 無耳目之引取, 與人物蕞然異矣."

44) 『橫渠易說』, 「繫辭上」, "天惟運動一氣, 鼓萬物而生, 無心以恤物."

45) 『正蒙』, 「參兩」, "一物兩體, 氣也. 一故神, 兩故化."

양)를 낳고"라는 구절에서, '하나(太極)'와 '둘(兩儀)' 간의 관계를 따지는 데서 생겨난다. 그리고 좀 더 직접적인 논란은 '일음일양지위도一陰一陽之謂道'라는 문구의 해석에서 시작된다. 여기서 도道는 물론 위에서 말하는 '하나'이고, 음·양은 '둘'을 의미한다. 그런데 이 하나와 둘 간의 관계를 따질 때 어느 것이 좀 더 근본적이며, 또한 가치적으로 상위 개념인가를 논의하는 데 있어서 상이한 입장이 생겨난다.

'일음일양지위도'에 대한 해석은 전통적으로 크게 두 유형으로 구분될 수 있다. 첫째, 정이와 주희의 해석처럼 "한번은 음하고 한번은 양하여 가는 그 까닭(所以)을 도라 한다"라고 해석하여, 일음일양의 운동 자체는 생성·변화의 과정에 해당하는 형이하적 기의 차원으로 이해하되, 그 일음일양을 가능하게 하는 근거와 이유, 원리는 형이상적 도(태극)에 속한다고 설명하는 입장이다. 여기에서는 일음일양은 현상이며, 그 현상을 가능케 하는 상위의 도가 별도로 존재한다는 점에서, 도와 기의 위상은 분명히 구분된다.

둘째, 장재와 육구연 계열에서 보이는 해석처럼 '일음일양지위도'를 문자 그대로 받아들여, 음과 양의 운동 그 자체를 곧 도로 이해하는 입장이다. 이 견해는 형이상과 형이하, 도와 기, 리와 기 사이에 어떠한 근본적·실체적 구분도 인정하지 않으며, 존재와 운동의 원리를 일원적 구조 속에서 파악한다는 특징을 가진다.

장재는 '일음일양지위도'에서 일음과 일양은 양체(일물양체)이며 도는 일물에 해당된다고 본다. 그리고 일물과 양체, 즉 도(태허)와 음양이 기에서 볼 때는 하나라고 주장한다. 그는 이러한 일물양체론으로 신·화의 개념을 설명하였다. 장재는 '일고신一故神, 양고화兩故化'를 스스로 주해하여, '일고신'은 '두 면이 있으므로 측량하기 어렵다'고 하고, '양고화'는 '하나를 향해 밀고 나간다'고 하였다. 즉 하나의 원리와 본체도 실제로 현상세계에 나타날 때는 음·양

두 방향으로 전개되니 그 이치가 신묘하여 측량하기 어렵다고 하며, 음·양으로 인해 나타나는 여러 현상과 변화들은 대개 상반된 두 방향이 있지만 여전히 하나의 원리와 본체를 지향한다고 보았다. 이러한 설명은 곧 장재의 일물양체론을 매우 정확하게 설명하는 것이라 할 수 있다. 일물양체에 관한 장재의 입장을 좀 더 확인해 보자.

> 두 가지가 있지 않으면 하나를 볼 수 없으며, 하나를 보지 못하면 두 가지의 작용이 그치게 된다. 두 가지란 것은 곧 허虛와 실實, 움직임과 고요함, 모임과 흩어짐, 맑음과 흐림을 말하는 것으로서 그 궁극은 하나이다.46)

> 땅이 둘인바 강함과 부드러움, 남자와 여자를 나눈 것은 그것을 본받은 법이다. 하늘이 셋인바 하나의 태극과 양의陰·陽로 나눈 것은 그것을 상징한 성性이다.47)

장재의 입장은 하나의 사물 내부에 대립하는 쌍방이 없다면 그 사물 자체의 존재에 대하여 말할 수 없다는 뜻이다. 결론적으로 장재는 이렇게 말하고 있다.

> 조화가 만들어 낸 〈만물에는〉 서로 같은 것이 하나도 없다. 그러나 만물이 비록 많기는 하지만 실은 한 가지일 따름이니, 어느 한 가지라도 음양을 갖추지 않은 것이 없다. 이로써 천지의 변화란 〈음·양〉 두 가지의 단서뿐임을 알 수가 있다.48)

---

46) 『正蒙』, 「太和」, "兩不立則一不可見, 一不可見則兩之用息. 兩體者, 虛實也, 動靜也, 聚散也, 淸濁也, 其究一而已."

47) 『正蒙』, 「參兩」, "地所以兩, 分剛柔男女而效之, 法也. 天所以參, 一太極兩儀而象之, 性也."

48) 『正蒙』, 「太和」, "造化所成, 無一物相肖者, 以是知萬物雖多, 其實一物, 無無陰陽者, 以是知天地變化, 二端而已."

즉 음·양 이기二氣가 운행 유전하고 상호 작용하며 끊임없이 낳고 낳는 일이 바로 일체 사물이 영구히 중단 없이 변역하며 생장하고 소멸하는 근원이라는 것이다. 장재의 역학사상에 있어서 도道·신神·역易이란 모두 기氣라는 '한 가지 사물'을 두고 말하는 것이다. 굳이 구분한다면, 도道란 일음·일양이 서로 미루어 변화하는 법칙이고, 신神은 기의 고유하고 미묘하며 헤아리기 어려운 운동 변역의 특성이며, 역易은 기가 그침 없이 낳고 낳아 다함이 없는 변역 과정을 말한다.

장재는 일음일양 자체를 도라고 이해했기 때문에, 천도가 곧 역도易道이고, 도란 음·양 이기의 서로 미루어 변화해 가는 과정 및 법칙이라고 생각하였다. 그러므로 그는 도를 실체로 해석하는 종래의 여러 이론들을 부정하였다. 장재는 「계사전」의 "역에 태극이 있으니 이것이 양의를 낳는다[易有太極, 是生兩儀]"라는 말을 일물양체의 이론으로 해석하여, 기가 태극이고 태극이 음양 이기의 통일체라 보았고, 음양 이기의 상호작용 과정이 만물의 생멸 및 사물의 운동 변화에 원인이 된다고 해석하였다. 이것은 역학사나 철학사에서 있어서 대단히 중요한 의의를 지닌다.

철학사에서 보면 장재의 일물양체설은 세계의 운동 변화의 문제를 근원적으로 설명하였다는 점에서 그 의의를 찾을 수 있다. 사실 세계의 운동 변화가 음양 이기의 변역 법칙의 지배를 받는다고 보는 설은 장재로부터 비롯된 것이 아니다. 한·당 이래 태극원기설太極元氣說이 모두 이 관점을 지지하고 있다. 그렇지만 다른 학자들은 이 문제에 대해 장재만큼 명확한 의견을 제시하지 못했다. 공영달의 소疏는 '작위함이 없으면서 저절로 그러함[不爲而自然]'이란 관점에서 「계사전」에서 말한 신神을 변화 동력의 신으로 해석하였고, 주돈이는 무극無極의 정靜이 태극의 동動의 근원이라고 하였으며, 정이는 리理의 굴신왕래屈伸往來 작용을 인정하는 반면에 기의 고유한 본성을 부정하였다. 그러나 장재는 「계사전」에서 말한 신神을 기의 고유한 운동의 본성으로 해석하였다. 끝[末]이 둘이기에 감응이 있고 본本이 하나이기에 능히 합하며, 둘이 있으면 감응하고, 감응하여 생기게 하면 모여서 상象이 있게 되므로, '천기가 감응하여 만물이 생겨나고 화하는 것'[49]이라고 하였다. 장재는 태극의 기에 포함된 음·양 이기二氣의 통일과 화해를 강조하였으며, 또한 세계의 본원에 대한 기학적 인식을 기초로 하여 세계의 운동 변화 속에 내재되어 있는 원인을 명확하게 설명하였다. 이것이 바로 역학사에 있어서 장재의 공로이다.

Ⅲ. 장재 역학사상의 특징과 의의

장재의 역학사상에 대한 기존 연구 성과는 극히 미미한 수준에 머물러 있다. 정이와 주희 계열의 이른바 '정통' 주자학의 순수성을 강조하는 한국의 학문적 풍토는 물론, 마르크스주의가 광범위하게 수용된 이후 장재 철학을 유물론적으로 해석하며 환영한 중국 학계의 상황 또한 크게 다르지 않다. 중국의 경우, 장재 철학에 관한 수백 편의 논문이 발표되었음에도 불구하고, 그의 역학사상에 대한 본격적인 연구는 찾아보기 힘들며, 독립된 단행본으로 출간된 관련 저서도 거의 찾아보기 어렵다. 다만 '주역철학사'나 '중국사상사'를 주제로 하는 서책에서 단편적으로 언급될 뿐이다. 이러한 자료 또한 대부분 1984년에 간행된 『송명이학사宋明理學史』[50]의 서술을 근간으로 하여 간단하게 소개하는 수준에 그친다.

역학은 동아시아 문화를 이해하는 데 핵심적인 사상적 코드인데, 이는

49) 『橫渠易說』, 「咸卦」, "天地感而萬物化生."
50) 侯外廬 外, 『宋明理學史』 上(北京: 人民出版社, 1984).

장재에게도 예외가 아니다. 장재의 기학을 온전히 이해하기 위해서는 그의 역학사상을 우선적으로 고찰하는 것이 필수적이다. 장재의 사상 체계는 역학적 세계관을 기초로 하여 구축되었으며, 그의 역학은 기학적 특징을 뚜렷하게 지닌다. 그는 기氣를 중심으로 『주역』을 해석하였으며, 이러한 해석을 통해 자신의 기학 체계를 더욱 공고히 하였다.

장재는 역학에 있어 전통적인 하도낙서河圖洛書 이론을 과감히 탈피하였다. 즉, 팔괘八卦가 하도낙서에서 기원하였다는 전통적 견해를 거부함으로써, 자신의 역학적 입지를 더욱 확장한 것이다. 그는 『주역』「계사상繫辭上」의 "황하에 용마가 그려진 도상이 출현하고, 낙수에 거북 등에 새겨진 글이 출현했으니 성인은 그것을 본뜬다"[51]는 구절에 대하여 "역易을 지어 사람들에게 보이는 것은 하늘이 상象을 드리워 길흉을 나타내는 것과 같고, 문자를 만들어 본뜨는 것은 땅에서 하도와 낙서가 나오는 것과 같다"[52]라고 해석하였다. 이러한 점에서 장재의 역학은 당시 학자들의 견해에 비해 한층 더 진보적이며 이론적으로도 정밀하다. 장재는 음·양 이기를 바탕으로 『주역』의 원리를 설명하였고, 기를 핵심으로 하는 독자적인 역학 체계를 정립하였다. 이러한 점에서 후대 학자들은 그를 송대의 의리역학義理易學 가운데 기학파氣學派를 창시한 인물로 높이 평가하였다.

장재와 정이의 역학사상은 모두 도서학파圖書學派 및 도가와 불가 사상과의 대립 속에서 형성되었는데, 이러한 사상사적 공통 기반에도 불구하고 양자의 역학은 여러 면에서 뚜렷한 차이를 보인다. 우선, 장재는 태극太極을 '기氣'로 해석한 반면, 정이는 이러한 견해가 도가 학설의 영향을 받은 것으로 보아 비판하였고, 그러한 사상이 사람을 잘못된 길로 이끈다고 생각하였다. 또한

---

51) 『周易』, 「繫辭上」, "河出圖, 洛出書, 聖人則之."

52) 『橫渠易說』, 「繫辭上」, "作易以示人, 猶天垂象見吉凶, 作書契效法, 猶地出圖書."

정이는 '천리天理'를 역학의 핵심 개념으로 삼은 반면, 장재는 '기'를 중심 개념으로 삼았다.[53] 정이는 리理가 있으면 기가 있다고 보고, 리理가 선행한 뒤에야 상象이 있다고 주장하였다. 반면 장재는 기가 있으면 상이 있고, 기의 생성 작용이 곧 도道이며 역易이라고 하였다. 즉, 북송 시기의 의리역학은 장재와 정이에 의해 다시 기학파와 리학파라는 두 학파로 분화를 이룬다.

결론적으로 말하자면, 한역漢易의 음·양 이기설은 공영달과 이구를 거쳐 장재에 이르러, 마침내 '기'를 중심으로 하는 핵심적 역학 체계로 정립되기에 이르렀다. 이러한 전개 과정은 한역에서 나타난 천인감응설天人感應說, 공영달의 도가 학풍의 현학적 해석, 도서학파圖書學派의 상징주의적 역학 해석 등을 점차 극복해 나가는 과정으로 볼 수 있다.[54] 장재 역학의 가장 중요한 의의는 원기元氣와 음·양 이기의 논리를 기반으로 역의 이치를 해석하되, 종래의 해석들을 태허즉기太虛卽氣, 신화神化, 일물양체一物兩體 등의 이론을 통해 비판적이고 종합적인 방식으로 재구성하였다는 점에 있다.

53) 朱伯崑, 『易學哲學史』 中冊, 264~266쪽 참조.
54) 朱伯崑, 『易學哲學史』 中冊, 265~266쪽 참조.

제7장 장재 기학의 예학사상

동아시아 사회에서 예禮는 유가문화와 절대적인 관련을 맺고 있다. 유자儒者의 출현은 이미 예의 문화와 더불어 가능하였으며, 동시에 예의 문화는 유가문화의 전개와 더불어 지속적으로 변모해 왔다. 이러한 점에서 우리는 유가문화를 곧 예의 문화로 규정짓기도 한다.

'예'라는 개념의 어원은 종교적 행위로서의 '제의祭儀'에 그 기원을 두고 있다.[1] 그러나 신에게 제물을 바치고 제사를 지내는 초기적 의미의 '예'는 이후 그 발전 과정 속에서 정치적 법제, 사회적 전례典禮, 윤리적 규범이라는 세 가지 차원으로 분화되었다. 이 세 가지 의미는 상호 배타적인 것이 아니라 긴밀하게 연관되어 있으며, 그중에서도 윤리적 의미로서의 '예'는 앞선 두 의미보다 더욱 본질적인 의미를 지닌다. '예'는 보편적 도덕 가치를 내포하면서도, 동시에 구체적 현실 속에서 변화에 유연하게 대응하는 '변례變禮(예절禮節의 의미)'의 성격도 함께 갖는다. 따라서 예의 의미를 협의로 규정할 경우 특정한 측면에 방점을 둘 수 있으나, 광의적 의미로는 사회질서를 유지하기 위한 유교적 사회규범과 윤리규범 전반을 포괄한다.[2] 결국 광의적 의미의 '예'는 선현先賢의 지혜를 총체적으로 담은 개념이자, 인간다움의 기준이며, 유가 사

1) 段玉裁 注, 『說文解字注』(上海: 古籍出版社, 1988), 2쪽 참조.
2) 김승동 편저, 『유교 · 중국사상사전』(부산대학교출판부, 2003), 1612쪽 참조.

유의 핵심을 이루는 교육적 내용이라 할 수 있다.

이 장에서는 장재가 이해한 예의 본질은 무엇이며, 그의 사상 체계에서 예학禮學이 어떠한 위상을 차지하는지를 고찰하고자 한다. 장재의 기학氣學을 총체적으로 조망하기 위해서는 예학에 대한 이해가 필수적이다. 예학사상은 그의 사유 체계에서 핵심적인 위치를 점한다. 장재의 사상은 크게 보아 역학易學에 기반한 우주론과 예학에 기반한 인성론人性論으로 구성되어 있다고 보아도 무리가 없다. 전자는 기학을 중심으로 전개되며, 후자는 변화기질론變化氣質論을 그 핵심으로 한다.

그럼에도 불구하고 기존의 연구들은 장재의 예학에 대해 상대적으로 소홀하게 대했다. 이 장에서는 장재가 이해한 '예'의 관념과 그 해석 방식을 원리적이며 이론적인 측면에서 개괄함으로써, 그의 사유 체계 전반에 대한 보다 입체적인 이해를 도모하고자 한다.

Ⅰ. 장재 기학에 있어서 예禮의 위상

북송시대 초기의 저명한 유학자인 이구는 예를 강조하여 다음과 같이 말하였다.

> 예란 인도人道의 표준이요, 세상 가르침의 핵심이다. 성인이 천하와 나라와 집안을 다스리며, 몸을 닦고 마음을 바르게 하는 방법은 다른 데에 없고 예에 있을 뿐이다.…… 인仁이라 하고, 의義라 하고, 지智라 하고 신信이라 하는 것은 예의 다른 이름일 따름이다.[3)]

3) 『李覯集』, 卷2, 「禮論」 第1, "夫禮, 人道之準, 世敎之主也. 聖人之所以治天下國家, 修身正

유가에서는 예의 근거를 자연의 질서에서 찾는다. 즉 유가인들은 자연의 질서와 인간 사회의 질서가 기본적으로 동일하다고 보았다. 그들은 이러한 대전제 하에 모든 만물은 서로 유기적으로 결합되어 있다고 보며, 또한 부분은 전체를 표상하고 전체는 부분의 총합 이상의 의미를 갖는다는 총체적 세계관을 피력하였다. 예는 총체적 세계의 질서 자체이자, 이러한 질서를 따라가는 인간의 삶을 지칭하는 것이기도 하다.

공자는 인仁의 실천 방법으로서 '자신을 극복하고 예를 회복할 것[克己復禮]'을 강조하였다. 여기서 예는 인간의 도덕성을 실현하기 위한 과제요 목표로 제시되고 있다. 그리고 맹자는 예를 인간 성품의 도덕적 기본 요소들의 하나로 파악하여, '사양하는 마음'이라는 선한 감정으로 나타나는 것이라고 지적하였다. 이에 반하여 순자는 예란 인간 사회에서 각각의 분수分數를 한정 짓는 기준으로서의 객관적 규범이라 생각하며, 그리고 인간 성품의 악함을 다스리는 역할을 하는 것으로 이해하였다. 바로 이러한 점 때문에 우리는 유가의 문화를 곧 예의 문화로 규정짓는 것이다.

선진시대 유가에 있어서 예가 차지하는 비중이 절대적이듯이, 송·명 신유가에서 있어서도 예는 대단히 중요한 의미를 띤다. 그렇지만 주희를 제외한 여타 신유학자들의 예학사상에 대해서는 종래 지나치게 등한시되어 왔다.[4] 특히 북송의 저명한 유학자 장재는 기학자로만 알려져 있을 뿐, 그가 중요한 예의 사상가이기도 했다는 점이 거의 망각되고 있다.[5] 장재가 중요한 예학자

心, 無他, 一於禮而已矣.……曰仁, 曰義, 曰智, 曰信, 禮之別名也."

4) 山根三芳, 「張橫渠の禮思想硏究」, 『廣島大學文學部紀要』 24卷 1號(廣島大學文學部, 1965), 115쪽 참조.

5) 1999년 9월에 張載의 고향 中國 陝西省 眉縣에서 개최된 '張載關學與實學' 제1회 국제학술대회에서 발표된 60여 편의 논문 중에서, 張載 禮學 관련 논문은 한국인 학자 裵相賢 교수의 「張載禮學思想考」 한 편이 유일하다. 그렇지만 이 논문도 張載의 禮學思想을 체계적으로 구명한 연구 성과라기보다는 개괄적 소개 성격의 글이다.

라는 사실은 송대 예학에 대해 깊이 있게 연구한 사람이라면 누구나 인정하는 바이다. 예를 들어, 『송원학안』에서는 장재 학문의 요체가 예학이었다고 평가하기까지 한다.[6] 그리고 조선시대 중기 예학자로 유명했던 정구鄭逑(1543~1620)는 『오선생예설분류五先生禮說分類』라는 책을 편찬한 바 있는데, 그는 여기에서 송대의 대표적 예학자 다섯 명[7]을 다루면서 장재를 그중 한 사람으로 당당하게 거론하고 있다.

장재의 사상을 총체적으로 조망하기 위해서 반드시 필요한 부분의 하나가 바로 예학사상이다. 크게 보아 그의 사상은 역학에 바탕한 우주론과 예학에 바탕한 인성론으로 구성되어져 있다. 역학에 바탕한 우주론은 당연히 기학이 핵심이고, 예학에 바탕한 인성론은 변화기질론變化氣質論이 핵심이다. 그럼에도 불구하고 우리는 장재의 기학에만 주목할 뿐, 그의 예학에 대해서는 너무 소홀히 인식해 왔다. 우리는 이 장에서 장재의 예학사상을 미시적인 관점보다는 원리적인 측면에서 개괄해 보고자 한다. 즉 장재가 생각한 예의 본질은 무엇인지, 그리고 장재의 전체 사상에 있어서 예학이 차지하는 지위는 어떤 것인지에 대해서 주목하고자 한다. 이미 앞서 말하였듯이, '예'의 의미는 대략 '정치적 법제', '사회적 전례', '윤리적 규범'이라는 세 가지 의미로 구분된다. 정치적 법제로서의 예는 주대周代의 법제를 기록한 책인 『주례』에 잘 나타나 있다. 고대사회는 제정일치祭政一致의 사회로서 군주의 명령은 곧 하늘의 뜻이라고 생각되었다. 그러므로 법제는 곧 예로 여겨졌으며, 예악禮樂 정치를 이상으로 하는 유가의 입장에서 볼 때 왕도정치王道政治의 실현을 위해 반드시 필요한 것으로 여겨졌다. 그리고 사회적 전례로서의 예는 『의례儀禮』와 『예기禮記』에서 주로 설명된다. 길吉·흉凶·군軍·빈賓·가嘉의 오례五禮[8]라든가 혹은 관

6) 『宋元學案』 卷17, 「橫渠學案上」, "故其學以易爲宗, 以中庸爲的, 以禮爲體, 以孔孟爲極." 참조.
7) 程顥, 程頤, 司馬光, 張載, 朱熹를 말한다.

혼冠·혼婚·상喪·제祭의 사례四禮 등이 그 대표적인 예다. 일반적으로 말하는 예의·예식·예절 등이 주로 사회적 전례를 의미하며, 풍속·습관 등도 넓은 의미에서는 여기에 속한다. 마지막으로 윤리적 예란 오상五常의 예를 의미하는 것으로서 『논어』와 『예기』에서 주로 그 용례를 찾아볼 수 있다. 그러나 윤리적 예라고 하더라도 정치적 법제·사회적 전례와 전연 별개의 것이라고 할 수는 없다. 다만 윤리적 의미에서 예란 앞서 말한 두 가지 경우보다 훨씬 더 '예'의 본질적 의미를 지닌다.

장재가 생각한 예의 의미도 대략 세 가지 의미, 즉 정치적 법제, 사회적 전례, 윤리적 예의 의미를 띤다. 장재는 우선 본질적 의미의 예를 언급하면서, 예는 곧 리理라고 규정하였다. 이것은 『예기』의 사상을 계승한 것으로서, 예禮와 악樂을 대립된 개념으로 포착한 전통적 해석을 살렸다. 그는 리理와 예禮의 관계를 존재론적 선후가 아닌, 다만 인식적 선후관계로 이해하였다.[9] 그렇기 때문에 장재는 학자들을 가르치는 최선의 방법이 예라고 생각했으며, 제자들로 하여금 적극적으로 학례學禮(知禮)를 통해 정진하게 하였으며,[10] 그 자신도 평생 동안 학례 또는 지례知禮의 삶을 살았다.[11] 장재는 학자들에게 예를 가르치는 이유가 그것을 통해 세속 일반에 행해지고 있는 나쁜 예나 습속·습관[예절] 등을 배제할 수 있으며, 자연히 리理(예禮의 체體)가 밝혀지기 때문이라고 하고, 또한 예를 배움으로써 각각 행하고 지켜야 할 것들을 지킬 수 있게 하기 때문이라고 주장한다.[12]

---

8) 吉禮는 祭祀, 凶禮는 喪祭, 賓禮는 接賓客, 軍禮는 軍旅, 嘉禮는 冠婚을 의미한다.

9) 山根三芳, 「張橫渠の禮思想硏究」, 117쪽 참조.

10) 『宋史』「道學傳」(卷427)에는 "諸生講學, 每告以知禮成性變化氣質之道, 學必如聖人而後已. 以爲知人而不知天, 求爲賢人而不求爲聖人, 此秦漢以來學者大蔽也. 故學者尊禮貴德樂天安命, 以易爲宗, 以中庸爲體, 以孔孟爲法"이라 하여 張載의 사상 가운데 知天, 知禮, 尊禮를 강조하고 있다.

11) 姜國柱, 『中國歷代思想史-宋·元』(臺灣: 文津出版社, 1993), 91~110쪽 참조.

장재는 예를 통해 인간의 덕성을 기를 수 있다고 보았으며, 또한 예가 인간의 기질을 변화시킬 수 있다고 보았다.[13] 그러므로 후대의 학자들 또한 장재의 교육 목적이 학생들의 기질을 변화시키는 데에 있다고 이해하였다.[14] 장재는 예를 배움으로써 삶의 진리나 우주의 본질을 체득할 수 있다고 보았다. 장재의 사상에서 존재론적 측면에서는 기가 핵심이지만, 인식론과 심성론의 차원에서는 그 사상의 본질이 지천知天(知禮)과 변화기질이라는 점이 특징적이다.[15] 그러므로 후대의 학자들은 장재가 항상 '예를 알고 본성을 이루며[회복하며] 기질을 변화시키는 도리'[16]로써 제자들을 교육하였다고 강조하였다.

장재의 학문이 예를 중시한다는 점은 후학들의 많은 평가에서도 확인된다. 그 대표적인 몇 가지 경우만 살펴보면 다음과 같다.

> 〈장재의 학문은〉 예를 본체로 삼고, 공·맹의 학문을 표준으로 삼았다.[17]; 장재의 학문은 예를 존중히 여기고 덕을 귀하게 여기며, 하늘의 〈이치를〉 즐기고 명命에 편안히 〈순응하고자〉 한다.[18]; 장재는 예로써 학자들을 가르쳤으니, 이는 가장 훌륭한 방법이었다. 그는 학자들로 하여금 먼저 의지하고 지켜야 할 근거를 마련하게 하였다.[19]; 장재는 예를 가르침의 〈핵심으로〉 삼았다.[20]

그런데 최근 장재 예학과 관련하여 재미있는 분석이 제기되고 있다. 일부

---

12) 『張子語錄』, 「語錄抄」 참조.
13) 『經學理窟』, 「學大原下」 참조.
14) 程運, 『張橫渠教育思想硏究』(臺灣: 商務印書館, 1968), 185쪽 참조.
15) 山根三芳, 「張橫渠の禮思想硏究」, 124쪽 참조.
16) 呂大臨, 〈橫渠先生行狀〉, "以知禮, 成性, 變化氣質之道."
17) 『宋元學案』, 卷17, 「橫渠學案上」, "以禮爲體, 以孔孟爲極."
18) 『宋史』, 「道學傳」(卷427), "其學尊禮貴德, 樂天安命."
19) 『宋元學案』, 卷18, '引程頤說', "子厚以禮教學者, 最善, 使學者先有所据守."
20) 朱軾, 『張子全書』(『四庫全書』本), '序', '引薛敬之說', "張子以禮爲教."

학자들은 장재의 사상을 기본적으로 실학實學으로 규정하고, 그 근거로 '예'를 거론한다. 즉 '예의 실천'이라는 것이 다름 아닌 실학사상이 현실 속에서 구체화된 것이라고 보는 것이다.[21] 그리고 어떤 학자들은 이보다 한 걸음 더 나아가 송대 학문 자체가 본질적으로 실학사상이라고 주장한다.[22] 이에 반해 또 다른 학자들은 장재의 사상을 실학사상으로 보는 견해에 대해서 강하게 비판하기도 한다.[23] 우리는 여기에서 장재의 사상이 실학인가, 아닌가 하는 논쟁에 참여할 의도는 없다. 다만 장재의 사상을 실학이라 보는 학자들의 주요 근거 중 하나가 예학에 있다는 점을 주목하고자 한다. 즉 장재의 전체사상에 있어서 예학사상이 차지하는 중요한 비중에 대해서는 '실학설實學說'의 입장에 무리 없이 동의할 수 있을 것이다.

우리는 이제 장재 예학사상의 특징을 크게 세 가지 부분, 즉 정치적 법제, 사회적 전례, 윤리적 예의 의미로 구분하여 좀 더 자세하게 살펴보기로 하자.

Ⅱ. 정치적 법제로서의 예: 분봉分封 및 종법제도宗法制度와 정전제井田制

장재는 유가적 이상 정치체제인 봉건지배체제를 강고하게 유지하기 위해 예교禮教 제도의 확립 강화를 요구하였다. 그리고 그러한 목적을 위해 종법이념宗法理念의 재평가가 필요했는데, 이러한 필요성은 시대적 요청에 의한 것이기도 하다.[24] 장재는 북송시대의 사회적 모순과 민족 위기에 대하여 많은

21) 중국 학자 葛榮晉의 경우가 대표적이다. 제1회 張載學 국제학술대회명이 '張載關學與實學'이었다는 점도 비슷한 맥락에서 이해할 수 있다.
22) 山根三芳, 「張横渠の禮思想研究」, 115쪽 참조.
23) 중국의 유명한 張載 氣學 연구자 姜國柱가 대표적인 경우이다.
24) 山根三芳, 『宋代禮說研究』(廣島: 溪水社, 1996), 44쪽 참조.

관심을 기울였다. 그러나 그의 단점은 '학문의 유용성'을 높이 주장하여 현실 사회의 문제 해결에 중점을 두기는 하였으나, 사회의 실제 문제에서 출발하여 모순을 타개할 수 있는 적절한 정치 방안을 탐구하지 못하고, 다만 유가의 옛 전적典籍 속에서 습관적으로 그 해답을 찾으려고 하였다는 점이다. 그의 정치 관점의 대부분은 『주례』에서 취하고 있다. 그는 진대秦代 이후의 중앙집권체제에 대하여 큰 불만을 가지고 서주西周시대의 분봉제도分封制度를 회복해야 한다고 주장하였다.[25] 그리고 종자宗子를 중심으로 한 고대 종법제도를 강조하였다.[26] 종법제도의 강조는 기본적으로 봉건 정치제도의 안정에 대한 필요성 때문이었으나, 장재 자신은 고대의 예법을 회복하는 제도적 방법의 핵심이라고 보았다. 우선 봉건제도의 필요성을 역설하는 장재의 주장을 들어 보도록 하자.

> 봉건제를 할 필요가 있는 까닭은 이렇다. 천하의 일은 간단하게 나누면 다스림이 정밀해지고, 간단하게 나누지 못하면 정밀하게 다스리지 못하게 된다. 그러므로 성인은 반드시 천하를 사람들에게 나누어 주니, 그러면 일은 다스려지지 않는 것이 없게 된다. 성인은 법을 세울 때 반드시 후대 자손을 헤아리게 되니, 주공이 요직을 맡아 독점한다 하더라도 무슨 해로울 게 있겠는가? 어찌 천하의 기세로 백 리의 땅도 바로잡을 수 없고, 제후와 교류하면서 천하를 어지럽히는 일이 있겠는가? 조정에서 크게 잘 다스리지 못하는 것이 아니라면 어찌 그럴 수 있겠는가? 그런데도 후세 사람들은 진나라가 봉건제를 시행하지 않은 것을 합당한 책략이었다고 말하는데, 이것은 성인의 뜻을 제대로 알지 못하기 때문이다.[27]

---

25) 侯外廬 外, 『송명이학사』 1, 박완식 역(이론과 실천, 1993), 107쪽 참조.

26) 宗法制度에 관한 張載의 기본 이론은 『經學理窟』 「宗法」에 집약적으로 기술되어 있다.

27) 『經學理窟』, 「周禮」, "所以必要封建者, 天下之事, 分得簡則治之精, 不簡則不精, 故聖人必以天下分之於人, 則事無不治者. 聖人立法, 必計後世子孫, 使周公當軸, 雖攬之, 有何害. 豈有以天下之勢不能正一百里之國, 使諸侯得以交結以亂天下. 自非朝廷大不能治, 安得如此. 而後世

봉건적 동족同族 지배체제를 유지·강화시키기 위해서는 무엇보다도 예교禮敎 제도의 확립이 필요하다. 그리고 예교 제도의 확립을 위해서는 종법의 이념이 재인식될 필요가 있다. 장재 또한 '관중關中'이라는 특수한 지리적 배경 위에서 그 종법 확립의 필요성을 시대적 요청 위에서 자각하였던 것이다.[28]

종족사회는 동일한 시조를 모시며 유산을 공유하는 '경제적 존재'이지만, 다른 한편으로는 동일한 조상을 모시고 제사를 실천하는 구성원으로서 인격을 일체화하려는 '윤리적 존재'이기도 하다. 종족[宗法]사회는 이러한 기능을 정당화하고, 객관적인 사회질서를 부여하기 위해 '윤리적 권위[禮敎]'를 본질로 하여 내용을 알차게 하였다. 그러므로 종족사회는 예교사회와 동등한 것이다.[29] 그러면 이제 종법제도를 강조하는 장재 자신의 말을 들어 보도록 하자.

> 천하의 민심을 두루 관리하여 종족을 거두어들이고 풍속을 두터이 하여 사람으로 하여금 근본을 잊지 않도록 하는 방법으로는 보계세족譜系世族을 명백히 하는 것과 종법을 세우는 것이 가장 중요하다. 종법이 성립되지 않으면 계통系統의 유래를 모르게 된다. 옛 사람들은 자신이 태어난 유래를 알고 있었다. 이제 종법은 폐지되었지만 후세에 보첩譜諜을 숭상하여 아직도 그 유풍이 남아 있었다. 그런데 이제 그 보첩마저 폐지한다면 사람들은 자기가 태어난 곳을 알지 못하게 될 것이다. 백 년의 역사를 가진 집안이 없으므로 골육骨肉의 계통이 사라지게 되어 매우 가까운 친척이라도 그 정이 열어질 것이다. 종법이 성립되지 않으면 조정에는 세신世臣이 사라질 것이며, 빈천한 가정에서 태어나 하루아침에 공상公相에 이르게 되는 일도 생겨날 것이다. 종법이 서지 않으면 그가 죽은 이후에는 가족들이 분산되어 그의 집안이 전해지지 못할 것이다. 그러나 종법이 엄정嚴正하면 사람마다 각기 자신이 태어난 곳을 알게

乃謂秦不封建爲得策, 此不知聖人之意也."

28) 山根三芳, 『宋代禮說研究』, 21쪽 참조.

29) 山根三芳, 『宋代禮說研究』, 21쪽 참조.

> 되어 조정에도 큰 이익이 될 것이다. 어떤 이는 '〈종법이 바로 서게 되는 일이〉 도대체 조정에 무슨 이익이 되는가?'라고 반문하지만, 공경公卿은 제각기 그의 집안을 보존할 것이니, 충의忠義가 서지 않겠는가? 충의가 서게 되면 조정의 근본은 자연히 견고해지지 않겠는가? 오늘날 갑작스럽게 부귀를 얻은 사람들은 30~40년간의 계획에 그치게 되어 한 구역에 집을 지어 그 소유를 누리다가 그가 죽으면 많은 자식들이 각기 분열되고, 얼마 되지 못하여 재산도 탕진되므로 그의 가정은 보존할 수 없게 된다. 이와 같은 상황으로는 집안도 보존할 수 없는데, 하물며 국가를 어떻게 보존할 수 있겠는가?[30]

정치세력의 새로운 분화에 따라 통치계급에는 계급제도의 재편성이라는 문제가 대두되었다. 이 때문에 명문세족의 사회 지위를 유지시켜 준 종법제 또한 점차 폐지되어 갔다. 그러나 장재는 종법제 폐지가 곧 봉건 정치제도상의 커다란 문제임을 정확하게 인식하고 있었다.[31] 그는 민의民意를 안정시키고, 종족을 통일 관리하고, 향당鄕黨의 풍속을 두텁게 하고 '근본을 두터이 하고 풍속을 선하게 하는[敦本善俗]' 이상을 실현하기 위해서는 무엇보다도 종법제도의 질서를 확립하는 것이 필요하다는 점을 간파하였던 것이다.[32] 그러므로 그는 "천자가 나라를 세우고, 제후가 종宗을 세우는 것이 천리天理이다"[33]라고 강조하며, 종법제도의 확립에 힘썼던 것이다. 바로 이러한 점에서 봉건제도

---

30) 『經學理窟』, 「宗法」, "管攝天下人心, 收宗族, 厚風俗, 使人不忘本, 須是明譜系世族與立宗子法. 宗法不立, 則人不知統系來處. 古人亦鮮有不知來處者, 宗子法廢, 後世尙譜牒, 猶有遺風. 譜牒又廢, 人家不知來處, 無百年之家, 骨肉無統, 雖至親, 恩亦薄. 宗子之法不立, 則朝廷無世臣. 且如公卿一日崛起於貧賤之中以至公相, 宗法不立, 旣死遂族散, 其家不傳. 宗法若立, 則人人各知來處, 朝廷大有所益. 或問, 朝廷何所益, 公卿各保其家, 忠義豈有不立. 忠義旣立, 朝廷之本豈有不固. 今驟得富貴者, 止能爲三四十年之計, 造宅一區及其所有, 旣死則衆子分裂, 未幾蕩盡, 則家遂不存, 如此則家且不能保, 又安能保國家."

31) 侯外廬 外, 『송명이학사』 1, 박완식 역, 108쪽 참조.

32) 山根三芳, 『宋代禮說硏究』, 21~22쪽 참조.

33) 『經學理窟』, 「宗法」, "天子建國, 諸侯建宗, 亦天理也."

와 종법제도는 장재의 예교사상의 핵심이라 할 수 있다.

장재는 예의 의미 중에서 정치적 법제의 모델을 주대 봉건제도에서 찾았다. 그리고 그 핵심은 정치 방면의 분봉제도와 종법제도이고, 경제 방면의 정전제井田制이다. 그는 당시의 토지 겸병 문제에 대하여 '균평均平'을 주장하였는데, 이 균평제均平制의 모델이 바로 『주례』에 의거한 정전제인 것이다. 그는 "남을 다스리는 일에 있어서 가장 먼저 힘써야 할 것은 '경계經界를 바로잡는 일'이라 여겼으며"[34], "천하를 다스리면서 정전제를 따르지 않으면 끝내 공평하게 될 수 없다. 주나라의 도는 다만 균등함[均平]에 있다"[35]라고 주장하였다. 이와 같은 토지정책은 많은 토지를 소유한 부농이 토지가 없는 농민들에게 골고루 나누어 준다는 것이 핵심이다. 장재는 비록 분봉제를 회복하지 못한다 할지라도 반드시 정전제만은 시행해야 한다고 보았다. 그리고 중국 전체 영토에서 정전제를 실행할 수 없다 할지라도 목민관의 의지에 따라 일부 고을이나 마을에서는 시행할 수 있다고 주장하였다. 그는 자신이 직접 고향에서 제자들과 함께 정전제를 실행하며 이상사회의 실현에 힘쓰기도 하였다.

장재와 동시대 인물인 사마광은 장재를 평하여 말하기를, "장재의 평소 마음 씀씀이를 곰곰이 생각해 보니, 그는 요즘 사람들을 삼대三代의 예로 회복시키고자 하는 사람이며, 한·위 이래의 예법은 조금도 본받지 않았다"[36]라고 하였다. 이러한 점을 고려할 때, 우리는 장재가 주장한 정치적 법제로서의 예가 원칙주의·이상주의에 입각한 복고적 성격을 갖고 있지만 나름대로 현실 사회의 모순을 해결하기 위한 실천적 태도를 지니고 있음을 알 수가 있다.

---

34) 呂大臨, 〈橫渠先生行狀〉, "論治人先務, 未始不以經界爲急原文."
35)『經學理窟』, 「周禮」, "治天下不由井地, 終無由得平. 周道止是均平."
36) 司馬光, 〈論謚書〉, "子厚平生用心, 欲率今世之人, 復三代之禮者也, 漢魏以下蓋不足法."

Ⅲ. 사회적 전례로서의 예: 의례儀禮

흔히 예학이라 할 때 가장 두드러지는 의미가 바로 '사회적 전례로서의 예儀禮'이다. 정치적 법제와 윤리적 의미로서의 예는 일반적인 유학자 누구에게서나 흔히 다루어질 수 있다. 그렇지만 의례 부분은 실생활과 직접 연계되며, 상호 간의 이론이 극명하게 비교되기 때문에 전문적인 지식이 필요하다.

지금 남아 있는 장재의 저작을 살펴보면 의례에 대해서 전문적으로 다루고 있는 저술은 보이지 않는다. 다만 주희가 편찬한 『근사록』에 『횡거예악설橫渠禮樂說』, 『횡거예기설橫渠禮記說』 등의 문헌이 기록되어 있다. 그리고 기타 몇 권의 서지학書誌學 성격의 저술에서도 장재의 전문적인 예론 서적이 언급된다.[37] 이러한 점을 고려해 보면 장재에게도 '예' 관련 전문 저술과 문헌이 있었던 것은 분명하다. 현존하는 장재의 저술인 『정몽』, 『경학리굴經學理窟』, 『어록』 등에 장재의 예설이 부분적으로 산재되어 있으며, 특히 『정몽』 각 편에는 『주례』, 『의례』, 『예기』를 언급하는 문장이 많고, 그 주석과 해설도 많이 보인다. 이러한 부분을 참고해 보면 장재의 예설이 의례 부분에 있어서 상당히 정치精緻하고 또한 구체적이었음을 짐작할 수 있다. 다만 이 글에서는 장재의 의례가 사회적 전례로서 갖는 일반적인 특징에 대해서만 개관하고자 한다.

장재가 의도한 사회적 전례는 정치적 법제와 마찬가지로 고례古禮를 존중하는 복고적 경향을 띤다. 이러한 점은 주희 또한 인정한 바 있다. 장재는 여러 예경禮經 가운데서도 『의례』를 가장 중시하였다. 그는 『주례』가 주공周公

---

37) 『宋史』「藝文志 · 經禮類」에는 〈三家冠婚葬祭禮五卷司馬光 · 程頤 · 張載〉가 수록되어 있고, 『史 · 儀注類』에는 〈橫渠張氏祭儀〉 한 권이 기록되어 있다. 그리고 陳振孫의 『直齋書錄解題』와 馬端臨의 『文獻通考』「經籍考」에는 『橫渠張氏祭禮』 한 권이 기재되어 있다.

의 저작이라는 설에 의문을 제기하였으며,[38] 『예기』에 대해서도 여러 유학자들의 글을 모은 잡기雜記로서 그 예문禮文의 신뢰성이 낮다고 보았다. 반면 삼례三禮 중에서는 『의례』만이 가장 신뢰할 수 있으며 중요한 경전이라 판단하였다.

장재는 유가 이념의 재확인을 통해 국가권력의 지배체제를 확립·강화하고자 하였다. 이를 토대로 그는 촌락공동체 내의 습속과 예절을 이상적으로 개선하려 하였으며, 『의례』를 중요한 도구로 삼아 가정, 지역사회, 국가 차원에서 실천 가능한 다양한 의절儀節의 구체화를 시도하였다. 이는 시대의 요청이었고, 북송의 지식인들에게는 당연히 감당해야 할 의무로 자각되었던 과제였다.[39]

다른 한편으로 장재는 인정人情에 순응함으로써 시대적 요청에 부응하고자 했다. 그는 실천 가능한 여러 의례儀禮와 의절儀節을 구체화하는 데 노력하였다. 장재는 예의 본뜻을 음미하면서도 '인정에 순응함으로써' 고정적 관념을 버리고 현실에 즉응卽應하여 여러 의절을 전개해 나갈 수 있었다. 그는 예를 의리義理의 입장에서 규정하여 고찰하였을 뿐만 아니라, 인간성의 자연 심성, 즉 인정人情도 고려하였다. 이러한 장재의 태도는 시의時宜를 따르는 시중時中의 입장이라 할 수 있겠다.[40] 그러므로 장재는 "예禮는 불가한 것은 제외하고, 그 외의 것은 최대한 힘써서 능히 할 수 있는 것만 취하였다"[41]라고 말하였다. 이것은 고례古禮의 본뜻을 존중하면서도 시대적 요구에 부응하는 태도인데, 그 당시 실천할 수 있는 의절儀節을 구체화하려는 노력이다.[42] 장재는 『의례』

38) 山根三芳, 『宋代禮說硏究』, 17쪽 참조.
39) 山根三芳, 『宋代禮說硏究』, 18쪽 참조.
40) 山根三芳, 『宋代禮說硏究』, 30쪽 참조.
41) 『張子全書』, 卷13, 拾遺, 「性理拾遺」, "禮但去其不可者, 其他取力能爲之者."
42) 山根三芳, 『宋代禮說硏究』, 48쪽 참조.

에서 『가례家禮』로, 『가례』에서 다시 『의례경전통해儀禮經傳通解』[43]로 발전하는 중요한 역사적 과정의 한 부분을 담당하였다.

장재는 자신이 먼저 그 언행을 예의 규범에 부합되도록 힘썼으며 제자들에게는 쇄소응대灑掃應對와 장유유서長幼有序에 대한 예절을 가르쳤고, 집안의 출가出嫁하지 않은 여자들까지 제사에 참여시켜 일상의 예의 규범을 익히는 데 힘썼다.[44] 그중에서도 가장 두드러진 것은 상장례喪葬禮와 제례祭禮에 있어서 고례를 회복하는 일이었다. 고례에 따라 사회적 전례를 실천한 장재의 삶을 제자인 여대림은 이렇게 기록하였다.

> 근세의 상제례喪祭禮는 법도가 없어 초상初喪 때 삼년복三年服을 융숭히 다할 뿐, 기년期年 이하의 복服은 최마衰麻로 바꿔 입지도 않으며, 제례祭禮는 엄숙히 거행하지 않고 하나같이 세속의 저속한 예절에 따른다. 그러나 장재 선생은 연달아 기공期功의 상을 당하여 처음으로 고례에 따라서 상복을 마련하여 경중에 맞게 하였고, 집안 제사[家祭]에서도 처음으로 사시四時의 천식薦食을 거행하여 제사를 받드는 데 정성을 지극히 하였다. 이 말을 처음 전해 들은 자들은 의심하기도 하고 비아냥거리기도 하였으나, 마침내는 선생을 믿고 따라서 세속의 저속한 예절을 버리고 고례를 따르는 사람이 매우 많았다. 이는 모두가 선생의 이끄심에 의한 것이다.[45]

장재 당시의 상제례喪祭禮는 불교와 도교의 영향에 의해 많은 변화를 겪고 있었다. 예를 들면 전통 상복제도가 무효화되었고, 오로지 유속流俗에 빠져서 엄숙한 의례와 경건한 심정은 결여되었다.[46] 장재는 유가적 예교禮敎에 입각하

---

43) 朱熹가 『儀禮』를 '經'으로 하고, 『禮記』 및 기타 禮 관련 古典을 '傳'으로 하여 편집한 책.

44) 呂大臨, 〈橫渠先生行狀〉 참조.

45) 呂大臨, 〈橫渠先生行狀〉, "近世喪祭無法, 喪惟致隆三年, 自期以下, 未始有衰麻之變, 祭先之禮, 一用流俗節序, 燕褻不嚴. 先生繼遭期功之喪, 始治喪服, 輕重如禮, 家祭始行四時之薦, 曲盡誠潔. 聞者始或疑笑, 終乃信而從之, 一變從古者甚衆, 皆先生倡之."

여 상복의 기준을 정하고, 거기에 따르는 상제례의 실천을 직접 실행하였던 것이다. 장재는 고례의 필요성을 강조하였고, 세상 사람들이 비웃을까 염려하여 고례를 실행하는 것에 주저하는 것이야말로 바로 천하의 큰 환난이라고 생각하였다. 이러한 장재의 모범으로 관중 지방의 풍속이 일변하였다. 그러므로 장재 또한 "관중關中 지역의 학자들이 예를 따라 점차 좋은 풍속을 이루고 있다"[47]라고 하였다.

장재의 의례사상은 주희에게 상당 부분 계승되었다. 특히 장재의 부제설祔祭說은 주희도 많이 채용하였는데, 가례家禮의 부천祔遷(신주神主를 사랑舍廊으로 옮김)을 논한 것은 전적으로 장재의 설에 의거한 것이다.[48] 장재가 예를 보는 관점은 상당히 엄격하였다. 그는 당시의 예속 중에서 의의疑議가 있는 점은 도道에 의해 수정하고 불합리한 점은 삭제했는데,[49] 이러한 관점 또한 정씨 형제와 주희에게 계승되었다.

희녕 9년(1076), 장재는 여대방의 추천에 의해 지태상예원知太常禮院을 제수받았다. 그가 예원禮院에 재직 시에 어떤 사람이 전통적인 관혼상제의 실행을 건의하자, 조정에서는 이를 실행하라고 예관禮官에 칙령을 내렸다. 이때 예관들이 고금의 풍속이 다르다는 이유로 실행을 거부하였으나 장재만은 실행될 수 있다는 확신을 가지고서 반대하는 이들을 향해 유생儒生으로서, 그리고 박사博士로서 마땅한 처사가 아니라고 질책하였다. 그리고 장재는 교묘郊廟의 예의범절이 엄숙하지 못하다 하여 이를 시정하려고 했지만 동조해 주는 사람이 없었다.[50]

---

46) 呂大臨, 〈橫渠先生行狀〉 參조.
47) 『張子語錄』, 「後錄上」, "關中學者用禮漸成俗."
48) 山根三芳, 『宋代禮說硏究』, 39쪽 참조.
49) 山根三芳, 『宋代禮說硏究』, 18쪽 참조.
50) 呂大臨, 〈橫渠先生行狀〉 참조.

사회적 전례에 관한 장재의 의견은 상당히 구체적이고 특징적이다. 그는 고례에 의거하면서도 민심의 절실한 요망과 인정人情에 부합하고자 하였다. 장재는 인정의 자연스런 이치에 따르는 것이 인간사회에 있어서 예禮의 대본大本임을 강조함과 동시에, 도덕적 주체성의 자각, 즉 '천지의 이법과 합치되는 것天人合一'이라고 주장하였다.[51] 이러한 장재의 의례사상을 제대로 연구하기 위해서는 여타 송대 학자들의 예禮 사상 및 예 제도와 비교 연구를 수행하는 것이 필요하다. 그리고 한 걸음 더 나아가 한대 예학자, 청대 예학자들의 예 사상과 비교해 보는 것도 좋은 방법이 될 것이다.

Ⅳ. 윤리적 의미의 예: 허심虛心과 득례得禮의 수양법

장재의 예론을 제대로 이해하기 위해서는 윤리적 의미에서 고찰해 보아야 한다. 윤리적 의미에 있어서 예란 앞서 정치적 법제, 사회적 전례로서의 의미보다 훨씬 더 예의 본질적 의미를 지닌다. 장재에게 있어서 윤리적 예는 기본적으로 수양론적 측면에서 살펴야 한다. 왜냐하면 예가 도덕 수양의 중요한 방법이기 때문이다.

장재는 허심虛心과 득례得禮(重禮)가 결합한 수지修持의 도리를 강조하였다. 우선 그의 주장을 들어 보도록 하자.

> 수지修持(修養)의 도는 먼저 허심하고 또한 득례하여 안과 밖이 함께 밝혀지는 것이니, 이것이 안과 밖이 합하는 도이다.[52]

---

51) 山根三芳, 『宋代禮說硏究』, 43쪽 참조.

52) 『經學理窟』, 「氣質」, "修持之道, 旣須虛心, 又須得禮, 內外發明, 此合內外之道也."

일반적인 유가사상 이론과 마찬가지로 장재에게 있어서도 지知와 행行은 모두 도덕 수양의 방법이다. 그리고 좀 더 좁은 의미에서 말해 본다면, 장재에게 있어서 도덕 수양의 기본 방법은 허심과 득례가 결합한 것이다. 그렇다면 도대체 허심이라고 하는 것은 무엇을 말하는가? 장재가 말하는 허심은 '그윽이 존재하면서 아무런 생각도 없는'53) 그러한 본연의 마음 상태를 가리킨다. 장재는 이러한 마음 상태를 '허虛' 또는 '정靜'이라고 하였다.

> 하늘의 법칙을 따르는 이것이야말로 어린아이의 마음을 잃지 않는 것이다. 그윽이 존재하면서 아무런 생각도 없이 하늘을 따를 따름이다. 어린아이의 마음이 어떤 것인지에 대해서 사람들은 알 수가 없으나, 다만 '한결같이 고요하다(一靜)'라고 말할 수 있다.54)

> 〈『맹자』에서 말하기를〉 '대인大人은 어린아이의 마음을 잃지 않는다'라고 하였는데, 어린아이의 마음이 어떤 것인지 지금 알 수가 없으나, 다만 허虛로써 말할 따름이다.55)

그리고 다른 한편에서 장재는 고固·의意·필必·아我가 제거된 상태를 허심이라고 주장한다.56) 예컨대, 고·의·필·아 네 가지가 아니면 마음이 허하게 된다는 주장이 대표적이다.57) 고·의·필·아의 지배를 받지 않는 무아無我·무심無心·무사無私인 경우의 경敬과 성誠만이 절대적 의식이라고 주장하였다. 장재의 이러한 생각은 주돈이의 주정主靜사상을 계승한 동시에, 주희의

53) 『經學理窟』, 「詩書」, "冥然無所思慮."
54) 『經學理窟』, 「詩書」, "順帝之則, 此不失赤子之心也. 冥然無所思慮, 順天而已. 赤子之心, 人皆不可知也, 惟以一靜言之."
55) 『張子語錄』, 「語錄中」, "大人不失其赤子之心, 赤子之心, 今不可知也, 以其虛也."
56) 『正蒙』, 「中正」 참조.
57) 『張子語錄』, 「語錄上」, "毋四者則心虛."

'심정心情 윤리[심정의 순수성]'의 선구가 된다.[58] 장재는 구체적인 예의 실천이나 성性의 리理(禮)가 구체적 · 당위적으로 발현하기 위해서는 주체의 내적인 존재 방식이라고 할 수 있는 '경敬 의식[本心]'의 존양存養이 절대적으로 필요하다고 역설하였다. 여기서 경敬이 예禮의 실천 가능한 근거로 새롭게 등장한다. 이러한 경에 대한 생각은 송학宋學의 기본적인 이념을 구성한다. 경敬의 개념은 또한 정씨 형제를 거쳐 주희에 이르러 인식론적 사상구조 가운데 중요한 의의를 지니는 본질 의식으로 위치하게 된다. 그렇다면 우리는 왜 허정虛靜해야 하는가?

장재에 의하면, 천지의 본성은 허하고, 허가 곧 지선至善이기 때문에 허정해야 한다. 그래서 장재는, "천지는 허를 덕으로 삼고 있으며, 지선은 곧 허이다"[59]라고 하였으며, 또한 허정은 "선함의 근본이고, 인仁의 근원이다"[60]라고 하였다. 그리고 "마음을 허하게 한 뒤에야 마음을 다할 수 있다"[61]라고 하였다. 장재는 사람이 그 마음을 허정하게 하는 것은 곧 선을 택하여서 스스로 정미롭게 되는 것이며,[62] "허하면 곧 인仁이 생겨난다"[63]라고 하였다. 장재는 허정虛靜을 수양의 방법으로 삼고 있는데, 이것은 곧 기-일원론적 우주관과 밀접한 관계가 있다. 장재에 따르면, 태허와 음양은 모두 기이다. 그리고 태허는 기의 체體가 되고, 음양은 기의 용用이다. 그러므로 장재는 "천지는 허를 덕으로 삼고 있으니, 지선이 곧 허이다. 허는 천지의 근원이며, 천지는 허로부터 생겨난다"[64]라고 하였다.

---

58) 山根三芳, 「張橫渠の禮思想硏究」, 110쪽 참조.
59) 『張子語錄』, 「語錄中」, "天地以虛爲德, 至善者虛也."
60) 『張子語錄』, 「語錄中」, "善之本, 仁之原."
61) 『張子語錄』, 「語錄中」, "虛心然後能盡心."
62) 『張子語錄』, 「語錄中」, "聖人虛之至, 故擇善自精." 참조.
63) 『張子語錄』, 「語錄中」, "虛則生仁."
64) 『張子語錄』, 「語錄中」, "天地以虛爲德, 至善者虛也. 虛者天地之祖, 天地從虛中來."

장재는 허심과 더불어 득례得禮(重禮)를 동등하게 중요한 수양 방법으로 보았다. 왜냐하면 그는 득례의 과정이 사면思勉·역행力行의 구체적인 통일을 체현한 것이라고 보았기 때문이다. 그래서 그는 예를 배우는 것이 '학學'이고, 예를 행하는 것이 '행行'이라고 주장하였다.[65] 결론적으로 말하여, 장재 사상에 있어서 득례는 곧 학문·역행力行·수지修持의 통일이며, 도덕 이론에 대한 연찬과 도덕 실천의 통일이다. 장재는 허심과 득례의 결합이 곧 '안과 밖을 합한 도'라고 보았다. 그리고 그는 '허심'이 주체 방면의 수양에 속하고, '득례'는 주체와 객체 관계 방면의 수양이라고 생각하였다. 그러므로 '허'와 '예'의 관계는 체·용 또는 허·실의 관계이니, 두 가지는 반드시 서로 결합된 것으로서 하나라도 빠뜨릴 수 없다고 보았다.[66] 그러므로 장재는 "허虛는 인仁의 근원이며, 충서忠恕는 인과 더불어 생겨난 것이며, 예의는 인의 용用이다"[67]라고 하였다. 그리고 한 걸음 더 나아가 비록 성의誠意할지라도 예가 아니면 나아갈 수 없다는 점을 분명히 하고 있다.

> 성의誠意할지라도 예가 아니면 나아갈 수 없다. 성誠이란 예가 아니면 드러나지 못하기 때문이다. 성의誠意와 행례行禮는 선·후가 없으니, 모름지기 겸수兼修해야만 한다.[68]

이러한 '허심'과 '행례'의 겸수설兼修說은 장재의 허정虛靜 공부와 불佛·노老의 이론을 선명하게 구별해 주는 부분이다.[69] 장재는 불교의 공부가 허심에만

---

65) 『經學理窟』, 「學大原上」, "學者且須觀禮, 蓋禮者滋養人德性, 又使人有常業, 守得定, 又可學便可行, 又可集得義.……嚴正剛大, 必須得禮上下達." 참조.
66) 程宜山, 『張載哲學的系統分析』(上海: 學林出版社, 1989), 126쪽 참조.
67) 『張子語錄』, 「語錄中」, "虛者, 仁之原, 忠恕者與仁俱生, 禮義者仁之用."
68) 『經學理窟』, 「氣質」, "誠意而不以禮則無征, 蓋誠非禮無以見也. 誠意與行禮無有先後, 須兼修之."
69) 程宜山, 『張載哲學的系統分析』, 126쪽 참조.

치중할 뿐 행례行禮(得禮)에 대해서는 소홀하고 있다고 보았다. 그는 '태허-기-만물' 간의 유기적 관계로써 '유적有的' 우주론의 체계를 세우고자 하였다. 이러한 그의 우주론은 불교의 '무적無的' 우주론을 극복하기 위한 의도에서 이루어졌다.70)

장재에게 있어서 예는 기본적으로 본성을 밝히고 다시 이를 회복하는 관건이다. 그러므로 행례行禮, 득례得禮, 중례重禮는 기질[기질지성]을 변화시켜 태허즉본성[천지지성]으로 우리 자신을 고양시키고, 유가적 성현의 이념을 달성하게 하는 윤리 수양의 핵심이다.

Ⅴ. 장재 기학에 있어서 예학의 특징과 중요성

장재의 사상은 기-일원론적 세계관을 기반으로 전개된다. 그의 철학에서 기는 최고 개념이며, 사유의 논리적 출발점이자 종착점이다.71) 장재는 기를 만물의 시원始原으로 간주하였으며, 그의 사상은 군주전제君主專制를 중심으로 한 당시의 국가 정치체제와도 밀접한 관련을 맺고 있다. 국가는 권력 집중을 상징하기 위해 일기一氣, 즉 태허太虛・태극太極・천도天道・신화神化의 관념을 제기하였다. 이러한 권력을 현실 사회에 구현하는 가장 효과적인 방식은 종법제도의 확립을 기반으로 한 예교禮敎 이념에 의한 예제적禮制的 지배였다.72) 나아가 기의 연속체적 일체관은 유가적 이념인 만물일체의 '인仁'으로 구체화

---

70) 張載의 佛敎 비판은 그의 저술 곳곳에 散見되나, 특히 『正蒙』「乾稱」에 집중적으로 드러난다.

71) 陳俊民, 『張載哲學與關學學派』(臺灣: 學生書局, 1990), 171쪽 참조.

72) 山根三芳, 『宋代禮說研究』, 22쪽 참조.

되어, 사회관과 인간관의 기초로 정립되었을 가능성이 높다.

장재에게 있어 예禮란 기적氣的 연속체의 존재를 확인하고 만물 일체의 인仁을 체득하며, 태허기太虛氣 본래의 삶을 회복하는 핵심적 실천 방안이다. 그의 예학 사상은 전반적으로 복고적 경향을 지니고 있으며, 이러한 경향은 일부 학자들에 의해 장재 사상의 이중성 또는 이론적 동요성으로 해석되기도 한다.[73] 이는 장재의 기학이 우주론적 측면에서 진보적 성격을 지닌 반면, 예학사상은 보수적 성격을 띤다고 보는 관점에 기반한다. 특히 이러한 이중성에 주목하는 다수의 학자들은 마르크스주의 영향을 받은 현대 중국의 학자들로, 전통사상을 '리학-유심주의-보수사상' 대 '기학-유물주의-진보사상'의 도식 속에서 재해석하고자 하였다. 이들은 전통철학 속에서도 유물론과 변증법적 요소를 탐색하고자 하였으며, 이에 따라 장재의 기학은 '유물주의-진보사상'으로, 예학은 '유심주의-보수사상'으로 분류되었다. 그러나 이러한 해석틀은 장재 사상의 고유한 철학적 구조를 온전히 설명해 내기에는 한계가 있다. 장재의 경우, 우주론과 심성론(혹은 예론)은 단순히 대비되는 이중구조가 아니라 상호 연관된 중층적 구조를 형성하고 있다.

유가의 주요 경전인 『중용』은 "천명지위성天命之謂性, 솔성지위도率性之謂道, 수도지위교修道之謂敎"라는 첫 구절을 통해 '천天(天理)-성性-도道-교敎'의 사유 구조를 명확히 제시한다. 『중용』은 '교敎'를 일차적으로 수도修道로 정의하며, 주희는 이를 '차등을 두어 절차를 매기는 것品節之'으로 해석하였다.[74] 주희의 제자인 반병潘柄은 이러한 해석을 구체화하며, 다음과 같이 설명하였다.

---

73) 장윤수, 「張載 氣哲學의 理論的 構造」(慶北大學校 大學院 博士學位論文, 1993), 139~146쪽 참조.

74) 『中庸集註』, 1장, "修, 品節之也." 참조.

> '차등을 두어 절차를 매긴다'는 것은, 예를 들면 친척 간에 친애하는 예절의 차등과 어진 이를 예우하는 등급과 같은 것들을, 그 두텁고 얇고 가볍고 무거움에 따라 제도를 만들어서 지나치거나 미치지 못하는 치우침을 바로잡는 것이니, 비록 사람이 만들어 낸 것 같으나 실상은 하늘이 명령한 성性에 근원한 것이며, 도道에 자연스럽게 본래부터 있던 것들이다.[75]

이와 같이 '교敎'는 '수도修道'로, 다시 '차등을 두어 절차를 매기는 것'으로 이해되며, 이는 곧 예禮의 개념과 직결된다. 따라서 『중용』을 비롯한 유가 경전에서 '교'는 '예의 확립과 교육'을 의미한다고 볼 수 있다. 장재의 교육사상 역시 '예'의 교육에 중심을 둔다. 장재는 예禮의 선재론자先在論者로서, 예가 인간의 인위적 작위에서 비롯된 것이 아니며, 인위의 도움을 필요로 하지 않는다고 주장한다. 이는 인간이 존재하지 않더라도 천지의 예는 여전히 존재한다는 그의 인식에서 기인한다. 장재는 천지 생성의 이치인 리理에 인간이 자발적으로 순응하는 것을 예의 실천으로 보았다.[76] 이러한 인식에 따라 장재는 예가 인간의 자의에서 비롯되었다는 견해를 비판한다. 그는 천지의 생성과 존재를 규율하는 리理가 존재하며, 이에 따르는 행위가 곧 예라고 주장하였다.[77]

이상의 논의를 종합하면, 장재 철학에서 예학이 차지하는 위상을 분명히 파악할 수 있으며, 예학과 기학 간에는 논리적 수미일관함이 존재함을 확인할 수 있다. 그러므로 장재 사상의 총체적 이해를 위해서는 예학사상에 대한 선행적 검토가 필수적이라 할 수 있다.

---

75) 金赫濟 校閱, 『原本備旨 中庸』(重版, 明文堂, 1986), 4쪽, "品節之者如親親之殺, 尊賢之等, 隨其厚薄輕重而爲之制, 以矯其過不及之偏者也, 雖若出於人爲, 而實原於命性, 道之自然本有者."

76) 『經學理窟』, 「禮樂」 참조.

77) 『經學理窟』, 「禮樂」 참조.

제8장 장재 기학의 인문경제론

장재는 사변적 이론에만 치우치지 않고, 실제적이며 구체적인 현실 문제에 깊은 관심을 기울였다. 그는 고통 속에 살아가는 민중들의 삶을 직접 체험하고, 그 고통을 해소하기 위한 방안을 모색하고자 깊이 사유하였다. 장재는 백성들의 삶이 궁핍하게 된 근본 원인을 불합리한 토지 제도에서 찾았으며, 빈부 격차가 심화된 사회에서는 왕도정치王道政治의 실현이 어렵다고 보았다. 또한 그는 종래의 유학자들이 이상론에 치우친 나머지 현실적이고 구체적인 문제 해결에는 소홀하였다고 비판하였다. 이러한 문제의식에 입각하여, 장재는 '치용致用의 학문', 곧 실제적 효용을 지향하는 학문에 주목하였다.

그는 가난 자체보다도 빈부 격차가 심화된 현실을 문제 삼았고, 그 원인을 제도적 결함에서 찾았다. 이러한 문제를 해결하기 위한 방안으로 토지의 균등한 분배를 중시하였으며, 이는 이상사회를 구현하기 위한 필수 조건이라고 보았다. 나아가 그는 토지의 균평均平을 실현하기 위한 구체적 제도로서 정전제井田制를 제시하였다. 이에 대해 그는 『경학리굴經學理窟』 「주례周禮」에서 "천하를 다스리면서 정전제를 따르지 않으면 끝내 공평하게 될 수 없다. 주나라의 도는 다만 균등함[均平]에 있다"[1]라고 주장하였다.

---

1) 『經學理窟』, 「周禮」, "治天下不由井地, 終無由得平. 周道止是均平."

아울러 장재는 사회의 안녕과 질서 유지를 위해 종법제宗法制의 필요성을 제기하였으며, 관혼상제를 중심으로 한 유가의 고례古禮 회복을 강조하였다. 그는 이를 통해 하夏·은殷·주周 삼대의 정치가 재현될 수 있다고 보았다. 장재는 "학문을 논하면 성인을 목표로 하였고, 정치를 말하면 반드시 삼대를 목표로 하였다."2) 장재에게 있어 삼대의 정치는 단순한 이상적 가설이 아니라, 실제로 구현 가능한 역사적 현실로 인식되었다.

Ⅰ. 정전제의 의미와 두 가지 계통

1. 정전제의 의미

근대화 이전의 중국은 기본적으로 농업경제 사회였으며, 그러므로 전통 경제이론의 핵심은 농업 생산의 바탕이 되는 토지제도와 관련되어 있었다. 그러한 의미에서 정전제 이론은 유교의 경제론을 가장 잘 대표하는 이론이었다. 그렇다면 정전제란 무엇인가?

정전제는 넓은 의미로 해석하면, 국가가 세금을 징수하기 위해 백성들에게 토지를 분배해 주기도 하고 백성들의 토지 소유를 규제하기도 하는 제도를 가리킨다. 중국에서는 한대漢代 이후 이것을 고대의 이상적인 제도로 보는 관점에서 다양한 한전限田, 균전책均田策이 논의됨으로써 정전제는 일반적으로 토지제도로 관념화되어 왔다. 중국에서 토지제도의 전개는 두 가지 측면, 즉 국가가 그 재정적 기반을 확립하기 위해 호족豪族의 사적 대토지 소유를 어떻

2) 『經學理窟』, 「序」(汪偉), "論學則必期於聖人, 論治則必期於三代."

게 규제하는가 하는 측면과 농민들 사이의 토지 소유의 격차를 줄이기 위해 국가가 어떻게 전토田土의 배분을 균등화하는가 하는 측면에서 파악할 수 있다.[3]

유교가 국가이념으로 작동하던 전통시대 동아시아 사회에서는 정전제가 하·은·주 삼대의 이상적 토지제도로 여겨졌다. 정전제는 민본사상民本思想과 결합하여 정치이념과 경제를 일치시키는 유가의 인문경제론을 형성하게 된다. 일찍이 맹자는 "무릇 인정仁政이란 반드시 경계를 올바로 하는 것으로부터 시작된다. 경계가 올바르지 못하면 정전의 땅이 고르게 나누어지지 못하고, 곡록穀祿이 평등하게 되지 못한다. 그러므로 폭군과 탐관오리들은 그 경계를 올바로 하는 일을 게을리하는 것이다. 경계가 이미 똑바로 된다면 땅을 나누어 주고 녹봉을 올바로 제정하는 것이 저절로 이루어지게 된다"[4]라고 하였다. 즉 맹자는 유가의 왕도정치가 인정仁政에서 시작되며, 인정은 곧 정전제에서 비롯된다고 보았던 것이다.

후대에 이르러 정전제를 실현하려는 시도는 크게 두 가지 방향으로 나타났다. 하나는 토지분배의 방식을 통해 정전제 이념을 복원하려는 움직임이고, 또 하나는 1/9세稅, 1/10세를 이상적인 조세 수취 방식으로 보고 그것을 통해 정전제의 이념을 복원하려는 입장이다. 중국에서는 송대에 들어와 그러한 논의가 활발하게 전개되었다.[5] 이때 등장하는 균전법均田法과 한전법限田法은 모두 정전제의 이념을 실현시키려는 목적에서 고안된 유사한 제도적 방법이다. 즉 이러한 주장들은 모든 토지를 정방형正方形으로 구획하는 것이 쉽지

3) 溝口雄三 外 편저, 『中國思想文化事典』, 김석근 외 옮김(민족문화문고, 2003), 349쪽 참조.
4) 『孟子』, 「滕文公上」, "夫仁政, 必自經界始. 經界不正, 井地不鈞, 穀祿不平. 是故暴君汙吏, 必慢其經界. 經界旣正, 分田制祿可坐而定也."
5) 최윤오, 「肅宗朝 方田法 시행의 역사적 성격」, 『國史館論叢』 38집(국사편찬위원회, 1992), 19쪽 참조.

않으며, 사유지를 공전公田으로 수용하는 것은 더욱 어렵다는 현실적인 이유에서 균전均田과 균산均產을 목표로 한 변통책으로 제기된 것들이다.

송대에 이르러 정전제 실행을 주장한 학자들 중에는 방법만 잘 마련하면 고대의 정전제를 그대로 시행할 수 있다고 생각하는 이도 있었는데, 장재가 바로 대표적인 인물이다. 장재는 정전제 시행과 관련하여 부자들의 토지를 거두어들이는 일이 어렵다고 근심하는 이들을 비판하면서, 그 일을 처리하는 데에 적절한 방법만 잘 찾아내면 수년 내에 실행할 수 있다고 주장하였다.[6] 이러한 장재의 입장에 대해 후대의 사상가인 주희는 비판적인 견해를 개진하였다. 주희는 토지의 재분배가 현실적으로 불가능하다고 보아, 토지의 소유를 인정하는 가운데 소유한 토지만큼 정확하게 조세를 거두어들임으로써 부세賦稅의 불균형을 막고 국가재정을 확보해야 한다고 생각하였다.[7]

후대에 이르러 정전제에 대한 연구는 이 제도가 과연 하·은·주 삼대 시기에 실제로 시행되었던 것인가 그렇지 않은가 하는 논의에서부터, 그것을 어떠한 방식으로 이해하느냐에 따라 다양한 현실적 논의로 나타났다. 정전제 형태를 하나의 이상적 제도로 보고 그것을 논구하는 경우에는 대부분 토지분배의 방식과 조세 수취 방식 두 가지를 어떻게 현실에 적용시킬 수 있는가 하는 것에 초점을 맞추었다.

2. 정전제의 두 가지 계통

정전제의 내용을 구체적으로 확인할 수 있는 자료는 많지 않은데, 『맹자』, 『주례』, 『한서漢書』, 『한시외전韓詩外傳』 등에서 언급되고 있다. 그중에서도 『맹

---

6) 呂大臨, 〈橫渠先生行狀〉, "苟處之有術, 期以數年, 不刑一人而可復." 참조.
7) 『朱子語類』, 卷98, '張子書' 참조.

자』와 『주례』의 내용이 비교적 자세하다. 현존하는 몇 가지 자료를 확인해 보면 정전제의 형태는 크게 『맹자』와 『주례』 두 가지 계통으로 구분된다. 우선 『맹자』「등문공상滕文公上」에 기록된 정전제의 내용을 살펴보자.

사방일리四方一里(900畝)의 땅을 '정井'자형으로 9등분하여 1정井이라고 한다. 1정 안의 800무畝의 토지를 여덟 가구의 농가에 사전私田으로 배분하여 경작하게 하고, 조세를 걷지 않는 대신 중앙의 공전公田을 여덟 가구가 공동으로 경작하게 한다. 즉 공전이 설치된 지역에는 1정 900무를 9등분하여 하나의 100무를 공전으로 하고, 나머지 800무를 사전으로 여덟 가구에 분배하였다. 여덟 가구는 공전 100무를 공동으로 경작하고 그 수확물을 바침으로써 국가에 1/9세를 조세로 납부하는 형태이다. 공전이 없는 땅의 경우에는 각각의 사전을 경작한 후 토지생산물의 1/10세를 납부하였다. 정전제에 따르면 공전을 먼저 경작하고 난 다음에 사전을 경작하게 되는데, 맹자는 이것을 군자와 소인이 구별되기 때문이라고 풀이하였다. 맹자는 정전제가 하·은·주 삼대 시대에 실제로 실행되었다는 믿음을 지니고 있었다. 그는 전국시대戰國時代의 혼란상과 백성들의 경제적 파탄을 목도하고서 경제개혁의 필요성을 절실하게 느꼈다. 그리고 왕도정치의 경제적 실천 방안의 하나로 정전제의 실행을 강조하였다.

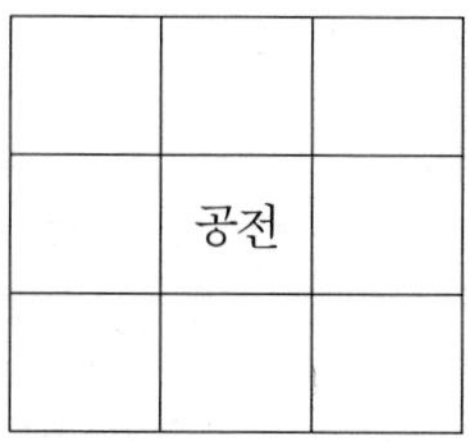

〈맹자 '정전제'의 기본 형식〉8)

8) 1井은 사방 1里이고, 각각의 邊이 300步이다. 井田制 하에서의 1井 900畝는 1里(사방

그렇다면 『주례』[9]에서 말하는 정전제의 내용은 어떠한가? 『맹자』의 경우와 차별적인 부분을 중심으로 하여 살펴보자.

가장 큰 특징은 토지를 지질地質에 따라 상·중·하의 3등급으로 구분하여 백성들에게 배분한다는 점이다. 여기서 말하는 상지上地란 불역지지不易之地(連作地)를 가리키는데 가구마다 100무를 지급하고, 중지中地란 일역지지一易之地(一年休閑地)를 가리키는데 가구마다 200무를 지급하며, 하지下地란 재역지지再易之地(二年休閑地)를 말하는데 가구마다 300무를 지급하도록 규정하였다. 현대의 문헌고증학자들의 연구에 따르면 『주례』의 성립이 『맹자』보다 후대이다. 이 말은 곧 『주례』에서 언급되는 정전론이 『맹자』의 경우보다 훨씬 더 구체적이고 보완적이라는 의미이기도 하다. 『주례』의 경우에 정전론은 『맹자』의 경우와는 달리 경지 구획이 반드시 '정井'자형의 배열을 취하지 않으며, 공전과 사전의 구별도 없고 또한 가구당 식구의 수와 징발 가능한 부역자의 수에 따라 토지의 지급량이 달리 규정되기도 하였다.

『맹자』의 기록과 『주례』의 기록은 별개로 전승된 것으로 보인다. 그렇지만 두 경우가 상호 대립되거나 충돌하는 경우는 거의 없으며, 기본 정신과 내용을 같이하고 있다. 그러므로 정전제를 거론하는 후대의 학자들은 두 가지 경우를 모두 자유롭게 인용하고 있다. 『맹자』와 『주례』에서 주장하는 정전론은 모두 후세의 학자들에 의해 유교 경제사상의 중요한 모델로 받아들여졌다.

300步)의 넓이와 같다. 여기에서 100畝가 기준이 되어 한 가구에 분배된다. 100畝는 사방 100步인 토지면적으로 1頃에 해당한다. 즉 1井=1里(300步 사방)=9頃=900畝가 井田의 토지구획 방식이다.

9) 『周禮』의 「地官」 大司徒·遂人·小司徒·大司馬, 「夏官」 大司馬 등에 언급된다.

Ⅱ. 11세기 정전론 재등장의 정치사회적 배경

장재가 활동하던 11세기 중국은 북송시대 중기로서 대내적으로 엄청난 번영을 누리던 시대이다. 당시 정부 수입은 당대唐代 최전성기보다 무려 세 배나 증가하였으며, 이로 인해 막대한 잉여 재정이 축적되었다.[10] 그렇지만 이러한 발전과 번영은 외형상 그러했을 뿐, 내부의 갈등은 그 어느 시기보다 심했다. 특히 계층 간의 갈등이 두드러지게 나타났는데 대지주, 대관료, 대상인이 함께 결합하여 농민들을 잔혹하게 수탈하고 착취했기 때문이다. 당시 학자들은 이러한 계층 간의 갈등을 야기시킨 가장 큰 요인 중 하나가 토지제도라고 생각했다.

그렇다면 토지제도의 어떤 부분이 문제가 있었던 것인가? 한마디로 말하여 토지 겸병兼幷의 확산과 농민 계층의 토지 상실이 문제가 되었다. 당대唐代까지는 기본적으로 토지가 국가 소유였음에 반해, 송대 이후에는 지주제적地主制的 토지 소유로 전환해 간다. 오대五代부터 송대에 걸쳐서 토지 사유화의 물결이 중국의 모든 지역에 넘쳤다. 이러한 시대 배경으로 인해 토지 겸병은 급속도로 확산되었으며, 농민들은 토지를 잃고 큰 고통에 빠지게 되었다. 워낙 그 정도가 심해지자 인종仁宗이 공경公卿 이하의 관료들에게 30경頃 이상의 토지 소유를 금하는 칙령을 내리기도 하였으며, 개혁사상가인 왕안석은 방전법方田法[11]의 시책을 펼쳐서 나름대로 조세제도를 개혁하고자 했지만 토지 겸병의 폐해를 막기에는 역부족이었다. 당시 상당수의 학자들은 이러한 문제들을 해결하기 위해 중국 고대사회에서 실행하던 정전제를 회복해야 한다고

---

10) 존 K. 페어뱅크 외, 『동양문화사』 상, 김한규 외 옮김(을유문화사, 1991), 159쪽 참조.
11) 方田法이란 소유한 田土의 비옥함과 척박함의 단계에 따라 田土를 5등급으로 나누어 세금을 부여함으로써 課稅의 공평함을 도모하려 했던 시책이다.

생각했다. 부분적인 차이가 있기는 하지만, 정전제를 회복하고 토지 겸병을 억제해야 한다고 하는 기본 주장은 대동소이하다. 북송 초기의 사상가인 이구를 포함해서, 소순蘇洵, 소철蘇轍, 왕안석 등이 정전제의 회복과 실행을 주장한 대표적인 학자들이다.

장재 또한 정전제의 실행을 주장하던 당시 학자들과 기본적으로 같은 입장에 서 있다. 그렇지만 그의 주장은 이들보다 한층 더 적극적이고 구체적이었다. 장재는 정전제뿐만 아니라 고대의 예법 회복을 통해 주대周代 초기의 이상사회 실현을 꿈꿨다. 그리고 정전제의 안정을 꾀하기 위해서는 봉건제가 함께 실행되어야 한다고 주장했다. 그는 천하의 일이란 나누어 간편하게 할 수 있으면 다스림이 정밀해지지만, 간편하지 못하면 정밀해지지 않는다고 보았으며, 그렇기 때문에 봉건제가 필요하게 된다고 생각하였다.[12] 장재는 정전제와 봉건제는 결국 하나로 연결된다고 보아, "정전井田은 결국은 봉건제로 귀착되어야 정해진다"[13]라고 하였다.

장재가 봉건제를 주창하는 것은 겉으로 보기에 역사상 퇴보로 읽힐 수도 있으나 실제로는 그렇지 않다. 이는 송대의 정치적 상황과 밀접한 연관이 있다. 송대는 그 이전 시대인 당대의 정치 상황과 많이 달랐다. 당대에는 번진藩鎭의 할거가 중앙집권을 파괴했다. 그러므로 유종원柳宗元(773~819)은 「봉건론封建論」을 집필하면서 지역적으로 할거하던 분열 상태를 없애야 한다고 역설하였다. 그런데 송나라는 개국 초기에는 번진의 할거가 가져온 폐해를 거울삼아 중앙집권을 강화하기 위한 일련의 조치를 취해 국내의 분열된 상태가 다소 해소되었지만, 반면 지방의 권력을 지나치게 약화시킴으로써 지방은

12) 『經學理窟』, 「周禮」, "所以必要封建者, 天下之事, 分得簡則治之精, 不簡則不精, 故聖人必以天下分之於人, 則事無不治者." 참조.

13) 『經學理窟』, 「周禮」, "井田卒歸於封建乃定."

탄력적 운영의 권한을 갖지 못하고, 그것이 국방에도 악영향을 미치게 된다. 이러한 상황에서 장재는 일부 권신權臣과 환관들이 중심이 된 중앙집권제의 폐단을 절감하였고, 행정의 비효율성과 외침外侵의 방비에 있어서 무기력함을 인지하였다. 그는 모든 일을 중앙 조정에서 관여하면 틀림없이 많은 일을 제대로 관리하지 못할 것이라고 여겼다.

장재는 변방의 문제에 특히 주목하여 "오늘날 서쪽 오랑캐의 해악이 날로 심해지건만 변방의 병사들은 날로 해이해지고 있으니, 후환을 두려워할 만하다"[14]라고 하였다. 그는 변방의 병사들이 날로 해이해지고 있는 것이 바로 다스림이 '정밀하지 못한' 하나의 상황이라고 보았으며, 그러한 상황을 바꿀 필요가 있다고 여겼다. 장재가 말하는 '봉건'은 대체로 최대 백 리의 나라로 제한되고 작은 경우는 백 리도 되지 않았다.

> 성인은 법을 세울 때 반드시 후대 자손을 헤아리게 되니, 주공이 요직을 맡아 독점한다 하더라도 무슨 해로울 게 있겠는가? 어찌 천하의 기세로 백 리의 땅도 바로잡을 수 없고, 제후와 교류하면서 천하를 어지럽히는 일이 있겠는가? 조정에서 크게 잘 다스리지 못하는 것이 아니라면 어찌 그럴 수 있겠는가? 그런데도 후세 사람들은 진나라가 봉건제를 시행하지 않은 것을 합당한 책략이었다고 말하는데, 이것은 성인의 뜻을 제대로 알지 못하기 때문이다.[15]

장재는 봉건을 백 리로 제한한다면 번진藩鎭이 할거하는 일은 절대 일어나지 않을 것이라 여겼다. 봉건제를 강조한 장재의 진정한 의도는 중앙정부의

---

14) 『張子全書』(林樂昌 編校, 西安: 西北大學出版社, 2015), 卷12, '文集抄', 「賀蔡密學啓」, "今戎毒日深而邊兵日弛, 後患可懼而國力既殫."

15) 『經學理窟』, 「周禮」, "聖人立法, 必計後世子孫, 使周公當軸, 雖攬之, 有何害. 豈有以天下之勢不能正一百里之國, 使諸侯得以交結以亂天下. 自非朝廷大不能治, 安得如此. 而後世乃謂秦不封建爲得策, 此不知聖人之意也."

절대권력을 경계하고, 행정의 효율성을 높이기 위해 중앙과 지방의 관계를 적절히 조정하는 데에 있었다.

Ⅲ. 장재의 정전론

장재는 관중 지역에서 주로 활동했기 때문에 후대 학자들은 그와 제자들의 학풍을 관학파關學派라고 명명한다. 관학關學은 송대 유학의 여러 학파 가운데서도 주목할 만한 차이점을 몇 가지 갖고 있는데, 그중에서도 가장 두드러지는 특징이 바로 치용致用의 정신을 귀하게 여긴다는 것이다. 이러한 점은 장재 자신과 정씨 형제 또한 인정한 바이다.[16] 치용을 강조하는 장재 사상의 특징은 정전제의 실천 의지에서도 확인할 수 있다.

정전제 관한 장재의 언급은 대부분 『경학리굴』「주례」편에 등장한다. 장재는 공자와 마찬가지로 주대 초기의 사회를 이상사회로 여겨 그 예법을 회복하고자 애썼으며, 봉건제도와 정전제의 회복을 강조하였다. 이러한 면을 볼 때 장재는 기본적으로 『맹자』 계통보다는 『주례』 계통의 정전제를 계승하고 있는 것으로 보인다. 그렇지만 『맹자』 또한 주대 초기의 정전제 회복과 실현을 주장하였듯이, 장재에게 있어서 굳이 『맹자』 계통과 『주례』 계통의 정전제를 구분할 필요는 없을 것 같다. 이 점은 다른 학자들의 경우에도 마찬가지다.

장재는 왕도정치가 전토田土의 경계經界에서 비롯된다고 보았다. 그는 우선 『주례』에 의거한 정전제를 통해 토지의 균평均平을 실현하고 빈부의 격차를 줄이고자 하였다. 그는 이것을 실행하기 위해서는 우선 부농富農의 전토를

16) 『二程粹言』, 卷1, 「論學編」 참조.

빼앗아야 한다는 난점을 파악하고 있었다. 그렇지만 여기에 대해 토지를 빼앗겨야 하는 부농의 수는 적고 혜택을 얻는 빈농貧農의 수가 많다는 공리주의적 논거를 들어 그 시책의 정당성을 설명한다. 이러한 정책을 시행하기 위해서는 많은 반대와 어려움이 있겠지만 몇 년을 두고 점진적으로 시행해 나간다면 부작용을 최소화해서 실행할 수 있다고 보았다. 그는 자신에게 이러한 조처를 시행할 적절하고 구체적인 방법이 있다고 주장하기도 한다. 다만 그는 통치자의 실행 의지가 없다는 점이 문제라고 지적하였다.[17]

장재는 고향에서 제자들과 함께 일부 토지를 매입하여 정전제를 실행해 보기도 하고,[18] 또한 지방 고을의 현령縣令으로 발령받아 가게 되면 몇 개의 정전지井田地를 마련하고 가옥을 나누어 주는 등 그가 꿈꿔 왔던 이상사회를 현실에 뿌리내리기 위한 구체적인 작업을 실행했다. 그리고 새로운 조세제도를 마련하여 나름대로 분배의 정의를 실현하고자 애썼다.[19] 장재는 이러한 방법을 통해 저축을 증대하고 학교를 세우고 재난을 구제하였으며, 예의禮儀로써 고을을 교화시키고, 노인을 봉양하고 어른을 섬기게 하여 이상사회를 이룩할 것을 시도한 것이다.

또한 장재는 정전제를 완성시키기 위해서는 봉건제를 실시해야 한다고 주장하였다. 그가 봉건제를 주장한 목적은 권력 집중의 현상과 정부 조직의 불필요한 비대화를 막기 위한 것이었으며, 중앙정부의 과도한 업무 부담을 줄임으로써 행정의 효율을 높이기 위한 것이기도 하였다. 이러한 측면에서

17) 呂大臨, 〈橫渠先生行狀〉, "嘗曰, 仁政必自經界始. 貧富不均, 敎養無法, 雖欲言治, 皆苟而已. 世之病難行者, 未始不以亟奪富人之田爲辭, 然玆法之行, 悅之者衆, 苟處之有術, 期以數年, 不刑一人而可復, 所病者特上未之行爾." 참조.

18) 張載의 故里 郿縣 橫渠鎭에는 현재도 橫渠 井田地의 유적이 남아 있다. 후손 張世敏 선생의 증언에 따르면, 張載는 그 스스로도 가장 척박한 땅 한 귀퉁이를 불하받아 자신의 집을 지었으며, 그는 여가를 틈타 직접 농사활동에 참여하기도 했다고 한다.

19) 함현찬, 『張載: 宋代 氣哲學의 완성자』(성균관대학교출판부, 2003), 53쪽 참조.

보면, 장재가 주장한 정전제나 봉건제의 회복은 단순히 과거에로의 복귀가 아니라 국가 행정의 효율적 처리를 위한 일종의 구조 조정이라고 할 수 있다.[20] 그는 진심으로 봉건제야말로 정전제와 함께 백성들의 삶을 안정시키고 국가의 평안을 도모할 수 있는 제도라고 생각했다.

정전제의 회복을 주장하는 장재의 생각은 주대 초기의 사회를 이상으로 하는 인문경제론이자 이상사회론이다. 장재는 정전제의 실행을 통해 당시 사회의 경제적 모순을 해결하고자 했으며, 또한 이러한 정전제의 이상은 중국 고대의 예법禮法, 봉건제, 종법제와 함께 유가적 이상사회의 꿈을 실현하는 중요 부분을 이룬다. 그러면 이제 『경학리굴』의 「주례」편을 통해 장재의 정전제 이론을 좀 더 구체적으로 살펴보자.

장재는 우선 균등均平을 강조했다. 그래서 그는 "천하를 다스리면서 정전제를 따르지 않으면 끝내 공평하게 될 수 없다. 주나라의 도는 다만 균등함均平에 있다"[21]라고 하였다. 여기서 장재가 말하는 '균등'이란 대지주 계층의 토지 겸병에 대한 제한을 요구하는 것이었다. 송대 많은 사상가들이 정전제의 시행을 주장했는데, 그들은 단순히 복고를 주창한 것이 아니라 토지를 국가 소유로 귀속시킨 후에 그것을 다시 농민들에게 재분배하려는 의도를 지니고 있었다. 즉 농민과 대지주 계층 간의 갈등을 완화하려는 것이었다. 바로 이러한 점에서 이들 사상가들이 주창한 정전제 실행은 단순히 과거로의 회귀가 아니라 사실상 개혁을 요구하는 것이었다.

장재는 정전제 시행 방안을 비교적 자세하게 제시하였다. 우선 토지를 국가 소유로 귀속시킨 다음 농민에게 분배해 주어야 한다고 주장하였다.

---

20) 함현찬, 『張載: 宋代 氣哲學의 완성자』, 52쪽 참조.

21) 『經學理窟』, 「周禮」, "治天下不由井地, 終無由得平. 周道止是均平."

먼저 천하의 땅을 바둑판처럼 펼쳐 경계를 나누어 확정하여 사람들이 1방方을 받도록 한다.[22)]

예전에 거대한 전답을 소유했던 집안은 전답을 백성들에게 주고, 분종分種이나 조종租種을 하지 못하도록 한다.[23)]

여기서 말하는 분종分種은 소작인을 불러 경작하는 것이고, 조종租種은 토지를 세주는 것을 말하는데, 이러한 행위들은 모두 금지되어야 한다는 주장이다. 그렇지만 대지주의 이익도 고려되어야 하기 때문에 "전답을 많이 소유한 자들이 그 부를 잃지 않도록 한다"[24)]라고 하며 구체적인 방법을 제시하였다. 즉 장재는 대지주를 토지관리인[田官]에 임명할 것을 제안하였다. "토지의 많고 적음에 따라 관직을 하나씩 주어 조세를 걷는 사람이 옛 재물을 잃지 않도록 한다."[25)] 즉 그들이 일정 구역에서 10분의 1의 세금을 수취할 것을 제안하였다.[26)] 그런데 토지관리인으로 임명하는 방법도 한시적인 것이어서 "10년, 20년이 되면 따로 법을 세워야 한다. 최초에는 토지관리인을 임명하지만, 나중에는 어진 사람을 가려 임명한다"[27)]라고 하였다. 이렇듯이 지주는 10분의 1의 지세만을 수취할 수 있다. 그리고 그들이 세금을 거두어들일 수 있는 연한도 한시적이어서 백성들 간에 빈부의 차이가 심해지는 것을 제도적으로 억제하였다.

장재의 이러한 구상은 충분히 주목할 만한 부분이 있다. 물론 현실적 이유

---

22) 『經學理窟』, 「周禮」, "先以天下之地棊布畫定, 使人受一方."
23) 『經學理窟』, 「周禮」, "前日大有田產之家, 雖以田授民, 然不得如分種如租種矣."
24) 『經學理窟』, 「周禮」, "其多有田者, 使不失其爲富."
25) 『經學理窟』, 「周禮」, "隨土多少與一官, 使有租稅人不失故物."
26) 『經學理窟』, 「周禮」, "其取之亦什一之法也." 참조.
27) 『經學理窟』, 「周禮」, "及一二十年, 猶須別立法. 始則因命爲田官, 自後則是擇賢."

에서 지주 계층의 권력 유지를 일정 부분 인정하고 있지만, 그들의 전토를 국가 소유로 귀속시킨 다음 농민들에게 재분배하고, 소작인의 경작과 세를 받고 토지를 빌려주는 일을 금지하며, 대지주를 토지관리인으로 임명하여 그들의 이익을 반영해 주기는 하나 이 또한 한시적이라는 점에서 분명 개혁적인 성격이 강하다.

Ⅳ. 유교의 민본사상과 정전제 이념의 한국적 수용

정전제는 맹자에 의해 그 기본 형태가 제시되고, 주희에 의해 그 모습이 구체화된다. 그러므로 주자학을 학문적 근간으로 삼았던 조선시대 군주와 학자들은 정전제에 대해 깊은 관심을 표명하였다. 정조正祖를 비롯하여 한백겸韓百謙(1552~1615), 이익李瀷(1681~1763), 정약용丁若鏞(1762~1836) 등이 대표적이다. 그들은 정전제야말로 유교적 민본사상을 실현하는 가장 적합한 제도라고 생각하여 그 실행을 적극 주장하였다. 조선시대 유학자들이 정전제의 실행에 관해 동시대 중국 학자들보다 훨씬 더 적극적이었다는 점에서 충분히 주목할 필요가 있다.

한국 사회에 정전제가 소개된 것은 꽤 이른 시기였을 것으로 추정되나, 현재 문헌상 확인할 수 있는 자료로는 고려 후기의 학자인 이제현李齊賢(1287~1367)의 「전제田制」[28]와 이곡李穀(1298~1351)의 「향시책鄕試策」[29]이 가장 빠른 사례다. 이제현은 「전제」에서 『맹자』 「등문공상滕文公上」의 원문을 인용하였는데, 그러면서 정전법의 1/10세가 국가 경영의 시급한 일이라고 주장하였다. 그리

28) 『益齋亂藁』, 卷9下, 「策問」 所收.
29) 『稼亭集』, 卷13, 「程文」 所收.

고 이곡은 「향시책」에서 정전법이 폐지된 뒤의 상황에 대해 언급하였다.

정전제의 실행과 관련하여 주목할 만한 조선시대의 군주로는 우선 정조를 거론할 수 있다. 그는 빈부의 균평을 통해 대동사회의 구현을 이룩할 수 있다고 보았다. 정조의 이러한 면모는 그의 「묘지문」에 잘 드러나 있다.

> 오직 백성들 생각에 밤이나 낮이나 쉴 새 없이 아무리 작은 일도 살피지 않은 것이 없고 일단 폐단이 있으면 모두 손을 대서 '위에서 덜어다가 아래에 보태 주고損上益下' 어루만져 주고 편안하게 해 주었다. 그리하여 사람들에게 스며든 이택利澤이 짙고 진하게 젖어 들어 오래가면 갈수록 효과가 나타났는데, 그러고서도 백성들 보기를 마치 다친 사람 보듯 하여 그중 한 사람이라도 자기가 성취하고 싶은 바를 다하지 못할까 염려하였다.[30)]

'위에서 덜어다가 아래에 보태 준다'는 것은 경제적으로 균평한 삶을 실현하여 사회적 안정과 균형을 이룬다는 것이다. 유가사상은 인정仁政과 정전제井田制를 중심으로 한 왕도정치의 실현을 목표로 하고 있는데, 그러기 위해서는 반드시 토지개혁이 전제되어야 한다. 정조 또한 바로 이 점을 주목하였다. 그는 백성들이 굶주리는 이유가 경작할 토지가 없기 때문이라고 보았으며, 민산民産을 이루기 위해서는 농민들이 자기 토지를 가질 수 있도록 하는 토지개혁을 실시해야 한다는 생각을 굳건하게 지니고 있었다.

토지개혁에 고심하던 정조가 주목한 것은 『맹자집주孟子集註』에서 언급한 장재의 정전제 이론이었다. 일찍이 주희는 『맹자』 「등문공상」의 정전제 관련 부분 원문을 주해하면서 여대림이 기록한 〈횡거선생행장〉을 인용하였다.

---

30) 『正祖實錄』, 1권, 附錄, 「正祖大王墓誌文」, "一念黎元, 蚤夜孜孜, 靡隱不察, 靡弊不擧, 損上益下, 撫之綏之. 利澤之滲漉人者, 浸灌醲郁, 久而愈著, 而猶且視之如傷, 恐一物之不獲自盡."

선생[장재]께서는 하·은·주 삼대의 정치를 행하려는 뜻을 갖고 있어서 삼대의 도道를 바라고 그것을 직접 실현하고자 했다. 남을 다스리는 일에 있어서 가장 먼저 힘써야 할 것은 '경계經界를 바로잡는 일'이라 여겼다. 법제法制에 신경 써서 그것을 분명히 갖춘다면 요컨대 오늘날에도 그것을 행할 수 있으니, 만약 자신을 써 주는 자가 있다면 그것을 시행할 수 있다고 하였다. 일찍이 말하기를, "어진 정치는 반드시 경계를 바로잡는 데서 시작해야 한다. 빈부貧富가 고르지 않으며 교양敎養의 법도가 없으면 비록 다스리는 법을 말하고자 할지라도 모두 구차해질 뿐이다. 〈정전법井田法이〉 세상에 시행되기 어려움을 걱정하는 사람들은 처음부터 부자들의 전토田土를 빼앗아야 한다는 것을 구실로 삼지 않는 이가 없다. 그러나 이 법이 실행되면 좋아할 사람들이 많을 것이다. 진실로 그것을 처리하는 데에 방법이 있으니, 수년간을 기약한다면 한 사람도 형벌을 주지 않고 다시 되돌릴 수 있을 것이니, 걱정할 것은 특히 윗사람이 행하지 않는 것일 뿐이다"라고 하였다. 또 이어서 말하기를, "설령 이 법을 천하에 걸쳐 시행할 수 없다 하더라도 한 고을만이라도 시험해 볼 수는 있을 것이다"라고 하였다. 그리고 학자들과 옛 법에 대해 의논하기를, "함께 전답을 사들여 여러 개의 정전井田을 만들되 위로는 공가公家의 부역賦役을 잃지 않도록 하고, 그다음으로 사전私田의 경계經界를 바르게 하여 택지를 나누고 징세 방법을 확립한다. 그리고 저축을 증대하고 학교를 일으키며 예속禮俗을 이루고 재앙과 환난을 구제하며, 농사를 돈독히 하고 상업을 억제하면 선왕께서 남기신 법을 족히 밀고 나갈 수 있다"라고 하면서, 이러한 것들을 오늘날에도 행할 수 있음을 밝혔다. 그렇지만 이러한 것들은 모두 뜻은 있었지만 이루지는 못했다.[31]

31) 『孟子集註』, 「滕文公上」, "呂氏曰, 子張子慨然有意三代之治. 論治人先務, 未始不以經界爲急. 講求法制, 粲然備具, 要之可以行於今, 如有用我者, 擧而措之耳. 嘗曰, 仁政必自經界始. 貧富不均, 敎養無法. 雖欲言治, 皆苟而已. 世之病難行者, 未始不以亟奪富人之田爲辭. 然玆法之行, 悅之者衆. 苟處之有術, 期以數年, 不刑一人而可復, 所病者, 特上之未行耳. 乃言曰, 縱不能行之天下, 猶可驗之一鄕. 方與學者議古之法, 買田一方, 畫爲數井, 上不失公家之賦役, 退以其私, 正經界, 分宅里, 立斂法. 廣儲蓄, 興學校, 成禮俗, 救菑卹患, 厚本抑末, 足以推先王之遺法, 明當今之可行. 有志未就而卒."

이 내용 중에, 임금이 정책에 대한 확고한 의지를 갖고 몇 년 동안 지속적인 노력을 한다면 충분히 정전제를 실행할 수 있을 것이라는 부분과, 정전제를 천하에 실행하기는 어려워도 시험 삼아 한 고을에 시행할 수는 있을 것이라는 부분이 특히 정조의 마음을 움직인 것으로 보인다. 정조는 1787년(정조 11) 경기도의 몇 군데 산군山郡에 병兵·농農을 일치시키는 둔전제屯田制를 실시하였다. 둔전을 통한 병·농 일치의 구현은 장재가 시행하고자 했던 정전제의 뜻을 잇는 것이기도 하다. 이러한 취지에서 정조는 1791년(정조 15)에는 백성들로부터 많은 조세를 거두어들이던 내수사內需司의 장토莊土를 없애고 양서兩西에 둔전을 실시하였으며, 1795년(정조 19)에는 '대유둔전大有屯田(華城屯田)'을 설치하기도 했다.[32]

조선시대 정전제 이론과 관련하여 가장 두드러진 학자는 정약용이다. 그의 정전제 이론은 유교 문화권의 개혁적 경세론 가운데서도 가장 독자적 성격의 토지론이다.[33] 그가 저술한 『경세유표經世遺表』는 조선 후기의 현실을 바탕으로 하는 새로운 차원의 경세론이다. 정약용은 이 책 가운데 많은 부분을 할애하여 '정전제'에 대해 언급하였다. 그는 우선 왕정王政의 가장 중요한 일이 경계經界를 바로잡는 일이라는 점을 강조하였다.

> 왕정은 경계經界하는 일보다 큰 것이 없다. 경계를 바로잡지 않으면…… 만 가지 병통과 천 가지 폐막弊瘼이 시끄럽고 어지러워져…… 다스릴 수 없게 된다. 왕정은 경계하는 일보다 큰 것이 없다.[34]

---

32) 김인걸 외, 『정조와 정조시대』(서울대학교출판부, 2011), 161~165쪽 참조.
33) 김태영, 『다산 정약용의 국가개혁론』(경희대학교 출판문화원, 2023), 381쪽 참조.
34) 『經世遺表』, 卷7, 地官修制, 田制9, 「井田議1」, "王政莫大於經界也. 經界不正……萬病千瘼, 棼然淆亂……莫可摞理. 王政莫大於經界也."

정약용은 여기서 '경계'라는 말을 경전의 원뜻을 따라 정전제의 시행을 위해 전지田地의 계한界限을 경획經劃한다는 뜻으로 사용하였다. 그는 또한 『맹자』의 주장을 따라 인정仁政은 곧 정전이라고 생각하였다.

> 인정은 곧 정전이다. 맹자가 말하기를 '비록 요·순이라 할지라도 정전제를 시행하지 않았더라면 천하를 다스리지 못했을 것이다'라고 하였다. 이는 곧 성인의 문하에서 전해 오는 요체를 아는 말이다.[35]

정약용의 정전론은 그의 거대한 왕정론王政論을 구현하기 위한 사회 경제론의 전제가 되는 이론이다. 정약용 또한 정전의 법제를 마련하고 시행하는 데에 여러 가지 어려움이 있다는 사실을 충분히 인지하고 있었다. 그렇지만 그는 정전제 실행에 대한 굳건한 의지와 성공의 확신을 지니고 있었다.

> 지금 선왕의 대도大道를 좇아 만세토록 준행할 큰 경법經法을 세운다.[36]

> 한 임금의 법제는 만세에 이르도록 길이 힘입는 것인데, 한때의 조그마한 시끄러움을 견디지 못하여 만세의 큰 어지러움을 청산해 버리지 못한다면 성인이 세상을 경영하는 넓은 도량이 아니다.[37]

정약용은 궁극적으로 삼대의 성왕들이 구현하였다는 정전제의 본법本法을 그대로 살려 이를 조선 후기의 구체적인 현실에서 시행하고자 하였다.[38] 그는

---

35) 『經世遺表』, 卷7, 地官修制, 田制9, 「井田議1」, "仁政者, 井田也. 孟子謂雖堯舜, 不行井田, 則無以治天下, 此聖門相傳知要之言也."
36) 『經世遺表』, 卷7, 地官修制, 田制9, 「井田議1」, "今也遵先王之大道, 立萬世之大經."
37) 『經世遺表』, 卷7, 地官修制, 田制9, 「井田議3」, "一王之法, 萬世永賴, 不耐一時之小騷, 未清萬世之巨亂, 非聖人經世之弘量也."
38) 김태영, 『다산 정약용의 국가개혁론』, 391~392쪽 참조.

오랜 시간에 걸쳐 사유토지를 회수해야 한다고 보았으며, 그 중간 과정에서 한전限田, 명전名田, 균전均田 같은 임시방편의 토지정책을 두어서 이를 원만하고도 장기적으로 실천해야 한다고 하였다. 그리고 이러한 일의 효율적인 추진을 위해 담당 부서인 경전사經田司를 세울 것을 주장하였다. 이러한 생각은 비록 현실적인 어려움으로 인해 정전제를 당장 실현하기는 어렵다고 하더라도 반드시 실현하겠다는 정약용의 구체적인 의지의 표현이라 하겠다.[39] 정전제 실행에 대한 정약용의 굳건한 의지와 성공의 신념은 장재의 경우와 일치한다. 장재는 정전제가 단지 이상이 아니라 실현 가능한 것임을 굳게 확신하고 있었다. 그래서 장재는 "정전제는 지극히 행하기 쉽다. 조정에서 명령을 내리기만 하면 한 사람도 볼기를 치지 않고 확정할 수 있다"[40]라고 하였다.

정전제의 이상은 기본적으로 민본의식에서 출발한다. 일찍이 주희는 『맹자』에서 언급된 정전론에 대해 깊은 관심을 표명하였고, 이를 주해하면서 정전제에 대한 장재의 이상과 구체적 실천의지를 소개하였다. 그러므로 주자학의 세계관에서 유교적 민본사상과 왕도정치를 강조하던 조선시대의 군왕과 학자들에게 정전제는 대단히 중요한 주제였으며, 이와 관련하여 특히 장재의 정전론이 관심의 대상이 될 수밖에 없었다.

Ⅴ. 장재 기학에 있어서 정전론이 갖는 의미

기氣의 이론은 리理의 이론에 비해 몇 가지 두드러진 특징을 지닌다. 기학氣

39) 이영호, 「유교의 民本思想과 조선의 井田制 수용」, 『퇴계학논총』 15(퇴계학부산연구원, 2009), 262쪽 참조.

40) 『經學理窟』, 「周禮」, "井田至易行, 但朝廷出一令, 可以不笞一人而定."

學은 리기론에 있어서 리가 기에 앞서 존재하거나 기를 초월하여 존재한다고 보는 '리재기선理在氣先'의 입장을 거부하고, 리를 기에 내재하는 조리條理 또는 기의 작용에서 드러나는 법칙성으로 이해한다. 이러한 관점은 형이상학적 원리나 도덕적 규범의 강조보다는 현실적인 경세론의 제시에 주력하며, 명분 중심의 민본주의를 비판적으로 극복하고 구체적 양민책養民策의 강구로 나아간다.

장재 또한 순수 사변에 머무르지 않고 구체적이고 실제적인 민생民生의 문제를 깊이 고민하였다. 그는 치용致用의 학문에 깊은 관심을 가졌으며, 빈부 격차의 심화 원인을 제도적 결함에서 찾고자 하였다. 이러한 문제의식 아래에서 장재는 토지의 균등한 분배가 유교적 이상사회 구현의 기본 조건임을 역설하였고, 이를 실현하기 위한 구체적 방안으로 정전제를 제안하였다.

장재는 정치론을 논할 때 반드시 하·은·주 삼대의 이상 정치를 지향하였다. 그는 특히 주나라 초기의 예제禮制를 설명한 『주례』를 중시하였는데, 모든 내용을 무비판적으로 수용한 것은 아니었다.

> 『주례』는 합당한 책이기는 하나, 그 가운데에 틀림없이 후대 사람들이 덧붙인 것도 있다. 예를 들어 신에게 맹세하거나 저주하는 일은 틀림없이 주공周公의 뜻이 아닐 것이다. 신에게 맹세하거나 저주하는 것은 왕의 법도가 행해지지 않아 사람들이 올바름을 취할 수 없기 때문에 그것을 신에게서 구했던 것이다. '나라가 장차 망하려고 하면 신을 따른다'고 했으니, 이는 사람들이 억눌려 펼 데가 없기 때문이다.[41]

이러한 비판적 태도는 장재가 신비주의적 요소나 샤머니즘적 신관神觀을

---

41) 『經學理窟』, 「周禮」, "周禮是的當之書, 然其間必有末世添入者, 如盟詛之屬, 必非周公之意. 蓋盟詛起於王法不行, 人無所取直, 故要之於神. 所謂國將亡, 聽於神. 蓋人屈抑無所伸故也."

배격하고, 합리적 예악형정禮樂刑政의 회복을 지향하고 있음을 보여 준다.

즉, 장재는 신이나 초월적 절대자에 의존하지 않고, 인간의 노력과 인간의 문화를 긍정한 인문주의적 성향을 보였다. 이와 같은 성향은 정치론에서도 형이상학적 원리에 의존하기보다는 실용적 경세론을 중시하며, 양민養民을 위한 구체적 방안을 탐색하려는 태도로 나타난다. 이러한 점은 기학氣學이 본질적으로 지닌 현실 지향성과도 일치하는 것이다.

장재는 정전제의 핵심을 '공평함'에 두었으며, 주나라의 정치가 바로 이러한 균평均平의 도리를 실현한 것이라고 보았다. 그는 『경학리굴』 「주례」에서 "천하를 다스리면서 정전제를 따르지 않으면 끝내 공평할 수 없게 된다. 주나라의 통치의 도리는 다만 균평일 따름이다"[42]라고 하였다. 장재는 고된 노동에 시달리는 백성의 삶을 보장하기 위해 가장 먼저 개혁되어야 할 대상으로 토지를 지목하였으며, 이를 위해 고대의 정전제 부활을 구상하였다. 그는 국가가 번영하여 사대부는 부유해졌음에도 불구하고 백성들의 삶이 개선되지 않는 현실을, 토지의 독점이라는 구조적 모순에서 비롯된 것으로 파악하였다. 따라서 토지의 경계를 바로잡지 않으면 모든 정치가 공허할 뿐이라고 인식하였으며, 제자들과 강학하면서 정전제를 실현할 구체적 방안을 모색하였다. 그는 정전제가 '지극히 행하기 쉽고 영예로운 길'[43]이라고 평가하였다.

그러나 장재는 정전제를 안정적으로 시행하기 위해서는 봉건제로의 회귀가 필요하다고 주장하였는데, 이 점에 대해서는 보다 신중한 해석이 요구된다. 일반적으로 봉건제는 전근대적 제도 및 관념과 결부되며, 진보적 세계관과는 상충되는 양상을 띤다. 기학은 리학에 비해 보다 진보적인 사상 경향을 지니고 있는바, 이러한 기학적 경향성과 봉건제가 지닌 전근대성 사이의 관계는 겉보

42) 『經學理窟』, 「周禮」, "治天下不由井地, 終無由得平. 周道止是均平."
43) 『經學理窟』, 「周禮」, "以此知井田行, 至安榮之道." 참조.

기에 어울리지 않는다. 장재의 봉건제 옹호는 송대의 특수한 정치·사회적 상황과 깊이 연관되어 있다. 당대 번진藩鎭 세력의 할거로 인한 폐해를 극복하고자 송대 정부는 중앙집권을 강화하였는데, 이는 지방 권력의 지나친 약화를 초래하였고 결과적으로 국방력의 약화로 이어졌다. 특히 장재가 거주하던 서북 지역은 송나라와 서하西夏의 접경지대로, 외적의 침입이 빈번한 지역이었다. 장재는 지방 권력의 분권화 및 자율적 행정 체계를 통해 국경 지역의 안보를 강화하고자 하였으며, 정전제를 통해 민생을 안정시키고 봉건적 분치分治를 활용하여 효율적인 방어 체제를 구축하고자 하였다.

이처럼 장재의 정전론은 기학적 세계관과 밀접한 관련을 지닌다. 기학적 정치론의 핵심은 민생의 안정과 보살핌이며, 이는 유학의 민본주의 이념과도 상통한다. 정치가 현실과 유리된 추상적 이념에만 근거할 경우, 그것은 인간의 생활세계를 억압하는 도구로 전락할 수 있다. 생활세계는 인간의 삶이 실제로 이루어지는 장場으로, 정치는 이를 보호하고 더욱 풍요롭게 만들어야 한다. 장재는 이러한 관점에서 민생의 물질적 토대인 항산恒産을 보장하기 위해 정전제의 도입을 주장하였고, 나아가 공동체 내에서의 사랑과 신뢰의 회복을 요청하였다. 그가 〈서명〉에서 제시한 '민오동포民吾同胞, 물오여야物吾與也'라는 구절은 가까운 가족으로부터 시작하여 이웃, 지역사회, 나아가 천하에 이르는 유교적 공동체의 철학적 기반을 천명한 것이다.

한편, 정전제와 더불어 향약鄕約의 이념 역시 주목할 필요가 있다. 정전제 이상이 토지의 균평을 통해 경제적 자립과 항산恒産을 실현하려는 것이라면, 향약은 농민의 도덕적 교화와 상호부조를 도모하는 농촌 자치 규약으로 기능하였다. 1076년, 관중 지역의 학자였던 여대균·여대충·여대방·여대림 네 형제는 향약을 조직하고 그 규약을 정리하였다. 향약의 주요 강령은 덕업상권德業相勸, 과실상규過失相規, 예속상교禮俗相交, 환난상휼患難相恤의 네 항목으로 구성되어 있으며, 후일 주희가 이를 수정 · 보완하여 『주자증손여씨향약朱子增損呂氏鄕約』으로 정립함으로써, 향약은 주자학적 향촌 질서의 실천 규범이 되었다.

주목할 점은 여씨呂氏 네 형제 중에서 여대균 · 여대충 · 여대림이 장재의 제자였으며, 여대방 또한 장재와 긴밀한 관계를 유지했다는 사실이다. 이로 미루어 볼 때, 향약 이념의 형성에 있어 장재의 사상적 영향력을 간과할 수 없다. 장재는 평소 농촌의 풍속을 교정하고, 이웃 간의 화목한 관계를 조성하는 데 깊은 관심을 보였다. 장재는 37세에 진사가 된 이후 여러 지방에서 지방관을 역임하였으며, 부임지마다 농사를 장려하고 민속을 순화하는 데 주력하였다. 특히 그는 매달 길일을 정하여 술과 음식을 마련하고 고령의 주민들을 초청하여 직접 술잔을 나누며, 백성들의 어려움이 무엇인지를 묻고 자제子弟를 훈계해야 할 뜻에 대해 알려 주었다.[44]

장재가 지향한 윤리 공동체의 이상은 철학적으로는 천하일가天下一家의 기학적 세계관에 기반하고 있으며, 제도적으로는 향약을 통해 혈연을 넘어선 지역사회, 나아가 국가와 세계 공동체로 확장 가능한 토대를 마련하고자 하였다. 특히 향약의 이념과 제도적 실현은 한국 사회에도 지대한 영향을 미쳤다.

44) 呂大臨, 〈橫渠先生行狀〉, "其在雲巖, 政事大抵以敦本善俗爲先, 每以月吉具酒食, 召鄕人高年會於縣庭, 親爲勸酬, 使人知養老事長之義, 因問民疾苦及告所以訓戒子弟之意." 참조.

제3부

장재 기학의 비교사상적 이해

제9장 장재의 〈서명〉과 한국 성리학

장재張載의 〈서명西銘〉은 성리학에서 특별히 주목받는 저작인데, 단 253자의 짧은 분량에도 불구하고 유교 철학의 세계관과 인생관의 정수를 압축적으로 담아낸 핵심적 문헌으로 높이 평가되어 왔다. '서명西銘'이라는 제목은 본래 '동명東銘'과 대비되는 개념으로 사용된 것이다. 장재는 강학할 때 강당 양쪽 창문 위에 각각 격언을 써 붙였는데, 동쪽에는 '폄우砭愚(어리석음을 경계함)'라 명명하고, 서쪽에는 '정완訂頑(완고함을 바로잡음)'이라 이름 붙였다. 이에 대해 정이는 이와 같은 명칭이 논쟁의 빌미가 될 수 있다고 우려하여 각각 〈동명〉과 〈서명〉으로 개칭하였다.[1] 〈서명〉이 유교적 세계관의 철학적 기반을 밝힌 저술인 반면, 〈동명〉은 실천적 공부를 강조하는 데 중점을 두었다. 그러므로 후대의 성리학자들은 일관되게 〈동명〉보다는 〈서명〉을 더 중시하였다.

그렇다면 성리학자들이 그토록 〈서명〉을 중시한 이유는 무엇인가? 이에 대해서 대체로 다음 두 가지 이유를 거론할 수 있다.

첫째, 〈서명〉은 유교에서 최고의 덕목으로 간주되는 인仁의 사상을 가장 체계적으로 드러낸 저작이라는 점에서 중요한 의의를 갖는다. 장재 사상의 특색은 우주의 질서를 사회 공동체의 윤리 질서, 즉 예의禮義로 구현하고, 이러

1) 『程氏外書』, 卷11, 「時氏本拾遺」, "橫渠學堂雙牖, 右書訂頑, 左書砭愚. 伊川曰, 是起爭端. 改之曰東銘西銘." 참조.

한 질서를 도덕적 이념인 인仁으로 확보하려는 데 있다. 이러한 천인합일天人合一의 사유 구조를 가장 응축적으로 보여 주는 문헌이 바로 〈서명〉이다. 이와 관련하여 정호의 평가를 주목할 만하다. 정호는 일찍이 〈서명〉을 읽고 깊이 감탄하였는데, 이는 〈서명〉의 주제가 바로 자신의 철학적 핵심과 일치한다고 보았기 때문이다. 정호는 '만물 동일성'의 본질이 곧 인仁이라고 보았으며, 〈서명〉이 만물 동일성의 사상을 주제로 삼아 인륜人倫까지도 설명하고 있다는 점에서, 인仁의 사상을 가장 충실하게 체계화한 저작이라 평가하였다.

> 맹자가 말한 '만물이 모두 내게 갖추어져 있다'는 뜻은 반드시 자기 자신을 돌아보고 성실해야만 큰 즐거움이 된다. 자신을 돌아보아도 성실하지 않다면 여전히 나와 대상이 둘로 나뉘어 있는 것으로, 자신을 억지로 대상에 맞추는 것이니 결국 참된 합일이 아니다. 이렇게 되면 또한 어떻게 즐거움이 생기겠는가? 〈서명〉의 의도는 이러한 본체를 온전히 말하려는 것이며, 이 뜻을 간직하는 것 외에 더 이상 무엇이 필요하겠는가.[2)]

둘째, 〈서명〉은 '삶'에 대한 유교의 태도를 불교 및 도교의 입장과 명확히 구분하여 제시하였다는 점에서도 그 의의가 크다. 장재는 삶과 죽음을 인위적으로 조작하지 않으며, 천지자연의 순리에 따라 평안히 순응하는 생사관生死觀을 지녔다. 이러한 입장은 〈서명〉의 마지막 구절인 '존오순사存吾順事, 몰오녕야沒吾寧也', 즉 '살아 있을 때 나는 천지를 부모처럼 여겨 거역함 없이 섬기며, 죽음에 이르면 평안히 쉴 것이다'라는 부분에 잘 드러나 있다. 장재는 이와 같은 관점에서 불교와 도교의 입장을 비판하였다. 곧 유교의 성인은 불교처럼 인위적으로 인과의 고리를 끊어 적멸寂滅을 추구하지 않으며, 도교처럼 육체를

---

2) 『程氏遺書』, 卷2上, "孟子言萬物皆備于我, 須反身而誠, 乃爲大樂. 若反身未誠, 則猶是二物有對, 以己合彼, 終未有之, 又安得樂. 訂頑意思, 乃備言此體, 以此意存之, 更有何事." 참조.

보양하여 세속에서의 삶을 연장하려 하지도 않는다고 보았다. 장재에 따르면, 유교의 성인은 우주의 본성을 체득하였기 때문에 삶과 죽음에 집착하지 않고, 단지 평범한 일상 속에서 도道를 실현하는 존재이다.

〈서명〉은 불교와 도교가 시대사조로 자리 잡은 당시의 지식인 풍토 속에서 유교의 정체성과 입지를 확립할 수 있는 사상적 근거로 주목받았으며, 이러한 점에서 후대 성리학자들은 〈서명〉을 더욱 높이 평가하였다. 다시 말해, 〈서명〉의 사상은 고대 유학에서 강조된 당위적 실천 윤리를 넘어, 그 실천을 가능케 하는 형이상학적 토대를 정립하고자 했던 시대적 과제에 깊이 부합하였던 것이다. 특히 〈서명〉은 한국 성리학자들에게도 지대한 영향을 미쳤다. 이황李滉을 비롯한 많은 학자들이 〈서명〉에 관한 주석과 논평을 남겼고, 심지어 조선왕조의 경연經筵에서도 〈서명〉이 강독될 만큼 중요한 문헌으로 다루어졌다. 이 장에서는 이러한 〈서명〉을 둘러싼 조선조 성리학의 주요 담론들을 심도 있게 고찰하고자 한다.

Ⅰ. 송대 성리학자들의 〈서명〉 논의

〈서명〉에 대해 최초로 주목하고 이를 평했던 이들은 바로 정씨 형제이다. 형인 정호는 "「정완訂頑」 한 편에는 뜻이 지극히 완비되어 있으니, 이것은 곧 인仁의 본체이다. 배우는 자들이 이 뜻을 체득하여 자기 자신에게 갖추게 되면 그 지위가 이미 높아지게 된다. 이러한 지위에 이르게 되면 저절로 보는 것이 있게 될 것이다"[3]라고 하였다. 그는 인仁의 의미를 체득하여 '나'와 '나

3) 『程氏遺書』, 卷2上, "訂頑一篇, 意極完備, 乃仁之體也. 學者其體此意, 令有諸己, 其地位已高. 到此地位, 自別有見處."

아닌 것'의 구분을 없애고 혼연일체가 되는 것이 삶의 궁극적 경지라고 여겼으며, 장재의 〈서명〉은 맹자의 사상을 계승하여 이러한 인仁의 의미를 잘 드러냈다고 생각하였다.[4] 아우인 정이 또한 맹자 이후 유교의 진리를 드러낸 글로서 〈서명〉만한 것이 없다고 칭송했으며 심지어 〈서명〉이 한유韓愈가 지은 〈원도原道〉의 '할아비[宗祖]' 격에 해당한다고 극찬하였다.[5] 정씨 형제 이후 성리학자들은 대부분 〈서명〉을 존숭하여 주돈이의 〈태극도설〉과 거의 동일한 반열에 두기까지 하였다.

그런데 당시 학자들이 모두 〈서명〉을 존숭했던 것은 아니다. 양시楊時(1053~1135)는 〈서명〉에 대해 거의 최초로 비판적 의문을 제기한 학자이다. 그는 장재가 언급한 '민포물여民胞物與'의 사상은 단지 체體만 강조하고 용用을 제대로 언급하지 않았기 때문에 겸애兼愛로 흐르게 될 우려가 있다고 생각하였다.[6] 양시의 비판은 〈서명〉의 내용 자체에 대해서는 문제 삼지 않고, 내용 구조가 가지는 불완전성에만 초점을 둔 것이다.[7] 즉, 양시는 〈서명〉이 도덕 행위의 '특수성[用]'을 제대로 언급하지 않았다는 측면에서 의문을 제기하였던 것이다.

그 후에 주희와 직접 교류하였던 학자 임율林栗(생몰년 미상)은 〈서명〉에 대해 의문을 넘어서서 혹독한 비판을 가하였다. 그는 '천지에 가득 찬 것을 내 몸으로 삼고, 천지를 이끌고 가는 것을 나의 본성으로 삼는다'는 〈서명〉의 말은 『맹자』에서 유래한 것이지만, 『맹자』의 본뜻과는 다르며, 불신佛身이 법계에 충만하다고 하는 불교의 이론에서 절취竊取한 것이라고 주장하였다. 그리

4) 『程氏遺書』, 卷2上, "孟子言萬物皆備于我……訂頑意思, 乃備言此體." 참조.

5) 『程氏遺書』, 卷2上, "孟子而後, 却只有原道一篇……若西銘, 則原道之宗祖也." 참조.

6) 『龜山集』, 卷18, 「寄伊川先生」, "西銘之書, 發明聖人微意至深, 然而言體而不及用, 恐其流遂至於兼愛." 참조.

7) 정환희, 「程頤와 楊時, '西銘'을 논하다」, 『人文學研究』 28집(인천대학교 인문학연구소, 2017), 266쪽 참조.

고 더 나아가 『맹자』에서 "만약 사악한 설이 백성들을 속이면 인의仁義를 막게 하여 짐승들을 이끌어 사람을 잡아먹는 일이 있을 것이다"라고 하였는데, 〈서명〉이 바로 그러한 학설이라고까지 말하면서 비판하였다.[8)]

양시와 임율이 제기한 비판은 모두 〈서명〉의 논리가 보편적이고 합일적인 세계관만 제시했을 뿐이지, 개별적이고 특수한 상황을 담지할 수 있는 현실성은 제대로 고려하지 못했다는 생각의 연장선 위에 있다. 그렇다면 이러한 비판을 만약 장재가 직접 듣게 되었다면 그는 어떻게 변론했을까? 사실 〈서명〉에서 피력한 장재의 견해는 외견상 묵자墨子의 겸애설兼愛說과 유사하게 보이기도 한다. 우선 장재가 직접 '겸애'라는 용어를 사용하기도 했다는 점을 주목할 필요가 있다.[9)] 그렇지만 장재의 사상을 잘 살펴보면 그가 '친친親親'의 차등적 질서를 수용하고 있다는 측면에서 묵자의 겸애설과는 다르다는 것을 알 수 있다. 예를 들면 장재는 『횡거역설』에서 '비괘比卦'를 설명하면서 "사랑하는 것을 자신의 부모로부터 하는 것이 인도人道의 바름이다"[10)]라고 하였다. 즉 묵자의 겸애설이 당시 혼란한 사회적 배경에서 끊임없이 고통받고 착취당하던 소외 세력들에 대한 관심과 사랑에서 나온 일종의 당위론적 성격이 짙다고 한다면, 장재의 겸애설은 기학의 배경 위에서 그 형이상학적 토대를 마련한 뒤에 자연스런 결과로 강조된 인류애라고 할 수 있다.

바로 이러한 측면에서 정이는 자신이 창안한 논리인 '리일분수론理一分殊論'으로써 〈서명〉이 겸애설과는 다르다는 점을 변론하였다. 그는, "〈서명〉은

---

8) 『朱子大全』, 卷71, 「記林黃中辨易西銘」, "天地之塞吾其體, 天地之師吾其性, 此其語脈出於孟子.……則又非孟子之本義矣. 其意蓋竊取於浮屠所謂佛身充滿法界之說.……孟子曰……若邪說誣民, 充塞仁義, 將有率獸食人之事. 予於西銘亦云." 참조.

9) 『正蒙』, 「誠明」, "性者萬物之一源, 非有我之得私也. 惟大人爲能盡其道, 是故立必俱立, 知必周知, 愛必兼愛, 成不獨成." 참조

10) 『橫渠易說』, 「比卦・六二爻」, "愛自親始, 人道之正."

'리일理一이면서도 분수分殊인 이치를 밝혔지만, 묵자의 설은 근본이 둘이면서도 나누어짐이 없다"11)라고 하였다. 이 말은 곧 〈서명〉에는 분수의 이치가 있지만 묵자의 겸애설은 단순한 무분설無分說일 뿐이라는 의미다. 결국 〈서명〉은 리일과 분수의 논리를 모두 겸비하였다는 점에서 묵자의 겸애와 차별화된다는 것이 정이의 입장이다.

'리일분수'라는 말은 정이가 양시와 토론하는 과정에서 처음 제기하였던 것으로 장재가 직접 사용한 적은 없다. 하지만 리일분수론은 이후 정씨 문하의 제자 및 주희에 의해 본격적으로 강조되면서 장재 사상을 이해하기 위한 가장 중요한 논리로 평가받게 된다. 그런데 정이는 리일분수론을 윤리적 실천 문제에 국한하여 거론하였으나, 후대의 학자들은 이 개념을 자신들의 논리 구조에 포섭하여 다양한 논의를 전개하였다. 예를 들면 이동李侗(1088~1163)은 리일분수를 도덕 수양의 의미에서 이해했고, 호굉胡宏은 그것을 인성론의 범주에서 활용하였다. 그리고 공리주의적 학자로 알려진 진량陳亮(1143~1194)은 〈서명설西銘說〉에서 '몸으로 체득하는 것[以身體之]'을 강조하였으며, 〈서명〉의 비유를 심지어 몸의 비유로 바꾸어 설명하기도 했다.12)

〈서명〉에 관한 문제를 처음으로 제기했던 양시 또한 결국에는 스승 정이의 견해를 따르게 된다.13) 그렇지만 그와 제자들은 리일분수론 중에서 지속적으로 분수지리分殊之理를 강조하였다. 예를 들면 양시의 학맥, 즉 도남학파道南學派의 대표적 학자인 나종언羅從彦(1072~1035)과 이동 또한 일용생활에서의 도덕적 실천에 관해 많은 관심을 표명하였다.14) 특히 이동은 일용시日用時의 수양법

---

11) 『程氏文集』, 卷9, 「答楊時論西銘書」, "西銘明理一而分殊, 墨氏則二本而無分."

12) 『龍川文集』, 卷14, 「西銘說」, "世之學者窮究其理, 淺則失體, 深則無用, 是何也. 是未嘗以身體之也." 참조.

13) 『性理大全』, 卷4, 「西銘」, '朱子解', "龜山語錄有曰, 西銘理一而分殊. 知其理一所以爲仁, 知其分殊, 所以爲義." 참조.

을 강조하면서 제자인 주희에게 "유가가 이단과 다른 점은 바로 리일분수에 있다네. 이치가 하나 되지 못할 것을 걱정하지 말게나. 어려운 점은 분수에 있다네"[15]라고 하였다.

정이의 '리일분수론'은 주희에 의해 계승·발전되었다. 주희는 '리일분수'의 개념을 사용하여 구체적으로 〈서명〉을 해석하였는데, 그는 〈서명〉에 대해 평하면서 전체로 보아도 리일분수이고 각 구절로 보아도 리일분수이며, 처음부터 끝까지 모두 리일분수라고 하였다.[16] 주지하다시피 성리학의 형성 과정에 있어서 주희의 역할은 절대적이다. 주희가 『논어』, 『맹자』, 『대학』, 『중용』에 주해를 함으로써 사서四書를 경전의 반열에 올렸듯이, 〈서명〉 역시 주희의 언급을 거치면서 중요한 저작으로 주목받게 된다. 〈서명〉은 원래 『정몽』 「건칭편乾稱篇」의 일부분이었으나, 주희는 〈서명〉을 『정몽』에서 분리하여 독립된 한 편의 글로 만들고 이것을 다시 다섯 부분으로 구분하여 주해 작업까지 하였다. 후대 성리학자들에게 있어서 주희의 〈서명〉 주해는 큰 반향을 불러일으켜 장재의 원문만큼이나 중시되었다. 주희는 〈서명〉이 '리일분수'의 원리를 밝혔다고 말한 정이의 견해가 한마디의 말로써 이치를 다하였다고 평가하였다.[17] 또한 주희는 체體와 용用이 서로 떨어질 수 없는 이치에 대해 말하면서, 체를 말하면 용은 곧 그 가운데에 있다고 설명하였다.[18] 즉 리일을 말하면 분수가 그 안에 있게 된다는 뜻이다.

〈서명〉은 장재 사상의 세계관을 잘 요약한 작품인데, 기 중심의 형이상학

14) 정환희, 「程頤와 楊時, '西銘'을 논하다」, 278쪽 참조.
15) 『宋元學案』, 卷39, 「豫章學案」, "吾儒之學所以異于異端者, 理一而分殊也. 理不患其不一, 所難者分殊耳."
16) 『朱子語類』, 卷98, 「張子之書1」, "西銘通體是一箇理一分殊, 一句是一箇理一分殊.……西銘自首至末, 皆是理一而分殊." 참조.
17) 『性理大全』, 卷4, 「西銘」, '朱子解', "程子以爲明理一而分殊, 可謂一言以蔽之矣."
18) 『性理大全』, 卷4, 「西銘」, '朱子解', "蓋卽體而言, 而分已在其中矣."

적 우주론을 전개한 『정몽』과 비교할 때 차별적인 면이 많다.[19] 정이가 장재 사상에 대해 불만을 가졌던 것은 바로 '이원적인' 심성론과 '일원적인' 우주론의 계통이 혼합되어 있다고 본 점에 있다. 그런데 정이는 〈서명〉으로 대표되는 장재의 인생관에 대해서는 전적으로 찬동하였다.[20]

장재는 〈서명〉을 통해 인仁의 존재론적 근거를 확보하고자 하였다. 즉, 그는 태허즉기太虛卽氣의 기적氣的 본체론을 활용하여 만물 동일성의 근거를 찾고자 하였다. 그런데 주희는 장재가 만물 동일성의 근거로 태허즉기를 전제한 것과는 달리, 기는 단지 개별성의 영역에 묶어 두고 리理(理一)를 만물 동일성의 근거로 제시한 정이의 견해에 적극적으로 찬동하였다.[21] 이와 같은 정이와 주희의 관점에 입각할 때에 비로소 성리학적 도덕론에서 기氣에는 선·악이 함께 포함되어 있지만 리理에는 왜 악이 배제되었는지를 수긍할 수 있고,[22] 또한 어째서 〈서명〉의 논리가 기일분수氣一分殊가 아닌 리일분수理一分殊여야 하는지를 이해할 수 있게 된다.

Ⅱ. 이황의 〈서명〉 이해

조선의 유학자인 이황 또한 〈서명〉을 대단히 중시했다. 그는 하늘을 섬기는 길은 마음을 잘 간직하고 본성을 잘 양성하는 방법밖에 없다고 보았으며,

---

19) 손영식, 「理一分殊에 대한 몇 가지 오해」, 『동양철학』 21집(한국동양철학회, 2004), 206쪽 참조.

20) 勞思光, 『중국철학사-송명편』(탐구당, 1987), 207쪽 참조.

21) 추제협, 「張載의 '西銘'에 대한 李滉의 讀法, 求仁之學: 윤리적 실천의 문제를 중심으로」, 『유학연구』 40집(충남대학교 유학연구소, 2017), 41쪽 참조.

22) 이향준, 「'西銘'의 은유적 구조」, 『철학』 84집(한국철학회, 2005), 30쪽 참조.

이러한 이치는 〈서명〉에 매우 분명하게 설명이 되어 있다고 생각했다. 그래서 그는 경연經筵에서 임금에게 『소학小學』 강의가 끝나면 곧바로 〈서명〉부터 강의하도록 하라고 진언하였다.

> 이황이 주강晝講에 참석하여 천변天變에 대해 말하기를, "맹자는 '자기 마음을 간직하고 자기 본성을 기르는 것이 하늘을 섬기는 일이다'라고 말했습니다. 하늘을 섬기는 길은 마음을 간직하고 성품을 양성하는 길 밖에 없습니다. 송나라의 장재가 〈서명〉을 지으면서 그 이치를 매우 분명하게 설명하였습니다. 어버이 섬기는 도리를 인하여 하늘 섬기는 도리를 밝히고 궁극적인 데까지 미루어 가게 되면 바로 성인의 지위에 이르게 됩니다. 이러한 일에는 하학下學의 공부도 곡진하지 않음이 없습니다. 이것을 알아야만 경천敬天의 도리에 있어 겉으로 가식이 없이 진실한 공부를 할 수 있을 것입니다. 『소학』 강의가 끝나면 〈서명〉부터 강의하도록 하소서"라고 하니, 임금이 그대로 따랐다.[23]

〈서명〉에 대한 이황의 설명은 두 가지 저작을 통해 살펴볼 수 있는데, 하나는 『성학십도』 가운데 제2도인 〈서명도〉이고, 다른 하나는 〈서명고증강의〉이다. 이황은 이 두 글에서 인仁을 통한 타자와의 소통성을 말하였고, 특히 그러한 인仁을 실천하는 주체가 바로 '자기 자신'이라는 점을 강조하였다.[24] 즉, 그는 〈서명〉을 관통하는 정신이 만물일체의 인仁이라 여겼으며, 반드시 자기 자신을 인仁의 주체로 삼아야만 그 정신을 온전하게 실현할 수 있다고 생각하였다.

---

23) 『宣祖修正實錄』, 1년(1568), 10월 1일, "李滉侍書講, 因天變陳戒曰, 孟子言, 存其心, 養其性, 所以事天也. 事天之道, 只在存心養性. 宋張橫渠作西銘, 說此理甚分明. 因事親之道, 以明事天之道, 推其極則乃聖人地位之事, 而下學工夫, 亦無不曲盡. 知此然後, 敬天之道, 不待假飾於外, 而可做眞實工夫. 請講小學畢後, 先講西銘, 從之."

24) 주용성, 「退溪의 '西銘'觀을 통한 자기중심적 문화 비판: '西銘圖'와 '西銘考證講義'를 중심으로」, 『유교문화연구』 16집(성균관대학교 유교문화연구소, 2010), 127쪽 참조.

이황은 학문의 궁극 목적을 성학聖學에 두고 있었다. 성학의 목적은 '구인求仁'하여 성인의 삶을 사는 데에 있다. 즉 인仁을 실천하는 것만이 성인이 되어 천지화육天地化育에 참여할 수 있다고 보는 것이다. 그래서 이황은 『성학십도』 제2도 〈서명도〉의 해설에서 "원래 성학의 목적은 구인에 있다"[25]라고 하였고, 또한 그는 정호의 말을 인용하여 "〈서명〉 한 편에는 뜻이 지극히 완비되어 있으니, 이것은 곧 인仁의 본체이다"[26]라고 하였으며, 또한 "〈인을〉 충만히 얻어 최선을 다해 실천할 때에 비로소 성인이 된다"[27]라고 하였다.

인仁은 인간존재의 형질形質에 내재해 있기 때문에, 형질의 사욕으로 인해서 인간은 인仁을 완전히 실현하기가 어렵다. 그러므로 이황은 형기形氣의 사욕을 버리고 인仁을 완전히 발현하여 실천하는 것이야말로 인생의 궁극 목적이며 위학爲學의 목적이라고 보았다.[28] 즉, 이황에게 있어서 인생과 학문의 궁극 목적은 우리 인간이 선천적으로 타고난 인仁을 체득하여 실현함으로써 천리天理인 바의 본래적 자기 근원성을 회복하는 데에 있다. 따라서 이황은 "자기의 사심을 이겨 내면 천리에 돌아갈 수 있다"[29]라고 하였다. 그런데 문제는 '어떻게 하면 천명의 도덕법인 인仁을 따를 수 있는가' 하는 것이다.[30] 바로 이 지점에서 이황은 도덕적 주체로서의 '나'를 강조하게 된다.

주지하다시피 『성학십도』는 이황이 갓 즉위한 젊은 임금 선조에게 올린 글로서 성학聖學의 뜻을 집약하여 10폭의 그림으로 그린 것이다. 제1~5도에서는 천도에 근본하여 인륜人倫을 밝히고 덕업에 힘쓰게 하는 데에 목적이 있고,

---

25) 『聖學十圖』, 「西銘圖」, "蓋聖學在於求仁."
26) 『聖學十圖』, 「西銘圖」, "西銘意極完備, 乃仁之體也."
27) 『聖學十圖』, 「西銘圖」, "充得盡時聖人也."
28) 阿部吉雄, 『李退溪』(東京: 文敎書院, 1944), 95~96쪽 참조.
29) 『聖學十圖』, 「仁說圖」, "能克去己私, 復乎天理."
30) 『退溪集續集』, 卷8, 「天命圖說」, '論氣質之品', "然則學問之道, 不係於氣質之善惡, 惟在知天理之明不明行, 天理之盡不盡如何耳." 참조.

제6~10도는 심성에 근원하여 일용日用에 힘쓰고 지경持敬을 함양하는 데 요점이 있다. 『성학십도』는 비록 여러 학자들의 글에서 채록한 편집물의 성격을 지니고 있지만, 이러한 편집 작업을 통해 하나의 사상 체계를 구성하고 편집자의 관점을 분명하게 드러냈다는 점에서 이황의 주요 저작으로 이해할 수 있다. 이황은 『성학십도』에서 제2도인 〈서명도〉를 제1도인 〈태극도〉와 더불어 '단서를 찾아 확충하고 천리를 체득하여 도를 온전히 실현하는 극치의 것'[31]이라고 하였다. 즉 〈태극도〉는 무극태극無極太極의 본체를 설명한 본체론이고, 〈서명〉은 구인求仁의 이치와 원리를 설명한 윤리론이라고 할 수 있다.

〈서명〉은 크게 보아 두 부분으로 이루어져 있다. 첫 번째 부분은 '건칭부乾稱父'에서 '무고자야無告者也'까지이고, 두 번째 부분은 '우시보지于時保之'에서 '몰오녕야沒吾寧也'까지이다. 주희는 이 두 부분을 구분해서 "〈서명〉의 앞부분은 '바둑판' 같고 뒷부분은 '바둑을 두는 것' 같다"[32]라고 하였다. 그리고 요로饒魯(생몰년 미상)[33]는 "〈서명〉의 앞 일절一節에서는 사람이 천지의 자식이 됨을 밝혔고, 뒷 일절에서는 사람이 천지를 섬길 때에 마치 자식이 부모 섬기는 것같이 해야 함을 말한 것이다"[34]라고 하였다. 이황은 『성학십도』의 〈서명도〉에서 주희와 요로의 이러한 주장을 모두 인용하였다. 그리고 원대元代의 정복심程復心(1257~1341)이 작도作圖한 '서명도西銘圖'를 수록하였는데, 이 그림에서는 '상도上圖'와 '하도下圖'가 구분되며, 상도는 "오로지 리일분수理一分殊의 분변分辨을 밝힌 것"[35]이라 하였고, 하도는 "어버이를 섬기는 정성을 다하고 이에 근거하여 하늘을 섬기는 도리를 밝히는 것에 대해 논한 것이다"[36]라고

31) 『聖學十圖』, 「大學圖」, "上二圖, 是求端擴充, 體天盡道極致之處." 참조.
32) 『聖學十圖』, 「西銘圖」, "銘前一段如棊盤, 後一段如人下棊." 참조.
33) 1206년에 饒州 敎授 역임.
34) 『聖學十圖』, 「西銘圖」, "西銘前一節, 明人爲天地之子, 後一節, 言人事天地, 當如子之事父母也."
35) 『聖學十圖』, 「西銘圖」, "專以明理一分殊之辨."

하였다.

〈서명〉에 대한 이황의 관점은 정이와 주희의 견해를 기본으로 하고 있다. 이황은 〈서명도〉에서 〈서명〉의 원문을 기술한 다음 곧바로 주희의 「서명해西銘解」에서 언급하는 리일분수理一分殊의 관점을 인용하였다.

> 대체로 하늘로 아비를 삼고 땅으로 어미를 삼는 것은 생물이라면 모두 그렇지 않은 것이 없다. 이것이 이른바 '리일理一'이다. 그러나 인간과 동물 등 혈맥을 가진 생명체의 무리들은 각각 그 부모를 부모로 섬기고 그 자식을 자식으로 양육하고 있으니, 그 분별됨이 또한 어찌 서로 다르지 않겠는가?[37]

이것은 리일분수에 관한 이황 자신의 입장이 정이 및 주희와 다르지 않음을 밝힌 것이다. 이황은 〈서명〉의 의의가 곧 무아無我의 공심公心으로 어버이 섬기는 정성으로써 하늘 섬기는 길을 밝히는 데에 있다고 보았다.[38] 그래서 그는 "어버이를 친근히 여기는 두터운 정을 확충하여 무아無我의 공심公心을 기르고, 부모를 섬기는 정성으로써 하늘 섬기는 도리를 밝힌 것을 보면, 어디를 가더라도 이른바 분수分殊가 서게 되고 '리일理一'을 유추하지 않음이 없다"[39]라고 하는 주희의 「서명론」의 구절을 인용하였던 것이다.

이황은 〈서명도〉의 마지막 부분에서 자신의 견해를 피력하였다. 그는 여기에서 "대체로 성학聖學의 목적은 인仁을 찾는 데에 있다. 반드시 인의 뜻을 깊이 체득해야만 이제 내가 천지만물과 더불어 일체가 되는 것을 알 수 있다.

---

36) 『聖學十圖』, 「西銘圖」, "論盡事親之誠, 因以明事天之道."

37) 『聖學十圖』, 「西銘圖」, "蓋以乾爲父, 坤爲母, 有生之類無物不然, 所謂理一也. 而人物之生, 血脈之屬, 各親其親, 各子其子, 則其分亦安得而不殊哉." 참조.

38) 유종현, 「退溪의 '西銘'觀과 仁의 體用說」, 『退溪學』 7집(안동대학교, 1995), 198쪽 참조.

39) 『聖學十圖』, 「西銘圖」, "觀其推親親之厚, 以大無我之公, 因事親之誠, 以明事天之道, 蓋無適而非所謂分立而推理一也."

진실로 이와 같아야만 인에 대한 공부가 비로소 친절하고 재미가 있어서 망망한 지경에 빠질까 우려하는 걱정을 면할 수가 있다"[40]라고 하였다. 한마디로 말하여 〈서명〉의 내용을 곧 성학이라고 보았으며, 성학의 목적이 구인求仁에 있다고 보았다. 이와 관련한 이황 자신의 보다 구체적인 설명을 찾아보기 위해서는 〈서명고증강의〉를 살펴보아야 한다.

〈서명고증강의〉는 이황이 1568년(선조 1)에 임금에게 〈서명〉을 강의하면서 작성하여 올린 강의 보조 자료용 저술이다. 이 글은 총 33개의 조목으로 구성되었으며, 〈서명〉에 등장하는 난해한 자구字句를 전거에 의해 고증하는 형식으로 서술되어 있다. 그러나 이 글은 단순한 자구 해석에만 그치지 않고 이황 자신의 세계관과 철학사상을 깊이 있게 피력하고 있으며, 유교 공동체 이론에 대한 이황의 사상을 깊이 반영하고 있다.

이황은 〈서명〉을 풀이하는 데에 있어서 우선 인仁을 첫 번째 원리로 제시하였다. 이러한 관점은 송대의 정씨 형제를 비롯한 주희의 입장과 기본적으로 일치한다. 그런데 이황은 인을 실현하는 주체자로서의 '자기 자신'을 강조하였다. 즉 인은 다른 데서 오는 것이 아니라 '자기 자신'에게서 나오며, 자신으로부터 나온 인이 다른 존재로 확장된다고 생각했다.[41] 그는 〈서명〉에서 열 번에 걸쳐 언급되는 '나'라는 글자를 〈서명〉을 지은 장재 개인으로 여겨서는 곤란하며 '나'와는 다른 사람의 일이라고 핑계해서도 안 된다는 점을 강조하였다.

그리고 이황은 〈서명〉의 본래 제목이 '정완訂頑'임을 상기시키면서 이것을 풀이하여 말하기를, "완頑이라고 하는 것은 어질지 않음을 말합니다. 어질지 않은 사람은 사욕에 덮이고 막혀 다른 사람을 자신의 입장에서 헤아려

40) 『聖學十圖』, 「西銘圖」, "蓋聖學在於求仁. 須深體此意, 方見得與天地萬物爲一體. 眞實如此處, 爲仁之功, 始親切有味, 免於莽蕩無交涉之患."
41) 『退溪集』, 卷7, 經筵講義, 「西銘考證講義」, '予玆藐焉'에 대한 註解 참조.

측은한 마음을 확장해 갈 줄 모르고, 마음이 완고하기가 마치 돌과 같기 때문에 '완'이라고 한 것입니다"[42]라고 하였다. 즉 '완고하다'는 것은 자신과 타자가 서로 막혀 있다는 뜻이다. 이처럼 막히게 된 이유는 개별 존재들이 가진 '사욕' 때문이다. 이황은 사욕에 의해 막혀 있는 사람들을 바로잡는 역할을 〈서명〉이 할 수 있다고 보았다.[43] 그래서 이황은 〈서명〉의 의의에 대해 말하면서, "대체로 장재의 〈서명〉은 나와 천지만물의 이치가 원래 하나인 까닭을 반복해서 미루어 밝힌 것입니다. 인仁의 본체를 형상화해서 유아有我의 아심我心을 깨뜨리고 무아無我의 공심公心을 크게 열어 주어, 완고하기가 마치 돌 같은 마음으로 하여금 융화하고 환히 통하게 하여 다른 사람과 나 사이에 아무런 간격이 없게 해서 조그만 사심도 그 사이에 끼어들지 못하게 하여야 합니다. 천지만물이 일가一家가 되고 온 나라의 사람이 마치 한 사람처럼 되어 다른 사람의 아픔을 내 몸의 아픔과 같이 간절하게 여기게 되면 인도人道를 얻을 수 있습니다"[44]라고 하였다.

이황은 '천지만물이 한 몸과 같다'라고 하는 원리와 그 이치를 실천하는 문제를 다음과 같이 명확하게 정리하였다.

> 장재도 또한 "인仁이 비록 천지만물과 더불어 일체가 되기는 하지만 반드시 자신이 근본이 되고 주재가 되어 다른 사람과 내가 하나의 이치로 얽혀 있다는 절실한 의미와 가슴에 가득 찬 측은지심이 두루 관철되고 유통되어 막힘이

---

42) 『退溪集』, 卷7, 經筵講義, 「西銘考證講義」, '題註', "頑者, 不仁之名. 不仁之人, 私欲蔽錮, 不知通物我推惻隱, 心頑如石, 故謂之頑."

43) 주용성, 「退溪의 '西銘'觀을 통한 자기중심적 문화 비판: '西銘圖'와 '西銘考證講義'를 중심으로」, 8쪽 참조.

44) 『退溪集』, 卷7, 經筵講義, 「西銘考證講義」, '題註', "蓋橫渠此銘, 反覆推明吾與天地萬物其理本一之故. 狀出仁體, 因以破有我之私, 廓無我之公, 使其頑然如石之心, 融化洞徹, 物我無間, 一毫私意無所容於其間. 可以見天地爲一家, 中國爲一人, 痒痾疾痛, 眞切吾身, 而仁道得矣."

> 없으며 그것이 어디에나 미치지 않음이 없다는 것을 깨달아야 비로소 이것이 인仁의 실체다"라고 생각했습니다. 만약 이러한 이치를 깨닫지 못하고 막연하게 천지만물이 그냥 그대로 인仁이 된다고 말해 버리면, 이른바 인仁의 본체라고 하는 것은 한없이 넓고 멀어지게 되니 나의 심신과 무슨 상관이 있겠습니까?[45]

이황은 여기에서 천지만물과 더불어 일체가 되는 것이 반드시 자신이 근본이 되고 주재가 되어야만 비로소 인仁의 본체를 확인할 수 있으며, 단지 막연하게 관념적으로만 천지만물과 더불어 일체가 되어 인을 이루게 된다고 여기면 이러한 인의 본체는 한없이 넓고 멀어지게 되어 결국 나와는 상관없는 것이 되고 만다고 하였다. 바로 이 지점에서 이황은 자신의 견해를 분명하게 정립하며, 도덕 주체로서의 '나'를 강조하게 된다.

〈서명고증강의〉에 있어서 이황의 진정한 강조처는 〈서명도〉의 '상도上圖'에 등장하는 '여자막언予玆藐焉'의 '여予'가 무엇인지를 밝히는 데에 있다. 이러한 사실은 '여予'에 대한 설명이 〈서명고증강의〉에서 가장 많은 분량을 차지하고 있다는 사실에서도 증명이 된다. 이황에게 있어서 학문이 '나'에 대한 이해에서 시작된다는 사실은 매우 중요하다. 일반적으로 우리들이 말하는 학문은 '자기 자신'은 사라지고 객관적인 대상에 치중하는 경우가 많다.[46] 이황은 『성학십도』에서 제1도 〈태극도〉에 이어 제2도 〈서명도〉를 배치하였고, 또한 〈서명〉을 경연에서 직접 강의하기도 하였다. 이황은 〈서명〉에 관

---

45) 『退溪集』, 卷7, 經筵講義, 「西銘考證講義」, '予玆藐焉'에 대한 註解, "今橫渠亦以爲仁者, 雖與天地萬物爲一體, 然必先要從自己爲原本爲主宰, 仍須見得物我一理, 相關親切意味, 與夫滿腔子惻隱之心, 貫徹流行, 無有壅閼, 無不周徧處, 方是仁之實體. 若不知此理, 而泛以天地萬物一體爲仁, 則所謂仁體者, 莽莽蕩蕩, 與吾身心, 有何干預哉."

46) 성동권, 「退溪의 '西銘考證講義'에서 乾坤父母 연구」, 『퇴계학논집』 17집(영남퇴계학연구원, 2015), 366쪽 참조.

한 자신의 저작과 강의를 통해 성학聖學의 본질로서의 구인학求仁學을 해명하였고, 구인학의 주체로서 '나'에 대한 진지한 이해를 시도하였다.

> 〈서명〉 가운데 등장하는 한 개의 '여予'자와 아홉 개의 '오吾'자는 원래 사람들이 저마다 '자기 자신'을 가리킬 때 쓰는 말입니다. 그러나 〈서명〉을 읽는 사람들은 모두 여기에 나오는 열 개의 '나'라는 글자에 대해 장재가 자기 자신만을 가리키기 위해 사용한 말이라고 이해하지 말아야 합니다. 또한 내가 아닌 다른 어떤 다른 사람에게 해당될 뿐이라고 미루지도 말아야 합니다. 독서는 마땅히 '나' 자신의 일이기 때문에 이곳에 등장하는 열 개의 '나'는 바로 글을 읽고 있는 '나' 자신이 되어야 합니다. 그렇게 할 때에 비로소 〈서명〉이 인仁의 본체를 설명하는 것임을 깨닫게 될 것입니다.[47]

이황의 말을 빌리자면 '여予'와 '오吾'는 〈서명〉을 읽고 있는 독자 자신이어야 한다. '여자막언予玆藐焉'의 '여'를 독서자 자신과 무관한 것으로 여기는 한 〈서명〉의 독해는 잘못될 수밖에 없다. 즉 이황은 〈서명〉에서 여러 차례 언급되는 '나'를 장재가 아닌 바로 자기 자신으로 여겨야 한다고 강조하였다. 이황은 그 근거로 정호가 말한 '서恕'를 인용하면서, "공자가 이렇게 말한 것은 듣는 사람들로 하여금 자기 자신으로 돌아와 인仁의 실체를 가장 절실한 곳에서 인식하게 하고자 했던 것이다"[48]라고 하였다.

〈서명고증강의〉에는 정이와 주희가 강조했던 리일분수의 논리가 전제되어 있다. 그렇지만 이황은 기본적으로 주희의 입장을 계승하기는 하였으나,

---

47) 『退溪集』, 卷7, 經筵講義, 「西銘考證講義」, '予玆藐焉'에 대한 註解, "予字及銘中九吾字, 固擬人人稱自己之辭. 然凡讀是書者, 於此十字, 勿徒認作, 橫渠之自我. 亦勿讓與別人之謂我. 皆當自任以爲己事看. 方得夫西銘本以狀仁之體."

48) 『退溪集』, 卷7, 經筵講義, 「西銘考證講義」, '予玆藐焉'에 대한 註解, "故夫子言此, 使其反之於身, 而認得仁體最切實處."

주희의 관점이 형이상학적 존재론에 치중한 면이 있기 때문에 자칫하면 공허한 논리로만 받아들여질 가능성이 있어서 보다 구체적인 실천을 강조했던 것이다. 그러한 점에서 이황은 〈서명〉의 목적이 성학의 과제인 '구인求仁'을 체득하는 데에 있다고 보았으며, 도덕 실천의 주체로서의 '나'를 강조하였다.

이황은 도덕 주체로서의 '나'를 강조하면서, 이러한 내가 나 자신만을 위하는 사사로운 마음을 버리고 천지만물을 나의 몸으로 여기는 무아無我의 공심公心을 가져야 한다고 생각했다. 이러한 생각 또한 기본적으로 주희의 견해와 일치한다. 일찍이 주희는 육구연의 형인 육구소陸九韶(1128~1205)에게 보내는 편지에서, "사람의 한 몸은 진실로 부모에게서 태어난 것이지만, 부모가 부모가 될 수 있는 까닭은 바로 건곤乾坤(天地) 때문이다. 부모의 관점에서 말하자면, 각각의 사물은 저마다의 부모가 있다. 그러나 건곤의 관점에서 말하자면, 만물은 모두 같은 부모를 가졌다고 할 수 있다"49)라고 하였다.

이황이 〈서명〉의 해석에 있어서 도덕적 주체로서의 '나'를 강조한 것은 주희의 관념적인 해석보다는 오히려 장재의 실천적인 입장을 따른 것이라고 할 수 있다. 이황은 자연관에 있어서는 주희의 리기론理氣論을 계승하여 장재의 기일원론氣一元論 사상을 비판했다. 그러나 도덕 주체에 대한 중시는 도리어 장재의 사상과 유사한 측면이 있다. 예컨대 〈서명고증강의〉의 '제목에 대한 주해[題註]'에서 "대체로 장재의 〈서명〉은 반복적으로 '나'와 천지만물의 이치가 본래 하나인 까닭을 미루어 밝힌 것이다. 형상[狀]이 인仁의 본체에서 나와 유아有我의 사심을 깨뜨리고 무아無我의 공리公理를 크게 열어 주어, 그 돌 같은 완고한 마음을 융합하고 밝게 통하게 하여 다른 사람과 나 사이에 간격이

---

49) 『朱子大全』, 卷36, 「答陸子美」, "人之一身, 固是父母所生, 然父母之所以爲父母者, 卽是乾坤. 若以父母而言, 則一物各一父母. 若以乾坤而言, 則萬物同一父母矣." 이 구절은 「西銘解」에서도 인용된다.

없게 한다"[50]라고 하였다. 즉 이황은 〈서명〉의 가르침이 지니는 적극적인 의의를 존재 간의 단절을 없애 주는 도덕 주체의 소통성에서 찾았던 것이다. 사상사적으로 보면 〈서명〉에 대한 이황의 견해는 정이와 주희의 리일분수론理一分殊論 및 인仁의 체용론體用論을 충실하게 계승하면서도, 동시에 장재의 만물 일체 이론과 도덕 주체가 바로 '나'임을 중시하는 관점을 부각시켰다고 볼 수 있다.

이러한 이황의 〈서명〉 해석은 일본 성리학자들에게도 상당한 영향을 끼쳤다. 가장 대표적인 경우가 바로 야마자키 안사이(山崎闇齋, 1618~1682)와 그의 제자들이다. 야마자키 안사이는 이황의 〈서명고증강의〉를 높게 평가했는데, 자신의 저서인 『문회필록文會筆錄』에서 〈서명고증강의〉를 인용하였다. 그리고 그는 『인설문답仁說問答』의 인仁을 체인體認하는 자세를 설명하는 부분에 있어서도 〈서명고증강의〉로부터 영향을 받은 흔적이 뚜렷하다. 〈서명〉에 대한 이황의 해석은 '인'을 체인하고 자득하려 했던 기문학파崎門學派의 사상적 태도에도 상당한 영향을 끼쳤다.[51] 이들은 무엇보다 이황이 〈서명고증강의〉 중에서 언급한 한 개의 '여予'자와 아홉 개의 '오吾'자의 해석에 주목하였다.[52] 즉, 야마자키 안사이와 그의 후학들은 〈서명〉의 내용을 해석하면서 자기 자신에게 절실한 것으로 받아들이고자 했던 이황의 자세를 높이 평가하였는데, 이러한 학문 태도는 일본 주자학의 사상 경향과도 맥락을 같이한다.

---

50) 『退溪集』, 卷7, 經筵講義, 「西銘考證講義」의 '題註', "蓋橫渠此銘, 反覆推明吾與天地萬物其理本一之故. 狀出仁體, 因以破有我之私, 廓無我之公, 使其頑然如石之心, 融化洞徹, 物我無間."

51) 關幹雄(Seki Mikio), 「崎門學派の李退溪評價について: 「西銘」解釋をめぐって」, 『退溪學論叢』 28집(퇴계학부산연구원, 2016), 7~8쪽 참조.

52) 關幹雄(Seki Mikio), 「崎門學派の李退溪評價について: 「西銘」解釋をめぐって」, 13~17쪽 참조.

Ⅲ. 〈서명〉에 관한 조선시대 성리학자들의 주요 논의

조선의 성리학자들은 〈서명〉을 중시하여 이와 관련한 주제에 대해 토론하고 전문적인 저술을 남기기도 했다. 그들은 〈서명〉의 가르침을 통해 천하일가天下一家의 유교적 세계관을 다시 한번 확인하고 안심입명安心立命의 처세론을 굳건히 다져 나갔다. 그런데 특기할 만한 점은 〈서명〉에 관한 논의가 학자들의 문집에만 수록되어 있는 것이 아니라, 공식 역사 기록인 『조선왕조실록』에도 수시로 등장한다는 사실이다. 우선 〈서명〉을 독립된 주제로 삼아 논의한 학자들의 글 중에서 주목할 만한 몇 가지 사례를 살펴보도록 하자.

기록에 따르면 조선시대 성리학자들 중에서 〈서명〉에 관한 저술을 남긴 최초의 학자는 김인후金麟厚(1510~1560)이다. 이러한 사실은 정조正祖의 언급을 통해 알 수 있다. 정조는 홍준원洪準源을 불러 김인후의 유학과 도학에 대해 논하면서 "김인후는 『대학』과 〈서명〉의 은미하고도 깊은 뜻을 처음으로 밝혀냈고, 경敬을 생활화하여 마음 바르게 하는 공부에 힘썼고 도학道學 연원의 정통을 이어받은 것을 볼 때에 실로 유학의 종장宗匠이라 할 수 있을 것이다. 내가 깊이 감격하며 감탄하는 것은 바로 이 때문이다"[53]라고 하였다. 이 말에 따르면 조선시대 유학자들 중에서 최초로 〈서명〉의 의미에 천착한 학자는 김인후이다. 그런데 김인후는 〈서명사천도西銘事天圖〉라는 독립 저술을 지었다고 하나, 아쉽게도 이 책은 현재 전하지 않는다. 김인후의 〈서명사천도〉 이후에 이황의 『성학십도』와 〈서명고증강의〉가 이루어졌다. 주지하다시피 이황의 이 두 저작은 후대 학자들에게 많은 영향을 끼쳤다.

이황의 제자인 이덕홍李德弘(1541~1596) 또한 「서명설西銘說」을 지었는데, 그

53) 『正祖實錄』, 20년(1796), 9월 17일, "惟金文靖則大學西銘微辭粤旨, 始爲發明, 居敬直內之工, 道學淵源之正, 實爲斯文之宗匠. 故予之曠感而欽歎者, 正以此也."

는 여기에서 〈서명〉과 『중용』의 유사한 점을 지적하고, 〈서명〉의 내용을 리일분수理一分殊의 체體와 용用으로 구분하여 설명하였다.

> 〈서명〉과 『중용』은 서로 같은 곳이 있다. '우시보지于時保之' 이상은 리일분수理一分殊의 체體로, 곧 『중용』의 첫 구절인 '하늘이 명한 것을 성性이라 하고, 성을 따르는 것을 도道라 한다'라고 하는 내용과 같다. '우시보지' 이하는 리일분수의 용用으로, 곧 '하늘 섬기기를 어버이 섬기는 것과 같이 한다'라고 하는 것이니, 이는 곧 효도의 큰 내용이다. 『중용』 16장은 천도天道가 귀신의 도에서 처음 시작되어 성誠의 가릴 수 없음을 나타내었고, 18장과 19장에 이르러서는 효도의 지극한 공功을 극진히 말하여 어버이 섬기기를 하늘 섬기는 것과 같이 한다는 이치를 밝혔다. 이 또한 〈서명〉의 뜻이니, 〈서명〉과 『중용』 두 책이 서로 표리表裏가 됨을 알 수 있다.[54]

16세기 대구 지역의 학자인 곽재겸郭再謙(1547~1615)은 '아들과 조카를 가르치기 위해 그린 16개의 도표와 그에 대한 서문[訓子姪十六圖并序]'을 지었는데, 여기에서 〈태극도〉·〈서명〉·〈인설도仁說圖〉·〈심학도心學圖〉 등의 의미를 밝혔다. 그는 이곳에서 "이치가 미묘하여 살펴보기 어려운 것은 주돈이의 〈태극도〉와 장재의 〈서명〉의 설을 통해 살펴야 하며, 학문이 정밀하고 깊어서 깨닫기 어려운 것은 주희의 〈인설도〉와 정복심程復心의 〈심학도〉의 뜻으로 인해 체험해야 한다"[55]라고 하였다. 그리고 인조 때의 양명학자인 장유張維(1587~1638)는 「서명내력西銘來歷」이라는 글에서 〈서명〉의 사상이 『상서尙書』

54) 『艮齋集』, 卷7, 雜著, 「西銘說」, "西銘與中庸, 有相同處. 于時保之以上, 乃理一分殊之體, 卽中庸天命之謂性, 率性之謂道也. 于時保之以下, 理一分殊之用, 乃事天如事親, 此孝之大者也. 中庸十六章, 始發端天道鬼神之道, 以見誠之不可揜也, 至於十八九章, 極言孝之極功, 以明事親如事天. 此亦西銘之義, 二書之相爲表裏, 可見也."

55) 『槐軒集』, 卷2, 拾遺, 「訓子姪十六圖并序」, "其於理之微妙而難見, 則以太極西銘之說參看焉. 學之精深而難透, 則以仁說心學之訓體驗焉."

「태서太誓」의 "천지는 만물의 부모이고 사람은 만물의 영장이다. 총명한 사람을 임금으로 삼고, 임금을 백성의 부모로 삼는다"라는 말에서 유래한 것이라고 주장하였다.[56)]

조선시대에 있어서 〈서명〉은 경연經筵과 서연書筵의 교재로도 중시되었다. 예를 들면 1680년(숙종 6)에 송시열宋時烈은 경연에서 임금에게 〈태극도설〉과 〈서명〉을 강의하였다. 홍문관의 관원들이 주돈이의 〈태극도설〉과 장재의 〈서명〉은 노사老師와 숙유宿儒들만 그 의미를 알 수 있기 때문에 송시열이 고향으로 돌아가기 전에 불러들여 강론을 들으라고 진언하였기 때문이다.[57)] 그래서 임영林泳(1649~1696)이 숙종에게 〈서명〉을 진강하고, 송시열이 그 문의文義를 해석하였다. 송시열의 해석 또한 주로 주희와 이황의 설명을 따르고 있는데, 몇 가지 주목할 만한 점이 발견된다. 송시열은 〈서명〉에 등장하는 '가득 차 있다[塞]'라는 글자가 『맹자』「호연장浩然章」의 '천지 사이에 가득 차 있다[塞乎天地間]'라는 말에서 나온 것인데 이것은 '기氣'를 말하며, '주재[帥]'라는 글자는 『맹자』의 '지志는 기의 주재이다[夫志氣之帥也]'라는 구절에서 나온 것으로서 곧 '리理'를 말한다고 하였다. 송시열은 〈서명〉의 구절을 철저하게 리기론理氣論의 상호 보완적 관점에서 해석하였던 것이다. 그리고 그는 〈서명〉의 마지막 구절인 '존오순사存吾順事, 몰오녕야沒吾寧也'를 강해하면서 이것이 이른바 『논어』에서 말하는 '아침에 도를 들으면 저녁에 죽어도 좋다'고 하는 태도이며, 바르게 죽을 수 있는 방법이라고 하였다. 그는 특히 이 구절과 관련하여 주희가 자신의 장래 무덤을 '순녕順寧'이라 이름 지은 사례와 효종孝宗의 대상大喪 때에 '편안할 녕寧' 자로써 능호陵號를 정한 사례를 언급하였다. 숙종은 송시

56) 『谿谷漫筆』, 卷1, 「西銘來歷」, "太誓曰, 惟天地萬物父母, 惟人萬物之靈, 亶聰明作元后, 元后作民父母. 橫渠西銘, 出於此." 참조.

57) 『肅宗實錄』, 6년(1680), 10월 13일, "侍讀官林泳洪萬鍾言, 濂溪太極圖說, 橫渠西銘, 惟老師宿儒可以知之, 請於時烈未歸之前, 進講二篇, 上從之." 참조.

열의 강의를 듣고 나서 자신의 마음이 확 트여지는 것 같다고 하면서 옥당玉堂에 명하여 〈서명〉을 정성스레 베껴서 현토懸吐하여 바치도록 명하였다.[58] 송시열의 주요 강해 내용을 살펴보면 다음과 같다.

> 대개 하늘[天]은 양으로서 아버지의 도道요 땅[地]은 음으로서 어머니의 도이니, 사람이 하늘에서 기를 부여받고 땅에서 형체를 부여받아 조그마한 몸[身]이 혼연히 만물과 섞여서 중간에 자리한 것이 자녀의 도입니다. 주자가 말하기를, "자녀가 생겨나는 것은 비록 부모의 기를 받는다고 하지만 천지의 기를 받는 것이 가장 많으니, 순임금이 거룩하게 된 것이 고수瞽瞍의 기를 받은 것은 적었고 천지의 기를 받은 것이 많았기 때문이다. 그러나 천지라고 하지 않고 건곤乾坤이라고 하는 것은 천지는 형체이고 건곤은 성정性情인데, 성정이 사람에게 가장 절실한 것이기 때문이다"라고 하였습니다. 천지의 기가 하늘과 땅 양쪽 사이에 가득 찼는데 인물人物이 이것을 자용資用하여 체體가 되는 것이므로, '내가 이 체體가 된다'라고 하였고, 건乾은 굳세고 곤坤은 순하므로 '내가 이 성性이 된다'라고 한 것입니다. 대개 '가득 차 있다[塞]'라는 글자는 곧 『맹자』「호연장」에서 '천지 사이에 가득 차 있다[塞乎天地間]'라는 말에서 나온 것인데 곧 기를 말합니다. '주재[帥]'라는 글자는 『맹자』에서 '지志는 기의 주재이다[夫志氣之帥也]'라는 말에서 나온 것이니 곧 리理입니다.…… '살아 있을 때에는 〈천지를 부모처럼 여겨〉 거역함 없이 섬기고, 죽게 되면 편안히 쉴 것이다[存順沒寧]'라는 말로써 글을 끝마쳤는데, 대개 효자와 어진 사람이 어버이를 섬기고 하늘을 섬기는 것은 살아계실 적에는 그 뜻을 어기지 않고 그 이치를 거스르지 않으며, 돌아가셔서는 어버이에게 부끄러운 점이 없고 또한 하늘에 부끄러움이 없어야 하는 것입니다. 이것이 이른바 '아침에 도를 들으면 저녁에 죽어도 좋다'는 것인데, 내가 바르게 죽을 수 있는 방법입니다. 주자가 암자庵子에 게시하는 글을 지어서 '순녕順寧'이라고 이름 붙인 것도 대개 이러

58) 『肅宗實錄』, 6년(1680), 10월 14일, "上曰, 卿縷縷開陳, 心甚豁然. 當令玉堂, 精寫懸吐以進." 참조.

한 뜻을 취한 것입니다. 그래서 기해년己亥年(1659) 효종孝宗의 대상大喪 때에 고故 상신相臣 정태화鄭太和가 대간臺諫의 우두머리로 있으면서 '편안할 녕寧 자로써 능호陵號를 정하자'고 상의相議하였던 것이니, 무왕武王을 영왕寧王이라고 부른 것도 모두 이러한 뜻에서였습니다.[59]

반反주자학적 경학자로 유명한 윤휴尹鑴(1617~1680)는 『독서기讀書記』「효경외전상孝經外傳上」의 '예기禮記·애공문인도哀公問人道' 뒷부분에 〈서명〉을 부기하였다. 그는 삼강三綱의 뜻이 처음으로 『예기』의 '애공문인도' 부분에 나온다고 주장하며, 공자가 애공에게 말한 내용 중에서도 경신敬身·성친成親·사천事天·성신成身은 인간의 삶에 있어서 더욱 요긴하고 절실한 교훈이요 성인이 남긴 위대한 가르침이라 하였다. 그리고 그는 〈서명〉의 핵심적인 의미가 바로 여기에서 나온 것이라 생각하였다. 또한 윤휴는 공자가 "어진 사람은 어버이 섬기기를 하늘 섬기듯이 하고, 하늘 섬기기를 어버이 섬기듯이 한다"라고 했는데, 〈서명〉이 실로 이러한 뜻을 미루어 밝힌 것이라고 하였다.[60]

그리고 김덕오金德五(1680~1748)의 문집에는 「서명대책西銘對策」이라는 책문策文이 수록되어 있다. 이 글은 과거 시험장에서 지은 답안이다. 김덕오는 여기서 그동안 배운 바를 모두 쏟아부었다고 자부했지만 안타깝게도 낙방하였다.[61] 이러한 사례를 보건대 〈서명〉은 조선시대 과거의 책문으로도 활용

59) 『肅宗實錄』, 6년(1680), 10월 14일, "蓋天陽也, 父道也, 地陰也, 母道也, 人之稟氣於天, 賦形於地, 以藐然之身, 混合無間, 而位乎中, 子道也. 朱子曰, 子之生也, 雖體父母氣, 而受天地氣最多, 舜之爲聖, 受瞽瞍氣則少, 受天地氣則多. 而不曰天地, 而曰乾坤者, 天地其形體也, 乾坤其性情也, 性情於人最切, 故云也. 天地之氣, 塞乎兩間, 而人物之所資而爲體者, 故曰吾其體, 乾健坤順, 故曰吾其性. 蓋塞字是就孟子浩然章, 塞乎天地間說出來, 卽氣也. 帥字是就孟子, 志氣之帥說出來, 卽理也.……故終之以存順沒寧, 蓋孝子仁人之事親事天者, 存則不違其志, 不逆其理, 沒則無所愧親, 亦無愧天. 此所謂朝聞夕死, 而吾得正斃者也. 朱子作菴揭, 號順寧, 蓋取此義. 己亥大喪時, 故相臣鄭太和在首台, 相議以寧字定陵號. 武王亦謂寧王, 亦皆此義也."

60) 『白湖全書』, 卷39, 雜著, 「讀書記·西銘」 참조.

되었음을 알 수 있다.

조보양趙普陽(1709~1788)은 「서명시중용지리변西銘是中庸之理辨」에서 〈서명〉과 『중용』은 모두 이치를 밝힌 저작인데 〈서명〉은 리일분수의 이치를 밝혔고, 『중용』은 처음에는 하나의 이치를 말하였다가 중간에는 만사로 흩어져 전개되며, 끝에 가서는 다시 하나의 이치로 합해진다고 하였다.[62] 그리고 권병權炳(1723~1772)은 〈서명〉과 『중용』의 관계에 대해 변론하는 글을 남겼다.[63]

안정복安鼎福(1712~1791)은 특이하게도 〈서명〉에만 주목하지 않고 장재의 『정몽』 전체를 산삭刪削하고 풀이한 주석서인 『과위교過危橋』[64]를 짓기도 하고, 「동명도東銘圖」[65]를 만들기도 했다. 안정복은 「동명도」를 해설하는 글에서 "장재의 〈서명〉과 〈동명〉은 실로 지난 성인을 계승하고 후세의 학자를 계발하는 지극한 이론이다. 〈서명〉은 도道의 큰 근원을 논한 것이니 졸지에 말할 수 없고, 〈동명〉의 경우는 바로 살펴서 자기의 사욕을 극복하고 몸과 마음을 수렴하는 지극히 큰 요결要訣이다. 종래 학문을 함은 여기에 힘쓰는 것보다 더 중요한 것이 없다. 그러므로 이처럼 죽어가는 나이에 이르렀는데도 속으로 반성할 때 잘못이 많으니 어찌 두렵지 않겠는가? 지금 〈동명〉을 그림으로 만들어서 벽에 걸어 두고 스스로 반성하는 도구로 삼는다"[66]라고 하였다.

이항로李恒老(1792~1868)는 「서명기의西銘記疑」에서 "〈서명〉의 뜻을 살펴보건대, 정자程子는 리일분수로써 그 의미를 밝혔고, 주자朱子는 직간直看(竪看)과

---

61) 『凝軒集』, 卷4, 雜著, 「西銘對策」 참조.

62) 『八友軒集』, 卷5, 辨, 「西銘是中庸之理辨」, "西銘中庸均是明理之書也, 其所同者理也. 故西銘明理一分殊, 中庸首言一理, 中散爲萬事, 末復合爲一理." 참조.

63) 『約齋集』, 卷8, 雜著, 「西銘是中庸之理辨」 참조.

64) 『過危橋』는 筆寫本이다.

65) 『順菴集』, 卷12, 雜著, 「橡軒隨筆上」, '東銘圖' 참조.

66) 『順菴集』, 卷12, 雜著, 「橡軒隨筆上」, '東銘圖', "大抵張子二銘, 實繼開之至論. 西銘則論道之大原, 不可以倉卒言也, 至於東銘, 皆是省察克己收斂身心之至要大訣也. 從來爲學, 不甚用力於此. 故到此垂死之年, 而內省多疚, 豈不惕然恐懼乎. 今此作圖揭壁, 以爲自省之地."

횡간橫看으로써 변별하였다. 이로써 리일분수의 설은 남김없이 밝혀지게 되었다고 할 수 있다. 그런데 이황이 〈서명도〉에서 인용한 정복심의 그림은 주자의 직간의 의미를 밝히기는 하였으나 횡간의 의미까지 미치지는 못했다"[67]라고 하였다. 그는 여기에서 주희의 〈서명〉 이해를 직간과 횡간의 논리로 해석하였으며, 이황의 〈서명도〉가 횡간의 의미를 제대로 밝히지 못했음을 의심하였다. 기호학파와 영남학파의 갈등이 심화되던 시기에 이항로는 기호학파의 대표 인물로서 영남학파의 종장인 이황의 사상에 의문을 던지고 있다. 비록 정복심의 〈서명도〉를 언급하고 있기는 하지만, 그것을 인용한 이황의 〈서명도〉를 문제 삼는다는 점에서 주목할 만하다.

그리고 박영로朴永魯(1814~1904)는 「서명집해西銘集解」에서 〈서명〉에 관한 여러 학자들의 해석을 모아 주석을 하였다. 〈서명〉 원문에 정자와 주자의 저술이나 이황의 〈서명고증강의〉 등을 인용하여 고증을 하였고, 추가적인 설명을 부기하였다. 상편上篇은 주로 천지와 건곤의 원리를 화합과 생성의 이치로 설명하였는데, '건곤이 합하여 만물을 소생시키므로 사람들은 모두가 동포요 형제'라고 하였다. 하편下篇은 외천畏天과 낙천樂天을 경친敬親과 애친愛親으로 분류하고, 효孝에 대한 상세한 주석을 달았다. 총론에서는 '건도乾道가 남자를 이루고 곤도坤道가 여자를 이루어 이기二氣의 교합으로 만물이 화성化成하는' 이치를 설명하였다.

그런데 〈서명〉과 관련하여 조선 후기에 특이한 사례가 발견된다. 한국 천주교에서는 서학西學에 심취한 기호 남인 학파의 젊은 학자들이 모여서 세미나를 했던 천진암天眞庵과 주어사走魚寺를 한국 천주교의 발상지로 삼는다. 사찰

67) 『華西集』, 卷20, 雜著, 「西銘記疑」, "謹按西銘之義, 程子以理一分殊明之, 朱子又以直看橫看辨別, 理一分殊之說, 可謂無餘蘊矣. 退溪所著林隱程氏圖, 又明朱子直看之義, 而不及於橫看之義."

의 강학회에 참석했던 젊은 학자들의 순수한 학문적 관심이 후일 신앙심으로 발전했다고 보기 때문이다. 그런데 이 강학회의 일과가 대단히 흥미롭다. 권철신權哲身(1736~1801)이 주도한 강학회의 참가자들은 권철신이 직접 정해 놓은 규정에 따라 새벽에 일어나 냉수로 세수를 한 다음에 「숙흥야매잠夙興夜寐箴」을 외우고, 해 뜰 무렵에는 「경재잠敬齋箴」을 외우고, 정오에는 「사물잠四勿箴」을 외우고, 해 질 무렵에는 〈서명〉을 외었다.[68] 해 질 무렵에 〈서명〉을 암송하였던 것은 바로 〈서명〉의 마지막 구절과 관계가 있는 것으로 보인다. 즉, 하루 일과를 마치고 쉬는 순간에 '살아 있을 때에는 자연의 이치를 따르고, 죽게 되면 편안히 쉴 것이다(存吾順事, 沒吾寧也)'라고 하는 〈서명〉의 마지막 구절을 떠올리면서 유교적 생사관을 묵상하고 하루의 일상을 반성했을 것이다.

여기서 조선시대 성리학자들의 〈서명〉 담론에 있어서 아쉬운 점이 발견된다. 즉, 〈서명〉에 관한 조선시대 성리학자들의 논의가 분량 면에서 단편적이며, 내용 또한 대부분 정·주의 관점과 이황의 해석에 기반하여 병렬적인 수준에서 이루어진다는 점이다. 그래서 이를 통해 한국 성리학자들의 고유한 문제의식과 이론의 내재적 연관성 등을 논하기에는 무리가 있다. 다만 이러한 고찰을 통해, 그들의 인식 상에서 〈서명〉이라는 주제와 그 사상이 보편적이었을 뿐만 아니라 매우 친근하게 받아들여졌음을 확인할 수 있다. 그리고 〈서명〉의 사상을 관념적인 수준에서만 받아들인 것이 아니라, 유학자 본연의 실제적인 삶의 모습에도 적용시키려 했다는 면에서 적극적인 의미를 찾을 수 있다.

〈서명〉에 관한 담론은 조선왕조의 공식적인 역사서인 『조선왕조실록』에도 자주 등장한다. 조선의 역대 왕들이 지방관들에게 행정에 최선을 다하라고

68) 김태완, 「張載의 '西銘'을 통해 본 유교 靈性哲學의 가능성에 관한 시론」, 『퇴계학논총』 30집(退溪學釜山硏究院, 2017), 347쪽 참조.

권고하거나, 신하들이 임금에게 다스림의 도리를 권면할 때에 자주 〈서명〉을 인용하였다. 이와 관련하여 몇 가지 주요 사례를 살펴보도록 하자.

단종 2년(1454)의 기사에는 단종과 시강관侍講官 하위지河緯地(1412~1456)의 대화가 수록되어 있는데, 특이하게도 조맹부趙孟頫의 글씨가 〈동명〉·〈서명〉 같아서 본받을 만하다는 하위지의 말이 기록되어 있다. 이를 통해 보건대 조선 초기에 이미 〈동명〉과 〈서명〉은 조선의 성리학자들에게 충분히 인식되고 있었으며, 성리학의 중요한 저작으로도 평가받고 있었음을 알 수 있다.[69]

중종은 세자가 공부하는 처소의 좌우에 〈동명〉과 〈서명〉을 걸어놓으라고 명하였으며,[70] 명종은 경연에서 이르기를 "〈동명〉과 〈서명〉은 긴요한 글이다. '백성은 나의 동포요, 만물은 나와 함께한다[民吾同胞, 物吾與也]'라고 한 말은 곧 백성들이 굶주리는 것이 내가 굶주리는 것과 같고 백성들이 추위에 떠는 것이 내가 떠는 것과 같다는 것이다. 이 말이 매우 깊고 간절하다"[71]라고 하였다.

선조는 기대승奇大升(1527~1572)과 함께 경연에서 〈서명〉에 관한 논의를 하던 중에 양시楊時(1053~1135)와 유초游酢(1053~1123)의 학문 가운데 어느 것이 더 나은지에 대해 물었다.

> 임금이 문정전文政殿의 석강夕講에 나아갔다. 『근사록近思錄』에서 '양시楊時가 묻기를, 〈서명〉은 체體를 말하고 용用은 말하지 않았다'에서부터 '「폄우砭愚」를 〈동명〉이라 하였다'까지를 진강進講하였다. 임금이 이르기를, "유초游酢는 〈서명〉을 읽고 곧 의심이 확 풀리어 마음에 거슬리지 않아서 '이것이 『중용』

69) 『端宗實錄』, 2년(1454), 4월 18일, '첫 번째 기사' 참조.

70) 『中宗實錄』, 35년(1540), 5월 29일, "李彦迪所言, 書東西銘, 掛諸左右事, 竝言于侍講院." 참조.

71) 『明宗實錄』, 10년(1555), 9월 27일, "上曰, 東西銘, 乃是切近之書. 民吾胞物吾與之言, 是爲一民飢若己飢, 一民寒若己寒也. 斯言最爲深切矣."

의 이치이다'라고 하였으니 지견知見이 있다고 할 수 있다. 그러나 양시楊時는 이것을 몰랐으니, 이로 본다면 양시가 유초만 못하다. 두 사람 가운데 누가 나은가?"라고 하니, 기대승이 아뢰기를, "전현前賢의 학문의 지위를 후학이 의논할 수도 없고 알 수도 없습니다. 유초는 의심이 확 풀리어 마음에 거슬리지 않는다 하였으니 이는 반드시 깨달음이 있어서 그런 것이요, 양시는 의문을 가지고 물었으니 이도 쉬운 일이 아닙니다. 유초와 양시는 모두 정씨 문하의 고제高弟인데 지위로 말하면 양시가 높았습니다"라고 하였다.[72]

현종은 부왕父王인 효종의 묘호墓號를 정하면서 송시열 등의 건의를 받아들여 〈서명〉에 나오는 글귀인 '녕寧' 자를 취하여 '영릉寧陵'이라 하였다.[73] 그리고 숙종은 1683년에 흉년이 들자 애통해하는 교지를 팔도에 내렸는데, 그 가운데에서 〈서명〉의 글귀를 인용하였다.

내가 일찍이 장재의 〈서명〉을 보았는데, 거기에 이르기를, "백성은 나의 동포이며 만물은 나와 더불어 살아가는 존재이다"라고 하였다. 어진 사람의 마음은 그 만물에 대해서도 오히려 서로 사랑하는 도리가 있는데, 하물며 동포인 백성이겠느냐? 아! 하늘이 나를 명하여 군주가 되게 하였고, 조종祖宗께서 나에게 왕위를 주신 것은 모두 백성들을 위함이었다. 내가 스스로 우리 백성들을 보전하지 못하였기에 이렇게 애통해하는 말을 내었으니, 마땅히 나를 애달프게 여겨서 생각을 움직이기 바란다.[74]

---

72) 『宣祖實錄』, 2년(1569), 5월 21일, "上御夕講于文政殿, 進講近思錄, 自楊中立問曰西銘, 言體而不言用, 止砭愚曰東銘. 上曰, 游酢得西銘讀之, 卽渙然不逆於心, 曰, 此中庸之理也. 可謂知見, 而楊中立則不知, 以此觀之, 楊時不如游酢矣. 二人孰優. 奇大升曰, 前賢學問地位, 後學不可議論, 亦不得知也. 游酢渙然不逆於心, 此必有所覺悟而然, 楊時有疑而問之, 斯亦不易矣. 游楊皆程門高第, 而以地位言之, 則龜山高矣."

73) 『顯宗實錄』, 즉위년(1659), 5월 11일, "人盡天地之理以終, 則其生也順, 其沒也寧. 故橫渠西銘, 極言大舜禹曾子之事, 而終之以存吾順事沒吾寧也. 朱子自卜壽藏, 而名以順寧. 明道銘邵子之墓, 亦曰有寧一宮矣." 참조.

74) 『肅宗實錄』, 9년(1683), 1월 18일, "予嘗見橫渠西銘, 有曰, 民吾同胞, 物吾與也. 仁人之心,

영조는 역대 임금 중에서도 〈서명〉을 가장 많이 인용하였다. 그는 즉위년(1724)에 백성을 구제할 대책을 강구할 것에 관해 재상으로부터 목민관에게 이르기까지 모든 관리들에게 하교하면서 "송나라 현인賢人의 〈서명〉이 오늘날의 약석藥石이 될 것이다"[75]라고 하였다. 또한 1765년(영조 41)에는 경연에서 『근사록』의 「서명장西銘章」을 강의하게 하였는데, '백성은 나의 동포이며 만물은 나와 더불어 살아가는 존재이다'라는 구절에 이르러 영조가 말하기를, "나는 신하들에 대해서도 그들을 구별하여 사랑하거나 미워하는 마음이 없다. 그런데 가난하고 의지할 데 없는 백성들은 더욱 불쌍하니, 선전관을 나누어 보내어 종가鐘街 부근을 떠돌아다니며 구걸하는 무리들을 보살펴 주고, 그들의 거주지를 물어 고향에 돌아가고자 하는 자들에게는 선혜청宣惠廳에서 양식을 주어 보내도록 하라"라고 하였다.[76] 그리고 1776년(영조 52)에는 방백과 수령들에게 선정을 펼치라는 영지를 내리면서, "〈서명〉에 '백성은 나의 동포이며 만물은 나와 더불어 살아가는 존재이다'라고 하였다. 어진 사람의 마음은 사물에 대해서도 서로 사랑하는 도리가 있는데, 더구나 형제 · 자매와 같은 백성이겠는가? 대청代聽[왕세자가 왕을 대신하여 정치를 하는 일]한 이래로 줄곧 생각하여 부지런히 힘써서 오직 한 지아비나 한 지어미라도 제자리를 얻지 못할세라 염려하였다. 모든 구제하는 방도에 관계되는 것은 오로지 묘당廟堂의 신하들에게 달려 있으나, 어루만지는 방도로 말하면 이것은 방백과 수령의 일이니, 아! 너희 방백과 수령들은 이 뜻을 본받아 더욱 힘쓰고 힘쓰라고 관찰사와

其於物也, 尙有相愛之道, 況於同胞之民乎. 嗚呼. 天之命予爲君, 祖宗之畀予以位, 皆所以爲民也. 予不能自保吾民, 發此哀痛之辭, 尙宜哀予而動念也."

75) 『英祖實錄』, 즉위년(1724), 9월 22일, "宋賢西銘, 可爲今日之藥石矣."

76) 『英祖實錄』, 41년(1765), 7월 3일, "上行晝夕講, 講近思錄西銘章, 至民吾同胞, 物吾與也, 上曰, 予於群臣, 無物我愛憎之心, 然至於顚連無告者, 尤可矜也, 分遣宣傳官, 往視鍾街流丐, 問其居住, 欲歸其土者, 令惠廳給糧以遣." 참조.

양도兩道의 수령들에게 하유下諭하노라"[77]라고 하였다.

조선시대 지식인 사회에서 〈서명〉의 사상은 학자들뿐만 아니라 군왕들에게도 많은 영향을 주었다. 조선시대의 〈서명〉 담론이 지니는 특징은 이론적인 측면에서는 정자와 주자의 관점을 주로 취하였으나, 이론에만 머물지 않고 이를 삶의 실제적인 모습에 적용하고자 애썼다는 점에 있다. 이러한 특징의 내면에는 도덕 주체로서의 '나'를 주목하여 구인求仁과 지경持敬의 삶을 강조했던 이황의 〈서명〉 사상이 크게 자리 잡고 있다. 성리학적 군왕이 되고자 했던 조선시대의 임금들 또한 구체적이고 실제적인 측면에서 〈서명〉의 이념을 실천하고자 애썼다. 그들은 〈서명〉의 사상을 추연推演하여 실제로 백성들을 사랑하는 마음으로 연계시켰고, 심지어 〈서명〉의 구절에 근거하여 임금의 묘호墓號를 짓기까지 했다. 이러한 것들은 모두 성리사상이 성행하였던 조선시대의 지식인들에게 〈서명〉이 얼마나 친숙하고 중요한 저작이었는지를 구체적으로 보여 주는 사례들이다.

Ⅳ. 〈서명〉이 지닌 도덕적 세계관의 의의

유교 자아론의 핵심은 공동체 관계를 전제로 하며, 그에 대한 책임을 자각하는 자아의 존재를 중시한다. 유학자들은 인간의 존재론적 특성을 공동체 자아 속에서 찾았으며, 이러한 인간이 마땅히 실현해야 할 보편적 덕성이

77) 『英祖實錄』, 52년(1776), 1월 1일, "西銘曰, 民吾同胞, 物吾與也. 仁人之心, 其於物也, 尙有相愛之道, 況於同胞之民乎. 代聽以來, 一念孜孜, 惟恐一夫一婦之不得其所. 凡係接濟之方, 專在於廟堂諸臣, 而至於撫摩之道, 此其方伯守令之事, 咨爾, 方伯守令, 須體此意, 益勉益勉事, 下諭于觀察使兩道留守."

바로 인仁이라고 보았다. 따라서 유학에서 최고의 덕목으로 간주되는 인仁은 단순한 도덕규범을 넘어서, 만물의 상호 연관성과 공동체 자아의 본성을 드러내는 존재론적 기반이기도 하다. 이러한 맥락에서 인은 고정된 형이상학적 실체라기보다는, 관계성 속에서 비로소 의미를 획득하는 '관계의 덕목'으로 이해될 수 있다.

〈서명〉은 바로 이러한 인을 통해 만물의 공동성을 확인하고자 한 저술이다. 현대적 관점에서 〈서명〉의 내용을 재해석하면, 이는 곧 '공동체론'으로 명명될 수 있다. 장재는 이 저작을 통해 인仁의 존재론적 근거를 확보하고자 하였으며, 기학氣學으로 대표되는 그의 철학 체계 안에서도 특히 태허즉기太虛卽氣의 기적氣的 본체론을 바탕으로 만물 동일성의 존재론을 정초하려 하였다. 그러나 〈서명〉에서는 보다 도덕적인 실체로서의 인을 통해 만물의 공동성을 윤리적으로 정립하고자 하였으며, 이로써 도덕적 관계 속에서 존재하는 자아의 형성을 추구하였다.

이러한 점에서 〈서명〉은 폐쇄적이고 단절적인 자아론을 극복하고, 상호 소통 가능한 자아론으로 나아갈 수 있는 철학적 가능성을 내포하고 있다. 물론 〈서명〉의 사상이 '부모-형제-자식' 중심의 봉건적 자애慈愛 관계를 기반으로 한 공동체 관념을 반영하고 있어, 그것을 현대적 의미의 수평적 공동체주의로 확장하기에는 일정한 한계가 있다는 비판도 제기될 수 있다. 그럼에도 불구하고, 〈서명〉의 사상은 유교가 궁극적으로 지향하는 관계적인 삶을 형이상학적 차원에서 조명한 대표 저작이라는 점에서, 상호 소통의 삶에 대한 현대적인 해석과도 근본 맥락을 공유한다고 볼 수 있다.

앞서 살펴보았듯이 〈서명〉은 퇴계 이황을 비롯한 조선시대의 성리학자들에게 큰 영향을 끼쳤다. 그러나 이들이 장재의 사상을 접한 방식은 대체로 간접적이었다. 장재의 전체 저작을 체계적으로 독해하기보다는, 『성리대전性

理大全』이나 『근사록近思錄』 등 성리학의 정전正典에 선록選錄된 주요 구절을 중심으로 접했기 때문이다. 『근사록』 권2 「위학류爲學類」에는 〈서명〉과 〈동명〉이 함께 수록되어 있으며, 『성리대전』 권4에는 〈서명〉 원문과 주희의 「서명해西銘解」가 함께 실려 있다. 특히 『성리대전』에 수록된 주희의 「서명해」는 조선시대 성리학자들이 〈서명〉을 이해하는 데 있어 결정적인 해석의 틀을 제공하였다. 이에 따라 조선의 유학자들은 장재 사상의 핵심인 '태허즉기'의 본체론적 사유보다는, 정씨 형제와 주희가 강조한 리일분수론理一分殊論과 인仁을 중심으로 한 공동체 자아론에 더욱 깊은 관심을 기울였다.

물론 〈서명〉에만 한정하지 않고 장재 사상 전반에 관심을 보인 학자들도 존재한다. 예컨대 박이장朴而章(1547~1622)과 서사원徐思遠(1550~1615)은 장재의 기학적 사유에 깊이 천착하였고, 안정복安鼎福은 『정몽』 전체에 대한 주석서인 『과위교過危橋』를 저술하였다. 또한 장현광張顯光의 스승인 장순張峋은 장재의 사상에 감화되어 스스로를 '학거鶴渠'[78]라 칭하기도 하였다. 그러나 이러한 경우는 조선 성리학 내에서도 비교적 특수한 예로 간주된다.

비록 조선 성리학자들이 장재 사상 전체에 대해 깊이 있게 접근한 것은 아니었지만, 적어도 〈서명〉에 대한 이해는 상당한 수준에 도달하였다고 평가할 수 있다. 그 대표적인 예가 바로 경연經筵 강독이다. 이황, 송시열 등 조선의 주요 성리학자들이 경연에서 행한 〈서명〉 강의는 단순한 해설이나 고증을 넘어서, 자신의 철학적 관점을 체계적으로 제시한 독창적 논의의 장이기도 하였다.

특히 조선시대의 성리학자들이 〈서명〉 해석에서 가장 중시한 부분은 '개인의 실천 의지'였다. 이와 같은 관점을 가장 뚜렷하게 드러낸 인물은 이황으

78) 鶴山에 거주하는 橫渠 後學이라는 의미.

로, 그는 '마음을 잘 간직하고 본성을 기르는[存其心, 養其性]' 수양의 이치가 〈서명〉에 분명히 제시되어 있다고 판단하였다. 이에 따라 그는 『소학小學』의 강의가 끝난 직후 〈서명〉을 경연에서 강독하도록 권고하였다.[79] 즉 이황은 〈서명〉을 유교의 심성 수양을 위한 실천서로 간주한 것이다. 나아가 조선시대 임금들은 〈서명〉을 해석하는 데 있어 일반 학자들보다 더 강한 실천 의지를 보였다. 이들은 〈서명〉을 통해 군주의 도덕적 자각과 애민愛民의 의지를 더욱 공고히 하고자 하였으며, 이를 통해 유교적 군왕의 덕성을 성찰하려 하였다.

요컨대, 이황을 비롯한 조선 성리학자들에게 있어 〈서명〉은 단지 철학적 이론의 수준에서 머무는 저작이 아니라, 유교적 세계관을 삶 속에서 실천하기 위한 구체 지침서로 기능하였던 것이다. 이로써 〈서명〉은 조선 성리학의 학문 수준을 심화시키는 '이론서'이자, 유학적 삶의 이상을 구현하기 위한 '실천서'로서의 위상을 동시에 지니게 되었다.

79) 『宣祖修正實錄』, 1년(1568), 10월 1일 참조.

제10장 장재 기학과 정씨 형제의 리학

중국 근세 유학에 대한 기존의 연구는 대체로 시대의 흐름에 따라 개별 사상가를 중심으로 하는 종단적縱斷的 접근이 주를 이루어 왔다. 이러한 연구 경향은 각 학자의 사상적인 연계성 또는 학파 간의 유기적인 관계를 충분히 조명하지 못하였으며, 그 결과 유학 내 사상구조의 총체적인 이해에는 한계를 드러내고 있다.

이 장에서는 장재의 기학氣學과 정씨 형제[程顥·程頤]의 리학理學을 상호 소통과 대립이라는 두 측면에서 고찰하고자 한다. 학계에서는 일반적으로 정씨 형제의 사상적 차이를 구명하는 데 초점을 두는 경향이 있으나, 여기서는 장재의 기학에 대한 비판이라는 문제의식에 있어서 두 사람의 입장이 대체로 일치한다는 점에 주목하여, 정씨 형제의 사상을 굳이 구분하지 않고 '정씨 형제[二程]'라는 공동 명칭으로 언급하고자 한다. 다만, 장재의 기학과 정씨 형제의 리학을 대비할 때, 형인 정호보다는 아우인 정이의 관점이 보다 뚜렷하게 나타난다는 점은 간과할 수 없는 사실이다.

기와 리의 관계는 성리학 발전사 전반에서 핵심적인 논쟁의 대상이 되었으며, 장재와 정씨 형제의 사상은 이러한 논의의 출발점을 제공하였다. 특히 장재의 기학은 송·명 시대의 기학자들뿐만 아니라 명말청초 시기의 '내재론적 기학자'들에게도 사상적 근거로 간주되었다.[1)] 뿐만 아니라 정주程朱 성리학자들 또한 장재의 기학을 자신들 사상 체계의 일부로 수용하였으며, 육구연과 왕수인으로 이어지는 심학心學 역시 장재 사상에 일정 부분 의존하고 있다. 이와 같이 동아시아 근세 유학의 대표적 사상 체계라 할 수 있는 기학, 리학, 심학은 모두 장재의 사상에서 일정한 영향을 받았다고 평가할 수 있다. 이 세 학파는 각각 기氣, 성性(理), 심心의 개념을 중심으로 자신들의 사상 체계를 정립하였다.

표면적으로 장재의 기학과 왕수인의 심학은 철학적 기반과 체계가 뚜렷하게 구분된다. 장재는 기를 중심으로 한 우주론적 사상 체계를 구성하였으며, 왕수인은 심을 중심으로 한 심성론적 구조를 형성하였다. 이들의 사상은 학통, 시대적 활동 배경, 지역적 기반, 그리고 주요 철학 개념에서 분명한 차이를 보인다. 그러나 사회사적 배경과 사상적 지향에서 양자 사이에는 공통점도 적지 않으며, 실제로 왕수인의 심학 형성에 장재의 기학이 일정한 영향을 미쳤다는 점도 간과할 수 없다.[2] 이에 반해 장재의 기학과 정씨 형제의 리학은 후대 사상가들에 의해 모두 송대 리학의 범주에 포함되었으며, 양자의 철학적 상관성과 친연성에 주목하는 연구 또한 적지 않다. 그러나 양 사상은 단순한 협력 관계로 환원될 수 없으며, 특히 이론 구조에 있어 상호 간에 뚜렷한 대립 양상을 보이는 것이 사실이다.

이 장에서는 먼저 기와 리의 개념사적 의미를 검토하는 선행 작업을 수행하고자 한다. 이어서 장재의 사상이 정씨 형제의 영향 아래 형성되었다는 전통적 견해에 대한 비판적 고찰을 진행하며, 본론에서는 기학과 리학의 이론 구조를 각각의 발생 배경을 통해 조명하고, 이를 본체론과 심성론의 측면에서

---

1) 氣學은 人欲을 부정하는 '超越觀的 氣學'과 人欲을 긍정하는 '內在論的 氣學'으로 구분할 수 있다.[劉明鍾, 『韓國思想史』, 이문출판사, 1981, 306쪽 참조]

2) 장윤수, 「氣學과 心學의 횡단적 소통구조에 관한 연구」, 『철학연구』 130집(대한철학회, 2014) 참조.

비교 분석하고자 한다. 우선 본체론적 관점에서 장재는 기를 우주의 근본 원리로 간주하였으며, 만물은 기에 의해 생성되고 변화한다고 보았다. 그에게 있어 본체와 현상은 기의 작용에 의해 발현되는 동일한 실재의 두 측면으로, 일종의 기-일원론적 세계관을 보여 준다. 반면 정씨 형제는 리를 만물의 궁극적 본체로 보았으며, 기는 다만 리에 의존하여 존재하는 현상적 요소에 불과하다고 주장하였다. 이로써 장재의 기학과 정씨 형제의 리학은 본체론적 입장에서 근본적인 사상적 차이를 드러낸다.

그러나 심성론의 영역에 이르면 양자의 대비 양상은 다소 달라진다. 장재는 인간의 도덕적 수양이 기의 순화를 통해 이루어진다고 보았으며, 기의 운동과 변화는 곧 인간의 심성과 도덕적 상태에 영향을 준다고 이해하였다. 반면 정씨 형제는 도덕적 수양은 기의 조절이나 순화가 아니라, 성性의 보존과 확장을 통해 가능하다고 보았다. 외형적으로 볼 때, 장재는 심성론에 있어서도 일관된 '기-일원론'을 유지하는 것처럼 보이나, 실제로 그의 심성론은 기와 심, 혹은 기와 성의 구별을 전제한다는 점에서 사실상 이원론적 성격을 띠고 있다.

그렇다면 이러한 장재 기학의 이론적 긴장 내지 모순은 과연 어떤 철학적 조건에서 발생한 것인가? 이 장의 마지막 부분에서는 이와 같은 문제를 규명함으로써 장재 기학 내에서 기-일원론과 이원론 사이의 이론적 경계와 그 변증법적 구조를 해명하고자 한다.

Ⅰ. 기와 리의 개념사적 의미

'기'와 '리'는 성리학의 핵심 개념인데, 송대에 이르러 함께 짝을 이루는 개념으로 주목받게 된다. 여기서 우선 리와 기가 무엇인지 그 자전적字典的 의미부터 살펴보도록 하자.

리와 기의 개념 중에 보다 오랜 전통을 갖는 개념은 단연 기다. 기는 그 용례가 갑골문과 금문金文에서 모두 발견된다. '기'라는 용어는 현대인의 삶에서도 많이 주목받고 있는 문화적 코드이며, 동시에 우리의 실제 생활과 관련한 수많은 어휘들에서 여전히 생명력을 가지고 있는 주요 개념이기도 하다. 기 개념은 '주체적 체험'의 표현이기도 하며 그 의미가 매우 다의적이다. 이미 춘추전국시대부터 다양한 기의 용례가 등장한다. 갑골문에 나타나는 '기氣' 자의 의미는 '상제명上帝命의 강하降下'를 뜻한다.[3] 갑골문에 등장하는 바람과 흙의 정령精靈이 기 개념의 원형으로 발견된다.[4] 즉 대기大氣가 천하만물에 대해서 갖는 생명력은 농작물을 생육시키는 풍우風雨나 토양의 생명력과 자연스럽게 결부되어졌던 것이다. 은대 갑골문의 기론氣論은 후대로 내려오면서 점차 사람을 만물의 하나로 간주하고, 사람도 만물과 같이 기를 구성 요소로 한다는 사고로 정착되었다. 그런데 주대에 이르면 자연현상으로서의 기와 인간의 생명현상으로서의 기를 구분하는 의식이 싹트며, 이 두 가지 사이에 어떤 긴밀한 관계를 지적해 내고자 하는 일이 많아졌다.

이에 반해 '리理'라는 글자는 기에 비해 상당히 후대에 등장한다. 리는 주대의 고서古書인 『시경』, 『좌전』, 『국어』에서 그 용례를 찾아볼 수 있으며, 이보다 훨씬 후대에 이루어진 『맹자』, 『장자』, 『한비자』, 『예기』 등에서도 간혹 등장하지만, 당시에는 그다지 중요한 개념으로 다루어지지는 않았다. 리를 본격적인 철학 개념으로 사용한 것은 불교의 화엄종 사상이다. '리법계理法界'와 '리사무애법계理事無碍法界'의 이념이 바로 그것이다.[5] 유학에 있어서 '리'

---

3) 張立文 外, 『氣의 철학』 상, 김교빈 외 역(예문지, 1992), 39쪽 참조.

4) 小野澤精一 外, 『氣의 思想』, 전경진 역(원광대학교출판국, 1987), 40~47쪽 참조.

가 핵심 개념으로 자리 잡은 것은 송대 성리학의 시대에 이르러서다. 성리학은 이 세계의 질서를 리에서 찾는다. 리는 인간뿐만 아니라 자연 사물에도 적용되는 개념이다. 기가 자연 중심의 개념이라면, 상대적으로 리는 인간[사회] 중심의 개념이라 할 수 있다. 리理는 형성자形成字로서 '옥玉'이 뜻을 나타내고 '리里'가 음을 상징한다. 이러한 형성구조는 리理가 비슷한 비중의 다른 개념들에 비해 비교적 늦게 형성되었음을 의미한다. 실제로 지금까지 발견된 갑골문과 금문 속에서는 '리理' 자의 용례를 찾아볼 수 없다.[6] 원래 리理는 돌이나 구슬[玉]에 있는 '결', '무늬[條理]'를 뜻한다. 그러므로 『설문해자說文解字』에서는 리理를 '옥玉을 다듬다'라는 뜻으로 풀이하였다.[7] 구슬 안에 '결'이 있듯이, 인간이나 사회 안에도 '결[원리; 법칙; 규칙; 조리]'이 있으며, 그것을 잘 활용해야 한다는 은유적 발상이 담겨 있다. 리理에는, '마땅히 이처럼 되어야 하는 것'과 '현실은 이처럼 되어 버리는 것'이라는 두 가지 의미가 있는데,[8] 이 중에서 전자의 의미가 철학적인 의미를 보다 강하게 띠게 된다.

이처럼 '기'와 '리'라는 글자의 사용 범위와 용례는 대단히 광범위하다. 송대 이래 동아시아 사회에 있어서 유가 지식인들이 자신들의 이론을 펼쳐나갈 때 흔히 기와 리라는 용어를 사용하였다. 리·기 개념에 대한 추적은 결국 동아시아 근세 사상사를 쓰는 것과 마찬가지일 수 있다.[9] 그러므로 리와 기를 언급할 때는 반드시 '누구의 이론'이며, '어떤 맥락'에서 사용된 개념이라는 구체적 제한이 필요하다. 유가사상에 있어서 리와 기는 인간, 세계, 자연을 체계적으로 이해하고자 하는 '세계관적' 성격이 강하다. 중국철학자들 중에서

5) 이동철 외 엮음, 『21세기의 동양철학』(을유문화사, 2005), 63~70쪽 참조.
6) 張立文 主編, 『理』, 안유경 옮김(예문서원, 2004), 39쪽 참조.
7) 許愼, 『說文解字』, '理'項, "理, 治玉也, 從玉里聲." 참조.
8) 溝口雄三 外, 『中國思想文化事典』, 김석근 외 옮김(민족문화문고, 2003), 75쪽 참조.
9) 溝口雄三 外, 『中國思想文化事典』, 김석근 외 옮김, 87쪽 참조.

기의 이론을 가장 모범적이고 체계적으로 논증한 학자가 장재이고, 리의 사상을 유학적 입장에서 가장 잘 설명한 학자가 정씨 형제, 그중에서도 아우인 정이라 할 수 있다.

Ⅱ. 장재와 정씨 형제의 학문적 관계

장재의 관학파關學派와 정씨 형제의 낙학파洛學派는 거의 최초의 신유가 학파라 할 수 있다. 이 두 학파는 장재와 정호가 왕안석의 신법新法에 반대하면서 관직에서 물러나는 것을 계기로 하여 형성되었다.[10] 전해 오는 기록을 종합해 볼 때, 그들 사이의 주목할 만한 만남은 세 차례 이루어진다. 첫 번째 만남은 1056~1057년 사이에 이루어졌다. 1057년에 장재는 정호와 함께 진사시에 급제하여 수도 변량汴梁(開封)에서 만남을 가졌다. 당시 장재는 38세이고 정호는 26세였는데, 장재는 정씨 형제와 함께 도학道學의 종지宗旨에 대해 논의하였다. 이 만남 직후에 정호는 장재에게 「답횡거장자후선생서答橫渠張子厚先生書」[일명 「정성서定性書」]라는 서신을 보내게 된다. 두 번째 만남은 1069~1070년 사이에 이루어지는데, 장재와 정호가 수도 변량汴梁에서 함께 관직생활을 하던 시기이다. 그리고 세 번째 만남은 장재가 작고하던 해인 1077년에 이루어졌다. 장재는 당시 태상예원太常禮院의 관직을 그만두고 관중關中으로 돌아가던 중에 소옹의 부음을 듣고 낙양洛陽에 들러 정씨 형제를 만났다. 세 번째 만남에서 논의한 내용을 기록한 자료가 바로 〈낙양의론洛陽議論〉이다.[11] 그렇지만 장재와 정씨 형제의 관계는 단순히 이러한 형식적인 만남에 그치지 않는다. 그들은

---

10) A. C. 그레이엄, 『정명도와 정이천의 철학』, 이현선 옮김(심산출판사, 2011), 16쪽 참조.
11) 『程氏遺書』 卷10에 수록되어 있다.

학문적인 관계에 있어서 서로 간에 깊은 영향을 주고받았다.

정씨 형제는 아버지 정향程珦의 명에 따라 1046년에 주돈이의 문하에 나아가서 대략 1년간 학업을 연찬하였다. 당시 정호는 15세, 정이는 14세 무렵이다. 그런데 실제로 주돈이가 정씨 형제에게 끼친 영향은 그다지 크지 않았던 것으로 짐작된다.[12] 가장 대표적인 증거가 정씨 형제의 저작에 주돈이의 『통서通書』나 〈태극도설太極圖說〉 같은 대표 작품의 이름이 등장하지 않는다는 점이다. 반면 장재의 경우에는 정씨 형제의 학문 즉 낙학洛學의 형성에 많은 영향을 주었던 것으로 보인다. 상당수 장재의 제자들이 스승이 작고한 후 정씨 형제에게 귀의하여 학업을 연마했지만, 이들은 관중 지역을 중심으로 활동하면서 관학의 학문적 정체성을 지속적으로 유지하고 있었다. 장재 사후 정이의 문하에서 가장 성공적으로 정착하여 '정씨 문하 네 선생[程門四子]'의 한 사람으로 평가받는 여대림조차 장재의 학문을 굳건하게 견지했던 것으로 보인다. 그래서 정이는 여대림에 대해 불만스런 뜻을 내비치면서, "여대림은 장재의 학문을 매우 굳건하게 지켰다. 그는 매번 장재가 말하지 않은 것에 대해서는 나와 의견이 모두 일치하였지만, 장재가 이미 말한 것이 있으면 나의 의견에 조금도 동의하지 않았다"[13]라고 하였다.

장재가 7년여에 걸쳐 관중 지역 미현眉縣에 거처하면서 강학에 힘썼던 것과는 달리, 정씨 형제는 번갈아 중앙정계에 진출하면서 부정기적인 강학을 하게 된다. 그들은 장재 사후에 본격적으로 강학하여 하나의 학파, 즉 낙학을 형성하게 되지만, 초기에는 강고한 학파적인 결속력을 형성하지도 못했고 일관된 사유 체계를 보여 주지도 못했다. 낙학의 학파 형성에는 관학에 대한 경계와 낙학의 우위를 주장하는 경쟁의식이 크게 영향을 미쳤던 것으로 보인다.

---

12) A. C. 그레이엄, 『정명도와 정이천의 철학』, 이현선 옮김, 277~304쪽 참조.
13) 『程氏遺書』, 卷19, "呂與叔守橫渠學甚固, 每橫渠無說處皆相從, 纔有說了, 便不肯回."

정씨 형제의 제자들은 낙학의 우위를 주장하기 위해 장재의 관학이 정씨 형제로부터 유래했다고 주장하기에 이른다. 대표적인 사례가 바로 유초游酢(1053~1123)인데, 그는 "〈장재가〉 선생[정호]의 논의를 듣고 나서 그 제자들을 물리치고 이전의 학문을 모두 버린 후에 도에 전념하였다.…… 그 사상의 원천을 추구해 보면 선생[정호]으로부터 기원한 것이다"[14]라고 하였다. 이러한 주장은 1077년 장재가 작고한 후에 관학이 구심점을 잃게 되고, 제자 가운데 몇몇 학자들이 정씨 형제의 문하에 나아가게 되면서 점차 확산되었다. 심지어 장재의 〈행장〉을 쓴 여대림의 경우도 〈행장〉에서 이와 비슷한 언급을 하였다.[15] 이러한 사례는 당시 관학에 대한 낙학의 경계의식을 보여 주는 증거이기도 하다.

장재의 사상이 정씨 형제의 영향 아래 있었다는 관점은 최근에 이르기까지 일반적인 상식처럼 여겨졌다. 이로 인해 장재의 사상은 그 자체로 대단히 흥미롭고 중요성을 인정받을 수 있는 요인이 충분함에도 불구하고 후대 신유학에 큰 영향을 미치지 못하였다.[16] 일반적으로 신유학의 정통은 정씨 형제의 사상에서 찾는 경우가 많다. 후일 남송의 주희가 송학宋學의 기초를 구축한 네 명의 선구자, 이른바 '북송사자北宋四子'의 한 사람으로 장재를 현창하였다.[17] 주희는 친구 여조겸呂祖謙과 함께 '사자四子'의 어록인 『근사록近思錄』을 편찬하였는데, 각 편에서 장재의 말을 정씨 형제의 말보다 뒤에 편집하였다. 이러한 순서 배열은 곧 주희가 장재를 '북송사자' 가운데서 비교적 낮게 평가하였음을 드러내 주는 증거이다.

---

14) 『程氏遺書』, 附錄, 「書行狀後」, "旣而得聞先生論議, 乃歸謝其徒, 盡棄其舊學, 以從事於道.……推其所自, 先生發之也."
15) 呂大臨, 〈橫渠先生行狀〉 참조.
16) A. C. 그레이엄, 『정명도와 정이천의 철학』, 이현선 옮김, 27쪽 참조.
17) 여기서 말하는 四子란 周敦頤, 張載, 程顥, 程頤를 지칭한다.

그런데 장재의 학문이 정씨 형제로부터 말미암는다는 주장은 당사자인 정이에 의해 즉각 부정된다. 정이는 "그[장재]의 평생의 의견이 우리 형제와 공통된 점이 많이 있다고 말하면 합당하겠지만, 그가 우리 형제로부터 배웠다고 말하면 사실과 부합하지 않는다"[18]라고 하였다. 장재의 제자였던 소병이 기록한 〈낙양의론〉을 보면, 그 내용이 대부분 정씨 형제가 장재에게 묻고 이에 대해 장재가 답하는 형식으로 되어 있다. 즉 형식상 장재가 선배 또는 스승의 입장에서 정씨 형제를 대하고 있다.[19] 실제로 장재는 정씨 형제의 '표숙表叔'이기도 하다.[20] 이러한 사례만 보더라도 장재의 학문이 정씨 형제로부터 유래했다는 후대의 주장은 과장된 표현인 것을 알 수 있다.

정씨 형제는 장재가 작고한 해인 1077년 즈음까지도 낙양에서 강학하지 않았고, 그들의 『어록語錄』 또한 이보다 앞선 시기에 이루어진 것은 거의 찾아볼 수 없다. 그리고 정씨 형제의 저작에서는 장재 관련 언급이 자주 등장하지만, 장재의 저작들에는 정씨 형제에 대한 언급이 거의 보이지 않는다. 이러한 사실들을 통해 유추해 볼 때 장재와 정씨 형제 가운데 굳이 누가 더 많은 영향을 받았는가를 따져 본다면, 오히려 정씨 형제가 장재로부터 더 많은 영향을 받았다고 말하는 것이 타당할 것이다. 정씨 형제에게 보다 더 우호적인 시선을 두고 말한다 하더라도 이들 서로가 영향을 주고받았다고 보는 것이 타당할 것이다.[21] 정씨 형제가 장재와 그 후학들의 사상에 대해 강하게 비판했던 것은 그들이 그만큼 장재의 사상을 중요하게 의식하고 있었으며, 이를

---

18) 『程氏外書』, 卷11, '時氏本拾遺', "表叔平生議論, 謂頤兄弟有同處則可, 若謂學於頤兄弟則無是事."

19) 이현선, 『장재와 이정형제의 철학: 기철학과 리철학의 대립』, 49~54쪽 참조.

20) 張載의 고모가 二程 형제의 할머니였다. 『關學宗傳』 卷1, '橫渠張子'項에서 "二程子는 張子[張載]의 고종사촌 아들이기 때문에, 항렬이 낮다[二程子於子爲外兄弟之子, 卑行也.]"라고 하였다.

21) A. C. 그레이엄, 『정명도와 정이천의 철학』, 이현선 옮김, 307~308쪽 참조.

극복하는 것을 자신들의 철학적 과업으로 여겼던 반증으로 볼 수 있다.

Ⅲ. 기학과 리학의 이론 구조 대비

1. 기학과 리학의 발생 배경

송대 성리학은 형성 과정에 있어서 의미 있는 두 단계를 거친다. 첫 번째 단계는 무無에서 유有로의 방향 전환이고, 두 번째 단계는 기氣에서 리理로의 중심 이동이다. 무에서 유로의 방향 전환은 성리학의 이단사상 비판 즉 도가와 불가사상 비판과 연관되는데, 특히 장재 기학의 본체론에서 잘 드러난다. 그리고 기에서 리로의 이동은 장재 기학에 대한 정씨 형제의 비판의식에서 구체화된다.

첫 번째 단계에서는 장재와 정씨 형제가 공통된 문제의식을 보인다. 그들은 도가와 불가 사상을 극복하는 과정에서 '무無(虛無寂滅)'를 자신들의 사상에서 배제하려는 의식을 다함께 드러낸다. 그들의 이러한 문제의식에서 실유론적實有論的 사상이 등장하게 된다.[22] 도가와 불가 사상에 대한 호전적 태도 및 그러한 비판의식을 사상적으로 체계화하려는 시도는 장재와 정씨 형제가 거의 처음이라 할 수 있다.[23] 그리고 이러한 사상적 면모는 이후 송대 신유학의 보편적인 특징으로 확인된다.

우선 장재는 기의 이론을 통해 도가사상[玄學]과 불가사상[華嚴哲學]의 세계관

22) 王緖琴, 『氣本與理本: 張載與程頤易學本體論的建構及其問題』(北京: 中國社會科學出版社, 2017), 182~187쪽 참조.
23) A. C. 그레이엄, 『정명도와 정이천의 철학』, 이현선 옮김, 22~23쪽 참조.

을 극복하고자 했다. 그는 '태허-기-만물'의 관계를 유기적으로 설명하였다.[24] 즉 무형의 우주 공간을 '태허太虛'[25]라 부르고, 이것을 우주만물의 본연의 상태인 '자연自然'이라 하였다. 장재가 생각하기에 태허는 기로 충만해 있고, 기가 존재하지 않는 무無의 공간은 있을 수 없다. 장재는 기를 운동하게 하는 그 어떤 근원자 즉 신적神的인 존재를 부인하며, 기의 운동[聚·散] 자체가 바로 기의 본질이라고 보았다. 그러므로 그에게 있어서 운동하지 않는 기란 있을 수 없으며, 이러한 운동에 의해 기는 만물이 되고 또한 만물이 다시 태허로 바뀌기도 한다는 것이다.

장재는 모든 사물의 기초와 근원을 기라 여겼으며, 기에 의해 형성되는 만물들은 현상으로 드러나기 이전이나 이후가 모두 같은 성질을 유지한다고 생각하였다. 그러므로 그는 현상화 이전과 이후를 단절시키는 모든 견해는 잘못되었다고 생각하며, 근본적으로 이 두 가지를 동일시하는 이론만이 올바른 세계관이라고 보았다. 장재의 이러한 기의 세계관은 유기체론의 전형적인 모습을 보여 준다. 이러한 그의 사상을 한마디로 일기론一氣論이라 할 수 있다. 그가 비록 논리를 강화하기 위해 태허기太虛氣(본체)와 만물기萬物氣(현상)를 체體와 용用으로 이원화시켰지만, 그에게 있어서 체와 용은 모두 기로 이루어지는 기체기용氣體氣用의 사상이라 할 수 있다.

그런데 이러한 장재의 기학은 그 자체로 장점과 한계가 분명하다. 일기론이라는 실유적 세계관을 통해 도가와 불가의 사상을 비판할 수 있다는 점에서는 장점이 되지만, 일기론을 통해 세계 자체의 존재 이유나 목적을 설명하는 데 있어서는 한계를 드러낸다. 즉 장재의 생각처럼 모든 것이 흩어져 보이지

24) 『正蒙』, 「太和」 참조.

25) 글자 그대로는 지극히 텅 빈 것 즉 허공을 말하는데, 흩어져 희박한 상태로서의 氣와 동일시된다. 張載에 의하면 太虛가 곧 氣이며, 만물은 동일한 물질적 실체의 동일하지 않은 상태를 의미한다.

않는 기로 돌아갈 뿐이라고 한다면, 도대체 우리는 자신의 삶을 적극적으로 영위할 필요성을 어디에서 찾을 수 있단 말인가? 정씨 형제는 장재의 기학이 지니는 중요성을 충분히 인지했지만 동시에 그 문제점 또한 분명하게 인식하고 있었다. 정씨 형제는 장재가 설정한 본체는 불변성과 필연성을 확보하기 어렵기 때문에 결국은 형이하자形而下者에 불과한 것이라고 본다. 장재는 일기一氣의 양상이라 할 수 있는 유형有形과 무형無形, 혹은 가상可象과 불가상不可象을 기준으로 체體와 용用을 구분하였다. 바로 이러한 점에서 정씨 형제는 장재가 체와 용을 구분하는 데에 실패하였다고 보았다. 정씨 형제의 관점에서 보자면, 장재는 체와 용의 연속성을 유지하려는 문제의식이 너무 강해, 결국 본체다운 본체를 확립할 수 없다는 것이다.[26] 이러한 문제의식이 정씨 형제의 학문 형성에 중요한 계기가 된 것으로 보인다. 정씨 형제는 장재 기학의 맹점을 개선하고자 애썼다. 우선 뭉치고 흩어지는 기에다 불변하는 존재 이유나 목적을 집어넣고자 하였다. 그들은 이러한 존재 이유나 목적을 리理라고 명명하였다.

정씨 형제의 이러한 사상은 대단히 창의적이다.[27] 특히 리理와 기氣의 관계를 체體와 용用의 논리로 명료하게 설명한 정이의 사상은 논리적 정합성이 돋보인다. 정씨 형제는 하늘[질서 · 법칙]이 원기元氣보다 근원적인가, 아니면 원기가 하늘보다 근원적인가 하는 문제를 의식적으로 해결하려고 한 최초의 인물 중 한 사람이다.[28] 정씨 형제의 생각에 따르면, 천지의 생성은 '저절로 그러하게 낳고 또 낳아 끝이 없는 것'[29]이다. 그러므로 천지는 이전에 이미

---

26) 장원목, 「性理學 本體論의 형성에 관한 연구: 張載의 본체론과 二程의 비판을 중심으로」(서울대학교 대학원 박사학위논문, 1998), '국문초록' 참조.

27) 그레이엄은 程頤를 평하여 지난 2000년간 가장 위대한 유학 사상가라고 하였다.[A. C. 그레이엄, 『정명도와 정이천의 철학』, 이현선 옮김, 8쪽 참조]

28) 이원석, 「二程의 元氣說 비판과 理의 특성」, 『대동철학』 71집(대동철학회, 2017), 217쪽 참조.

29) 『程氏遺書』, 卷15, "自然生生不窮."

있었던 재료를 밑바탕 삼아 어떤 것을 낳지 않고 새로운 것을 계속해서 만들어 낸다고 보았다. 장재에게 있어서 새로운 것은 이전에 있었던 것을 바탕으로 삼은 반면, 정씨 형제의 경우에 새로운 것은 이전에 있었던 것을 바탕으로 삼지 않는 완전히 새로운 것이다. 정씨 형제는 '저절로 그러하게 생성할 수 있으며 굴신왕래屈伸往來하는 것은 리理일 뿐'30)이라고 생각하였다. 여기서 리는 만물 생성의 근원이 된다는 점에서 창조성을 갖게 된다. 정씨 형제의 사상은 주희를 거치면서 주자학이라는 방대한 체계를 형성하게 된다.

2. 기학과 리학의 본체론 대비

장재는 만물의 본질과 우주를 구성하는 기본 요소로서 기의 역할을 강조하며, 기를 통해 우주의 생성과 변화를 설명한다. 그는 우주만물이 모두 기로 이루어져 있으며, 기가 만물의 생성, 변화, 소멸을 주도한다고 보았다. 즉 장재는 기를 존재하는 모든 것의 궁극적인 토대로 설정하였다. 그는 무無나 공空으로부터 유有를 설명하려는 관념적 태도를 지양하고 더 이상 추상할 수 없이 자명하게 주어져 있는 기를 자신의 철학적 사유의 실마리로 취하였다. 장재에게 있어서 '형체 있음[氣]'은 그 배경으로 주어져 있는 '형체 없음[太虛]'을 해명하기 위한 실마리다. 즉 유有는 무無를 지향적으로 드러내기 위한 실마리다. 그러므로 '태허가 곧 기[太虛卽氣]'임을 알지 못한다면, '유'에 혹은 '무'에 집착하게 된다. 장재는 이러한 실상에 대해 말하기를, "태허에는 기가 없을 수 없고, 기는 모여서 만물이 되지 않을 수 없으며, 만물은 흩어져 다시 태허가 되지 않을 수 없다. 이러한 과정을 따라 나가고 들어오는 것은 모두 부득이한

30) 『程氏遺書』, 卷15, "自然能生, 往來屈伸, 只是理也."

것이다"[31]라고 하였다. 장재는 아무리 추상해도 부정할 수 없는 확실한 사실이 기의 존재라고 여겼다. 그러므로 그에게 있어서 기의 존재를 떠난 도道는 생각할 수조차 없다.

장재는 『정몽』의 첫 편인 「태화편太和篇」에서 주로 '태허-기-만물'의 관계에 대해 설명하였다. 그는 무형의 우주 공간을 '태허'라 하였고, 이것을 우주 만물의 본연의 상태라고 보았다. 그가 우주의 근본 실체로 본 태허는 단순한 공허가 아니라 기의 응결과 확산이 일어나는 가능성의 공간이다. 즉 태허는 단순히 개념상의 이미지에서 보자면 노장적인 무無, 불교적인 공空과 비슷한 개념으로 생각할 수도 있지만, 실제로는 완전히 반대의 의미다. 태허는 감각과 지각을 벗어난 무한대의 공간일지라도 결코 무나 공은 아니며, 본원으로 돌아간 물질적인 기의 충만한 상태를 나타내는 실유적인 개념이다. 장재에게 있어서 감각과 지각의 대상인 삼라만상은 이러한 일원적인 기의 부단한 운동, 즉 기의 취聚·산散이라는 양태로서 설명된다. 장재는 이처럼 세계의 확고한 실재성과 그 부단한 운동성을 우선적으로 긍정한다. 장재에 따르면 세계 속의 사물이나 현상에 '고립된 리理'는 존재하지 않으며 그것들은 운동 가운데 상호 연관되어 존재하며, 그것도 동同·이異, 굴屈·신伸, 시始·종終 등과 같은 대립 계기의 상호작용에 의해서만 생성될 수 있다. 그런데 장재가 주장하는 대립 계기는 주돈이나 정이가 주장하는 '대對'의 의미처럼 단순히 외적인 것이 아니라, 일자一者 그 자체에 있어서의 내적 대립 즉 '모순'을 의미한다.[32] 장재는 이것을 '일신양화설一神兩化說'로 설명하였는데, "하나의 사물에 두 면이 있는 것이 기다. 하나이므로 신神하고(둘이 있으므로 헤아릴 수 없다), 둘이므로 화化한다

31) 『正蒙』, 「太和」, "太虛不能無氣, 氣不能不聚而爲萬物, 萬物不能不散而爲太虛. 循是出入, 是皆不得已而然也."

32) 村瀨裕也, 「ドイツにおける張載哲學の理解」, 『唯物論』 91號(東京唯物論硏究會, 2017), 108쪽 참조.

[하나로 미루어 나간다]"라고 하였다.

결국 장재는 존재하는 모든 사물의 기초와 근원을 기라 보았으며, 이것이 아직 현상으로 드러나기 이전에는 경험적 감각으로 알 수 없지만, 일체 만물이 모두 근본적으로 기임에 틀림없다고 보았다. 그는 기가 만물이 현상으로 드러나기 이전이나 드러난 이후 모두 같은 성질을 유지하게 하는 본질이라고 생각하였다. 그러므로 현상화 이전과 이후를 단절시키는 모든 견해는 잘못되었다고 생각하였다. 이러한 장재의 기-일원론은 본질적 현상 또는 현상적 본질을 강조하는 서양 현상학의 관점과 닮은 부분이 많다.

유·무가 혼융되어 있음을 단적으로 드러내기 위한 장재의 암유暗喩가 바로 태허즉기太虛卽氣이다. 마치 해석학적 순환을 의미하는 듯한 이 생각 속에는 태허즉기즉만물太虛卽氣卽萬物이라는 장재의 기-일원론적 사유가 함께 숨 쉬고 있다. 그렇다면 과연 태허가 기라는 동질적인 범주 안에서 객형客形이라는 현상적 차원의 기를 초월할 수 있는가? 바로 이러한 의문에서 정씨 형제의 본체론적 사유가 시작된다. 정씨 형제는 리理를 중심으로 한 철학 체계를 전개하였다. 이들의 리학理學은 이후 주희에 의해 성리학의 핵심 사상으로 자리잡게 된다. 정씨 형제는 우주와 만물의 근본을 기가 아닌 리로 설명하였다. 리는 우주의 본질적인 원리이자 모든 사물의 존재 이유를 규정하는 규범적 질서로 간주되었다. 그들에게 있어서 기는 리의 발현을 가능하게 하는 물질적 요소일 뿐이며, 반면 리는 형이상의 근본 원리로서 모든 사물의 형성과 존재에 선행한다고 보았다. 즉 정씨 형제는 리기이원론理氣二元論의 입장을 취하여서 리와 기가 서로 분리되어 이원론의 형태를 띠지만, 기는 반드시 리의 원리에 따라 움직여야 한다고 주장했다. 즉 그들에게 있어서 리는 모든 현상의 규칙과 원리로서 우주와 만물을 조직하고, 기는 리의 명령에 따라 움직이는 현상적·물질적 요소가 된다. 그러므로 장재와 정씨 형제의 사상적 차이는 본체와 현상의 구분 위에서 양자를 통일적으로 보는 관점과, 본체와 현상의 동질성을 주장하는 가운데 본체를 현상의 본래적 근원으로 삼아 이원화시키는 관점의 차이로 요약할 수 있다.[33] 바로 이러한 점에서 장재의 본체론이 도가와 불가 사상에 대응하여 탄생한 것이라면, 정씨 형제의 본체론은 장재의 기학 비판에서 출발하였다고 말할 수 있다.

정씨 형제는 장재의 본체 관념을 '청淸·허虛·일一·대大'[34]로 이해하였다. 청허일대淸虛一大라는 말은 장재의 직접적인 언급에서는 발견되지 않는다. 그렇지만 『정몽』「태화」편에서 '태허는 맑다[太虛爲淸]'라고 하였기에 그가 생각하는 본체 개념을 청허일대로 표현하는 것이 크게 무리가 되지는 않는다. 정씨 형제는 이러한 청허일대가 결국은 형이하자에 불과한 것이어서 본체가 요구하는 기본 조건들을 충족시킬 수 없다고 보았다. 그래서 말하기를, "〈『주역』「계사전」에서는〉 '형이상의 것을 도道라 하고, 형이하의 것을 기器라 한다'라고 했다. 어떤 사람[장재]은 청허일대를 천도天道라고 여겼는데, 이것은 〈형이하의〉 '기'로써 말한 것이지 〈형이상의〉 '도'가 아니다"[35]라고 하였다. 청허일대를 비판한 정씨 형제의 관점은 후일 주희에 의해 계승되면서 그 의미가 더욱 명료해진다.

> 장재는 도리어 "청淸한 것은 탁濁한 것을 갖출 수 있고, 허虛한 것은 실實한 것을 갖출 수 있다"고 했다. 그는 형이상을 리理로 돌리고 형이하를 기器로 돌리는 것에 대해 제대로 알지 못했다.[36]

---

33) 이현선, 『장재와 이정형제의 철학: 기철학과 리철학의 대립』, 326쪽 참조.

34) '淸·虛·一·大'는 글자마다 의미를 가진다. 淸은 濁과, 虛는 實과, 一은 二와, 大는 小와 대칭적인 의미로 사용되었다.

35) 『程氏遺書』, 卷11, "形而上者謂之道, 形而下者謂之器. 若如或者以淸虛一大爲天道, 此乃以器言而非道也."

36) 『朱子語類』, 卷99, 「張子書二」, "橫渠卻云, 淸者可以該濁, 虛者可以該實. 卻不知形而上者,

정씨 형제의 관점에서 보자면 장재의 본체론에서는 불변성과 필연성을 확보하기가 어렵다. 앞서 살펴본 것처럼 장재의 기는 활성적活性的인 존재이다. 그러므로 이것에서 원천적으로 존재와 생성을 구분하기 힘들다. 즉 장재가 주장하는 기는 항상성을 지닌 것으로 이해되지만, 여기서 곧바로 존재의 이유와 가치를 찾기는 어렵다는 것이다. 이에 대해 주희 또한 이와 비슷한 생각을 하였다.

> 장재의 이러한 학설은 매우 훌륭하다. 그렇지만 단지 이렇게만 말하고 그친다면 장차 법도를 무시하거나 귀착할 곳이 없게 될지도 모르고, 급기야 사설邪說이나 둔설遁說에 빠져들게 될지도 모른다.…… 그렇게 되면 이 마음이 별안간 〈도교나 불교의〉 허虛나 공空 속으로 들어가게 될지도 모를 일이다.[37]

정씨 형제는 유형한 것은 모두 기이고,[38] 기는 형이하자일 뿐이라고 여겼다.[39] 그러므로 그들은 기와는 본질적으로 구별되며, 기의 상대적 차이를 초월한 본체로서의 리를 강조하였던 것이다. 그들은 리 개념에 함축된 초월성과 내재성의 원리를 '리일분수理一分殊'의 관념을 통해 설명하였다. 즉 리는 본체로서 초월적 일자一者이면서도 끊임없이 형이하의 현상으로 자신을 드러냄으로써 다양한 현상의 운동과 변화 속에 내재하여 차별적 존재 양상을 드러낸다는 것이다.[40] 요약하여 말하자면, 장재는 기의 사상을 통해 도가와 불가사상의 허무적 세계관을 극복하고자 했으며, 태허[본체]와 객형[현상계]의 통일성을 확보

還他是理, 形而下者, 還他是器."

37) 『朱子語類』, 卷98, 「張子書一」, "橫渠此說固好. 然只管如此說, 相將便無規矩, 無歸著, 入於邪遁之說.……則此心便瞥入虛空裏去了."

38) 『程氏遺書』, 卷6, "有形總是氣."

39) 『程氏遺書』, 卷3, "氣, 形而下者."

40) 이현선, 『장재와 이정형제의 철학: 기철학과 리철학의 대립』, 135쪽 참조.

하고자 했다. 그러한 측면에서 장재의 본체론은 기-본체론이라 할 수 있다. 반면 정씨 형제는 장재가 본체로 내세우는 태허즉기의 청허일대가 도저히 형이상의 본체가 될 수 없다고 보며, 우주의 본질적인 원리이자 모든 사물의 존재근거로서 리를 강조하였고, 기는 다만 리의 발현을 가능하게 하는 현상적 요소일 뿐이라고 이해하였다. 이러한 면에서 정씨 형제의 본체론은 리-본체론이라 할 수 있다.

3. 기학과 리학의 심성론 대비

장재와 정씨 형제의 심성론은 형식상 그들의 본체론에 근거한 것처럼 보인다. 즉 장재의 본체론은 모든 존재가 기로 구성되어 있다는 세계관에서 출발한다. 그러므로 그는 성性과 심心에 대해서도 본질적으로 기의 차원에서 이해한다. 즉 장재는 기氣에서 성性의 개념을 끌어내며, 성性에서 심心의 개념을 도출한다. 장재가 말하는 성을 이해하기 위한 관건은 '허와 기가 합하여 성의 이름이 있게 된다(合虛與氣, 有性之名)'[41]라고 하는 구절에 있다. 즉 장재 성론性論의 본격적인 논의는 바로 '합허여기合虛與氣'란 말의 해석으로부터 시작할 수 있다. 장재의 저작에 드러난 '허虛'의 일반적인 용법은 개체 속에 내재된 '태허'를 의미한다. 이러한 용례에 따라 '합허여기'의 '허' 역시 개체 속에 내재된 '태허'로 볼 수 있다.[42] 그런데 장재에게 있어서 '태허'는 총체로서의 일기一氣를 의미하므로 결국 '합허여기'는 태허일기와 기의 합이 된다. 그렇다면 '태허일기'와 구분되는 '기'는 과연 무엇을 말하는가? 장재가 사용하는 기의 용례를

41) 『正蒙』, 「太和」, "合虛與氣, 有性之名."

42) 張載는 太虛와 동일한 의미로 '虛' 또는 '虛空'이라는 용어를 즐겨 사용하였다. 특히, 심성론의 방면에 있어서는 대부분 虛를 太虛의 의미로 사용하고 있다.

살펴보면, 태허와 음양을 의미하기도 하지만, 기질氣質과 기화氣化의 의미를 갖는 용법도 무수히 발견된다.[43] '합허여기'에서의 '기' 또한 '기질' 혹은 '기화'를 의미한다고 볼 수 있다. 즉 '허와 기가 합하여 성의 이름이 있게 된다'는 말은 '태허일기와 기질이 합하여 성의 이름이 있게 된다'로 풀이하거나, 혹은 '태허일기가 구체적 작용[氣化]을 하게 될 때 비로소 성의 이름이 있게 된다'는 정도로 풀이할 수 있다. 장재가 '합허여기'라고 말하는 것은 바로 기질 속에 내재하는 태허를 강조하려는 데에 그 목적이 있다.

그런데 정씨 형제는 '태허즉기'가 본체와 현상, 유형과 무형, 형이상과 형이하를 관통하게 된다는 장재의 기-일원론적 사유에 대해 강한 불만의 뜻을 드러낸다. 그들은 장재가 기의 유형과 무형으로만 본체와 현상을 구분한다고 보며, 이렇게 되면 기는 결국 형이하의 현상에만 국한될 뿐이라고 비판하였다. 그들은 기를 초월하는 어떤 존재, 즉 도道 또는 리理를 형이상의 본체로 보았다. 정씨 형제에게 있어서 형이상의 리는 형이하의 기를 초월하는 선험적인 것이지만, 동시에 형상으로 발현하여 내재하는 것이기도 하다.[44] 이러한 면에서 리는 형이상자이면서 동시에 형이상과 형이하를 관통하는 것이기도 하다.

앞에서 보았듯이 장재의 사상은 심성론에 있어서도 일관성 있게 기-일원론을 지향하고 있으며, 정씨 형제는 리-본체론에 입각한 리·기 이원론을 주장한다. 장재와 정씨 형제의 사상은 수양론에 있어서도 차별적인 모습을 드러낸다. 즉 장재는 인간의 수양이 기의 순화를 통해 이루어지며, 기의 운동과

43) '氣'를 '氣質'의 의미로 쓰고 있는 用例는 다음과 같다. 『正蒙』, 「太和」, "散殊而可象爲氣."; 『正蒙』, 「誠明」, "德不勝氣, 性命於氣, 德勝其氣, 性命於德."; 『張子全書』, 卷11, 張子語錄, 「語錄中」, "有志於學者, 都更不論氣之美惡."; 『經學理窟』, 「氣質」, "人之氣質美惡與貴賤夭壽之理, 皆是所受定分. 如氣質惡者學卽能移, 今人所以多爲氣所使而不得爲賢者, 蓋爲不知學……但學至於成性, 則氣無由勝." 참조

44) 이현선, 『장재와 이정형제의 철학: 기철학과 리철학의 대립』, 314쪽 참조.

변화가 곧 인간의 도덕적 상태에 영향을 미친다고 보았다. 반면 정씨 형제는 도덕적 수양은 기의 순화가 아닌 성性의 유지와 확장을 통해 이루어지며, 인간의 성性이 곧 리理의 발현이라고 보았다. 그런데 이러한 형식적인 측면을 넘어서 실제적인 면모를 들여다보면, 장재의 기학은 심성론과 인식론의 영역에 있어서 사실상 이원론의 특징을 띠고 있다. 예를 들면, 천지지성天地之性과 기질지성氣質之性의 구분, 그리고 덕성지德性知와 견문지見聞知의 구분 등이 그러하다. 장재는 순수지선純粹至善으로서 선험적이고 보편적인 '천지의 성'과 선과 악의 혼입태로서 차별적인 '기질의 성'을 구분하였고, 기질지성을 천지지성으로 되돌리는 '기질 변화'의 수양을 성리학적 공부의 핵심으로 여겼다.

장재는 우주만물이 기의 취·합에 의해 형성된 것이기 때문에 사람 또한 기로 이루어진 만물 가운데 하나일 뿐이라고 여겼다. 즉 만물은 모두 천성天性을 받아 이루어진 것이며 사람 또한 예외가 아니라는 것이다. 그래서 장재는 "성이란 만물의 한 근원이며, 내가 사사롭게 얻을 수 있는 것이 아니다"[45]라고 하였다. 여기서 말하는 성은 만물이 똑같이 천도로부터 부여받은 성[天地之性]을 말하는 것이지, 자신만이 특수하게 갖고 있는 성[氣質之性]이 아니다. 바로 이 지점에서 장재가 말하는 성은 천지지성과 기질지성이라는 결코 동일할 수 없는 이원론적 구조를 띠게 된다. 천지지성과 기질지성을 구분하는 이러한 장재의 성론은 정씨 형제에게 이르러 의리지성義理之性과 기질지성으로 표현되고, 주희에게 있어서는 본연지성本然之性과 기질지성이라는 말로 계승된다.

본체론에 있어서 우주만물의 기본 요소인 기 이외에 별도의 초월적 존재를 설정하지 않던 장재는 심성론을 전개하면서 돌연 이원론의 입장을 취하게 된다. 태허라고 하는 본체 개념이 심성론 영역에서는 초월적 특성을 지니게

45) 『正蒙』, 「誠明」, "性者, 萬物之一源, 非有我之得私也."

되는 것이다. 장재는 '태허일기'의 고유한 본성으로서 천지지성을 거론하였는데, 이것은 모든 인간들이 추구해야 할 바의 도덕적 본성이다. 그리고 구체적 형상을 가진 이후 우리에게 확인되는 비도덕적 행위의 근거가 되는 기질지성을 별도로 언급하였다. 장재에게 있어서 악惡의 근원은 기질지성에서 찾아진다. 그러므로 도덕적 수양의 핵심은 기질지성을 극복하고 순수무잡한 본성인 천지지성을 회복하는 데에 있다. 이러한 특징은 분명 맹자 이래로 계승된 성선론적 전통을 일관되게 따르는 것이며, 또한 정·주 심성론의 체계를 수립하는 중요한 계기가 된다. 장재는 인식론에 있어서도 이러한 이원론적 경향을 뚜렷하게 드러냈다. 그는 인식론에 있어서 덕성지와 견문지를 구분하면서, 세계의 본질을 파악하는 진정한 인식은 덕성지이며, 덕성지는 결코 견문에서 생겨날 수 없다고 보았다.

장재의 심성론이 결국 이원론의 구조를 띠게 된다는 사실을 좀 더 분명하게 이해하기 위하여 '허와 기가 합하여 성의 이름이 있게 된다'는 말에 대한 주희의 해석을 살펴보도록 하자. 주희는 허를 리理로 보아, '허와 기가 합한다'는 것을 "기가 있으면 도리[理] 또한 따라서 그 속에 있게 되며, 기가 없으면 도리 또한 편안히 머무를 곳이 없다"[46]라고 해석함으로써, 성性을 기 속에 내재된 리로 파악한다. 이러한 해석은 '성즉리性則理'라는 주희의 기본 입장을 잘 드러내는 것이다. 여기서 장재가 말하는 '허虛/기氣'와 주희가 말하는 '리理/기氣' 간의 의미 연관을 주목해 보아야 한다. 주희가 허虛를 일기一氣가 아닌 리理로 대체한 점에서 차이를 갖기는 하나, 기본적인 사유 구조에 있어서는 주희와 장재의 생각이 동일하다. 즉 주희는 기질 속에 내재한 리를 성으로 보는 반면에, 장재는 기질 속에 내재한 태허일기를 성으로 이해한다. 주희에게

46) 『朱子語類』, 卷60, '孟子10'(盡心上), "'虛與氣有性之名', 有這氣, 道理便隨在裏面, 無此氣, 則道理無安頓處." 참조.

있어서 성은 리와 내용적으로 동일하다. 반면 장재에게 있어서 성은 우주 본체인 태허일기와 동일한 내용을 지닌다.

장재가 말하는 성은 천도와 그 실제 내용이 일치한다. 이것은 역易, 도道, 신神이 비록 일[事]에 따라서 그 이름을 달리하고 있지만 실제로는 동일한 일물一物로 이해될 수 있기 때문이다. 이로 인해 장재는 '천도가 곧 성이다'[47], '역은 바로 성과 천도이다'[48]라고 하였는데, 이 말은 곧 역易, 천도天道, 성性의 실제 내용이 동일함을 지적하는 것이다. 또한 장재는 성性을 '일찍이 없었던 적이 없는 본체'[49], '만물의 한 가지 근원'[50], '〈구체적인 사물은〉 죽을지라도 없어지지 않는 것'[51]이라 하였다. 바로 이러한 만물 공통의 성을 장재는 천지지성이라 명명하였던 것이다.

장재 기학에 있어서 본체론과 우주론은 그 자체로서 하나의 객관적인 우주의 구조를 건립하는 데 목적이 있지 않다. 그것은 인간이 윤리적이고 도덕적인 존재라는 사실을 밝히는 데에 주된 목적이 있다. 그러므로 장재 기학에 있어서 도덕적 실천을 가능케 하는 도덕 주체로서의 심성론의 등장은 필수적이다. 장재의 이러한 생각은 정씨 형제와 주희의 사상에도 많은 영향을 끼쳤다. 장재 기학은 심성론에 있어서 중국 전통철학의 최대 주제인 '천인합일론'의 이론적 토대를 마련했다는 점에서 높게 평가받을 수 있다. 그리고 천지지성과 기질지성의 구분, 리일분수론理一分殊論(혹은 氣一分殊論)의 전개, 심통성정론心統性情論의 창안創案에 있어서도 그의 공로는 결코 소홀히 여길 수 없다. 장재는 이러한 사상들을 통해 송·명 심성론의 중요한 이론적 기초를 마련한

47) 『橫渠易說』, 「說卦」, "天道則性也."
48) 『橫渠易說』, 「繫辭上」, "易乃是性與天道."
49) 『正蒙』, 「誠明」, "未嘗無之謂體, 體之謂性." 참조.
50) 『正蒙』, 「誠明」, "性者, 萬物之一源." 참조.
51) 『正蒙』, 「太和」, "知死之不亡者, 可與言性矣." 참조.

것으로 평가받는다.

Ⅳ. 장재 기학의 이론적 모순성에 대한 해명

장재 기학은 외형상 일원론적 성격을 지닌다. 즉 '태허-기-만물'로 연결되는 기-일원론적 면모를 잘 드러내고 있다. 이러한 특징으로 인해 정씨 형제는 장재 기학의 이론 구조가 형이하의 기-일원론이라 보고서 형이상의 본체 개념을 도입하게 된다. 그런데 장재는 심성론에 이르게 되면 본체 개념인 태허에다 초월적 특성을 부여함으로써 의도적이든 아니든 간에 결과적으로는 이원론적인 관념을 노출시킨다. 이러한 점에서 장재의 기학은 '일원이이원론一元而二元論'으로 평가받을 수 있다. 상당수 중국 현대 철학자들은 장재 기학의 이론적 모순성을 주목하고 있으며, 이러한 특성 때문에 그의 사상에 대한 평가 또한 엇갈리고 있다. 이제 장재 기학의 모순성을 해석하는 현대 학자들의 몇 가지 관점을 살펴보고, 이러한 이중성이 생겨나게 되는 원인에 대해 장재의 입장에서 변호해 보고자 한다.

중국 전통철학 연구에 있어서 1949~1966년 사이의 기간은 특별히 주목할 만하다. 왜냐하면 이 시기는 1949년 중화인민공화국 건립 이후 마르크스주의가 광범위하게 보급되면서 철학 연구의 관점과 방법이 전면적으로 수정되던 때이기 때문이다. 이 시기에 가장 인기 있는 연구 주제의 하나가 바로 장재의 기학이다. 마르크스주의에 기초한 현대 중국의 철학자들은 기본적으로 장재의 철학을 가-일원론에 바탕한 유물론으로 해석하였다. 그들은 철학사를 유물론과 관념론의 투쟁의 역사로 보고서, 유물론과 관념론으로 나누는 기준을 리理와 기氣 개념에서 찾았다. 그러므로 기학의 선구자라 할 수 있는 장재의 사상은 당연히 유물론이 되고 만다. 이러한 입장은 이 당시 간행된 대부분의 저술들에 공통적으로 나타나는데, 장대년[52]과 후외려의 저작[53]이 대표적인 사례다. 그렇지만 장재를 유물론자로 단정하고 그의 사상을 살펴보게 되면 기본 전제와 일치하지 않는 부분들이 생겨나게 되는데, 앞서 보았듯이 본체론과 심성론의 모순적 태도 즉 이중적 관점 때문이다. 바로 이러한 이유 때문에 중화인민공화국 건국 이후 중국 대륙의 철학자들은 장재의 기학이 유물론인가, 아니면 관념론인가 하는 문제로 열띤 논쟁을 벌이게 된다. 그렇지만 대부분의 학자들은 장재를 가장 위대한 유물론적 사상가로 평가하고, 장재 기학의 이중적 관점을 사상적 미숙함 또는 일관성을 흔드는 이론적 동요動搖로 생각하였다.

그런데 중국 대륙 이외 지역에 거주하는 대부분의 학자들은 장재를 유물론자로 고착화하려는 시각에 대해 비판적인 입장을 취한다. 대표적인 경우가 인생관人生觀 논쟁의 주역인 장군매이다. 장군매는 장재를 유물론자로 보는 시각에 대해 단호하게 부정한다. 그는 장재 기학의 이론적 모순성을 주목하면서 "장재가 비록 이원론적 관념을 중시했다 하더라도 그를 이원론자 또는 일원론자, 유물론자 또는 관념론자로 분류하기는 어려울 것이다. 그의 사상은 변동하고 있으며 앞과 뒤가 일치하지 않는다. 그러므로 나는 장재를 어떠한 고정된 틀 속에도 집어넣지 않겠다"[54]라고 하였다. 그리고 그 구체적인 이유로, "장재의 최초 전제는 기였다. 그는 우주의 조화를 다룰 때는 기가 우선한다고 생각하였다. 그러나 그는 결코 유물론자는 아니었다. 그의 철학은 기 또는 물질로 시작하지만, 일관성 있게 물질의 이치로써 마음 또는 정신작용까지도

52) 張岱年, 「中國古典哲學中若干基本概念的起源與演變」, 『哲學硏究』 2期(中國社會科學院 哲學硏究所), 1957.
53) 侯外廬 編, 『中國思想通史』 四卷上(北京: 人民出版社, 1959).
54) 張君勱, 『한유에서 주희까지』, 김용섭 · 장윤수 옮김(형설출판사, 1991), 192쪽.

해석하려고는 하지 않았다. 그는 정신의 독립성 또는 도덕률의 자율성까지 부정하려고는 하지 않았다"[55]는 점을 지적하였다. 그리고 그는 덧붙여서 장재의 철학이 칸트의 이원적 세계관(이율배반)을 생각나게 한다고 말하였다.[56] 장군매는 이러한 이중성에 대해 '장재 이론의 명확하지 못한 점'[57]이라고 부정적으로 평가하였다.

중국계 미국 철학자인 황수기黃秀璣(1913~2000) 또한 장재의 윤리관이 칸트의 이율배반二律背反과 비슷한 관점을 취하고 있다는 점을 지적하였다.[58] 즉 장재가 말하는 도덕이란 내재적 자율로서 외재적인 필연율과는 구분된다는 것이다. 이른바 자연인自然人은 일종의 필연율을 따르게 되며, 생리 · 심리 · 객관적인 환경 등 여러 요인들에 의해 제한을 받게 되므로 자유인이라 말할 수 없지만, 그러나 도덕 행위에 있어서 말한다면, 인간은 누구나 의지 자유를 갖게 되며 내재적인 '자율 도덕(autonomous)'의 뜻을 따르게 된다는 것이다. 황수기는 자신의 주장을 보다 설득력 있게 전달하기 위해 장재의 말을 직접 인용하면서, "부귀를 얻고 못 얻는 것은 '하늘'에 달려 있다. 그러나 도덕은 '자신'에게서 구하여 얻지 못하는 것이 없다"[59]라고 하였다. 그렇다면 장재 기학의 이러한 이론적 모순성 즉 이중성은 어디에서 기인하는가? 이러한 이중성을 어떻게 해석할 수 있을까? 바로 이 지점에서 우리는 장재 기학의 이중성을 논리적 미숙함이라는 부정적인 관점이 아니라, 일원론적 이원론 혹은 이원론적 일원론이라는 역동성으로 해석해 보고자 한다.

장군매와 황수기가 지적하듯이 장재 기학의 이러한 특징은 칸트철학과

55) 張君勱, 『한유에서 주희까지』, 김용섭 · 장윤수 옮김, 192쪽 참조.
56) 張君勱, 『한유에서 주희까지』, 김용섭 · 장윤수 옮김, 199쪽 참조.
57) 張君勱, 『한유에서 주희까지』, 김용섭 · 장윤수 옮김, 199쪽 참조.
58) 黃秀璣, 『張載』(臺北: 東大圖書公司, 1987), 186쪽 참조.
59) 黃秀璣, 『張載』, 125쪽.

닮은 점이 많다. 칸트는 일찍이 우주론적 사상과 종교론적 입장 사이에서 대립적인 일방적 입장은 지양될 수 있는 것으로 보았다. 즉 창조주인 신을 인정하면서도 동시에 필연적인 자연의 법칙성에 의한 설명은 충분히 양립 가능할 뿐만 아니라, 오히려 일방이 타방을 요구하면서 보충하는 관계에 있는 것으로 보았다. 그는 우주 현상의 질서와 조화는 법칙에 따르는 자연필연성에서 나온 것이지만[자연과학적 입장], 그러나 그렇다고 해서 그것이 모두 자연에서 나온 것이라고는 할 수 없다[종교적 입장]는 모순적 태도를 취했다.[60] 칸트는 『실천이성비판』의 맺음말 첫 구절에서 객관적인 자연세계와 인간 내면의 도덕률을 양립시키면서, "그것에 대해 자주 그리고 계속해서 숙고하면 할수록, 점점 더 새롭고 점점 더 큰 경탄과 외경으로 마음을 채우는 두 가지 것이 있다. 그것은 내 위의 별이 빛나는 하늘과 내 안의 도덕법칙이다"[61]라고 하였다. 이것은 두 세계에 대한 관점주의적 태도를 가장 잘 드러내는 명언으로 유명하다.

세계와 인간에 관한 모든 문제 국면을 일원론적인 '동일성'으로 환원하여 해석하는 것이 과연 건전한 사고방식인 것일까? 바로 이러한 물음에서 논리적으로 애매해 보이는 장재 기학의 이중성이 전체 세계를 관찰하기 위한 합리적인 관점으로 해석될 여지를 마련하게 된다. 즉 장재 기학의 이러한 이중성을 결국 필연율이 작동하는 자연계와 도덕적 자율성이 강조되는 인간계라는 서로 상이한 세계를 있는 그대로 바라보는 관점주의적 태도에서 나온 결과로 이해할 수도 있다. 인간 자신이 이미 심心·신身이라는 이중적 구조를 지니고 살아가고 있으며, 또한 이질적인 두 세계 사이의 관계가 끊임없이 문제되고

---

60) 허재윤, 「前批判期 칸트의 천체 이론」, 『칸트철학과 철학연구』(다르샤나, 2023), 40쪽 참조.

61) 임마누엘 칸트, 『실천이성비판』 개정판, 백종현 옮김(아카넷, 2009), 331쪽.

있는 점을 상기해 볼 때, 장재 기학의 관점주의적 시각은 세계를 있는 그대로 받아들이고 이해한다는 측면에서 설득력을 갖는다. 장재 기학의 이론적 모순성은 단순한 이원성보다는 중층성重層性으로 해석하는 것이 더 적절할 수 있다. 그러한 면에서 장재의 기학이 드러내는 체계 내적 모순성을 평하여 '조야한 유물론'을 거부하는 고민에 찬 표현[62]으로 해석하는 학자도 있다.

필연적인 법칙이 작동하는 자연계의 실상과 자율성에 바탕한 도덕률이 강조되는 인간의 심성을 이중적 관점에서 이해하려는 태도는 중국 전통사상의 두드러진 특징 가운데 하나다. 이러한 관점주의적 입장이 가장 분명하게 드러나는 초기 고전이 바로 『주역』 「계사전」이다. 이 책에서는 "〈천지의 도는〉 인仁으로 드러나고, 작용 속에 숨어 있으며, 만물을 고취시키되 성인처럼 근심하지 않는다"[63]라고 하였다. 이것은 결국 천지[자연]의 무위함[필연성]과 성인[인간]의 유위함[자율성]을 구분해서 말하는 것이다. 정이는 이 구절을 풀이하면서, "천지는 무심하지만 만물을 생성하게[成化] 되고, 성인은 유심하지만 무위[循理]하게 된다"[64]라고 하였다. 즉 천지[자연]는 필연의 법칙에 따라 순행함으로 무심하지만 만물의 생성을 이루게 되고, 성인[인간]은 자유의지에 따라 유심하지만 무위[순리]하게 된다는 주장이다. 필연과 자율, 천지자연의 필연성과 인간 심성의 자율성 간의 변증법적 상호 관계를 강조하는 말이다.

중국 고대 철학자들의 공통된 문제의식은 '우리가 살아가고 있는 이 세계[자연]는 어떠한 방식으로 존재'하며, 그리고 '그렇게 존재하는 세계에서 우리는 어떻게 살아가야 하는가'라는 두 가지 물음에 집약된다. 첫째 물음은 둘째 물음의 해답을 구하는 근거와 전제로 설정되며, 둘째 물음이 요구하는 방면,

62) 村瀨裕也, 「ドイツにおける張載哲學の理解」, 116쪽 참조.
63) 『周易』, 「繫辭傳」, "顯諸仁, 藏諸用, 鼓萬物而不與聖人同憂."
64) 『伊川易傳』, 「繫辭傳」, "天地無心而成化, 聖人有心而無爲."

즉 인간과 사회와의 관계 속에서 다루어졌다. 그러므로 방동미方東美(1899~1977)는 "중국의 철학 전통에 있어서 존재론의 체계는 또한 가치의 이론이며, 존재의 모든 형태는 내재적 가치로 충만해 있다. 그러므로 모든 만물은 보편 생명의 흐름 속에 참여하여 큰 변화의 흐름과 한 몸이 되어 함께 나아간다"라고 하였다.[65] 둘째 물음 또한 첫째 물음에서 파악한 법칙에 적합하도록 설계되어야 하므로, 결국 고대 중국인들은 인간과 세계[자연]의 조화라는 대전제를 생각할 수밖에 없다. 이것은 중국철학의 일반적인 정신이며, 또한 장재 기학의 특징이기도 하다. 바로 이러한 사상적 면모가 장재 기학이 드러내는 이중성의 근본 원인이 된다.

Ⅴ. 기학과 리학의 길항拮抗 관계

기氣와 리理는 성리학의 중심 개념으로서, 대체로 쌍을 이루어 논의되며 각각 기학氣學과 리학理學의 이론적 토대를 형성한다. 기학은 기를 중심으로 사유를 전개하여 우주와 인간의 구조를 설명하는 체계를 지칭하며, 장재가 그 정초에 큰 기여를 하였다. 반면, 리학은 리를 중심으로 형이상학적 체계를 구축하는 사유 방식으로, 정씨 형제의 사상이 그 대표적 형상화로 평가된다. 장재의 기학과 정씨 형제의 리학은 주자학 형성에 결정적인 사상 자원이 되었는데, 이 장에서는 이들 두 사상의 상호 관련성을 중심으로 기학과 리학의 이론적 관계를 고찰하고자 하였다.

우선 기와 리 개념의 개념사적 의미를 검토함으로써, 각 개념이 어떠한

65) 方東美, 『方東美全集 · 生生之德』(哲學論文集, 臺北: 黎明文化, 1980), 351쪽 참조.

사상적 배경과 인식 구조 위에서 형성되었는지를 분석하였다. 특히 주목한 점은 기와 리 모두 인간, 자연, 우주를 체계적으로 이해하고자 하는 '세계관적' 성격이 강하다는 것이다. 이후 장재의 학문적 기반이 정씨 형제의 사상적 영향 하에 성립되었다는 기존 견해의 타당성을 재검토하였다. 관련 자료들에 대한 분석을 통해, 장재와 정씨 형제 간의 관계는 일방적으로 영향을 주고받은 관계라기보다는 상호작용적인 지적 교류의 양상으로 이해하는 것이 더 타당하다는 결론에 도달하였다. 특히 정씨 형제가 장재 및 그의 후학들의 사상에 대해 날카로운 비판을 가했던 사실은 오히려 그들이 장재 사상의 중요성을 깊이 인식하고 있었음을 방증하는 것으로 해석될 수 있다. 즉 정씨 형제의 장재 사상 비판은 그들이 장재 사상을 극복하고자 한 철학적 시도였던 것이다.

본격적으로 기학과 리학의 이론 구조를 대비하면서, 먼저 그 발생 배경을 검토하였다. 북송대 성리학의 발전 단계에서 장재의 기학은 도가 및 불가 사상의 형이상학을 비판하고자 하는 맥락 속에서 형성되었으며, 이는 성리학 사상 전개에 있어 제1단계로 이해될 수 있다. 이에 반해 정씨 형제의 리학은 장재 기학의 한계를 극복하려는 의식에서 출발한 사유로, 성리학의 제2단계 형성에 해당한다고 볼 수 있다.

기학과 리학의 이론 구조는 본체론과 심성론의 측면에서 뚜렷한 차이를 드러낸다. 본체론적 차원에서 장재는 기를 우주의 궁극적 원리로 간주하였으며, 기는 만물의 생성과 변화의 실체이자 본체와 현상의 통일적 기반이라고 보았다. 그에게 있어 현상과 본체는 모두 기의 다양한 운동 양상으로서, 일원론적 구조를 이룬다. 반면, 정씨 형제는 리를 만물의 근원적 본체로 간주하고, 기는 이에 종속된 현상적 존재에 불과하다고 보았다. 이로써 장재의 기학과 정씨 형제의 리학은 본체론에서 뚜렷한 대립 구도를 형성한다.

심성론의 측면에서도 양자의 차이는 명확하다. 장재는 인간의 도덕적 수

양이 기의 순화를 통해 이루어진다고 보았으며, 기의 운동과 변화는 인간 심성의 도덕적 상태에 직접적인 영향을 미친다고 인식하였다. 반면 정씨 형제는 수양의 주체를 기가 아닌 성性에 두었으며, 성의 유지와 확장을 통해 도덕적 완성을 지향하였다. 인간의 성은 곧 리의 발현이라는 해석이 이를 뒷받침한다. 이처럼 표면적으로 장재의 사상은 우주론과 심성론 모두에서 일관된 기-일원론적 구조를 지니는 것으로 보일 수 있다. 그렇지만 심성론의 영역에서는 실제로 이원론적 입장을 내포하고 있다. 이것은 기를 궁극적 실체로 보는 본체론과, '기와 심' 혹은 '기와 성'의 이중적 구조를 전제하는 심성론적 사유 간의 간극에서 기인한 것이다.

전통적인 중국사상사에서는 장재의 기학을 정씨 형제 및 주희 계열의 '정주리학程朱理學' 계보 속에 위치시키는 경향이 강하다. 그러나 장재의 사상은 정주리학과는 분명한 차별성을 지니며, 그 철학적 방향성 또한 상이하다. 사상사적으로 볼 때, 정씨 형제의 사상은 체體(理)와 용用(氣)의 구분을 철저히 하여 리의 절대성과 기의 종속성을 강조하는 반면, 장재는 본체와 현상, 리와 기의 연속성과 일체성을 강조함으로써 상대적으로 구분성의 명확화에는 취약한 측면을 보인다.

이처럼 표면적으로는 장재의 사상이 우주론과 심성론 모두에서 기-일원론을 지향하는 듯 보인다. 그렇지만 실제로는 심성론의 영역에서 일정한 이원론적 구조를 드러낸다. 즉 장재는 심성론에 이르게 되면 본체 개념인 태허에다 초월적 특성을 부여함으로써 의도적이든 아니든 간에 결과적으로는 이원론적인 관념을 노출시킨다. 이 장의 마지막 부분에서는 이러한 장재 기학의 이론적 모순성이 어디에서 생겨나게 되는지를 규명하였다. 장재 기학의 모순성을 해석하는 현대 학자들의 몇 가지 관점을 살펴보고, 이러한 이중성이 생겨나게 되는 원인에 대해 장재 자신의 입장에서 변호해 보고자 하였다.

제11장 장재 기학과 왕수인의 심학

장재와 왕수인은 여러 측면에서 상이한 철학적 경향을 보이는 인물로 이해되어 왔다. 장재는 일반적으로 '주돈이-장재-정씨 형제-주희'로 이어지는 송대 리학의 계보 내 주요 사상가로 평가되며, 반면 왕수인은 '육구연-왕수인'으로 계승되는 명대 심학心學의 집대성자로 간주된다. 장재는 기氣를 근본으로 한 우주론적 철학 체계를 정립하였고, 왕수인은 심心을 중심으로 한 심성론적 이론을 구축하였다. 이처럼 양자는 학파적 계보, 활동 시기의 역사적 배경, 지리적 기반, 그리고 철학적 핵심 개념에 이르기까지 서로 다른 조건 속에서 사유하였다.

그러나 양자의 사회사적 배경과 사상적 지향에는 주목할 만한 유사성이 존재하며, 특히 장재의 기학이 왕수인의 심학 형성에 일정한 영향을 미쳤다는 점은 주목할 필요가 있다. 이 장의 문제의식은 바로 이 지점, 즉 장재의 기학이 왕수인의 심학에 '주목할 만한' 철학적 영향을 미쳤다는 가능성을 이론적으로 조명하는 데 있다. 그러므로 이 연구는 기학과 심학 간의 '상호 소통성'을 규명하고자 하는 의도에서 출발한다. 기존의 연구에서는 주로 리학理學(道學)과의 관계 속에서 기학이 해석되어 왔으나, 여기서는 기학과 심학의 연계 가능성에 주목함으로써 종래의 단절된 사상사적 인식 지평을 확장하고자 한다. 이러한 시도는 기학과 심학의 관계를 단순히 '병렬적' 또는 '대립적' 구조로 파악하는 데서 벗어나, 상호 소통 가능한 구조로 이해할 수 있는 새로운 분석틀을 제공한다.

이러한 관점은 장재의 사상을 정씨 형제와 주희로 이어지는 정주리학程朱理學의 흐름 속에서만 고찰하던 기존의 접근에서 벗어나, 오히려 육구연과 왕수인으로 이어지는 육왕심학陸王心學의 맥락에서도 해석할 수 있는 가능성을 열어 준다. 특히 육왕심학이 강조하는 '심心'의 개념과, 그 심의 본질로 간주되는 양지良知의 개념을 장재의 '태허즉기론太虛卽氣論'의 틀 속에서 해석하고자 한다. 이 연구는 기학과 심학의 존재론적 연속성을 밝히는 데 중요한 의미를 지니며, 또한 양명심학陽明心學의 불교적 성향을 비판해 온 전통적인 성리학의 시각을 일정 부분 극복할 수 있다. 즉, 태허즉기론을 활용하여 양명심학을 단절이 아닌 성리학의 내적 발전으로 이해할 수 있는데, 이 연구는 심학의 유학적 정체성을 보다 온전하게 회복하려는 작업으로서 의의를 지닌다.

이 장에서는 우선 '태허太虛'와 '양지良知'의 개념을 비교함으로써 기학과 심학이 공유하는 존재론적 구조를 밝히고자 하며, 아울러 '대심大心'과 '치양지致良知'의 개념 비교를 통해 기학과 심학이 사유한 공부론工夫論의 내적 연계성을 논증하고자 한다.

Ⅰ. 선행연구 검토

국내에서 장재의 기학과 왕수인의 심학을 직접 비교한 연구 성과는 그다지 주목되지 않는다.[1)] 본문 내용에서 양자 간의 관계에 대해 부분적으로 언급

1) 김세정, 「국내 왕양명 관련 연구목록」, 『양명학』 10호(한국양명학회, 2003); 김세정, 「양명학에 대한 연구현황과 과제」, 『유학연구』 12집(충남대학교 유학연구소, 2005)

한 연구물은 있겠지만, 기학과 심학의 상호 소통성을 직접 주제로 삼은 연구 성과는 찾기 어렵다. 그런데 이와 관련하여 해외에서는 몇 가지 연구 성과가 눈에 띈다. 모종삼牟宗三(1909~1995), 여회언余懷彦, 정위상丁爲祥이 대표적인 경우다. 이들의 연구 성과와 경향을 간략하게 살펴보도록 하자.

우선 모종삼을 주목할 필요가 있다. 그는 명대 이후 줄곧 관학官學의 지위를 차지해 온 주자학의 권위를 흔들고, 오히려 육왕학을 유학의 종宗으로 내세웠다. 이러한 견해는 모종삼에게서 처음으로 시작된 것은 아니다. 현대신유가 사상가들이 등장하면서부터 주자학의 지위와 권위에 동요가 생기기 시작했다. 이러한 움직임은 1940년대부터 시작되었고, 1980년대에 이르러 대만과 홍콩을 중심으로 맹자학과 육왕학 계통의 학술이 정주학 계통의 학술을 대신하여 중심적 위치에 서게 된다.[2] 풍우란馮友蘭, 전목錢穆(1895~1990), 진영첩陳榮捷(1901~1994) 등이 여전히 주자학에 대해 우호적인 시각을 보였음에 반해, 웅십력을 비롯하여 그의 영향을 강하게 받은 모종삼, 당군의, 서복관徐復觀 등은 송명리학宋明理學의 중심을 육왕학으로 보았다.

특히 모종삼은 그의 저작인 『심체와 성체[心體與性體]』에서 주자학과 육왕학의 특징을 아래와 같이 구체적으로 대비하면서 육왕학의 정통성을 강조하였다.[3]

(1) 주자학: 타율도덕 – 단지 존재만 하고 활동하지 않음 – 순취지로順取之路 – 본질윤리本質倫理 – 횡섭계통橫攝系統: 별자지종別子之宗, 기출岐出

(2) 육왕학: 자율도덕 – 존재하고 있으며 활동하기도 함 – 역각체증逆覺體證 – 방향윤리方向倫理 – 종관계통縱貫系統: 정종正宗

참조.

2) 홍원식 대담, 「역자와의 대화: 모종삼 지음, 황갑연 외 옮김, 『심체와 성체』[心體與性體]」, 『오늘의 동양사상』 23호(예문동양사상연구원, 2013), 164쪽.

3) 牟宗三, 『心體與性體』 一冊(臺灣: 正中書局, 1968), 45~53쪽 참조. 홍원식 대담, 「역자와의 대화: 모종삼 지음, 황갑연 외 옮김, 『심체와 성체』」, 165쪽 참조.

그리고 모종삼은 『심체와 성체』에서 기존의 정주학程朱學 중심으로 편성된 송명리학의 전체 체제를 세 노선으로 재분류하였는데, (1) 북송 전기 세 사상가[주돈이, 장재, 정호], 호굉胡宏-유종주, (2) 육구연-왕수인, (3) 정이-주희 이다. 모종삼은 (1)과 (2)의 노선, 즉 북송 전기의 세 사상가와 호굉, 유종주 및 육구연, 왕수인의 사상을 기본적으로 소통하는 구조로 파악하였으며, 이를 '하나의 원 안에서의 두 개의 노선[一圓圈之兩來往]'으로 규정하였다. 모종삼에 따르면, 이 두 가지 노선의 방향은 동일한 원 안에서 하나는 왼쪽으로 회전하고, 다른 하나는 오른쪽으로 회전하지만, 결국에는 서로 만나게 된다. 모종삼은 두 개 노선의 특징을 다음과 같이 개괄하였다.[4]

(1) 육구연, 왕수인의 노선: 심心이라는 주체성의 보편성과 지선至善함 그리고 입법의 자율성을 긍정하고서, 그것을 근거로 인간의 존재근거인 본성을 규정하고 심心과 성性이 하나임을 정립하는 것.
(2) 북송 전기 세 사상가와 호굉, 유종주의 노선: 먼저 객관적으로 하나의 성체性體를 제시하고서, 다시 주관성의 심체心體로서 성체의 드러나는 작용을 긍정하는 것.

결국 모종삼은 성리학의 노선을 정이-주희의 노선과 기타의 노선으로 이대분二大分 하고 있는 셈이다. 그는 정이-주희의 노선에 대비되는 다른 하나의 노선을 '세로[縱貫] 계통'이라 명명하고, 그 특징이 '선천공부先天工夫'와 '역각체증逆覺體證'을 강조한다고 보았다. '역각체증'에서 '각覺'은 '경각警覺'의 의미이고, '역逆'은 '되돌려 안으로 향한다'는 의미로서, 궁극적인 본체인 심체와 성체를 마음에서 직접적으로 깨닫는 것을 의미한다.[5] 우리는 이러한 모종삼의

4) 위와 같음.
5) 조남호, 「牟宗三의 朱熹 비판과 그에 대한 재평가」, 『철학사상』 37집(철학사상연구소,

시각으로부터 적어도 리학에 대비되는 기학과 심학의 사상적 유사성에 대한 몇 가지 중요한 아이디어를 얻을 수 있다.

한편, 중국의 현대 철학자인 정위상丁爲祥은 『허기상즉虛氣相卽』[6] 제8장(285~312쪽) "장재여왕양명 · 왕정상張載與王陽明 · 王廷相 – 심학여기학적쌍향계승心學與氣學的雙向繼承"에서 장재와 왕수인 및 왕정상王廷相의 학문적 소통성과 연속성에 대해 논하였다. 이 연구는 선행연구 중에서 필자의 의도와 가장 유사하다. 특히 제2절 '양지여기良知與氣' 부분에서는 기학과 심학을 유비적으로 이해할 수 있는 기본적인 생각이 필자와 동일하다. 그렇지만 이 책의 한계 또한 분명하다. 『왕양명전집王陽明全集』에 대한 전반적인 검토와 체계적인 분석이 따르지 않고, 제시하고 있는 원전 자료가 극히 일부이며 이마저도 저자의 취향에 따라 발췌된 '편파적' 성격이 강하다. 그리고 기학과 심학의 주요 개념들, 즉 기, 태허, 양지, 치양지 등의 다의성을 간과[또는 무시]하고 특정 의미만 고집하는 측면이 있다.

여회언余懷彦은 『왕양명의 오백년[王陽明的五百年]』[7] 제1장 2절(7~16쪽) '심학과 관학[心學與關學]'에서 심학과 관학關學(氣學)의 관계에 대해 서술하고 있다. 여회언의 기본적인 착상 또한 필자의 의도와 비슷하나, 그 내용이 지나치게 소략하고 사상 자체에 대한 깊은 분석이 행해지지 않았다. 여회언은 이 책에서 주로 장재와 왕수인 개인의 지적知的 경향성과 성장사적 배경의 유사성에 대해 주목하였고, 『왕양명전집』에 산견해 있는 기학적 요소 몇 가지를 제시하는 수준에서 논의를 그쳤다.

이 외에도 일본 양명학의 '태허론太虛論'을 다루는 몇 가지 연구 성과를

2010), 68~69쪽 참조.

6) 丁爲祥, 『虛氣相卽』(北京: 人民出版社, 2000).

7) 余懷彦, 『王陽明的五百年』(貴州: 貴州教育出版社, 2009).

주목할 필요가 있다. 일본 양명학의 전개 과정에서 나타나는 가장 큰 특징은 바로 '태허론'이 사상사의 주류를 이룬다는 사실이다. 나카에 도주(中江藤樹, 1608~1648)에서 시작하여 구마자와 반잔(熊澤蕃山, 1619~1691), 미와 싯사이(三輪執齋, 1669~1744), 사토 잇사이(佐藤一齋, 1722~1859)로 이어지는 이러한 흐름은 오시오 주사이(大鹽中齋, 1793~1837)에 이르러 '귀태허歸太虛'의 사상으로 종합된다. 일본의 선행연구 자료들은 이러한 과정을 잘 설명하고 있다. 이들이 주목하는 양명학의 기학적 측면, 특히 '태허' 이론의 심학적 전개 과정에 대해서 세심하게 살펴볼 필요가 있다. 출전과 전거를 철저하게 밝히는 일본 학자들의 특성상 『왕양명전집』을 비롯한 관련 고전의 용례가 풍부하게 수록되어 있어 참고할 만하다. 이노우에 데쓰지로(井上哲次郎, 1855~1944)의 『일본 양명학파의 철학(日本陽明學派之哲學)』[8]이 대표적인 연구 성과이다. 그리고 국내 학자 최재목의 논문 「공허의 실학: 태허사상의 양명학적 굴절」[9]과 저서 『동아시아의 양명학』[10]도 주목할 만한 가치가 있다.

Ⅱ. 장재 기학과 왕수인 심학의 소통구조

1. 기학과 심학의 형성 배경 및 소통 가능성 모색

기학과 심학은 우선 외형상 기와 심 개념 자체가 강하게 대비된다. 현대 철학자들에 의해 흔히 기는 물질적인 것으로, 그리고 심은 정신적인 것으로

8) 井上哲次郎, 『日本陽明學派之哲學』(東京: 富山房, 1900).
9) 최재목, 「공허의 실학: 태허사상의 양명학적 굴절」, 『철학논총』 11집(영남철학회, 1995).
10) 최재목, 『동아시아의 양명학』(예문서원, 1996).

읽힐 수 있다. 그렇지만 대부분의 중국철학은 서양철학적인 물질과 정신 개념이 서로 상반되거나 대립되는 것으로 엄격하게 구분하지 않는다. 그러므로 기와 심을 물질과 정신적인 개념으로 엄격하게 구분하는 것은 문제가 있다. 그리고 기와 심 개념 자체도 서로 명확하게 구분되지 않는다. 기 또한 심의 속성을 지니고 있고, 심 또한 기로 이루어져 있으며, 이것들이 상호작용을 한다.[11] 주희도 심이 기의 영역을 초월하는 어떤 것으로 생각하지 않았다. 심 또한 기의 속성과 작용들을 통해서 논의될 수 있었다.[12] 중국철학에 있어서 일반적으로 이해되는 생각 중의 하나가 바로 모든 사람들의 '마음'[13]은 상호작용할 수 있고, 이것은 심지어 사람의 마음과 동물의 마음도 그러하다는 관념이다. 그 근거로 이들 마음이 모두 각각 기로 이루어져 있을 뿐만 아니라, 외부세계의 기와 작용하는 것이라고 생각하기 때문이다.[14] 기학과 심학의 소통 가능성은 바로 이러한 배경에서 출발한다.

중국사상사에 있어서 일반적으로 기학은 북송대 장재에 의해 체계화되고, 심학은 명대 왕수인에 의해 체계화된 것으로 평가받고 있다. 장재와 왕수인은 출신 지역과 시대로 대표되어지는 시·공간적 배경이 다르고, 또한 중국철학사상사에서 학맥이 다른 것으로 분류되고 있으나, 의외로 두 사람은 그 살아온 여정이 비슷하고,[15] 또한 사상 구조가 닮은 점이 많다.

우선 그들 삶의 사회사상사적 배경에서 유사한 점이 많이 발견된다. 두

---

11) 김영식, 「氣와 心: 朱熹의 思想에 나타난 물질과 정신」, 『철학』 35집(한국철학회, 1990), 90쪽 참조.
12) 김영식, 「氣와 心: 朱熹의 思想에 나타난 물질과 정신」, 103쪽 참조.
13) 이 글에서는 '氣' 개념과의 대비를 위해 '心'과 '마음'이라는 용어에 있어서 '心'을 일관성 있게 사용하지만, 글의 맥락을 살리기에 '마음'이라는 표현이 더 적절한 경우에는 '心' 대신 '마음'을 사용하였다.
14) 김영식, 「氣와 心: 朱熹의 思想에 나타난 물질과 정신」, 108쪽 참조.
15) 余懷彦, 『王陽明的五百年』(貴州: 貴州教育出版社, 2009), 10쪽 참조.

사람 모두 이민족의 침입이라는 외환外患의 시기에 태어나 어린 시절 병법과 군사학에 깊은 관심을 가지고 있었다. 그러던 중에 당대當代 유학의 큰 스승인 범중엄과 누일재婁一齋(1422~1491)를 만난 것을 계기로 하여 유학의 공부법에 침잠하였으나, 이에 만족하지 못하고 도교와 불교의 사상 편력을 거친 뒤 다시 유학의 공부로 돌아오는 배움의 과정이 닮았다. 그리고 왕수인은 평소 장재와 그의 학문[氣學]에 대해 긍정적으로 평가하였다.

일찍이 몇몇 학자들이 장재의 기학과 왕수인의 심학 관계에 대해 주목한 바 있다. 그중에서도 후대에 끼친 그 영향력이나 주장하는 바의 이론적 심도를 고려할 때 가장 대표적인 학자로 모종삼을 거론할 수 있다. 앞서 언급하였다시피, 그는 북송 전기의 세 사상가[주돈이, 장재, 정호]와 호굉, 유종주 및 육구연, 왕수인의 사상을 기본적으로 소통하는 구조로 파악하고서 이를 '하나의 원 안에서의 두 개의 노선'으로 규정하였다. 그는 북송 전기의 세 사상가와 호굉, 유종주의 사상을 동일한 노선으로 보았고, 육구연과 왕수인의 사상을 다른 하나의 노선으로 구분하였지만, 결국 이 두 가지의 노선은 서로 합일하게 된다고 보았다.

이제 장재와 왕수인 두 사람의 사상을 모종삼의 주장에 따라 상호 소통적인 관점에서 살펴보도록 하자. 우선 "객관적으로 하나의 성체性體를 제시하고서 다시 주관성의 심체心體로서 성체의 드러나는 작용을 긍정했다"는 노선의 특징을 장재의 사상에 적용시켜 보자.

장재는 먼저 태허즉기의 실체를 제시한다. 그는 만물의 근원으로서 태허를 제시하고, 태허와 만물의 차이를 기의 이합집산으로 설명하였다. 장재 기학의 우주론에서 태허는 객형客形인 기가 본래의 모습으로 되돌아간 흩어져 있는 상태를 말한다. 그런데 이러한 태허즉기는 곧 심성론에도 적용된다. 장재는 천부적인 도덕심을 의미하는 만물 공동의 심心으로서 곧 '천지지성天地之性'을 거론하는데, 이것은 구체적인 개체 생명체에 내재하는 태허즉성太虛卽性이라고 할 수 있다. 그는 원래의 성性이자, 천부적 도덕심인 천지지성으로 '잘 돌이키는[善反]' 것이 곧 태허즉기의 본성을 회복하는 방법이라고 보았다. 그리고 이때 천지지성에로 잘 돌이키는 주체가 '심'이고 그 구체적 방법[공부]이 바로 '대심大心'이다. 모종삼의 표현을 빌려 보면, 장재는 객관적으로 하나의 본체론적 존재인 태허를 내세우고, 이것에 근거한 모든 존재의 동일성을 주장하며, 나아가서는 이러한 성性을 능히 구현할 수 있는 주관적 존재인 심心을 내세운 것이다.

일찍이 정이는 장재의 '태허' 개념을 비판한 바 있다.

〈정이는〉 '태허'를 언급하며 "태허라는 것은 없다"라고 하였다. 그리고 '허虛'를 가리켜 말하기를 "모두 리理일 뿐이지 어찌 '허'라고 할 만한 것이 있겠는가? 천하에 리理보다 실實한 것은 없다"라고 하였다.[16)]

그렇지만 이 말은 장재의 본의를 오해한 것이다. 왜냐하면 '형체를 갖지 않음'과 '비실재적인(unreal) 것'으로서의 '허虛'의 의미는 다르기 때문이다.[17)] 장재는 이 두 가지 의미를 충분히 구분하고 있었다.

천지의 도는 지극히 허함을 실한 것으로 여기지 않음이 없고, 사람들은 모름지기 허한 가운데서 실한 것을 찾게 된다.…… 쇠붙이[金鐵]는 시간이 지나면 녹슬게 되고, 산악山岳은 시간이 지나면 부서진다. 무릇 형체가 있는 사물은 무너지기 쉽다. 오로지 태허만이 아무런 동요가 없기 때문에 지극히 실한 것이 된다.[18)]

---

16) 『程氏遺書』, 第3, "又語及太虛曰, 亦無太虛. 遂指虛曰, 皆是理, 安得謂之虛. 天下無實於于理者."
17) A. C. 그레이엄, 『정명도와 정이천의 철학』, 이현선 역(심산, 2011), 53쪽 참조.
18) 『張子全書』(林樂昌 編校, 西安: 西北大學出版社, 2015), 卷11, 「張子語錄」, '語錄中', "天地之道無非以至虛爲實, 人須於虛中求出實.……金鐵有時而腐, 山岳有時而摧, 凡有形之物卽易

장재가 말하는 실한 것이란 현대어로 표현하면 '실재적인(real) 것'이라 할 수 있다. 즉 여기서 장재가 말하는 '허虛'란 비실재적이라는 의미가 아니라 형체를 갖지 않았다는 의미이다. 그런데 정이는 장재의 태허가 비실재적이라는 차원에서 비판을 하고 있다. 정이는 여기서 이른바 범주 착오를 일으킨 것이다.

그렇다면 모종삼이 "심心이라는 주체성의 보편성과 지선함 그리고 입법의 자율성을 긍정하고서, 그것을 근거로 인간의 존재근거인 본성을 규정하고 심과 성이 하나임을 정립하는"[19] 것으로 파악했던 왕수인의 사상은 어떻게 이해할 수 있겠는가?

12세기 이후 신유학 내부의 주요 쟁점은 '격물格物'이었다. 정통 주자학은 정이와 마찬가지로 우리가 외부 세계를 연구함으로써 도덕성을 배운다고 주장했다. 그렇지만 육구연과 왕수인은 도덕 원리를 발견하기 위해서는 자신의 양심을 살펴보는 것으로 충분하다는 견해로 되돌아간다. 그들은 이러한 입장을 새로운 형태의 일원론으로 정당화했는데, 정통학파에 의해 '불교적'이라고 비난을 받게 되자 그들은 격물을 통해 도덕성을 배운다는 주장을 받아들이면서 만물은 모두 마음 안에 있다고 논증한다.[20]

왕수인은 주희와는 다른 방식으로 장재의 기학을 해석하고 계승했다. 주희의 리理는 세계존재의 궁극 원인으로서 외재적으로 규정되고 있는 인상을 지울 수 없으며, 또한 객관 존재의 성격을 강하게 지니고 있다.[21] 반면 왕수인은 리를 곧 마음 자체로 규정하였다. 그에게 있어서 리는 객관 존재가 아닌

壞, 惟太虛無動搖, 故爲至實."

19) 홍원식 대담, 「역자와의 대화: 모종삼 지음, 황갑연 외 옮김, 『심체와 성체』」, 165쪽 참조.

20) A. C. 그레이엄, 『정명도와 정이천의 철학』, 이현선 역, 29쪽 참조.

21) 高橋進, 『朱熹と王陽明』(東京: 國書刊行會, 1977), 117쪽 참조.

주관 존재의 것으로서, 심을 떠나서 리를 생각할 수는 없다.[22] 이러한 그의 생각은 제자 서애徐愛(1487~1517)와의 대화에서 잘 드러나 있다.

> 내[서애]가 여쭈어 보았다. "지극한 선善을 오직 마음에서만 구한다면 아마 천하의 사리事理는 다할 수 없을 것만 같습니다." 선생님[왕수인]께서 말씀하셨다. "마음이 곧 리理이다. 천하에 또 마음 밖의 일이 있고 마음 밖의 이치가 있는가?" 다시 내가 말씀드렸다. "아버지를 섬기는 효도나 임금을 섬기는 충성이나 벗과 사귀는 믿음이나 백성을 다스리는 어짊 같은 것들에는 그것들 사이에도 허다한 이치가 존재하고 있습니다. 아마 잘 살피지 않으면 안 될 것 같습니다." 선생께서 탄식하며 말씀하셨다. "그러한 설이 올바른 생각을 가리어 온 지는 오래된 일이다. 어찌 한마디 말로써 깨닫게 할 수가 있겠는가? 지금은 단지 질문한 말에 대해서만 말해 보겠다. 아버지를 섬기는 일 같은 것은 아버지에게서 효도의 이치를 구할 수 있는 것이 아니다. 임금을 섬기는 일은 임금에게서 충성의 이치를 구할 수 있는 것이 아니다. 벗을 사귀고 백성을 다스리는 데 있어서도 벗에게나 백성들에게서 믿음이나 어짊의 이치가 구해지는 것은 아니다. 모두가 다만 자기의 마음에 달려 있다. '마음이 곧 이치[心卽理]'인 것이다."[23]

왕수인은 심의 본질을 양지로 이해하였다. 왕수인이 주장하는 양지는 장재에 있어서 천덕양지天德良知의 실현으로 볼 수 있다. 즉 천덕天德으로서의

---

22) 송재운, 『陽明哲學의 硏究』(思社硏, 1991), 98~99쪽 참조.

23) 『傳習錄』, 卷上, "愛問, 至善只求諸心, 恐於天下事理, 有不能盡. 先生曰, 心卽理也. 天下又有心外之事, 心外之理乎. 愛曰, 如事父之孝, 事君之忠, 交友之信, 治民之仁, 其間有許多理在. 恐亦不可不察. 先生嘆曰, 此說之蔽久矣. 豈一語所能悟. 今姑就所問者言之. 且如事父, 不成去父上求箇孝的理. 事君, 不成去君上求箇忠的理交友治民, 不成去友上民上求箇信與仁的理. 都只在此心, 心卽理也."
*본문에서 인용하는 『傳習錄』의 번역은 정인재 등이 옮긴 『傳習錄』(청계출판사, 2007)을 따른다. 다만 文意가 어색하거나 의미를 좀 더 선명하게 드러내고자 한 몇 부분에 있어서 필자가 고쳐 번역하였다.

태허가 사람의 시비지각是非知覺의 즉각적인 직관에 이른 것이라고 할 수 있다.[24] 모종삼의 표현을 빌리자면, 여기서 왕수인은 양지를 통해 심이라는 주체성의 보편성과 지선함 그리고 입법의 자율성을 긍정하였고, 그리고 양지를 근거로 인간의 존재근거인 본성을 규정하고 심과 성이 하나임을 정립[致良知]하고자 하였다.

왕수인은 장재의 태허즉기론太虛卽氣論에 입각하여 그의 심론心論을 전개하였다. 그는 "하늘과 땅이나 귀신과 만물도 우리의 영명靈明한 심을 떠나면 곧 하늘과 땅이나 귀신, 만물로서 존재할 수 없게 될 것이다. 우리의 영명한 심도 하늘과 땅이나 귀신과 만물을 떠나서는 역시 우리의 영명한 심으로 존재할 수 없게 되는 것이다"[25]라고 주장하며 결국 모든 만물이 일기一氣로 유통되어 그들 사이를 떼어 놓을 수 없음을 설파하였다. 그리고 그는 마음의 본체인 양지를 신神, 기氣, 정精으로 구분하여 말하면서도 결국은 이 세 가지가 하나임을 역설하였다.

> 사람의 양지는 하나일 뿐이다. 그 묘한 작용을 말할 적엔 신神이라 하고, 그것이 흘러다니는 것을 말할 적엔 기氣라 하고, 그것이 모여 엉기는 것을 말할 적엔 정精이라 한다.[26]

리학理學의 계보상에서 본다면, 장재와 왕수인의 계보에는 정호와 육구연도 포함될 수 있다. 그런데 왕수인은 이 계열의 사상을 가장 주체적인 시각에

24) 丁爲祥, 『虛氣相卽』(北京: 人民出版社, 2000), 288쪽 참조.

25) 『傳習錄』, 卷下, "天地鬼神萬物, 離卻我的靈明, 便沒有天地鬼神萬物了. 我的靈明, 離卻了天地鬼神萬物, 亦沒有我的靈明."

26) 『傳習錄』, 卷中, "夫良知一也. 以其妙用而言, 謂之神, 以其流行而言, 謂之氣, 以其凝聚而言, 謂之精."

서 체계화하였다. 이러한 관점에서 말하자면, 왕수인은 신유학 시대에 이르러 장재 이래의 본체 주체화의 최종 종결자라고 할 수 있다.[27] 그리고 장재의 철학이 우주론적 기학에서 출발하여 심성론적[내재론적] 심학에로 귀결되었다고 한다면, 왕수인의 철학은 양지가 본질 마음이라는 심학에서 출발하여 우주론으로 확대되어 만물의 존재, 생성에까지 미치게 되었다고 평가할 수 있다.

2. 소통구조(1): 태허와 양지의 본체론

장재 기학의 근간은 태허이고, 왕수인 심학의 근간은 양지이다. 그런데 왕수인 자신이 "양지의 허虛는 곧 태허이고, 양지의 무無란 것도 태허의 형체가 없는 것"[28]이라고 보았기 때문에 사실은 양지의 근간도 태허다. 그렇다면 태허란 도대체 무엇인가?

전통적으로 태허는 고요하고 신묘한 경지를 뜻하기도 하고,[29] 하늘 또는 공중을 의미한 경우도 있으며,[30] 우주 자체를 일컬을 때도 있다.[31] 그런데 장재는 태허를 자신의 주요 철학 개념으로 끌어들여 우주만물의 근원적 실체로서의 기를 의미하였다. 장재 이후 많은 철학자들은 태허의 의미를 장재의 용법으로 사용하였다. 그렇다면 장재가 말하는 태허란 어떤 것인가?

장재는 "태허는 형체가 없으니 기의 본래 모습이며, 기가 모이고 흩어지는 것은 변화의 일시적인 모습일 뿐이다"[32]라고 하였다. 그가 주장하는 태허는

---

27) 丁爲祥, 『虛氣相卽』, 288쪽 참조.
28) 『傳習錄』, 卷下, "良知之虛, 便是天之太虛. 良知之無, 便是太虛之無形."
29) 『莊子』, 「知北遊」, "是以不過乎崑崙, 不遊乎太虛."
30) 蕭統 編, 『文選』, 「孫綽 · 遊天台山賦」, "太虛遼廓而無閡, 運自然之妙有." [李善注] "太虛, 謂天也."
31) 陸龜蒙, 『江湖散人傳』, "天地大者也, 在太虛中一物耳."
32) 『正蒙』, 「太和」, "太虛無形, 氣之本體, 其聚其散, 變化之客形爾."

우주론에서 객형客形의 기가 본래의 모습으로 되돌아간 응결되지 않는 흩어져 있는 상태를 말하지만, 심성론에서는 천부적인 도덕심을 회복한 만물 공동의 심心으로서 곧 천지지성을 의미한다.

그런데 장재 기학에서 말하는 '성性'을 이해하기 위해서는 '허와 기가 합하여 성의 이름이 있게 된다[合虛與氣, 有性之名]'[33]라는 장재의 말을 잘 새겨보아야 한다. 즉 장재에 있어서의 성은 허와 기의 의미 및 그 관계를 규명함으로써 정체 해명이 가능하다. 장재 기학에서 사용하는 '허'의 일반적인 용법은 바로 개체 속에 내재된 '태허'를 의미하고 있다. 이러한 일반적인 용법에 따라 '합허여기合虛與氣'의 '허' 역시 개체 속에 내재된 '태허'로 볼 수 있다. 그런데 장재에게 있어서 '태허'는 일기一氣(총체로서의 기)를 의미하므로, '합허여기'는 결국 '태허일기와 기질의 합'이 된다.

장재는 구체적 개체 생명체의 기질 속에 내재하는 태허를 곧 성으로 이해하였다. 그가 말하는 성은 태허일기와 기질의 결합, 혹은 기질 속에서 드러나는 태허일기의 현현으로 규정될 수 있다. 이러한 의미에서 성은 개체의 독자적 속성이 아니라 만물에 공통적으로 내재한 본성으로서, 장재는 이를 '천지지성'이라 명명하였다.

그는 더 나아가 악惡의 발생을 외물外物에 대한 무한한 욕구에서 찾았는데, 이러한 욕구는 곧 형체가 부여된 이후 개별 존재들이 갖게 되는 기질지성에서 비롯된다고 보았다. 장재에 따르면, 악의 근원이 되는 기질지성을 전환하여 천지지성으로 '잘 돌이키는[善反]' 일만이 최초의 태허일기가 지닌 본성을 회복할 수 있는 유일한 방법이다.

장재는 기학을 통해 도가사상[玄學]과 불가사상[華嚴哲學]의 세계관을 극복하

33) 『正蒙』, 「太和」, "合虛與氣, 有性之名."

고자 했다. 그렇지만 장재의 언급처럼, 모든 것이 어차피 흩어져 보이지 않는 기로 돌아갈 뿐이라면 이 세상 모든 존재의 존재 이유나 목적은 어디에서 찾을 수 있단 말인가? 이러한 문제의식이 주자학의 형성에 상당한 기여를 했을 것으로 보인다. 즉 주희는 뭉치고 흩어지는 기에다 불변하는 존재 이유나 목적을 집어넣고자 하였으며,[34] 그는 이러한 존재 이유나 목적을 '태극' 혹은 '리'라고 불렀다. 그리고 앞서 보았듯이 주희의 학문적 연원을 이루는 정이 또한 비슷한 맥락에서 장재의 '태허' 개념을 비판하였다.[35] 정이와 주희는 장재의 태허본체론太虛本體論을 대신하여 천리본체론天理本體論을 주장하였다. 이로 말미암아 송명리학宋明理學은 '우주본체론'으로부터 '도덕본체론'으로 전향하게 된다.

정이-주희 계열의 학자들에 의해 장재의 태허론이 비판의 대상이 된 반면에, 왕수인은 장재의 태허론의 의미를 제대로 잘 파악하여 자신의 심학의 이론적 근거로 삼았다. 주희와 육구연의 논쟁 중에서 보인 육구연의 허다한 사상이 장재의 사상에서도 유사성을 찾을 수 있지만, 육구연은 장재 사상에 대해서 구체적인 언급을 하지 않았다. 그렇지만 명대 중엽에 이르러 중국의 사상계는 큰 변화를 맞았다. 당시에 리학 사조를 변혁시킨 주역이 바로 왕수인이며, 그는 적극적으로 장재 사상을 긍정적으로 평가하였다.

왕수인은 파면을 당해 고향으로 돌아가던 제자 남대길南大吉(1487~1541)의 편지를 받고 이에 답하면서 "오로지 도를 지닌 선비만이 진실로 양지의 밝고 신령함을 보게 되어, 원융통철圓融洞徹하고 확연히 태허와 한 몸이 될 것이다. 태허 가운데에 어떤 사물인들 있지 않겠는가마는, 어느 하나의 사물이라도 태허에 장애됨이 있지 않다"[36]라고 하였다. 이 말은 곧 양지의 본체가 태허임

---

34) 강신주, 『철학 vs 철학』(그린비, 2010), 667~668쪽 참조.
35) A. C. 그레이엄, 『정명도와 정이천의 철학』, 53쪽 참조.

을 말한 것이다. 또한 그는 제자 전덕홍錢德洪(1496~1574)이 유형有形의 공부에 집착하자, "양지의 본체는 원래 있는 것이 아니다. 본체는 곧 태허이다. 태허의 가운데에…… 어떤 사물인들 있지 않겠는가"[37]라고 지적하기도 하였다.

이처럼 왕수인은 장재의 태허 사상으로부터 직접적인 영향을 받았다. 왕수인의 시대에 이르기까지 장재의 사상과 태허 개념에 대해 크게 관심을 가져주는 이가 없었다. 왕수인이 태허와 기에 대해 관심을 가졌다는 것은 곧 그가 장재의 사상에 대해 연구하였을 뿐만 아니라, 한 걸음 더 나아가 그의 사상과 장재 사상의 상통처가 있다는 것을 드러내 준다.[38] 그렇다면 왕수인은 태허를 어떻게 이해하였는가? 이와 관련하여 그의 생각을 가장 잘 대변하는 것이 바로 "양지의 허虛는 곧 태허이고, 양지의 무無란 것도 태허의 형체가 없는 것이다"[39]라고 하는 구절이다. 양지는 왕수인 심학의 본체이며, 양지의 허무적虛無的인 속성은 천天의 태허와 그 무형의 본질에 해당한다. 이것은 곧 태허의 무형의 본질이 인간의 '도덕적' 삶에 구체적으로 드러난 것이라고 할 수 있다.

한편 장재는 〈서명〉에서 '민포물여民胞物與'의 사상을 제창하였는데, 이것은 천지만물이 본래 나와 한 몸이라는 왕수인의 '만물일체론'의 사상과 기본적으로 맥을 같이한다.

> 건乾은 〈하늘로서〉 아버지라고 불리고, 곤坤은 〈땅으로서〉 어머니라고 불린다. 나는 여기서 조그만 모습으로 그 가운데 뒤섞여 있다. 하늘과 땅에 가득 찬 것을 내 몸으로 삼고, 하늘과 땅을 이끌고 가는 것을 내 본성으로 삼는다.

---

36) 『王陽明全集』 上, 卷6, 文錄 3, 答南元善(丙戌), "夫惟有道之士, 眞有以見其良知之昭明靈覺, 圓融洞徹, 廓然與太虛而同體. 太虛之中, 何物不有, 而無一物能爲太虛之障碍."

37) 『王陽明全集』 下, 卷35, 年譜 3(56歲9月條), "良知本體原來無有, 本體只是太虛. 太虛之中…… 何物不有."

38) 丁爲祥, 『虛氣相卽』, 294쪽 참조.

39) 『傳習錄』, 卷下, "良知之虛, 便是天之太虛. 良知之無, 便是太虛之無形."

사람들은 모두 한 배胞에서 태어난 형제이고, 만물은 나와 함께 있는 동료이다.[40]

왕수인 또한 천지만물이 본래 나와 한 몸이라고 주장한다. 그리고 그는 사람에게 있는 양지는 성인과 어리석은 자의 '개인적' 차이가 없으며, 옛날부터 지금까지라는 '시간적' 차이도 없다고 생각하였다.

사람이란 하늘과 땅의 마음이니, 하늘과 땅과 만물은 본래 나와 한 몸이 된다. 일반 사람들의 고난과 해독 중에서 내 몸이 겪는 것보다 그 고통이 절실한 것이 어디 있겠는가? 나의 몸의 고통을 모른다면 옳고 그름을 가리는 마음도 없다. 옳고 그름을 가리는 마음은 생각하지 않아도 알게 하고 배우지 않아도 할 수 있게 하는 것이다. 이것이 이른바 양지라고 하는 것이다. 양지는 사람들의 마음에 있는데, 성인과 어리석은 자의 차이가 없고, 천하고금이 같은 것이다.[41]

그렇다면 왕수인이 주장하는 양지란 도대체 어떤 것인가? 양지에 대한 왕수인의 개념 풀이는 다양한 방식으로 이루어진다. 그중에서 몇 가지 중요한 설명을 살펴보도록 하자. 우선 왕수인은 양지가 도道라고 생각하였으며, 그러므로 성현들뿐만이 아니라 일반 사람들도 모두 마음속에 양지를 갖추고 있다고 보았다.[42] 또한 그는 양지 자체가 천리天理와 같기 때문에 양지가 발동하는 생각은 천리 아닌 것이 없다고 보았다.

---

40) 『正蒙』, 「太和」, "乾稱父, 坤稱母. 予玆藐焉, 乃混然中處. 故天地之塞, 吾其體, 天地之帥, 吾其性. 民吾同胞, 物吾與也."

41) 『傳習錄』, 卷中, "夫人者, 天地之心, 天地萬物本吾一體者也. 生民之困苦荼毒, 孰非疾痛之切於吾身者乎. 不知吾身之疾痛, 無是非之心者也. 是非之心, 不慮而知, 不學而能, 所謂良知也. 良知之在人心, 無間於聖愚, 天下古今之所同也."

42) 『傳習錄』, 卷中, "夫良知卽是道. 良知之在人心, 不但聖賢, 雖常人亦無不如此." 참조.

양지란 천리의 이치를 밝히고 올바름을 깨닫게 하는 곳이다. 그러므로 양지가 바로 천리라고 할 수 있다. 생각이란 양지의 발동이다. 만약 양지가 발동하는 생각이라면 곧 그의 생각은 천리가 아닌 것이 없을 것이다. 양지가 발동하는 생각은 자연스럽고 분명하고 간결하여, 양지도 스스로 그것을 알 수가 있다.[43]

또한 왕수인은 양지를 학문과도 연관시켜 설명하였다. 그는 양지만 분명해진다면 사람들이 자의적으로 행하더라도 크게 문제없을 것임을 말하며, 양지의 본체가 원래 움직임도 없고 고요함도 없는 것이라고 주장하며, 이것을 익히는 것이 바로 학문의 요체라고 강조하였다. 여기서 왕수인이 말하는 움직임도 없고 고요함도 없다고 하는 양지의 본체는 바로 '태허즉기太虛卽氣'의 본성이기도 하다.

양지만 분명해진다면 네 멋대로 고요한 곳으로 가서 체득하고 깨달아도 좋고, 네가 하는 일을 통해서 연마해도 좋게 되는 것이다. 양지의 본체는 원래가 움직임도 없고 고요함도 없는 것이다. 이것이 바로 학문의 요체인 것이다.[44]

왕수인은 양지를 설명하면서 맹자의 주장을 따르고 있다. 맹자에 따르면, 양지는 배우지 않고서도 할 수 있고, 생각하지 않고서도 알 수 있는 천부적 도덕 능력을 의미한다.[45] 왕수인은 이러한 양지가 인간 누구에게나 있으며, 이것이 바로 하늘이 명하여 준 성性이고 내 마음의 본체라고 보았다.

---

43) 『傳習錄』, 卷中, "良知是天理之昭明靈覺處, 故良知卽是天理. 思是良知之發用. 若是良知發用之思, 則所思莫非天理矣. 良知發用之思, 自然明白簡易, 良知亦自能知得." 참조.

44) 『傳習錄』, 卷下, "良知明白, 隨你去靜處體悟也好, 隨你去事上磨練也好. 良知本體原是無動無靜的, 此便是學問頭腦."

45) 『孟子』, 「盡心上」, "人之所不學而能者, 其良能也, 所不慮而知者, 其良知也." 참조.

양지란 것은 맹자가 말한 바의 '옳고 그름을 가리는 마음으로 사람이면 모두가 갖고 있는 것'이 바로 그것이다. 옳고 그름을 가리는 마음은 생각하는 것을 기다릴 것 없이 알게 되고, 배우는 것을 기다릴 것 없이 할 수 있게 되는 것이다. 그래서 그것을 '양지'라 이른다. 그것은 바로 하늘이 명하여 준 성性이며, 내 마음의 본체로서 자연히 영묘靈妙하고 밝게 분명히 깨닫게 되는 것이다.[46]

왕수인은 이러한 양지의 본체가 조금도 더 보태거나 뺄 수 없으며, 우리들이 본체와 작용으로 구분하는 것들 또한 결국은 양지의 본체요 양지의 작용으로서 근본적으로는 같은 것임을 역설하였다.

양지의 본체에 대하여는 처음부터 터럭 끝만큼이라도 더 보태거나 뺄 수 없다.…… 본체란 곧 양지의 본체이며, 작용이란 곧 양지의 작용인데, 어찌 다시 본체와 작용 밖에 초연히 있을 수가 있겠느냐?[47]

위에서 보았듯이 왕수인은 결국 양지良知가 도道이고 천리天理이고 태허太虛라고 보았다. 그러한 면에서 장재의 본체론과 왕수인의 본체론은 기본적으로 맥락을 같이하게 된다. 그렇지만 내용을 꼼꼼히 살펴보면, 장재의 태허론을 왕수인의 양지론으로 치환하기 어려운 부분이 발견된다. 태허의 속성은 신神과 화化인데, '신'은 태허-기-만물 간의 유기적 관계를 보장하는 기 운동의 원리와 근거이고, '화'는 현상계의 운동과 변화를 일으키는 원인이라고 할 수 있다. 즉 장재에게 있어서 태허는 '태허-기-만물'로 이어지는 만물의

---

46) 『傳習錄』 附錄, "良知者, 孟子所謂是非之心人皆有之者也. 是非之心, 不待慮而知, 不待學而能, 是故謂之良知. 是乃天命之性, 吾心之本體自然靈昭明覺者也."

47) 『傳習錄』, 卷中, "然於良知之本體, 初不能有帕損於毫末也.……體旣良知之體, 用卽良知之用, 寧復有超然於體用之外者乎."

존재론적 운동의 궁극자로 이해할 수 있겠다. 그렇지만 양지는 앞서 보았듯이 옳고 그름을 가리는 마음이고, 배우지 않고서도 할 수 있고 생각하지 않고서도 알 수 있는 능력, 즉 천부적인 도덕관념을 의미한다.

바로 여기에서 무어(G. E. Moore, 1873~1958)가 '자연론적 오류(naturalistic fallacy)'라고 명명한 현대윤리학의 문제가 발생한다. 자연론적 오류란 가치어價値語(value terms)를 비가치어非價値語(non-value terms)로써 정의하려는 시도, 또는 가치판단을 사실판단으로 번역하려는 시도의 논리적 난점을 일컫는 말이다.[48] 태허는 만물의 존재론적 근거이며, 양지는 천부적 도덕관념이다. 그러므로 장재의 태허를 왕수인의 양지로 치환하게 되면 이것은 마치 사실판단으로부터 가치판단을 이끌어 내는 것과 같은 것이다.[49] 그렇지만 여기서 또다시 서양 현대윤리학의 해묵은 논쟁을 끌어들일 필요는 없을 것이다. 논리 자체의 합당성을 따지기 전에 유가사상의 가장 전통적 사유방식을 확인할 필요가 있다.

일찍이 『주역』「계사전」에서는 "〈천지의 도는〉 인仁으로 드러나고, 작용 속에 숨어 있으며, 만물을 고취시키되 성인처럼 근심하지 않는다"[50]라고 하였다. 이 말은 곧 자연계[사실]와 인간사회[가치]를 구분하기는 하나, '인'이라는 개념으로 두 가지를 연결하고 있음을 잘 드러내 준다. 이 말을 풀이하여 정이는 "천지는 무심하지만 만물을 생성하게 되고, 성인은 유심하지만 무위[循理]하게 된다"[51]라고 하였다. 즉 사실계의 무위성과 가치계의 유위성을 대비하면서, 무위하지만 유위하며 유위하지만 무위한다는 말로써 두 세계의 상통성을 설명

---

48) 김태길, 『윤리학』(修正重版, 동아출판사, 1984), 171쪽 참조.
49) 서양에서도 太虛에 대한 해석이 갈리고 있다. 예수회선교회의 선교사로서 中國傳道會의 회장이었던 롱고바르디 같은 인물은 太虛를 물리적 공간으로 해석하여 마테오 리치의 天主卽上帝說에 반대했지만, 라이프니츠는 그것을 우주라는 유기체의 질서(order)로 해석함으로써 太虛를 통해 價値語를 이끌어 낼 수 있는 가능성을 열어 두었다.
50) 『周易』, 「繫辭傳」, "顯諸仁, 藏諸用, 鼓萬物而不與聖人同憂."
51) 『伊川易傳』, 「繫辭傳」, "天地無心而成化, 聖人有心而無爲."

하고 있다. 전통시대 중국인들의 사유방식을 확인할 수 있는 좋은 사례이다.

이러한 시각에서 본다면 태허와 양지는 근본적으로 서로 통할 수밖에 없으며, 또한 궁극적으로 동일한 존재이다. 그래서 왕수인은 양지의 체體와 태허의 체體를 대비해서 말하면서, "오로지 도를 지닌 선비만이 진실로 양지의 밝고 신령함을 보게 되어, 원융통철圓融洞徹하고 확연히 태허와 한 몸이 될 것이다. 태허 가운데에 어떤 사물인들 있지 않겠는가마는, 어느 하나의 사물이라도 태허에 장애됨이 있지 않다"[52]라고 하였다. 양지가 능히 양지일 수 있는 것은 바로 태허가 그 존재근거가 되기 때문이다. 그러므로 사람들이 '양지를 실현致良知'하게 되면, 장재의 표현처럼 "그 덕이 음양과 부합되고 천지와 함께 흘러 통하지 못하는 것이 없게 된다."[53] 이처럼 왕수인은 태허의 '확연무애廓然無涯'한 본성을 양지의 본체로 하였고, 또한 그 발용유행發用流行을 치양지의 근거로 삼았다. 바로 이러한 점에서 왕수인의 사상을 장재 사상의 계승이자 발전으로 이해할 수 있다.

장재의 태허론과 기론은 모두 왕수인에 의해 '본래 마음'의 근거로 이해되었다. 왕수인은 '동차일기同此一氣', '일기유행一氣流行'을 가지고 '심외무물心外無物', '심물동체心物同體'의 실존적 기초를 삼았다. 그래서 왕수인은 "오직 만물은 '한 가지 기氣'로 이루어져 있기 때문에 서로가 통할 수 있다"[54]라고 하였다. 이것은 기를 우주의 시원 혹은 사물 구성의 기초 개념으로 운용한 것임을 분명하게 나타낸다. 그러므로 기의 본래 모습인 태허 또한 존재론적 개념의 일면성을 갖고 있지만, 동시에 양지와 치양지의 개념으로 대표되는 가치론적 사상의 배경과 근거가 되기도 한다. 이러한 특징은 주로 왕수인 심학의 기학적

---

52) 『王陽明全集』 上, 卷6, 文錄 3, 答南元善(丙戌), "夫惟有道之士, 眞有以見其良知之昭明靈覺, 圓融洞徹, 廓然與太虛而同體. 太虛之中, 何物不有, 而無一物能爲太虛之障碍."

53) 『正蒙』, 「太和」, "德合陰陽, 與天地同流而無不通也."

54) 『傳習錄』, 卷下, "只爲同此一氣, 故能相通耳."

측면을 드러내는 것이나, 장재 기학의 심학적 측면을 드러내는 것이기도 하다. 그래서 명나라 말기의 유학자인 유종주는 장재의 사상을 평하여 심학이라고까지 하였다.[55] 장재 기학의 심학적 특성은 그의 대심大心의 공부론에서 더욱 잘 드러난다.

3. 소통구조(2): 대심과 치양지의 공부론

'공부工夫(또는 功夫)'[56]라고 하는 말은 다의적이지만, 일반적으로 완전한 인격에 이르기 위하여 덕을 쌓고 행실을 닦는다는 의미로 사용된다.[57] 한마디로 말하여 장재의 공부론은 '대심'의 공부론이고, 왕수인의 공부론은 '치양지'의 공부론이다. 이 두 가지의 공부론은 그 지향하는 바와 철학적 근거가 대단히 유사하다.

장재는 지각작용에 대하여 이목耳目으로써 외물外物을 보고 듣는 것은 '소지小知'라 하고, 인간은 이 소지小知 외에 선천적 고유의 양지가 있다고 하여 선천지론先天知論을 주장하였다. 왕수인은 이를 좀 더 발전시켜서 이 양지를 마음의 본체, 천리, 성인, 진오眞吾, 미발지중未發之中, 태허라 하였다. 그리고 양지는 절대적인 것으로서 만물이 모두 이것으로부터 발전한 것이므로 오직 인간만 양지를 갖춘 것은 아니라 초목과 와석瓦石도 동일한 양지를 갖고 있다고 주장하였다. 일찍이 주본사朱本思가 "사람에게는 텅 비고도 영묘한 마음이 있기 때문에 비로소 양지가 존재한다. 그런데 풀과 나무나 기와, 돌 같은 종류의

---

55) 余懷彦, 『王陽明的五百年』(貴州: 貴州教育出版社, 2009), 13쪽에서 재인용. "此張子精言心學也."

56) 王守仁 자신은 '致良知功夫'라는 표현을 사용하였다.

57) 漢語大辭典編輯委員會, 『漢語大辭典』 2卷(上海: 漢語大辭典出版社, 1988), 952쪽, "理學家稱積功累行 · 涵蓄存養心性爲工夫." 참조.

사물에도 양지가 있는가"라고 묻자, 이에 대해 왕수인은 "사람의 양지란 바로 풀과 나무나 기와나 돌의 양지와 같다"라고 대답하였다. 그는 그 근거로 만물은 오직 하나의 기로 이루어져 있기 때문에 서로가 통할 수 있다고 하였다.[58] 이러한 왕수인의 주장은 기본적으로 장재 기학의 입론점과 동일한 맥락을 걷고 있다.

장재 사상에 있어서 심心은 성性에로, 그리고 성은 '태허즉기'에로 연결된다. 그러므로 장재가 말하는 대심이란 결국 복기성復其性과 복기초復其初, 즉 심이 성과 '태허기'에로 회복되어 가는 방법이다. 장재에 있어서 대심은 모든 공부의 핵심이다. 그에게 심이란 '천지지성을 회복하는[心能盡性]' 인간의 '능동적 주체성[誠之; 思誠]'이다. 그러므로 장재 사상의 탁월한 해석자인 왕부지는 장재의 『정몽』을 주해하면서 성과 심을 정의하여 "성은 천도이고 심은 인도이다"[59]라고 하였다. 이러한 시각에서 보면 장재에 있어서 대심의 공부론은 결국 인도인 '심을 극진히 함[大心]'으로써 천도인 성을 체득하게 되는 과정이다. 우선 장재의 말을 직접 들어 보도록 하자.

> '마음을 크게[大心]' 하면 천하의 만물을 체득할 수 있다. 만물에 있어서 아직 체득하지 못한 것이 남아 있다면, 마음은 밖이 있게 된다. 세상 사람들의 심心은 듣고 보는 편협한 데 머무르지만, 성인은 성性에 극진하여 보고 듣는 것에 심을 잡아 두지 않아, 그가 천하를 볼 때는 어느 물건 하나도 자신과 같지 않은 것이 없다. 『맹자』에서 '심을 극진히 하면 성도 알고 천도 안다'라고 하는 것이 바로 이것이다…… 만물을 내 몸과 같이 여기는 것, 이것이 곧 도의 근본이다. 내 몸을 통해 도를 체득한다면, 그 사람됨이 크다고 할 수

---

58) 『傳習錄』, 卷下, "朱本思問, 人有虛靈, 方有良知. 若草木瓦石之類, 亦有良知否. 先生曰, 人的良知, 就是草木瓦石的良知.……只爲同此一氣. 故能相通耳."

59) 王夫之, 『張子正蒙注』, 「誠明」, "性者, 天道, 心者, 人道."

> 있다. 도가 만물과 내 몸을 아우른다면, 그것이 곧 위대한 것이다. 만물을 내 몸과 같이 여기지 못해 만물이 내 몸에 누累가 된다면 이는 심히 못난 사람의 일이다. 하늘의 이치로 내 몸을 체득하게 되면 만물 또한 체득할 수 있음은 의심할 바 없는 사실이다.[60]

여기서 우리가 특히 주목해야 할 점이 두 가지가 있다. 즉 심心이 수많은 존재들에 두루 관통할 수 있다는 사실과, 이러한 심은 지신至神한 지각으로서 감각적 지각이 아니라 도덕적 지각이라는 사실이다. 즉 도덕적 지각이 수많은 천하만물에 감통[感]할 수 있는 것임을 말해 준다. 결국 장재가 '마음을 크게 한다[大心]'라고 할 때의 '크게 한다[大]'는 의미는 심이 본래부터 갖추고 있는 지선의 덕을 확충한다는 의미이다.

장재는 이러한 대심의 공부론을 개진하면서 지식도 두 종류로 구분하였다. 즉 심의 감각적 지각에 의한 지식을 '견문지見聞知'라 하고, 심의 도덕적 지각에 의해 얻은 지식을 '덕성지德性知'라 하였다. 그렇다면 그는 왜 두 종류의 지식을 구분하는가? 다시 말하면 그는 왜 견문지 이외에 별도로 덕성지를 말하는가? 그것은 결국 이목耳目의 감각 기관을 통해 사물을 접촉하는 것만으로는 천하 사물을 모두 궁구할 수 없다는 생각에서였다. 견문지의 한계를 지적하는 장재의 말을 인용해 보도록 하자.

> 하늘의 밝음 중에서 해[日]보다 더 밝은 것이 없다. 그러므로 눈으로 그것을 보더라도 그것이 몇 만 리나 높이 있는지 알지 못한다. 하늘의 소리 중에서 요란한 천둥소리보다 더 큰 것이 없다. 그러므로 귀로 그것을 듣더라도 그것

---

60) 『正蒙』, 「大心」, "大其心, 則能體天下之物, 物有未體, 則心爲有外. 世人之心, 止於聞見之狹, 聖人盡性, 不以見聞梏其心, 其視天下, 無一物非我. 孟子謂盡心則知性知天以此.……體物體身, 道之本也. 身而體道, 其爲人也大矣. 道能物身, 故大. 不能物身而累於身, 則藐乎其卑矣. 能以天體身, 則能體物也不疑."

이 몇 만 리나 멀리 있는지 알지 못한다.[61)]

만일 견문만을 가지고 심이라 한다면 심이 왜소하게 될까 두렵다. 천지의 사이에 충만한 것은 모두 물物인데, 자신의 견문에만 근거하여 국한시킨다면 접촉하는 바가 얼마나 될까? 이와 같은 것으로 어떻게 천하의 사물을 다 알 수 있겠는가?[62)]

장재는 '마음의 마음다움', 즉 본래심本來心을 회복하는 공부로 대심大心을 언급하였다. 그는 대심을 통해 덕성지를 획득하여 본래의 심心인 성性을 회복할 수 있다고 보았다. 또한 그는 참공부인 대심을 통해 도를 체득하게 된다고 보았는데, 이때 도를 체득하는 것이란 다름 아닌 내 몸과 만물을 한 가지로 여기는 것이다.[63)] 이것은 바로 천인합일적 세계관의 전형이다. 이러한 점들은 왕수인의 치양지의 공부론에도 용어만 바뀔 뿐 거의 그대로 확인된다. 장재가 주장하는 덕성지는 왕수인의 양지이다. 양지라는 말은 원래 『맹자』에 나오는 것으로 일종의 천부적 도덕의식과 실천력을 말하는데, 왕수인은 그 뜻을 더욱 확장하여 양지는 참된 지식 즉 천리天理이며, 동시에 천리를 실천하는 능력이라고 보았다. 그래서 그는 "내 마음의 양지인 천리를 모든 일과 모든 물건에 이르게[致] 하면 곧 모든 일과 모든 물건에 대하여 모두 그 이치를 얻게 된다"[64)] 라고 하였다. 즉 사람들이 다만 사욕에 어두워짐을 제거하고 양지에 비추어 행하기만 하면 도덕의 표준에 합치된다는 것이다.

---

61) 『正蒙』, 「太心」, "天之明莫大於日, 故有目接之, 不知其幾萬里之高也. 天之聲莫大於雷霆, 故有耳屬之, 莫知其幾萬里之遠也."
62) 『張子全書』, 卷11, 「張子語錄」, '語錄下', "若只以聞見爲心, 但恐小却心. 今盈天地之間者皆物也, 如只據己之聞見, 所接幾何, 安能盡天下之物."
63) 『正蒙』, 「太心」, "體物體身, 道之本也. 身而體道, 其爲人也大矣. 道能物身, 故大." 참조.
64) 『傳習錄』, 卷中, "致吾心良知之天理於事事物物, 則事事物物皆得其理矣."

치양지는 왕수인의 독창적 용어이다. 이것은 인간이 가진 천부적인 도덕 관념의 '회복'을 의미한다. 왕수인은 양지의 개념을 맹자로부터 빌려 왔지만, 그가 이 단어를 사용하는 용례의 범위는 맹자에 비해 훨씬 크다. 왕수인은 허령명각虛靈明覺한 심의 본질을 양지라 하였는데, 그는 심이라고 하는 것은 형식적 이름이고 양지가 곧 실질적인 이름이라고 보았다. 왕수인은 사람과 만물이 모두 양지를 갖고 있지만, 기품氣稟의 편정偏正에 따라 차이가 난다고 보았다. 그는 기품이 흐려져서 생겨나는 사욕私慾으로 인해 천리에 순응할 수 없게 되며, 바로 이때 다시 천리를 회복하는 방법으로 치양지의 필요성이 생겨난다고 보았다. 왕수인이 말하는 치양지란 양지를 회복하는 것을 말하며, 이것은 또한 천지의 도덕심을 회복하는 것이다. 장재에게 있어서 대심을 통해 회복되는 본래심과, 왕수인에게 있어서 치양지를 통해 회복되는 본래심은 모두 그 존재근거를 태허지심太虛之心(天地之心)에 두고 있다.

왕수인은 "하늘과 땅 사이에 따라야만 할 것은 원래 오직 성性이 있을 따름이며, 오직 리理가 있을 따름이며, 오직 양지가 있을 따름이며, 오직 한 가지 일이 있을 따름이다"65)라고 하면서 '성-리-양지'의 동일성을 강조한다. 그리고 그는 "반드시 올바른 일에 힘쓴다는 것이 치양지의 공부가 된다"66)라고 하였다. 계속하여 '반드시 올바른 일에만 힘쓴다는 것'은 '의로움을 모으는 것'이고, '의로움을 모으는 것'은 '치양지'라고 주장한다.

> '반드시 올바른 일에만 힘쓴다는 것'은 오직 '의로움을 모으는 것'일 뿐이며, '의로움을 모으는 것'은 오직 '치양지'일 뿐이다. '의로움을 모은다'고 말하면 일시에 그 근본을 알지 못하는 수도 있지만, '치양지'라고 말하면 곧바로 실제

65) 『傳習錄』, 卷中, "緣天地之間, 原只有此性, 只有此理, 只有此良知, 只有此一件事耳."
66) 『傳習錄』, 卷中, "而揭必有事焉, 卽致良知功夫."

적인 공부를 할 수 있게 된다. 그러므로 나는 오로지 '치양지'만을 말하고 있는 것이다.[67]

왕수인은 이러한 치양지의 공부는 그침 없이 지속적으로 이루어져야 하며, 만약 잠시라도 중단하면 올바른 공부가 되지 않는다고 보았다.

그렇다. 반드시 수시로 치양지의 공부를 해야만 비로소 〈자기 자신의 심과 성이〉 활발히 움직이게 된다. 그러면 바로 그 냇물의 흐름과 같이 되는 것이다. 만약 잠시라도 중단하기만 하면 곧 하늘과 땅과는 비슷하지 않게 되는 것이다. 이것은 학문이 극치에 이른 경지이며, 성인이란 이러할 따름인 것이다.[68]

이미 치양지하게 되었다면 또 무엇을 말하여 밝혀야 한다는 거냐? 양지란 본래가 분명한 것이어서 거기에 대해 착실히 공부하기만 하면 되는 것이다. 공부를 하려 들지 않고서 오직 말로만 이야기해 보았자 말할수록 더욱 흐리멍덩해진다.[69]

그런데 장재와 왕수인의 사상이 동일한 부분만 있는 것은 아니다. 본래의 도덕심을 논하는 부분에서 양자 간의 가장 큰 차이점은 덕성지와 견문지를 논하는 데서 찾을 수 있다. 즉 장재는 덕성지와 견문지를 뚜렷하게 이분법적 구도로 설명하고 있으나, 왕수인의 경우에는 이 양자를 구분하기는 하지만 견문 또한 양지의 작용임을 분명히 하고 있다. 즉 장재는 "보고 들어서 아는

67) 『傳習錄』, 卷中, "夫必有事焉, 只是集義, 集義只是致良知. 說集義, 則一時未見頭腦, 說致良知, 卽當下便有實地步可用功. 故區區專說致良知."

68) 『傳習錄』, 卷下, "然. 須要時時用致良知的功夫, 方才活潑潑地, 方才與他川水一般. 若須臾間斷, 便與天地不相似. 此是學問極至處, 聖人也只如此."

69) 『傳習錄』, 卷下, "旣知致良知, 又何可講明. 良知本是明白, 實落用功便是. 不肯用功, 只在語言上, 轉說轉糊塗."

것은 바깥 사물과 교류하여 알게 되는 것이지 덕성으로 아는 것이 아니다. 덕성으로 아는 것은 보고 듣는 데 기원을 두지 않는다"[70]라고 하고, 또한 "성誠과 명明으로 아는 바는 곧 하늘의 덕을 통해 본래부터 아는 것이지, 듣고 보는 것을 통해 조금 아는 따위가 아니다"[71]라고 하면서 덕성지와 견문지를 대립시키고 있다. 왕수인은 일단 성誠과 명明에 의해 발현된 지知를 천덕양지天德良知의 덕성지라고 이해한다. 그렇지만 이러한 천덕양지는 구체적인 일에 직면하여 자신을 발현할 때 견문에 구속되지는 않지만 그렇다고 견문을 떠나서 활동하지도 않는다고 보았다.[72] 이와 관련한 왕수인의 이야기를 직접 들어 보도록 하자.

> 양지란 보고 듣는 것으로 말미암아 존재하게 되는 것은 아니나, 보고 듣는 것이 양지의 작용임에는 틀림없다. 그러므로 양지란 보고 듣는 것에 사로잡혀도 안 되지만 또한 보고 듣는 것으로부터 떨어져 있는 것도 아니다. 공자께서 말씀하시기를 "내가 아는 것이 있는가? 아는 것이 없다"라고 하셨다. 양지 이외에는 다른 아는 것이란 없는 것이다. 그러므로 치양지가 바로 학문의 근본이며, 바로 성인께서 사람들에게 가르치신 첫째 뜻이다. 지금 오로지 보고 듣는 말단적인 것으로 학문을 추구한다고 하는데, 그러면 바로 근본을 잃어버리게 되어 이미 학문의 제2의第二義로 떨어지게 된다. 근래에 와서 동지들 중에는 대체로 치양지의 이론을 알지 못하는 사람이 없는 듯하다. 그러나 그들이 공부를 하는 데 있어서는 아직도 멍청한 자들이 많은데, 그것은 바로 이 문제를 모르기 때문이다. 대체로 학문의 노력은 오직 근본에 합당하도록 뜻을 지니기만 하면 된다. 만약 근본적인 것에 뜻을 지녀 오로지 치양지에만 힘쓴다면 곧 많이 듣고 많이 보는 것들이 모두 치양지의 공부가 될 것이다.[73]

---

70) 『正蒙』, 「大心」, "見聞之知, 乃物交而知, 非德性所知. 德性所知, 不萌於見聞."
71) 『正蒙』, 「誠明」, "誠明所知, 乃天德良知, 非聞見所知而已."
72) 蔡仁厚, 『왕양명철학』, 황갑연 역(서광사, 1996), 105쪽 참조.
73) 『傳習錄』, 卷中, "良知不由見聞而有, 而見聞莫非良知之用. 故良知不滯於見聞, 而亦不離於見

여기에서 왕수인은 일상생활에서 보고 듣고 서로 응대하는 일들이 모두 양지의 발현 활동이라고 하였다. 그는 양지 외에 또 다른 지知가 없다고 하였는데, 이 말은 곧 견문지 또한 양지의 발현 활동이기 때문에 배척할 필요가 없다는 의미이다. 이것은 곧 모종삼이 육상산과 왕수인의 사상 노선을 정리하면서 "심心이라는 주체성의 보편성과 지선함 그리고 입법立法의 자율성을 긍정하고서, 그것을 근거로 인간의 존재근거인 본성을 규정하고 심·성이 하나임을 정립하는 것"이라고 기술한 바의 바로 '심·성이 하나임을 정립한다'는 것에 해당한다.

장재는 태허기太虛氣 개념을 중심으로 '자연과 인간의 조화天人合一', '정신과 신체의 조화志氣相養', '자아와 타인의 조화民吾同胞', '인간과 만물의 조화物吾與也'를 이루고자 한다. 그리고 이러한 장재 기학의 역동성은 모든 유형의 극단적 이원론에 대한 비판적 시각을 견지하는 후대 사상의 이념적 틀이 될 수 있다. 왕수인은 여기서 한 걸음 더 나아가 모든 학문의 노력은 하나로 기울이면 정성스럽게 되고 둘로 나누어 기울이면 거짓이 된다고 보았다. 그는 치양지를 하게 되면 심心은 일에 대하여 합당함을 터득하게 된다고 보았으며, 이러한 치양지는 자연스럽게 하는 것이지 능력이 미치지 못하는 일을 억지로 하고 지혜로 할 수 없는 일을 억지로 해서는 이룰 수 없다고 보았다. 결국 왕수인은 하나로 기울이는 학문의 노력을 치양지로 보았던 것이다.

> 치양지를 할 수 있다면 곧 심心은 일에 대하여 합당함을 터득하게 된다. 그러므로 '의로움을 모으다'라는 것도 역시 오직 치양지일 뿐이다.…… 그의 능력

聞. 孔子云, 吾有知乎哉, 無知也. 良知之外, 別無知矣. 故致良知是學問大頭腦, 是聖人敎人第一義. 今云專求之見聞之末, 則是先卻頭腦, 而已落在第二義矣. 近時同志中, 蓋已莫不知有致良知之說, 然其功夫尙多鶻突者, 正是欠此一問. 大抵學問功夫只要主意頭腦是當. 若主意頭惱專以致良知爲事, 則凡多聞多見, 莫非致良知之功."

이 미치지 못하는 일을 꾀하고, 그의 지혜로 할 수 없는 일을 억지로 하는 자들은 모두 치양지를 할 수가 없다.…… 모든 학문의 노력은 하나로 기울이면 정성스럽게 되고, 둘로 나누어 기울이면 거짓이 된다. 이것은 모두 치양지를 하려는 뜻에 하나를 추구하는 정성스러움과 참되고 절실함이 없기 때문이다.[74]

바로 이러한 관점에서 장재의 기학과 왕수인의 심학이 함께할 수 있는 자리가 마련된다.

Ⅲ. 기학과 심학의 미래사상적 의의

서양의 현대 윤리학자인 무어(G. E. Moore)는 전통적인 윤리학설들을 세 가지 유형으로 분류한 바 있다. 첫째는 형이상학적 윤리설, 둘째는 자연주의적 윤리설, 셋째는 직각론적直覺論的 윤리설이다.[75] 형이상학적 윤리설은 실재(reality)에 관한 형이상학적 이론이 선善에 대한 윤리적 문제를 해결하는 참된 근거가 된다고 본다. 자연주의적 윤리설은 경험 가능한 자연적 사실을 바탕으로 하여 보편적인 인생의 목적이나 절대적인 행위의 법칙을 도출할 수 있다고 주장한다. 직각론적 윤리설은 도덕 원리를 직관적으로 파악할 수 있는 선천적 능력을 전제하며, 정상적인 정신을 지닌 모든 인간은 선·악을 판별할 수 있는 이러한 능력을 지니고 있다고 본다. 이러한 무어의 분류를 장재와 왕수인

---

74) 『傳習錄』, 卷中, "能致良知則心得其宜矣, 故集義亦只是致良知.……凡謀其力之所不及, 而强其知之所不能者, 皆不得爲致眞知.……凡學問之功, 一則誠, 二則僞. 凡此皆是致眞知之意, 欠誠一眞切之故."

75) G. E. Moore, *Principia Ethica*(Cambridge: Cambridge University Press, 1956), 38쪽 이하; 김태길, 『윤리학』(修正重版, 동아출판사, 1984), 30~35쪽에서 재인용.

의 윤리학설에 적용해 보면, 이들의 사상을 어느 한 가지 유형으로 단정 짓기는 어렵다. 대부분의 고전적 윤리학설들이 그러하듯 이들 또한 두 가지 혹은 세 가지 이론적 요소가 복합적으로 결합되어 있기 때문이다.

장재의 윤리사상은 '태허－성性－심心'의 구조를 통해 전개된다. 장재는 태허즉기의 실재實在를 도덕적 회복의 근거로 삼고, 인간은 누구나 대심大心을 통해 본래의 성, 즉 천지지성天地之性을 회복할 수 있다고 보았다. 반면, 왕수인은 모든 인간이 선·악을 직관적으로 판별할 수 있는 선천적 지식[良知]과 능력[良能]을 지니고 있다고 주장하였다. 그는 이러한 선천성을 온전히 발휘[致良知]함으로써 천리를 회복하는 것을 수양의 핵심으로 보았으며, 이러한 도덕적 본래심의 근거를 형이상학적 논의인 '태허즉기론'에서 찾고자 하였다.

이러한 점에서 볼 때, 장재는 형이상학적 윤리설의 성격을 강하게 지니면서도 동시에 직각론적 요소를 포함하고 있으며, 왕수인은 직각론적 윤리설의 특성을 중심에 두되 형이상학적 윤리설 또한 함께 지닌다고 할 수 있다. 다시 말해, 두 사상가는 출발점에는 차이를 보이나 궁극적으로는 상보적 관계 속에서 동일한 지향점으로 수렴된다. 장재는 기학의 존재론에서 출발하여 심학의 도덕론에 이르고, 왕수인은 심학의 가치론에서 출발하여 태허즉기의 존재론에 도달한다. 이러한 측면에서 모종삼은 "양지가 도덕 실천의 근거일 뿐만 아니라 일체 존재의 존재론적 근거가 되는" 왕수인의 사상을 '도덕 형이상학'이라 명명하였다.[76)]

서양철학 전통에서는 아리스토텔레스 이래로 존재에 관한 학문과 가치에 관한 학문을 서로 구분되는 두 영역으로 간주해 왔다.[77)] 그렇지만 동아시아 철학, 특히 유학의 전통에서는 이러한 구분이 명확하게 이루어지지 않는다.

---

76) 牟宗三, 『從陸象山到劉蕺山』(臺灣: 學生書局, 1979), 223쪽 참조.
77) 김태길, 『윤리학』, 21쪽 참조.

이는 장재와 왕수인의 사유에서도 분명하게 드러나는 특징이다. 중국유학사에서는 일반적으로 장재를 우주론적 기학자로, 왕수인을 일원론적 심학자로 분류하지만, 이들 역시 사상의 출발점은 다르되 궁극적인 지향점에서는 합일을 추구하였다. 이들은 기학과 심학의 통합을 통해 "천지와 내가 함께 살아가고 만물과 내가 하나가 된다"[78]는 천인합일天人合一의 이념을 제창하였다.

이러한 동양적 통합 사유는 존재와 가치를 엄격히 구분하는 서양철학의 방법론으로는 미성숙한 이론으로 평가될 수도 있다. 그러나 일각에서는 "한국(동양)적 자연관과 윤리론을 결합한 사상이 세계사적 의미를 지닐 수 있다"[79]고 주장하며, 이러한 사유를 미래 철학의 가능성으로 재조명할 필요성을 제기한다. 이러한 시각에서 볼 때, 장재의 기학과 왕수인의 심학이 보여 주는 소통성과 통합성은 단순히 고대 사유의 흔적이 아니라, 우리가 지향해야 할 미래 사상의 가능성으로 해석될 수도 있다.

78) 『莊子』, 「齊物論」, "天地與我幷生, 萬物與我爲一."
79) 중앙일보, 「한국의 '자연관+윤리론'사상 서양에도 큰 의미」(2008년 8월 5일) 참조.

제12장 기학과 현상학의 횡단적 이해

오늘날 우리는 '중심'의 해체가 진행 중인 포스트모던 시대, 곧 상호 소통과 대화가 요청되는 시대를 살아가고 있다. 다양한 문화 간의 횡단적 만남이 요구되며, 서로 상이한 사유와 철학 간의 '차이'를 전제로 한 변증법적 대화의 필요성이 그 어느 때보다 절실하다.

이에 필자는 현상학의 신체 개념과 장재 철학의 기氣 개념을 중심으로, 근대와 탈근대를 넘어설 수 있는 하나의 화해적 사유 지평을 구축하기 위한 시론적인 연구를 수행한 바 있다.[1] 선행연구에서는 특히 장재 기학이 지닌 현상학적 메타포를 분석함으로써, 동아시아적 사유와 서구 철학 간의 횡단적 의사소통의 장을 모색하고자 하였다. 당초 최한기로 대표되는 조선 후기의 기학적 사유를 연구에 포함시켜 한국 전통사상의 현대화 및 세계화라는 시대적 요청에 부응하고자 하였으나, 여러 제약으로 인해 해당 기획은 실현되지 못한 채 후속 과제로 남겨 두었다.

이 장에서는 이러한 선행연구가 남겨 둔 과제의 연장선상에서, 19세기

1) 장윤수 외, 「근대와 탈근대의 대립을 넘어」, 『철학논총』 41집(새한철학회, 2005), 373~428쪽 所收. 필자가 연구책임을 맡았고, 김영필(아시아대), 신상형(안동대), 신인섭(강남대), 劉長林(중국사회과학원), C. O. Schrag(Purdue University)가 공동연구자로 참여하였다.

조선의 유학자인 최한기의 철학사상을 현상학적 시각으로 재해석하고자 한다. 특히 최한기의 기학과 현상학의 신체론 사이에 존재하는 이념적 및 방법론적 유사성을 규명하고자 하며, 이 과정에서 '기'와 '신체'라는 두 개념이 서구와 동아시아 철학에서 지닌 철학적 의의와 구조적 유사성을 해명하고자 한다. 기와 신체는 모두 전통적 형이상학적 범주에 포섭되기 어려운 개념으로서, 그것을 통해 이해되는 세계는 본질적으로 역동적이고 다층적인 구조를 지닌다. 이러한 기와 신체 개념을 통해 현전現前과 부재不在의 근원적 관계에 대한 통찰, 곧 형이상학 이전의 가장 원초적인 현전을 사유해 보고자 한다.

이러한 연구 목적을 달성하기 위해 우선 장재의 기학과 청대淸代의 기학을 전략적으로 구분함으로써 최한기 기학의 사상적 특징을 부각시키고자 한다. 장재의 사상을 통해 기학이 본질적으로 지향하는 철학적 전략을 확인하며, 청대 기학을 통해서는 최한기 사상의 시대적 배경과 사유 지형을 조망하고자 한다. 이후의 논의는 장재와 최한기 양자의 기학이 구체적으로 어떠한 차이를 지니는가 하는 내용을 중심으로 전개될 것이다. 이러한 비교는 기학의 유형을 '초월적 기학'과 '내재적 기학'으로 구분하는 분석틀을 통해 가능해진다. 장재의 기학이 상대적으로 초월적 성격을 지니고 있다면, 최한기의 기학은 내재적 사유의 경향과 일원론적 세계관을 강하게 지향하고 있다. 이러한 특징은 명말청초 이래 중국철학의 전개와도 일정한 연속성을 가지며, 청대 기학의 학풍과도 깊은 관련성을 보여 준다.

또한 이 연구는 최한기의 기학을 서구 현상학의 맥락과 비교하는 과정에서 메를로-퐁티의 현상학적 방법론과 이념을 적극적으로 차용하고자 한다. 장재의 기학과 서구 현상학의 비교에 있어서도 후설의 초월적 현상학보다는 메를로-퐁티의 내재적 현상학이 보다 전략적으로 유사한 접점을 형성한다고 판단된다. 이에 따라 후설의 현상학은 '초월적 현상학'으로, 메를로-퐁티의 현상학은 '내재적 현상학'으로 구분하고, 이를 각각 장재와 최한기의 기학과 대응시켜 해석하고자 한다.

궁극적으로 이 연구는 장재와 최한기의 철학을 통해 근대적 이원론의 독단과 탈근대적 기획이 낳는 해체적 혼란을 모두 넘어설 수 있는 사유의 가능성을 탐색하고자 한다. 다만 이 장에서는 연구 전략상 장재보다는 최한기, 후설보다는 메를로-퐁티의 사상이 연구자의 목적에 보다 적합하다고 판단하여 이에 초점을 맞추고자 한다. 이러한 시도는 어설픈 대화로 그칠 우려도 있으나, 그럼에도 불구하고 이질적인 사유와 문화 간의 대화를 통해 새로운 '횡단성(transversality)'을 구성할 수 있다는 가능성을 지닌다.

Ⅰ. 최한기 기학의 특징과 그 배경

1. 초월적 기학의 전형: 장재의 기학

동아시아 철학에 있어서 기氣라는 개념은 그 문명의 역사만큼이나 오래되었다. 이 개념은 오늘날까지도 실생활과 관련한 수많은 어휘들 속에 살아 숨 쉬고 있으며, 생산성을 담보한 문화적 코드다.[2] 그러나 아직까지도 기의 의미를 정확하게 설명하기는 쉽지 않다. 바로 이 점에서 장재가 돋보인다. 그는 기 개념을 가장 모범적이고 체계적으로 논증했으며, 기를 중심으로 인간, 자연, 세계를 체계적으로 이해하고자 애썼다. 그에게 있어서 기는 역동적·상관적으로 세계를 이해하는 가장 보편적이고 기본적인 개념이다. 장재의 기학

2) 장윤수 외, 「근대와 탈근대의 대립을 넘어」, 404쪽 참조.

氣學은 이후 기학의 모범이 되었다. 왕부지를 비롯한 중국의 기학자들은 말할 것도 없고, 한국의 기학자들에게도 많은 영향을 끼쳤다.

장재는 '기일원氣一元'에 의하여 천지만물의 실상을 설명하려 들며, 또한 이것을 기초로 하여 인륜人倫까지도 설명하려 한다. 장재는 우주의 모든 현상들이 기의 모이고 흩어짐에 의해 생겨나고 없어진다고 보았다. 그렇지만 '기' 자체는 무궁한 실재이며, 이러한 기의 본체가 곧 태허라 보고서 '태허즉기太虛卽氣'를 주장한다. 그는 태허와 기와 만물의 관계를 묘사하여, "태허에는 기가 없을 수 없고 기는 모여서 만물이 되지 않을 수 없으며, 만물은 흩어져 다시 태허가 되지 않을 수 없다. 이러한 이치를 따라서 드나드니, 이것은 모두 부득이하여 그러한 것이다"[3]라고 하였다. 장재는 이러한 순환이 '필연적[不得已]'이라고 보았다. 또한 그는 태허란 고정된 형체가 없으며, 기가 흩어진 상태로서 기의 본래 모습이라고 주장하였다.

> 태화太和(太虛의 상태)는 도道라고 한다. 그 가운데에 떴다 가라앉았다, 올라갔다 내려갔다, 움직였다 가만히 있다가 하여 서로 감응하는 성질이 있는데, 이것이 바로 음·양이 서로 화합하고 작용하여 이기고 지고, 늦추고 줄이고 하는 힘의 시초가 된다.…… 태허는 형체가 없으니 기의 본래 모습이며, 기가 모이고 흩어지는 것은 변화의 일시적 모습일 뿐이다.[4]

장재는 기를 우주구성의 원질原質이라 여기며, 그래서 만물의 생生·멸滅을 기의 취聚·산散 과정으로 설명한다. 그는 기로써 우주의 생성과 구조에 관한

---

3) 『正蒙』, 「太和」, "太虛不能無氣, 氣不能不聚而爲萬物, 萬物不能不散而爲太虛. 循是出入, 是皆不得已而然也."

4) 『正蒙』, 「太和」, "太和所謂道, 中涵浮沈升降動靜相感之性, 是生絪縕相蕩勝負屈伸之始.…… 太虛無形, 氣之本體, 其聚其散, 變化之客形爾."

문제, 즉 우주생성론과 구조론을 통일하고자 한다. 장재에게 있어서 기란 물질의 최초 구성 요소이며, 또한 우주의 생성과 변화 과정을 설명할 수 있는 운동성을 의미하는 것이기도 하다. 장재는 기의 본성을 운동성인 '신神'과 '화化'라는 두 상대적인 계기로 이해하고 있다.

> 하나의 사물에 두 면이 있는 것이 기氣다. 하나이므로 신비스럽고神 둘이므로 변화한다化.[5)]

> 신神은 하늘의 덕이요, 화化는 하늘의 도이다. 덕은 그 본체이고 도는 그 작용이다. 그렇지만 기의 입장에서 보면 하나일 뿐이다.[6)]

또한 장재는 신·화의 개념을 가지고 '태허즉기太虛卽氣'가 만물이 되고, 만물이 다시 '태허즉기'가 되는 과정을 잘 설명하고 있다. 여기서 '하나의 사물이 몸을 둘로 하는 것', 즉 일물양체一物兩體라 함은 태극太極(太虛)과 양의兩儀(陰陽)를 말하는 것이다. 장재는 '하나이므로 신비스럽다神'와 '둘이므로 변화한다化'를 스스로 주해하여, 전자는 '둘이 있으므로 헤아릴 수 없다'라고 했고, 후자는 '하나로 미루어 나간다'라고 하였다. 즉 하나의 원리와 본체도 실제로 현상세계에 나타날 때는 음과 양이라는 두 방향으로 전개되므로 그 이치가 신묘하여 측량하기 어렵다고 보는 것이다. 그리고 음과 양으로 인해 나타나는 여러 현상적 변화들은 대체로 상반된 두 방향이 있다고는 하지만, 여전히 하나의 원리와 본체를 지향한다고 보았다. 여기서 장재는 신과 화가 하늘의 본체와 작용임을 분명히 밝히고 있으며, 신[본체]이든 화[작용]든 간에 기의 측면에서 보면 '하나'라고 말하고 있다. 여기서 바로 장재의 기 개념은 '물질'로

---

5) 『正蒙』, 「參兩」, "一物兩體, 氣也. 一故神, 兩故化."
6) 『正蒙』, 「神化」, "神, 天德, 化, 天道. 德其體, 道其用, 一於氣而已."

이해되는 중요한 단서를 제공하게 되며, 또한 그가 기의 본체라고 말하는 태허라는 개념도 구체적 형상을 띠고 있지 않을 뿐이지, 결국은 물질로 이해될 수밖에 없다.

이러한 장재의 사상은 '태허－기－만물'로 연결되는 기-일원론적 면모를 가지고 있다. 장재는 자연관에 있어서 우주만물의 기본 요소인 기 이외에 별도의 초월적 존재를 말하지 않았다. 그런데 그는 심성론을 전개하며 돌연 주관적 이원관념을 제기하게 된다. 즉 태허라고 하는 본체 개념은 심성론과 연관해서 초월적 특성을 지니게 된다. 장재는 '태허일기'의 고유 본성으로서 모든 인간들이 추구해야 할 바의 도덕적 본성으로 천지지성天地之性을 이해하며, 그리고 구체적 형상을 가진 이후 우리에게 확인되는 비도덕적 행위의 근거가 되는 '성性'으로서 기질지성氣質之性을 언급한다. 장재는 악惡의 근원이 되는 기질지성을 변화시켜 순수무잡한 태허일기太虛一氣의 본성인 천지지성에로 돌아가기를 요구한다. 이것은 분명 맹자 이래로 일관되게 주장해 온 성선론적 전통을 계승하는 것이며, 또한 송·명 심성학의 관념론적 전통을 확립하게 되는 중요한 계기가 된다. 이러한 초월론적[이원론적] 경향은 그의 심성론과 인식론에 이르게 되면 더욱 뚜렷해진다.

장재 기학의 이러한 이중성 때문에 그의 사상에 대한 후대 학자들의 평가 또한 엇갈리고 있다. 장재 기학에 대한 이러한 다양한 해석은 결국 자연과 인간이라는 서로 상이한 세계를 바라보는 시각을 통일하기를 요구하는 입장에서 나온 것이라고 생각한다. 앞서 여러 차례 언급하였듯이, 장재 기학의 논리적 이중구조가 지니는 관점주의 시각이야말로 세계를 있는 그대로 받아들이고 이해한다는 측면에서 설득력을 갖는다. 바로 이 점에서 우리는 장재 기학의 논리적 애매성을 '역동성'과 '사이성'의 의미로 해석할 수 있다.

2. 청대 기학의 특징

현재 남아 있는 최한기의 주요 저작을 통해 그에게 영향을 미친 기학자들의 흔적을 찾는 것은 쉽지 않다. 그러므로 그의 사상적 근원을 찾아들어 가는 작업 또한 수월하지 않다. 다만 기록에 의거해 볼 때, 그의 대표 저작인 『기측체의』와 『기학』이 대략 1836년(34세)에서 1857년(55세) 사이에 이루어졌다는 점과, 그리고 그가 1850년대에 부지런히 북경을 통해 새로운 서적을 입수하고 연구하였다는 점을 고려해 볼 때,[7] 그가 청나라의 학문적 성과에 상당 부분 영향을 받았으리라고 짐작할 수 있다. 그런데 최한기가 그 시대 중국으로부터 받아들인 서양 과학이 무엇인지에 대해서는 소상하게 연구되었지만,[8] 의외로 최한기의 기학이 전통 기론이나 청대 기론으로부터 어떤 영향을 받았는지에 대해서는 자세한 연구가 부족하다.[9] 최한기의 경우 서경덕, 임성주와 같은 조선시대 선배 사상가들의 기론보다는 오히려 청대 기학자들과 깊은 친숙성을 갖고 있다는 점을 고려할 때, 청대 기학의 특징을 개관하는 것은 다름 아닌 최한기 기학의 배경을 검토하는 작업이 될 수 있을 것이다.

청학淸學은 명말청초부터 특색을 갖추게 된다. 명말청초는 송대의 이상적 관념 대상에서 현실적 객관 대상으로 학문적 대상이 전환되었다. 그런데 학문 대상의 변화는 그 자체로만 그치지 않고 반드시 학문 연구의 방법을 변화시켜

7) 권오영 외, 『혜강 최한기』(청계출판사, 2000), 28쪽 참조.
8) 이 분야와 관련한 몇 가지 연구 사례를 소개하면 다음과 같다. 김용헌, 「최한기의 서양우주설 수용과 기학적 변용」, 『실학의 철학』(예문서원, 1996); 이면우, 「지구전요를 통해 본 최한기의 세계인식」, 『과학사상』 30호(범양사, 1999); 이현구, 「최한기의 기학과 근대과학」, 『과학사상』 30호(범양사, 1999); 허남진, 「혜강 과학사상의 철학적 기초」, 『과학과 철학』 2집(통나무, 1991).
9) 이 분야의 연구와 관련하여, 금장태, 「기철학의 전통과 최한기의 철학적 특성」, 『동양학』 19집(단국대학교 동양학 연구소, 1989)을 눈여겨볼 만하다.

정중관아靜中觀我의 수양론에서부터 인욕긍정人慾肯定의 생생한 현실세계에로 박차를 가하게 된다. 그래서 실증 및 실천의 실학적 개혁론에로의 변화를 가져왔다.[10] 송 · 명 리학理學의 극단에 이르게 되면 중국철학이 줄기차게 지켜 오던 현실 중심의 일원론 지향의 사상 체계가 무너지고, 또한 형이상과 형이하의 연결이 끊어지며, 형이하의 세계를 단절시킨 비정상적 관념철학이 이루어지게 되는데,[11] 이러한 점에서 본다면 청학은 송 · 명 리학에 의해 단절되었던 중국철학의 일원론적 전통을 다시 회복한 시대였다고 할 수 있겠다.

송대 이래의 리기론理氣論에 있어서 주자학은 시종 일관 '리理'의 우월성을 인정했다. 반면 기학은 리와 기의 실재성에 대해서 리보다는 기 쪽에 우위성을 두며, 인성에 있어서도 기질을 본성으로 본다. 그러므로 기질 가운데 있는 고유한 정욕에 대해서도 긍정적이다. 이러한 기학의 맹아萌芽는 명 말에 어느 정도 발전했으며, 청대에 들어오면 황종희, 왕부지, 안원顔元 등 유력한 학자들에 의해 수용되고 발전되었다. 그리고 이것이 더욱 발전하여 안원 계열의 학자인 정정조程廷祚(1691~1767)에 의해 상당히 체계적인 이론이 세워졌고, 다시 대진戴震에 이르러 완성되었다. 대진은 정욕이란 억눌러야 할 것이 아니라 이루어야 할 것이라고 주장한다. 그리고 리理와 정욕은 모순되지 않으며, 만인의 정욕을 동등하게 그리고 올바르게 이루는 것이야말로 리理이고, 이것이야말로 선한 것이라고 역설했다.[12] 한마디로 대진은 인욕긍정의 기학자였으며, 이러한 그의 이론은 이후 청대 학자들에게 많은 영향을 주었고, 최한기의 사상에도 상당한 영향을 끼쳤을 것으로 보인다.

서경덕, 임성주와 같은 한국의 전통 기학자들은, 기일원론의 입장에 있으

10) 최승호 외, 『동양철학의 이해』(개정증보판, 소강출판사, 2002), 261쪽 참조.
11) 김충렬, 『清代哲學論叢』(세계의 대사상 31권, 휘문출판사, 1979), 13~15쪽 참조.
12) 東京大 中國哲學硏究室, 『中國思想史』, 조경란 역(동녘출판사, 1992), 213~215쪽 참조.

면서도 여전히 리기론적 형식을 전제로 하면서 기의 본체적 지위를 확립하고자 하는 의도를 보인다. 즉 이들은 기의 근원적 일자성一者性을 본체론적으로 인식하여 형체를 지닌 존재와는 다른 차원에 위치시킴으로써 여전히 이원성二元性을 드러낸다는 점에서 장재와 같은 초월적 기학자의 부류에 포함될 수 있겠다. 반면 명말청초의 학자 방이지方以智는 기의 개념을 획기적인 새로운 시각에서 이해하였다. 그는 기를 이해할 때에 음양오행론의 전통적 자연철학 체계에 얽매이지 않았으며, 기란 물체와의 구체적 작용으로 나타나고 관찰 가능한 존재로서 제시되는 물질적 실체라고 생각하였다. 그리고 대진은 '기화氣化'의 운동으로 기氣와 도道를 설명하고 또한 기의 실체성을 확인하고자 하였다. 대진은 여전히 음양오행의 형질形質 구조를 받아들이고 있지만 형체화의 이전과 이후로 나누는 탈형이상학적 입장을 제시함으로써 기학의 새로운 경험적 이해를 확립한다.[13] 이를 통해서 볼 때, 청대 학자들의 기학이 최한기의 기학에 많은 영향을 주었다는 사실은 분명하다.

그렇지만 청대의 기학은 비록 중국 전통 기학을 마무리 짓기는 하였지만 아직 새로운 기의 이론을 제시해 주기에는 역부족이었다. 기 개념은 전통적 사유의 틀 속에서 다양하게 발전해 갔지만, 이러한 옛 사유의 틀로써는 전통적 속박을 깨고 나갈 수 없었다.[14] 기학은 여기에 이르러 다시금 새로운 충격을 필요로 하게 된다. 이러한 새로운 충격은 청 말기 서양 근대과학의 수용에 의해 가능해진다. 서양 근대과학과의 접목 이후 기학은 다시 새로운 변화와 발전을 맞게 된다. 즉 근대 서양 문화 특히 서양 과학의 전래는 중국 전통

---

13) 금장태, 「기철학의 전통과 최한기의 철학적 특성」, 『동양학』 19집(단국대학교 동양학연구소, 1989), 223~224쪽 참조.
* 이 글에서 인용하는 금장태의 논문 쪽수는 김용헌 편저, 『혜강 최한기』(예문서원, 2005)에 의거한다.

14) 張立文 外, 『氣의 철학』 하, 김교빈 외 역(예문지, 1992), 253~254쪽 참조.

기학 발전을 위한 필요조건이었던 것이다.

서양의 막강한 군사력과 근대 공업문명의 충격은 청 말기 지식인들을 일깨워주었다. 그들은 나라와 민족을 구하기 위해 서양의 문화를 수용하기 시작했다. 이러한 사회적 상황에서 당시의 기론 또한 시대 고유의 색채를 띠게 된다. 즉 서양 근대과학의 유입에 따라 기는 서양 근대과학을 수용할 때 아날로지(analogy)로서 주목받게 된다. 당시의 학자들은 기를 빛, 전기, 질점質點과 결합시켜 그 운동 변화하는 기능을 밝혀내고자 하였다.[15] 그렇지만 이들이 주장하는 기학의 철학적 토대는 여전히 장재를 비롯한 종래 중국 전통 기론에 근거하고 있다. 청 말기 주요 기학자인 위원魏源(1794~1857)은 "태허의 정기精氣는 유동流動하고 하늘과 땅 사이에 충만하며…… 태허는 만물의 참된 거처가 된다"[16]라고 하였는데, 여기서도 여전히 태허즉기太虛卽氣를 만물의 근원으로 삼는 장재의 기-본체론적 관점을 여실히 드러낸다.

서양 문화의 전래는 기학의 오랜 역사에 분명 새로운 생기를 불어 넣었고 동시에 그것이 철학적 본체론의 영역에서 이탈하는 정도를 가속화하였다. 우리는 이러한 기론의 근대적 발전 과정이 "과학성은 끊임없이 강화된 반면 철학성은 끊임없이 묽어지는 과정이었다"[17]라고 평가할 수 있다. 이로 인해 실증성과 경험성을 얻게 되었지만, 반면 철학적 상상력은 그만큼 잃어버리는 계기가 된다. 이러한 특징은 최한기의 경우에도 비슷하게 확인할 수 있다.

---

15) 張立文 外, 『氣의 철학』 하, 김교빈 외 역, 257~299쪽 참조.
16) 魏源, 『默觚上』, 「學篇」, "太虛之精氣流動, 充盈于天地間.……太虛者萬物之眞宅也."
17) 張立文 外, 『氣의 철학』 하, 김교빈 외 역, 297쪽.

3. 내재적 기학으로 전회: 최한기의 기학

리기론理氣論과 관련하여 기학[주기론]의 특징은 다음 세 가지로 요약할 수 있다.[18)]

(1) 리가 기를 초월하여 존재한다거나 기에 앞서서 존재한다는 '리재기선理在氣先'의 논리를 거부한다.
(2) 리를 기의 주재자主宰者로 보지 않고, 기에 내재하는 조리條理 혹은 기가 움직이는 법칙성으로 본다.
(3) 리와 기를 별개의 것으로 보지 않고 하나로 본다.

이러한 특징은 최한기의 기학뿐만 아니라 장재를 비롯한 전통 기학자의 이론에서도 일반적으로 확인된다. 그런데 문제는 최한기 기학의 경우 장재와 구분되는 한 가지 특징을 더 가지고 있다. 즉 성性과 정情도 불가분의 혼일체로 보는 일원론의 입장을 취하고 있으며, 따라서 본연지성本然之性(天地之性)과 기질지성氣質之性도 별개로 보지 않고, 기질지성이 곧 본연지성이라는 성일원론性一元論의 입장을 취한다는 점이다. 그리고 이러한 특징 때문에 감정과 욕구를 긍정하는 적극적인 인성론을 개진하며, 역사적인 발전 과정을 거치면서 군자소인론君子小人論과 반상론班常論, 그리고 사농공상士農工商의 신분 질서를 타파하는 사민평등론四民平等論을 제출하게 되며, 물리物理와 도리道理를 구분하고 자연을 대상화·법칙화하여 경험적인 방법으로 이해하려 한다.[19)] 그리고 한 걸음 더 나아가, 도덕적인 규범을 강조하기보다 실용적인 경세론經世論을 제창하며,

---

18) 송휘칠,「明代儒學의 主氣論的 展開」Ⅰ,『韓國의 哲學』18호(경북대학교 퇴계연구소, 1990), 63쪽 참조.
19) 송휘칠,「明代儒學의 主氣論的 展開」Ⅰ, 63~64쪽 참조.

명분론적 민본주의民本主義를 극복하고 구체적인 양민책養民策을 강구하는 등 근대 지향적인 실학을 창출하게 된다.[20] 바로 이 점에서 우리는 장재의 기학과 최한기의 기학을 구분할 수 있게 된다.

비록 장재와 같은 초월론적 기학자들은 겉으로 볼 때 기-일원론의 틀을 내세우고 있기는 하지만 여전히 '존천리存天理, 알인욕遏人欲'이라는 전통적 도덕 세계관을 벗어나지 못하였기 때문에 자연(우주)과 인간사회를 해석하는 틀이 달라지게 된다. 그러므로 내용상으로는 초월적 지향성을 가지고 이원론적 성격을 띤 기학을 초월적 기학이라 할 수 있다. 반면, 기본적으로 인욕을 긍정하고 이에 바탕하여 수미일관한 일원론적 체계를 갖춘 명말청초 이래의 일련의 기학자, 즉 나흠순, 왕부지, 대진 등의 철학을 내재적 기학이라 규정할 수 있을 것이다. 내재적 기학자들은 초월적 기학자들에 비해 전통 성리학의 도덕적 세계관으로부터 비교적 자유로운 위치에 있었다.

최한기 또한 내재적 기학의 특징을 지니고 있다. 그는 종래 금욕주의적 윤리관에서 탈피하여 정당한 욕구의 충족을 긍정한다. 정당한 애욕愛欲은 천인운화天人運化의 획득에서 생겨난다고 보기 때문이다.[21] 이욕利慾의 추구를 긍정함으로써 개국통상開國通商의 필요성이 제기되며, 종전의 사·농·공·상의 서열적 직업의식도 평등한 직업의식으로 바뀌게 된다.[22] 특이한 점은, 최한기의 경우 개인에게 적용되는 수신의 원리와 사회에 적용되는 치국의 원리가 천지자연의 원리에 종속되어야 한다고 본다. 최한기는 물리物理와 도리道理(윤리)가

---

20) 송휘칠, 「韓國儒學에 있어서 近代意識의 問題」, 『인문과학』 5집(경북대학교 인문과학연구소, 1989), 146~149쪽 참조.

21) 『氣學』 2-118.[앞의 숫자는 卷數를 의미하고, 뒤의 숫자는 小節의 순서에 따라 부여한 순서를 의미한다.]
* 손병욱 역, 『氣學』(驪江出版社, 1992)에 의거한다.

22) 손병욱 역, 『氣學』, 「氣學 해제」(驪江出版社, 1992), 32쪽 참조.

상호 긴밀한 연관성을 갖되, 물리가 도리나 사리事理보다 우위에 있는 것으로 이해한다. 이러한 점은 물리와 도리가 일치한다고 여기면서도 도리를 절대시하던 전통 성리학의 사고와, 그리고 물리와 도리를 별개의 문제로 보는 뉴턴(Newton)식의 이분법적 사고를 나름대로 절충한 것으로 보인다. 즉 최한기는 물리와 도리의 유기적 관계성을 인정하여 전통 성리학의 입장을 일정 부분 수용하면서도, 도리의 근거를 오히려 물리에 종속시킴으로써 서구 근대과학의 성취 또한 수용하고자 하였다.[23] 그는 이러한 자신의 학문을 '기학氣學'이라 하였고, 이것이야말로 새로운 사고에로의 전환이라고 자부하였다.

물론 최한기는 장재 기학을 중심으로 한 동아시아 전통 기학을 기본적으로 계승하고 있다. 그는 천天이 다름 아닌 기라고 생각하였으며,[24] 인간은 자연 본래의 기가 응집하여 태어나게 되고, 죽은 후에는 다시 본래의 자연의 기로 돌아간다고 보았다. 그래서 그는 자연의 기를 천지지기天地之氣[25]라 하고, 인간을 이루고 있는 기를 형체지기形體之氣라 하였다.[26] 또한 최한기는 장재와 마찬가지로 근원적 일원성과 현실적 다양성을 모두 기로써 설명하였다.[27] 다만 그는 장재에 비해 보다 더 구체적으로 설명하고 있다. 그는 사물의 보편성은 신기神氣가 동일하기 때문이라고 보았으며, 다양성은 보편적인 기가 자신에게서 파생된 질質에 의해 생겨난다고 보았다.[28] 이처럼 최한기는 기를 존재론적 최고 범주로서 만물을 생성하고 구성하는 시원적始原的 재료로 여겼다. 그는 천天을 이루고 있는 기가 인격적 신神의 소산도 아니고, 또한 그것을

23) 손병욱 역, 『氣學』, 「氣學 해제」, 31~32쪽 참조.
24) 『推測錄』, 卷2, "一氣異稱".
25) 『氣學』에서는 天地之氣를 運化之氣 또는 運化氣라 하였고, 그리고 形體之氣는 形質之氣라 명명하였다.[『氣學』 1-6]
26) 『神氣通』, 卷1, "天人之氣".
27) 『推測錄』, 卷2, "氣一理一".
28) 『神氣通』, 卷1, "氣質各異".

산출하는 더 고차적 원리나 리법理法이 있다고도 보지 않는다.[29] 그는 종래의 기학자들이 지나치게 관념적·추상적이고 고정된 기론으로부터 탈피하지 못했다고 보아서, 기를 철저히 실제적인 것으로 개념화했다.[30] 그리고 그는 전통 기학에다 서양 자연과학적 성과를 수용하고 있다. 기가 자신의 운동 방식에서 규칙성을 드러낸다고 보았기 때문에, 기의 세계가 수학적 방법으로 파악할 수 있는 객체로서의 인식 대상이 된다고 주장하였다.[31] 즉 그는 본체의 기 또한 허虛하거나 무형無形하여 감각할 수 없는 것이 아니라 유형有形·유적有迹하다고 생각하였다. 그리고 본체의 기는 현상계를 이루는 기와 구분되는 별개의 것도 아니며, 경험적 인식을 가능하게 해 주는 그러한 것이라고 보았다.[32] 바로 이러한 점이 최한기의 기학이 갖는 가장 대표적인 특징이다.

최한기는 만물의 생성과 소멸을 기의 취聚·산散으로 설명하며, 텅 빈 것처럼 보이는 우주 공간이 기로 가득 차 있고, 기는 스스로 운동하는 활물活物이며, 기에 의해 만물의 일원성이 확보되면서도 동시에 기의 운동에 의해 현상계의 다양성이 생겨난다고 생각하였다. 이러한 점에서 그는 철저히 전통적 기학자이다. 그렇지만 그는 주리론主理論뿐만 아니라, 전통적인 기학에 대해서도 그 한계를 지적하면서 자신이 주장하는 기학과 차별화시키고 있다. 그는 전통 기학을 중고지학中古之學이라 비판하며, 그 한계를 지적하여 말하기를, "중고지학은 흔히 무형지리無形之理와 무형지신無形之神을 근본으로 삼아 이것을 심원하고 고매한 것으로 여기고, 반대로 유형지물有形之物과 유형지사有形之事를 근본으로 여기는 것을 천박하고 보잘것없는 일로 여겼다"[33]라고 하였다. 최한기는

---

29) 『推測錄』, 卷2, "流行理推測理".

30) 최영성, 『韓國儒學思想史』 Ⅳ(아세아문화사, 1995), 197쪽 참조.

31) 『神氣通』, 卷1, "數學生於氣".

32) 『氣學』, '序'.

33) 『氣學』, '序', "中古之學, 多宗無形之理, 無形之神, 以爲上乘高致, 若宗有形之物, 有形之事,

중고지학中古之學이란 있어도 그만 없어도 그만이거나, 아니면 해롭기만 하고 아무 보탬이 없는 학문이라 규정하고, 반면 자신의 기학은 모든 사람들을 감복하게 하는 학문이라 자부하였다.[34]

최한기가 주장하는 기학은 유학의 바탕 위에, 최한기 자신이 섭취한 서구 과학기술 문명에 대한 지식이 합쳐져서 정립되었다고 할 수 있다.[35] 최한기는 서구의 과학기술 문명이 유입되는 시기에 살면서 그 우월성에 대한 충격을 받고, 앞으로 이러한 과학기술 문명이 주도하는 새로운 시대의 도래를 예감하고는 이러한 시대에 어울리는 철학적인 이론을 구축하면서, 한편으로는 그것에 올바른 방향을 제시하고 싶은 욕구를 지녔던 것으로 보인다. 최한기의 기학은 바로 이러한 욕구가 구체화된 것으로 볼 수 있다.[36] 즉 최한기는 전통 기학적 특성에서 불투명성의 요인이 되는 상당 부분, 예를 들면 음양오행론陰陽五行論 같은 부분을 걷어 내고 그 자리에 대신 서양 과학의 실증성과 경험성으로 대표되는 합리성을 채웠던 것이다. 당시 시대적 여건으로 볼 때 선구적 의미를 갖기는 하나, 우리의 입장에서 볼 때 결국 기학에 있어서 과학성을 강화한 반면 철학성을 묽게 하는 계기가 되었다고 평가할 수 있다.[37]

그렇지만 최한기는 서구의 과학적 성취를 전통 기학에 습합하는 것 이외에, 여전히 과학적 태도와는 다른 기학자로서의 특색을 강하게 보여 준다. 가장 대표적인 것이 바로 그의 천天 관념이다. 서양 과학의 영향으로 인해 그의 천관天觀은 자연천自然天의 성격을 가지면서도 구체적이고 물리적인 것으

以爲下乘庸品."

34) 『氣學』, '序' 참조.

35) 손병욱 역, 『氣學』, 「氣學 해제」, 30쪽 참조.

36) 손병욱 역, 『氣學』, 「氣學 해제」, 30쪽 참조.

37) 崔漢綺의 저작 중에서 비교적 초기 저작인 『氣測體義』와 후기 저작인 『氣學』을 비교해 볼 때, 『氣學』은 과학적 요소가 강화되었으며, 반면 『氣測體義』는 상대적으로 철학적 상상력이 풍부하다.

로서의 성격을 분명하게 띤다. 그렇지만 서양 과학에 있어서 대기大氣 또는 천天은 만물의 근원이 아닐 뿐만 아니라, 인간과는 하등의 규범적 관계가 없다. 그렇지만 최한기에 있어서 천天은 비록 윤리적이거나 리법적理法的인 것이 아니라 할지라도 인간이 따라야 할 대상으로 등장하고 있다는 점에서 서양 과학과는 분명히 구분된다.[38] 바로 이러한 점에서 우리는 최한기의 기학이 많은 부분에서 경험 중시의 서양 과학적 방법을 차용하고 있기는 하나, 여전히 과학보다는 기학으로 자리매김될 요소가 많다는 점을 알 수 있다.

Ⅱ. 기학의 후설 현상학적 독해

기학의 전형이라 평가받는 장재의 기학은 외형상으로 기-일원론적 형식을 띤다. 그렇지만 실제 내용에 있어서는 이원론적 관념의 요소를 지니고 있다. 이런 점에서 우리는 장재의 철학을 '이원이일원론二元而一元論' 혹은 '일원이이원론一元而二元論'으로 부를 수 있다.[39] 장재의 기학은 고정된 이원론적 도식으로부터 자유롭다. 그리고 다양하고 모순적인 세계를 하나의 틀로써만 묶으려는 전일적全一的 일원주의와도 차별성을 갖는다. 장재 기학의 역동성은 논리적으로 다소 애매해 보이는 바로 이러한 '관점주의적' 이중성에서 찾을 수 있다. 우리는 이러한 장재 기학의 역동성을 어느 하나의 고정된 틀에서 자유로워지려는 사유로서, 근대와 탈근대의 교차점에서 확인되는 새로운 사유 지평으로 해석해 보고자 한다. 즉 장재 기학이 갖는 논리적 이중구조를 유물론과 관념론 '사이의' 철학으로 읽어 냄으로써, 근대와 탈근대의 의사소통적 실천의 장을

38) 이종란, 「최한기 윤리사상 연구」(성균관대학교 박사학위논문, 1996), 25쪽 참조.
39) 장윤수 역, 『正蒙』, 「正蒙 해제」(책세상, 2002), 166쪽 참조.

마련하고자 한다.

한편 우리는 현상학적 주요 전략의 하나가 근대의 이원론에 대한 '응전'이라고 이해한다. 그리고 그러한 측면에서 현상학이 함의하고 있는 '일원론적 이원론' 혹은 '이원론적 일원론'의 역동성은 기학과 기본적으로 성격을 같이 한다고 보며, 이러한 역동성은 근대의 이원론을 넘어서며, 궁극적으로는 근대와 탈근대의 이분법적 대립을 넘어서려는 의도를 가지고 있다고 해석한다. 후설은 현상학을 통해 독일 관념론의 계보를 잇는 이성주의뿐만 아니라 그에 대립되는 질료적인 측면에 대한 강력한 요구를 하고 있다. 그러므로 후설의 현상학을 단순히 선험적 관념론으로만 보는 것은 후설 생존 당시의 일부 저술을 토대로 한 '고전적' 해석이다. 후설은 생활세계가 갖는 근원적 명증이 객관적·논리적 명증에 우선함을 주장한다.[40] 즉 후설 현상학은 전통적인 이성주의에만 편향되어 있지 않다.

후설 현상학의 이러한 이중성에 대해서는 누구보다도 메를로-퐁티가 잘 지적하였다. 메를로-퐁티는 『지각의 현상학』 서문 첫머리에서, "현상학이란 무엇인가? 현상학을 최초로 연구한 후설 이래 반세기가 지난 지금 재차 이런 물음을 제기하는 것은 이상하게 보일지 모르겠다. 그러나 그 물음에 대한 대답이 아직도 전혀 이루어지지 않은 것이 사실이다"[41]라고 하였다. 그러고 나서 곧바로 후설 현상학이 지니는 모순적 양상 네 가지를 언급하였다. 첫째, 후설의 현상학은 한편에서는 본질을 연구하는 학문인가 하면, 다른 한편에서는 사실성에서 출발할 것을 강조한다. 둘째, 그것은 인간과 세계를 올바르게 파악하기 위해서 자연적 태도를 괄호 치는 선험철학이면서, 다른 한편에서는

40) 한전숙, 『현상학』(민음사, 1996), 41쪽 참조.
41) 메를로-퐁티(M. Merleau-Ponty), 『지각의 현상학』, 류의근 역(문학과 지성사, 2002), 13쪽 참조.

이 자연적 태도에서의 세계와의 직접적이며 원초적인 접촉으로 되돌아가야 함을 주장하기도 한다. 셋째, 후설의 현상학은 엄밀한 학學으로서의 철학이고자 하는가 하면, 우리가 살고 있는 세계에 대한 보고報告이고자 하기도 한다. 넷째, 그것은 우리의 경험을 있는 그대로 기술하려고 노력하는가 하면, 그 후기 작품에서는 발생적 현상학 또는 구성적 현상학을 언급하고 있기도 하다.[42)]

젊은 시절 사르트르(Jean-Paul Sartre, 1905~1980) 또한 관념론과 실재론의 대립을 넘어서고자 하였으며, 의식의 절대성과 우리에게 보이는 그대로의 세계의 현존을 동시에 긍정하고자 고민하였다. 그러던 중 친구인 레이몽 아롱(Raymond Aron, 1905~1983)은 현상학이야말로 사르트르가 시종 고민하고 있는 이러한 문제에 대해 제대로 부응할 수 있을 것이라고 설득한다.[43)] 아롱 또한 현상학의 본질을 이중성에서 읽고 있었던 것이다.

후설의 후기 사유는 특히 생활세계에로의 전환이 뚜렷하다. 후설 현상학의 이중성은 생활세계의 개념에서 잘 드러난다. 후설이 말하는 생활세계란 우리가 그 속에서 일상적으로 삶을 영위해 가는 친숙한 세계로서 우리의 신체와 감성적 친숙함을 토대로 한 세계이다. 즉 신체적 주관에 의해서 구체적으로 체험된 세계가 바로 생활세계이다. 그러므로 이 세계는 이미 나의 존재에 앞서 있으며 일원론과 이원론이라는 낡은 대립에 앞서 주어져 있는 장場이다.

이 생활세계는 주관적 측면에서 들여다보면 의식적·관념적 세계이고, 객관적 측면에서 들여다보면 대상적·물리적 세계이다. 질료와 노에시스(noesis) 관계에서 본다면, 노에시스에 치중한 것이 선험적 관념론이고 질료에 치중한 것이 생활세계적 현상학이라고 할 수 있다. 이 두 가지는 기본적으로 배타적인

---

42) 이 구절의 번역은 오병남 역, 『현상학과 예술』(서광사, 1983), 29~30쪽에 의거하였다.
43) 木田元, 『현상학의 흐름』, 이수정 역(이문출판사, 1989), 9쪽 참조.

성격을 띠지만 동시에 교호적交互的이기도 하다. 선험적 관념론이 노에시스의 이성 작용에 의한 질료의 지배를 결과하였다면, 생활세계적 현상학은 거꾸로 질료에 의한 노에시스의 지배를 넘보고 있다.[44] 후설은 이런 점에서 생활세계를 은폐시켜 왔던 데카르트적 의미의 이원론은 거부하지만 생활세계에 근거한 이원론은 부정하지 않는다. 정신적 경험과 물체적 경험으로 더 이상 분리되기 이전의 단적인 생활세계적 경험, 내적·외적 경험을 가능하게 하는 근원적인 신념의 장이다.

그런데 후설에 있어서 생활세계는 왜 이처럼 이중적인가? 그것은 바로 생활세계의 주체가 신체이고, 신체가 이중적인 의미를 지니고 있기 때문이다. 후설에게 있어서 신체는 물질의 측면과 정신의 측면을 모두 가지고 있다. 신체는 우선 '외적으로 볼 때' 시·공적 실재요 연장延長을 가진 하나의 존재로서 다른 여러 사물과 함께 세계에 속해 있다. 반면에 '내적으로 볼 때' 신체는 자유롭게 움직이는 지각기관으로서, 자발적으로 운동이 가능하다. 즉 후설에게 있어서 신체는 일면 감성론적 신체인 동시에 다른 한 면으로는 의지 신체이기도 하다.[45] 바로 이러한 점에서, 근대적 의미의 이원론은 해체의 표적이 되지만, 생활세계에 근거한 후설 현상학의 이원론(이중성)은 탈근대의 도전에 응전할 수 있는 현상학의 고유한 테제가 될 수 있다.

장재에게 있어서 기가 인간과 인간을 둘러싸고 있는 모든 세계를 역동적·상관적으로 이해하기 위한 고유한 개념이듯이, 후설의 '생활세계'라는 근원적 현사실(Urfaktum)은 모든 자아와 세계의 선험적 근거로 이미 주어져 있는 생생한 경험의 장이다. 따라서 이 생활세계적 주체는 이미 세계와 지향적으로 얽혀 있는 몸-주체이다. 현상학적 의미의 '몸'은 전통적인 의식과 세계로

44) 한전숙, 『현상학』, 261쪽 참조.
45) 한전숙, 『현상학』, 262쪽 참조.

이원화되기 이전부터 수동적으로 기능하는 지향성의 채널이다. 이 몸-일원론은 바로 장재의 기-일원론으로 연결될 수 있는 현상학적 키워드이다. 장재의 기-일원론이야말로 현상학적 공식인 본질즉현상本質卽現象, 즉 '본질적 현상'과 '현상적 본질'이라는 개념을 가장 역동적으로 이해할 수 있게 해 준다.[46] 유·무가 혼융되어 있음을 단적으로 드러내기 위한 장재의 메타포가 '기'라고 한다면, 본질과 현상의 지향적 함축 관계를 가장 역동적으로 해명해 주는 것이 후설의 후기 생활세계의 현상학이다.

후설은 선험적 환원에 의해 도달된 현상학적 영역을 '순수의식'이라고 부른다. 순수의식은 모든 초월 존재를 배제하고 난 뒤의 현상학적 잔여에 그치지 않고, 더 나아가서 모든 존재를 형성하는 선험적 주관이기도 하다. 이 주관은 하나의 흐름이며 체험으로서 서로 다른 두 개의 층으로 구성된다. 그 하나는 감각적 체험이며, 다른 하나는 이들 감각적 계기에 의미를 부여하는 층이다.[47] 순수의식은 바로 모든 만물의 궁극적 토대인 천지지기天地之氣와 다르지 않다. 노자가 '도'를 편의상 이름붙인 것과 마찬가지로 후설은 이 현상학적 자아를 생생한 현전現前 혹은 '흐름'으로 비유한다. 자아의 능동적 활동에 앞선 수동적 흐름은 흐름과 불변을 넘어서 있는 근원적 흐름이다. 이 흐름은 그 자체 아직 능동적 의미의 지향성은 아니라 할지라도, 익명적이면서 잠재적인 '근원 지향성'을 함축하고 있다. 모든 지향적 활동에 앞서 있으면서 그 지향 활동을 가능하게 하는 '원原 지향성'으로 이미 주어져 기능하고 있다.

원래 후설이 주장하는 선험적 주관성, 즉 순수의식은 '신체 없는 의식'이다. 의식은 현상학적 환원에 의해서 순화되면 인과적 경험성에의 귀속으로부

46) 장윤수 외, 「근대와 탈근대의 대립을 넘어」, 『철학논총』 41집(새한철학회, 2005), 410쪽 참조.

47) 한전숙, 『현상학』, 165쪽 참조.

터 벗어나게 된다. 그렇지만 후설은 의식을 그렇게 일방적으로 규정하지 않았다. 그는 "신체와의 경험적 관계에 의해서만 의식은 실제적인 인간이나 동물의 의식이 되는 것이요, 그렇게 함으로써 의식은 자연의 공간과 시간 속에 위치를 가진다"[48]라고 하였다. 즉 의식은 세계 외적이 아니라, 시간적 · 실재적 존재이기도 하다는 것이다.

그렇다면 장재의 경우 왜 기를 모든 것의 궁극적 토대로 이야기하는가? 그는 무無나 공空으로부터 유有를 설명하려는 관념적 태도를 지양하고 더 이상 추상할 수 없이 자명하게 주어져 있는 '기'를 자신의 철학적 사유의 실마리로 취한다. 이것은 의식에 생생하게 현전하는 지각적으로 주어진 것을 실마리로 하고 있는 현상학자와 같다. 우리의 의식에 생생하게 주어져 있는 것에서 시작하려는 후설의 태도는 이전의 모든 형이상학적 추론이 남겨 놓은 사유의 추상물을 괄호치고 현전하는 것으로부터 시작하려는 태도이다. 장재에 있어서 '형체 있음(形而下 혹은 形而後)'은 그 배경으로 주어져 있는 '형체 없음(形而上 혹은 形而前)'을 해명하기 위한 지향적 실마리이다. 유는 다만 무를 지향적으로 드러내기 위한 실마리다. 대상을 의식에 원본적으로 주어지게 하는 지각의 확실성이 모든 권리의 원천임을 강조한 후설과 마찬가지로, 장재 역시 기의 존재를 떠난 도는 생각할 수 없는 것으로 파악한다.

48) E. Husserl, *Ideen zu einer reinen Phänomenologie und phänomenologischen Philosophie. Erstes Buch: Allgemeine Einführung in die reinen Phänomenologie*, Hrsg., W. Biemel, 1950. Neu hrsg., von K. Schumann, 2 teile(Den Haag: Martinus Nijhoff, 1976), 116쪽 참조.

Ⅲ. 초월적 현상학에서 내재적 현상학에로

후설의 사상이 전기와 후기로 구분되어, 전기의 사상이 선험적 관념론으로 읽힐 수 있다면 후기의 사상은 신체를 토대로 한 생활세계로의 전환이 뚜렷하다. 후설의 사상이 이처럼 전기와 후기를 통해 모순적 이원 체계를 띠고 있으며, 특히 후기의 사상에서 강조하는 생활세계는 그 자체로 중층적重層的 이중구조를 띠고 있다. 메를로-퐁티는 1939년에 루뱅의 후설 아르키브에 가서 후설의 유고를 직접 연구하고 돌아와서 『행동의 구조』(1943)와 『지각의 현상학』(1945)을 썼는데, 이때 참고한 후설의 유고遺稿가 바로 『이념들Ⅱ』, 『위기』의 제3부 등이었다.[49] 즉 메를로-퐁티는 후설의 후기 사상을 계승한 것이다. 그래서 메를로-퐁티는 자신의 박사학위 논문 제목을 아예 '지각의 현상학'이라고 하여 신체를 중심으로 하는 독특한 실존적 현상학을 내세우고 있다.

장재는 기의 본체를 태허로 규정하면서 기를 근원적 존재로 확인한다. 그의 기 개념은 기의 근원적 일자성一者性을 본체론적으로 인식하여 형체를 지닌 구체적·현상적 존재와는 다른 차원에 위치시킴으로써 새로운 이원성을 드러낸다. 즉 장재는 형식적으로는 기-일원론의 입장에 있으면서도 여전히 기의 본체적 지위를 확립하고자 의도한다.[50] 이러한 점에서 본다면 장재의 기학 역시 이원론의 틀을 완전히 벗어나지 못한다. 특히 심성론의 영역에서는 천지지성과 기질지성을 구분하고 천지지성에로의 회복을 강조하는 정이-주희 방식의 이원적 심성론의 특징을 거의 비슷하게 드러내고 있다. 기-본체론과 초월적 우주론이 중심이 되는 이러한 기학을 '초월적 기학'이라고 할 수 있다

---

49) 한전숙, 『현상학』, 44쪽 참조.

50) 금장태, 「기철학의 전통과 최한기의 철학적 특성」, 『동양학』 19집(단국대학교 동양학연구소, 1989), 223쪽 참조.

면, 인욕 긍정의 기학 체계를 건립한 명말청초의 나흠순, 왕부지, 대진 등의 철학을 내재적 기학이라 규정할 수 있다.[51] 최한기는 이 중에서 기본적으로 '내재적 기학'의 특색을 갖추고 있다.

장재의 기학과 최한기의 기학을 초월적 기학과 내재적 기학으로 구분할 수 있다면, 후설의 현상학과 메를로-퐁티의 현상학 또한 이러한 두 종류의 분류가 가능하다. 후설 현상학은 세계를 내재적으로 초월해 있으면서 세계를 가능케 하는 선험적 순수의식의 절대 존재를 주장한다. 그리고 이러한 선험적 순수의식이 개인으로서의 인간과 공동체로서의 인간의 진정한 주체성임을 강조한다. 후설은 이러한 주장을 통하여 우리 인간의 존재를 우리가 살아가는 세계에 대해 절대적으로 우월한 것으로 상승시켜 놓았다.[52] 메를로-퐁티가 보기에, 후설에 있어서 몸은 어디까지나 의식의 다른 이름에 지나지 않기 때문에 여전히 의식이 몸에 비해 특권적 지위를 가질 수밖에 없는 선험적 주관론의 형태를 띠게 된다. 그러므로 후설의 '몸의 지향성(leibliche Intentionalität)'이 아무리 강조된다고 하더라도 어디까지나 '의식의 지향성'이란 도식을 벗어날 수 없으며, 그러한 점에서 후설을 중심으로 진행된 현상학적 사유가 전통적 이원론을 극복할 수 있는 역동적 대안이 되기에는 아직 선험성으로부터 자유로워지지 못하고 있다. 반면, 메를로-퐁티는 주체와 타자 사이의 지향적 짜임새를 '살(la chair)'이란 채널을 통해 장치해 둔다.

메를로-퐁티에 의하면, 지각 경험의 익명적 주체란 자기 신체 이외의 다른 것이 아니다. 신체는 세계 속의 한 대상이 아니라 세계에 대한 관점이고 주관의 편에 놓이게 된다. 이것이 신체 또는 신체화가 되는 맥락이다.[53] 즉 의식이

---

51) 유명종, 「氣哲學的二種類型」, 『韓國學報』 5期(韓國中國學會, 1985), 25쪽 참조.
52) 조광제, 『몸의 세계, 세계의 몸』(이학사, 2004), 168쪽 참조.
53) 류의근, 「메를로-퐁티의 현상학적 신체론」(경북대학교 박사학위논문, 1996), 73쪽 참조.

일반적인 자연과 접촉하게 되는 지점이 바로 의식적 존재의 육체이다.[54] 신체야말로 세계에 대한 우리의 착지점이며, 세계내존재의 매질媒質이며, 세계에로 향하는 끊임없는 운동의 이행점인 것이다. 우리는 신체에 의해 세계에 '거주居住하는' 것이다. 메를로-퐁티가 말하는 신체는 우리가 그것을 살고, 그로써 세계에 향하고 있는 우리의 '현상적 신체'인 것이다.[55] 의식의 지향성에 대한 분석이 후설 현상학의 큰 업적이라고 한다면, 신체의 지향성에 대한 주목은 메를로-퐁티 현상학의 특징이자 업적이기도 하다. 메를로-퐁티는 프랑스에서 실존적 현상학의 길을 열게 된다. 이 현상학의 목표는 대자對自와 즉자卽自, 의식과 사물, 자유와 자연 '사이에' 놓여 있는 현상을 기술하는 것이다.[56] 후설의 현상학이 여전히 초월론적 관념론의 색채가 강했다면, 메를로-퐁티를 위시한 프랑스에 이식된 현상학은 철저하게 '내재적인' 실존적 현상학이 되어 버린다.[57]

초월적 현상학자인 후설의 경우 순수의식과 생활세계가 대립을 이루고 있지만, 내재적 현상학자인 메를로-퐁티의 경우 철학적 주제는 심신론心身論으로 전개되며, 이때 심心과 신身은 모두 신身에 통합된다. 현대철학의 심신론으로 가장 잘 알려져 있는 것은 베르그송(H. Bergson, 1859~1941)과 메를로-퐁티의 연구이다. 베르그송은 데카르트 이후 심·신 이원론적 사고 양식을 극복할 수 있는 길을 개척하였고 신체와 마음의 상관성에 새로운 빛을 던졌다. 그는 『물질과 기억』에서, 마음과 사물[신체]의 세계는 포인트를 교체할 수 없는 직교直交하는 두 개의 궤도가 아니라, 한편에서 다른 한편으로 이행해 가는 곡선으

54) 벵쌍 데꽁브(Vincent Descombes), 『동일자와 타자』, 박성창 역(인간사랑, 1990), 75쪽 참조.
55) 木田元, 『현상학의 흐름』, 이수정 역, 112쪽 참조.
56) 벵쌍 데꽁브(Vincent Descombes), 『동일자와 타자』, 박성창 역, 74쪽 참조.
57) 木田元, 『현상학의 흐름』, 이수정 역, 9쪽 참조.

로 결합된 두 개의 궤도라고 비유한다. 베르그송은 비록 심·신 이원성을 완전히 해소한 것은 아니지만, 양자의 관계를 경직된 이원적 대립에서 부드러운 이원성으로 바꾸고자 했다.[58] 반면, 메를로-퐁티의 경우는 당초부터 후설의 후기 사상에 주목하여 신체의 현상학을 전개하고 있는데, 그의 사상 또한 중층적重層的 이중구조를 띠고 있다. 이 경우를 '주관세계 대 객관세계', '심心 대 신身'의 이원 구도로 구분해 본다면, 후설의 경우 베르그송과 마찬가지로 이러한 심·신 이원성을 완전히 해소한 것은 아니지만 이원적 대립을 완화시키고자 하였다. 이에 반해 메를로-퐁티는 현상학적 방법에 의거하여 신체가 보여 주는 주체적 대 객체적인 양의성에 주목하여 그 이원적 대립의 틀을 넘어서고 있다. 그는 신체의 양의성兩義性에 기초하여 하이데거 이후의 실존적 존재론을 심신론과 연계하였다.

메를로-퐁티의 이러한 시각은 기본적으로 전통 성리학적 시각과 일치한다. 전통 성리학에 있어서 심心과 신身은 모두 기氣에 통합된다. 즉 '심'도 '기'이고 '신'도 '기'다. 그리고 성리학에서 '심'과 '신'은 항상 타자를 동반하는 상관적 개념이다.[59] 즉 신체 없는 마음은 한갓 개념적 추상으로 공허할 뿐이며, 마음 없는 신체는 의미 없는 사물에 지나지 않는다. 최한기 또한 이러한 관점을 기본적으로 동일하게 유지하고 있다. 그렇지만 그는 주희-이황 방식의 선험적 관념론의 심성론에 대해서는 반대한다. 사실 유가철학의 전통을 서양철학의 전통과 비교해 보면 대부분이 심·신 이론처럼 상호 유기적 일원론의 색채를 띤다. 일원론은 상호 보완적 대립항對立項에 있는 개념들을 설명하기가 대단히 편리하다.

---

58) 湯淺泰雄, 『身體』(東京: 創文社, 1977), 209~210쪽 참조.
59) 임헌규, 「맹자의 심신관계론과 현대심리철학」, 『철학연구』 81집(대한철학회, 2002), 238~245쪽 참조.

그럼에도 불구하고 주희와 이황을 계승하는 학자들이 인성론과 리기론에 있어서 철저하게 이원론을 지지하고 있는 이유는 바로 도덕적 세계관 때문이다. 이원론은 선악의 근원을 엄격하게 구별함으로써 윤리 도덕의 확립을 가능하게 한다는 점에서 큰 장점을 지니고 있기 때문이다.[60] 만약 리理와 기氣가 동일하다면 선·악의 근원이 명확히 구별될 수 없음은 당연하다. 그러므로 주희와 이황은 리와 기가 일물一物이 아니라는 점을 역설하였던 것이다.[61] 그러므로 인간의 본성을 도덕성에 찾으며, 선과 악의 근원을 명확하게 구분하고, 그러한 시각에서 세계를 질서 짓고자 했던 학자들은 한결같이 이원론을 강하게 지지할 수밖에 없었다. 비록 장재가 기-일원론의 틀을 내세우고 있기는 하지만 여전히 '존천리存天理, 알인욕遏人欲'이라는 전통적 도덕 세계관을 벗어나지 못하였기 때문에 기-본체론의 초월론적 세계관에 집착할 수밖에 없었을 것이다.

그렇지만 최한기의 경우는 전통적 성리학의 도덕적 세계관으로부터 비교적 자유로운 위치에 있었다. 그는 주희-이황의 이원론적 심성론을 벗어나, 인욕 긍정의 일원론 지향의 내재적 기학을 전개해 간 것이다. 그러므로 최한기는 욕망이란 적어도 그 자체로 죄악이 아니며, 오히려 인물운화人物運化의 실정實情이라고 여긴다.

> 사람의 신기神氣는…… 기억하고 궁구함으로 말미암아 애욕愛欲이 있게 된다…… 애욕에 순순히 따름이 있으면 기뻐하고 즐거워하니, 이것이 인물운화의 실정이다.[62]

---

60) 신귀현, 「이퇴계와 쉘링의 자연철학에 관한 비교연구」, 『퇴계학보』 77집(퇴계학연구원, 1993), 31쪽 참조.
61) 신귀현, 「이퇴계와 쉘링의 자연철학에 관한 비교연구」, 18쪽 참조.
62) 『氣學』, 2-118, "人之神氣……因記繹而有愛欲……有順愛欲, 則喜之樂之, 是皆人物運化之情."

즉 최한기는 애욕이 기를 매개로 하여 천리天理와도 부합하며, 또한 역으로 천리를 드러내는 주체가 될 수 있다고 본다. 그는 기본적으로 인욕 긍정이라는 내재적 관점에서 통민운화統民運化를 주창하며, 도덕적 세계의 일자성과 상호 소통성을 강조한다.

한편, 후설 현상학에서는 선험적 순수의식과 신체가 '전기'에는 서로 평행을 이루다가 '후기'에 와서는 서로 얽혀 있는 관계로 드러나게 된다. 이 둘 간의 대립을 거쳐서 통일에 이르는 것은 메를로-퐁티의 신체의 현상학에 이르러서이다. 메를로-퐁티는 우선 후설 방식의 선험적 순수의식과 같은 존재를 기각시킨다. 그러면서 그는 후설의 선험적 의식이 지니고 있던 선험적 기능들을 근본적으로 신체에 이관시킨다. 생활하는 주체는 세계 혹은 세계 내 사물들과 구체적으로 접촉하면서 그것들과 상호 교환적인 방식으로 영향을 주고받는다. 메를로-퐁티는 이러한 주체를 '세계-에로-존재(être-au-monde)'[63]로 표현하면서 이를 신체의 존재 방식으로 본다. 세계-에로-존재는 세계 내에 존재하면서 그 세계를 향해 나아가는 존재이다. 이에 세계-에로-존재인 신체는 세계 내에 존재한다는 계기에서는 이렇게 구조화된 자신의 형태로써 세계를 재-구성한다.[64] 이러한 특성은 곧 내재철학의 일반적 특징으로서, 최한기의 기학의 경우에도 몇 가지 기본 개념과 공유하면 거의 비슷한 생각으로 읽힐 수 있다.

---

63) être-au-monde는 메를로-퐁티의 주요 철학적 개념으로서 국내에서는 다양하게 번역되고 있다. '세계로 열린 존재', '세계-에로-존재', '세계에로의 존재', '향-세계 내-존재' 등의 번역어가 모두 가능하다. 그렇지만 여기서는 메를로-퐁티 연구의 전문가 류의근 교수(신라대학교)의 의견에 따라 '세계-에로-존재'가 가장 원뜻에 부합한다고 생각하여 채택하는 바이다.

64) 조광제, 『몸의 세계, 세계의 몸』, 169쪽 참조.

Ⅳ. 최한기 기학의 메를로-퐁티적 독해

메를로-퐁티 역시 후기 후설의 신체적 지향성에 대해 많은 관심을 가지긴 하지만, 신체와 의식의 상관성을 이분법적으로 접근하는 한, 아직 의식과 세계가 근원적으로 서로 얽혀 있다는 사실은 충분히 해명되지 않고 있다는 점을 강조한다. 즉 후설의 '몸'의 지향성이 아무리 강조된다고 하더라도 어디까지나 의식의 지향성이란 도식을 벗어날 수 없으며, 그러한 점에서 후설을 중심으로 진행된 현상학적 사유가 전통적 이원론을 극복할 수 있는 역동적 대안이 되기에는 아직 선험성으로부터 자유로워지지 못하고 있다. 이처럼 후설의 현상학이 의식에 머물고 있는 동안, 메를로-퐁티는 이러한 지향적 의식을 신체로 대치한다.[65] 의식과 세계의 근원적 상관성을 나타내는 메를로-퐁티의 메타포는 '살'이다. 메를로-퐁티는 육화된 의식으로서의 신체를 지향성의 중심으로 규정한다.[66] 즉 세계의 살이란 개념을 통해 의식과 세계의 근원적 상관성을 표현한다. 이 표현은 의식과 세계가 서로 얽혀 있는 모습을 나타내기 위한 것이다.

메를로-퐁티는 의식적이면서도 세계적인 보다 구체적인 자아를 신체로 설정한다. 그러한 면에서 메를로-퐁티의 '살'은 후설의 '몸'에 비해 주체와 타자 사이의 균형추의 역할을 더욱 잘 해낸다. 살은 주체와 타자 사이의 경계선상에 머물면서 어느 쪽으로도 기울지 않는 애매한 위치를 점하고 있는 지향적 매개자요 균형자이다. "메를로-퐁티는 관념론과 실재론이라는 이원론적 입장의 극복, 즉 주관과 객관, 정신과 신체의 분리를 극복하려 할 뿐만 아니라 정신과 자연, 지각과 오성, 자아와 타자, 의미와 무의미, 가시적인 것과 비가시적인

65) 김영필, 『현대철학의 전개』(이문출판사, 1999), 43쪽 참조.
66) 김영필, 『현대철학의 전개』, 43쪽 참조.

것의 양면을 동시에 보려고 한 것이다. 이런 점에서 그의 철학은 애매성을 띠고 있음에 분명하며, 모든 현실적인 것은 애매성을 띠고 있다는 것이 그의 원초적 직관이다."[67]

바로 이러한 점에서 우리는 메를로-퐁티의 철학을 '사이의 철학'으로 정의하면서 다음 두 가지 특징으로 요약할 수 있다. 첫째, 모든 고전철학의 대안들은 거절된다. 인간은 그가 실존하는 한 순수한 '즉자卽自'도 순수한 '대자對自'도 아니다. 둘째, 이러한 대립의 해결책은 두 견해들을 화해시켜 줄 수 있는 종합에서도, 또한 이러한 대립을 낳게 하는 가정의 거부에서도 발견되지 않는다.[68] 해결책은 '둘 사이'에서 '유한한' 미완성되고 불안정한 종합 속에서 추구될 뿐이다.

이러한 메를로-퐁티 철학의 특징은 최한기의 기학을 해석함에 있어서 후설의 경우보다 더욱 유효한 독해 방법이 될 수 있다. 따라서 메를로-퐁티의 살에 관한 담론을 분석하는 것은 현상학적 사유와 최한기적 사유 간의 연대성을 확인하기 위해 필요한 작업이다. 바로 이러한 점에서 우리는 메를로-퐁티의 살의 개념과 최한기의 기의 개념이 갖는 연대성과 지향성을 제대로 읽어 낼 필요가 있다.

기-일원론에 근거하여 전개되는 최한기의 심성론은 인간의 성性과 심心 또한 기의 다양한 면모의 한 측면이라는 대전제에서 출발한다.[69] 즉 최한기 또한 장재의 경우와 마찬가지로 인간 본성의 원리를 일기一氣로 환원하여 규정하는 것이다. 이러한 최한기의 입장은 모든 의미의 근원적인 장場을 순수의식으로 환원하여 규정하려는 후설의 의도와 외형상 닮아 있는 듯하다. 그렇지만

67) 메를로-퐁티(M. Merleau-Ponty), 『의미와 무의미』, 권혁면 역(서광사, 1985), 6쪽.
68) 벵쌍 데꽁브(Vincent Descombes), 『동일자와 타자』, 박성창 역, 74쪽 참조.
69) 『推測錄』, 卷2, "一氣異稱".

최한기는 장재와는 달리 기 자체에 주관과 객관, 본체와 현상, 심心과 신身이라는 그 어떤 근원적 이원성도 부인한다. 그는 본래 하나의 세계, 하나의 기가 양상을 달리하여 드러난다고 보며, 그러므로 서로 다른 모습의 존재들 간에는 근원적으로 상호 소통할 수밖에 없다고 본다. 그리고 상호 소통의 중심은 리理가 아니라 기氣라고 주장한다.[70] 반면, 후설에 있어서 몸은 어디까지나 의식에 의해 구성되어야 할 존재이기에, 여전히 의식이 몸에 비해 특권적 지위를 가질 수밖에 없는 선험적 주관론의 형태를 띠지 않을 수 없다. 이러한 관점에서 본다면 최한기의 기론은 후설의 현상학과 이해를 달리하고 있다. 그러므로 우리는 메를로-퐁티의 몸에 관한 이론에서 비교의 대상을 찾아야 한다.

의식을 세계에 대한 중심으로 생각하는 데카르트 방식의 잔재를 없애기 위해 메를로-퐁티가 선택한 자아는 바로 신체로서의 주관이다. 그는 인간이 신체를 통해 이미 세계와 분리될 수 없이 엉클어져 있다고 보았으며, 우리의 육화된 의식인 신체는 주관과 객관으로 이분화되기 이전에 존재하는 '사이'의 영역이라고 생각하였다.[71] 메를로-퐁티는 후설의 신체적 지향성이 아직 의식과 세계가 근원적으로 서로 얽혀 있다는 사실을 충분히 해명하지 못한다는 사실을 강조한다. 의식과 세계의 근원적 상관성을 나타내는 메를로-퐁티의 말은 '사물의 살', '존재의 살' 등의 표현들이다. 특히 세계의 살이란 개념을 통해 의식과 세계의 근원적 상관성을 표현한다. 이러한 표현은 의식과 세계가 서로 얽혀 있는 모습을 나타내기 위한 것이다.

메를로-퐁티가 주장하는 살(la chair)이라는 개념은 몸-주관(corps-sujet)과 몸-객관(corps-objet)의 차이를 지적하는 데만 머무르지 않고, 오히려 그 반대로

70) 『推測錄』, 卷2, "氣爲理本".
71) 김영필, 『현대철학의 전개』, 44쪽 참조.

서로가 분리될 수 없는 것으로 사고된 '보는 몸'과 '보이는 세계'의 공통의 재질(étoffe commune)을 가리킨다.[72] 요컨대, '살'이란 '보는 것-보이는 것'으로서의 존재 통일성(unité de l'être)을 본질적으로, 그리고 근원적으로 지칭하는 개념이다. 메를로-퐁티의 이러한 '살'의 이론은 최한기의 '기' 개념과 많은 부분에서 닮아 있다.

현상학에 있어서 '지향성'은 중요한 개념이다. 후설은 '지향성'을 정의하면서, "의식은 언제나 그 무엇에 관한 의식"이며 언제나 그 대상과 하나를 이루고 있다고 보았다. 그래서 의식이 대상에 향해져 있는, 즉 대상을 지향함으로써 그 대상을 언제나 이미 '그 자체 내에 지닌다'는 의식의 기본 구조를 '지향성'이라고 하였다. 그리고 후설은 지향성이 의미 작용을 통해 단순히 주어진 것을 초월한다고 보았다. 결국 의식은 지향성을 통해 대상들과 관계 맺으며 그 대상들에 의미를 부여하게 되는 것이다.[73] 메를로-퐁티 또한 지향성 개념을 차용하고 있다. 그는 신체가 지향성을 통해 세계와 교감한다고 보았는데, 교감의 근거는 신체가 곧 세계이기 때문이다. 메를로-퐁티가 말하는 세계란 여러 겹으로 된 다양한 측면의 깊이를 지닌 존재로서 곧 표층이자 심층이요, 가시적이자 비가시적이며, 현사태(fait)이자 살의 본질이요, 현상이자 잠재이며, 소여(donation)이자 회수(retrait)이며, 빛이자 어두움이라는 그야말로 다면적 얼굴로서의 세계이다.[74] 메를로-퐁티에 따르면, 지향성을 통해 우리는 존재하는 바, 즉 '나'라는 감각적 존재(être sensible)와 내게 느껴지는 모든 것을 공유할 수 있으며, 이로써 느끼는 것과 느껴지는 것의 이중적 의미를 지닌 '감각덩어리(le sensible)'가 된다.[75] 그러므로 메를로-퐁티가 그리고 있는 '인간 영웅' 또한 세계

72) 장윤수 외, 「근대와 탈근대의 대립을 넘어」, 396쪽 참조.
73) 엘리자베스 클레망 외, 『철학사전』, 이정우 역(동녘, 1996), 282쪽 참조.
74) 장윤수 외, 「근대와 탈근대의 대립을 넘어」, 397쪽 참조.
75) M. Merleau-Ponty, *Le visible et l'invisible*(Paris: Gallimard, 1964), 313쪽 참조.

정신의 과업을 성공적으로 수행하는 헤겔적인 영웅이 아니라, 세계 내에, 세계로부터, 그리고 이 세계에 존재하는 존재로서의 실존적 영웅이다. 메를로-퐁티가 말하는 오늘날의 영웅은 "의무와 과제가 불분명한 시대를 살아가면서, 그 이전의 누구보다도 인간의 자유와 미래의 우연성에 대한 예리한 감각을 갖고 있다."[76]

그렇다면 현상학의 지향성에 해당하는 개념을 최한기의 기학에서 찾는다면 어떤 것이 될까? 바로 '활동운화活動運化'의 개념이 가장 가깝게 다가갈 수 있다. 최한기의 기학은 활동운화 개념을 중심으로 구성된다. 최한기는 『기학』의 '서문'에서 모든 기의 본성을 활동운화라고 주장한다.[77] 운화하는 존재가 기이고, 운화의 조리條理·법칙이 리理이고, 운화의 신묘한 능력이 신神이다. 그래서 최한기는 활동운화가 기의 본성이자, 세계의 본성이라고 생각하였다.[78] 최한기는 활동운화야말로 기의 모습을 온전히 드러낼 수 있다고 보았으며, 기에 대한 '단절적' 이해는 바로 활동운화에 대한 이해가 결여되었기 때문이라고 생각하였다. "기를 언급한다 해도 어떤 경우는 형체가 드러난 것形而下만을 기라 여기고 있고, 또 어떤 경우는 작용을, 또 어떤 경우는 충만함을 기로 생각한다. 그래서 이러한 관점들은 기의 완전한 모습을 보지 못하였고, 실제로 실행할 단서를 터득하지 못한 것이라 할 수 있다."[79]

최한기는 활동운화야 말로 천지운화지기天地運化之氣와 인물지기人物之氣, 천지지성과 기질지성을 소통하게 하는 활동이자, 본성이라고 생각하였다. 활동

76) 메를로-퐁티(M. Merleau-Ponty), 『의미와 무의미』, 권혁면 역, 256쪽.
77) 『氣學』, 序, "夫氣之性元是活動運化之物."
78) 『氣學』, 1-56, "夫氣之性本是活動運化之物. 在宇內, 則地月日星漸次成就於運化之中, 在地面, 則海陸物産轔次成就於運化之中." 참조.
79) 『氣學』, 1-56, "縱有言氣者, 或以形下爲氣, 或以作用爲氣, 或以充滿爲氣. 未見其完然之形, 未得其實踐之迹."

운화는 전통 중국철학에서 강조해 오던 '생생지도生生之道'를 연상시킨다. 즉 만물 생성과 변화의 힘이다. 실제로 최한기는 이 개념을 설명하기를, "활동운화를 통괄적으로 살펴보면, 생생한 기운이 항상 움직여서 두루 운행하여 크게 변화하게 한다"[80]라고 하였다. 이는 다름 아닌 인기人氣와 천기天氣를 상호 소통하게 하고, 근원적으로 하나됨을 지향하게 하는 힘이자 경향성이다. 이러한 힘이 어디서 오며, 어떻게 생겨나는지에 대한 인지적 관심보다는 이러한 힘의 실존적 체험과 고백이 무엇보다 중요하게 다가온다. 이러한 힘은 또한 음양과 오행의 관계로 설명되기도 하는 만물의 상생상극相生相剋의 힘으로서, 현상학적 표현을 빌린다면 '지향성'에 가장 가까운 개념이다.[81] 그렇다면 최한기에 있어서 이상적 인간상은 어떠할까? 당연히 활동운화의 이치를 체득해서 만물의 생성과 변화에 제대로 응하는 자일 것이다. 최한기가 생각하는 이상적 인간상은 전통 기학과 근대 서구과학의 영향으로 인해 목적성과 정합성을 일정 부분 띠게 되지만, 태극을 리理로 해석하고 그러한 리가 인간과 만물의 본연지성이 되며 또한 절대가치로서의 인仁이라고 주장하는 성리학자들의 이론에 비해서는 훨씬 더 개방적이며 실존적인 체험이 강하게 반영되어 있다.

'살' 개념은 서구의 다른 철학에서는 그 유례를 찾아볼 수 없는 메를로-퐁티 철학 고유의 전략적 이념이 된다. 그것은 그 어떤 형이상학적 범주에도 부합되지 않는 것인데, 왜냐하면 살이란 물질(matière)도 정신(esprit)도 실체(substance)도 아니며, 나아가 신체(corps)와 정신(esprit)의 합성물도 아니기 때문이다.[82] 살 개념은 오히려 동아시아의 '기' 개념과 많은 유사성을 가진다. 최한기

80) 『氣學』, 2-13, "活動運化, 統而觀之, 生氣常動而周運大化也."

81) 활동운화의 의미를 '自轉', '公轉' 등과 같은 자연과학적 전문 용어로 풀이하는 경우도 있으나, 이것은 최한기의 기학을 과학적 특성만 강조해서 풀이해서 오히려 그 철학적 상상력과 구성력을 감퇴시킨다고 본다. 그러므로 이러한 해석은 우리가 의도하는 비교의 맥락에 맞지 않는다.

에게 있어서 기 또한 어떠한 형이상학적 범주에도 부합되지 않는다. 다음과 같은 최한기의 기에 대한 언급은 '살'이 지향하는 맥락적 분위기를 거의 그대로 간직하고 있다.

> 기氣는 동일한 것이나, 경우에 따라 지시하는 명칭은 각각 다르다. 그 전체를 가리키면 천天이라 하고, 그 주재主宰를 가리키면 제帝라 하고, 그 유행流行을 가리키면 도道라 하고, 사람과 만물에 부합됨을 가리키면 명命이라 하고, 사람과 인물에 품수稟受된 것을 가리키면 성性이라 하고, 그 몸을 주재하는 것을 가리키면 심心이라 한다. 그리고 그 움직임에 따라 지적하는 각각의 명칭이 있게 되니, 그 기氣를 펴면 신神이라 하고, 굽히면 귀鬼라 하고, 창달하면 양陽이라 하고, 움츠리면 음陰이라 하고, 가면 동動이고, 오면 정靜이 된다.[83]

만약 최한기의 기 개념을 어떤 특정한 개념으로 고정하고 재단하려 시도한다면 그 자체가 무리이다. 기 개념은 메를로-퐁티의 '살' 개념의 경우처럼 물질(matière)도 정신(esprit)도 실체(substance)도 아니며, 나아가 신체(corps)와 정신(esprit)의 합성물도 아니다.[84] 최한기에게 있어서 기는 물질과 정신, 주관과 객관이 분화하기 이전의 본래 모습을 지칭하는 것이기도 하고, 다른 한편으로는 이러한 불완전한 모순 체계를 소통적으로 연결하는 상생 · 상극의 '사이' 존재이다.[85] 이러한 다의성과 애매성은 당연히 세계에 대한 개방성과, 있음을

---

82) M. Merleau-Ponty, *Le visible et l'invisible*, 185쪽 참조.

83) 『推測錄』, 卷2, 「一氣異稱」, "氣卽一也, 指其所而名各殊焉. 指其全體謂之天, 指其主宰謂之帝, 指其流行謂之道, 指其賦於人物謂之命, 指其人物稟受謂之性, 指其主於身謂之心. 又指其動而各有稱焉, 伸爲神, 屈爲鬼, 暢爲陽, 斂爲陰, 往爲動, 來爲靜."

84) 氣는 미시세계와 거시세계를 일관되게 설명하는 틀이며, 입자적 설명과 시스템적 설명을 함께 담고 있는 사유 체계다. 기는 물질과 비물질, 구체와 추상을 일관되게 설명하는 개념이다.[김교빈 외, 『기학의 모험』 1, 들녘, 2004, 29~30쪽 참조]

85) 동양적 세계관의 특징은 陰陽論이든 五行論이든 氣 개념과 연결되면서 단순한 요소론이 아니라 관계론으로 나아간다는 점이다.[김교빈 외, 『기학의 모험』 1, 51쪽 참조]

있음 그대로 읽으려는 현상학적 시각으로 해석해야 하며, 또한 상호 소통성으로 이해할 수 있어야 한다. 자연과 정신, 주관과 객관, 심心과 신身 등의 이원론적 관계에 집착하는 것은 어떤 면에서 본다면 실존의 경직된 태도이다. 최한기의 기 개념이든 메를로-퐁티의 살 개념이든 간에, 기본적으로 이러한 사상이 지향하는 바는 바로 경직된 태도를 풀고, 있음을 있음 그대로 기술하려는 태도 이외의 다른 것이 아니다.

메를로-퐁티의 '살' 개념은 사물과 관념 사이 및 이념적 보편성과 시·공간적 개체성 사이의 분유分有(partage)조차도 거부한다.[86] 이러한 점에서 이 개념은 오히려 소크라테스 이전의 자연철학자들이 생각한 만물의 근원이 되는 불[火], 물[水], 흙[土], 바람[風]같은 원질元質(élément)로서의 보편물(chose générale)에 가깝다.[87] 조금이라도 동아시아 사상에 익숙한 사람이라면 이러한 원질적元質的 보편물이야말로 최한기의 기 개념과 얼마나 가깝게 닿아 있는가 하는 점을 충분하게 느낄 수 있다.

'살'로 표현되는 창조적 카오스인 애매한 불투명성은 상상력의 맹아가 싹트는 모토가 되며, 유기론적 의미의 기氣와 밀접한 유사성을 지닌다.[88] 그리고 살의 변증법적 구조를 역사와 정치의 영역에까지 확장하는 메를로-퐁티의 사유는 기의 중층적 구조를 역사와 정치 및 사회문화 전반에까지 확장하는 최한기의 기학과 대단히 유사하게 읽힌다. 최한기 기학의 다양성이 지닌 특성은 그 철학적 개념과 이론체계를 이해하는 데 머무르는 것만으로는 부족하다.[89] 그 적용 범위를 넓혀서 사회사상, 역사관 등에 대한 인식을 총체적으로 구성해 낼 때 비로소 최한기의 기학의 면모가 온전하게 드러날 수 있을 것이다.

---

86) 장윤수 외, 「근대와 탈근대의 대립을 넘어」, 398쪽 참조.
87) M. Merleau-Ponty, *Le visible et l'invisible*, 184쪽 참조.
88) 장윤수 외, 「근대와 탈근대의 대립을 넘어」, 398쪽 참조.
89) 금장태, 「기철학의 전통과 최한기의 철학적 특성」, 225쪽 참조.

Ⅴ. 비교 사유와 문화적 포용성

기氣의 개념은 중국사상 전반에 걸쳐 가장 핵심적인 철학 개념 중 하나로 자리해 왔다. 이는 유가사상뿐만 아니라 도가사상에서도 중요한 지위를 점하며, 세계의 보편성을 설명하는 한편, 근원적인 점착성과 구체성을 지닌 개념으로 작용해 왔다. 그러나 리理의 철학과 대비해 볼 때, 기는 그 불투명성과 모호성으로 인해 유가사상사에서는 종종 왜곡되거나 홀대받아 온 것이 사실이다. 리로 상징되는 중심적 권위와 이성적 질서가 전통철학 담론의 중심축을 형성해 온 현실에서 기는 그에 비해 주변화되었으며, 이에 따라 기의 철학적 위상은 축소되거나 과소평가되었다.

그러므로 이 장의 논의는 리-중심의 철학적 권력을 비판적으로 해체하고, 역사적으로 훼손되어 온 기의 지위를 복원하려는 의도를 포함하고 있다. 특히 현상학의 철학적 관점을 도입함으로써 기의 의미를 재조명하고, 이를 통해 동아시아적 사유와 서구 철학 간의 횡단적 소통의 가능성을 탐색하고자 하였다. 구체적으로는 최한기의 기학이 지닌 현상학적 메타포를 분석하여, 기 개념이 단순한 형이상학적 사변이 아니라 동아시아 문화를 해석할 수 있는 하나의 문화적 코드임을 확인해 보고자 하였다.

일찍이 하이데거는 "오직 하나의 현상학이란 것은 없다"[90]라고 언급한 바 있다. 이는 현상학이란 세계와 인간 존재를 탐색하는 하나의 '태도' 혹은 '방법론적 방향'이지, 고정되고 폐쇄적인 학문 체계가 아니라는 점을 강조하는 말이다. 현상학은 세계에 대한 개방성과 다양성을 추구하는 사유의 통로이며, 이 세계가 단순히 '존재하는 세계'일 뿐만 아니라, 끊임없이 '되어가는 세계'라

---

90) M. Heidegger, *Basic questions in philosophy*, R. Rojcewicz & A. Schuwer, Trans. (Bloomington: Indiana University Press, 1994), 328쪽.

는 점을 드러낸다. 이러한 관점은 기학에도 적용될 수 있다. 하이데거의 말을 패러디하자면, "오직 하나의 기학이란 것은 없다"고 할 수 있다. 기는 동아시아 사유 전통과 사회 발전의 흐름 속에서 형성되고 확장된 역사적인 개념으로, 단일하고 고정된 이론틀로 환원될 수 없다.

기는 실천적·사실적인 개념일 수도 있고, 사변적·이론적인 개념일 수도 있다. 이는 사회적 조건, 역사적 맥락, 개인적 체험 등 다양한 요인들이 복합적으로 작용한 결과로서, 기 개념은 본질적으로 다의적多義的이며 맥락 의존적이다. 이러한 기는 인간과 우주를 해석하고 세계를 이해하는 데 있어서 독특한 안목을 제공하는 세계관적 사유틀로 기능한다. 나아가 기는 현상학에서 신체 개념이 갖는 세계 지향성과 유사하게, 세계와의 개방적 소통을 가능하게 하는 통로로 작동한다. 예컨대, 장자는 "기氣로써 듣는다[聽之以氣]"[91]라고 하였는데, 여기서 말하는 기는 비인칭적인 마음이 지닌 타자와의 소통 능력으로 이해될 수 있다. 즉, 기는 '비워진 마음으로 타자를 맞이하는 존재'로서의 주체가 지닌 근원적 소통 역량을 상징하는 개념이다.

사유의 능력이 인간 존재의 고유한 특징이라면, 비교 사유는 이 능력을 더욱 심화시킨다. 시대와 공간을 달리하는 기학과 현상학을 비교하는 작업은 일견 무모해 보일 수도 있지만, 이는 인간의 사유 능력을 한계 너머로 확장하는 매혹적인 시도이기도 하다. 우리는 타자적 사유로부터 열등감을 가질 필요도 없고, 자문화 중심주의의 우월감에 머물러서도 안 된다. 기학의 현상학적 독해, 혹은 현상학의 기학적 해석은 자기 문화의 주체성을 확보하면서도 타 문화를 포용할 수 있는 사상적 여지를 열어 놓을 때 비로소 가능하다. 이는 곧 철학적 보편성과 지역성의 창조적 융합을 모색하는 이론적 시도라 할 수 있다.

---

91) 『莊子』, 「人間世」, "聽之以氣."

제4부

장재 문인과 관학파의 특징

제13장 관학파의 학문 특징과 학파의 형세

관학關學은 일반적으로 학문적 특징이나 학파적 정체성을 강하게 드러내지는 않지만, 시대사조의 영향을 받으면서도 고유한 학파적 특색을 일관성 있게 유지해 왔다.

북송대에 이르러 장재에 의해 창립된 관학은 장재 자신과 그 제자들의 활동에 힘입어 정씨 형제의 낙학洛學에 비견될 만한 성취를 이루었다. 그러나 남송 시기에 접어들면서 관학은 급격한 쇠퇴의 길을 걷게 된다. 이 시기 관학을 계승한 학자들은 대체로 '실천적 공부[事功]'에 집중하였고, 철학적으로 심화된 이론의 창출에는 한계를 드러내었으며, 그 영향력 또한 제한적이었다. 금·원대에는 이러한 침체의 흐름이 지속되었고, 시대사조로서 정주학의 영향이 관학의 이론 형성에 크게 작용하였다.

명대에 이르러서 관학은 다소 다원적이고 변형된 형태로 재등장하기 시작한다. 그 대표적인 예로 삼원학파三原學派를 들 수 있다. 삼원학파는 일명 '관학의 별파別派'로도 불리는데, 명나라의 왕서王恕(1416~1508)를 중심으로 한 학파를 일컫는 말이다. 이 학파의 주요 인물들이 대부분 섬서성陝西省 삼원三原 지역 출신이었기에 삼원학파라는 명칭이 붙었다. 이들은 기절氣節과 향속鄕俗을 중시하였고, 관혼상제冠婚喪祭의 예절을 엄격히 준수하였으며, 지역사회에 큰 영향을 끼쳤다. 대표적인 문인으로는 마리馬理(1474~1555), 한방기韓邦奇(1479~1555),

양작楊爵(1493~1549), 왕지사王之士(1528~1590) 등이 있다. 삼원학파의 형성을 기점으로 관학은 새로운 부흥의 조짐을 보이기 시작하였다.

명대의 주류 관학자들은 대체로 주자학을 학문적 종지宗旨로 삼고, 육왕학에 대해 비판적인 입장을 견지하였으며, 체인體認의 실천적 측면에 집중하면서 장재의 사상으로 회귀하려는 경향을 드러냈다. 여남呂柟(1479~1542)에 이르러 종학宗學으로서의 정주학의 기풍이 본격적으로 대두되었고, 관학 역시 이러한 흐름 속에서 크게 발전하였다. 이어서 등장한 풍종오馮從吾(1557~1627)와 장순전張舜典(1557~1629)은 관학의 총체적 정리 작업을 시도하였으며, 그 체계를 확립하고 학파적 위상을 제고하고자 노력하였다.

명말청초에 접어들게 되면 관학 또는 관학적 학풍에 주목하는 학자들이 증가하게 된다. 이들 학자들은 관학의 학풍을 기반으로 하여 자신의 사상을 전개하고자 하였다. 청대 초기에는 전국적으로 여전히 주자학이 지배적인 가운데 이옹李顒(1627~1705), 강여사康呂賜(1644~1731)[1], 왕길상王吉相(1645~1689), 왕심경王心敬(1656~1738) 등 심학적 성향이 강한 관학 계열의 학자들이 등장하였다. 이들은 장재의 사상을 바탕으로 하면서도 심학적 요소를 적극 수용하여 관학의 내면적 성찰을 심화시키는 방향으로 자신의 사상을 전개하였다.

청대 중엽에 이르러서는 장병직張秉直(1695~1761), 손경렬孫景烈(1706~1782), 이원춘李元春(1769~1854) 등의 학자들이 관중 지역의 학풍을 정주학 중심으로 정립하게 된다. 그리고 청대 말기에 이르러 장원제張元際(1851~1931), 우조렴牛兆濂(1867~1937) 등이 이러한 흐름을 계승하였다. 그러나 청 말에 등장한 백경위柏景偉(1831~1891), 유광분劉光蕡(1843~1903) 등은 심학적 관점에 다시 주목하였다. 이들은 심학이 지닌 개방성과 내면성에 주목하면서, 이를 통해 중국 전통

1) 『關學宗傳』의 원문에는 '康履賜'로 표기되어 있으나 '康呂賜'의 誤記이다.

학문을 서학西學과의 접점에서 새롭게 이해하고자 하는 철학적 시도를 전개하였다.

이러한 일련의 학파적 특색은 관학이 단순히 장재의 사상에만 머무르지 않고, 시대적 변화와 철학적 도전을 수용하며 다원적인 학파로 전개되어 갔음을 보여 준다. 특히 명말청초 이후의 관학은 정주학과 심학의 긴장과 조화를 통해 내적인 변화를 거듭하였으며, 근대적 전환기의 사유 지형 속에서도 여전히 철학적 가능성을 내포한 학문 전통으로 기능하였다.

Ⅰ. 관학파의 형성 과정과 사상적 경향성

장재 사후, 관중 지역의 선비들은 그의 덕을 기리어 그를 '횡거橫渠선생'이라 부르며 그의 학문을 추종하게 된다. 후대 사람들은 장재와 그의 학문을 따른 일군의 학자들을 '관학파'라는 특색 있는 학파로 구분하게 된다. 관학파는 '리학理學 사상 4대 계보'[2]의 하나로 불릴 만큼 당시에는 큰 세력을 이루었다.

장재의 사상은 특별한 연원이 없다. 그렇지만 범중엄으로부터 유래하였다고 평가하는 학자도 있는데, 가장 대표적인 경우가 황종희이다. 그는 『송원학안』의 '서록序錄'에서 "고평高平(范仲淹)은 일생 동안 순수한 사람으로서 횡거橫渠(장재)를 인도하여 성인의 경지에 들어가게 하는 데에 큰 공로가 있었다"라고 하였고, 『송원학안』 권3 「고평학안高平學案」에서는 구체적으로 장재를 범중엄의 문인으로 분류하였다. 이러한 평가의 근거로는 『송사』의 「장재전張載傳」과

2) '理學思想 4대 계보'란 통상 '濂洛關閩의 學'이라 부른다. 즉 濂學(濂溪의 周敦頤를 중심으로 한 학문), 洛學(洛陽의 程氏 형제를 중심으로 한 학문), 關學(關中의 張載를 중심으로 한 학문), 閩學(閩中의 朱熹를 중심으로 한 학문)을 말한다.

여대림이 쓴 〈횡거선생행장〉에 기록된 내용, 즉 범중엄이 장재에게 『중용』을 읽으라고 권유한 사실이 자주 인용된다. 이 사건이 일어난 때에 대해서 고증하기를, 『송사』에서는 21세(1041) 당시라 하고, 〈행장〉에서는 18세(1038) 때라 하는데, 장재 생애사 연구의 권위자인 장파張波 교수는 21세(1041)가 맞다고 고증하였다.[3] 장재는 22세(1042) 되던 해에 경주慶州(지금의 甘肅省 華池縣 서북쪽)에서 범중엄을 다시 만났다. 당시 경략원수經略元帥의 직책에 있었던 범중엄은 군사적 이유에서 대순성大順城을 축성하였다. 장재는 당시 범중엄의 요청에 의해 「경주대순성기慶州大順城記」를 지었는데, 이 글에서 대순성이 지어진 배경, 과정, 의미 등을 기술하고 범중엄의 공적을 기렸다.[4]

그렇지만 단순히 이러한 사건만으로 장재의 학문이 범중엄으로부터 유래하였다고 주장하는 것은 근거가 부족하다. 범중엄이 장재에게 『중용』을 읽으라고 권유하였던 것은 그의 학문적 소질을 발견하고, 장재가 군문軍門에 투신하는 것보다는 학문 연찬에 힘쓰는 것이 낫다고 여겨 유학 공부를 권유한 것이다. 이러한 범중엄의 권유가 장재의 학문 활동을 격려하고 고무한 측면은 있겠지만, 그렇다고 하여 장재가 범중엄의 문인이라거나 장재의 학문이 범중엄으로부터 유래하였다고 주장하는 것은 다소 무리가 있다. 『송사』 「장재전」의 기록에 따르면, 장재는 범중엄의 충고를 받아들여 『중용』을 읽기는 하였으나, 이에 만족하지 못하고 불가와 도가의 사상 경력을 거친 후, 최종적으로는 다시 『주역』을 비롯한 전통 유가의 경전으로 되돌아왔다고 하였다.[5]

또한 『송원학안』의 '서록序錄'에서는 관중 지역의 학자인 후가侯可(1008~1079)와 신안申顔(생몰년 미상)을 언급하면서, "실로 횡거의 앞을 열어 준 사람이

3) 張波, 『張載年譜』(西安: 西北大學出版社, 2015), 21쪽 참조.
4) 『張子全書』, 卷12, 文集抄, 「慶州大順城記」 참조.
5) 『宋史』, 「張載傳」 참조.

다”[6]라고 하였으나,[7] 이 두 사람은 학술적으로 두드러진 성과를 남기지 못했으며, 장재와 분명한 사승師承 관계도 확인할 수 없다. 풍종오는 『관학편關學編』에서 이외에도 관학의 연원으로 공자의 문인인 진조秦祖, 연급燕伋, 석작촉石作蜀, 양사적壤駟赤을 거론하였고, 심지어 왕심경王心敬은 『관학속편關學續編』에서 고대의 전설적 인물인 복희伏羲를 비롯하여 태백중옹泰伯仲雍, 문왕文王, 무왕武王, 주공周公, 동중서, 양진楊震, 지순摯恂을 관학의 선구적 인물로 거론하고 있다.

그렇지만 분명한 사실은 '관학'이라는 명칭이 유래된 것은 장재로부터이며, 장재의 학문은 자득自得의 공로가 크다는 것이다. 장재의 학문은 몇 십 년간의 고심 어린 탐구와 체득을 통해 이루어졌다. 그러므로 주희는 "횡거의 학문은 고심에 의한 것이며, 횡거처럼 공부하는 학자는 많지 않다. 요사이 살펴보니, 횡거의 용공用功은 가장 친절한 것으로 참으로 경외할 만하다"[8]라고 하였다. 그리고 장재 스스로도 "배움이란 마음으로 깨달음이 중요한 것이며, 구태舊態를 고수하는 것으로는 아무런 공功이 없다"[9]는 점을 강조하여, 자신의 학술이 '마음'으로부터 깨달아 얻은 것이라는 점을 자부하였다.

『송원학안』의 권12 「횡거학안橫渠學案」과 권15 「여범제유학안呂范諸儒學案」, 그리고 풍종오의 『관학편』 등의 기록에 의하면, 장재의 주요 제자로 여대충, 여대균, 여대림 3형제와 소병, 범육 등이 있으며, 그 외에도 유사웅, 반증, 유공언, 종사도, 이복, 장순민, 설창조, 전유田腴, 소청邵淸 등이 있고, 후대에 장재의 학문을 익혔던 인물로는 조설지晁說之(私淑)[10]와 채발蔡發(橫渠續傳)이 있다.

---

6) 『宋元學案』, 「序錄」, "實開橫渠之先."

7) 張驥는 『關學宗傳』에서 이 두 사람을 책의 末尾 '附錄'에 수록하였다.

8) 『宋元學案』, 「橫渠學案下」, "學者從何處入頭. 橫渠最親切. 程氏規模廣大, 其後學者少有能如橫渠輩用工者. 近看得橫渠用工最親切, 直是可畏."(『朱子語類』, 卷93) 참조.

9) 『經學理窟』, 「義理」, "學貴心悟, 守舊無功."

10) 『宋元學案』「景迂學案」. 晁說之가 "관중 지역에 있을 때 橫渠의 학술에 마음을 두었다"라고 말한 바 있다.

관학은 장재를 중심으로 하여 학자들 개개인의 지리적 환경, 역사적 배경, 그리고 개인적인 체험이 어울려서 생겨난 것이다. 이것은 또한 장재 사후 그의 사상이 발전적 계승을 하지 못하고, 관학파가 급격하게 몰락을 하게 되는 주요 원인이기도 하다. 관학은 리학理學의 여타 학파들과 비교하여 볼 때 주목할 만한 몇 가지 차이점을 갖는다. 이러한 특징은 장재 개인의 학문적 경향성을 살펴보는 데에도 필요한 것이지만, 한편 송대 리학의 전체적 개관을 위해서도 필수적인 요소이다. 이제 관학의 몇 가지 특징을 개관해 보도록 하자.

첫째, 관학은 배움에 있어서 치용致用의 정신을 귀하게 여긴다. 일찍이 장재는 정씨 형제와의 대화 중에서 '관중 지역의 학자들이 실용을 귀하게 여긴다'고 말한 바 있다.

> 선생[정씨 형제]이 장재에게 말하기를, "관중의 선비들은 학문을 하면 정치에 이르게 되고, 정치를 논하면 예악禮樂과 병형兵刑의 학문에 이르게 되나니 무릇 선학善學이라고 할 만합니다"라고 하였다. 그러자 장재가 말하기를, "참으로 그러하다네. 관중의 선비들은 뜻은 크되 명예를 위하지 않으며, 또한 학문을 하되 실용을 귀하게 여긴다네"라고 하였다.[11]

관학의 치용의 정신은 병법 연구와 정전제 연구에서 잘 드러난다. 관중은 서하西夏와 국경지대였기 때문에 관중 지역의 학자들은 자연스럽게 병법을 중시하였다. 장재 또한 청년 시절에 병법을 익히고 사람들을 모아 잃어버린 땅을 회복하려 했던 것은 앞서 말한 바이다. 여대균도 정전제와 병법을 연구하였고, 치도治道는 반드시 이로 말미암아야 한다고 생각하였다. 특히 그는 지도

11) 『二程粹言』, 卷1, 「論學」, "子謂子厚曰, 關中之士, 語學而及政, 論政而及禮樂兵刑之學, 庶幾善學者. 子厚曰, 如其誠然, 則志大不爲名, 亦知學貴於有用也."

책[圖籍]을 만들기까지 하였다. 그 밖에 범육, 여대균, 유사웅, 이복, 종사도 등도 모두 병법을 익혔다. 종사도는 장군이며 대대로 군인 출신 집안의 후손이다. 그리고 여대균은 서하 정벌 시에 전운사轉運使 이직李稷의 종사從事로 참여하였다. 특히 유사웅은 서하와의 전쟁에 직접 참여해 공을 세웠고, 이복은 1128년 진주秦州에서 금나라에 대항해 싸우다가 순국했다.12) 이러한 점들은 당시 일반적인 유학자들과는 확연히 다른 실천적 태도로서, 명말明末 이후의 실학적 학풍과도 통하며 관학파의 이론 형성에 중요한 역할을 하게 된다.

둘째, 자연과학적 연구를 중시하였다. 장재는 자신의 우주론을 단지 형이상학적 사변으로만 설명하는 것이 아니라, 당시의 전문적인 천문학적 지식을 동원하여 풀이한다. 특히 그의 주저인 『정몽』은 송대 천문학의 결정체라고 할 만큼 상당히 뛰어난 우주론을 전개해 낸다. 이러한 특징은 장재의 제자들에게 있어서도 비슷하게 나타난다. 이복 또한 천문과 역법에 대해 깊은 관심을 표명하였으며, 참위설讖緯說과 같은 신비주의적 · 미신적 요소를 지닌 사상에 대해서는 적극적으로 반대하였다.

셋째, 직접 예교禮教를 실천하며 유가의 입장에서 불가와 도가 사상을 비판한다. 장재를 비롯한 대부분의 관학파의 학자들은 유가사상을 보호하고 불가와 도가 사상에 대한 비판을 자신들의 사명으로 삼았다. 관학파의 학자들은 공개적으로도 불佛 · 도道와 대립하였을 뿐만 아니라, 이론적인 면에 있어서도 불 · 도의 많은 관점에 대해 비판을 가하였다. 예를 들면 여대림은 부필富弼(1004~1083)이 관직에서 물러나 고향으로 돌아가 불교사상을 연구하게 되자, 불교사상이 이단이라고 하며 서신을 보내 강력하게 이를 비판하였다.13) 그렇지만

12) 張波 · 米文科, 『關學研究探微』(北京: 中國社會科學出版社, 2017), 27~30쪽 참조.
13) 『關學宗傳』, 卷4, 「呂與叔先生」(王美鳳 編校, 『關學史文獻輯校』, 西安: 西北大學出版社, 2015, 173쪽 所收) 참조.

관학 또한 내면적으로는 시대사조였던 불·도의 사상적 영향을 받아들이게 된다.

관학은 장재 사후에 급격한 쇠퇴의 길로 접어든다. 여씨呂氏 세 형제, 소병, 반중 등 장재의 대표적인 제자들은 거의 모두 정씨 형제의 문하에 나아가며, 특히 〈행장〉을 쓴 여대림은 '정씨 문하 네 선생[程門四子]' 중 한 사람으로 불릴 만큼 변신에 성공한다. 물론 여대림의 이러한 성공 뒤에는 앞서 언급하였던 것처럼 장재의 학문적 근원을 정씨 형제에게서 끌어오는 무리수도 생겨났다. 제자 중 이복, 유사웅 같은 이들은 여전히 장재의 제자이기를 고집하였지만, 직전直傳 제자 세대 이후 역량 있는 학자들이 이어 주지 못했으며, 또한 정치적 환경 등 여타의 불리한 여건 속에서 남송대에 이르면 관학은 거의 자취를 감추고 만다. 관학의 몰락은 곧 장재 기학의 쇠퇴를 의미하는 것이기도 하다. 장재 사후, 그의 사상은 주로 정씨 형제와 주희 계열의 학자들에 의해 그들의 시각에서 인용되고 해석되었다. 그들은 〈서명〉과 같은 사변적 저술에 대해서는 그토록 찬양하면서도 〈서명〉이 원래 속해 있던 『정몽』에 대해서는 불만의 뜻을 표시한다. 특히 『정몽』의 뛰어난 자연과학적 연구 성과들에 대해서는 한갓 불만의 근원으로 돌리고 만다.

후대에 와서 주희의 학문이 모든 학자들의 모범으로 제시될 때, 장재 기학에 대한 왜곡의 정도는 더 심해진다. 장재는 후대 학자들에 의해 '북송의 네 선생[北宋四子]'으로 떠받들어지며 『성리대전性理大全』, 『근사록近思錄』 등과 같은 책에 그의 저작이 수록되기도 하였다. 그렇지만 그 내용은 엄연히 주희와 그 계열 학자들의 자의적인 발췌와 부분 인용이어서, 장재 기학에 대한 특정 시각을 고정 관념화하는 계기가 된다. 이것은 오늘날에 있어서도 마찬가지다.

Ⅱ. 관학의 역사적 변천

중국 고대 학술사에서 학자들의 사상적 특성과 변화, 학파와 그 학풍의 형성은 여러 가지 요인에 의해 영향을 받게 된다. 그중에서도 정치 사회적 여건, 학자 개인의 학문 배경과 체험 등이 가장 중요한 변수가 된다. 관학파의 역사적 변천도 마찬가지다. 우선 거시적인 관점에서 이러한 특징을 개괄해 보도록 하자.

당唐(618~907)의 사상적 특색은 유·불·도 삼교가 교류하는 데에 있고, 문화의 주축은 문벌 귀족들이었다. 그런데 10세기 중엽 송宋(960~1279)이 건국되면서 사인士人 관료가 역사의 무대에 등장하게 된다. 그들은 정치적으로는 천하의 근심을 앞서 염려하는 것을 자신들의 본령으로 삼았고, 학문적으로는 성인의 경지에 이르기를 소원하면서 리기理氣와 심성心性을 논하였다. 특히 11세기에 관중 지역을 주 무대로 하여 활동하였던 장재는 기학을 본령으로 하는 학문을 제창하였는데, 후대 사람들은 그와 제자들의 학문 유파를 '관중 지역의 학파'라는 의미에서 '관학파關學派'라 명명하였다.

13세기 후반에는 정복 왕조인 원元(1271~1368)이 출현하여 약 1세기 동안 중원中原을 지배하였다. 이 시기에 사상계는 주희의 리학理學과 육구연의 심학心學을 절충하는 경향을 보이면서도 대체로 주희의 학설을 위주로 하였다. 14세기 후반에 이르러 명明(1368~1644)이 건국되면서 경전이 편찬되고, 주희의 학설이 과거시험의 표준이 되면서 주자학의 관학화官學化가 이루어지게 된다. 이러한 현상은 청나라 말기까지 지속된다. 그러나 주자학은 관학화가 진행되면서 오히려 학술적 생명력을 잃게 되고, 15세기 후반에서 16세기 전반에 걸쳐 반-주자학적 색채를 지닌 일련의 기학자들이 등장하게 된다. 이 시기에 등장한 심학과 기학은 존재와 주체를 통일하려고 시도한 주자학의 체계를

뒤흔들어 존재적 측면과 주체적 측면을 다시 이원화하게 된다.[14)]

17세기 초에 다시 정복 왕조인 청淸(1636~1912)이 수립되지만 관학으로서의 주자학의 지위는 그대로 유지된다. 그러나 명 말 이래로 주자학에 반대하고 양명학을 배척하며 실사구시實事求是를 제창하는 일련의 학자들이 등장하여 청대의 학술사상을 발전시켰다. 이들이 표방한 고증학考證學은 명대의 기학을 한층 더 발전시킨 것이라 할 수 있다. 바로 이러한 면에서 '송학-명학-청학'의 전개 과정을 '리학-심학-기학'의 전개로 이해할 수도 있다.

1. 송대 관학

당이 멸망하고 등장한 오대五代의 시대는 잇따른 전란으로 인하여 특기할 만한 학자가 보이지 않는다. 다만 이 시기에 이르러 경전이 인쇄되었다는 사실은 중국 학술사에서 충분히 주목해야 한다. 경전 간행으로 인해 서책들이 넘쳐나게 되고, 이로 인해 송대의 경전 연구와 학술사의 비약적인 발전이 가능해지게 되었다.[15)] 송대의 학술계는 그 학술의 융성함이 당을 압도하였고 학파 또한 대단히 많아졌다. 우선 당나라의 학자들이 경전에 대한 올바른 풀이에만 천착했던 것에 반해 송나라의 지식인들은 경전에 대해 비교적 자유롭게 자신의 의견을 개진할 수 있었다. 즉 경전에 의거한 것이기는 하나 당대에 비해 좀 더 자유로운 사상을 전개할 수 있었던 것이다. 그리고 송대에는 학파가 많아지고 학문 또한 다양해졌다. 이러한 현상은 학문의 외적인 측면에까지 영향을 미쳐 정치적으로는 부정적인 결과를 가져오기도 했지만, 유학의 르네상스 시대를 열게 되는 적극적인 동인이 되기도 하였다.

14) 金谷治 外, 『중국사상사』, 조성을 옮김(이론과실천, 1986), 220~221쪽 참조.
15) 狩野直喜, 『중국철학사』, 오이환 역(을유문화사, 1986), 351쪽 참조.

특히 11세기는 송의 학문이 급속도로 변화 발전하던 시기였다. 그렇지만 이러한 안정된 국면은 오래가지 못했다. 무려 40년 넘게 통치한 인종仁宗(1023~1063 재위)의 재위 시기에 특히 국경 분쟁이 잦았다. 탕구트족이 세운 서하西夏는 서북쪽 국경을 끊임없이 침탈하였고, 또한 송은 요遼나라에 과도한 공물을 바쳐야 했다. 이로 인해 국민들의 부담이 커졌고 사회적인 갈등도 격화되었다. 이 시기에 범중엄, 이구, 왕안석 등과 같은 탁월한 경세經世 사상가들이 출현하여 정치·경제·문화 방면의 개혁을 통해 국난을 극복하고자 하였다. 학술사에 있어서는 위·진 이래 성행한 불·도의 사상이 수·당 시기를 거치면서 더욱 이론적으로 정교함을 갖추며 민중들의 삶 속에 깊이 스며들어 가게 되었다. 그렇지만 유가사상은 한·당을 중심으로 한 거의 천 년에 가까운 시기 동안 경전에 대한 장구章句와 훈석訓釋에만 몰두하여 형이상학적 담론이나 주체적 체험의 사상에 대해서는 등한시하게 되었다. 이러한 사상사적 배경으로 인해 당시 지식인들 또한 불·도의 사상에 깊은 관심을 가지게 되었으며, 반면 유학의 지위는 심각하게 동요될 수밖에 없었다. 점점 쇠퇴해 가는 유학을 살리고, 불·도의 사상에 대처하기 위한 형이상학적 이론을 구축하는 것이 송대 초기 유학자들의 가장 큰 과제였다.

이러한 시대적 배경은 관학의 탄생과도 밀접한 연관을 가진다. 송나라에 이르러 국경 분쟁이 심했던 시기는 거의 대부분 장재의 활동 시기와 겹치며, 불·도의 성행과 유가사상의 쇠퇴라는 사상사적 위기의식을 장재 또한 깊이 인식하고 있었다. 장재는 천지만물의 진상眞相을 규명하고, 구체적 현실 문제를 척결하여 민중의 삶을 안정케 하고, 유가 성현의 학문을 계승하여 만세토록 태평한 시대를 열어 가려는 거대한 포부를 피력하였다.[16] 장재는 이러한 포부

16) 『張子全書』(林樂昌 編校, 西安: 西北大學出版社, 2015), 卷13, 拾遺, 「近思錄拾遺」, "爲天地立心, 爲生民立道, 爲去聖繼絶學, 爲萬世開太平." 참조.

를 실현하기 위해 "『주역』을 근간[宗]으로 하고, 『중용』을 몸체[體]로 하며, 공孔·맹孟의 학문을 법도로 삼는"17) 구체적인 학문 방법론을 제시하였다. 송대 관학파의 개조開祖는 물론 장재이다. 그런데 주목할 점은 후대에 관학이라고 하면 대부분 '장재의 학문'을 칭하는 것으로 여겨지지만, '관학파'라고 하면 그 범위를 더욱 확대하여 장재의 학문과 그 학맥을 잇는 문인들의 학문까지 총칭하여 이르는 말로 받아들여진다는 점이다.

장재의 사상은 후대에 많은 영향을 끼쳤는데, 적어도 다음 세 가지 점에서 주목할 만하다. 첫째, 이복이 '기'를 중시하고 '자연물상自然物象'을 중시하는 장재 사상의 특징을 계승했다는 점이다. 비록 이러한 사상적 계승이 중도에 희미해지기도 하였지만, 명·청 교체 시기에 이르러서는 이와 유사한 사상을 지닌 학자들이 압도적인 기세로 사상계를 지배했다.

둘째, 남전藍田 지역의 여씨 삼형제가 장재 사상 중에서도 '중례重禮'와 '중中'의 특징을 이어받아 실천하였다는 점이다. 여씨 삼형제가 정씨 형제의 문하에 나아간 후에는 본체론 방면에 있어서 점차 천리天理 방면으로 기울어지는 사상적 경향을 보였지만, 중례重禮와 중中의 특징을 강조하는 이러한 학풍은 후대에 크게 영향을 미쳤다.

셋째, 후대 관중 지역 학자들이 주로 정주리학程朱理學과 육왕심학陸王心學을 융합적으로 취하는 동시에 유학 고유의 경세치용經世致用의 학풍을 보여 주고 있다는 점이다.18)

장재는 학문 탐구와 강학 및 구체적 실천을 통해 관중 지역의 학풍을 변모시켰다. 특히 1071년에 정치적 실의에 빠져 고향인 '횡거橫渠'로 낙향하면서 본격적인 강학을 시작했는데, 당시 많은 학자들이 그의 문하에 몰려왔다.

---

17) 『宋史』, 「張載傳」, "以易爲宗, 以中庸爲體, 以孔孟爲法."
18) 張波·米文科, 『關學硏究探微』, 28~29쪽 참조.

다만 아쉬운 점은 이들의 행적에 관한 구체적인 문헌이 미비하여 분명하게 고증할 수 있는 문인들이 많지 않다. 이 중에서 여대균, 여대림, 소병, 범육, 이복 등이 관학의 형성과 발전에 중요한 역할을 한 것으로 평가할 수 있다.

2. 금·원대 관학

섬서陝西 지역은 오랫동안 이민족이 세운 나라들과 대치하는 최전선에 있었고, 특히 금나라와 원나라의 통치를 직접 받기도 했다. 관중 지역의 유학은 그러한 전란의 격동 속에서도 지속적으로 발전하였다. 금나라와 원나라는 모두 무력을 통해 국력을 급속하게 신장시켰지만, 국가가 안정된 이후에는 통치를 공고히 하기 위해 중국의 문화를 수용했고, 특히 유가사상을 통치의 효과적인 도구로 삼았다.

금나라 초기에 중앙정부가 학교 교육을 크게 부흥시켰고 유가의 경전을 과거시험의 기준으로 삼았으며, 『논어』와 『효경』을 비롯한 중요한 유가 경전을 여진족의 문자로 번역하였다. 이에 따라 송대에 발흥한 리학理學은 금나라의 통치 지역에 급속도로 전파될 수 있었다. 특히 금나라 장제章帝의 대정연간大定年間(1161~1189)은 태평시대로 일컬어져 문인과 학사들이 많이 배출되었으며, 이 중에서도 조병문趙秉文(1159~1232)과 원호문元好問(1190~1257)의 명성이 뛰어났다. 그렇지만 전반적으로 문예 방면은 성했으나 철학 방면은 쇠퇴했으며, 송대 신유학에 대한 관심도 크게 줄어들었다.[19)]

금나라가 망하고 원나라가 등장하면서 종래 남송에만 성행했던 신유학이 점차 전국에 퍼져 나가게 되었다. 몽골족은 중원에 입성한 지 얼마 되지 않아

19) 狩野直喜, 『중국철학사』, 오이환 역, 441쪽 참조.

한족 출신의 유학자들을 대거 등용하여 의식적으로 유학을 강화하였다. 특히 원나라 인종 2년(1313)에는 과거제도를 부활시켰으며, 이후 주희의 『사서장구집주四書章句集註』가 과거시험의 주요 교재가 되었다. 이로써 정주리학은 국가 이데올로기로 공식화되었고, 전국적으로 급속하게 전파되었다. 원나라 시기에는 서원의 건립 또한 활발하게 이루어졌는데, 이 시기에 관중 지역에도 노재서원魯齋書院, 횡거서원橫渠書院, 정학서원正學書院 등 영향력이 큰 서원들이 건립되었다. 송나라가 멸망한 후에 일부 한족 출신의 학자들은 민족적인 지조를 이유로 관직에 나아가지 않고 각 지역의 서원에서 학문을 강론하였는데, 이러한 일들은 원대元代 성리학이 발전하게 되는 동력이 되었다.

주목할 만한 사실은 원나라 헌종 4년(1254)에 저명한 학자 허형이 쿠빌라이의 부름을 받아 경조京兆(長安) 지역의 제학提學으로 부임한 일이다. 허형은 주희가 편찬한 『소학』을 신명과 같이 믿고 부모처럼 공경했으며, 그 제자들에게도 쇄소응대灑掃應對로써 진덕進德의 기틀을 삼으라고 했으며,[20] 아울러 『소학』에서 강조하는 '경敬' 공부를 중시했다. 허형은 관중 지역에서 학교를 크게 일으켰으며, 이 지역의 주자학 발전을 이끌었다. 그런데 실천성이 두드러진 허형의 학풍은 관학의 학풍과 일치하는 바가 크기 때문에, 관중 지역의 학자들은 허형을 통해 손쉽게 주자학의 세계로 진입할 수 있었다.

그런데 성리학 중에 리기론理氣論보다는 지경持敬을 중시한 허형의 학풍은 고려 말에서 조선 초기에 이르는 시기의 한국 성리학에도 많은 영향을 끼쳤다.[21] 특히 새로운 국가와 사회 건설에 필요한 이념 창출에 골몰했던 조선 초기의 유학자들은 성리학의 이론적 측면보다는 실천적 측면이 훨씬 유용했

20) 『宋元學案』, 卷90, 「魯齋學案」(楊家駱 主編, 『宋元學案』 下冊, 1693쪽) 참조.
21) 文喆永, 「朝鮮初期의 新儒學 수용과 그 性格」, 『韓國學報』 제10권 3호(1984), 32~33쪽 참조.

을 것이다. 허형 학풍의 영향으로 인해 고려 말 유학자들 사이에서는 『소학』이 널리 읽히게 되었으며, 조선왕조의 개창과 더불어 『소학』은 15세기 관학의 필수교과목이 되었고, 조선 성리학자들에 의해 크게 주목받게 된다. 허형에 대한 한국 성리학자들의 평가는 이색李穡(1328~1396)의 다음과 같은 말에서 분명하게 드러난다.

> 공 · 맹의 학문을 강론하여 밝히고 도 · 불 사상을 축출하여 만세를 깨우치는 데 이른 것은 주돈이와 정씨 형제의 공로이다. 송나라의 사직이 이미 망함에 그 학설이 북쪽으로 흘러 들어가 노재魯齋 허선생[許衡]이 그 학문을 사용하여 원나라 세조를 도와 중통中統(1260~1263)과 지원至元(1264~1294)의 정치가 모두 여기에서 연유한다.[22]

이처럼 원대의 성리학은 직접적인 통치 지역뿐만 아니라 주변 국가들에도 상당한 영향을 끼쳤다. 그렇지만 원대의 성리학은 송대 성리학의 범위를 벗어나지 못하였다. 원나라는 몽골족이 중심이 되어 무력으로 중국을 정복하였기 때문에 기본적으로 한인漢人을 압박하는 형세에 있었다. 정복자와 피정복자를 엄격하게 구분하는 정책을 펼쳐 몽골인과 색목인色目人을 우대하였으며, 한인漢人과 남인南人은 차별하였다. 이러한 점은 만주족이 세운 청나라의 만滿 · 한漢 병용정책과는 커다란 차이가 있다. 원대에는 유자儒者 또한 하나의 직업으로 간주하여 승僧 · 도道 · 의醫 · 복卜의 계층과 동일한 대우를 하였다.[23] 이러한 여건에서 학술사상의 부흥을 크게 기대하기는 어려웠다. 다만 주목할 것은 앞서 언급하였다시피, 원대에 이르러 주자학이 관학官學이 됨으로써 이후 명 ·

---

22) 李穡, 『牧隱文藁』, 卷9, 「選粹集序」, "至於講明鄒魯之學, 黜二氏詔萬世, 周程之功也, 宋社旣屋, 其說北流, 魯齋許先生, 用其學相世祖, 中統至元之治, 胥此焉出."

23) 狩野直喜, 『중국철학사』, 오이환 역, 441~442쪽 참조.

청의 시대를 거치면서 일관되게 유지한 학제學制의 통일을 이루게 되었다는 점이다. 그렇지만 학제의 통일은 다른 한편으로는 학술적인 측면에서 다양성의 가치에 역행하는 단조로움을 가져오게 된다.

금나라와 원나라 시대에 관중 지역에서는 엄격한 의미의 학파가 형성되지는 않았다. 봉천奉天 지역 양환楊奐(1186~1255)의 학문, 고릉高陵 지역 양천덕楊天德(1180~1258)·양공의楊恭懿(1225~1294) 부자의 학문, 봉원奉元 지역 소구蕭𣝜(1230~1307), 동서同恕(1253~1331)의 학문이 주목되는데, 그중에서도 양환과 양공의가 가장 두드러진다. 이들 학자들은 한편으로는 정주리학의 전파에 치중하였고, 다른 한편으로는 장재 이래 관중 지역의 학자들이 지녀 온 학문적 태도, 즉 예제禮制와 실질을 중시하고 지조[氣節]를 숭상하는 학풍을 지속적으로 계승하였다.

3. 명대 관학

명明은 오랜만에 다시 한족漢族이 세운 나라이기 때문에, 사상적으로도 그 이전 시대와 많은 변화가 있었을 것으로 짐작되기 쉽다. 그렇지만 실상은 이와 반대이다. 학풍의 측면에서는 원과 명 사이에 커다란 차이가 없으며, 학술 규모의 측면에서는 오히려 송·원의 시대에 비해 좁아진 감이 있다. 명은 주자학을 정통으로 삼았던 원의 전통을 계승하여 주자학을 관학으로 공식화하였고, 사서四書의 '주희 주해'를 과거시험의 표준으로 삼았으며, 『오경대전五經大全』, 『사서대전四書大全』, 『성리대전性理大全』 등의 서책을 간행하였다. 원대에도 주자학이 관학으로서 일정 부분 인정되었지만, 이것은 한족의 전통과 타협하면서 광대한 지역의 사상적 통일을 유지하려 했던 원나라 정부의 정책적 배려로 볼 수 있다. 전체적인 면에서 보자면 원대의 유교사상은 그 이전과 이후의 시대에 비해 침체된 상태에 빠져 있었다고 할 수 있다.[24] 그런데 명대에 이르게 되면 초기부터 주자학이 독존적인 지위를 차지하게 된다. 명대 초기의 통치자들은 사상적인 측면에서 거의 모든 외래사상을 배제하고 원대를 넘어 송대로 돌아가고자 하였다.

명대의 학술사상에 있어서 특히 주목할 점은 이 시기에 정착된 몇 가지 제도가 학술사상에 커다란 영향을 미쳤다는 사실이다. 크게 보아 두 가지 점을 예로 들 수 있다. 첫째, 과거시험 답안 문장의 격식화이다. 홍무연간洪武年間(1368~1398)에 이르러 '팔고문八股文'이라 이르는 과거시험 답안 문장의 격식화를 이루었으며, 성화연간成化年間(1465~1487) 이후로 이러한 격식이 더욱 엄밀해졌다. 이것은 곧 글의 내용보다는 외형에 치중하는 병폐를 낳았으며, 결국 학술사상의 발달을 저해한 측면이 있다. 그래서 고염무顧炎武(1613~1682)와 같은 학자는 팔고문의 나쁜 영향이 마치 진秦나라의 분서焚書와도 같다고 비판하기까지 하였다.

둘째, 경전의 간행이다. 영락연간永樂年間(1402~1424)에 국정교과서라 할 수 있는 경전을 편찬하여 학관學官에 배부하였고, 이를 과거시험의 표준으로 삼도록 하였다. 이미 원나라 연우연간延祐年間(1314~1320)에 주희의 전주傳注를 과거시험의 표준으로 삼은 까닭에 학술사상의 범위가 크게 좁아졌다. 그렇지만 당시에는 과거에 응시하려는 학자들이 비록 그 범위 안에서라도 폭넓게 독서할 필요가 있었다. 그런데 명대에 이르러 '대전大全'이 간행됨에 따라 과거시험을 준비하는 유생들은 오로지 이 책만을 유일시하게 되었다.[25] 바로 이러한 점에서 후대의 학자들은 대전大全의 편찬이야말로 명나라 학술계의 발전을 저해하는 가장 큰 원인이라고 비판하였다.

---

24) 東京大 中國哲學硏究室, 『중국사상사』, 조경란 옮김(동녘, 1992), 187~188쪽 참조.
25) 狩野直喜, 『중국철학사』, 오이환 역, 451~452쪽 참조.

이 시기의 관학은 비록 명맥은 이어 가고 있었지만 두드러진 학자들이 출현하지 않았다. 명나라 성화연간成化年間(1465~1487) 이후에 왕서王恕(1416~1508)·왕승유王承裕(1465~1538) 부자로부터 시작하여 마리馬理, 한방기韓邦奇, 양작楊爵, 왕지사王之士 등이 주목할 만하다. 이들이 중심이 된 삼원학파三原學派의 명성은 관중 지역을 넘어 전국적으로 퍼져 나갔다. 사상적으로 삼원학파는 주자학을 근본으로 삼지 않고 『주역』의 사상을 체인하고 재해석하였는데, 이러한 특징은 장재의 학문과 유사한 점이 있다. 다른 한편으로는 한 걸음 더 나아가 당시 유행하던 왕수인의 심학心學을 흡수하여, 주자학을 종주로 하던 금·원 시대 관학의 학풍에서 벗어나, 훈고訓詁와 명물名物 등 고증학적인 방법으로 정주리학을 비판하기도 하였다. 그러므로 황종희는 삼원학파를 '관학의 별파別派'라고 칭하기도 하였다.[26] 삼원학파에 속한 학자들은 대체로 몸소 예교禮敎를 실행하였고, 지조氣節를 숭상하는 학풍이 두드러졌다. 특히 일부 학자들의 경우에는 사상적으로 장재에로의 회귀를 주장하고, 장재 저작에 대한 해석 작업을 추진하면서 관학파의 특색을 강하게 드러냈다.

삼원학파와 비슷한 시기에 설선薛瑄(1389~1464)의 하동학파河東學派로부터 영향을 받은 관중학關中學(關隴學)도 중국사상계에 상당한 영향을 끼쳤다. 이 학파는 설경지薛敬之(1435~1508)와 여남呂柟을 대표로 하는데, 특히 여남의 영향이 컸다. 여남은 설경지를 사사하였고, 설선의 하동학을 근간으로 하여 정주리학을 계승하였으며, 또한 담약수湛若水(1466~1560)에게서 배웠고, 왕문王門의 제자인 추수익鄒守益(1491~1562)으로부터 학문을 전수받기도 했다. 그러므로 여남의 사상에는 장재의 학문, 정주리학, 하동학파의 실학 및 담약수와 추수익의 심학 등이 폭넓게 융합되어 있다.

---

26) 黃宗羲, 『明儒學案』(修訂本, 北京: 中華書局, 1985), 158쪽 참조.

여남 이후에 명대의 관학은 새로운 단계에 접어들게 된다. 이 시기에는 명나라 중기부터 부상한 심학이 급속도로 발전했고, 양명학 말류가 보인 폐단들이 관중 지역에도 만연해 있었다. 양명심학陽明心學을 최초로 관중 지역에 전한 학자는 왕수인의 제자인 남대길南大吉(1487~1541)이었다. 남대길 이후 관중 지역에는 왕학王學을 주창하는 학자들과 심학 말류의 공소空疏한 학풍을 비판하는 학자들이 공존하였다. 이 시기에 풍종오와 장순전은 명대의 관학을 총결하고 청나라 시대의 새로운 학풍을 개창하는 역할을 하였는데, 그중에서도 풍종오의 활약이 두드러졌다.[27] 즉, 명나라 시기의 관학은 왕서, 왕승유, 설경지 등이 부흥의 단초를 마련하였고, 여남, 한방기 등을 거쳐 진흥되었으며, 명나라 말기에 이르러 풍종오가 이를 총결하여 관학 발전의 새로운 전기를 마련하게 되었다고 총평할 수 있다.

4. 청대 관학

청淸의 출현은 중국 지식인들의 생활과 의식에 많은 영향을 끼쳤다. 청나라는 여진족에 의해 구성된 정복 국가이다. 그렇기 때문에 후대 학자들은 청대 사상의 흐름을 이민족 통치의 특징과 한족 지식인들이 갖는 민족 감정 사이의 함수관계에서 찾고자 한다.[28] 이러한 관점은 분명 일리가 있다. 명·청 교체기의 많은 한족 지식인들은 사회적인 격변을 한탄하면서, 명나라 멸망의 참혹한 교훈을 깊이 되새김질하였다. 이들은 자신들이 어떻게 할 수 없는 시대적 어려움에 처하여 지식인의 높은 지조와 민족적 자존심을 지키고자 하였다. 즉 새 왕조에 저항하거나, 순국하거나, 산림에 은둔하거나, 향촌에서

---

27) 張波·米文科, 『關學研究探微』, 32~37쪽 참조.
28) 金谷治 외, 『중국사상사』, 조성을 옮김, 299쪽 참조.

강학하는 등의 모습을 보여 주었다.

그렇지만 청대의 학술 사조는 이러한 관점만으로 설명할 수 없는 일관된 특징을 지니고 있다. 그것은 바로 고증考證의 전통이다. 일반적으로 중국 경학사에 있어서 세 차례 커다란 변화가 있었다고 본다. 한학漢學은 훈고訓詁에 뛰어났고, 송학宋學은 의리義理에 뛰어났으며, 청학淸學은 고증考證에 뛰어났다. 그리고 청대에 이르러 송학을 하는 이도 있고, 한漢과 송宋의 학문을 섞어서 스스로 일가를 이룬 이도 있지만, 요컨대 모두 고증에 장점을 두고 있다.[29) 그런데 이러한 고증학적 학문 태도는 사상적 측면에서 우선 종래의 전통사상에 대한 반성과 비판으로 드러났다. 특히 명나라 왕조가 공식적으로 존숭한 정주리학은 물론이고, 명대 중기 이래 융성하게 발전해 온 육왕심학에 대해서도 비판의 대상으로 삼았다. 또한 고증학적 학문 태도는 리학보다는 기학적인 세계관과 훨씬 더 친연성을 갖는다. 바로 이러한 측면에서 청대의 학술사상은 기학을 바탕으로 하는 관학의 부흥기라고 할 수 있다.

청대 초기의 관학 또한 많은 시대적 특징을 드러냈다. 즉 이 시기에 있어서 사회 변화에 대한 역사적 감수성과 인식, 리학과 심학에 대한 분석과 비판 등은 관학파의 학풍에도 직접적인 영향을 끼쳤다. 이옹李顒, 왕심경王心敬, 강여사康呂賜 등으로 대표되는 이 시기 관중 지역의 학자들 또한 한족漢族 지식인으로서의 지조를 굳건히 지켜 나갔으며, 사상적으로는 강렬한 심학적 성향을 보여 주었다. 이러한 두 가지 점이 바로 청대 초기 관학사상의 발전을 이해하는 중요한 관건이 된다.

청대 초기에도 중앙정부는 원·명대의 정책을 계승하여 유학적 교화를 국가 통치의 근간으로 삼고, 정주리학을 과거시험의 기준으로 설정하였다.

---

29) 狩野直喜, 『중국철학사』, 오이환 역, 473쪽 참조.

그러므로 여전히 관변 학술의 지위에 있던 정주리학은 청대 초기의 학풍에 직접적인 영향을 미쳤다. 관중 지역에는 이옹, 왕심경, 강여사 등 심학적 경향이 두드러진 학자들의 영향이 컸지만, 여전히 왕건상王建常(1615~1701), 이인독李因篤(1631~1692) 등과 같은 주자학 성향의 리학자들도 활동하고 있었다. 그들은 당시 지식인 사회에 있어서 커다란 영향력을 지니고 있었다. 자신들의 글에서 허다한 리학적 견해를 표명하면서도, 다른 한편으로는 국가적 변란에 이르게 된 주된 원인의 하나가 주자학의 공소空疏하고 무용한 사상이라는 점을 솔직하게 인정하였다. 그리고 심학을 비롯한 여타의 사상적 자원을 적극적으로 활용하여 주자학의 잘못을 보완하고자 하였다.[30] 즉 청대 초기 관중 지역의 학자들은 정주학에 기울든 육왕학에 치우치든 간에 어느 한 가지 학파에만 함몰되지 않고 비교적 개방적인 형태의 관학을 전개시켜 나갔다.

만주족의 통치가 공고해지면서 오히려 중화문화의 정책이 강화되었는데, 특히 대량의 유가 전적을 편찬하고 보급하였다. 이러한 추세와 더불어 정주리학의 주도적인 지위 또한 공고해지게 되자 관중 지역에서의 주자학의 발전도 급속도로 진행되었으며, 이러한 경향이 청대 중엽에 이르기까지 보편적으로 이루어졌다. 장병직張秉直, 손경렬孫景烈, 이원춘李元春 등이 이 시기 관중 지역의 대표 학자들인데, 이들은 정주리학을 정통으로 삼으면서 다른 여러 학파의 이론을 취사선택하였다.

청대 말기에 이르게 되면 비록 하서린賀瑞麟(1824~1893) 같은 학자가 관중 지역에 정주리학의 기치를 크게 떨치고 청록정사淸麓精舍를 세워 강습에 열중하기도 하였지만, 전반적인 분위기는 정주리학이 크게 위축된다. 이 시기 정주리학은 '위도학僞道學'으로 여겨져 분위기가 많이 경직되며, 이로 인해 관학의

30) 張波・米文科, 『關學硏究探微』, 39쪽 참조.

발전 또한 중기 시대와는 다른 면모를 보이게 된다. 청나라 정권의 부패를 목도하고 특히 중·일 전쟁 이후 민족적 위기가 심화되면서 많은 지식인들이 중국의 미래를 고민하게 되었는데, 이러한 과정에서 지식인들은 서학西學에 대한 강한 호기심을 표명하게 되었다. 이러한 여건에서 정주리학보다는 학문적 개방성이 두드러진 심학이 시대적 요구에 훨씬 잘 부응할 수 있었다.[31] 관중 지역의 학풍 또한 심학적 사조가 날로 성행하게 되었으며, 그중에서도 백경위白景偉와 유광분劉光蕡의 영향이 가장 컸다.

Ⅲ. 관학의 사상적 특징에 관한 몇 가지 논의점

『순자荀子』의 「정명正名」에는 이름 붙이기와 관련하여 탁월한 주장이 수록되어 있다. '관학關學'이라는 이름의 정체성을 고민하는 우리들에게 시사하는 바가 크다.

> 이름(명칭)에는 본래부터 고정된 대상이 정해져 있지 않고, 그것은 약속에 따라 정해진다. 사회적 약속과 관습에 따라 자연스럽게 이루어진 것을 일컬어 이름과 대상이 서로 맞는 이름이라고 하며, 그 약속과 다르면 부적합하다고 한다. 이름에는 본디 고정된 실체가 없고, 그것은 약속에 따라 실체를 부여받는다. 관습적으로 정해진 것을 '실명實名'이라 한다. 이름에는 본래부터 어울리는 좋은 것이 있는데, 쉬우면서도 거슬리지 않으면 이를 일컬어 '좋은 이름(善名)'이라 할 수 있다.[32]

---

31) 張波·米文科, 『關學研究探微』, 42쪽 참조.

32) 『荀子』, 「正名」, "名無固宜, 約之以命, 約定俗成謂之宜, 異於約則謂之不宜. 名無固實, 約之以命實, 約定俗成謂之實名. 名有固善, 徑易而不拂, 謂之善名."

『순자』의 입장에서 말해 보면, 이름에는 본래부터 고정된 대상이 정해져 있지 않기에 '관학'이라는 명칭 또한 충분히 성립할 수 있다. 다만 그 이름에는 반드시 의미의 한계를 분명하게 정하는 일이 필요하고, 이러한 약정이 대중들 사이에서 자연스럽게 받아들여져야 한다. 즉 관학이라는 이름이 좋은 이름이 되기 위해서는 그 의미를 분명히 할 수 있는 내포적 의미와 외연의 범위를 크게 무리 없는 수준에서 약정할 필요가 있다. 그리고 관학이라는 이름이 거슬리지 않게 통용되기 위해서는 그에 합당한 설득력 있는 논리가 제공되어야 한다.

이러한 작업을 위해 '관학'과 관련한 현대 중국의 학술논쟁을 참고할 필요가 있다. 관학의 명칭 문제를 둘러싸고 최근 중국학계에서 활발한 논의가 진행되고 있다.[33] 즉, 현대 중국의 철학자들은 관학의 개념과 범위에 대해 구체적인 정의를 시도하고 있다. 우선 1950년대에 후외려가 주편한 『중국사상통사』에서는 북송이 망한 이후 관학이 점차 소멸되었다고 주장한다.[34] 이러한 주장은 1990년대에까지 지속된다. 예를 들면 공걸龔杰은 장재를 기준으로 할 때 관학은 위로도 사승師承이 없고, 아래로도 계전繼傳이 없다고 하였다.[35] 그렇지만 이와 다른 주장이 1980년대부터 등장한다. 진준민陳俊民은 관학이 장재가 창립한 중요한 학파이기는 하지만, 이러한 학문 전통은 송·원·명·청의 시대를 거치며 관중[섬서성] 지역에서 지속적으로 확인된다고 하였다.[36] 그리고 최근에 와서 임낙창林樂昌은 관학의 역사적인 전개와 발전이라는 관점에서 그 개념과 범위에 대한 정의를 시도하였다.[37] 우선 그는 '관학'이라는 개념을

33) 주로 陝西省 내의 陝西師範大學, 西北大學, 寶鷄文理學院에 소속된 학자들이 논의에 참여하고 있다.
34) 侯外廬 主編, 『中國思想通史』 4卷上(北京: 人民出版社, 1959), 제11장 참조.
35) 龔杰, 『張載評傳』(南京: 南京大學出版社, 1996), 206쪽 참조.
36) 陳俊民, 『張載哲學思想及關學學派』(北京: 人民出版社, 1986), 24·28쪽 참조.

시간, 공간, 학전學傳이라는 세 가지 시각에서 고찰할 필요가 있다고 주장한다.[38] 그리고 관학의 학술적 특징으로 [1] 기를 근본으로 하고[以氣爲本] [2] 예를 가르침으로 삼는다[以禮爲敎]는 두 가지 점을 강조한다.[39] 또한 관학 학풍의 기본 특징으로 [1] 도학道學과 정술政術을 두 가지로 보지 않고, [2] 마음을 바로 하여 이익을 추구하는[正心求益] 위학爲學 방법을 사용하며, [3] 깊이 침잠해야만 이루는 바가 있다[深沉方有造]고 하는 도학지취道學志趣를 지닌다고 하였다.[40]

최근 관학의 정명正名 문제를 언급하는 대부분의 학자들은 관학의 역사적 지속성을 강조한다. 이 방면에서 주목할 만한 많은 성과를 내고 있는 중국인 소장 학자 장파張波는 관학의 일관된 종풍宗風으로서 [1] 몸소 실천함을 중시하고[躬行尙實], [2] 스스로 깨쳐 도를 이루고[自得造道], [3] 정의를 숭상하고 사악함을 배척하며[崇正批邪], [4] 고결한 뜻과 절개를 숭상한다[崇尙志節]는 점을 거론하였다.[41] 또한 장파는 후대 관중 지역의 학자들이 정주리학과 육왕심학을 융합적으로 취하면서 동시에 경세치용經世致用 경향의 실학적인 해석의 경로를 열었다는 점을 강조한다. 특히 청나라 초기의 학자인 이옹李顒이 명체적용明體適用의 학문을 통해 관학의 사상적 도맥道脈을 발전시켰다고 주장한다.[42] 그리고 장파는 관학사關學史 연구와 관련하여 시대별 특징을 드러내고자 노력하였는데, 이 점은 관학의 내포적 의미를 명료히 하는 데에 있어서 크게 기여할 수 있는 부분이다.

그러면 이제 관학의 정명正名과 관련하여 파생되는 문제를 검토해 보도록

37) 林樂昌, 『張載理學與文獻探硏』(北京: 人民出版社, 2016), 153~155쪽 참조.
38) 林樂昌, 『張載理學與文獻探硏』, 157~161쪽 참조.
39) 林樂昌, 『張載理學與文獻探硏』, 155쪽 참조.
40) 林樂昌, 『張載理學與文獻探硏』, 215~221쪽 참조.
41) 張波, 『關學宗師: 張載哲學的思想光輝』(西安: 陝西人民出版社, 2014), 121~129쪽 참조.
42) 張波 · 米文科, 『關學硏究探微』(2017), 28~29쪽 참조.

하자. 우선 관학의 정체성을 수립하는 과정에서 '인물을 중심으로 볼 것인가', 아니면 '지역을 위주로 할까'라는 문제가 발생한다. 인물일 경우에는 누구를 중심으로 할 것이며, 지역인 경우에는 그 범위를 어디까지로 한정할 것인지 하는 점이 논란이 된다. 그리고 중심인물과 지역적 범위와 함께 고려해야 할 사항이 있다. 즉, 관중 지역의 학자들이 스스로 차별적인 학풍의 정체성과 문제의식을 가지고 있었던가 하는 점이다. 그리고 여기에 더해, 이러한 문제의식과 학문 전통이 후대에까지 일관성 있게 지속되었는가 하는 점도 유의해서 보아야 한다. 우선 중심인물은 두말할 것 없이 장재와 그의 제자들이다. 그리고 지역의 범위는 관학이라는 이름이 상징하듯이 관중 지역을 중심으로 한다. 관중 지역의 범위가 어디까지 미치느냐에 대해서는 학자에 따라 다소 논란의 여지가 있기는 하나, 지금의 섬서성陝西省 일대가 중심 지역이라는 사실에 대해서는 이론의 여지가 없다.

관중 지역의 학자들은 상당수가 자신이 관학파의 일원이라는 자의식을 지니고 있었다. 관학의 학파적 면모를 추적한 가장 대표적인 사례가 『관학편』 집성 작업이다. 이 책은 명대 서안西安 출신의 학자인 풍종오가 1606년[萬曆 34]에 완성한 관학의 계보를 밝힌 책이다. 이 자료는 그동안 중국학계에서도 충분하게 연구되지 않았으며, 한국학계에서는 이름조차 제대로 소개된 바가 없다. 그렇지만 이것은 관학의 구체적인 면모를 확인하기 위해서는 필수적인 자료이다. 관학이라는 명칭은 장재와 그 제자들의 주된 활동 지역이 관중 지역이기 때문에 생겨난 것이기는 하지만, 그 구체적 실체에 대해서는 풍종오의 『관학편』 집성이 이루어지기 이전에는 제대로 알려진 바가 없었다. 풍종오의 『관학편』 작업은 그의 사후에도 여러 학자들에 의해 청나라 말기까지 지속적인 보완과 추가 작업이 이루어졌다. 그리고 이러한 선행 자료를 종합하여 장기張驥(1874~1951)는 1921년[民國 辛酉]에 『관학종전』을 간행하였다. 이 책에는 장재로부터 시작하여 민국民國시대에 이르기까지 무려 273명에 이르는 관학파의 학자들이 대거 수록되어 있다.[43] 『관학편』과 『관학종전』은 모두 관학의 면모를 구체화하고, 관학파의 지형도를 그려 내는 데에 있어서 중요한 자료이다.

Ⅳ. 관학의 학문 경향성과 미래적 의의

관학의 학문 경향성은 일반적으로 주류보다는 비주류, 정통성보다는 융합성, 이론적 순수사유보다는 자득적 실천성, 이원론적 사유보다는 일원론적 사유, 심성론보다는 우주론적 사유에 더 가까운 특색을 지닌다. 이러한 특성은 육왕학陸王學이나 호상학湖湘學의 전통에서도 유사하게 발견되며, 그 사상적 유사성은 주목할 만한 해석의 여지를 제공한다.

최근 한국학계에서 기존 신유학의 계보 구분, 즉 리학理學-심학心學-기학氣學의 삼파설三派說에 대해 비판적으로 접근하며, 존재론적 분류가 아닌 심성론적 관점에서 '심리기학心理氣學', '심리학心理學', '심기학心氣學'이라는 새로운 구분을 제안한 경우가 있다.[44] 전자의 구분은 주로 존재론적 기준에 기반하고 있으나, 후자의 분류는 인간 내면의 심성 구조에 대한 분석을 중심으로 보다 정합적인 사유의 가능성을 모색한다는 점에서 의의가 크다. 이러한 분류에 따르면, 심리기학은 리와 기의 관계를 이원적으로 파악하는 반면, 심리학과 심기학은 각각 리학과 기학의 차이를 유지하면서도 리와 기의 관계를 일원론적 구조로 해석하는 공통점을 지닌다. 이러한 관점에서 보자면 기학, 심학,

43) 『關學宗傳』에서는 張載로부터 직접 수학한 門人이라 하더라도 關中 이외 지역 출신 학자들은 수록하지 않았다.

44) 정원재, 「신유학 3파의 이름과 대안의 모색」, 『철학』 127집(2016), 1쪽 참조.

호상학 등은 모두 일원화된 논리 구조를 공유하는 유사한 학풍의 철학 전통으로 이해될 수 있다. 반면, 정주학은 리와 기의 관계를 명확하게 분리하고자 하는 이원론적 철학 구조를 고수하는 경향이 강하다.

리와 기의 관계를 중심으로 한 일원화와 이원화의 사유 구조는 한국 성리학의 전개 과정에서도 확인할 수 있다. 영남嶺南 좌도左道, 즉 경북 북부 지역의 이황을 중심으로 한 학파는 주자학의 순정성을 고수하며 이원론적 성리 이론을 견지하였으나, 영남 우도, 기호畿湖 지역, 호남 지역의 성리학 전통은 보다 융합적이고 일원론적인 경향을 공유하였다. 이를 반영하듯 16세기 조선을 대표하는 삼처사三處士인 경기의 서경덕徐敬德(1489~1546), 호남의 이항李恒(1499~1576), 충청의 성운成運(1497~1579)은 영남 우도의 조식曺植(1501~1572)과 학문적 친연성을 지니며 유사한 철학적 기조를 공유하였다. 반면 이황은 이들 '처사형의 학자'들에 대해 비판적인 태도를 보였는데, 이것은 곧 퇴계학파의 이원론적 경향과 기타 지역 학자들의 일원론적 사유 경향의 차이로 해석될 수 있다.

이와 같은 구도는 조선 후기에 이르러서도 지속되었다. 경기 지역의 이항로李恒老(1792~1868), 호남의 기정진奇正鎭(1798~1879), 경북 성주의 이진상李震相(1818~1886) 등은 각각 다른 지역과 학통에 속했음에도 불구하고 일원론적 성리 이론을 중심으로 일정한 연대 의식을 형성하였으며, 유학의 방향에 대해 유사한 관점을 공유하였다. 이에 반해 퇴계학통의 적전嫡傳을 자처하던 안동 지역의 김흥락金興洛(1827~1899)은 전통적인 이원론적 성리관을 고수하며 차별화된 학문적 태도를 견지하였다.

중국사상사 전체를 일원론과 이원론의 논리 구조로 분류하려는 시도는 현대 신유학자인 모종삼에게서 확인된다. 그는 『심체와 성체』에서 장재와 육구연을 포함한 사유 전통을 맹자의 계보 위에 위치시키며, 이를 일원화된 논리 구조를 지닌 사상가들로 분류하였다. 모종삼은 이러한 계열을 중국사상의 정통적 주류로 간주하였다.[45] 한편 국내 연구자 중에서 맹자와 왕수인 계열의 사상을 '광자狂者의 기상'이라 규정하며, 그 특질로 자득自得의 정신, 결단력, 대기大氣의 형상, 그리고 시대에 대한 문제의식과 책임감을 지적한 경우도 있다.[46] 이러한 독해는 장재의 기학이나 왕수인의 심학, 그리고 그에 연속된 관학의 사유 전통을 단순한 지역 학파나 비주류적 전통이 아니라, 실천성과 시대정신을 아우르는 철학적 흐름으로 재조명하는 데 기여한다.

현대에 이르러 학문 및 학파의 정체성은 폐쇄적인 계보 중심주의를 벗어나, 미래지향적이며 개방적인 시각 속에서 재정립되어야 한다. 특히 지역적 기반 위에서 형성된 학문 전통일지라도, 구체성과 역사성을 바탕으로 하면서 시공간의 경계를 넘어서는 보편성을 지향하는 철학으로 발전시킬 필요성이 있다. 그런 점에서 관중關中 지역의 유학 전통은 타 문명에 대해 보다 개방적이고 포용적인 태도를 보여 주었으며, 이는 현대 학문이 지향해야 할 '보편학(universal learning)'의 한 대안적 모델로 주목할 가치가 충분하다.

45) 牟宗三, 『心體與性體』 一冊(臺北: 正中書局, 1968), 45~53쪽 참조.
46) 황갑연, 「양명학의 본질-자득」, 『이 시대의 한국양명학』(충남대 유학연구소 · 한국양명학회 연합학술대회자료집, 2022), 45쪽 참조.

제14장 장재의 문인과 학풍의 특징

Ⅰ. 관학파 형성의 지역별 특징과 장재 문인들의 학풍

장재의 제자들은 중국유학사에서 통상 '관학파關學派'로 분류된다. '관학'이라는 명칭은 주로 지리적 요인과 인물 중심의 사상 계보라는 두 측면에서 형성된 개념이다.

첫째, 지리적 측면에서 '관關'은 관중關中 지역을 의미하며, 따라서 관학은 관중 지역 학자들의 학문 전통으로 이해될 수 있다. 장재의 문인들은 대부분 섬서陝西 및 그 인근 지역 출신으로 확인된다. 다만 전통적으로 언급되는 '관중'은 오늘날의 섬서성보다 훨씬 광범위한 지역을 포괄하며, 감숙甘肅과 사천四川 일부까지 포함하기도 하였다. 그럼에도 불구하고 관중 지역의 중심이 지금의 섬서성 일대라는 점은 분명하다.

장재의 문인들 중에서 몇몇 학자들은 섬서성 이외의 지역 출신이다. 그런데 이들이 구체적으로 어떤 계기로 장재의 제자가 되었는지에 대한 기록은 역사서에 부족하다. 이들의 이름은 대부분 황종희가 『송원학안』을 집필할 당시에 몇몇 사료에서 찾아냈다. 그렇지만 그 내용이 지극히 간단하며, 이들 문인들이 장재의 제자가 된 이유에 대해서는 아무런 언급이 없다. 그런데 제성諸城(지금의 山東省 諸城市) 출신인 유공언의 경우, 이복이 그를 위해 쓴 〈묘지명〉에서 '나의 벗'이라 하였고, 고밀高密 제성諸城 출신이라 하였으며, 또한 '어려서부터 장재에게 배웠다'[1]라고 하였다. 이러한 기록을 통해 볼 때 유공언의 원래 고향은 산동성 제성이나 어릴 때부터 관중 지역에서 성장하였으며, 자연스럽게 장재의 문하에 나아간 것으로 보인다. 장재의 제자들 대부분이 장재의 낙향 시기에 급문한 것으로 짐작되며, 관중 이외 지역의 문인들 또한 장재의 강학처와 가까운 곳에 거주하다 이 시기에 제자가 된 것으로 짐작된다.

[장재 제자들의 분포 지역: 관중 지역]
장안長安(지금의 陝西省 西安市) 지역: 이복李復, 종사도種師道
남전藍田(지금의 陝西省 藍田縣) 지역: 여대충呂大忠, 여대균呂大鈞, 여대림呂大臨
무공武功(지금의 陝西省 武功縣) 지역: 소병蘇昞, 유사웅游師雄
삼수三水(지금의 陝西省 旬邑縣) 지역: 범육范育
관중關中(지금의 陝西省과 인근) 지역: 반증潘拯
빈주邠州(지금의 陝西省 彬縣) 지역: 장순민張舜民

[장재 제자들의 분포 지역: 관중 이외 지역]
하동河東(지금의 山西省 西南部) 지역: 설창조薛昌朝
제성諸城(지금의 山東省 諸城市) 지역: 유공언劉公彦
안구安丘(지금의 山東省 安丘市) 지역: 전유田腴
고전古田(지금의 福建省 古田縣) 지역: 소청邵淸

둘째, 인물적인 측면에서 관학은 당연히 장재가 중심이 된다. 즉, 관학이란 장재를 중심으로 하여 그와 제자들의 사상, 더 나아가서는 그 학파적 연속성을

1) 李復, 〈劉公彦墓誌銘〉, "少從學於橫渠子張子."

인식하고 그 학문적 특징을 계승한 후대 학자들의 사상까지 포괄하는 개념이다. 장재의 제자들은 스승에 대해 각별한 공경심을 지니고 있었다. 그래서 『이락연원록』「구산지명변龜山志銘辯」에서는 장재 문인들이 스승 섬기는 도리에 대해 언급하면서, 마치 자공과 증자가 공자를 섬기던 것처럼 지극하게 장재를 공경하였다고 기록하였다.[2] 그리고 장재의 제자인 장순민은 장재의 관직 추증을 요구하는 상소문에서 스승을 평하여 이렇게 말하였다.

> 신이 삼가 보건대, 봉상부 횡거진에 살았으며 숭문원崇文院 교서敎書였던 장재는 학문이 천지에 통달하였으며, 그 성실함이 쇠와 돌을 감동시킬 만큼 지극하였습니다. 그는 의로움이 있어야 할 곳에서는 날카로운 칼날도 주저 없이 밟을 수 있는 용기가 있었고, 마음속으로는 청빈함을 싫어하지 않아 온갖 부귀를 더해 준들 소용이 없었습니다. 말하는 모습은 마치 말에 능하지 못한 듯 어눌하고, 몸은 옷을 감당하지 못하는 듯 약하나, 그 의론은 감동적이고 가을 서리처럼 엄숙하였습니다. 비록 일만 군사를 지휘하는 장수일지라도 그 용맹함에는 미치지 못합니다. 평소에 남들과 이야기할 때는 조용히 물러나 마치 독서를 제대로 하지 못한 사람처럼 보였습니다. 그러나 앉아서 경서를 강론하고, 시비를 가리며 논의할 때는 그 변론이 물 흐르듯 막힘이 없었습니다. 그 학문의 깊이와 넓이는 흘러가는 강물과 비교해도 부족하지 않을 정도입니다. 그는 만 마디의 글을 지어 책을 만들었는데, 이름하여 『정몽』이라고 합니다. 그 책은 음양과 변화의 근본, 인의仁義와 도덕의 이치, 생사生死와 천명天命의 구별, 치란治亂과 국가의 경륜에 모두 깊이 통달했습니다. 그를 옛사람들과 비교하면 맹자나 양웅揚雄 같은 인물에 견줄 수 있습니다. 그렇지만 순자와 같은 이들은 장재에게 미치지 못합니다. 관중 지역의 학자들이 모두 그에게 몰려갔으며, 그를 '횡거선생'이라 불렀습니다.[3]

---

2) 『伊洛淵源錄』, 「龜山志銘辯」, "其一如子弟之於父兄, 居則侍立, 出則杖屨, 服勤至死, 心喪三年, 若子貢曾子之於仲尼, 近世呂與叔潘康仲之於張橫渠是也." 참조.

3) 趙汝愚, 『宋名臣奏議』, 『文津閣四庫全書』 史部148冊, 詔令奏議類, 「乞追贈橫渠張子疏」(張

또한 여대충은 동문同門인 소병을 추천하는 글에서 "나이 40세가 되도록 벼슬할 생각 없이 다만 작고한 숭문원 교서였던 장재의 학문을 숭상하고 그 문인 중 뛰어난 사람이 되어, 관중 지역의 현인 대부들이 그를 많이 칭찬하고 있습니다"[4]라고 하였다. 여대충은 장재보다 겨우 5세 연하이며 과거급제는 오히려 장재보다 4년이나 빠르지만, 기꺼이 장재의 문인이 되었다. 그리고 여대충의 아우인 여대균은 장재와 같은 해에 급제를 한 동료 관계였음에도 진심으로 장재를 좋아하고 남보다 앞서 제자의 예를 갖추었다. 당시 장재는 예교禮敎를 제창하였지만 알아주는 사람이 없었는데, 여대균이 먼저 장재의 문인이 된 후 지역의 많은 학자들이 장재의 문하로 모여들었다고 한다.[5] 이러한 사실들은 장재가 단지 지역 학자의 하나가 아니라 관중 지역 전체의 사상적 구심점이었음을 보여 준다.

장재의 문인들은 서로 간에 강한 결속력을 지니고 있었다. 이들은 장재의 가족들과 인척 관계를 맺기도 하고, 문인들 서로 간에 '행장'과 '묘갈명'을 지어 주며 죽은 동료의 삶을 추념하였으며, 그리고 관직에 나아가서는 스승과 동문을 적극적으로 추천하였다. 장재의 아우인 장전張戩은 여대림을 사위로 맞아들였다. 그는 평소 다른 사람들에게 "나는 안회顔回를 사위로 삼았다"라고

舜民 撰), "臣伏視, 鳳翔府橫渠鎭, 故崇文院校書張某, 學際天人, 誠動金石, 義之所在, 白刃可蹈, 心有不厭, 萬鍾何加. 口如不能言, 體若不勝衣, 議論感激, 凜如秋霜, 雖萬軍之將, 不足言其勇也. 平居與人言, 退然若不知讀書者. 坐而講貫, 剖別是非, 談辨如流, 雖滔滔江河, 不足方其廣也. 著書萬言, 名爲正蒙, 陰陽變化之端, 仁義道德之理, 死生性命之分, 治亂國家之經, 罔不究通. 方之前人, 其孟子揚雄之流乎. 如荀況輩, 不足望於某也. 關中學者靡然就之, 謂之橫渠先生."

4) 『關學宗傳』, 卷5, 「蘇季明先生」(王美鳳 編校, 『關學史文獻輯校』, 180~183쪽 所收), "行年四十, 不求仕進, 從故崇文校書張子學, 爲門人之秀, 秦之賢士大夫亦多稱之."

5) 『關學宗傳』, 卷3, 「呂和叔先生」(王美鳳 編校, 『關學史文獻輯校』, 165쪽 所收), "大鈞與載同年進士, 但他推崇張的學說, 於是不顧年兄弟關係, 拜張載爲師, 執弟子禮. 他此擧影響頗大, 許多人紛紛投拜張載, 關學從此興盛起來, 發展成爲北宋時期的著名學派."

말할 만큼 사위를 높게 평가하였다.[6] 장재는 아우 장전을 위해 묘지명[張天祺墓誌銘]을 지었으며, 여대림은 장재의 행장[橫渠先生行狀]과 장전의 행장[張御史行狀]을 지었고, 이복은 유공언의 묘지명[劉君俞墓誌銘]을 지었다. 문인들은 심지어 스승인 장재의 누님을 위한 묘지명[宋故淸河縣君張氏夫人墓誌銘[7]]을 짓기도 하였다. 여대충은 소병을 관직에 추천하였고, 범육은 장재를 추천하였으며, 여대충의 아우이자 장재와 사상적 지향성이 같았던 여대방 또한 장재를 적극 추천하였다.

관학의 형성에 있어서 특기할 만한 사항의 하나는 여씨 형제들의 기여이다. 그들은 장재의 커다란 지지 세력이자 관학 형성에 있어서 많은 역할을 하였다. '남전여씨'는 여씨 형제들의 조부 묘소를 남전에 마련한 뒤로 남전에 정착하게 되며, 그 지역의 대표적인 성씨가 된다. 여씨 형제의 아버지인 여분呂蕡은 6형제를 두었는데, 한 명은 요절하였고 역사 기록으로 확인할 수 있는 인물은 여대충, 여대방, 여대균, 여대림 사형제이다. 이들 여씨 형제는 모두 북송의 조정에서 관직을 역임하며 정치적으로 상당한 영향을 끼쳤을 뿐만 아니라, 문화와 학술 분야에서도 뛰어난 업적을 남겼다. 그들은 모두 관학파의 주요 학자들로 평가받는다. 특히 여대균은 형제들의 지원과 공동 노력으로 『여씨향약呂氏鄕約』과 『향의鄕義』를 편찬하였다. 『여씨향약』에서는 덕업상권德業相勸, 과실상규過失相規, 예속상교禮俗相交, 환난상휼患難相恤의 네 강목을 제시하였는데, 향약의 실시를 통해 불교가 성행하고 유교의 예법이 쇠퇴했던 당시 민중들의 삶의 국면을 전환시키고자 하였다. 그리고 실제로 향약의 시행을

---

6) 『關學宗傳』, 卷4, 「呂與叔先生」(王美鳳 編校, 『關學史文獻輯校』, 173쪽 所收), "婦翁張天祺語人曰, 吾得顔回爲壻矣." 일찍이 張載는 呂氏 집안에 시집을 가는 집안 女兒를 위해 〈女戒〉를 쓴 바 있다.[『張子全書』, 卷12, 「文集抄」, 〈女戒〉(林樂昌 編校, 『張子全書』, 西安: 西北大學出版社, 2015, 284쪽 所收) 참조.] 그런데 이 女兒가 누구인지는 명확하지 않다. 呂大臨의 아내가 된 張載의 질녀[張戩의 딸]일 가능성도 있다.

7) 王素, 『新中國出土墓誌－陝西』 제3권(北京: 文物出版社, 2009)에 수록되어 있다. 이 墓誌銘은 呂大臨이 짓고 游師雄이 글을 썼다.

통해 관중 지역의 풍속을 개혁하는 데에 상당한 효과를 거두었다.

『송원학안』에 따르면, 여씨 네 형제 중에서 여대방은 비록 장재의 문인은 아니지만, 장재와 뜻이 통하는 지우知友였다. 장재가 관직을 사임하고 횡거橫渠에 돌아와 독서와 강학을 하고 있을 때, 여대방은 신종神宗에게 장재를 다시 관직에 임명하도록 적극 천거하였다. 이러한 사실들을 통해 볼 때, 여씨 형제들은 장재의 든든한 후원자였으며, 관학파의 형성에 크게 기여한 학자들이다. 네 형제 중에서도 특히 여대림의 학문적 기여가 가장 두드러졌다. 그는 관직에 있으면서 학문에도 뜻을 두었으며, 형인 여대충·여대균과 더불어 장재의 문하에 나아갔다. 그는 육경六經 연구에 몰두하였으며, 특히 삼례三禮를 깊이 연구하였고 그 사상을 현실에서 실천하고자 많은 노력을 기울였다.

장재의 주요 문인들로는 여씨 세 형제 이외에도 소병, 범육, 이복을 거론할 수 있다. 여씨 형제를 비롯하여 소병, 범육 같은 주요 제자들은 장재의 사후 정씨 형제의 문하에 나아가게 된다. 여대림은 장재 사후 2년이 되던 해인 1079년에 정씨 형제의 문하에 나아갔으며, 후에 '정씨 문하 네 선생[程門四子]'의 한 사람으로 불리기도 하였다. 다른 제자들도 여대림과 비슷한 시기에 정씨 형제의 제자가 되었던 것으로 보인다. 그렇지만 이러한 당시의 사상적 분위기 속에서도 이복과 유사웅처럼 끝까지 장재의 문인이기를 고집한 제자들도 상당수 존재했다.

장재의 문인들은 정씨 형제의 문하에서 그 학문적 순수성과 관련하여 심한 비판을 받았던 것으로 보인다. 정씨 형제, 그중에서도 특히 정이는 평소 장재 학문의 잡박함을 자주 비판하였다. 예를 들면, "장재는 재능이 뛰어났지만, 그의 학문은 먼저 잡박한 것을 거쳐서 나온 것이다"[8]라고 하였다. 이러한

8) 『程氏遺書』, 卷2上, "子厚則高才, 其學更先從雜博中過來."

비판은 장재의 문인들에게도 행해졌다. 여대림에 대해서는 “오늘도 여전히 어긋나는 것은 과거에 잡스럽게 배웠기 때문이다”[9]라고 강하게 비판하였다. 여대림의 사상에는 장재의 사상과 유사한 부분이 많았기 때문이다. 예를 들면, 여대림은 「극기명克己銘」에서 말하기를 “무릇 그 생生이 있는 것들은 기氣를 골고루 나누어 받았으므로 한 몸이다. 어찌 불인不仁하겠는가? 그럼에도 사람들에게는 ‘자기[己]’가 있어서 자기와 사물을 대립시키고 사사로이 경계를 짓는다”[10]라고 하였다. 이 말은 곧 장재의 민포물여民胞物與의 사상과 흡사하다.

정이는 여대림이 고집스레 장재의 사상을 견지하고 있다고 불만을 토로하여 말하기를, “여대림은 장재의 학문을 매우 굳건하게 지켰으니, 매번 장재가 말하지 않은 것에 대해서는 나와 의견이 모두 일치하였지만, 장재가 이미 말한 것이 있으면 나의 의견에 조금도 동의하지 않았다”[11]라고 하였다. 또한 정이는 여대방에 대해서도 선학禪學에 물들었다고 비판하였으며,[12] 범육에 대해서는 “만날 때마다 답답했는데, 선입견이 있기 때문이다”[13]라고 불만을 표시하였다. 정씨 형제가 장재 문인들의 학문적 경향에 대해 이처럼 심하게 비판했던 것은 그만큼 문인들에게 끼친 장재의 학문적 영향력이 컸기 때문일 것이다. 다른 한편으로는 장재와 그 문인들이 형성한 관학파의 세력이 정씨 형제의 학파 형성에 많은 부담을 줄 만큼 위력적이었다는 증거로 해석할 수도 있다.

장재와 문인들 사이에는 여러 가지 면에서 유사한 면모가 있다. 이러한

9) 『程氏遺書』, 卷2上, “今尙差池者, 蓋爲昔亦有雜學.”
10) 『藍田呂氏集』 下冊(西安: 西北大學出版社, 2014), 呂大臨文集, 文集佚存, 〈克己銘〉, 754쪽, “凡厥有生, 均氣同體, 胡爲不仁. 我則有己, 立己與物, 私爲町畦.”
11) 『程氏遺書』, 卷19, “呂與叔守橫渠學甚固, 每橫渠無說處皆相從, 纔有說了, 便不肯回.”
12) 『程氏遺書』, 卷2上, “微仲之學雜, 其愷悌嚴重寬大處多, 惟心艱於取人, 自以才高故爾. 語近學, 則不過入於禪談, 不常議論, 則以苟爲有詰難, 亦不克易其言, 不必信心, 自以才高也.” 참조.
13) 『程氏遺書』, 卷2上, “巽之凡相見須窒礙, 蓋有先定之意.”

공통성은 관학파의 특징으로서 주목할 만하다. 우선 그들은 고대 사회의 예교禮敎를 현실에서 직접 실천하고자 노력하였으며, 유가사상의 입장에서 불가와 도가사상을 비판하였다. 그리고 정치적으로는 왕안석의 신법에 대해 반대하였다. 우선 장재 자신도 왕안석과 분명하게 대립되는 입장에 있었고, 문인들 중에서는 여대충, 범육, 장순민 등이 신법에 반대하는 입장을 피력하였다.

이들은 특히 국방(군사)에 대해 많은 관심을 지니고 있었으며, 실행에 있어서 과단성을 보여 주었다. 장재의 경우에도 어린 시절부터 병법에 관심이 많았으며, 빼앗긴 땅을 수복하려는 강한 의지가 있었다. 여대균은 부연鄜延의 전운사轉運使였던 이직李稷이 서하를 정벌하려 할 때 종사從事가 되어 직접 전쟁에 참여하였다. 범육은 그의 군사적 전략을 높이 평가받아 사후에 보문각 학사를 추증받았다. 유사웅은 군사 책략서인 〈분강론分疆論〉을 지었으며, 토번吐蕃을 격파하고 그 우두머리를 사로잡기도 하였다. 종사도는 대대로 군인 출신 집안의 후손으로서, 처음에는 문관직에 올랐으나 지략이 뛰어나 후에 무관직으로 바꾸었고, 북송의 뛰어난 장수가 되었다.

장재와 문인들은 박학풍博學風의 학문 경향을 보였다. 장재의 제자인 전유田腴는 오로지 경서經書만 중시하고 자학子學과 사학史學에 관심이 없는 학풍을 반대하여, "세상만사를 넓게 배우고 상세하게 알고 난 뒤에 다시 간략하게 설명해야 한다"라고 하였는데,[14] 이러한 박학풍의 경향으로 인해 정씨 형제는 장재와 문인들의 학풍에 대해 순수하지 못하고 잡박하다는 비판을 자주 하였던 것이다. 그리고 이들은 실용實用과 실사實事의 학풍을 강하게 드러냈다. 이 점은 장재 스스로가 강조한 바이기도 하다. 장재는 관중 지역 학자들의 학풍을 언급하면서, "뜻은 크되 명예를 위하지 않으며, 또한 학문을 하되 실용을 귀하

14) 『宋元學案』, 卷31, 「呂范諸儒學案」 참조.

게 여긴다"라고 하였다.[15]

송대 신유학의 세 학파인 기학, 리학, 심학의 비교에서 볼 때, 관학은 기학적 특성을 가장 강하게 보여 주는 사상 전통으로 평가될 수 있다. 특히 실용성과 현실 참여의 지향, 예교 중심의 윤리 실천, 우주론적 사유를 기반으로 한 일원론적 논리 구조 등은 관학파의 학문적 정체성을 형성하는 핵심 요소로 기능하였다.

Ⅱ. 장재의 문인 약전略傳

1. 여대충呂大忠(1025~1100)

*『관학종전』[16]:

선생의 이름은 대충大忠이며, 자는 진백進伯이다. 선조는 급군汲郡 출신이나, 조부인 태상박사 여통呂通이 남전藍田(지금의 섬서성 남전현)에 묘소를 마련하여 묻히게 되면서 후손들이 이곳에 정착하게 되었다. 아버지 여분呂蕡은 비부낭중比部郎中을 역임하였으며, 여섯 아들을 두었는데 선생이 그중에서 장남이다. 황우皇祐 연간(1049~1054)에 진사시에 급제하여 화음위華陰尉와 진성령晉城令을 역임하였다. 얼마 지나지 않아 영흥로永興路의 의용군을 지도하게 되었고, 비서승祕書丞으로 승진한 뒤 정국군定國軍 판관의 첨서簽書를 맡았다.

희녕熙寧 연간(1068~1077)에 왕안석은 사신을 각 도에 보내 봉강封疆 경계선

15) 『二程粹言』, 卷1, 「論學」, "子厚曰, 如其誠然, 則志大不爲名, 亦知學貴於有用也." 참조.
16) 『關學宗傳』, 卷2, 「呂進伯先生」(王美鳳 編校, 『關學史文獻輯校』, 161~163쪽 所收).

을 다시 세우자고 제의하였다. 이때 선생과 삼수三水 출신인 범육이 사신에 임명되었지만 두 사람 모두 출행을 거절했다. 선생은 다섯 가지 이유를 들어 불가함을 진언하였는데, 그 내용은 외국을 회유하고 안심시키려면 은혜와 신뢰가 바탕이 되어야 하는데, 그렇지 않으면 반드시 화를 불러올 것이라고 주장하며 이를 중지하도록 했다. 또 유침劉忱과 함께 거란의 사신으로 가서 대북代北 지구의 일을 의논하라는 명령을 받았는데, 마침 부친상을 당해 〈이 일이 취소되었다〉. 뒤에 다시 등용되어 대주代州의 행정책임자로 임명받았다. 그 후 거란의 사신이 대주에 도착하여 천막을 상석에 설치하자 선생은 이에 대해 이의를 제기했다. 결국 거란의 사신들이 굴복하여 장성長城 북쪽으로 거처를 옮겨가게 되었다. 얼마 지나지 않아 거란이 다시 사신을 보내 대북의 땅을 할양해 줄 것을 요구하였으며, 이에 신종神宗은 그들의 요구를 들어주려는 생각으로 선생과 유침을 불러 이 일을 의논했다. 선생은 "그들이 사신을 한번 보낼 때마다 우리가 5백 리의 땅을 떼어 준다면, 만약 거란의 위왕魏王 영필英弼이 와서 관남關南의 땅을 요구할 수도 있을 것이니 그때는 어떻게 하시겠습니까"라고 하였다. 이에 신종은 "그게 무슨 소리인가"라고 물었다. 선생은 "대북의 땅을 내어 주는 것은 그들의 탐욕을 키우는 일입니다"라고 대답했다. 이에 유침도 말하기를 "여대충의 말은 사직을 지키는 큰 책략이니 폐하께서 그 말을 깊이 생각하시기 바랍니다"라고 했다. 집정대신[王安石]은 그들의 뜻을 꺾을 수 없음을 알고 먼저 유침을 파면하였는데, 선생은 끝내 고집을 꺾지 않았다. 결국 두 나라는 분수령分水嶺을 경계로 하게 되었다.

원풍元豐 연간(1078~1085), 하북 전운판관轉運判官에 임명되었다가, 회서淮西 지역의 형옥刑獄을 관리하는 제점提点 관직으로 옮겨졌다. 이후 곧 조서를 받아 이전 관직으로 돌아갔다. 원우元祐 연간(1086~1094)에는 공부낭중工部郎中, 섬서 전운부사轉運副使, 섬주陝州 지주知州를 거쳐, 직룡도각直龍圖閣의 신분으로 진주秦

州의 행정책임을 맡았다. 이후 보문각寶文閣 대제待制로 승진하였다. 소성 2년(1095)에는 보문각 직학사直學士로 승진하고, 위주渭州의 행정책임자가 되어 진주와 위주 지역을 책임지게 되었다. 당시 그는 계책을 세워 서서히 횡산橫山을 점령하려 하였으며, 성급하게 공로를 추구하지 않았다. 그러나 이후 종부鍾傅가 안서安西에서 성을 쌓고 왕문욱王文郁이 권력을 잡았으며, 장돈章惇과 증포曾布가 이를 지지하자 그들과 의견이 맞지 않았다. 소술당紹述黨의 화禍가 발생하자 그는 강등되었다. 당시 그의 아우인 여대방도 연이어 좌천을 당하였다. 이에 그는 자신의 관직을 더 낮추어 달라고 요청하였고, 동주同州의 행정책임자로 전임되었다. 그 후, 그는 관직에서 물러나 은퇴하였으며, 얼마 지나지 않아 작고하였다.

처음에 선생이 진주秦州의 행정책임자로 있을 때, 마연馬涓은 장원급제자로서 진주의 첨판簽判이 되었다. 사람들이 그를 '장원'이라 부르자, 선생이 말하기를, "장원이라는 말은 과거에 급제했으나 아직 관직을 받지 않은 사람을 부르는 호칭이다. 이미 첨판이 되었으니 그렇게 불러서는 안 된다. 지금의 과거학科擧學은 쓸데없는 것이니, 수신修身과 위기지학爲己之學을 게을리해서는 안 될 것이다"라고 하였다. 또한 선생은 때때로 마연에게 정치를 행하고 백성을 다스리는 도리에 대해 알려 주었는데, 마연은 자신이 마치 스승을 얻은 것 같다고 하였다. 그 뒤로 대간臺諫이 되어 명성이 높아졌지만, 언제나 "여공呂公이 나를 가르쳐 준 덕분이다"라고 탄식하였다. 당시 사량좌謝良佐가 고을의 학문을 책임지고 있으면서 『논어』를 강의했는데, 선생께서 그 강의에 참석할 때마다 반드시 옷깃을 여미고 자세를 바로 하면서 "성인의 언행이 여기에 있으니 어찌 공손하지 아니하리오"라고 하였다.

선생께서는 사람됨이 솔직하고 함부로 말하지 않았으며, 일에 법도가 있고 실행에는 과감하였다. 아우인 여대균, 여대림과 함께 장재와 정씨 형제의 문하에서 배워 당대의 현자로 평가받았으며, 세상에서 그를 높게 평가하지 않는 이가 없었다. 관직에서 물러나 고향으로 돌아가게 되었는데, 고을 수령을 만나게 되면 반드시 지역민으로서의 예의를 다하였고, 관청의 하급 관리들을 마치 자제와 같이 자상하게 대하였다. 그리고 학문을 배우려는 자들에게는 직언으로 잘못을 바로잡아 주었고, 그들을 성장시키는 일을 즐겨하였다. 선생은 아우인 여대방에게 매우 엄격하게 대하였다. 한번은 당상堂上에 앉아 있었는데, 여대방의 부인이 당하堂下에서 두 시녀의 부축을 받으며 절을 하려 하자, 선생은 노하여 말하기를, "정승의 부인인가? 내가 아는 바로는 그저 젊은 새색시일 뿐인데, 병들지 않았다면 무슨 이유로 다른 사람의 부축을 받아 절한단 말인가"라고 하였다. 이에 여대방이 부끄러워하며 사죄하였다. 선생은 또한 여대방에게 매번 관직을 사퇴하여 화를 피하라고 권유하였다. 선생이 저술한 책으로는 『망천집輞川集』 5권, 『주의奏議』 10권, 『전한론前漢論』 30권이 있었는데, 모두 후대에 전해지지 않는다.

先生諱大忠, 字進伯, 先世汲郡, 祖太常博士通葬藍田, 遂家焉. 父蕡, 比部郎中, 生六子, 先生其長也. 登皇祐中進士, 爲華陰尉晉城令. 未幾, 提督永興路義勇, 改祕書丞, 籤書定國軍判官.

熙寧中, 王安石議遣使諸道, 立緣邊封溝. 先生與三水范育被命, 俱辭行. 先生陳五不可, 以爲懷撫外國, 恩信不洽, 必致生患, 罷不遣. 副劉忱使遼, 議代北地, 會遭父喪, 起復知代州. 遼使至代設次, 據主席, 先生爭之. 遼使屈, 乃移次於長城北. 已而遼使來求代北地, 神宗將從之, 召先生同忱入對. 先生曰, "彼遣一使來, 卽與地五百里, 若使魏王英弼來求關南, 則何如." 神宗曰, "是何言也." 先生曰, "然則安可以代北啓其侈心." 忱曰, "大忠之言, 社稷至計, 願陛下熟思之." 執政知其不可奪也, 先罷忱, 先生請終制. 於是以分水嶺爲界焉.

元豐中, 爲河北轉運判官, 徙提點淮西刑獄, 尋詔歸故官. 元祐中, 歷工部郎中陝西轉運副使, 知陝州, 以直龍圖閣知秦州, 進寶文閣待制. 紹聖二年, 加寶文閣直學士, 知渭州, 付以秦渭之事. 先生奏對, 欲以計徐取橫山, 不求近功. 旣而鍾傳城安西, 王文郁用事, 章惇曾布主之, 先生議不合. 紹述黨禍起, 降待制. 弟汲公亦連遭貶謫, 先生乞以所進官爲量移, 徙知同州. 致仕, 卒.

初, 先生知秦州時, 馬涓以狀元爲州籤判, 呼狀元, 先生曰, "狀元云者, 及第未除官之稱也. 旣爲判官則不可. 今科擧之學旣無用, 修身爲己之學不可不勉." 又時告以臨政治民之道, 涓自爲得師, 後爲臺諫有聲, 每嘆曰, "呂公教我之恩也." 謝上蔡時主州學, 講論語, 先生過之聽講, 必正襟斂容, 曰, "聖人之言行在焉, 吾不敢不肅."
先生爲人質直, 不妄語, 動有法度, 勇於敢爲. 與其弟和叔與叔俱遊於張程之門, 爲一時賢者, 世無不高之. 致仕歸, 見縣令, 必致桑梓之恭. 待部吏如子弟, 於學者多面折其短, 而樂於成人, 雖汲公亦未嘗少假顔色也. 常坐堂上, 汲公夫人拜堂下, 二婢掖之, 先生慍曰, "丞相夫人耶. 吾但知二郞新婦耳. 不病, 何用人扶." 汲公爲之愧謝. 每勸汲公辭位以避滿盈之禍云. 所著有輞川集五卷, 奏議十卷, 前漢論三十卷, 佚.

* 〈낙양의론洛陽議論〉17):

여대충은 늙어서도 학문을 좋아하여 철저하게 이해하려고 노력하였다. 이에 대해서 정이가 말하기를 "늙어서도 학문을 좋아하는 자는 더욱 사랑스럽다. 사람이 젊었을 때에는 노력하는 것이 당연하다. 그러나 노년에 이르면 의지와 근력이 쇠해지게 마련이니 배워도 성취하지 못할까 걱정하고, 배울 햇수도 얼마 남지 않게 된다. 그렇지만 아침에 도를 들으면 저녁에 죽어도 좋다고 성인께서 말씀하시지 않았던가. 얼마 배우지 못하고 햇수가 부족하다고 하더라도 끝내 도를 듣지 못하는 것보다는 낫지 않겠는가"라고 하였다.

* 『관학종전』18):

'장재張載의 말': "여대충은 독실하여 광채가 난다."

張子曰, "進伯篤實而有光輝."

■ [필자 보완]: 여대충은 섬서 전운부사로 재임하던 시기에 서안西安의 비림碑林을 창건하였다. 『남전여씨집藍田呂氏集』 상 · 하책이 중국 서북대학출판사西北大學出版社

17) 蘇昞, 〈洛陽議論〉[『程氏遺書』 卷10 所收], "呂進伯老而好學, 理會直是到底. 正叔謂, 老喜學者尤可愛, 人少壯則自當勉, 至於老矣, 誌力須倦, 又慮學之不能及, 又年數之不多. 不曰, 朝聞道, 夕死可矣乎. 學不多, 年數之不足, 不猶愈於終不聞乎."

18) 『關學宗傳』, 卷2, 「呂進伯先生」 부록.

에서 2014년에 간행되었다. 이 책에는 여대충 4형제의 문집이 수록되어 있는데, 점교點校 작업이 이루어졌다. 이 중에서 여대충의 글은 주문奏文을 비롯한 몇 편의 글만 '문집일존文集佚存'의 형식으로 수록되어 있다.

2. 여대균呂大鈞(1031~1082)

*『관학종전』[19]:

선생의 이름은 대균大鈞이며, 자는 화숙和叔이다. 여대방의 아우이다. 가우 2년(1057)에 진사에 급제하여 진주秦州 사리참군司理參軍에 임명되었고, 연주延州 절박무折博務를 역임하였다. 이후 광록시승光祿寺丞으로 옮기고 삼원三原 지역의 현령이 되었으며, 다시 파서巴西, 후관侯官, 경양涇陽 지역으로 전근되었으나 아버지가 연로하다는 이유로 모두 부임하지 않았다. 아버지의 상을 당한 후 복상服喪을 마치고도 스스로 도가 밝지 못하고 학문이 뛰어나지 못하다고 여겨 더 이상 관직에 뜻을 두지 않았다. 고향에 머물며 강학 활동을 하면서 오로지 인재를 양성하고 풍속을 변화시키는 것을 자신의 임무로 삼았다. 선생은 장재와 같은 해에 진사시에 급제한 동년배의 친구 사이였다. 당시 장재는 예교禮敎의 학문을 제창하였지만 알아주는 사람이 없었는데, 오직 선생만이 홀로 진심으로 이를 좋아하여 제자의 예를 갖추고 배우기 시작했다. 그 후 많은 학자들이 그를 따라 장재의 학문을 배우기 시작했다. 그 후에 다시 정씨 형제로부터 학문을 배우면서 심혈을 기울여 이치[理]를 탐구하고 성현의 경지에 이르기를 기약했다. 그리고 일상의 실천에 있어서는 반드시 스승의 법도를 기준으로 삼아 본받고자 했다. 아버지의 상을 치를 때, 상복을 입는 일과 장례와 제사를 지내는 일에 있어서 모두 예법에 따라 진행하였다. 이후 관례, 혼례, 술자리,

19) 『關學宗傳』, 卷3, 「呂和叔先生」(王美鳳 編校, 『關學史文獻輯校』, 165~172쪽 所收).

만남, 경조사 등 모든 일을 처리함에 있어서 세속의 관행을 따르지 않았다. 선생은 형인 여대충, 여대방 및 아우인 여대림 등과 협력하여 고향 사람들을 위해 향약鄕約의 규범을 작성하였는데, 이것은 빛나고 훌륭한 내용을 담고 있어서 후에 '관중 지역'의 풍속을 크게 변화시켰다. 상당한 기간이 지난 후에, 그는 대신들의 추천으로 왕공王公의 교수로 임명되었다. 헌문獻文을 올릴 때 〈천하일가天下一家, 중국일인中國一人〉 등의 부賦를 작성하여 올렸다. 봉상鳳翔 지역의 선박 업무 감독을 요청하여 선의랑宣義郞에 임명되었다.

당시 국가에서는 서하 정벌을 추진하였는데, 부연鄜延의 전운사轉運使인 이직李稷이 선생을 종사從事로 삼았다. 이직은 멀리 변방 지역에까지 진출하였으나 군량미가 제대로 조달되지 않아 안정安定으로 돌아가 군량미를 구하고자 하였다. 그래서 선생을 파견하여 경략안무사經略安撫使인 종악種諤에게 요청하게 되었다. 그런데 종악은 워낙 잔인하여 부하들이 잘못을 저지르면 당장 목을 베거나 폐와 간을 파내는 등의 짓거리를 행하였다. 다른 사람들은 차마 눈 뜨고 볼 수 없는데도 종악만은 그러한 일을 하면서도 태연하게 먹고 마셨다. 선생께서 종악에게 나아가 이직李稷의 청을 전하자, 그는 말하기를 "나는 명을 받아 군사를 이끌 뿐 군량미에는 관여하지 않는다. 만약 군량미가 조달이 안 되면 이직이 와서 칼부터 받으라 해라"라고 하였다. 이에 선생이 단호한 표정으로 대답하기를, "조정의 명에 의하여 출사하여 변방에 이르기도 전에 전운사의 목부터 자른다면, 이는 군주와 어버이를 저버리는 것이 아니겠습니까"라고 하였다. 그러자 종악이 말하기를, "그대가 이로써 이직에게 보답하려드는데, 그렇다면 이직 대신에 자네가 먼저 화를 입을 것이다"라고 하였다. 이 말을 듣고서 선생이 노하여 "공께서는 이 말로 저를 겁주려 하십니까? 저는 몸을 바쳐 주인을 섬기는 자로서 죽음을 사양하지 않으니, 다만 공께서 과오를 범할까 염려될 뿐입니다"라고 하였다. 종악은 결국 자신의 고집을 꺾고 이직이 안정으로 돌아가 군량미 가져오는 것을 허락했다. 만약 선생의 올곧은 기개가 종악을 굴복시키지 못했다면, 그 상관인 이직은 커다란 곤경에 빠졌을 것이다.

원풍 5년(1082)에 선생께서는 관직에 있는 도중에 병으로 작고하였다. 범육이 선생을 위하여 쓴 「묘지명」에서 '성덕군자誠德君子'라고 기술하였다. 병이 위중하여 죽음을 맞이할 때에 안팎을 정리하고 고요히 생각에 잠긴 듯하였다. 오랜 시간이 지나 손님이 찾아왔을 때 잠시 편안해지더니 미처 대화를 마치지 못하고 세상을 떠났다. 저서로는 『사서주四書注』 몇 권, 『성덕집誠德集』 30권, 『장씨제례張氏祭禮』 1권이 있는데, 모두 전해지지 않는다. 『향약鄉約』과 『향의鄉儀』 각각 1권은 향촌 사회의 법령으로 지어진 것인데, 시대마다 증손增損되었다. 아들은 여자거呂子居이고 별도로 전기傳記가 있다.

先生諱大鈞, 字和叔, 進伯弟. 登嘉祐二年進士, 授秦州司理參軍, 監延州折博務, 改光祿寺丞, 知三原, 移巴西侯官涇陽, 以父老, 皆不赴. 丁艱, 服闋, 自以道未明, 學未優, 不復有仕進意. 家居講道, 一以敎化人才變化風俗爲己任. 先生於橫渠張子同年友也. 一時張子以禮敎爲學者倡, 寂寥無有和者, 先生獨誠心好之, 及聞學, 遂執弟子禮, 學者靡然知所趨向. 繼又卒業於二程子, 潛心玩理, 望聖賢剋期可到. 日用躬行, 必取先生法度以爲宗範. 居父喪, 衰麻葬祭, 一準於禮. 後推之冠昏飮酒相見慶弔之事, 皆能不混習俗. 身與兄進伯微仲弟與叔率鄉人爲鄉約節文, 燦然可觀, 關中風俗爲之一變. 久之, 以大臣薦爲諸王公敎授. 當獻文, 作天下一家中國一人諸賦上之. 求監鳳翔船務, 改宣義郞.

會伐西夏, 鄜延轉運使李稷檄爲從事. 旣出塞, 餽餉不繼, 欲還安定取糧, 使先生請於經略安撫使種諤. 諤素殘忍, 左右有犯立斬, 或刳肺肝, 坐者掩面, 而諤飮食自若. 先生至, 告以稷言, 諤曰, "吾受命將兵, 安知糧道. 萬一不繼, 召稷來, 與一劍耳." 先生正色曰, "朝廷出師, 去塞未遠, 遂斬轉運使, 無君父乎." 諤曰, "君欲以此報稷, 先稷受禍矣." 先生怒曰, "公將以此言見恐耶. 吾委身事主, 死且無所辭, 正恐公過耳." 諤意折, 乃竟許稷還. 微先生正氣屈諤, 稷難免矣.

元豐五年, 卒於官. 范巽之表其墓曰, '誠德君子'云. 當疾革時, 內外灑掃, 冥然若思, 久之客至問安, 交語未終而逝. 著四書注若干卷, 誠德集三十卷, 張氏祭禮一卷, 皆佚. 鄉約鄉儀各一卷, 著於甲令, 代有增損. 子子居, 另有傳.

3. 유사웅游師雄(1038~1097)

*『관학종전』[20]:

선생의 이름은 사웅師雄이며, 자는 경숙景叔이다. 무공武功 사람이며, 장재에게 배웠다. 치평 2년(1065)에 진사에 급제하여 의주儀州 사호참군司戶參軍이 되었고, 순덕군順德軍 판관으로 승진하였다. 원우 연간 초기에 종정시宗正寺 주부主簿가 되었다. 당시 집권자들이 미지米脂, 가로葭蘆, 부도浮圖, 안강安疆 네 곳의 요새를 버리자고 논의하자, 선생은 이를 강력하게 반대하며 다음과 같이 말했다. "이곳은 선제先帝께서 서하를 제어하기 위해 마련한 곳인데, 어찌 이를 버리려 하십니까?" 그러나 그의 말은 받아들여지지 않았다. 선생은 이에 〈분강론分疆論〉을 지었다. 이후 군기감승軍器監丞으로 승진하였다. 토번吐蕃이 변경을 침략하였는데, 그 우두머리인 귀장청의결鬼章靑宜結이 기회를 엿보아 강족羌族을 협박하고 서하인西夏人을 선동하여 반란을 일으켰는데, 희하熙河 지역을 분할 점령하려고 모의하였다. 이에 조정에서는 선생과 변경의 관리들에게 적절한 조처를 취하라고 명하였다. 선생은 변경에 도착하자마자 첩보를 통해 서하인들이 병력을 천도산天都山에 모으고, 선봉대를 통원경通遠境에 주둔시키며, 토번이 하주河州를 공격하려 한다는 사실을 알게 되었다. 선생은 이들보다 먼저 공격하여 주도권을 잡자고 장수 유순경劉舜卿에게 요청하였다. 그러나 유순경은 "저들 군사는 많고 우리 군사는 적은데 어찌 하겠는가"라고 하며 〈반대 의사를 피력하였다〉. 이에 선생이 대답하기를, "승리는 전략에 달려 있는 것이지 병력의 많고 적음에 달려 있는 것이 아닙니다"라고 하였다. 그래서 병력을 두 부대로 나누어 요시姚兕로 하여금 좌군을 맡게 하고, 종의種誼로 하여금

---

20) 『關學宗傳』, 卷6, 「游景叔先生」(王美鳳 編校, 『關學史文獻輯校』, 189~190쪽 所收).

우군을 맡게 하여 마침내 조하洮河에서 적을 격파하고 우두머리 귀장鬼章을 사로잡았다. 전공이 보고되자, 모든 관리가 이를 축하하였고 제관祭官을 보내 신종神宗의 능인 영유릉永裕陵에 보고하였다. 그러나 어떤 이들은 선생이 공을 세우기 위해 고의로 일을 만들었다고 비난하였기에 단지 관직을 한 단계만 승진시켰다. 이후 집현교리集賢校理, 권부섬서전운權副陝西轉運을 거쳤다.

서하인들이 다시 경원涇原 지역을 침략하여 희하熙河를 침범하자, 선생은 정서定西와 통위通渭 사이에 두 개의 보루를 세우고 칠루七壘를 경작하여 방어를 튼튼히 할 것을 제안하였다. 황제는 이 일을 범육에게 맡기고, 선생을 소환하여 수도로 돌아오게 하였다. 철종哲宗은 수도로 귀환한 선생을 위로하며 말하기를, "조하洮河에서의 공이 참으로 큰데, 상이 너무 박했음이 아쉽구나"라고 하였다. 이에 선생이 대답하기를, "모든 것이 전하께서 내리신 계책 덕분이니, 신이 무슨 공로가 있겠습니까? 다만 장병들이 많은 노고를 겪었음에도 보상이 없는 것이 아쉬운 일입니다"라고 하였다. 그리고 전후 사정을 상세하게 설명하였다. 그 후 위위소경衛尉少卿에 임명되었다. 황제가 여러 차례 변방 수비의 장단점에 대해 묻자, 선생은 경력 연간 이후 변방 관리들의 정책과 성과, 조정의 논의와 성공 및 실패, 그리고 적을 막는 데 필요한 사항 등을 모두 60가지로 정리하여 〈소성안변책紹聖安邊策〉을 올렸다. 그 후 빈주邠州, 하중부河中府, 진주秦州, 섬주陝州의 행정책임을 차례로 맡았고, 직룡도각直龍圖閣에 승진하였다. 그 후 60세의 나이로 작고하였다.

선생의 학문은 경세經世와 안민양이安民攘夷를 위주로 하였고, 자질구레한 장구章句에 얽매여 그 정신을 흐리며 결국 참된 유자儒者의 대열에서 낙오하게 되는 그러한 일이 없었다. 그의 뜻과 기개는 호방하였고, 많은 업적을 쌓았다. 평론하는 이들은 매번 그의 재능이 끝까지 발휘되지 못한 것을 아쉬워하였다.

先生諱師雄, 字景叔, 武功人, 受學橫渠張子. 治平二年, 第進士, 爲儀州司戶參軍,遷順德軍判官. 元祐初, 爲宗正寺主簿. 時執政議棄米脂葭盧浮圖安疆四寨, 先生力爭之曰, "此先帝所以控制夏人者也, 若何棄之." 不聽. 著分疆論. 遷軍器監丞. 吐蕃寇邊, 其酋鬼章青宜結乘間脅屬羌構夏人爲亂, 謀分據熙河. 乃擇先生與邊臣措置, 聽便宜從事. 旣至, 諜知夏人聚兵天都山, 前鋒屯通遠境, 吐蕃將攻河州, 先生欲先發以制之, 請于帥劉舜卿, 舜卿曰, "彼衆我寡, 奈何." 先生曰, "在謀不在衆." 遂分兵爲二, 姚兕將左, 種誼將右, 卒破洮河, 擒鬼章. 捷聞, 百官表賀, 遣使告永裕陵. 言者以爲邀功生事, 止遷一官. 歷集賢校理, 權副陝西轉運.
夏人復侵涇原, 入熙河. 先生議於定西通渭間建二柵, 及謀耕七壘以固藩籬, 詔以議付范育, 而徵先生詣闕. 哲宗勞之曰, "洮河之役, 可謂高功, 但恨賞太薄耳." 對曰, "皆上稟廟算, 臣何力之有. 惟將士勳勞未錄, 此爲歉也." 因陳其本末, 拜衛尉少卿. 帝數訪邊防利病, 先生具慶曆以來邊臣施置臧否朝廷謀議得失及方今禦敵之要, 凡六十事, 曰紹聖安邊策, 上之. 歷知邠州河中府秦州陝州, 進直龍圖閣, 卒年六十.
先生之學, 以經世安攘爲主, 非瑣瑣章句矇瞳其精神以自列於儒者之比也. 故其志氣豪邁, 於事功多所建立. 議者每以用不究材爲恨.

4. 여대림呂大臨(1040~1092)

* 『관학종전』[21]:

선생의 이름은 대림大臨이며, 자는 여숙與叔이고, 호는 운각芸閣이다. 여대균의 동생이다. 형제들이 모두 과거에 급제했으나, 선생은 과거에 응하지 않고 문음門蔭으로 관직에 나아갔다. 선생은 "조상의 덕을 가릴 수 없다"고 말하였다. 원우 연간에 태학박사太學博士와 비서성秘書省 정자正字를 역임하였다. 인재천거 제도인 공거貢擧를 논하면서 말하기를, "선비의 규범을 세워 덕을 기르고 행실을 엄하게 하며, 학제를 개혁하여 재력을 가늠하고 기예를 진흥시키며, 시험 제도를 정비하여 능력의 유무를 구별하고, 벽법辟法을 수정하여 인재를 비축하고, 추천 제도를 엄격히 하여 유능한 인물을 선발하고, 또한 심사평가법을 제정하여 책임지고 공적을 심사해야 한다"라고 하였다. 학사學士 범조우范祖

21) 『關學宗傳』, 卷4, 「呂與叔先生」(王美鳳 編校, 『關學史文獻輯校』, 173~179쪽 所收).

禹가 그를 추천하면서 몸가짐을 단정히 하고 학문을 좋아하며, 행실이 옛사람과 같아 강관講官으로 적합하다고 천거하였는데, 미처 등용되기도 전에 47세의 나이로 작고하였다.

선생께서는 박식하시고 글재주가 뛰어나며, 수양이 깊고 심성이 순박하였다. 말씀은 마치 입 밖으로 내지 않으시는 듯 신중하였고, 겸손한 모습은 마치 무능한 사람처럼 보이기도 하였다. 어렸을 때에 장재의 문하에서 학업을 연찬하였고, 장재가 세상을 떠난 후에는 정씨 형제의 문하에서 학문을 하였다. 그 학문은 깊이가 있고 순수하여 도에 가까웠고, 방검防檢과 궁색窮索을 학문의 지표로 삼았다. 정호가 선생에게 인仁을 아는 방법을 말해 주면서, "굳이 방검防檢하고 궁색窮索할 필요가 없다"는 가르침을 주었다. 선생은 이를 묵묵히 이해하고 마음으로 깊이 깨달아 큰 깨우침을 얻게 되었다. 이에 시를 지어 읊기를, "배움이 두예杜預와 같으면 편벽됨이 있게 되고 / 문장이 사마상여司馬相如와 같으면 경박해지게 될지라 / 홀로 공문孔門에 들었지만 하나도 이룬 것 없어 / 마음 가지런히 했던 안회顔回를 따르지 못하네"라고 하였다. 정이는 이 시를 읽고 칭찬하여 말하기를, "옛날 학자들은 오직 성정性情을 기르는 데에 힘썼을 뿐, 다른 것은 배우지 않았다. 그런데 지금의 학자들은 오직 글 짓는 장구章句에만 전념하여 다른 사람의 귀와 눈을 즐겁게 하려 하니, 이는 곧 광대와 다를 바가 무엇이겠는가? 이 시는 배움의 근본을 얻었다고 할 수 있다"라고 하였다. 선생은 사량좌謝良佐, 유초游酢, 양시楊時와 함께 정씨 형제의 제자들 가운데 '정씨 문하 네 선생[程門四子]'으로 불린다.

장인丈人은 장재의 아우인 장전張戩이다. 장전은 평소 다른 사람들에게 "나는 안회를 사위로 삼았다"라고 말했을 만큼 〈사위인 선생을 높이 평가하였다〉. 부필富弼이 관직에서 물러나 고향으로 돌아가 불교사상을 연구하였는데, 선생은 불교를 이단으로 보고 서신을 보내 비판하였다. 비판한 내용에 조금

미진한 부분이 있기에 여기서 구체적으로 기술하지는 않겠지만, 불교사상에 대한 그의 비판이 이처럼 엄중했음을 알 수 있다. 저서로는 『역장구易章句』 1권, 『대역도상大易圖像』과 『역전易傳』 약간 권, 『맹자강의孟子講義』 14권, 『노자주老子注』 2권, 『서명집해西銘集解』 1권, 『옥계집玉溪集』 25권, 『별집別集』 10권이 있는데 모두 사라지고 전해지지 않는다. 또한 『운각예기해芸閣禮記解』 10권, 『대학해大學解』, 『중용해中庸解』 각 1권, 『고고도考古圖』 10권을 저술하였으며, 정씨 형제의 언행을 기록한 『동견록東見錄』을 남겼다. 특히 『동견록』에는 정씨 형제의 깊은 뜻과 순수한 언사가 많이 실려 있어서 정씨 형제의 학문 발전에 적지 않은 공헌을 하였다는 평가를 받는다.

先生諱大臨, 字與叔, 號芸閣, 和叔弟. 兄弟皆登科, 惟先生不應擧, 以門蔭入官, 曰, "不敢掩祖宗之德也." 元祐中, 爲太學博士祕書省正字. 論貢擧曰, "立士規以養德厲行, 更學制以量才進藝, 定試法以區別能否, 修闢法以興能備用, 嚴擧法以覈實得人, 制考法以責任考功." 范學士祖禹薦其修身好學行如古人, 可充講官, 未及用而卒, 年四十七.

先生博極羣書, 能文章, 已涵養深純, 言如不出口, 粥粥若無能者. 少從橫渠張子游, 張子沒, 卒業二程先生, 故深淳近道, 而以防檢窮索爲學. 明道語之以識仁, 且以不須防檢不須窮索開之. 先生默識心契, 豁如也. 賦詩曰, "學如元凱方成癖, 文到相如始類俳. 獨立孔門無一事, 只輸顔子得心齋." 伊川贊之曰, "古之學者, 惟務養性情, 其他則不學. 今爲文者, 專務章句, 悅人耳目, 非俳優而何. 此詩可謂得本矣." 與謝良佐游酢楊時同爲高第弟子, 稱程門四先生.

婦翁張天祺語人曰, "吾得顔回爲壻矣." 富文忠公致政還鄕, 爲浮屠之學, 先生致書詆譏, 目爲異端, 所見微有未瑩, 玆不錄, 其見重如此. 著有易章句一卷, 大易圖象易傳若干卷, 孟子講義十四卷, 老子注二卷, 西銘集解一卷, 玉溪集二十五卷, 別集十卷, 俱佚. 芸閣禮記解十卷, 大學中庸解各一卷, 考古圖十卷, 錄二程先生語曰東見錄, 二程微言粹語多載錄中, 蓋有功程門不小云.

▒ [필자 보완]: 여대림은 장재 사후 2년이 되던 해인 1079년에 정씨 형제의 문하에 나아갔다. 『남전여씨집藍田呂氏集』(중국 서북대학출판사, 2014)에는 여대림의 글이 첫 부분에 편집되어 있으며, 내용 또한 가장 풍부하다.

5. 소병蘇昞(1053~1104)

*『관학종전』[22]:

선생의 이름은 병昞이며, 자는 계명季明이다. 무공武功 출신이다. 같은 고향 사람인 유사웅과 함께 장재 문하에서 배웠다. 장재가 작고한 후에는 다시 하남의 정씨 형제를 스승으로 모셔 학업을 마쳤다. 당시 윤돈尹焞(1071~1142)이 과거공부를 하고 있었는데, 선생이 "그대는 장원급제를 위한 것이 진정한 학문이라고 생각합니까, 아니면 과거공부 이외에 더 배워야 할 것이 있다고 생각합니까"라고 물었다. 그렇지만 윤돈은 선생의 물음을 제대로 이해하지 못했다. 다른 어떤 날에 선생은 윤돈과 함께 차를 마시면서 잔을 들어 말하기를, "이런 것이 어찌 배움이 아니겠습니까"라고 하였다. 이에 윤돈은 크게 깨달음을 얻고서 정이를 찾아가 그 문하에서 학업을 연마하여 마침내 뛰어난 제자가 되었다. 이것은 모두 선생의 덕분이다.

원우 말년에 여대충이 선생을 조정에 추천하면서, "경조부京兆府의 처사 소씨蘇氏는 덕성이 순박하고 학문에 강한 의지를 가졌으며, 나이 40세가 되도록 벼슬할 생각 없이 다만 작고한 숭문원 교서 장재의 학문을 숭상하고 그 문인 중 뛰어난 사람이 되어 관중 지역의 현인 대부들이 그를 많이 칭찬하고 있습니다. 만약 조정에서 그를 등용하여 학궁學宮의 임무를 맡게 한다면 반드시 평소에 쌓은 것을 다 발휘하게 될 것이고, 또한 인재육성을 하고자 하는 조정의 뜻에도 부합될 것입니다"라고 하였다. 그 후에 서민의 신분으로 태상박사가 되었으나, 원부 연간(1098~1100)에 올린 상소문으로 인해 원우당인元祐黨人으로 찍혀서 요주饒州에 내려가 귀양살이를 하게 되었다. 요주로 가는 도중에 낙양

22) 『關學宗傳』, 卷5, 「蘇季明先生」(王美鳳 編校, 『關學史文獻輯校』, 180~183쪽 所收).

에서 윤돈의 거처에 머물게 되었다. 선생은 좌천된 것으로 인해 마음이 편치 않았는데, 이를 보고서 윤돈은 "당초 글을 올릴 때 나라를 위해 올렸습니까, 아니면 당신 자신을 위해 올렸습니까? 만약 나라를 위한 것이라면 기꺼이 요주로 가는 것이고, 당신 자신을 위한 것이라면 요주 귀양도 가벼운 셈입니다"라고 하였다. 이 말을 듣고 선생은 일리 있다고 생각하였다. 처음에 장재가 『정몽』을 완성하자 선생은 목차를 정리했으며, 글의 요지를 잘 이해하고 있다고 자부하였다. 희녕 9년(1076)에 장재가 낙양을 경유하면서 정씨 형제와 학문을 논의하였는데, 선생은 당시 정씨 형제와 장재 세 사람의 말을 기록하여 〈낙양의론〉을 편찬했다. 이 기록은 후일 주희가 극찬하여 세상에 널리 알려지게 되었다. 『정씨유서程氏遺書』 권10에 수록되어 있다.

先生諱昞, 字季明, 武功人. 同邑人遊景叔俱受學橫渠張子之門. 張子卒, 師河南二程子而卒業焉. 時尹焞彥明方爲科擧之學, 先生曰, "子以狀元及第卽學乎. 抑科擧之外, 更有所謂學乎." 彥明未達. 他日, 與彥明會茶, 先生復擧盞以示曰, "此豈不是學." 彥明省悟, 詣小程子就學, 卒爲高弟, 皆先生力也.
元祐末, 呂進伯薦先生於朝曰, "伏見京兆府處士蘇某德性純茂, 強學篤志, 行年四十, 不求仕進, 從故崇文校書張子學, 爲門人之秀, 秦之賢士大夫亦多稱之. 如蒙朝廷擢用, 俾充學宮之選, 必能盡其素學, 以副朝廷樂育之意." 自布衣召爲太常博士, 後坐元符上書入黨籍, 編管饒州. 過洛, 館彥明所, 頗以遷謫爲意, 彥明曰, "當季明上書時, 爲國家計耶, 爲身計耶. 若爲國家計, 當欣然赴饒. 若爲進取計, 則饒州之貶, 猶爲輕典." 先生以爲然. 初, 張子撰正蒙旣成, 先生爲之編次, 自謂能知大旨. 熙寧九年, 張子過洛, 與二程子論學, 先生錄程張三子語, 題曰洛陽議論. 朱子表章之, 行於世. 今載二程全書中.

■ [필자 보완]: 『정몽』의 목차를 정리하고, 「정몽서正蒙序」를 지었다.

6. 범육范育(?~1093년 전후)

* 『관학종전』[23]:

선생의 이름은 육育이며, 자는 손지巽之이다. 섬서성 삼수三水 출신이다. 아버지는 범상范祥이고, 진사에 급제하여 전운부시轉運副使까지 이르렀다. 희녕 연간에 장선張詵이 변방에서의 공로를 논하며 포상과 예우를 청하자, 이에 황제가 선생을 비서秘書로 추증하고 아들 한 명을 관직에 임명하였다. 선생은 진사에 급제하여 경양현涇陽縣 관리가 되었으나 부모 봉양을 위해 사직하고 낙향하였는데, 이때 장재의 문하에 나아가 학업을 연마하였다. 후에 천거를 받아 숭문원 교서와 감찰어사의 직책을 맡았다. 신종神宗이 그에게 말하기를, "『서경書經』에서 '짐朕은 남을 모함하는 말과 잔인한 행동으로 백성들을 놀라게 하는 것을 몹시 싫어하노라'라고 하였으니, 이것이 바로 내가 어사를 임명하는 뜻이다"라고 하였다. 선생은 이 기회에 장재를 비롯한 몇 사람을 천거하였고 『대학』에서 언급하는 성의誠意와 정심正心으로써 세상을 다스릴 것을 건의했다. 이때 서하가 환경環慶 지역을 침입하였기에 황제는 선생에게 변방으로 가도록 명하였다. 선생은 돌아와서 아뢰기를, "보원寶元 연간(1038~1040)과 강정康定 연간(1040~1041)에 우리 군대가 서하와 세 번 싸워 세 번 패했는데, 지금 다시 싸워도 마찬가지일 것입니다. 우리 중국 땅이 이렇게도 넓은데 어찌 몇 개 고을의 방어조차 할 수 없단 말입니까? 이는 적과 우리의 상황을 잘 살피지 않고 무턱대고 군사를 동원하여 패한 것입니다"라고 하였다. 선생은 이정李定이 부모상을 숨기고 복상服喪하지 않은 것을 탄핵하였다가, 어사직에서 파면되고 한성현韓城縣 지사로 내려갔다. 오랜 후에 하중부河中府 지사가

---

23) 『關學宗傳』, 卷5, 「范巽之先生」(王美鳳 編校, 『關學史文獻輯校』, 184~186쪽 所收).

되었다가 집현원集賢院 직위를 겸하게 되었고, 다시 봉상부鳳翔府로 전임되었다가 직룡도각直龍圖閣의 신분으로 진주秦州를 수비하였다. 원우 초년에 조정에서 그를 태상소경太常少卿으로 불렀으며 다시 광록경光祿卿, 추밀도승지樞密都承旨에 임명하였다가 희주熙州 지사로 보냈다. 당시 조정에서는 질고質孤와 승여勝如 두 성을 포기할 것을 의논했는데, 선생은 이를 극력 반대하면서 "희하熙河는 난주蘭州를 요새로 삼아야 합니다. 이 두 성채는 난주의 방어막이니, 이를 포기하면 난주가 위태로워지고, 난주가 위태로워지면 희하 또한 중심부에 큰 위협을 받게 될 것입니다"라고 하였다. 또 이낙평李諾平과 여차천汝遮川에 성을 쌓을 것을 주청하면서 "이곳은 조충국趙充國이 옛날에 둔전屯田을 실행하던 옛 북방 변경 요새 지역입니다"라고 말했다. 그러나 그의 건의는 받아들여지지 않았다. 그 후 내직으로 들어가 급사중給事中, 호부시랑戶部侍郞을 역임하던 중에 작고하였다. 소흥紹興 연간(1131~1162)에 영토를 포기하는 것을 반대하고 성을 쌓자고 건의한 그의 전략을 높이 평가하여 보문각 학사를 추증하였다.

先生諱育, 字巽之, 三水人. 父祥, 進士及第, 累官至轉運副使. 熙寧中, 張詵追論邊功, 請加褒恤, 詔贈祕書, 錄一子. 先生擧進士, 爲涇陽令, 以養親謁歸, 從橫渠張子學. 後以薦, 授崇文校書監察御史裏行. 神宗諭之曰, "書稱'朕堲讒說殄行', 此朕制御史意也." 先生因薦張子等數人, 請用大學誠意正心以治天下國家. 時西夏入環慶, 詔先生行邊. 還言, "寶元康定間, 王師與夏人三戰三北, 今再擧亦然. 豈中國之大, 不足支數郡乎. 由不察彼己, 妄擧而驟用之耳." 坐劾李定親喪匿服, 罷御史, 知韓城縣. 久之, 知河中府, 加直集賢院, 徙鳳翔, 以直龍圖閣鎭秦州. 元祐初, 召爲太常少卿, 改光祿卿樞密都承旨, 出知熙州. 時又議棄質孤勝如兩堡, 先生爭之曰, "熙河以蘭州爲要塞, 此兩堡者, 蘭州之蔽也, 棄之, 則蘭州危, 蘭州危, 則熙河有腰膂之憂矣." 又請城李諾平汝遮川, 曰, "此趙充國屯田古楡塞之地也", 不報. 入爲給事中戶部侍郞, 卒. 紹興中, 採其抗論棄地及進築之策, 贈寶文閣學士.

▩ [필자 보완]: 「정몽서正蒙序」를 지었다.

7. 반증潘拯(생몰년 미상)

*『관학종전』[24]:

선생의 이름은 증拯이며, 자는 강중康仲이다. 관중 사람이다. 그의 행적은 자세하게 전해지지 않는다. 『이락연원록』「구산지명변」에서 말하기를, "자식이 어버이를 대하고 아우가 형을 대하는 도리는 집안에 계시면 시중을 들고, 밖에 나가시면 지팡이와 신발을 챙겨드리며 힘써 봉양하다가 돌아가시게 되면 마음속으로 3년상을 치르는 것인데, 공자의 제자인 자공子貢과 증자曾子가 스승에게 이러한 도리를 행했다. 그런데 근세에 와서는 여대림과 반증이 이러한 도리로 스승 장재를 섬겼다"[25]라고 하였다. 이를 통해 선생이 장재의 문하생임을 알 수 있다.

先生諱拯, 字康仲, 關中人. 事蹟不可考. 據伊洛淵源錄龜山志銘辯云, "子弟之於父兄, 居則侍立, 出則杖屨, 服勤至死, 心喪三年, 若子貢曾子之於仲尼, 近世呂與叔潘康仲之於張橫渠是也." 則先生爲張門弟子可知矣.

*『정씨유서』[26]:

반증이 정자程子에게 묻기를, "사람이 배우면서 어긋나기를 원하는 것은 아니지만, 제대로 알지 못하기 때문에 결국 서로 다른 데로 흘러가고 맙니다. 어떻게 해야 그 뜻을 붙잡아 지킬 수 있습니까"라고 하였다. 이에 정자는 답하여, "우선, 지킨다고 말하지 말게나. 무슨 일을 지킨단 말인가? 반드시 먼저 앎을 철저하게 이루어야[致知] 하네. 앎을 철저하게 이룬다는 것은 앎을

---

24) 『關學宗傳』, 卷6, 「潘康仲先生」(王美鳳 編校, 『關學史文獻輯校』, 190쪽 所收).

25) 『伊洛淵源錄』, 「龜山志銘辯」, "其一如子弟之於父兄, 居則侍立, 出則杖屨, 服勤至死, 心喪三年, 若子貢曾子之於仲尼, 近世呂與叔潘康仲之於張橫渠是也."

26) 『程氏遺書』, 卷15, 「入關語錄」, "康仲問, 人之學非願有差, 只爲不知不故, 遂流於不同, 不知如何持守. 先生言, 且未說到持守. 持守甚事, 須先在致知, 致知, 盡知也. 窮理格物, 便是致知."

다하는[盡知] 것이네. 격물궁리格物窮理가 바로 앎을 철저하게 이루는 것이네"라고 하였다.

8. 유공언劉公彦(1050~1079)

* 〈묘지명墓誌銘〉27):

배움이 있음을 선비가 모르는 것은 아니나, 그것을 구해도 깨닫지 못하고 얻어도 행하지 못하는 것은 배움이 어려워서가 아니라 선비에게도 죄가 있기 때문이다. 풍습에 사로잡혀 사는 내가 늘 죄에 빠지지 않기를 바랄 수 있는 것은 모두 나의 벗 덕분이다.

나의 벗은 이름이 공언公彦이고 자는 군유君兪이며, 성은 유씨劉氏이다. 고밀高密 제성諸城(지금의 山東省 諸城市) 출신이다. 어려서부터 장재에게 배워 각고 분투하며, 부모에게 효도하고 형제간에 우애하며, 항상 정중하고 예의가 바르며 함부로 말하지 않았다. 그는 학문함에 있어서 언제나 명확히 밝히고 깊이 연구하며 실행에 힘썼다. 그는 항상 말하기를, "선善은 밖으로 하는 것이 아니라 안으로 자기에게 있어서 밝은 것이고, 도道는 멀리 가는 것이 아니라 집에서

27) 李復, 〈劉公彦墓誌銘〉, "士莫不知有學矣, 然求之未明, 得之亦莫之行, 非學之難也, 士亦有罪焉. 予之蒙愞狃俗, 居常求不陷於罪, 其有資於予友焉. 予友諱公彦, 字君兪, 姓劉氏, 高密諸城人也. 少從學於橫渠子張子, 刻勵修潔, 篤於孝友, 恭謹恂恂, 不妄言動. 其於學也, 務明辨深造而力行之, 常曰, 善無待於外也, 明於己而已, 道未能行於遠也, 施於家而已. 苟誠立於中, 必有形於外. 拳拳焉, 雖造次顚沛, 未嘗少違. 其器高茂而心期嗜進, 又不止於如此也. 人但見其溫醇深厚, 猶良玉出璞而圭角未露, 心率愛之, 有道者加以雕琢, 光輝不可掩, 將以禮天地神祇而致特達之用焉. 居貧欲仕, 續食四上, 卒無所就. 或勸其文章與時異, 則曰, 文不可以畔道也, 命不可以不俟也. 安能言不由中, 戾吾素學以輕悅於人哉, 竟不少易. 始予見其顚連窮困, 以爲天之於善人陰必相之, 將欲張之者必先翕之也, 今遂窮以死, 籲, 可哀也已. 元豐二年七月二十三日, 以疾終, 享年三十. 曾祖大理寺丞, 祖國子博士, 父未仕. 娶杜氏, 一男曰文孫, 一女曰安孫. 其年九月二十八日葬於長安縣善政鄉中臺村."

행하는 것일 뿐이다. 정성이 그 속에 있으면 반드시 밖으로 드러날 것이다"라고 하였다. 그는 항상 지극한 정성을 다했으며, 급박하거나 위태로운 상황에서도 그 가르침을 조금도 저버린 적이 없었다. 그 자질이 훌륭하고 더욱 발전하기를 좋아하는 것은 이뿐만이 아니다. 사람들은 그의 온화하고 깊은 덕성을 보고, 마치 훌륭한 옥이 바위 속에서 나오되 그 모난 부분이 아직 드러나지 않은 것처럼 여겨 마음으로 그를 사랑하였다. 덕 있는 자가 이를 다듬어 빛을 더하게 되면 그 광채를 숨길 수 없을 것이며, 하늘과 땅과 신령을 공경하니 특별히 두드러진 용도로 쓸 만한 인재였다. 그는 가난한 처지에서 관직에 나아가기를 원했으나, 여러 차례 도전해도 결국 그 뜻을 이루지 못했다. 혹자가 그의 글이 시대와 맞지 않다고 충고하였으나, "문장은 도에서 벗어나서는 안 되며, 운명은 기다리지 않을 수 없다. 어찌 진심에서 우러나지 않은 말을 하여 나의 본래 배운 바를 어기고 사람들의 가벼운 기쁨을 얻겠는가"라고 말하며, 자신의 소신을 조금도 바꾸지 않았다. 내가 그를 처음 보았을 때, 그는 곤궁에 빠져 있었으나 하늘은 착한 사람에게 은밀히 도움을 주는 법이라 여겼다. 하늘이 그를 크게 드러내고자 하면 반드시 먼저 움츠러들게 한다는 뜻이었다. 그러나 그는 결국 가난 속에서 생을 마감하였으니, 아, 슬프도다! 원풍 2년(1079) 7월 23일, 병으로 세상을 떠났으니 향년 30세였다. 증조부는 대리시승大理寺丞이었고, 조부는 국자감 박사였으며, 부친은 관직에 나아가지 못했다. 두씨杜氏와 혼인하여 아들 하나와 딸 하나를 두었는데, 아들의 이름은 문손文孫이고 딸의 이름은 안손安孫이다. 같은 해 9월 28일에 장안현長安縣 선정향善政鄉 중대촌中臺村에 안장되었다.

9. 종사도種師道(1051~1126)

* 〈행장行狀〉28) 요약:

자는 이숙彛叔이다. 경조京兆의 장안長安(지금의 섬서성 서안) 사람으로서 북송 말년의 장군이며, 대대로 군인 출신 집안의 후손이다. 본명은 건중建中인데, 건중정국建中靖國이라는 휘종徽宗의 연호를 피하여 사극師極으로 이름을 고쳤다가, 후에 휘종으로부터 사도師道라는 이름을 하사받았다. 북송 말년의 명장이다. 큰선비인 종방種放의 종증손從曾孫이고, 명장 종세형種世衡의 손자이다. 처음에는 문관직에 올랐으나 지략이 있어 무관직으로 바꾸었고, 서하의 침략을 막은 공이 있어 명장이 되어 '노종老種'이라 추앙받았다. 정강靖康 원년(1126~1127)에 금나라 군대가 남하하자, 조서를 받들어 경기京畿와 하북河北의 제치사制置使로 있으면서 금나라와 맞서 싸울 것을 주장하여 백성들의 두터운 신임을 받았다. 그렇지만 수도의 포위가 풀리게 되자 곧 병권이 해제되었다. 얼마 안 되어 76세의 나이로 작고하였다. 흠종欽宗이 친히 제사에 참석하고 조서를 내려 개부의동삼사開府儀同三司를 추증하였다. 그가 작고한 다음 해에 수도가 함락되었다. 건염建炎 연간(1127~1130)에 소보少保의 직위를 추증하고, 시호를 충헌忠憲이라 하였다.

---

28) 折彥質, 〈種師道行狀〉, "字彝叔. 京兆長安人, 北宋將領. 出身軍伍世家. 原名建中, 因爲避諱宋徽宗建中靖國的年號, 改名爲師極, 後被徽宗御賜名爲師道. 北宋末年名將. 大儒種放從曾孫名將種世衡之孫. 种師道初任文職, 因有謀略, 後改武職, 抵禦西夏有功, 成爲名將, 被尊稱爲老種. 靖康元年, 金兵南下, 他奉詔任京畿河北制置使, 力主抗金, 深得百姓擁戴, 京師解圍卽被解除兵權. 不久种師道病逝, 時年七十六歲, 欽宗親臨祭奠, 下詔追贈開府儀同三司. 种師道死後次年, 京師失守. 建炎中, 加贈少保, 謚曰忠憲."

* 『송사宋史』 「열전列傳」[29]:

종사도는 노련한 장수로 명성이 높아 금나라와 거란이 모두 그를 두려워했다.…… 송나라는 오대五代의 번진藩鎭의 폐단을 경계하여 문관으로 하여금 변강邊疆을 다스리게 하고 무사武士를 통솔하게 하였다. 그렇지만 군사 문제는 국가의 중대사인 만큼 평소 익숙한 사람이 아니면 위급하고 어려운 상황에서 결단을 내리기 어려운 법이다. 종씨種氏는 종세형種世衡이 청간靑澗에서 공을 세운 이래로 병사들을 잘 다스리고, 그 위엄이 강족羌族과 서하西夏를 떨게 하였다. 종씨 가문의 아들들은 모두 뛰어난 무장의 자질을 지녔으며, 종사도와 종사중種師中에 이르러 삼대三代에 걸쳐 산서山西의 명장으로 불리게 되었다. 휘종이 환관들을 등용하여 국경에서 갈등을 일으켰으며, 종사도의 말을 받아들이지도 않아 결국 남·북 간의 재앙의 기초를 쌓게 되었다. 금나라가 소수의 군대로 깊이 침입했을 때, 종사도는 서쪽 군대의 도착을 기다린 후 공격할 것을 청하며 상당上黨까지 진군했다. 종사중은 적의 후방으로 나아가 적을 포위할 것을 제안했으니 최상의 계책이라 할 만하다. 그러나 이강李綱과 허한許翰은 이것이 적을 두려워하여 피하는 것이라고 여기는 바람에 기회를 놓치게 되었고, 결국 대패하고 나라는 패망에 이르게 되었으니, 참으로 애석하구나.

---

29) 『宋史』, 卷335, 「列傳」第94, “种師道宿將, 有重名, 二敵所畏.……宋懲五季藩鎭之弊, 稍用逢掖治邊陲領介胄. 然兵勢國之大事, 非素明習, 而欲應變決策於急遽危難之際, 豈不僨哉. 種氏自世衡立功靑澗, 撫循士卒, 威動羌夏, 諸子俱有將材, 至師道師中已三世, 號山西名將. 徽宗任宦豎起邊釁, 師道之言不售, 卒基南北之禍. 金以孤軍深入, 師道請遲西師之至而擊之, 長驅上黨, 師中欲出其背以掩之, 可謂至計矣. 李綱許翰顧以爲怯緩逗撓, 動失機會, 遂至大衄, 而國隨以敗, 惜哉.”

10. 이복李復(1052~1128)

*『관학종전』[30]:

선생의 이름은 복復이며, 자는 이중履中이다. 대대로 개봉開封의 상부祥符에서 살았는데, 부친이 관우關右 지역에서 벼슬하게 되면서 장안長安 사람이 되었다. 원풍 2년(1079)에 진사가 되고 공을 쌓아 승진하여 중대부中大夫, 집영전集英殿 수찬修撰을 지냈다. 선생은 자줏빛 수염에 크고 잘생긴 눈을 가졌고, 기이한 기운을 풍겼으며, 병법에 관한 논의를 좋아했다. 책에 있어서는 읽지 않은 것이 없었고, 또한 시에도 능했다. 여대림과 범육 등 여타의 동문들에 비해 나이가 어렸으며, 장재의 문하에 나아가 후에 '귤수선생潏水先生'이라 불렸다. 숭녕崇寧 연간(1102~1106), 형서邢恕가 경원涇原 경략사經略使로 있으면서 변방의 전쟁에서 공을 세워 종묘를 비방한 죄를 씻으려 하였다. 이에 허언규許彦圭의 말을 받아들여 수레 전법을 사용하고, 배 500척을 만들어 곧바로 흥興과 영靈으로 진격하여 서하를 제압하자고 주청하였다. 이때 선생은 희하熙河 전운사轉運使로 있었는데 조서가 내려져 모든 결정이 그에게 위탁되었다. 선생은 변경에 있어서 수레 싸움의 불리함을 제시하였고, 조선造船하는 일을 그만둘 것을 간곡히 청하였다. 그의 말은 매우 충직하고 곧았다. 휘종徽宗은 진실을 알아차리고 명을 거두었다. 그 일과 관련된 상소문 2편이 문민공文敏公 홍매洪邁의 수필隨筆에 수록되어 있다. 하지만 끝내 변방 사무에 관한 의견이 맞지 않아 관직에서 물러났다. 그 후 금나라가 관중 지역을 침범하자, 선생은 늙고 병들어 집에 있었지만, 고종高宗이 옛 공덕을 믿고 억지로 그를 불러내어 진주秦州 지사를 맡게 하였다. 그러나 성은 텅 비고 병사도 없어서, 결국 선생은 난리

30) 『關學宗傳』, 卷6, 「李潏水先生」(王美鳳 編校, 『關學史文獻輯校』, 191쪽 所收).

중에 작고하였다. 저서로는 『휼수당집潏水堂集』 40권이 있다. 이 책은 건도乾道 연간(1165~1173)에 요주饒州에서 인쇄되었는데, 이것이 바로 주희가 말한 신주본信州本이다. 이후의 판본들은 많은 부분이 산실되어 온전하지 못하다.

先生諱復, 字履中, 世居開封祥符, 以父官關右, 遂爲長安人. 元豐二年, 第進士, 累官中大夫集英殿修撰. 紫髯修目, 負奇氣, 喜議兵. 於書無所不讀, 亦工詩. 於呂范諸子爲後輩, 然猶及橫渠之門, 學者稱爲潏水先生. 崇寧中, 邢恕爲涇原經略使, 謀立邊功以洗誣謗宗廟之罪, 因納許彦圭之說, 請用車戰法及造舟五百艘, 直抵興靈, 以控夏國. 時先生爲熙河運使, 詔下委之, 先生奏陳極邊車戰不利, 又乞罷造船事宜, 語極忠鯁. 徽宗感悟, 罷之. 兩疏載洪文敏公隨筆中. 已而卒以議邊事不合罷官. 後金人犯關中, 先生老病家居, 高宗以舊德強起之, 知秦中, 空城無兵, 卒死於難. 有潏水堂集四十卷, 乾道間刻於饒州, 朱子所謂信州本是也, 後多散本不完.

■ [필자 보완]: 『이복집李復集』이 중국 서북대학출판사에서 2012년에 간행되었다. 이 책은 점교點校 작업이 이루어져 있다. 이복은 장재가 작고한 후에 관학을 굳건히 지켜서 학술계에서 '관학정전關學正傳'으로 인정받았다.[31]

11. 장순민張舜民(?~1111년 전후)

* 『관학종전』[32]:

선생의 이름은 순민舜民이며, 자는 운수芸叟이다. 빈주邠州(지금의 섬서성 빈현) 출신으로서, 장재에게 배웠다. 경력慶曆 연간(1041~1048)에 범중엄이 선생의 저술을 보고 특이하다고 여겼다. 과거에 급제하여 양숭襄崇의 현령이 되었다. 왕안석이 신법을 시행할 때 선생은 상소하여 말하기를, "백성을 편하게 하려는 것이 오히려 백성을 고달프게 하고, 내부를 강하게 하려는 것이 오히려 내부를 약하게 하며, 나라를 부유하게 하려는 것이 오히려 나라를 궁핍하게

31) 『李復集』, 249쪽 참조.
32) 『關學宗傳』, 卷6, 「張芸叟先生」(王美鳳 編校, 『關學史文獻輯校』, 192~193쪽 所收).

했습니다. 당당한 천하가 어찌 소민小民과 이익을 다투겠습니까"라고 하였다. 당시 여론은 선생의 말을 지지하였다. 환경環慶 지역의 수령인 고준유高遵裕가 선생을 불러 기의문자機宜文字의 직책을 맡겼는데, 군중에서 시를 지어 비방하였다는 죄로 탄핵을 받아 침주郴州의 주세酒稅를 관리하는 자리로 좌천되었으나, 이후 사면되어 돌아왔다.

원우 초년에 사마광의 추천으로 시험에 응하여 비각교리秘閣校理가 되었고 감찰어사를 역임하기도 하였다. 선생은 상소를 올려 말하기를, "지금 서하西夏의 힘 있는 권신들이 서로 권력을 다투고 있으니 마땅히 군사를 일으켜 죄를 물어야 합니다"라고 하였다. 이 논의가 태사太師인 문언박文彦博(1006~1079)에게까지 연루되었으며, 이 일로 인해 선생은 좌천되어 등문고원登聞鼓院을 관리하게 되었다. 대간臺諫들이 연이어 상소하며 선생의 복직을 요청했으나 받아들여지지 않았다. 이후 선생은 괵주虢州의 통판通判에 임명되었으며, 진봉로秦鳳路의 형옥刑獄을 담당하는 관리에 임명되었다. 이후 금부원외랑金部員外郎과 비서소감秘書少監을 역임하였다. 선생은 요나라에 사신으로 가서 황태손 야율연희耶律延禧를 만났는데, 그가 명차名茶, 고화古畫, 음악, 미녀를 좋아하는 것을 보고 "40년 안에 반드시 장의조張義潮가 13주州를 거느리고 우리 조정에 귀순할 것이다"라고 예언하였다. 선생은 돌아온 후에 직비각直秘閣과 섬서로운사陝西路運使를 거쳐 섬주陝州의 지주知州가 되었다. 휘종이 즉위하자, 한충언韓忠彦이 좌상左相이 되고, 선생은 우간의대부右諫議大夫로 승진하였다. 재직 7일 만에 선생은 총 60개의 상소를 올려 섬서 지역의 문제, 하북 지역의 어려움 등을 매우 날카롭게 지적하였다.

얼마 후 이부시랑吏部侍郎 겸 시독侍讀에 임명되었다. 당시 한충언이 범순례范純禮를 우승右丞으로 추천하였으며, 유안세劉安世와 여희순呂希純을 불러 내직內職에서 근무하게 하였다. 그리고 선생을 구경九卿의 반열에 올려 조정의 품계를 새롭게 정돈하였다. 문하시랑門下侍郞 이청신李淸臣은 이를 시기하여 먼저 우승右丞 범순례를 면직시키고, 유안세를 정무定武로, 여희순을 고양高陽으로 보냈으며, 선생도 용도각龍圖閣 대제待制로 강등시켜 진정眞定의 지방관으로 내보냈다. 한충언도 이를 막을 수가 없었다. 우상右相인 증포曾布 역시 군자君子를 미워하였다. 때마침 범치허范致虛가 아뢰기를 "하북河北의 세 장군이 서로 연합하는 것은 사직社稷의 복이 아닌 것 같습니다"라고 하자, 유안세와 여희순을 같은 날 면직시키고, 선생 또한 동주同州로 전출시켰다. 선생은 사직하면서 올린 사표謝表에서 아뢰기를, "소성紹聖 연간(1094~1098)에 추방된 신하 중 금고禁錮된 자가 천 명을 넘고, 물과 육지로 추산하면 만 리가 넘습니다. 이러한 일은 고금에 들어본 적이 없는 것이니, 그 죄 또한 알지 못하겠습니다"라고 하였다. 선생은 이 일로 인해 비방죄를 얻어 직책을 박탈당하고, 악주鄂州의 지방관으로 전임되었다. 당시 이청신 또한 증포의 모함을 받아 대명부大名府의 지사로 좌천되었는데, 선생도 원우당적元祐黨籍에 걸려 초주단련사楚州團練使로 좌천되어 상주商州에 배치된 후 무려 5년이 지난 후에야 자유로운 몸이 되었다. 이후 집현전 수찬에 임명되었으나 사직하고 고향으로 돌아갔다. 고향에서는 문을 닫고 지내며 손님을 만나지도 않았으며, 때로는 짚신을 신고 여윈 말을 타고서 홀로 산사山寺 주위를 유유히 거닐었다. 음식은 소박한 밥 한 그릇으로 만족하였고, 그 밖에 다른 욕심이 없었다. 스스로 '부휴거사浮休居士'라 칭하였다. 사람들은 모두 그의 청렴한 덕행에 감탄하였다. 소흥 연간에 보문각寶文閣 직학사直學士에 추증되었다. 그의 저술로는 『부휴집浮休集』, 『화만집畫墁集』, 『침행록郴行錄』 등이 있다.

先生諱舜民, 字芸叟, 邠州人也, 從橫渠張子學. 慶曆中, 范文正公見其所作, 異之. 擧進士第, 爲襄崇令. 王荊公行新法, 先生上書言, "便民所以窮民, 強內所以弱內, 富國所以蹙國. 堂堂天下, 不應與小民爭利." 時論壯之. 環慶帥高遵裕闢掌機宜文字, 坐軍中作詩訕謗, 謫監郴州酒稅, 後以赦還.

元祐初, 以司馬溫公薦召試, 得祕閣校理. 除監察御史. 疏論, "西夏強臣爭權, 當興師問罪." 詞連太師文彥博, 左遷監登聞鼓院. 臺諫交章爭請還先生職名, 不報. 已而通判虢州, 提舉秦鳳路刑獄. 入爲金部員外郎祕書少監. 使遼, 見耶律延禧爲皇太孫, 所喜者名茶古畫音樂姬侍, 因著論, 以爲, "不四十年, 必有張義潮挈十三州以歸朝者." 及還, 除直祕閣陝西路運使, 知陝州. 徽宗立, 韓儀公忠彥爲左相, 擢右諫議大夫. 居職才七日, 所上事六十章, 極陳陝西之弊河北之困, 言多剴峭.
尋爲吏部侍郎兼侍讀. 時儀公引范公純禮爲右丞, 召劉公安世呂公希純還禁從, 以先生列九卿, 朝班有起色. 門下侍郎李淸臣恨之, 首罷右丞, 除安世帥定武, 希純帥高陽, 又出先生以龍圖閣待制知眞定, 儀公不能止也. 右相曾布亦惡諸君子, 范致虛乃奏曰, "河北三帥連橫, 恐非社稷之福." 於是安世希純同日報罷, 而先生亦以改同州. 謝表言"紹聖逐臣, 有禁錮者何止一千人. 計水陸者, 不啻一萬里. 古先未之或聞, 畢竟不知其罪"之語, 坐訕謗落職, 知鄂州. 淸臣時亦爲布所陷, 出守北京, 先生遂坐元祐黨籍, 謫楚州團練使商州安置, 凡五年, 許自便. 尋復集賢殿修撰, 致仕歸. 杜門自守, 不見賓客, 時或獨遊山寺, 芒鞋道履, 跨一羸馬, 所至從容. 飮食一甌澹飯, 更無他物, 自號浮休居士. 人皆服其淸德云. 紹興中, 贈寶文閣直學士. 有浮休集畫墁集郴行錄若干卷.

12. 설창조薛昌朝(생몰년 미상)

*『신당서新唐書』; 『산우석각총편山右石刻叢編』 참조:

"자는 경용景庸이며, 장재의 문하생이다. 전중승殿中丞에 임명되어 진秦, 봉鳳, 희熙, 하河 지방의 행정을 맡았다. 진양陳襄이 조정에 그를 천거하며, 그의 재능과 성품이 모두 뛰어나고, 법도를 엄정하게 지켜서 고위직[臺閣]에 임명할 만하다고 평하였다."[33]

"하동河東 만천萬泉 출신이다. 설숭薛嵩의 아들이다. 여러 차례 관직을 역임하여 어사御史로 근무했다. 관직이 보신군절도사保信軍節度使에 이르렀다."[34]

---

33) 『新唐書 · 宰相世系表』, "字景庸, 張載門人. 爲殿中丞, 充秦鳳熙河路勾當. 陳襄薦之於朝, 稱其才質俱美, 持法端正, 可置臺閣."

34) 胡聘之, 『山右石刻叢編』(山西: 三晉出版社, 2018), 卷7, 「薛嵩碑」, "河東萬泉人. 薛嵩子. 累官御史. 官至保信軍節度使."

13. 전유田腴(생몰년 미상)

*『송원학안』35):

북송시대 안구安邱(지금의 산동성 안구시) 출신이며, 자는 성백誠伯이다. 장재의 제자이다. 태학정太學正의 직책을 역임하였다. 불학佛學을 좋아하지 않았으며, 윤회설을 비판했다. 오로지 경서經書만을 중시하고 자학子學과 사학史學에는 관심이 없던 관점에 대해 반대하고, "세상만사를 넓게 배우고 상세하게 알고 난 뒤에 다시 간략하게 설명해야 한다"라고 하였다.

14. 소청邵淸(생몰년 미상)

*『송원학안』36):

송대 복주福州의 고전古田(지금의 복건생 고전현) 출신이며, 자는 언명彦明이다. 철종哲宗 원우 연간에 태학생太學生 가운데 10기사奇士 중 한 사람으로 불렸다. 장재로부터 『주역』을 배운 후에 더 이상 출세의 길에 연연하지 않았다. 옛 친구가 하남 지역의 책임자가 되어 그를 초빙했으나, 나아가지 않겠다고 사양하였다. 일찍이 팔행八行의 시험에 급제했다 하여 '팔행선생八行先生'으로 불렸다. 84세를 일기로 작고하였다.

---

35) 『宋元學案』, 卷31, 「呂范諸儒學案」, "北宋安邱人, 字誠伯. 張載學生. 曾任太學正. 不喜佛學, 力詆輪迴之學. 反對只專經書, 不治子史的觀點, 主張博學詳說, 然後反約."

36) 『宋元學案』, 卷31, 「呂范諸儒學案」, "宋福州古田人, 字彥明. 哲宗元祐間太學諸生十奇士之一. 嘗從張載學易, 遂不復出. 有故人爲河南尹, 召之, 辭不往. 嘗以八行舉, 人稱八行先生. 卒年八十四."

제15장 관학종전關學宗傳 해제 및 등재 인물

Ⅰ. 『관학종전』 해제

관학은 염학濂學, 낙학洛學, 민학閩學과 함께 북송대 신유학의 4대 학파 중 하나로 평가받고 있다. 그런데 낙학과 민학은 학문의 계승과 발전사가 분명하게 정리되지만, 관학과 염학은 학파적 계보가 불분명하다. 그렇지만 관학은 염학과는 달리 송·원·명·청 800여 년에 걸쳐 끊임없이 학문적 정체성을 이어 가며 변형 발전하였다.

'관학사關學史' 연구의 시초는 명대의 유학자 풍종오로부터 비롯되는데, 그는 『관학편』 4권을 저술했다. 그 후, 청대의 왕심경王心敬, 이원춘李元春, 하서린賀瑞麟, 백경위柏景偉 등이 이를 계속하여 보충하고 증정增訂하는 형식의 『관학속편關學續編』이 등장하였다. 이러한 문헌들은 관학 사상의 학파적 특징을 연구하는 데 있어서 대단히 중요한 자료를 제공한다.

그런데 민국 초기, 사천성四川省 성도成都 출신인 장기[1]가 관중 지역에 머물

---

1) 張驥(1874~1951): 이름은 先識, 자는 城甫, 四川省 雙流縣 출신이며, 의학자이다. 청나라 말기 陝西省 鳳翔縣을 비롯한 여러 지역에서 관료 생활을 역임하였으며, 民國시대에는 成都에 우거하며 더 이상 정치에 나아가지 않고 의약업에 종사하였다. 의학에 관한 수많은 저술을 남겼으며, 관직생활을 했던 관계로 『關學宗傳』, 『溫江縣誌』 등을 저술하거나 감수하기도 했다.

면서 관학 연구에 전념하였다. 장기는 『관학종전』 '자서自敍'에서 "아득히 끊어진 맥락, 이를 이어 갈 사람이 누구인가? 나는 관중에 머물며 관학에 관심을 두었다"[2]라고 하였다. 그는 관학이 쇠퇴한 지 이미 오래되었다고 한탄하며, 『관학편』과 『관학속편』을 비롯한 관학사 관련 저작들이 종류가 많지 않고 수집한 자료도 광범위하지 않다는 점을 염려하였다. 이에 그는 직접 유적지를 찾아다니면서 관련되는 1,300여 종류의 서책을 수집하고, 3년에 걸쳐 공들여 작업한 결과 『관학종전』을 완성하게 되었다. 그는 이 책에서 송대 장재에서부터 청말 백경위, 유광괴劉光蕡에 이르기까지 무려 240여 명의 학자를 수록하였다.

장기가 편찬한 『관학종전』은 약 25만 자로 이루어져 있으며, 1921년(민국 신유년) 섬서교육도서사陝西教育圖書社에서 처음으로 간행되었다. 이 책은 세상에 나온 이후 학계에서 그 학술적 가치를 충분히 인정받지 못했으며, 깊이 연구되지도 못했다. 그 후 2008년 사천대학출판사四川大學出版社에서 간행한 유장儒藏·사부史部, 『유림사전儒林史傳』(제64책)에 원래의 판본 그대로 구두점만 표기하여 수록되었다. 그리고 왕미봉王美鳳이 정리整理하고 편교編校하여 2015년에 서북대학출판사西北大學出版社에서 『관학사문헌집교關學史文獻輯校』가 간행되었다. 이 책에는 『관학편』, 『관학속편』, 『관학종전』이 함께 수록되어 있으며, 구두점과 인명, 지명, 서명 등의 표기가 비교적 정교하게 처리되어 있다.

『관학종전』에 수록된 학자들은 오로지 관중 지역에 거주한 사람으로 한정되고, 관중 지역 출신이라 하더라도 책의 편집 당시 살아 있던 사람은 제외하였다. 이 책은 총 56권으로 구성되어 있으며, 구체적으로는 송대宋代 6권, 금원대金元代 3권, 명대明代 21권, 청대淸代 26권이며, 그 외에 부록 2권이 있다. 총 243명의 학자 전기를 기록하였으며, 일부 학자들의 전기 말미에는 추가적인

2) 『關學宗傳』, '自敍', "茫茫絶緖, 繼續何人, 吾寓關中, 留心關學."

전기 자료를 두어 그들의 문인이나 제자를 언급하였는데, 부록까지 합쳐 총 273명의 명단을 수록하고 있다.

『관학종전』은 관학의 발전사를 체계적으로 보여 주었으며, 관학사의 인물 연구 범위를 크게 확장했으며, 일부 소중한 자료를 기록으로 보존했다는 점에서 의의가 있다.[3] 『관학종전』은 명 · 청대 이래 등장한 여러 관학사 관련 저작 중에서 가장 많은 인물을 다루고 있다. 이 책에서는 송대 학자 18명, 금 · 원대 학자 28명, 명대 학자 106명, 청대 학자 89명, 그리고 부록에서 다룬 후가侯可와 신안申顔을 포함하여 총 243명의 학자가 언급되어 있다. 이는 『관학편』과 여러 『관학속편』에서 언급된 인물보다 무려 170여 명이 더 많은 숫자다. 예를 들면 송대에는 장재의 직전直傳 제자인 반증, 이복, 장순민 3명과 기타 인물 5명이 추가되었다. 금 · 원대에는 장정張鼎, 원염員炎 등 19명이 추가되었다. 명대에는 상지尙志, 조진趙晉, 마귀馬貴, 왕요王姚, 성현盛顯, 이륜李倫, 유기劉璣, 해유일解惟一 등 무려 80여 명이 추가되었다. 청나라 시기에는 70여 명이 추가되었는데, 그중에는 이백李柏, 이인독李因篤, 주찬周燦, 이해李楷, 왕건후王建侯, 왕굉찬王宏撰, 하서린賀瑞麟, 백경위柏景偉, 유광괴劉光蕡 등이 두드러진다. 『관학종전』은 '학안체學案體' 형식의 편찬 방식을 도입하여 일부 학자들의 소중한 역사적 문헌 자료를 보존하였다. 『관학종전』 '예언십이칙例言十二則'에서 장기는 이 책의 편찬 방식에 대해 설명하면서, "여러 유학자의 학설이 전서에 기록되어 있으며, 문장과 어록의 아름다움이 이루 말할 수 없다. 여기서 그중 정밀하고 순수한 부분만을 가려서 엮었으며…… 〈중요한 부분은〉 원문을 그대로 베껴 실었고, 함부로 삭제하거나 첨가하지 않았다"[4]라고 하였다. 한마디로 말하여, 『관학

3) 王美鳳, 「『關學宗傳』的內容及其學術價值」, 『唐都學刊』 2016年 第5期 참조.
4) 『關學宗傳』, 「例言十二則」, "諸儒學說載在全書, 文章語錄美不勝收. 玆擇其精微純粹者著於編……均抄錄原文, 不敢妄加刪節."

종전』은 『관학편』과 『관학속편』 등으로 이어지는 관학사 정리 작업의 전통을 계승하면서도, 부족한 자료를 광범위하게 보완하였다는 점에서 커다란 의의가 있다. 이 책은 종래 이 방면 저술들의 자료 인용 부족의 문제를 대폭 보완하였다. 이는 관학사 연구를 심화하는 데 중요한 가치를 지닌다. 이 책은 종래 잊힌 학파의 성격이 강했던 관학파의 존재를 현재의 역사 시점에서 강력하게 소환하였으며, 향후 후속적인 연구 작업을 위한 기초 자료의 역할을 충분히 수행할 수 있다.

Ⅱ. 『관학종전』 등재 인물[5]

권1:

[1] 張載(1020~1077, 眉縣人): 諱는 載, 字는 子厚, 世稱 橫渠先生. [馮從吾][6]

권2:

[2] 張戩(1030~1076, 眉縣人): 諱는 戩, 字는 天祺, 張載의 아우. [馮從吾]

[3] 呂大忠(1025~1100, 藍田人): 諱는 大忠, 字는 進伯, 張載의 門人. [馮從吾]

[4] 呂大防(1027~1097, 藍田人): 諱는 大防, 字는 微仲, 謚號는 正愍, 呂大忠의 아우. [馮從吾-附]

권3:

[5] 呂大鈞(1031~1082, 藍田人): 諱는 大鈞, 字는 和叔, 呂大忠의 아우, 張載의

5) 이 장은 내용의 특성상 국한문 혼용 방식으로 표기하도록 한다. 『關學宗傳』에 수록된 학자들의 生沒年은 未詳이거나 잘못 알려진 경우가 많다. 필자는 여기서 未詳으로 되어 있는 상당수 학자들의 生沒年을 보충하였고, 잘못 표기된 경우를 바로잡았다.

6) 馮從吾, 『關學編』(明), 天啓辛酉刊本(1621年).

門人. [馮從吾]

권4:

[6] 呂大臨(1040~1092, 藍田人): 諱는 大臨, 字는 與叔, 號는 芸閣, 呂大忠의 아우, 張載의 門人. [馮從吾]

권5:

[7] 蘇昞(1053~1104, 武功人): 諱는 昞, 字는 季明, 張載의 門人. [馮從吾]
[8] 范育(?~1093년 전후, 三水人): 諱는 育, 字는 巽之, 張載의 門人. [馮從吾]
[9] 侯師聖(華陰人): 諱는 師聖, 字는 仲良. [馮從吾]

권6:

[10] 游師雄(1038~1097, 武功人): 諱는 師雄, 字는 景叔, 張載의 門人. [李元春][7]
[11] 潘拯(關中人): 諱는 拯, 字는 康仲, 張載의 門人.
[12] 李復(1052~1128, 長安人): 諱는 復, 字는 履中, 世稱 潏水先生, 張載의 門人.
[13] 張舜民(?~1111년 전후, 邠州人): 諱는 舜民, 字는 芸叟, 號는 浮休居士 또는 矴齋, 張載의 門人.
[14] 呂義山(藍田人): 諱는 義山, 字는 子居, 呂大鈞의 아들, 二程의 門人.
[15] 游嶬(武功人): 諱는 嶬, 游師雄의 아들.
[16] 劉愿(天水人): 諱는 愿, 二程의 門人. [馮從吾]
[17] 王湜(同州人): 諱는 湜, 邵雍의 학문을 깊이 연구하였음.
[18] 郭緖(蒲城人): 諱는 緖, 字는 天錫.

권7:

[19] 楊天德(1180~1258, 高陵人): 諱는 天德, 字는 君美, 謚號는 莊敏. [馮從吾]
[20] 景覃(華陰人): 諱는 覃, 字는 伯仁, 自號는 渭濱野叟.
[21] 張建(蒲城人): 諱는 建, 字는 吉甫.

---

7) 李元春, 『關學續編』(淸), 道光庚寅蒙天庥鐫刻本(1830年).

[22] 張鼎(高陵人): 諱는 鼎, 字는 君寶.

[23] 楊奐(1186~1255, 乾州人): 諱는 奐, 字는 煥然, 號는 紫陽, 謚號는 文憲. [馮從吾]

[24] 宋規(長安人): 諱는 規, 字는 漢臣, 世稱 鑑山先生이라 함. [馮從吾-附]

[25] 員炎(同州人): 諱는 炎, 字는 善卿.

권8:

[26] 楊恭懿(1225~1294, 高陵人): 諱는 恭懿, 字는 元甫, 號는 潛齋, 謚號는 文康. [馮從吾]

[27] 楊寅(高陵人): 諱는 寅, 字는 敬伯, 楊恭懿의 아들.

[28] 劉季偉(秦人): 諱는 季偉, 號는 存齋, 許衡의 門人, 劉安中과 더불어 '二劉'로 불림.

[29] 劉安中(秦人): 諱는 安中, 許衡의 門人, 劉季偉와 더불어 '二劉'로 불림.

[30] 王楫(朝邑人): 諱는 楫, 號는 濟川, 許衡의 門人.

[31] 賀勝(鄠縣人): 諱는 勝, 字는 貞卿, 謚號는 忠宣, 許衡의 門人, 奉元王 賀仁杰의 아들.

[32] 雷禧(高陵人): 諱는 禧.

[33] 呂域(關中人): 諱는 域, 字는 伯充, 謚號는 文穆, 許衡의 門人. [馮從吾-附]

권9:

[34] 郝鼎臣(1190~1275, 韓城人): 諱는 鼎臣, 字는 巨卿, 金나라 시기에 장원급제함.

[35] 岳崧(郃陽人): 諱는 崧, 號는 景山.

[36] 蕭㪺(1230~1307, 奉元人): 諱는 㪺, 字는 維斗, 號는 勤齋, 謚號는 貞敏, 元나라 儒臣. [馮從吾]

[37] 同恕(1253~1331, 奉元人): 諱는 恕, 字는 寬甫, 號는 榘菴, 謚號는 文貞. [馮從吾]

[38] 韓擇(奉元人): 諱는 擇, 字는 從善, 元나라 유학자. [馮從吾]

[39] 第五居仁(涇陽人): 諱는 居仁, 字는 士安, 號는 靜安, 同恕의 門人. [馮從吾]

[40] 程瑁(涇陽人): 諱는 瑁, 字는 君用, 號는 悅古. [馮從吾]

[41] 〈附〉李子敬(三原人): 諱는 子敬, 字는 恭甫, 의로운 일을 많이 행하여 조정에서 義士로 칭함. [馮從吾-附]

[42] 石伯元(京兆人): 諱는 伯元.

[43] 侯均(蒲城人): 諱는 均, 字는 伯仁, 世稱 侯曾子라 함. [馮從吾]

[44] 唐堃(富平人): 諱는 堃, 世稱 犀峰先生.

[45] 第五昌言(富平人): 諱는 昌言. [馮從吾]

[46] 董立(咸寧人): 諱는 立, 字는 植夫, 謚號는 文定.

[47] 馮琝(涇陽人): 諱는 琝, 字는 允莊.

권10:

[48] 尙志(同州人): 諱는 志, 字는 士行.

[49] 趙晉(蒲城人): 諱는 晉 또는 寅, 字는 孟暘.

[50] 馬巨江(蒲城人): 諱는 巨江.

[51] 馬貴(三原人): 諱는 貴, 字는 尙賓, 號는 靖川.

[52] 雒守一(三原人): 諱는 守一, 字는 執中.

[53] 段堅(1419~1484, 蘭州人): 諱는 堅, 字는 可久, 처음 號는 柏軒, 후에 容思로 변경. [馮從吾]

[54] 張傑(鳳翔人): 諱는 傑, 字는 立夫, 號는 默齋. [馮從吾]

[55] 周蕙(秦州人): 諱는 蕙, 初名은 檜, 字는 廷芳, 號는 小泉. [馮從吾]

[56] 〈附〉王爵(秦州人): 諱는 爵, 字는 錫之, 周蕙의 門人.

[57] 張鼎(咸寧人): 諱는 鼎, 字는 大器, 號는 自在道人. [馮從吾]

[58] 〈附〉張鋭(秦州人): 諱는 鋭, 字는 抑之, 張元禎의 門人. [馮從吾-附]

[59] 王盛(韓城人): 諱는 盛, 字는 懋德, 號는 竹室, 薛瑄의 門人.

[60] 孫輸(韓城人): 諱는 輸, 薛瑄의 門人.

[61] 宋玉(長安人): 諱는 玉, 字는 廷珍.

[62] 李錦(咸寧人): 諱는 錦, 字는 在中, 號는 介菴. [馮從吾]

[63] 李錦(渭南人): 諱는 錦, 字는 仲白, 號는 龍坡. [馮從吾-附]

[64] 姚顯(咸陽人): 諱는 顯, 字는 微之.

[65] 李崙(臨潼人): 諱는 崙, 字는 世瞻, 號는 靜菴.

권11:

[66] 劉璣(咸寧人): 諱는 璣, 字는 用齊, 號는 近山.

권12:

[67] 薛敬之(1435~1508, 渭南人): 諱는 敬之, 字는 顯思, 號는 思菴. [馮從吾]

권13:

[68] 鄭安(肅州人): 諱는 安, 號는 處善, 周蕙의 門人.

[69] 吉人(長安人): 諱는 人, 字는 惟正, 薛敬之의 門人.

[70] 周尙禮(高陵人): 諱는 尙禮, 字는 節之.

[71] 〈附〉 周紹(高陵人): 諱는 紹, 號는 克述, 周尙禮의 아들.

[72] 孫昂(高陵人): 諱는 昂, 字는 廷擧.

[73] 程吉(高陵人): 諱는 吉, 字는 汝修, 號는 東軒.

[74] 趙章(延安衛人): 諱는 章, 字는 俊宇.

권14:

[75] 王恕(1416~1508, 三原人): 諱는 恕, 字는 宗貫, 號는 介菴 또는 石渠, 諡號는 端毅.

권15:

[76] 王承裕(1465~1538, 三原人): 諱는 承裕, 字는 天宇, 號는 平川, 諡號는 康僖, 王恕의 아들. [馮從吾]

[77] 李伸(1471~?, 三原人): 諱는 伸, 字는 道甫.

[78] 趙瀛(三原人): 諱는 瀛, 字는 文海, 王承裕의 門人.

[79] 雒昂(1523年 進士, 三原人): 諱는 昂, 字는 仲俛, 號는 三谷.

[80] 秦偉(三原人): 諱는 偉, 字는 世觀.

권16:

[81] 呂柟(1479~1542, 高陵人): 諱는 柟, 字는 仲木, 號는 涇野. [馮從吾]

권17:

[82] 廉介(白水人): 諱는 介, 號는 淸夫.

[83] 楊本源(膚施人): 諱는 本源, 字는 叔用.

[84] 吉士(高陵人): 諱는 士, 字는 廷藹.

[85] 權世用(高陵人): 諱는 世用, 號는 仲行.

[86] 高璽(高陵人): 諱는 璽, 號는 國信, 呂柟의 門人.

[87] 張雲霄(高陵人): 諱는 雲霄 또는 霄, 號는 伯需.

[88] 韋鸞(宜君人): 諱는 鸞, 字는 仲禽, 呂柟의 門人.

[89] 李洙(高陵人): 諱는 洙, 號는 師魯, 呂柟의 門人.

[90] 崔官(高陵人): 諱는 官, 字는 仲學.

[91] 墨達(高陵人): 諱는 達, 字는 時顯

[92] 原動(蒲城人): 諱는 動, 字는 次放.

[93] 艾希醇(1535年 進士, 생몰년 미상, 米脂人): 諱는 希醇, 字는 治伯 또는 西麓.

[94] 呂潛(1517~1578, 涇陽人): 諱는 潛, 字는 時見, 號는 愧軒, 呂柟의 門人. [馮從吾]

[95] 張節(涇陽人): 諱는 節, 字는 介夫, 號는 石谷. [馮從吾-附]

[96] 李挺(鹹寧人): 諱는 挺, 字는 正立, 呂柟의 門人. [馮從吾-附]

권18:

[97] 馬理(1474~1555, 三原人): 諱는 理, 字는 伯循, 號는 谿田, 諡號는 忠憲, 馬貴의 아들. [馮從吾]

[98] 〈附〉 何永達(河州人): 諱는 永達, 字는 成章, 號는 拙菴.

[99] 〈附〉 楊守信(高陵人): 諱는 守信, 字는 大寶, 號는 對川.

[100] 〈附〉 任舜臣(三原人): 諱는 舜臣, 字는 承華.

[101] 〈附〉 周廷(三原人): 諱는 廷, 字는 公所.

[102] 張原(三原人): 諱는 原, 字는 士元, 號는 玉坡.

권19:

[103] 韓邦奇(1479~1555, 朝邑人): 諱는 邦奇, 字는 汝節, 號는 苑洛, 諡號는 恭簡. [馮從吾]

[104] 〈附〉 韓邦靖(1488~1523, 朝邑人): 諱는 邦靖, 字는 汝慶, 號는 五泉, 韓邦奇의 아우.

[105] 〈附〉 張世榮(朝邑人): 諱는 世榮, 字는 仁亨, 韓邦奇의 外孫, 외조부의 학문 계승.

[106] 〈附〉 樊得仁(朝邑人): 諱는 得仁, 字는 恕夫, 韓邦奇의 門人.

[107] 〈附〉 趙天秩(朝邑人): 諱는 天秩, 字는 仲禮.

[108] 〈附〉 趙瓘(朝邑人): 諱는 瓘, 字는 汝完 또는 貢士, 號는 西河子.

[109] 馬自強(1513~1578, 同州人): 諱는 自強, 字는 體乾, 號는 幹菴, 諡號는 文莊.

[110] 〈附〉 盛訥(潼關人): 諱는 訥, 字는 敏叔, 諡號는 文定.

권20:

[111] 楊爵(1493~1549, 富平人): 諱는 爵, 字는 伯修, 號는 斛山, 諡號는 忠介. [馮從吾]

[112] 〈附〉 由天性(富平人): 諱는 天性, 字는 純夫, 楊爵의 門人.

[113] 〈附〉 紀中夫(富平人): 諱는 中夫.

[114] 〈附〉 張本禮(富平人): 諱는 本禮.

권21:

[115] 南大吉(1487~1541, 渭南人): 諱는 大吉, 字는 元善, 號는 瑞泉, 王守仁의 문인. [馮從吾]

[116] 南逢吉(1494~1574, 渭南人): 諱는 逢吉, 字는 元貞 또는 元命, 號는 姜泉, 南大吉의 아우.

[117] 尙班爵(同州人): 諱는 班爵, 字는 宗周.

권22:

[118] 昝如心(三原人): 諱는 如心, 字는 子推, 천성이 영민했으나 29세에 작고함.

[119] 張士珮(韓城人): 諱는 士珮, 號는 濾濱.

[120] 郭郛(涇陽人): 諱는 郛, 字는 惟藩, 號는 蒙泉. [馮從吾]

[121] 薛亨(韓城人): 諱는 亨, 字는 道行.

[122] 王之士(1528~1590, 藍田人): 諱는 之士, 字는 欲立, 號는 秦關. [馮從吾]

[123] 張鑑(涇陽人): 諱는 鑑, 字는 孔昭, 號는 湛川. [王心敬][8]

[124] 樊天敘(西安人): 諱는 天敘, 字는 敦夫, 처음 號는 看山, 후에 與楓으로 변경.

[125] 劉儒(中部人): 諱는 儒, 字는 以聘. [李元春]

[126] 衛王道(韓城人): 諱는 王道, 字는 宗極.

[127] 解惟一(韓城人): 諱는 惟一, 字는 守中, 號는 健吾.

권23:

[128] 劉璽(宜川人): 諱는 璽, 字는 廷節, 號는 一軒. [李元春]

[129] 劉子諴(宜川人): 諱는 子諴, 字는 伯明. [李元春]

[130] 劉子誠(宜川人): 諱는 子誠, 字는 叔貞, 劉子諴의 아우. [李元春 - 附]

권24:

[131] 馮從吾(1557~1627, 長安人): 諱는 從吾, 字는 仲好, 號는 少墟, 謚號는 恭定. [王心敬], [李元春 · 劉得炯 撰]

권25:

[132] 孫丕揚(1531~1614, 富平人): 諱는 丕揚, 字는 叔孝, 號는 立山, 謚號는 恭介.

[133] 周傳誦(西安左衛人): 諱는 傳誦, 字는 淑遠, 馮從吾의 門人. [王心敬 - 附]

[134] 楊楠(岐山人): 諱는 楠, 字는 伯直.

[135] 楊春芳(三原人): 諱는 春芳, 字는 伯盛.

---

8) 王心敬, 『關學續編』(淸), 王承烈 參訂, 周元鼎增修本, 嘉慶 七年(1802年).

[136] 姚衍中(延安人): 諱는 衍中, 字는 欽印.

권26:

[137] 趙應震(膚施人): 諱는 應震, 號는 廉夫. [李元春]

[138] 盛以弘(1535年 進士, 潼關人): 諱는 以弘, 字는 子寬. [李元春]

[139] 党還醇(1625年 進士, 三原人): 諱는 還醇, 字는 子眞, 馮從吾의 門人. [王心敬－附]

[140] 白希彩(同州人): 諱는 希彩, 馮從吾의 門人. [王心敬－附]

[141] 劉波(隴州人): 諱는 波, 字는 澄源, 馮從吾의 門人. [王心敬－附]

[142] 張國祥(臨潼人): 諱는 國祥, 字는 百善, 號는 居白. [李元春]

[143] 楊復亨(咸寧人): 諱는 復亨, 字는 季泰. [李元春]

[144] 李映林(富平人): 諱는 映林, 字는 暉天.

[145] 高愉(韓城人): 諱는 愉, 字는 泰吾.

[146] 吳多瑜(高陵人): 諱는 多瑜, 字는 崐毓.

[147] 王茂麟(蒲城人): 諱는 茂麟, 字는 仁蒼. [李元春]

[148] 劉濯冀(華陰人): 諱는 濯冀, 字는 中白.

[149] 晉賓王(韓城人): 諱는 賓王, 字는 德明, 號는 龍皤.

[150] 張本德(華州人): 諱는 本德.

[151] 朱蘊奇(西安右護衛人): 諱는 蘊奇, 字는 子節.

[152] 王之良(華陰人): 諱는 之良, 號는 虞卿.

[153] 史贊袞(安定人): 諱는 贊袞, 字는 星爛.

[154] 楊梧(涇陽人): 諱는 梧, 字는 鳳閣 또는 嶧珍, 號는 念劬.

[155] 周祚永(臨潼人): 諱는 祚永, 馮從吾의 門人.

[156] 祝萬齡(長安人): 諱는 萬齡, 馮從吾의 門人.

[157] 焦源溥(?～1643, 三原人): 諱는 源溥, 字는 涵一.

[158] 喬巍(三原人): 諱는 巍, 字는 維嶽.

[159] 房建極(三原人): 諱는 建極, 字는 秉中.

권27:

[160] 張舜典(1557~1629, 鳳翔人): 諱는 舜典, 字는 心虞, 號는 雞山. [王心敬], [李元春]

권28:

[161] 溫純(1539~1607, 三原人): 諱는 純, 字는 希文, 처음 號는 一齋, 후에 亦齊로 변경, 諡號는 恭毅.

[162] 溫予知(三原人): 諱는 予知, 號는 無知, 溫純의 長子. [李元春]

[163] 溫日知(三原人): 諱는 日知, 字는 與恕, 溫純의 仲子. [李元春-附]

[164] 馬樸(同州人): 諱는 樸, 字는 敦若, 號는 淳宇, 馬自強의 아들.

[165] 馬嗣煜(同州人): 諱는 嗣煜, 字는 元昭 또는 空明, 號는 二岑, 馬樸의 아들. [王心敬]

권29:

[166] 文翔鳳(1610年 進士, 三水人): 諱는 翔鳳, 字는 天瑞, 號는 太青.

권30:

[167] 王徵(1571~1644, 涇陽人): 諱는 徵, 字는 良甫, 號는 葵心 또는 了一道人, 諡號는 端節. [王心敬]

[168] 單允昌(蒲城人): 諱는 允昌, 字는 發之, 號는 元洲. [王心敬-附]

[169] 〈附〉 單允蕃(蒲城人): 諱는 允蕃, 字는 茂之, 單允昌의 아우.

[170] 王侶(蒲城人): 諱는 侶, 字는 仲襄, 號는 再復.

권31:

[171] 李顒(1627~1705, 盩厔人): 諱는 顒, 字는 中孚, 世稱 二曲先生. [王心敬], [李元春]

권32:

[172] 李柏(1630~1700, 眉縣人): 諱는 柏, 字는 雪木.

[173] 李因篤(1631~1692, 富平人): 諱는 因篤, 字는 子德 또는 天生.

권33:

[174] 白煥彩(1607~1684, 同州人): 諱는 煥彩, 字는 含章, 號는 泊如. [王心敬-附]

[175] 王化泰(蒲城人): 諱는 化泰, 號는 省菴. [王心敬-附]

[176] 党湛(同州人): 諱는 湛, 字는 子澄. [王心敬-附]

[177] 張珥(同州人): 諱는 珥, 號는 敦菴. [王心敬-附]

[178] 周燦(臨潼人): 諱는 燦, 字는 澹園, 號는 星公.

[179] 惠思誠(盩厔人): 諱는 思誠, 字는 含眞.

권34:

[180] 李楷(1603~1670, 朝邑人): 諱는 楷, 字는 叔則 또는 岸翁, 世稱 河濱夫子.

권35:

[181] 王建常(1615~1701, 朝邑人): 諱는 建常, 初名은 建侯, 字는 仲復, 號는 復齋. [王心敬-附], [李元春]

권36:

[182] 郭肯獲(朝邑人): 諱는 肯獲, 號는 穉仲. [李元春-附]

[183] 關中俊(朝邑人): 諱는 中俊, 字는 遜伯, 號는 獨鶴. [李元春-附]

[184] 雷於霖(朝邑人): 諱는 於霖, 字는 午天.

[185] 文應熊(三水人): 諱는 應熊, 字는 夢葉, 號는 平人 또는 抱愧子.

[186] 康體謙(郃陽人): 諱는 體謙, 字는 受之, 號는 立齋.

[187] 楊仕顯(蒲城人): 諱는 仕顯, 字는 明卿.

[188] 劉餘敞(高陵人): 諱는 餘敞, 字는 子元.

[189] 王宏度(咸寧人): 諱는 宏度, 號는 文含. [李元春]

[190] 譚達蘊(城固人): 諱는 達蘊, 號는 士奇. [李元春]

[191] 龔廷擢(南鄭人): 諱는 廷擢, 字는 若晦. [李元春-附]

[192] 王宏學(華陰人): 諱는 宏學, 號는 而時. [李元春]

[193] 〈附〉 王宏嘉(華陰人): 諱는 宏嘉, 字는 玉質, 號는 雲隱, 王宏學의 아우.

[194] 白補宸(1618~1689, 淸澗人): 諱는 補宸, 字는 袞五, 號는 慈庵.

권37:

[195] 王宏撰(1622~1702, 華陰人): 諱는 宏撰, 號는 無異 또는 山史, 王宏學과 王宏嘉의 아우.

권38:

[196] 楊屾(1688~1785, 興平人): 諱는 屾, 字는 雙山.

[197] 〈附〉 鄭世鐸(長安人): 諱는 世鐸, 楊屾의 門人.

[198] 〈附〉 齊倬(臨潼人): 諱는 倬, 楊屾의 門人.

[199] 〈附〉 劉夢維(富平人): 諱는 夢維, 楊屾의 門人.

권39:

[200] 王心敬(1656~1738, 鄠縣人): 諱는 心敬, 字는 爾緝, 號는 豐川. [王心敬-『周元鼎續傳』 所收][9], [李元春]

권40:

[201] 馬棫土(同州人): 諱는 棫土, 字는 相九, 馬嗣煜의 아들. [王心敬-附], [李元春]

권41:

[202] 王吉相(1645~1689, 邠州人): 諱는 吉相, 字는 天如, 號는 古豳病夫. [王心敬-附]

---

9) 『周元鼎續傳』은 원래 王心敬의 『關學續編』에는 없던 것이나, 澧西草堂에서 『三原周元鼎續傳』이라는 서명으로 간행되었다.

권42:

[203] 李士璸(同州人): 諱는 士璸, 字는 文伯, 號는 玉山逸史. [王心敬－附]

[204] 蔡啓允(天水人): 諱는 啓允, 字는 紹元, 號는 癡癡生, 世稱 溪嚴先生. [王心敬－附]

[205] 〈附〉 蔡啓賢(天水人): 諱는 啓賢, 號는 琴齋, 蔡啓允의 아우.

[206] 張承烈(武功人): 諱는 承烈, 字는 爾音, 號는 澹菴. [王心敬－附]

[207] 張志垣(武功人): 諱는 志垣, 號는 伯欽, 張承烈의 아들.

[208] 楊堯階(洛南人): 諱는 堯階, 李顒의 門人. [王心敬－附]

[209] 〈附〉 楊舜階(洛南人): 諱는 舜階, 楊堯階의 아우, 李顒의 門人. [王心敬－附]

[210] 李玏(三原人): 諱는 玏, 字는 重五. [王心敬－附]

[211] 羅魁(咸寧人): 諱는 魁, 字는 仲修 또는 文燦. [王心敬－附]

[212] 文佩(涇州人): 諱는 佩, 字는 鳴廷. [王心敬－附]

[213] 王承烈(1666~1729, 涇陽人): 諱는 承烈, 字는 遜功, 號는 復菴, 王徵의 曾孫. [王心敬－附], [賀瑞麟]

[214] 孫長階(富平人): 諱는 長階.

[215] 賈締芳(韓城人): 諱는 締芳, 字는 懷伯, 李顒의 門人.

[216] 高世弼(韓城人): 諱는 世弼, 字는 五紘, 李顒의 門人.

[217] 〈附〉 程伊藻(韓城人): 諱는 伊藻, 李顒의 門人.

[218] 〈附〉 強嶽立(韓城人): 諱는 嶽立, 李顒의 門人.

[219] 李修(寶雞人): 諱는 修, 字는 汝欽.

[220] 惠龗嗣(富平人): 諱는 龗嗣, 字는 少靈.

[221] 康乃心(1643~1707, 郃陽人): 諱는 乃心, 字는 孟謀, 號는 太乙 또는 恥齋.

[222] 劉曾(臨潼人): 諱는 曾, 字는 魯如, 號는 省菴.

[223] 馬逢年(同州人): 諱는 逢年, 字는 仲足.

[224] 〈附〉 馬棫(同州人): 諱는 棫, 字는 慄若.

[225] 寧維垣(蒲城人): 諱는 維垣, 字는 靜默.

[226] 屈琚(蒲城人): 諱는 琚, 字는 佩玉.

권43:

[227] 康呂賜[10](1644~1731, 武功人): 諱는 呂賜, 字는 復齋, 號는 一峯.

[228] 宋振麟(淳化人): 諱는 振麟, 字는 子楨.

[229] 原鍾河(蒲城人): 諱는 鍾河, 號는 六一.

[230] 原永貞(蒲城人): 諱는 永貞, 字는 芥夫, 號는 芡洲.

[231] 文岐豐(韓城人): 諱는 岐豐, 字는 西周.

[232] 秦鎬(郃陽人): 諱는 鎬, 字는 宅五, 號는 澹菴.

[233] 劉鳴珂(1666~1727, 蒲城人): 諱는 鳴珂, 字는 伯容, 號는 誠齋. [賀瑞麟][11]

[234] 上官章(乾州人): 諱는 章, 字는 闇然.

[235] 田種玉(城固人): 諱는 種玉.

권44:

[236] 張秉直(1695~1761, 澄城縣人): 諱는 秉直, 字는 含中, 號는 蘿谷. [賀瑞麟]

권45:

[237] 史調(1697~1747, 華陰人): 諱는 調, 字는 匀五, 號는 復齋 또는 雲臺山人. [賀瑞麟]

권46:

[238] 緱燧(鄜州人): 諱는 燧, 字는 高擧, 號는 拙菴.

[239] 緱山鵬(鄜州人): 諱는 山鵬, 號는 息園, 緱燧의 아들.

[240] 周夢熊(臨潼人): 諱는 夢熊, 王心敬의 門人.

[241] 党思睿(高陵人): 諱는 思睿.

[242] 李夢弼(寶雞人): 諱는 夢弼, 字는 元輔, 號는 渭村居士.

[243] 康無疾(郃陽人): 諱는 無疾, 字는 百藥, 號는 復齋, 李顒의 門人, 康乃心의 아들.

---

10) 『關學宗傳』의 원문에는 '康履賜'로 표기되어 있으나 '康呂賜'의 誤記이다.

11) 賀瑞麟, 『關學續編』, 光緖壬辰本(1892年).

권47:

[244] 孫景烈(1706~1782, 武功人): 諱는 景烈, 字는 孟揚 또는 競若, 號는 酉峯. [李元春]

권48:

[245] 劉紹攽(1707~1778, 三原人): 諱는 紹攽, 字는 繼貢 또는 九畹.

권49:

[246] 王巡泰(1722~1793, 臨潼人): 諱는 巡泰, 字는 岱宗, 號는 零川. [李元春]

권50:

[247] 薛韞(雒南人): 諱는 韞, 字는 叔芳, 號는 尺菴.

[248] 胡瑞(秦州人): 諱는 瑞, 字는 子敬.

[249] 張洲(武功人): 諱는 洲, 字는 萊峯, 號는 南林子.

[250] 王傑(韓城人): 諱는 傑, 字는 偉人 또는 惺園, 謚號는 文端.

[251] 李法(大荔人): 諱는 法, 字는 維則, 號는 南槐.

[252] 賈天祿(1726~1782, 吳堡人): 諱는 天祿, 字는 來靑, 號는 學山.

[253] 張德潤(武功人): 諱는 德潤, 孫景烈의 門人.

[254] 楊橋(乾州人): 諱는 橋, 字는 漢升, 孫景烈의 門人.

[255] 馬友蘭(乾州人): 諱는 友蘭, 字는 素天, 孫景烈의 門人.

권51:

[256] 李元春(1769~1854, 朝邑人): 諱는 元春, 字는 仲仁 또는 又育, 號는 時齋, 世稱 桐閣先生. [賀瑞麟]

권52:

[257] 路德(1784~1851, 盩厔人): 諱는 德, 字는 閏生, 號는 鷺州.

[258] 李石(蒲城人): 諱는 石, 字는 友擯.

[259] 王鳳翔(蒲城人): 諱는 鳳翔, 字는 雲衢.

[260] 羅焜(鄜州人): 諱는 焜.

[261] 緱家駿(鄜州人): 諱는 家駿, 字는 子淵, 號는 環谷.

[262] 鄭士范(1795~1873, 鳳翔人): 諱는 士范, 字는 伯法, 號는 冶亭. [賀瑞麟]

[263] 寇守信(長安人): 諱는 守信, 字는 允臣, 號는 潛溪.

권53:

[264] 楊樹椿(1819~1874, 朝邑人): 諱는 樹椿, 字는 仁甫, 號는 損齋. 李元春의 門人. [賀瑞麟]

[265] 〈附〉 趙鳳昌(大荔人): 諱는 鳳昌, 字는 仲丹, 號는 宏齋, 李元春의 門人.

[266] 〈附〉 張元善(大荔人): 諱는 元善, 字는 葆初. 楊樹椿의 門人.

[267] 〈附〉 李蔚坤(華陰人): 諱는 蔚坤, 字는 匪莪, 楊樹椿의 門人.

[268] 王會昌(朝邑人): 諱는 會昌, 字는 熾侯, 號는 鐵峯.

권54:

[269] 賀瑞麟(1824~1893, 三原人): 諱는 瑞麟, 字는 角生, 號는 復齋.

권55:

[270] 柏景偉(1831~1891, 長安人): 諱는 景偉, 字는 子俊, 號는 忍菴 또는 灃西老農.

권56:

[271] 劉光蕡(1843~1903, 咸陽人): 諱는 光蕡, 字는 煥唐, 號는 古愚, 晩年에는 瞽魚라 함.

[부록]

[272] 侯可(1008~1079, 華陰人): 諱는 可, 字는 無可, 선조는 太原人, 후에 華陰으로 이주함. 선생의 누나는 程氏 형제의 어머니인 侯夫人이다.

[273] 申顔(華陰人): 諱는 顔, 侯可와 莫逆交友. 張載보다 조금 앞선 시대에

侯可와 더불어 莫逆之交를 나누며, 관중 지역에 많은 영향을 끼침.

*[필자 보충]

牛兆濂(1867~1937, 藍田人): 字는 夢周, 號는 藍川, 賀瑞麟의 門人, 關中 최후의 大儒로 평가받음.

[宋代 이전 인물]

※『關學編』(馮從吾)

[1] 秦祖(?~?, 秦人): 諱는 祖, 字는 子南, 孔門弟子.

[2] 燕伋(前541~前476, 秦人): 諱는 伋, 字는 子思, 孔門弟子.

[3] 石作蜀(前519~前479, 秦人): 諱는 作蜀, 字는 子明, 孔門弟子.

[4] 壤駟赤(?~?, 秦人): 諱는 赤, 字는 子從, 孔門弟子.

※『關學續編』(王心敬)

[1] "聖人" 伏羲

[2] "商" 泰伯仲雍

[3] "商" 文王

[4] "周" 武王

[5] "周" 周公

[6] "漢" 董仲舒

[7] "漢" 楊震

[8] "漢" 〈附〉摯恂

장재 연보

張載(1020~1077)의 연보로는 후손 張同然이 기록한 『橫渠先生張獻公年譜』, 淸나라 武澄의 『張子年譜』, 楊耀棨의 『張子年譜』 등이 있다. 그렇지만 애석하게도 張同然의 기록은 전하지 않고, 그 나머지 기록들은 내용상 결락이 많고 지나치게 간단하여 자료적 가치가 높지 않다. 다만 최근에 출간된 張波의 『張載年譜』[1]를 주목할 만하다. 이 책은 많은 자료를 종합적으로 검토하여 가장 완비된 정보를 제공하고 있다. 그렇지만 이 책 또한 틀린 부분이 상당수 발견된다. 여기서는 張波의 『張載年譜』와 여타 자료를 참고하여 장재의 주요 연보를 재구성하였다.[2]

□ 1020년(宋 眞宗, 天禧 4년) 1세

* 〈行狀〉: "선생의 이름은 載요, 자는 子厚이다.[3] 대대로 大梁 사람이다."

* 『宋史』: "장재는 자가 子厚이고, 長安 사람이다."

* 張載의 출신지에 대해서는 여러 가지 설이 있다. 〈行狀〉에서는 大梁人이라 하며, 『宋史』 '張載傳'에서는 長安人이라 하였다. 그리고 「慶州大順城記」[4]에서는 張載가 스스로를 汴人[大梁人]이라 하였다. 이러한 혼란을 정리하여, 張岱年은 "張載의 原籍은 大梁이며, 출생지는 長安이고, 鳳翔郿縣 橫渠鎭에서 오랫동안 살았다"[5]라고 하였다. 한편, 미국 거주 중국계 학자인 黃秀璣

1) 『張載年譜』(西安: 西北大學出版社, 2015).
2) 이 장은 내용의 특성상 본문에서도 국한문 혼용 방식으로 표기하도록 한다.
3) 名과 字는 모두 『周易』 「坤卦」 '象傳'의 '厚德載物'에서 따온 것으로 보인다.
4) 「慶州大順城記」(『張子全書』 卷12, 文集抄에 수록되었다.).
5) 張立文 外, 『中國古代著名哲學家評傳』 3(齊南: 齊魯書社, 1981), 70쪽 참조.

는 장재의 출생지가 大梁이라고 주장하였다.[6]

* 〈行狀〉: "증조부 某[7]는 당나라 말엽에 태어나 五代시대를 살았는데 관직에 나아가지 않았고, 자식의 현달로 인해 禮部侍郎에 추증되었다. 조부인 張復는 송나라 眞宗 대에 관직에 나아가 給事中과 集賢院學士가 되었고, 司空에 추증되었다. 부친 張迪은 仁宗 대에 관직을 하면서 殿中丞과 涪州(지금의 四川省 涪陵縣)의 지사를 역임하였고, 후에 尙書都官郎中에 추증되었다." 이로써 알 수 있는 사실은, 장재의 가문은 송나라 시기 조부 張復에 이르러 현달한 新進士流이다.

* 〈行狀〉: "선생은 南陽郭氏에게 장가들었고 '因'이라 부르는 아들이 있었는데,[8] 아직 어렸다." "아우 張戩이 왕안석의 변법에 반대하다가 면직되었음을 알고서 선생은 더욱 불안한 마음을 갖게 되었다." "작고하던 날에 생질[9] 한 사람이 곁에 있었다."

* 『關學宗傳』에 의하면, 張載 형제에게 과부가 된 여동생과 그 자식들이 있었다.[10] 그리고 〈宋故清河縣君張氏夫人墓誌銘〉[11]에 의거하면, 장재에게는 10세 연상의 누나가 있었는데, 그녀는 宋壽昌의 再娶로 출가하여 宋翊과 宋京 형제를 낳았다. 그러므로 기록상 張載에게는 최소한 누님 1명, 아우 1명, 여동생 1명 등 총 3명의 형제가 존재했던 것으로 보인다.

---

6) 黃秀璣, 『張載』(臺北: 東大圖書股份有限公司, 1987), 201쪽 참조.
7) 지금까지 발견된 族譜 중에서 가장 이른 시기에 제작된 『滙溪張氏支譜』(康熙 29)의 '清河宗支第一世至七世總圖[道光乙巳年重修并新增]'에 따르면 증조부의 이름은 '元'이다.
8) 『滙溪張氏支譜』(康熙 29)에는 張載의 아들로서 '張因'만 기록되어 있다. 그런데 현존하는 여러 형태의 族譜에는 다양한 기록이 발견된다. 『眉縣·灤州譜』에는 張因 이외에 張貴가 기록되어 있는데, 이들은 모두 郭夫人의 소생이다. 그리고 『蘇州老譜』에는 貴妾 소생의 張銘이 추가되어 있다. 또한 『南陽譜』에는 이 외에도 3명의 아들이 추가되었는데 모두 小夫人의 소생이다. 그런데 張載의 문인 張舜民(?~1111년 전후)이 기록한 『乞追贈張子疏』에서는 "張載가 작고한 지 이미 15년이 지났는데, 그에게는 단지 한 명의 부인과 한 명의 아들이 있으나 의탁할 衣食이 부족합니다"라고 하였다. 통상 후대에 가공되기 쉬운 族譜의 기록은 충분히 검증될 필요가 있다.
9) 여기서 말하는 생질은 누님의 아들인 宋京이다.[『關學宗傳』, 卷1, '橫渠張子' 참조]
10) 『關學宗傳』, 卷2, '張天祺(張戩)先生' 참조.
11) 王素, 『新中國出土墓誌-陝西』 제3권(北京: 文物出版社, 2009)에 수록되었다.

*『滙溪張氏支譜』에 따르면 모친은 陸氏이다. 呂大臨이 쓴 〈宋故淸河縣君張氏夫人墓誌銘〉은 張載 누님의 묘지명이다. 晁說之가 쓴 『晁氏客語』에서는, 장재가 安仁의 현령을 역임한 숙부에게 보내는 글이 인용된다. 그리고 朱熹의 『伊洛淵源錄』에서는, 장재가 자신의 숙부 장례에 관해 程頤에게 문의하는 서간문이 인용되었다. 呂大臨이 지은 「張公文集後序」에 의거하면, 장재의 숙부 이름은 張威이다.

*〈行狀〉: "張迪은 涪州의 지사로 근무할 때에 임지에서 작고하였다. 당시 자녀들이 모두 어려 멀리 고향에 돌아갈 수 없어서, 鳳翔府 郿縣 橫渠鎭 남쪽 大振谷 입구에 아버지 張迪의 묘소를 마련하고 이곳에 임시로 거처를 마련하여 살았기 때문에, 이후 이곳을 삶의 터전으로 삼게 되었다."

*[고려] 1019년, 고려가 귀주대첩에서 승리하였다.

□ 1021년(宋 眞宗, 天禧 5년) 2세

*王安石(1021~1086)이 출생하였다.

□ 1023년(宋 仁宗, 天聖 元年) 4세

*〈行狀〉: "부친 張迪은 仁宗 대에 관직에 나아갔다." 그렇지만 정확하게 인종 몇 년인지는 확정할 수 없다.

□ 1029년(宋 仁宗, 天聖 7年) 10세

*〈行狀〉: "선생은 처음 스승에게 나아갈 때부터 志氣가 남달랐고, 경건하게 아버지의 명을 받들었으며 자신의 굳건한 뜻을 빼앗기지 않았으니, 아버지는 아들의 역량을 인정하였다."

*『禮記』「內則」에 "10세가 되면 집 밖에 나가서 스승에게 배운다"라고 하였는데, 이 무렵 스승에게 나아간 것으로 여겨진다.

□ 1030년(宋 仁宗, 天聖 8年) 11세 (張戩 1세)

* 아우인 張戩(1030~1076)이 출생하였다.

* 〈行狀〉에서는 "장적이 涪州의 지사로 근무할 때에 임지에서 작고하였다. 당시 자녀들이 모두 어려 멀리 고향에 돌아갈 수 없어서"라고 하였다. 이 구절로 미루어 보아 이 해에 장재는 涪州에 거처하고 있었다.

□ 1032년(宋 仁宗, 明道 元年) 13세 (張戩 3세)

* 程顥(1032~1085)가 출생하였다.

□ 1033년(宋 仁宗, 明道 2年) 14세 (張戩 4세)

* 程頤(1033~1107)가 출생하였다.

* [고려] 고려는 거란과 여진의 침입에 대비하고자 천리장성을 축조하였다.

□ 1034년(宋 仁宗, 景祐 元年) 15세 (張戩 5세)

* 武澄의 『張子年譜』에서는, 장재가 15세 이전에 부친상을 당해 涪州에서 이주한 것으로 추정하고 있다.

□ 1037년(宋 仁宗, 景祐 4年) 18세 (張戩 8세)

* 〈行狀〉에서는 "康定(인종) 원년(1040)에 西夏가 전쟁을 일으켰을 때, 당시 선생의 나이는 18세였는데, 군대에 들어가 공명을 세우려 스스로 마음먹고 范仲淹(989~1052)에게 글을 올리고 만나 보았다"라고 하였다. 그렇지만 康定 원년(1040)은 장재가 21세 되던 해이므로, 呂大臨의 착오로 보인다. 『宋史』에서는 21세 때의 일로 기록하고 있다.

* 〈行狀〉에서는 "어려서부터 홀로 자립하여 배우지 않은 것이 없었다. 邠縣(지금의 陝西省 邠縣) 사람 焦寅과 더불어 노닐었는데, 초인이 병법에 대해 논하기를 좋아하니 선생도 그의 말을 기뻐하였다"라고 하였다. 현재 焦寅의 事績에 대해서는 자세하게 고증하기 어려우나, 장재가 초인으로부터 상당한

영향을 받았다는 사실은 분명하다. 武澄의 『張子年譜』에서는 장재가 18세 이전에 초인과 교류하였던 것으로 추정하고 있다.

* 蘇軾(1037~1101)이 출생하였다.

□ 1038년(宋 仁宗, 寶元 元年) 19세 (張戩 9세)

* 西夏의 李元昊가 국호를 大夏라 하고 스스로 황제를 칭하였다. 이때부터 송과 서하의 분쟁이 시작되었다.

* 范仲淹이 李構(1009~1059)를 潤郡의 교수로 초빙하였다.

□ 1040년(宋 仁宗, 康定 元年) 21세 (張戩 11세)

* 『宋史』: "나이 21살에 范仲淹에게 편지를 올리고 만나 보았다. 범중엄이 그를 한번 보고는 크게 될 인물임을 알아채고 警戒하여 말하기를 '유학자에게는 스스로 즐거워할 만한 성인의 훌륭한 가르침[名教]이 있거늘 무엇 때문에 병법을 일삼는가'라고 하였다. 그러고 나서 『중용』을 읽기를 권유했다."

* 『張子全書』 卷12, 文集抄에는 〈邊議〉가 수록되어 있다. 이 글을 통해 장재가 범중엄에게 올린 글의 대략을 짐작해 볼 수 있다. 장재는 이 글에서 당시 西夏가 자주 침략하여 국경 지역에 살던 백성들이 큰 고통을 겪고 있다는 점을 피력하면서, 조정에서 신속히 관리를 이곳으로 파견해 이 지역 백성들의 상황을 살피고, 이들이 가족과 마을을 보위할 수 있는 방책을 찾을 수 있도록 도와줄 것을 요청하였다.

* 范仲淹이 延州 지사를 겸하였다.

* 呂大臨(1040~1093)이 출생하였다.

□ 1041년(宋 仁宗, 慶曆 元年) 22세 (張戩 12세)

* 『宋史』에서는 "나이 21살에 범중엄에게 편지를 올리고 만나 보았다. 범중엄이 그를 한번 보고는 크게 될 인물임을 알아채고…… 『중용』을 읽기를 권했다. 장재는 그 책을 읽어 보고서 비록 그것을 좋아하기는 했으나

충분하다고 여기지는 않았다. 이에 다시 불가와 도가의 서책을 살피며 여러 해에 걸쳐 그 학설을 깊이 연구했으나, 얻는 것이 없음을 깨닫고 다시 돌아와 육경六經에서 진리를 찾게 되었다"라고 하였다.

＊이때부터 불가와 도가 사상을 공부하였다. 일설에는 周敦頤와 더불어 東林寺 常聰和尙의 문하에서 배웠다고 하나 구체적인 전거를 확인할 수 없다.[12)]

□ 1042년(宋 仁宗, 慶曆 2年) 23세 (張載 13세)

＊慶州에 이르러 범중엄을 만나 변방의 일을 논의하고, 〈慶州大順城記〉를 지었다. 범중엄은 1040년에 大順城을 짓기 시작하여 1041년에 완공하였다. 범중엄은 당시 大順城을 방문했던 장재에게 記文을 짓도록 요청하였다. 大順城은 지금의 甘肅省 華池縣 서북쪽에 있다. 장재는 이 글에서 자신을 소개하면서 '汴人[개봉 사람]'이라 하였다.

□ 1044년(宋 仁宗, 慶曆 4年) 25세 (張戩 15세)

＊周敦頤가 南安軍의 司理參軍에 임명되었다.

＊송과 서하의 사이에 강화 협정이 이루어졌다.

□ 1046년(宋 仁宗, 慶曆 6年) 27세 (張戩 17세)

＊南安軍의 通判으로 근무하던 程氏 형제의 아버지인 程珦은 당시 周敦頤와 교유하였는데, 그는 程顥와 程頤 형제의 교육을 주돈이에게 부탁하였다.

＊범중엄이 〈岳陽樓記〉를 지었다.

□ 1052년(宋 仁宗, 皇祐 4年) 33세 (張戩 23세)

＊범중엄이 작고하였다. 富弼, 歐陽修, 司馬光 등이 제문을 지었다.

---

12) 미국 하와이대학교 명예교수인 羅錦堂이 이러한 주장을 하고 있다.

□ 1053년(宋 仁宗, 皇祐 5年) 34세 (張戩 24세)

* 장재가 흉년을 당하였다.

* 武澄, 『張子年譜』: "仁宗 皇祐 5년(1053) 3월에 岐山 지역에 큰 가뭄이 들어 먹을 곡식이 없었다"라고 하였다.

* 〈行狀〉: "크게 흉년이 든 해에 사람들이 서로 잡아먹기에 이르렀는데, 집안사람이 나쁜 쌀을 밥쌀로 쓿지[鑿] 않고 떡살로 빻으려고[舂] 할 때에 선생이 급히 말리기를, '굶주려 죽는 사람이 들판에 가득하니 변변치 못한 음식을 먹는 것도 스스로 부끄러운데, 또한 이를 어찌 차마 가려서 먹겠는가' 라고 하고, 어떤 때에는 탄식하며 밥상을 대하고도 먹지 않은 적이 여러 번이었다."

* 張戩이 進士試에 합격하였다.

* 楊時(1053~1135)가 출생하였다.

□ 1054년(宋 仁宗, 至和 元年) 35세 (張戩 25세)

* 장재는 長安에서 강학하였다.

* 〈行狀〉: "선생이 아직 급제하지 못했던 시절에 옛 재상인 文彦博(1006~1079)이 장안에 겸직 관리로 왔는데, 선생의 훌륭한 명성과 품행에 대해 듣고 비단 다섯 필을 예물로 보내고 그를 學宮에 불러들여 특별히 예우하였다. 이에 당시 지역의 선비들이 존경하는 마음을 가지고 선생을 본받고자 하였다."

* 游師雄(1037~1097)이 당시 장안에 머물고 있던 장재의 문하에 나아갔다. 유사웅은 장재의 문하에서 가장 오랜 기간 학업을 연마한 제자이다.

□ 1056년(宋 仁宗, 嘉祐 元年) 37세 (張戩 27세)

* 張戩은 陝州 靈寶(지금의 河南省 陝縣)의 현령이 되어 선정을 베풀었다.

* 程頤는 이 해에 國子監에서 수학하고 있었는데, 胡瑗으로부터 〈顔子所好何學論〉이라는 논제의 책문을 받고 뛰어난 답안을 작성하였다.

□ 1057년(宋 仁宗, 嘉祐 2年) 38세 (張戩 28세)

* 장재가 진사시에 합격하였다.

* 祁州(지금의 河北省 藁城 동북쪽)의 司法參軍이 되었다.

* 장재는 수도 開封에서 『周易』을 강론하고, 정씨 형제와 더불어 도학의 요체에 대해 논의하였다.

* 〈行狀〉: "嘉祐 初年에 洛陽의 程顥와 程頤 형제를 수도 개봉에서 만나, 도학의 요체를 함께 이야기하고 완전히 자신감을 가지고 말하기를, '나의 도가 만족스러운데 어찌 다른 곳에서 구할 필요가 있겠는가'라고 했다. 이에 이단의 학문을 모두 버리고, 순수한 공부를 하였다. 그 사이에 관직을 역임하기도 했으나, 세월이 갈수록 학문이 더욱 밝아졌다."

* 『宋史』: "일찍이 개봉에서 호랑이 가죽을 깔고 앉아 『주역』을 강론했는데, 듣고 따르는 자들이 대단히 많았다. 그러던 어느 날 저녁 무렵에 정씨 형제가 찾아와서 함께 『주역』에 대해 논하게 되었는데, 이튿날 주위 사람들에게 말하기를, '가까이서 보니 정씨 형제는 『주역』의 도를 깊이 이해하고 있어서 내가 미칠 바가 아니다. 그대들은 이들을 스승으로 삼을 만하다'라고 하고는, 자리를 거두고 강의를 그만두었다. 정씨 형제와 도학의 요체를 논하고는 분명하게 자신하며 말하기를 '유교의 도는 자족하니 어찌 다른 곳에서 구할 필요가 있겠는가'라고 하였다. 이에 이단의 학문을 모두 버리고 순수해지게 되었다."

* 〈行狀〉에서 말하는 '嘉祐 初年'이 구체적으로 언제인지에 대해서는 여러 가지 의견이 있지만, 嘉祐 2년(1057) 張載 38세 때의 일로 보는 견해가 많다. 武澄의 『張子年譜』에서도 '嘉祐 2년'의 설을 지지하고 있다.

* 呂大鈞(1031~1082)이 장재의 문하에 나아왔다.

□ 1058년(宋 仁宗, 嘉祐 3年) 39세 (張戩 29세)

* 司馬光(1019~1086)이 〈朋黨論〉을 지었다.

* 王安石이 仁宗에게 〈萬言疏〉를 올렸다.

□ 1059년(宋 仁宗, 嘉祐 4年) 40세 (張戩 30세)

* 장재와 정호가 '定性'의 공부에 대해 논의하였다. 『河南程氏文集』 권2에는 정호가 장재에게 답하는 서신이 수록되어 있다. 이것을 일명 〈定性書〉라고 한다.

* 두 사람이 '정성'의 문제에 관해 논의한 시기가 언제인지 특정하기 어려우나, 정호가 진사시에 급제하여 鄠縣의 主簿로 임명되었던 시기로 추정된다.[13]

□ 1060년(宋 仁宗, 嘉祐 5年) 41세 (張戩 31세)

* 왕안석이 入朝하여 三司度支判官이 되었다.

□ 1061년(宋 仁宗, 嘉祐 6年) 42세 (張戩 32세)

* 주돈이가 廬山의 蓮花峰 아래에 집을 짓고 은거했다. 이곳에 은거하며 집 근처의 개울을 '濂溪'라 이름 붙이고 스스로를 '염계선생'이라 칭하였다. 이때 모친의 무덤도 여산으로 옮겨 왔는데, 1073년 57세의 나이에 병으로 죽은 뒤 자신도 모친의 무덤 곁에 묻혔다.

□ 1062년(宋 仁宗, 嘉祐 7年) 43세 (張戩 33세)

* 武澄의 『張子年譜』에 따르면, 이 해에 장재는 황태자 책봉을 매우 기뻐하였다.

* 蘇軾이 〈태백산을 내려와 곧바로 횡거진에 있는 崇壽院으로 가서 시를 지어 벽에 쓰다(太白山下早行, 至橫渠鎭, 書崇壽院壁)〉라는 시를 지었다.[14] 소식은 1061년에 鳳翔府의 簽書判官에 임명되었다. 이 시는 1062년 2월, 관중 지역에 반년 넘게 가뭄이 들어 그 피해가 심해지자 황제의 명령으로 태백산

13) 張波는 『張載年譜』에서 여러 가지 사항을 고려하여 1059년 무렵으로 추정하고 있다.
14) 시의 원문은 다음과 같다. "馬上續殘夢, 不知朝日升. 亂山橫翠幛, 落月淡孤燈. 奔走煩郵吏, 安閒愧老僧. 再遊應眷眷, 聊亦記吾曾."

에 올라 기우제를 지낸 뒤, 산을 내려와 숭수원에서 시를 지어 벽에 쓴 것이다. 숭수원은 원래 횡거진에 있던 종교적 사원이었으나, 후에 장재의 강학처로 활용되었고 다시 橫渠書院으로 개명되었다.

□ 1063년(宋 仁宗, 嘉祐 8年) 44세 (張戩 34세)

* 인종이 崩御하였다. 향년 54세, 재위 42년이다.

* 국자감에서 『九經』, 『正義』, 『맹자』 등의 서책을 간행하였다.

* 주돈이가 〈愛蓮說〉을 지었다.

□ 1066년(宋 英宗, 治平 3年) 47세 (張戩 37세)

* 〈行狀〉: "일찍이 長安 지역의 수령으로 있던 王陶(1020~1080)는 선생을 郡의 학교에 모셨는데, 선생은 대부분 덕으로써 사람들을 가르쳤으며, 배우는 자들에게 조용히 말하기를, '그 누가 과거시험에 뜻을 두지 않고 요·순의 경지를 따를 수 있겠는가'라고 하였다. 배우는 자들 가운데 그 가르침을 듣고 따르는 자들이 많이 생겨났다." 武澄은 『張子年譜』에서 이때가 1066년(治平 3)이라 하였다.

* 蘇洵이 작고하였다. 향년 58세이다.

□ 1067년(宋 英宗, 治平 4年) 48세 (張戩 38세)

* 渭州(지금의 甘肅省 平涼縣) 軍事의 막료인 簽書判官公事를 맡았다.

* 〈行狀〉: "渭州에서 軍事判官으로 재직할 때에 위주의 장수 蔡挺(1014~1079)이 선생을 존중하여 특별히 예우하였는데, 郡府의 크고 작은 政事를 모두 선생과 더불어 의논하였다. 선생께서는 아침부터 저녁까지 맡은 업무에 충실하여 그에게 많은 도움을 주었다."

* 『御制資治通鑑序』가 완성되었다.

□ 1068년(宋 神宗, 熙寧 元年) 49세 (張戩 39세)

* 장재는 이 무렵 武功縣의 綠野亭에서 강학하였다.

* 吳寬이 지은 〈橫渠先生綠野亭記〉에서 말하기를, "武功縣은 西安의 屬縣으로서 성 남쪽에 綠野亭이 있으니, 횡거선생의 유적이다"라고 하였다.[15] 장재는 당시 무공현의 主簿로 있던 張山甫와 좋은 관계를 유지하고 있으며, 이러한 인연으로 인해 장재는 무공현의 녹야정에서 강학하게 되었다. 그 시기에 대해서는 정확하게 고증하기는 어려우나 渭州에서 軍事判官으로 재직하던 1067년과 崇文院校書에 임명된 1069년 사이로 추정된다.

* 무공현 출신의 제자 蘇昞(1053~1104)은 대략 이 시기에 장재의 문하에 나아왔다. 소병은 同鄉 출신인 游師雄(1037~1097)과 함께 가장 오랫동안 장재로부터 학업을 연마하였다.

□ 1069년(宋 神宗, 熙寧 2年) 50세 (張戩 40세)

* 장재는 윤11월에 수도 개봉에서 神宗을 알현하였다.

* 〈行狀〉: "熙寧 2년(1069) 겨울에는 조정에 나아가 政事에 관해 황제의 물음에 답하였으며, 崇文院校書를 제수받았다."

* 〈行狀〉: "신종은 즉위 2년(1069) 되던 해에 대신을 등용하는 일에 변화를 주고자 하였다. 당시 御史中丞으로 있던 呂公著(1018~1086)가 선생을 조정에 추천하며 말하기를, '장재는 배움에 본원이 있어서 사방의 학자들이 모두 그를 으뜸으로 여깁니다. 그를 불러 대면하셔서 조언을 들어 보십시오'라고 하였다. 이에 황제가 즉시 명하여 불러들였다. 入朝하여 알현하니 황제가 통치의 도리에 대해 물어 보았으며, 선생은 하·은·주 삼대의 도리를 점차 회복할 것을 건의하였다. 황제가 기뻐하며 말하기를, '경을 마땅히 정치와 군사를 담당하는 中書省과 樞密院 二府에 두고 매일 함께 국사를 논의할

---

15) 현재 綠野亭의 유적은 남아 있지 않고, 옛터로 추정되는 자리에 무공현 綠野中學이 자리 잡고 있다. 최근에 옛 유적과는 상관없이 綠野亭을 건립하였다.[西北大學 魏冬 교수의 증언]

것이며, 짐은 장차 경을 크게 쓰고자 한다'라고 하였다. 그러자 선생이 사양하며 말하기를, '신은 외지의 관리로 있다가 갑자기 부르심을 받고 달려오다 보니, 조정의 새로운 정치의 좋은 점을 아직 제대로 헤아리지 못했습니다. 원컨대 10여 일에서 한 달 정도 여유를 두고서 천천히 살펴가며 계속 말씀을 올리고자 합니다'라고 하였다. 이에 황제가 그렇게 하라고 허락하였다."

* 장재는 수도 개봉에서 王安石을 만났다.

* 〈行狀〉: "어느 날 정치를 주도하고 있던 王安石(1021~1086)을 만났다. 왕안석이 '새로운 정치개혁을 맡을 사람이 없어서 염려되는데 그대에게 도움을 구해도 되겠습니까'라고 하자, 선생이 대답하기를 '조정에서 장차 크게 어떤 일을 도모한다면 천하의 선비들이 따르기를 원할 것입니다. 남과 함께 선한 일을 하려고 한다면 누가 감히 그 일을 다하지 않겠습니까? 그러나 만약 옥을 다듬는 장인에게 옥을 부탁하는 사람의 뜻대로 彫琢하라고 강요한다면[16] 사람들은 제대로 따르지 않을 것입니다'라고 하였다. 이에 왕안석이 침묵하였고, 서로 간에 말하는 것이 일치하지 않는 경우가 많아지게 되어 점차 기쁜 마음이 생기지 않았다."

* 장재는 윤11월에 浙東 지역 明州(지금의 浙江省 寧波 남부)의 獄事를 해결하라는 명을 받았다.

* 〈行狀〉: "숭문원교서에 임명되었는데, 선생이 사양했으나 허락을 받지 못하고 다시 浙東 지역의 獄事를 살피라는 명령을 받았다. 이 일과 관련하여 어떤 사람이 말하기를, '장재는 도덕으로 진취한 자인데, 그에게 옥사를 다스리게 하는 것은 합당치 않습니다'라고 하였다. 왕안석이 대답하기를 '皐陶처럼 심문을 잘하고 泮宮에서 포로를 잡아 바치듯이 한다면[17] 그 일이 장재에게 어찌 해로운 일이 되겠는가'라고 하였다."

* 程顥는 윤11월에 〈장재를 조정에 머물게 하자고 청구하는 상소[乞留張載狀]〉[18]를 작성하였다. 그는 이 글에서 장재의 經術과 德義가 오랫동안

16) 『孟子』「梁惠王下」의 구절을 인용하였다.
17) 『詩經』「魯頌」, 〈泮水〉의 구절을 인용하였다.

선비들의 모범이 되고 있는바, 그를 明州의 獄事를 해결하기 위해 파견하는 것은 좋은 방도가 아니라고 주장하며, 계속 조정에 머물게 할 것을 요구하였다. 당시 정호는 監察御史의 직책을 수행하고 있었다.

□ 1070년(宋 神宗, 熙寧 3年) 51세 (張戩 41세)

* 장재가 횡거로 돌아왔다.

* 〈行狀〉: "獄事가 해결되고 다시 조정으로 돌아왔다. 아우 張戩이 왕안석의 변법에 반대하다가 면직되었음을 알고서 선생은 더욱 불안한 마음을 갖게 되었다. 이에 황제를 알현하고 서쪽 고향 집으로 돌아가겠다고 고한 후 橫渠鎭의 옛집에 돌아와 머물며 병을 핑계 삼아 더 이상 관직에 나아가지 않았다."

* 『宋史』: "明州에서 苗振의 獄事가 일어나게 되자 조정에서는 장재를 파견하여 해결하게 했는데, 장재는 피고인의 억울한 점이 있어서 그 죄를 처벌하지는 않았다.[19] 조정으로 돌아와서 곧바로 병을 핑계 삼고 남산 아래에 은거했다. 온종일 방 한곳에 꼿꼿하게 앉아 있었고, 좌우에는 책이 놓여 있었다. 고개를 숙여 책을 읽고, 고개를 들어 사색하였으며, 깨달은 것이 있으면 그것을 기록하였다. 간혹 한밤중에 일어나 앉아 촛불을 밝혀 글을 쓰기도 했는데, 도에 뜻을 두고 정밀하게 생각하는 일을 잠시라도 쉰 적이 없었고, 잠시라도 잊은 적이 없었다. 해진 옷을 입고 나물 반찬을 먹으며 여러 학생들과 더불어 강학하였다. 매번 '예를 알아 본성을 완성하고[知禮成性]' '기질을 변화시키는[變化氣質]' 도에 대해 알려 주었으며, 배움은 반드시 성인의 경지에 다다른 후에야 그쳐야 한다고 가르쳤다. 사람을 알되 하늘은 모르고, 현인이 되기를 구하되 성인이 되기를 구하지 않는 것을 秦·漢 시대

18) 『河南程氏文集』 卷1에 수록되었다.

19) '苗振의 獄'이란 송나라 仁宗 때 진사 苗振이 瀆職사건을 일으킨 것으로 알려진 獄事이다. 그렇지만 張載의 實査에 의해 밝혀진 바로는 瀆職사건이 아니라 관청으로부터 돈을 빌린 것일 뿐이었다.

이래로 배우는 자들의 큰 병폐라고 여겼다. 그래서 그의 학문은 예를 존숭하고 덕을 귀하게 여겼으며, 하늘의 이치를 즐기고 운명을 편안하게 받아들였다. 그리고 『주역』을 으뜸으로 여기고, 『중용』을 근간으로 삼았으며, 孔·孟의 학문을 법도로 삼아 괴이하고 거짓된 것을 물리치고 귀신을 변별했다. 그 집안의 혼례와 상례, 장례와 제례는 솔선하여 先王의 뜻을 따르되 당시 시대의 예로 보완했다. 또한 井田, 宅里, 세금 징수와 부역 징발, 학교에 관한 법을 논하여 정했고, 이것들을 모두 정리해 책으로 만들어 실제 사업에 적용할 수 있도록 했다."

＊장재가 횡거로 돌아온 시기는 분명하지 않다. 그렇지만 그가 1069년 윤11월에 明州의 獄事를 해결하라는 명을 받았고, 옥사의 해결에 대략 반년의 세월이 소요되었다는 『宋史』의 기록을 고려하면 장재의 귀향 시기는 1070년으로 보아야 한다.

＊10월에 장재가 〈眞像堂記〉[20]를 지었다.

＊武澄의 『張子年譜』에 따르면, 장재는 이 시기에 井田制를 시험적으로 운영해 보았다.

□ 1071년(宋 神宗, 熙寧 4年) 52세 (張戩 42세)

＊장재는 횡거진에서 독서하고 사색하고 강학하였다.

＊장재가 〈宋故朝奉郎……宋府君墓誌銘〉을 지었다. 묘지의 주인공인 宋壽昌은 장재의 자형인데 향년 64세이다. 그는 첫 번째 부인 師氏와의 사이에서 宋奇와 宋章을 두었으나 모두 요절하였고, 재취 부인 張氏와의 사이에서 宋翊과 宋京 형제를 두었다. 이 중에서 특히 宋京은 외숙부인 장재 형제와 긴밀한 관계를 형성한 것으로 보인다. 후일에 장재의 제자인 呂大臨은 宋壽昌의 부인이자 장재의 누나인 張氏夫人의 묘지명을 작성하였고, 역시 장재의 제자인 游師雄은 이것을 글로 썼다. 이러한 사례를 통해 볼 때, 장재와

20) 『永樂大典』, 卷7238 참조.

문인들은 대단히 긴밀한 관계를 형성하고 있었다.

* 尹焞(1071~1142)이 출생하였다.

□ 1072년(宋 神宗, 熙寧 5年) 53세 (張戩 43세)

* 장재는 횡거에서 독서하고 사색하고 강학하였다.

* 장재는 蔡挺의 樞密直學士 임용을 경하하는 서신을 작성하였다. 이 서찰은 장재가 오랫동안 알고 지내던 채정이 1072년에 추밀직학사로 임용되었을 때, 이를 축하하며 그에 대한 당부와 기대의 말을 담아 쓴 글이다. 자신이 살고 있는 관중 지역이 서하로부터 끊임없는 침략을 받아 백성들이 생명의 위협을 당하는 일이 많고 또한 그것은 국가의 안위와도 직결된 문제이기 때문에, 채정이 깊은 관심을 가지고 문제 해결에 힘써 줄 것을 당부하고 있다. 『張子全書』 卷12, 文集抄에 〈賀蔡密學啓〉라는 제목으로 수록되어 있다.

* 歐陽修가 작고하였다.

* 程顥가 파직되어 고향 낙양으로 돌아갔다.

□ 1073년(宋 神宗, 熙寧 6年) 54세 (張戩 44세)

* 장재는 횡거에서 독서하고 사색하고 강학하였다.

* 周敦頤가 작고하였다. 향년 57세이다.

□ 1074년(宋 神宗, 熙寧 7年) 55세 (張戩 45세)

* 장재는 횡거에서 독서하고 사색하고 강학하였다.

* 程顥와 朱光庭이 邵雍을 방문하여 서로 도를 논하였다.

□ 1075년(宋 神宗, 熙寧 8年) 56세 (張戩 46세)

* 장재는 횡거에서 독서하고 사색하고 강학하였다.

* 장재가 〈老大〉라는 시를 지었다. "늙은이 생각은 오래전에 쇠퇴했으

니, 두건 거꾸로 쓰고 온종일 우뚝 치솟은 곳 바라보네. 6년 동안 詩書를 읽은 즐거움이 무한하나, 잊기 어려운 것은 본 왕조라네."[21] 여기서 '6년 동안 詩書를 읽은 즐거움이 무한하다'라고 했는데, 바로 1070년의 낙향 이후 6년을 언급하는 것이다. 이 시를 통해 장재가 향리에 은거하며 지내는 동안에도 끊임없이 국가의 안위를 걱정했던 사실을 알 수 있다.

□ 1076년(宋 神宗, 熙寧 9年) 57세 (張戩 47세)

* 장재는 횡거에서 독서하고 사색하고 강학하였다.

*『正蒙』을 완성하였다.

*〈行狀〉: "熙寧 9년(1076) 가을에 선생이 이상한 꿈을 꾸고는 갑자기 책 한 권을 문인들에게 주었는데, 이것은 그동안 자신이 정립한 의견을 모은 것으로서, 책 이름을 『정몽』이라 하였다. 이 책을 문인들에게 내어 보이고서는 이렇게 말하였다. '이 책은 내가 여러 해에 걸쳐 생각을 다하여 얻은 것이니, 그 말은 거의 앞 시대 성인들의 말과 합치될 것이다. 개요와 발단만 사람들에게 보여 줄 따름이니, 그 비슷한 것으로 넓혀나가는 일을 배우는 자들에게 기대하는 바이다. 이것은 마치 고목에 가지는 많지만 윤택한 꽃과 잎이 적은 것과 같다.'…… 通例에 의해 조목에 따라 거론하고 문장의 이치를 살피고 배우는 자들과 더불어 그 설을 정리하고 순서를 배열하였다."

* 3월에 아우 張戩이 작고하였다.

* 장재는 〈天祺墓誌銘〉[22]을 지었다. "송나라 太常博士 張天祺(張戩)는 熙寧 9년(1076) 3월 초하루에 갑작스럽게 발병하여 작고했다. 그달의 달이 이지러지기 시작하는 16일을 지나고 또 다음 날인 壬申日을 지나 이미 작고하신 아버지 무덤 곁에 장사지냈다. 그의 형인 나 장재는 석 달간 靈柩를 안치하지도 못하고 급히 장례를 지냈기 때문에, 다른 이들에게 묘지명을

---

21)『張子全書』, 卷12, 文集抄, 雜詩, 〈老大〉, "大心思久退消, 倔中[倒巾]終日面岧嶤. 六年無限詩書樂, 一種難忘是本朝."

22)『張子全書』, 卷12, 文集抄, 〈張天祺墓誌銘老大〉.

부탁하지 못하여 손수 哀詞 12편을 써서 각각 돌에 새겨 무덤 속에 넣어 두고서 후대 사람들 가운데 덕을 아는 자들에게 보이고자 한다.…… 상례를 치른 자로는 외척인 侯去感과 蓋節賁, 사위인 李上卿과 郭之才, 이종사촌 아우 質涼, 그리고 생질 宋京이 있다. 영구를 잡고 곡하는 것만으로는 부족하여 직접 글을 지어 묘지명으로 삼는 바이다."[23]

* 장재가 〈詩上堯夫先生兼寄伯淳正叔〉이라는 시를 지었다. "선생께서 낙양성에 은거하시니, 낙양의 고관대작들이 함께하는 것을 다행으로 여긴다네. 나를 돌아보니 7년을 渭水가에서 맑게 살고자 했으나, 함께 노닐 동반자도 없고 봄바람도 없었다네."[24] 이 시에 대해 邵雍은 다음과 같이 화답하였다. "秦나라 王都 부근의 땅 산하의 절반 되는 지역, 뛰어난 인재가 배출되는 것은 예나 지금이나 마찬가지라네. 고래로 어질고 걸출한 이가 얼마인지 아는가? 어느 시대인들 순박한 기풍 일으키는 사람 없겠는가?"[25]

* 장재가 洛陽을 지나면서 정씨 형제와 학문을 논의하였는데, 제자 蘇昞이 세 사람의 말을 기록하여 〈洛陽議論〉이라는 작품을 남겼다. 주희가 이 작품을 극찬했고, 이후 세상에 널리 알려지게 되었다.[26]

□ 1077년(宋 神宗, 熙寧 10年) 58세 (張戩 사후 1년)

* 3월, 장재는 수도 개봉으로 가서 知太常禮院을 제수받았다.

* 〈行狀〉: "희령 10년(1077) 봄에 다시 황제의 부름을 받고 숭문원으로 돌아와 知太常禮院을 제수받았다."

---

23) 『江蘇省武進氏二銘堂支系』에 따르면 張戩의 아들로 '張紘'이 등장한다. 그렇지만 상례를 치른 명단에서 빠진 것으로 보아 어린 나이였거나, 후대에 조작된 기록인 것으로 추정된다. 張載의 아들인 張因 또한 어렸기 때문에 명단에서 빠져 있다.

24) 『張子全書』, 卷12, 文集抄, 雜詩, 〈詩上堯夫先生兼寄伯淳正叔〉, "先生高臥洛城中, 洛邑簪纓幸所同. 顧我七年淸渭上, 並遊無侶又春風."

25) 『張子全書』, 卷12, 文集抄, 雜詩, 〈附邵雍和鳳翔橫渠張子厚學士〉, "秦甸山河半域中, 精英孕育古今同. 古來賢傑知多少, 何代無人振素風."

26) 『程氏遺書』 卷10에 수록되어 있다. 일부 학자들은 이러한 일이 1077년(宋 神宗, 熙寧 10)에 있었다고 주장한다.

* 〈行狀〉: "呂大防(1027~1097)이 장재를 천거하며 말하기를, '장재의 학문은 성인이 남기신 뜻을 잘 발전시켰으며, 그 방법은 대체로 옛것을 회복하는 데[復古] 쓰일 수 있으니, 이전 직책으로 다시 불러들여 치국의 법도[治體]를 상의하시기 바랍니다'라고 하니, 황제가 그대로 따랐다. 선생이 조정에 나아가며 주위 사람들에게 말하기를, '나의 이번 행차는 병을 핑계로 더 이상 관직을 사양하기 어려우니, 다만 서로 간에 뜻이 맞기를 기대할 뿐이다'라고 하였다."

* 11월 28일(음력), 장재가 작고하였다.

* 〈行狀〉: "그해 겨울에 사직할 것을 고하고 서쪽 고향으로 돌아갔다. 희령 10년(1077) 12월 23일(乙亥日) 臨潼에 이르러 관사에서 작고하였으니, 향년 58세였다. 그달에 선생의 죽음을 알리고 靈柩를 집으로 모셨다. 元豐 원년(1078) 8월 癸酉日에 아버지 張迪의 묘 남쪽 묘역에 매장하였다."[27)]

* 〈行狀〉: "돌아가시던 날에 생질 한 사람이 곁에 있었고,[28)] 그의 주머니에는 아무것도 없었다. 다음 날 장안에 살던 제자들이 연이어 찾아와 곡을 하고는 부의와 수의를 바치니, 비로소 염을 할 수 있었고, 마침내 영구를 모셔 빈소를 차리고 장례를 지냈다. 다시 부고를 내어 3개월이 지난 뒤에 장례를 치렀다. 상례를 치를 때에는 한결같이 옛 법도를 따름으로써 선생의 뜻에 따라 일을 마쳤다."

* 『宋史』: "여대방이 그를 천거하면서 말하기를, '장재는 일생 동안 성인이 남기신 뜻을 잘 발전시켰으며, 그 정치를 논함에 대략 옛것을 회복할 수 있으니, 이전 직책으로 다시 불러들여 자문을 받는 것이 좋겠습니다'라고 하였다. 이에 太常禮院을 관장하도록 조서를 내렸는데, 장재는 직책을 수행하는 과정에서 담당 관리와 禮에 대한 의견이 합치하지 않아 다시 병을

27) 부친 張迪의 묘를 중앙에 두고 남쪽을 향하여 우측에는 아우 張戩의 묘소가 있고, 좌측에는 張載의 묘소가 위치한다.

28) 『關學宗傳』 卷1, '橫渠張子' 조목에서 "돌아가시던 날에 생질인 宋京 한 사람이 곁에 있었다"라고 하였다. 宋京은 宋壽昌의 再娶로 출가한 장재의 누님의 아들로서, 外叔인 張載 형제와 밀접한 관계를 유지했던 것으로 보인다.

핑계로 하여 귀향하게 되었다. 그런데 중도에서 병이 심해져 목욕하고 옷을 갈아입고 잠이 들었는데, 다음 날 아침 작고하였다. 가난하여 斂을 제대로 할 수 없어서 문인들이 함께 관을 사서 그 상여를 모시고 고향으로 돌아왔다. 한림학사 許將 등은 그가 관직에 나아가거나 재물을 취하는 일에 초연했다고 말하며, 유가족에게 장례에 필요한 물자를 제공해 주기를 간청하자 史館·昭文館·集賢院의 三館職 관리의 부의금을 주도록 명하였다."

* 당시 아내 郭氏가 살아 있었고, 아들 因은 아직 어렸다.

* 〈行狀〉: "선생은 南陽郭氏에게 장가들었고 '因'이라 부르는 아들이 있었는데, 아직 어렸다."

* 張舜民, 『乞追贈張子疏』: "장재가 작고한 지 이미 15년이 지났는데, 그에게는 단지 한 명의 부인과 한 명의 아들이 있으나 의탁할 衣食이 부족합니다."

* 장재의 28세손인 張世敏의 증언에 따르면, 부인 郭氏는 생활이 어려워 어린 아들을 데리고 河南의 친정에 가서 살았다고 한다. 장재 후손들의 이동 과정과 삶에 대해서는 張世敏이 저술한 「南方張載後裔遷衍與族譜十種考證」[29]에 자세하게 소개되어 있다. 다만 이 자료의 사실 여부를 따지는 고증이 충분하게 이루어져 있지 않다는 점을 염두에 두어야 한다.

* 장재의 후손은 그 후로도 여러 지역을 전전하며 힘들게 살았던 것으로 추정된다. 일찍이 朱熹는 당시 유통되던 『張載集』을 교정하면서 사천 지방의 벗인 汪應辰(1118~1176)에게 장재의 저술을 수집해 달라고 부탁한 바 있다. 이에 왕응신은 주희에게 답신하면서, "횡거선생의 증손자가 사천 지역을 떠돌고 있는데, 그가 소장한 『橫渠語錄』은 지금까지 본 적이 없는 것입니다. 또 『文集』도 私家에서 전해지는 것보다 훨씬 많습니다. 기회가 되면 보내 드릴 터이니, 꼭 정밀하게 교정해 보시길 바랍니다"[30]라고 하였다. 이 서신에 따르면, 당시 장재의 증손자가 사천 지역을 전전하고 있었음을

---

29) 張世敏, 『張載學說及其影響』(西安: 三秦出版社, 2015), 제5장 제2절(173~188쪽) 所收.

30) 『文定集』, 卷15, 〈與朱元晦〉(第10書), "橫渠先生之曾孫, 流落在蜀, 有橫渠語錄, 前所未見. 又文集亦多於私家所傳者. 俟有的便納去, 幸爲審訂也."

알 수 있다.

*7월에 邵雍이 작고하였다. 향년 67세이다.

□ 1078년(宋 神宗, 元豐 元年) 사후 1년 (張戩 사후 2년)

*1월, 司馬光이 장재의 시호를 논하는 서신과 장재의 죽음을 애도하는 시를 지었다.31)

*3월, 古禮에 의거하여 장례를 치렀다.

*呂大防이 〈橫渠先生墓表〉를 지었는데, 그 내용 중에 儒·道·佛 혼융 사상이 포함되어 있고, 事蹟의 기록에도 명확하지 않은 곳이 있어 후대에 이르러 주희를 비롯한 학자들의 비판을 받았다. 현재 원문은 전해지지 않고, 다만 주희의 언급을 통해 그 대략적인 내용을 짐작해 볼 수 있다.

*[고려] 송이 고려에 使臣船인 神舟를 보냈다.

□ 1079년(宋 神宗, 元豐 2年) 사후 2년 (張戩 사후 3년)

*呂大臨이 〈橫渠先生行狀〉을 완성하였다.

□ 1220년(宋 寧宗, 嘉定 13年)

*'明公'이라는 시호를 받았다.

□ 1241년(宋 理宗, 淳祐 元年)

*孔子의 廟庭에 從祀되고, '郿伯'에 봉해졌다.

□ 1530년(明 世宗, 嘉靖 9年)

* 先儒張子로 불리게 되었다.

---

31) 『張載集』(北京: 中華書局, 1978) 附錄, 〈司馬光論謚書〉와 〈又哀橫渠詩〉 참조.
*이 글은 張載의 직접 저작이 아니므로 『張子全書』에는 수록하지 않았다.

참고문헌

1-1. 장재 관련 원전原典 자료

張載, 『張子全書』, 西安: 西北大學出版社, 2015.[本書의 張載 원전 자료 판본]
張載, 『張載集』(節選), 林樂昌 解讀, 北京: 國家圖書館出版社, 2023.
林樂昌, 『正蒙合校集釋』 上·下, 北京: 中華書局, 2012.

張載, 『張載集』(총5권), 황종원 역, 세창출판사, 2023.
張載, 『正蒙』, 장윤수 역, 책세상, 2002.
張載, 『橫渠易說·繫辭傳』, 장윤수 역, 지만지, 2012.

1-2. '관학문고關學文庫' 수록 자료

*『關學文庫』(劉學智·方光華 總主編, 西安: 西北大學出版社, 2015)는 宋代 이래 陝西省 關中 지역에 출현한 關學이라는 중요한 學術流派를 심도 있게 고찰하기 위한 文獻集成叢書이다. 關學派 학자들의 문헌은 그동안 제대로 보호되지 못하여 허다한 자료들이 사라지거나 부분적으로 파손되었다. 1970년대에 이르러 中華書局에서 『張載集』을 정리 출판한 이후 理學叢書들이 지속적으로 출판되었으며, 이와 함께 『藍田呂氏遺著輯校』, 『李二曲集』 등과 같은 關學의 文獻들도 정리 출판되었다. 이러한 작업은 그 자체로 학계에 상당한 기여를 하였지만, 關學 문헌의 전모를 드러내기에는 부족한 점이 많았다. 그러므로 關學 학술사상을 연구하는 학자들 또한 張載를 비롯하여 馮從吾, 李顒 등과 같은 몇몇 저명한 학자들에 관심이 집중되었을 뿐이다. 심지어 關學의 창시자인 張載에 대한 연구조차도 기본적인 문헌의 부족으로 여러 가지 제한을 받을 수밖에 없었다. 이러한 상황을 고려하여 陝西師範大學의 劉學智 教授와 西北大學의 方光華 教授는 陝西省 내외의 30여 학자들과 공동으로 8년 동안 많은 노력을 기울여 『關學文庫』라는 대형 叢書 작업을 완수하게 되었다. 이 작업의 결과는 2015년에 西北大學出版社에서 정식으로 출판되었다.

『關學文庫』는 총 7책, 2300만 자에 달하는 방대한 저작인데, '文獻整理系列'과 '學術研究系列' 두 부분으로 구성되어 있다. '文獻整理系列'에서는 關學史上 26명의 주요 학자들의 저작을 대상으로 하여 정리 작업을 하였다. 문헌을 광범위하게 수집하고, 標點·校勘·輯佚 등의 작업을 하였다. 이것은 關學 문헌 연구에 있어서 중요한 의의를 지닌다. 그중 허다한 문헌들이 연구자료서는 처음 접하는 것인데 그 학술적 가치가 상당하다. 『關學文庫』의 '學術硏究系列' 또한 關學 연구 방면에서 중요한 업적을 이루었다. '學術硏究系列'은 총 4부의 방대한 연구 성과를 포함하고 있다. 그중에서 趙馥潔의 『關學精神論』은 關學의 文化精神에 대한 개괄적인 제언을 제공하고 있다. 趙馥潔이 개괄한 '立心立命'의 사명의식, '勇於造道'의 創新精神, '崇禮貴德'의 學術主旨, '經世致用'의 求實作風, '崇尙節操'의 인격추구, '博取相容'의 治學態度들은 關學의 精神氣象을 설명하는 용어들로서, 최근 전공 학자들에 의해 널리 인용되고 있다. 劉學智의 『關學思想史』는 學術史的 意義에 있어서 關學槪念을 고찰한 것이다. 劉學智는 여기에서 '關學'과 '關中之學', '關中理學' 등의 개념을 차별적으로 분석하였다. 그리고 關學의 범위를 廣義와 狹義的 의미에서 명료하게 구분하였는데, 廣義的 의미에서는 宋·明시대 이래의 '關中理學'을 지칭하였고, 狹義的 의미에서는 張載가 창립하고 關中 지역에서 한결같이 발전되어 온 張載와 관련한 직접적인 學脈을 거론하였다. '學術硏究系列'에는 특색 있는 關學派 학자들의 사상 연구와 評傳을 포함하고 있다. 評傳에서는 학자들의 학술사상에 대한 歷程과 사상적 특징을 심도 있게 논의하였다. 그리고 '學術硏究系列'에서는 關學史 자체에 대한 연구뿐만 아니라 關學과 河東學, 關學과 洛學, 關學과 閩學, 關學과 心學 및 關學學人과 陽明後學, 關學學人과 東林學派 등의 관계에 대해서도 검토하였다.

(1) 문헌정리 계열(출판사 자료안내 순서)

張載, 『張子全書』, 林樂昌 編校, 西安: 西北大學出版社, 2015.
呂大臨 外, 『藍田呂氏集』 上·下冊, 曹樹明 點校整理, 西安: 西北大學出版社, 2015.
李復, 『李復集』, 魏濤 點校整理, 西安: 西北大學出版社, 2015.
蕭維斗·同恕·楊奐, 『元代關學三家集』, 孫學功 點校整理, 西安: 西北大學出版社, 2015.
王恕, 『王恕集』, 西安: 西北大學出版社, 2015.
薛敬之·張舜典, 『薛敬之張舜典集』, 韓星 點校整理, 西安: 西北大學出版社, 2015.
馬理, 『馬理集』, 許寧·朱曉紅, 西安: 西北大學出版社, 2015.
呂柟, 『呂柟集·涇野經學文集』, 劉學智 點校整理, 西安: 西北大學出版社, 2015.
呂柟, 『呂柟集·涇野子內篇』, 趙瑞民 點校整理, 西安: 西北大學出版社, 2015.
呂柟, 『呂柟集·涇野先生文集』 上·下冊, 米文科 點校整理, 西安: 西北大學出版社, 2015.
韓邦奇, 『韓邦奇集』 上·中·下冊, 魏冬 點校整理, 西安: 西北大學出版社, 2015.
南大吉, 『南大吉集』, 李似珍 點校整理, 西安: 西北大學出版社, 2015.
楊爵, 『楊爵集』, 陳戰峰 點校整理, 西安: 西北大學出版社, 2015.
馮從吾, 『馮從吾集』, 劉學智·孫學功 點校整理, 西安: 西北大學出版社, 2015.
王徵, 『王徵集』, 林樂昌 編校, 西安: 西北大學出版社, 2015.
王建常, 『王建常集』, 李明 點校整理, 西安: 西北大學出版社, 2015.
王弘撰, 『王弘撰集』 上·下冊, 孫學功 點校整理, 西安: 西北大學出版社, 2015.

李顒,『李顒集』, 張波 編校, 西安: 西北大學出版社, 2015.
李柏,『李柏集』, 程靈生 點校整理, 西安: 西北大學出版社, 2015.
李因篤,『李因篤集』, 劉泉·高春豔 點校整理, 西安: 西北大學出版社, 2015.
王心敬,『王心敬集』 上·下冊, 劉宗鎬·蘇鵬 點校整理, 西安: 西北大學出版社, 2015.
李元春,『李元春集』, 王海成 點校整理, 西安: 西北大學出版社, 2015.
賀瑞麟,『賀瑞麟集』 上·下冊, 王長坤·劉峰 點校整理, 西安: 西北大學出版社, 2015.
劉光蕡,『劉光蕡集』, 武占江 點校整理, 西安: 西北大學出版社, 2015.
牛兆濂,『牛兆濂集』, 王美鳳·高華夏·牛銳 點校整理, 西安: 西北大學出版社, 2015.
馮從吾 外,『關學史文獻輯校』, 王美鳳 整理編校, 西安: 西北大學出版社, 2015.

(2) 학술연구 계열(출판사 자료안내 순서)

趙馥潔,『關學精神論』, 西安: 西北大學出版社, 2015.
劉學智,『關學思想史』, 西安: 西北大學出版社, 2015.
王美鳳·張波·劉宗鎬,『關學學術編年』, 西安: 西北大學出版社, 2015.
方光華·曹振明,『張載思想研究』, 西安: 西北大學出版社, 2015.
張波,『張載年譜』, 西安: 西北大學出版社, 2015.
陳海紅,『呂大臨評傳』, 西安: 西北大學出版社, 2015.
米文科,『呂柟評傳』, 西安: 西北大學出版社, 2015.
魏冬,『韓邦奇評傳』, 西安: 西北大學出版社, 2015.
何睿潔,『馮從吾評傳』, 西安: 西北大學出版社, 2015.
張波,『李顒評傳』, 西安: 西北大學出版社, 2015.
常新,『李柏評傳』, 西安: 西北大學出版社, 2015.
高春豔·袁志偉,『李因篤評傳』, 西安: 西北大學出版社, 2015.
劉宗鎬,『王心敬評傳』, 西安: 西北大學出版社, 2015.
武佔江,『劉光蕡評傳』, 西安: 西北大學出版社, 2015.

1-3. 기타 원전原典 자료

『管子』,『老子』,『論語』,『孟子』,『書經』,『荀子』,『詩經』,『易經(周易)』,『禮記』,『儀禮』,『莊子』,『周禮』,『中庸』,『春秋』,『淮南子』.
『論衡』(王充),『文選』(蕭統),『宋史』,『新唐書』,『周易正義』(孔穎達),『眞誥』(陶弘景),『晉書』,『渾天儀』(張衡).
『家禮』(朱熹),『江蘇省武進氏二銘堂支系』,『江湖散人傳』(陸龜蒙),『困知記』(羅欽順),『關學續編』(李元春),『關學續編』(王心敬),『關學續編』(賀瑞麟),『關學宗傳』(張驥),『關學編』(馮從吾),『龜山集』(楊時),『近思錄』(朱熹·呂東萊),『大同書』(康有爲),『明儒學案』(黃宗羲),『名學淺說』(嚴復),

『黙觚』(魏源), 『文獻通考』(馬端臨), 『范文正公集』(范仲淹), 『象山全集』(陸九淵), 『說文解字注』(段玉裁), 『性理大全』, 『宋名臣奏議』(趙汝愚), 『宋元學案』(黃宗羲), 『心性圖說』(湛若水), 『永樂大典』, 『王陽明全集』(王守仁), 『龍川文集』(陳亮), 『原道覺世訓』(洪秀全), 『儀禮經傳通解』(朱熹), 『李覯集』(李覯), 『伊洛淵源錄』(朱熹), 『二程集』(程顥 · 程頤), 『仁學』(譚嗣同), 『張子年譜』(武澄), 『張子正蒙注』(王夫之), 『傳習錄』(王守仁), 『朱子大全』(朱熹), 『朱子語類』(朱熹), 『直齋書錄解題』(陳振孫), 『滙溪張氏支譜』(康熙 29).

王夫之, 『張子正蒙注』, 臺北: 世界書局, 1970.
王弼 · 孔穎達, 『中國周易大系』 1(影印本), 「周易注疏 · 卷十」, 驪江出版社, 1987.
程顥 · 程頤, 『二程集』, 北京: 中華書局, 1981.
黃宗羲 原著, 全組望 補修, 陳叔諒 外 重編, 『重編宋元學案』, 臺灣: 正中書局, 1954.

『朝鮮王朝實錄』: 『端宗實錄』, 『中宗實錄』, 『明宗實錄』, 『宣祖實錄』, 『宣祖修正實錄』, 『顯宗實錄』, 『肅宗實錄』, 『英祖實錄』, 『正祖實錄』.
『艮齋集』(李德弘), 『谿谷漫筆』(張維), 『過危橋』(安鼎福), 『槐軒集』(郭再謙), 『氣測體義』(崔漢綺), 『氣學』(崔漢綺), 『南塘集』(韓元震), 『鹿門集』(任聖周), 『牧隱文藁』(李穡), 『白湖全書』(尹鑴), 『順菴集』(安鼎福), 『神氣通』(崔漢綺), 『約齋集』(權炳), 『推測錄』(崔漢綺), 『癡軒集』(金德五), 『退溪全書』(李滉), 『八友軒集』(趙普陽), 『華西集』(李恒老).
崔漢綺, 『氣測體義』(총2권), 이종술 외 역, 민족문화추진회, 1979.
崔漢綺, 『氣學』, 손병욱 역, 여강출판사, 1992.
崔漢綺, 『明南樓全集』(총3권, 影印本), 여강출판사, 1990.

2. 일반 저서

강신주, 『장자: 타자와의 소통과 주체의 변형』, 태학사, 2003.
강신주, 『장자, 차이를 횡단하는 즐거운 모험』, 그린비, 2007.
강신주, 『철학 vs 철학』, 그린비, 2010.
권상우, 『유학의 소통과 융합』, 문사철, 2017.
권오영 외, 『혜강 최한기』, 청계출판사, 2000.
김교빈 외, 『기학의 모험』 1, 들녘, 2004.
김세정, 『돌봄과 공생의 유가생태철학』, 소나무, 2017.
김수길 역, 『集註完譯 中庸』, 대유학당, 2001.
김승동 편저, 『유교 · 중국사상사전』, 부산대학교 출판부, 2003.
김영식 편, 『중국 전통문화와 과학』, 창작과 비평사, 1986.
김영필, 『현대철학의 전개』, 이문출판사, 1998.

김영필, 『신천에 철학 카페를 짓다』, 한국학술정보, 2023.
김용옥, 『도올논문집』, 통나무, 1991.
김용헌 편저, 『혜강 최한기』, 예문서원, 2005.
김주완, 『선천적 갈증』, 문학세계사, 2023.
김충렬, 『淸代哲學論叢』, 휘문출판사, 1979.
김태길, 『윤리학』(修正重版), 동아출판사, 1984.
김형효, 『동서철학에 대한 주체적 기록』, 고려원, 1985.
勞思光, 『중국철학사-송명편』, 탐구당, 1989.
박삼영, 『기철학을 넘어서』, 라브리, 1991.
서욱수, 『최한기의 세계인식』, 소강출판사, 2005.
서울대학교 동양사연구실, 『講座中國史』 Ⅲ, 지식산업사, 1989.
성균관대 유학과 교재편찬위원회, 『유학원론』, 성균관대학교 출판부, 1982.
송재운, 『陽明哲學의 硏究』, 思社硏, 1991.
안점식, 『氣, 무엇이 문제인가』, 죠이선교회출판부, 1999.
유명종, 『宋明哲學』, 형설출판사, 1976.
유명종, 『韓國思想史』, 이문출판사, 1981.
유명종, 『淸代哲學史』, 이문출판사, 1989.
유명종, 『중국근세철학사』, 이문출판사, 1994.
이광세, 『동양과 서양: 두 지평선의 융합』, 도서출판 길, 1998.
이동철 · 최진석 · 신정근 엮음, 『21세기의 동양철학』, 을유문화사, 2005.
이상선, 『張載 氣學: 氣學的인 인간학』, 백산출판사, 2006.
이종성, 『동양 필로시네마』, 충남대학교출판문화원, 2019.
이종흔, 『張載의 人倫思想과 현대 윤리교육』, 인간사랑, 2000.
이종흔, 『張載의 도덕교육사상』, 이경, 2010.
이현선, 『張載와 二程兄弟의 철학: 氣哲學과 理哲學의 대립』, 文史哲, 2013.
임헌규, 『맹자의 심신관계론과 현대 심리학』, 철학과 현실사, 2001.
장윤수, 『정주철학원론』, 이론과실천, 1992.
정용환, 『張載의 철학: 氣解釋과 성리학적 개념 체계』, 경인문화사, 2007.
정해왕, 『북송대 성리학: 북송대 다섯 철학자들의 삶과 철학』, 박영사, 2023.
조광제, 『몸의 세계, 세계의 몸』, 이학사, 2004.
조영준, 『자연과 공생하는 유토피아』, 역락, 2022.
최승호 외, 『동양철학의 이해』(개정증보판), 소강출판사, 2002.
최영성, 『韓國儒學思想史』 Ⅳ, 아세아문화사, 1995.
최재목, 『동아시아의 양명학』, 예문서원, 1996.
하기락, 『朝鮮哲學史』, 형설출판사, 1992.
한국철학사상연구회 편, 『삶, 사회 그리고 과학』, 동녘, 1991.
한국현상학회 편, 『몸의 현상학』, 철학과현실사, 2000.

한전숙, 『현상학』, 민음사, 1996.
함현찬, 『張載: 宋代 氣哲學의 완성자』, 성균관대학교 출판부, 2003.
황종원, 『張載哲學: 天과 人間의 구분과 합일』, 문사철, 2010.
玄相允, 『朝鮮儒學史』, 현음사, 1982.
홍승표, 『깨달음의 사회학』, 예문서원, 2002.

溝口雄三 外 편저, 『中國思想文化事典』, 김석근 외 옮김, 민족문화문고, 2003.
宮崎市定, 『중국사』, 조병한 역, 역민사, 1983.
金谷治 外, 『중국사상사』, 조성을 옮김, 이론과실천, 1986.
東京大 中國哲學硏究室, 『中國思想史』, 조경란 역, 동녘, 1992.
末木剛博, 『동양의 합리사상』, 최승호 역, 이문출판사, 1987.
메를로-퐁티(M. Merleau-Ponty), 『현상학과 예술』, 오병남 역, 서광사, 1983.
메를로-퐁티, 『의미와 무의미』, 권혁면 역, 서광사, 1985.
메를로-퐁티, 『지각의 현상학』, 류의근 역, 문학과 지성사, 2002.
메리 에블린 터커 외, 『유학사상과 생태학』, 오정선 역, 예문서원, 2010.
牟宗三, 『心體와 性體』, 황갑연 외 역, 소명출판사, 2012.
木田元, 『현상학의 흐름』, 이수정 역, 이문출판사, 1989.
벵쌍 데꽁브(Vincent Descombes), 『동일자와 타자』, 박성창 역, 인간사랑, 1990.
山田慶兒, 『朱子의 自然學』, 김석근 역, 통나무, 1991.
小野澤精一 外, 『氣의 思想』, 전경진 역, 원광대학교출판국, 1987.
狩野直喜, 『중국철학사』, 오이환 역, 을유문화사, 1986.
알뷘 디머(Diemer A.), 『에드문트 후설』, 조주환 · 김영필 옮김, 이문출판사, 1990.
엘리자베스 클레망 외, 『철학사전』, 이정우 역, 동녘, 1996.
李澤厚, 『중국현대사상사론』, 손세제 역, 교보문고, 1991.
임마누엘 칸트, 『실천이성비판』(개정판), 백종현 옮김, 아카넷, 2009.
張君勱(Carsun Chang), 『한유에서 주희까지』, 김용섭 · 장윤수 공역, 형설출판사, 1991.
張立文, 『氣의 哲學』(총2권), 김교빈 외 역, 서울: 예문지, 1992.
존 K. 페어뱅크 외, 『동양문화사』 상, 김한규 외 역, 을유문화사, 1991.
죠셉 니담, 『中國의 科學과 文明』 III, 이석호 외 역, 을유문화사, 1987.
陳來, 『송명성리학』, 안재호 역, 예문서원, 1997.
찰즈 허커, 『중국문화사』, 박지훈 외 역, 한길사, 1987.
蔡仁厚, 『왕양명철학』, 황갑연 역, 서광사, 1996.
黑田源次, 『氣의 연구』, 전경진 역, 원광대학교출판국, 1987.
A. C. 그레이엄, 『정명도와 정이천의 철학』, 이현선 역, 심산출판사, 2011.

葛榮晉 外, 『張載關學與實學』, 西安: 西安地圖出版社, 2000.
姜國柱, 『中國歷代思想史－宋 · 元』, 臺灣: 文津出版社, 1993.

孔潤年・張波,『關學宗師: 張載哲學的思想光輝』, 西安: 陝西人民出版社, 2014.
唐君毅,『中西哲學思想之比較論文集』, 臺北: 學生書局, 1988.
牟宗三,『心體與性體』 全三冊, 臺灣: 正中書局, 1968.
牟宗三,『從陸象山到劉蕺山』, 臺灣: 學生書局, 1979.
郿縣地方志編纂委員會,『郿縣志』, 西安: 陝西人民出版社, 2000.
方克立 主編,『中國哲學大辭典』, 北京: 中國社會科學出版社, 1994.
方東美,『方東美全集・生生之德』(哲學論文集), 臺北: 黎明文化, 1980.
余敦康,『內聖外王的貫通: 北宋易學的現代闡釋』, 上海: 學林出版社, 1997.
余懷彦,『王陽明的五百年』, 貴州: 貴州教育出版社, 2009.
王美鳳・張波,『關學學術編年』, 西安: 西北大學出版社, 2015.
王素,『新中國出土墓誌－陝西』, 北京: 文物出版社, 2009.
廖名春 外,『周易硏究史』, 湖南省: 湖南出版社, 1991.
楊儒賓,『中國古代思想中的氣論與身體觀』, 北京: 巨流圖書公司, 1997.
熊十力,『原儒』, 臺北: 明倫出版社, 1972.
劉長林,『中國系統思惟』, 北京: 中國社會科學出版社, 1990.
劉學智,『關學文粹品讀』, 西安: 陝西人民出版社, 2009.
劉學智・魏冬 主編,『關學二十二講』, 西安: 西北大學出版社, 2020.
劉學智・魏冬 主編,『爲往聖繼絶學: 關學二十二講』, 西安: 西北大學出版社, 2020.
劉學智・魏冬 輯校,『二十世紀前期關學硏究文獻輯要・張載硏究』, 西安: 陝西師範大學出版總社, 2023.
魏冬 新訂,『新訂關學編』, 西安: 西北大學出版社, 2020.
魏冬,『張載及其關學』, 西安: 西北大學出版社, 2020.
魏冬,『張子遺述滙纂』, 近刊.
魏柏麓(魏冬),『張載『西銘』『東銘』詮評滙纂』, 西安: 西北大學出版社, 2025.
韋政通,『中國哲學辭典』, 臺北: 大林出版社, 1978.
林樂昌,『張載理學與文獻探硏』, 北京: 人民出版社, 2016.
張世敏,『張載學說及其年譜影響』, 西安: 三秦出版社, 2015.
張立文 主編,『氣』, 北京: 中國人民大學出版社, 1990.
張立文 外,『中國古代著名哲學家評傳』 3, 齊南: 齊魯書社, 1981.
張波,『關學宗師: 張載哲學的思想光輝』, 西安: 陝西人民出版社, 2014.
張波,『張載年譜』, 西安: 西北大學出版社, 2015.
張波・米文科,『關學硏究探微』, 北京: 中國社會科學出版社, 2017.
程運,『張橫渠教育思想硏究』, 臺灣: 商務印書館, 1968.
丁爲祥,『虛氣相卽』, 北京: 人民出版社, 2000.
程宜山,『張載哲學的系統分析』, 上海: 學林出版社, 1989.
趙敦華,『西方哲學的中國式解讀』, 哈爾濱: 黑龍江人民出版社, 2002.
朱建民,『張載思想硏究』, 臺灣: 文津出版社, 1989.

朱伯崑,『易學哲學史』 中冊, 北京: 北京大學出版社, 1998.
陳俊民,『張載哲學思想及關學學派』, 北京: 人民出版社, 1986.
陳俊民,『張載哲學與關學學派』, 臺灣: 學生書局, 1990.
漢語大辭典編輯委員會,『漢語大辭典』(2卷), 上海: 漢語大辭典出版社, 1988.
胡聘之,『山右石刻叢編』, 山西: 三晉出版社, 2018.
黃秀璣,『張載』, 臺北: 東大圖書公司, 1987.
侯外廬,『中國思想通史』(卷四上), 北京: 人民出版社, 1959.
侯外廬 外,『宋明理學史』 上(2版), 北京: 人民出版社, 1997.

高橋進,『朱熹と王陽明』, 東京: 國書刊行會, 1977.
山根三芳,『宋代禮說研究』, 廣島: 溪水社, 1996.
小野澤精一 外,『氣の思想』, 東京: 東京大學出版會, 1978.
阿部吉雄,『李退溪』, 東京: 文教書院, 1944.
井上哲次郎,『日本陽明學派之哲學』, 東京: 富山房, 1900.
湯淺泰雄,『身體』, 東京: 創文社, 1977.

Carsun Chang, *The Development of Neo-Confucian Thought*(vol. II), New York: Bookman Associates, 1962.

E. Husserl, *Ideen zu einer reinen Phänomenologie und phänomenologischen Philosophie. Erstes Buch: Allgemeine Einführung in die reinen Phänomenologie*, Hrsg., W. Biemel, 1950. Neu hrsg., von K. Schumann, 2 teile, Den Haag: Martinus Nijhoff, 1976.

E. Husserl, I*deen zu einer reinen Phänomenologie und phänomenologischen Philosophie, Zweites Buch: Phänomenologische Untersuchungen zur Konstition*, Hrsg., M. Biemel, 1952.

F. W. Mote, *Intellectual Foundations of China*, New York: A. A. Knopf, 1971.

G. E. Moore, *Principia Ethica*, Cambridge: Cambridge University Press, 1956.

Ira E. Kasoff, *The Thought of Chang Tsai*, London: Cambridge University Press, 1982.

J. Baird Callicott and Roger T. Ames(eds.), *Nature in Asian Traditions of Thought: Essays in Environmental Philosophy*, Albany: State University of New York Press, 1989.

M. Heidegger, *Basic questions in philosophy*, R. Rojcewicz & A. Schuwer, Trans., Bloomington: Indiana University Press, 1994.

M. Horkheimer, *Kritische Theorie*, Frankfurt am Main: Suhrkamp Verlag, 1977.

M. Merleau-Ponty, *Le visible et l'invisible*, Paris: Gallimard, 1964.

3-1. 연구 논문

關幹雄(Seki Mikio), 「崎門學派の李退溪評價について: 「西銘」解釋をめぐって」, 『退溪學論叢』 28집, 퇴계학부산연구원, 2016.
권상우, 「유학의 철학치료: 소통자아의 회복」, 『철학연구』 124집, 대한철학회, 2012.
금장태, 「기철학의 전통과 최한기의 철학적 특성」, 『동양학』 19집, 단국대학교 동양학연구소, 1989.
김낙필, 「혜강 기학의 구조와 성격」, 『한국근대종교사상사』, 원광대학교, 1984.
김남진, 「張載의 道佛批判과 性論」, 『연세철학』 5집, 연세대학교, 1993.
김세정, 「국내 왕양명 관련 연구목록」, 『양명학』 10호, 한국양명학회, 2003.
김세정, 「양명학에 대한 연구현황과 과제」, 『유학연구』 12집, 충남대학교 유학연구소, 2005.
김영식, 「氣와 心: 朱熹의 思想에 나타난 물질과 정신」, 『철학』 35집, 한국철학회, 1990.
김영호, 「張載와 程頤의 心性論 비교 고찰」, 『건지인문학』 20집, 전북대학교 인문학연구소, 2017.
김용섭, 「『淮南子』의 구성과 문제의식」, 『한국의 철학』 19호, 경북대학교 퇴계연구소, 1991.
김용헌, 「최한기의 서양우주설 수용과 기학적 변용」, 『실학의 철학』, 예문서원, 1996.
김태완, 「張載의 「西銘」을 통해 본 유교 靈性哲學의 가능성에 관한 시론」, 『퇴계학논총』 30집, 퇴계학부산연구원, 2017.
류의근, 「메를로-퐁티의 현상학적 신체론」, 경북대학교 박사학위논문, 1996.
문철영, 「朝鮮初期의 新儒學 수용과 그 性格」, 『韓國學報』 제10권 3호, 일지사, 1984.
박홍식, 「청년 최한기의 철학사상」, 『동양철학연구』 11집, 동양철학연구회, 1990.
방인, 「고대 중국의 우주론의 한 형태로서의 음양오행설」, 『종교연구』 4집, 한국종교학회, 1988.
山根三芳, 「張橫渠 禮思想 硏究」, 『동양예학』 9집, 동양예학회, 2002.
성동권, 「退溪의 '西銘考證講義'에서 乾坤父母 연구」, 『퇴계학논집』 17집, 영남퇴계학연구원, 2015.
손병욱, 「혜강 최한기 철학의 기학적 해명」, 『유교사상연구』 6집, 유교학회, 1993.
손영식, 「理一分殊에 대한 몇 가지 오해」, 『동양철학』 21집, 한국동양철학회, 2004.
송휘칠, 「韓國儒學에 있어서 近代意識의 問題」, 『인문과학』 5집, 경북대 인문과학연구소, 1989.
송휘칠, 「明代 儒學의 主氣論的 展開 1」, 『한국의 철학』 18호, 경북대 퇴계연구소, 1990.
신귀현, 「이퇴계와 쉘링의 자연철학에 관한 비교연구」, 『퇴계학보』 77집, 퇴계학연구원, 1993.
안종수, 「송명신유학의 직관적 인식론」, 『철학연구』 49집, 대한철학회, 1992.
여종현, 「후설 현상학 형성의 理氣論的 解釋」, 『철학과 현상학 연구』 22집, 한국현상학회, 2004.
유명종, 「氣哲學的二種類型」, 『韓國學報』 5期, 韓國中國學會, 1985.
유종현, 「退溪의 '西銘'觀과 仁의 體用說」, 『退溪學』 7집, 안동대학교, 1995.
이규성, 「王船山 氣 哲學體系 硏究」, 서울대학교 박사학위논문, 1989.
이면우, 「지구전요를 통해 본 최한기의 세계인식」, 『과학사상』 30호, 범양사, 1999.
이범학, 「張載의 氣論과 明淸思想」, 『한국학논총』 19집, 국민대학교, 1996.
이원석, 「二程의 元氣說 비판과 理의 특성」, 『대동철학』 71집, 대동철학회, 2017.
이종란, 「최한기 윤리사상 연구」, 성균관대학교 박사학위논문, 1996.
이종흔, 「張載의 心統性情論」, 『철학논총』 17집, 영남철학회, 1999.
이철승, 「장재철학에 나타난 생태관의 사상적 근거와 의의」, 『동양철학연구』 73집, 동양철학연구회, 2013.
이향준, 「「西銘」의 은유적 구조」, 『철학』 84집, 한국철학회, 2005.
이현구, 「최한기의 기학과 근대과학」, 『과학사상』 30호, 범양사, 1999.
임헌규, 「맹자의 심신관계론과 현대심리철학」, 『철학연구』 81호, 대한철학회, 2002.
장원목, 「張載哲學의 本體氣 혹은 太虛氣에 관한 연구」, 『철학』 54집, 한국철학회, 1998.
장윤수, 「『太極圖說』에 관한 朱·陸 論辨」, 『한국의 철학』 19호, 경북대학교 퇴계연구소, 1991.
장윤수, 「張載哲學에 있어서 大心의 공부론」, 『철학연구』 88집, 대한철학회, 2003.
장윤수, 「張載 易學의 氣論的 구조와 특징」, 『동양예학』 13집, 동양예학회, 2004.
장윤수, 「관학의 중심, 횡거서원 답사기」, 『오늘의 동양사상』 13호, 예문동양사상연구원, 2005.
장윤수, 「최한기 철학과 현상학의 횡단적 의사소통: '기'와 '신체' 개념의 해체적 독해」, 『사회사상과 문화』 16호, 동양사회사상학회, 2007.
장윤수, 「張載, 『正蒙』 그리고 『正蒙合校集釋』」, 『동양예학』 32집, 동양예학회, 2014.
장윤수, 「『關學文庫』의 편찬과 그 학술사적 의의」, 『동양예학』 40집, 동양예학회, 2018.
장윤수, 「타자의 시각에서 본 퇴계학」, 『退溪學報』 147집, 퇴계학연구원, 2020.
장윤수, 「「서명」·「동명」 연구사의 동아시아적 수용과 해석의 계보」, 『대동철학』 111집, 대동철학회, 2025.
장윤수 외, 「근대와 탈근대의 대립을 넘어: 氣哲學과 現象學의 대화」, 『철학논총』 41집, 새한철학회, 2005.
전성건, 「레귀돈의 氣學과 丁若鏞의 上帝學」, 『다산학』 30호, 다산학술문화재단, 2017.
정상봉, 「程頤의 理와 氣 개념 연구」, 『중국학보』, 한국중국학회, 2000.
정해왕, 「張載의 氣哲學」, 『인문논총』 38집, 부산대학교 인문과학연구소, 1991.
정환희, 「程頤와 楊時, '西銘'을 논하다」, 『人文學硏究』 28집, 인천대학교 인문학연구소, 2017.
정환희, 「陳亮의 「西銘說」 一考」, 『동양한문학연구』 51집, 동양한문학회, 2018.
조남호, 「牟宗三의 朱熹 비판과 그에 대한 재평가」, 『철학사상』 37집, 서울대 철학사상

연구소, 2010.
주용성, 「退溪의 '西銘'觀을 통한 자기중심적 문화 비판: '西銘圖'와 '西銘考證講義'를 중심으로」, 『유교문화연구』 16집, 성균관대학교 유교문화연구소, 2010.
최윤오, 「肅宗朝 方田法 시행의 역사적 성격」, 『國史館論叢』 38집, 국사편찬위원회, 1992.
최재목, 「공허의 실학: 태허사상의 양명학적 굴절」, 『철학논총』 11집, 영남철학회, 1995.
추제협, 「張載의 「西銘」에 대한 李滉의 讀法, 求仁之學: 윤리적 실천의 문제를 중심으로」, 『유학연구』 40집, 충남대학교 유학연구소, 2017.
황갑연, 「주자와 양명 철학에서 마음과 인식의 차이」, 『건지인문학』 23집, 전북대 인문학연구소, 2018.
황갑연, 「양명학의 본질-자득」, 『이 시대의 한국양명학』, 충남대 유학연구소 · 한국양명학회 연합학술대회자료집, 2022.
허남진, 「혜강 과학사상의 철학적 기초」, 『과학과 철학』 2, 도서출판 통나무, 1991.
홍원식 대담, 「역자와의 대화: 모종삼 지음, 황갑연 외 옮김, 『심체와 성체』」, 『오늘의 동양사상』 23호, 예문동양사상연구원, 2013.

楊儒賓, 「兩種氣學, 兩種儒學」, 『臺灣東亞文明硏究學刊』 3卷 2期, 2006.
楊儒賓, 「檢證氣學: 理學史脈絡下的觀點」, 『漢學硏究』 25卷 1期, 2007.
王美鳳, 「『關學宗傳』的內容及其學術價值」, 『唐都學刊』 2016年 5期, 2016.
王利民, 「張載詩眞僞考辨」, 『中國典籍與文化』 3期, 中國社會科學院 歷史硏究所, 2006.
劉長林, 「論中國哲學氣槪念的實質」, 『哲學硏究』 1995年 2期, 中國社會科學院 哲學硏究所, 1995.
李裕民, 「張載詩文的新發現」, 『晉陽學刊』 3期, 山西省社會科學院, 1994.
林樂昌, 「張載禮學論綱」, 『哲學硏究』 2007年 12期, 中國社會科學院 哲學硏究所, 2007.
林樂昌, 「張載禮學三論」, 『唐都學刊』 25卷 3期, 西安文理學院, 2009.
張岱年, 「中國古典哲學中若干基本槪念的起源與演變」, 『哲學硏究』 2期, 中國社會科學院 哲學硏究所, 1957.
張閏洙, 「張載氣哲學的現象學解讀」, 『延邊大學學報』 40卷 3期, 2007, 延邊大學, 2005.
趙敦華, 「超越后現代」, 『哲學硏究』 11期, 中國社會科學院 哲學硏究所, 1994.
陳獨秀, 「敬告靑年」, 『靑年雜誌』 1卷 1號, 1915.

山根三芳, 「張横渠の禮思想硏究」, 『廣島大學文學部紀要』 24卷 1號, 廣島大學文學部, 1965.
山根三芳, 「張横渠の天人合一思想」, 『日本中國學會報』 19集, 日本中國學會, 1967.
山田慶兒, 「梁武の蓋天說」, 『東方學報』 48冊, 東方文化學院京都硏究所, 1975.
戶田豊三郎, 「横渠易說考」, 『廣島大學文學部紀要』 19卷, 廣島大學文學部, 1961.

Siu-Chi Huang, "Chang Tsai's Concept of Ch'i", *P, E, W.*, vol.18(No.4), 1968.
Siu-Chi Huang, "The moral point of view of Chang Tsai", *P, E, W.*, vol.21(No.2), 1971.

3-2. 장재 관련 국내 박사학위 논문(출간 연도순)

장윤수, 「張載 氣哲學의 理論的 構造」, 경북대학교, 1993.
김양용, 「張載 易哲學 연구」, 원광대학교, 1996.
박경환, 「張載의 氣論的 天人合一思想 연구: 天道論과 人道論을 중심으로」, 고려대학교, 1997.
장원목, 「성리학 本體論의 형성에 관한 연구: 張載의 本體論과 二程의 비판을 중심으로」, 서울대학교, 1998.
이종흔, 「張載의 人倫思想 연구」, 부산대학교, 1999.
함현찬, 「張載 氣哲學의 天人合一的 人性論 연구」, 성균관대학교, 1999.
정용환, 「張載의 氣哲學: 儒教理念의 계승과 老佛批判」, 한국정신문화연구원, 2003.
모영환, 「張載와 顔元을 통해 본 儒家 人性論의 전개에 관한 연구」, 성균관대학교, 2010.
이현선, 「張載와 二程의 哲學: 二程의 張載 비판을 중심으로」, 서울대학교, 2010.
장석호, 「장횡거의 수양론 연구」, 원광대학교, 2021.
박희숙, 「張載의 太虛卽氣 관점에서 본 太和論 연구」, 전북대학교, 2024.

3-3. 기타

중앙일보, 「한국의 '자연관+윤리론'사상 서양에도 큰 의미」, 2008년 8월 5일.

찾아보기

【인명】

【서명 · 편명 · 작품명】

【개념어】

지은이 장윤수張閏洙

경상북도 안동에서 태어나 경북대학교 철학과를 졸업하고 같은 학교 대학원에서 동양철학(유가철학)을 전공하여 철학박사 학위를 취득하였다. 현재 대구교육대학교 윤리교육과 교수로 재직 중이며, 중국 서북대학 객좌교수로도 활동하고 있다. 대동철학회, 대한철학회, 한국동양철학회의 회장을 역임하였다. 학문적 주요 관심 분야는 중국신유학, 한국성리학, 동양교육사상 방면이다. 『도, 길을 가며 길을 묻다』(글항아리, 2018, 대한철학회 운제철학상 수상), 『중국문화정신』(예문서원, 2019, 중국출판협회 번역서 우수학술상 수상)을 비롯한 삼십여 권의 저·역서가 있고, 「타자의 시각에서 본 퇴계학」(『퇴계학보』 제147집, 퇴계학연구원, 2020)을 비롯한 팔십여 편의 논문이 있다. ysjang@dnue.ac.kr